임상대화의 달인되기

임상대화의 달인되기: 중재로서 언어

저자 마티유 빌라트, 제니퍼 빌라트, 스티븐 C. 헤이즈
대표 역자 곽욱환, 전유진
공동 역자 노양덕, 류재형, 전봉희, 정진, 맥락행동과학 연구회

초판 1쇄 인쇄 2022년 08월 29일
초판 1쇄 발행 2022년 09월 13일

등록번호 제2010-000048호
등록일자 2010-08-23

발행처 삶과지식
발행인 김미화
편집 박시우(Siwoo Park)
디자인 다인디자인(E.S. Park)

주소 서울시 강서구 강서로47길 108
전화 02-2667-7447
이메일 dove0723@naver.com

ISBN 979-11-85324-65-4   93180

임상대화의 달인되기

중재로서 언어

Mastering the Clinical Conversation:

Language as intervention

마티유 빌라트Matthieu Villatte, 제니퍼 빌라트Jennifer L. Villatte, 스티븐 C. 헤이즈Steven C. Hayes

· · ·

대표 역자: 곽욱환, 전유진
공동 역자: 노양덕, 류재형, 전봉희, 정진
맥락행동과학연구회

역자 서문

앞에 앉아있는 한 내담자의 고난을 듣는 심리치료자라면 이론적인 지향이 뭐든 아래와 같은 고민을 할 것이다.

"어떻게 하면 좀 더 효과적으로 이 사람을 도울 수 있을까?"

이 고민은 결국 치료적 대화를 어떻게 이끌어야 하는가라는 질문으로 바꿀 수 있다. 언어는 인간에게 축복 같은 선물이자 고통의 근원이면서도 치료자가 사용할 수 있는 강력한 무기이기도 하다. 하지만, 놀랍게도 지금까지 공부해온 심리치료 이론 어디에도 우리가 늘 사용하는 언어라는 도구를 치료에 어떻게 활용해야 하는지를 구체적이고 실질적으로 알려주는 지침이 없었다.

이에 대한 안내가 이 책에 담겨있다. '임상대화의 달인되기: 중재로서 언어Mastering the Clinical Conversation: Language as Intervention'라는 매력적인 제목의 이 책은 심리치료를 오래 공부해온 많은 사람들이 지금껏 보지 못한 새로운 영역을 제시하고 있다.

그러므로 모든 심리치료자가 반드시 읽어야 하고,
어느 상담실 책꽂이라도 꽂혀 있어야 한다고 감히 주장하고 싶다.

내담자와 분명 같은 단어를 쓰고 있는데 대화가 이뤄지지 않고 각자 평행선을 달리는 느낌을 느껴본 적이 있는가? 면담을 꽤 지속하였는데, 시간이 흐르고 보니 오히려 내담자의 생각이 공고해짐을 느껴본 적이 있는가? 저자들은 언어의 내용이 아닌 기능을 바라볼 수 있어야 한다고 말한다. 내담자의 말, 치료자의 말이 내담자에게 어떤 기능으로 작동하고 있는지를 기민하게 파악할 수 있어야 한다. 치료자는 자신의 언어가 혹시라도 내담자의 병리를 오히려 더 강화하는데 쓰이고 있지는 않은지, 언어에 어떤 기능을 불어넣어 치료의 도구로 잘 활용할지를 알고 있어야 한다. 지금까지 심리 이론과 연구는 여기에 구체적 안내를 제공하지 않았다. 치료자는 그저 자신의 치료적 대화를 뭔가 '경험'이나 '감'에 의존해야 할 것 같고, 따라야 할 어떤 원칙이 있는지 그저 막연하게 느껴지기도 한다.

구체적으로 어떻게 작업하면 될지를 참고할 수 있는 이론이 바로 '관계구성이론'이다. 관계구성이론은 실험 연구를 통해 인간 언어가 사용되는 방식을 몇 가지 원칙으로 정립하였다. 그리고 이해하기 어렵기로 악명 높았던 이 이론을 저자들은 풍부한 임상 사례와 대화록과 함께 임상 실제에서 어떻게 적용할 수 있는지를 비교적 쉽게 제시하고 있다. 이 책은 근거기반의 몇 가지 원리가 지닌 함의에 기초하여 임상 대화를 안내하는 유연하며 일관되고 실용적인 개념틀을 제공한다. 그렇게 함으로써, 모든 심리치료에서 지금까지 치료자의 경험으로 해오던 것을 이 실용적인 개념틀로 통합할 수 있을 것이다. 즉, 언어를 어떻게 사용하여 내담자가 가진 언어 네트워크를 치료자가 원하는 새로운 네트워크에 연결할 가능성을 높일 수 있는지, 내담자의 언어 네트워크에 새로운 기능 변형을 가져올 수 있는지에 관해 실제적인 지침을 제공하고 있다. 좀 더 세부적으로 나누면 심리평가, 내담자의 행동변화, 유연한 자기감 확립, 동기의 고취를 위해 각각 언어를 어떻게 활용하는지, 그리고 치료자가 은유와 훈련에 어떻게 체험적 속성을 부여할 수 있는지, 나아가 관계구성이론을 치료 관계에 적용하여 공감, 자비, 용기를 어떻게 고취시키는지를 볼 수 있다. 그러므로 역자들은 이 책이 독자의 심리치료 지향이 무엇이든 새로운 함의를 줄 수 있을 것이라 믿는다.

이 책은 풍부한 예를 대화록과 함께 제공하고 있어 '나라면 어떤 말로 풀어나갔을지?'를 상상하고 관계구성 관점으로 언어를 '유연하게' 쓸 수 있는 치료자는 어떻게 진행했는지를 비교해보는 재미도 있을 것 같다. 그리고 언어와 관련된 원칙들을 이해하고 나면, 독자들이 실제 만나는 임상 현장에서 다양하게 응용할 수 있을 것이다. 관계구성이론이 수용전념치료의 이론적 기반이자 밀접한 관련성을 가지고 있기는 하지만, 이 책이 수용전념치료의 내용을 담고 있거나 수용전념치료를 알아야지만 이 책을 이해할 수 있는 것은 아니다. 모든 심리치료 학파를 초월하여 언어를 치료에 이용하는 모든 심리치료자에게 도움을 주기 위해, 이 책은 언어의 기능이론을 최대한 간결하고 실용성 있게 전달한다. 한 줄 한 줄 읽기를 반복하다보면 치료실에서 일어나는 언어 과정이 보이기 시작할 것이다. 그리고 평소에 해왔던 치료적 대화가 좀 더 체계적으로 바뀌는 경험을 하게 될 것이다. 환자와 치료자의 언어를 바라볼 수 있는 새로운 관점으로 언어라는 주 무기를 업그레이드하여 더 세밀하고 효과적으로 휘두를 있을 것이라 기대한다.

이 책을 발견하고 번역하리라고 결심하게 된 역자들의 과정을 짧게 덧붙이고자 한다. 아마도 치료적 언어를 어떻게 효과적으로 사용할 수 있을지에 관한 고민에 답을 찾기 위해 많은 치료자가 부족한 시간을 쪼개어 책을 읽거나 워크숍에 참석할 것이다. 공부모임이나 북리딩을 하고 연구에 뛰어들기도 한다. 다양한 심리이론과 유능한 치료자의 경험에서 그 대답을 찾으려 고투하고 있을 것이다. 역자들 역시 그러한 길을 비교적 열심히 가고 있는 중이다. 수용전념치료를 공부하기 위해 '맥락행동과학연구회'라는 정신과 의사들의 공부 모임을 조직하였고, 여러 권의 책과 사례를 같이 보고 그 중 일부의 책을 번역하여 출간하였다. 그러나 여전히 갈 길은 멀어 보이며, 미약한 재주로 없는 시간을 쥐어 짜내야 하는 무모한 번역 작업에 다시는 뛰어들지 않겠다고 다짐하곤 하였다. 하지만 정말 얄궂게도 이 책을 마주하게 되었다. 놀랍게도 늘 사용하는 언어라는 도구를 어떻게 사용해야 하는지에 관한 사용 지침이 없었다는 것을 이제야 깨달았다. 이 책이 제시하는 새로운 전망을 보고야 말았고, 결국 번역에 다시 뛰어들어야 할지도 모르겠다는 딜레마에 빠졌다.

상당히 오랜 시간 수용전념치료를 공부하면서, 창시자인 스티븐 헤이즈가 지닌 언어에 관한 놀라운 통찰과 과학자로서의 자세에 여러 번 감탄하였다. 그는 인간이 사용하는 언어라는 도구의 득실에 관한 통찰을 바탕으로 행동이론을 정립하기 위해 오랜 기간 과학적 실험을 거쳐 관계구성이론을 세상에 내놓았다. 이는 언어의 기능에 대한 새로운 이론이며, 수용전념치료는 이를 기반으로 발달한 심리치료이다.

그러나 관계구성이론은 단순히 난해한 정도가 아니라, 배우기 어렵기로 악명이 높다. 헤이즈 말을 빌리면 이는 새로운 개념적인 주장을 정교하게 하기 위해 과학적 원리를 바탕으로 기술적 정밀도에 공을 들인 연구 패러다임을 만들어나가며 초기 연구를 해나갔기 때문이다. 또한, 심리치료자들에게 언어와 인지에 대한 상식적인 기존 태도에서 벗어나 완전히 새로운 접근 방식, 즉 기능성에 주목하는 접근을 요구하고 있기 때문에 어렵기도 하다.

이러한 이유로 수용전념치료를 오랫동안 접해 왔던 상당수 전문가조차도 관계구성이론을 모르고도 이 치료를 행할 수 있다고 말한다. 일견 충분히 공감되는 입장이다. 아마도 우리 모두는 관계구성이론이 주는 부담감으로 그런 타협적인 태도를 취하는 것 같다. 기능적 맥락주의라는 세계관을 상당히 이해하고 기초적인 행동이론 정도는 익혀야만 수용전념치료를 시작할 수 있다. 그러나 임상적으로 행동분석을 능숙하게 사용하지 못한다면, 그리고 행동이론의 언어적 확장판인 관계구성이론을 충분히 이해하지 못한다면 수용전념치료를 효과적으로 사용하는데 곧 벽에 부딪히게 된다. 역자들의 경험으로 보아 말이다.

최근 수용전념치료는 진화이론이 통합된 맥락행동과학Contextual behavioral science(CBS)을 기반으로 성장하고 있다. 관계구성이론은 이 발전에 핵심을 차지하고 있으며, 현재 여전히 진화 중이다. 결국 이 이론을 이해하지 않고서는 맥락행동과학이 알려주는 엄청난 과실을 충분히 맛보기 어렵다. 그리하여 역자들도 번역이라는 늪으로 다시 뛰어들 결심을 하고 말았다. 이 책이 특별한 점 중에 하나는 실제 임상 대화에서 관계구성이론이 실시간으로 우리에게 무엇을 알려주는지에 관해 엿볼 수 있다는 점이다. 기존의 도서로 이론의 중요성에 충분히 공감을 할 수 있었지만 이 이론을 가지고 무엇을 할 수 있을지 행동으로 연결하기가 어려웠다. 이 책은 관계구성이론을 통해 임상의가 순간순간 무엇을 알아차리고 무슨 행동을 해야 하는지를 알려주는 안내서가 될 것이다.

마지막으로 번역 과정에 관심과 제언을 아끼지 않은, 역자들의 든든한 동반자인 '맥락행동과학연구회' 모든 회원분들께 감사를 전한다. 이 책을 이 분들과 같이 북리딩하지 않았다면, 그 초벌본이 없었다면 감히 번역할 엄두를 내지 못하였을 것이다. 이 책을 번역할 수 있었던 행운과 그 덕에 코로나에도 갑갑하지 않은 시간을 가질 수 있었음에 감사하지만, 번역으로 소홀해질 수밖에 없었던 역자들의 개인적 삶과 가족에게 미안함을 전한다. 그리고 원 저자들이 표현하고 싶었던 많은 뉘앙스를 제대로 담아내지 못해 독자들에게 이 책의 가치를 100% 완전히 전달하지 못한 것 같아 아쉽지만, 이 모두는 역자들의 벗어날 수 없는 한계 탓이므로 수고스럽고 어려웠던 작업을 어쨌든 끝마친 안도감을 우선 느끼고 싶다.

2022년 5월
앞으로 이런 종류의 책이 다시 눈앞에 나타나지 않기를
역자 일동

서문

인간이란 종이 가진 가장 큰 이점은 세상에서 가장 강력한 도구인 언어를 휘두르는 독특한 능력이다. 언어와 이와 관련된 정신 과정을 획득함으로써 학습하고 번창하는 능력이 기하급수적으로 성장하였다. 그러나 이 힘에는 대가가 뒤따른다. 말하고 생각하고 추론하기는 대부분은 아닐지라도 많은 심리 문제의 핵심에 있다. 그래서 우리가 다루는 행동문제를 '정신 건강' 문제라 부른다.

대다수의 심리치료에 언어가 핵심이기에, 심리치료자는 언어의 이런 두 가지 속성으로 독특한 문제를 경험하게 된다. 말과 생각을 변경하려는 목적으로 행해지는 치료 기법 대부분은 의도치 않았던 결과나 때론 역설적인 결과를 낳았다. 신념과 기억은 모순되는 증거와 이를 바꾸려는 진실한 열망에도 불구하고 지속되는 경향을 가진다. 성가신 생각을 물리친다 하더라도, 전투의 최전선에 심리적 내용물을 두는 것은 우리 삶에 관한 내용물의 중요성과 영향력을 강화하게 한다. 이러한 전투는 내담자와 치료자 모두를 지치고 낙담케 한다. 심리치료자는 어떻게 언어와 인지를 *사용해서* 언어와 인지로 인한 고통을 완화시킬 수 있을까? 이 책은 임상의가 이런 투쟁에서 벗어나 내담자의 회복탄력성과 번영을 조성하기 위해 언어의 힘을 활용할 수 있도록 돕는 대안적 접근법을 보여 주려 한다.

많은 심리치료 매뉴얼은 조리법 모음집으로 기능한다. 특정 성과를 만들어 내기 위해 어떤 수준의 요리사라도 따라할 수 있도록 만든 단계별 절차이다. 빠르고 쉽게 사용 가능하고, 일반적으로 일관된 결과를 얻을 수 있으며, 상대적으로 적은 의사 결정을 요구하기에 에너지를 아껴주고 사용자의 오류발생 위험을 줄여준다. 요리책을 활용할 수도 있겠지만 다른 접근도 가능하다. 숙련된 요리사는 요리 현장에서 혁신적인 행동을 할 수 있고, 자신의 행동이 잘 검증된 원칙을 기반 하기 때문에 자신이 원하는 결과를 얻을 것이라고 확신할 수 있다. 현재의 요리 환경에서 사용 가능한 자원과 고객의 취향에 따라 조리법을 수정하고 재료를 대체할 수 있다. 또한 조리법을 자신의 스타일에 맞게 조정하여 자신의 고유한 장점을 강조하고 고객에게 보다 개인적인 특별한 경험을 제공할 수 있다.

심리치료의 개발과 훈련에서 빠진 것 중 하나는 임상의에게 가장 중요한 도구인 언어를 능숙하게 구사하고 임상 대화를 치유의 안식처로 바꾸는 방식을 보여 주는 일련의 확고한 행동 원리이다. 우리는 이길 수 없을 것 같은 이 싸움에서 벗어나기 위해 관계구성이론(RFT)의 잠재력을 탐구할 때가 되었다고 믿는다. RFT는 언어와 전쟁을 치르거나 그 전쟁에 사용되는 주요 무기인 언어가 의도치 않았던 손상을 야기할 수도 있다는 점을 가볍게 보지 않는 대신, 언어를 치료적으로 활용할 수 있는 지침을 제공해 준다. 언어의 장점을 포기할 필요는 없다. 전쟁의 부가적인 폐해로 내담자의 활력과 번영을 희생할 필요도 없다.

RFT는 배우기 어렵기로 악명이 높은데, 이는 RFT 초기 연구들이 새로운 개념적인 주장을 검증하고 기초 과학과의 관련성을 확립하는 데 필요한 기술적 정밀도에 공을 들인 연구 패러다임을 만들어나갔기 때문이다. 결과 데이터는 응용과학에 풍부하고 다양한 의미를 지니고 있지만, 이를 이해하려면 기술용어와 복잡한 방법론에 대한 깊은 지식이 요구된다. 아마 더 큰 도전은 RFT가 언어와 인지에 대해 완전히 새로운 접근 방식을 수반한다는 점이다. 그것은 지배적인 문화적 규범에 위배되는 접근법이며, 자신의 철학적 가정과 세계관에 대해 재검토를 요구한다. 이 과정은 자유를 가져다 줄 수도 있지만 우리를 불안케 할 수도 있다.

우리는 이 책의 내용이 간결하면서도 실용성을 지니도록 모든 노력을 기울였다. 기술적인 측면보다는 RFT가 지닌 함의에 초점을 맞출 것이다. 그럼에도 불구하고 여기에서 배운 내용을 사례 개념화나 치료 계획에 적용하면 혼란스럽거나 불확실할 수 있다. 그러나 우리가 실시한 수련과정의 참가자들은 그 불확실성과 함께 새로운 전망이 열리는 느낌을 가지게 되었다고 전했다. 당신은 비행 중인 언어 과정이 보이기 시작할 것이다. 비교적 적은 수의 언어 원리를 사용하여 자신의 이론적 아이디어에 부합하면서도 내담자의 요구와 선호에 민감한 방식으로, 가장 중요하게는 임상 목표 달성에 도움 되는 방식으로, 근거에 기반한 실천을 채택, 조정, 통합할 수 있게 되길 바란다.

이 책에서 보게 될 내용

이 책은 크게 두 부분으로 구성되어 있다. 처음 세 장을 통해 이 책에서 자세히 설명하는 임상접근 방식을 알려주는 이론과 과학의 기초를 제공할 것이다. 1장에서는 인간 심리의 모든 측면에서 중심이 되는 학습된 행동으로서의 언어를 소개하고 언어가 다른 행동 학습 과정과 어떻게 상호 작용하는지 탐구한다. 이 장에서는 RFT와 맥락행동과학 간의 관계와 이 접근 방식이 심리치료자에게 중요한 이점을 갖는 이유를 설명한다.

2장에서는 임상 장애 전반에 걸쳐 관찰되는 많은 문제 행동에 정상적인 언어 과정이 어떻게 영향을 주는지 살펴볼 것이다. 언어 과정이 심리적 문제의 발달과 유지에 관여하는 방식과 임상 실제에서 이를 알아차리는 방법에 관해 논의할 것이다.

3장은 RFT 원리를 심리치료에 활용하기 위한 개념틀을 제공할 것이다. 이러한 임상 목표를 달성하기 위한 언어 도구 세트와 함께 임상 대화를 안내하는 가장 중요한 목표를 정의할 것이다.

이 세 장은 이 책에서 가장 이론적인 부분이다. 당신의 삶과 임상 실제에서 친숙한 구체적인 사례를 통해 실용적인 논의를 진행해 나갈 수 있도록 주의를 기울였다. 이 장들에서 배우게 될 모든 원리는 평가와 중재에 관한 다음 장들에서 유용할 것이다.

4장에서는 RFT를 활용하여 심리 평가를 수행하는 방식을 소개한다. 여기서 제시하는 전략은 치료 전통 전반에 걸쳐 폭넓게 적용 가능하며, 사례 공식화나 치료 계획 수립시 언어 표적과 중재를 통합하도록 안내하기 위한 것이다. 평가에 관한 이러한 접근 방식은 본질적으로 협력적이며 수인적이도록 설계되었고, 강력한 치료 관계의 토대를 마련하여 내담자와 치료자가 상호 합의한 목표와 개선되는 표식을 향해 작업할 수 있도록 도와준다.

이 책 후반 6개 장에서는 RFT가 제안하는 언어의 체험적 사용에 기반한 임상 중재를 자세히 설명할 것이다. 각 원칙을 제안하면서, 성취하려 하는 것이 무엇인지, 이것이 왜 중요한지, 일반적으로 임상 전통과는 어떻게 연결되는지, 그리고 RFT의 관점에서 이를 어떻게 실행할 것인지 살펴볼 것이다. 5장에서는 언어를 활용하여 행동변화를 활성화하고 조형하는 방식을 보여줄 것이며, 6장에서는 유연한 자기감을 확립하기 위해 구체적인 상징 관계를 적용하는 방법에 대해 살펴볼 것이다. 7장에서는 언어를 사용하여 내담자의 행동을 상징 관계에 통합시켜, 동기를 높이고 의미 있는 행위를 지지하는 방식을 탐색해볼 것이다.

8장에서는 내담자의 경험에 공명하여 임상 변화의 가능성을 극대화하는 강력한 체험적 은유를 만들고 전달하는 방법을 보여줄 것이다. 9장에서는 공식적 체험 훈련에서 RFT를 사용하는 방법을 설명할 것이다. 마지막으로 10장에서는 RFT 원리를 치료 관계에 적용하여 공감과 자비를 높이고, 내담자의 최선을 위해 현재 순간에 머무르며 전념 행동을 지속해 나가게 용기를 높일 수 있는 방법을 보여줄 것이다. 이 책의 마지막 부분에서는 4-7장에 제시되었던 모든 기술을 구체적인 예시와 함께 검토해볼 수 있는 심리치료에서 RFT를 이용하기 위한 속성 지침과, 이 책에서 사용된 용어의 실용적 정의 모음을 살펴보게 될 것이다.

　이 책에서 보여 주는 접근방식은 당신이 주로 사용하는 심리치료의 명칭과 무관하게 임상실제에 도움을 주는 지침으로 기능하기 위한 것이다. 우리는 이러한 원칙들이 많은 다른 근거 기반 치료 내 중재를 강화할 수 있다고 믿는다. 따라서 이 책은 치료 방법을 모아놓은 요리책이 아니며, 당신과 당신의 내담자가 심리치료에서 사용하는 언어를 습득할 수 있도록 도와주는 일련의 원칙이다. 그렇다고 새로운 기법 세트를 채택하라고 제안하는 것은 아니다. 당신이 효과적이라고 알고 있는 전략을 포기하도록 부추길 의도도 없다. 우리의 목표는 RFT 원리가 합리적 언어 과정 안에서 치료자로서 당신의 훈련과 과학적 신념이 권장하는 방식으로 존재하고, 경청하고 개입할 수 있도록 권한을 부여할 수 있음을 보여 주려는 것이다. 임상 대화를 숙달함으로써 당신이 봉사하려는 사람들의 삶에 더 큰 변화를 가져올 수 있기를 바란다.

감사의 말

원고의 전문이나 보내드린 장에 관해 피드백 주신 동료, 친구, 학생 여러분께 감사를 전한다. 니클라스 퇴네케Niklas Törnke, 루이스 맥휴Louise McHugh, 다라 웨스트럽 Darrah Westrup, 제니퍼 플럼–빌라르다가Jennifer Plum-Vilardaga, 피에르 쿠지노Pierre Cousineau, 다니엘 모이어Daniel Moyer, 질리안 자코벨리Jilian Jacobelli, 마르텐 알베르스Maarten Aalberse, 이본 반즈 홈즈Yvonne Barnes-Holmes, 사이먼 다이먼드Simon Dymond, 스티븐 배노이Steven Vannoy, 스테파니 칼다스Stephanie Caldas, 장 루이 모네스테스Jean-Louis Monestès, 소피 슈발 Sophie Cheval, 올리비에 르페브르Olivier Lefebvre, 로저 빌라르다가Roger Vilardaga, 칼튼 콜터 Carlton Coulter, 사만다Samantha와 드레이크 폴라드Drake Pollard, 레이너 손태그Rainer Sonntag, 짐 나고트Jim Nageotte, 그리고 길포드 출판사Gilford Press가 선정한 익명의 리뷰어분들께 감사를 전한다. 임상교육 및 전문성 구축에 관한 켈리 코너Kelly Koerner의 관대한 멘토링에 특별히 감사드린다. 임상의가 관계구성이론을 쉽게 접근하여 유용성을 익히도록 하려는, 우리의 도전적인 작업과정 전체를 개선하는데 도움을 준 맥락행동과학협회 회원분들과 이런 임상 훈련 과정에 참가한 수많은 분들께도 감사를 전한다.

마티유 빌라트는 2009년 5월 어느 날 제니퍼와 스티븐을 각각 만난 이후 그들이 자신의 작업에 대한 지지와 영감의 주요 원천이 되어준 것에 감사를 전한다.

제니퍼 빌라트는 다양한 근거기반 심리치료 전반에 걸쳐 관계구성이론의 적용을 탐구하는 데 영감을 주고 지지해준 스티븐 헤이즈, 윌리엄 폴레트William Follette, 앨런 프루제티Alan Fruzzetti, 자켈리 피스토렐로Jaqueline Pistorello, 스티븐 바노이Steven Vannoy, 바바라 매탄Barbara McCann, 데브라 케이센Debra Kaysen, 케이트 콤토이스Kate Comtois, 조안 로마노 Joan Romano 및 크리스 던Chris Dunn 같은 임상적 멘토들에게 감사의 인사를 전한다.

스티븐 헤이즈는 거실에 앉아 노트북을 무릎 위에 올려놓은 채 많은 시간을 보내는 동안 견뎌준 재클린Jacque와 어린 스테비Stevie에게 감사의 말을 전한다.

추천의 글

언어의 작동 방식을 과학적으로 제시하는 관계구성이론이 정상 심리 일반과 정신 병리의 기전을 설명하는 기존의 적용 영역을 넘어서 이제 내담자와 치료자 사이에 일어나는 언어 사용으로 그 활용 범위를 넓히고 있다. 이 책은 이론뿐 아니라 행동 활성화, 유연한 자기감, 가치와 동기부여, 은유 적용 방식 등 심리 개입에서 활용할 수 있는 방법을 매우 구체적으로 설명하고 있으므로 쉽게 임상에 활용할 수 있을 것이다. 실제로 작동하는 심리치료를 원하는 전문가라면 분야와 상관없이 이 책의 내용을 자신의 것으로 만들기 바란다.

- 이강욱 • 정신건강의학과 전문의, 2대 정서인지행동의학회 회장

우리가 하는 모든 치료는 말로 하는 토킹talking 치료이다. 심지어 요가나 명상 실습조차도 말로 안내한다. 그런데도 말이 행동에 영향을 준다면 그것이 어떤 식으로 작동하는지에 대해서는 깊은 고민이 없었다. 이 책은 관계구성이론이라는 언어의 화용론에 기반하여 치료 장면에서 언어를 내 편으로 만드는 새로운 경험을 선사할 것이다.

- 조철래 • 정신건강의학과 전문의, 맥락행동과학회 리더

수용전념치료가 임상의학이라면, 관계구성이론은 기초의학에 해당된다고 생각합니다. 하지만 지금까지 관계구성이론은 너무나 어려운 용어로 이론적으로만 설명되어 이해하기 어려웠습니다. 이 책은 대화록verbatim을 통해 어려운 용어를 직관적으로 이해할 수 있도록 도와줍니다. 수용전념치료의 사례 모음을 넘어서, 말을 통해 다른 사람이 변하기를 바라는 치료자라면 일독을 권합니다.

- 박준성 • 정신건강의학과 전문의, 변증행동치료 연구회

상담은 내담자가 살아온 역사에 대한 공명이다. 공명이 언어적 융합을 벗어나 투명하게 전달될 때 말은 고통에서 벗어나 치유의 힘이 된다. 이 책은 내담자의 언어를 이해하고 어떻게 치료적으로 안내할지 막막한 상담자에게 청량한 답을 줄 것이다.

- 조현주 · 영남대학교 심리학과 교수, 59대 한국임상심리학회 회장

이 책은 언어 내용에 초점을 맞추었던 기존의 틀에 도전하면서 언어의 기능을 알아차리고 언어를 지혜롭게 활용할 수 있는 방안을 제시한다. 심리치료를 공부하는 분들이라면 이론적 지향과 상관없이 읽어야 할 기본서로 이 책을 권한다.

- 최윤경 · 계명대학교 심리학과 교수, 11기 한국인지행동치료학회 회장

목차

역자 서문   IV

서문   VIII

감사의 말   XII

추천의 글   XIII

1장 언어의 힘

- 심리치료에서 언어에 관한 전통적 접근   3
- 언어에 대한 맥락행동 접근   4
- 언어는 학습된 행동이다   6
- 언어의 진화   10
- 언어는 학습의 한 형태이다   12
- 언어를 어떻게 배우는가   17
- 요약   30

2장 언어와 정신병리

- 관계구성의 유창성과 유연성에 연관된 문제   33
- 체험회피와 연관된 문제   36
- 규칙 따르기와 효과 없는 지속과 연관된 문제   43
- 이해하기와 일관성에 연관된 문제   50
- 동기와 연결된 문제   52
- 심리치료자를 위한 언어 함의   56

• 요약   61

3장 변화의 상징 도구

• 치료에서 언어를 활용하기 위한 개념틀   65
• 치료 도구로 관계구성틀 활용하기   83
• 임상 예   95
• 요약   100

4장 심리 평가

• 평가를 위한 체험적 맥락 생성하기   102
• 맥락 민감성 평가하기   108
• 일관성 평가하기   112
• RFT를 특정 심리치료 모델에 맞추기   127
• 임상 예   128
• 요약   136

5장 행동변화 활성화와 조형하기

• 행동변화 활성화에 언어 사용하기   138
• 행동변화를 조형하기 위해 언어를 이용하기   176
• 임상 예   185
• 요약   190

6장 유연한 자기감 만들기

• 자기 개념   192
• 자기 개념 문제   194

• 자기에 대한 RFT 관점 196

• 유연한 자기 200

• 임상 예 231

• 요약 235

7장 의미와 동기 조성하기

• 의미와 동기의 언어 237

• 임상실제에서 삶의 의미와 동기 부여 246

• 임상 예 290

• 요약 294

8장 체험적 은유 구축하고 전달하기

• 행동변화를 고취하는 스토리로서 은유 296

• 강력한 임상 은유 선택하고 창조하기 298

• 은유를 전달하는 방법 317

• 동결된 은유 활용하기 328

• 임상 예 329

• 요약 337

9장 공식적 실습을 통해 체험기술 훈련하기

• 개관 338

• 임상실제에서 공식적 체험기법 349

• 임상 예 374

• 요약 378

10장 치료 관계 강화하기

- 치료자에게 RFT 원리 적용하기   380
- 유연한 치료 관계 만들기   387
- 임상 예   409
- 요약   412

에필로그   415

심리치료에서 RFT를 이용하기 위한 속성 지침
- 심리 평가 (4장)   420
- 행동변화 활성화와 조형하기 (5장)   425
- 유연한 자기감 만들기 (6장)   433
- 의미와 동기 조성하기 (7장)   436

이 책에 사용된 용어의 실용적 정의   443

역자 후기   450
참고문헌   455
색인   464

1장

언어의 힘
The Power of Language

모든 심리 중재는 언어의 힘에 의존한다. 침묵을 강조하거나, 심상[1]을 이용하거나, 최면을 유도하거나, 지금-여기와 직접 접촉을 고취하는 연습을 진행할 때에도 언어 과정을 도입하여 심리 중재를 한다. 심리치료자가 내담자의 인생에 직접 개입하는 경우는 드물며, 대부분 대화를 통해서 변화를 만들어낸다. 유능한 치료자는 타고나거나 훈련에 의해 언어를 능숙하게 사용한다. 즉, 명료하게 말하고, 주의 깊게 듣고 이해하며, 대화를 통해 심리적 안녕을 고취한다. 언어를 활용하여 동맹을 맺고, 통찰력을 불러일으키고, 공감을 표현한다. 언어를 통해 개념을 가르치고, 새로운 기술을 조형하고, 치료에 도움이 되는 연습을 지도한다. 언어는 치료 중재를 위한 단순한 '수단'이 아니라 중재 '그 자체'이다.

　언어는 심리치료에서 유용한 변화를 고취하는 필수 도구일 뿐 아니라 정신병리 대부분의 발생과 지속에 관여한다. 언어가 우리에게 무엇을 알아차려야 하는지를 안내하며, 우리는 이를 알아차리는 즉시 기술describe, 평가, 분석을 시작한다. 감정, 생각, 기억, 학습 경험과 신체감각의 직접 경험은 그 경험 자체만큼이나 우리에게 많은 영향을 주는 추론reason과 이야기narrative에 재빠르게 뒤섞인다.

---

1) 역주, 외부 자극 없이 일어나는 유사-감각적 경험(혹은 그 결과)을 통칭하는 'imagery'는 심상으로, 마음속의 그림이나 표상을 지칭하는 'image'는 이미지로 번역하였다.

임상의의 많은 사례에서 언어가 인간 경험을 변형시키는 힘을 분명히 볼 수 있다. 언어에 의해 무해한 대상을 무서운 위협으로 느끼고, 상상을 현실과 구분하지 못하며, 오래된 외상을 기억하여 새로운 상처를 만들며, 일어나지 않을 결과를 예상하여 행복을 향해 나아가지 못한다. 경험을 생각하고 말하는 우리의 방식은 우리를 자신이 사는 세상과 멀어지게 하고 끝없이 확장되는 마음 속 세계 안에 갇히게 한다. 언어 과정 없이는 재앙 같은 결과에 대해 걱정할 수 없고, 과거의 죄를 반추할 수 없으며, 망상적 믿음을 이야기할 수 없다. 또한, 누굴 탓할 수 없고, 완벽주의 기준을 정당화할 수 없으며, 자신의 인생이 의미와 목적이 있는지 의문을 가질 수 없다. 종종 언어를 구매하려 우리 자신의 번영을 희생한다.

마찬가지로 언어가 없다면, 희망을 갖고, 좀 더 나은 삶을 꿈꾸거나, 이상적인 모습을 고민하거나, 한 번도 만난 적이 없는 사람에게 감격하는 일은 불가능하다. 임상의는 인간 영혼의 회복탄력성resilience과 끊임없이 협력하고, 연결되고, 이해 받으려 노력하는 능력에 자주 놀란다. 이러한 능력이 발휘될 때에도 언어의 기초를 이루는 핵심 과정이 필요하다. 이런 과정이 법, 문학, 철학, 역사, 신학과 예술을 창조하고 비평하는 방식이다. 언어의 산물을 연구하는 분야를 '인문학humanities' 이라 부르는 것은 놀랍지 않다. 인문학이 인류의 특징을 뚜렷하게 보여 주기 때문이다.

언어의 이점은 의사소통과 상호 이해로 국한되지 않는다. 언어는 행동의 많은 형태에 강력한 영향을 미친다. 인간만이 유용한 규칙과 조언을 따름으로써 끔찍한 결과를 피할 수 있다. 수학 공식과 물리 법칙으로 로켓과 성당처럼 쓸모 있거나 아름다운 것들을 창조할 수 있다. 우리는 다른 사람의 의도와 느낌 상태를 추론하여 그가 어떻게 행동할 것인지를 추측하고 이에 따라 자신의 행동을 조정할 수 있다. 상징적으로 다른 사람의 입장에 서보는 것으로 가해자를 멈추게 하거나 알맞은 선물을 선택할 수 있다. 우리는 비교, 분석, 평가, 계획을 할 수 있기에, 그 어떤 다른 종보다도 효율적으로 문제를 해결할 수 있다. 우리는 더 밝은 미래를 그리면서 인내심을 가지고 계속 시도할 수 있는 희망과 동기를 찾기까지 한다.

우리가 이 책에서 일컫는 언어는 생각, 상상, 기억, 자기인식, 관점취하기 같은 복잡한 인간 능력의 핵심이다. 상대적으로 약하고 방어할 힘이 없는 인류가 언어라는 강력한 도구를 휘두른 지 고작 수천 년 만에 오랜 세월 존재한 지구를 지배할 수 있게 되었다. 비록 그 도구가 창조와 파괴를 동시에 가능하게 하지만 말이다. 따라서 언어는 오랫동안 심리학과 인간 조건의 향상과 관련된 여러 분야에서 큰 관심을 갖는 현상이었다.

심리치료에서 언어에 관한 전통적 접근
TRADITIONAL APPROACHES TO LANGUAGE IN PSYCHOTHERAPY

모든 숙성된 심리치료 체계는 언어, 상징, 의미의 역할을 다룬다. 정신분석적 전통은 꿈 분석이나 자유 연상 같은 기법을 통해 흔하게 일어나는 사건의 상징과 숨겨진 의미를 이해함으로써 임상 갈등을 해결하고자 한다. 인본주의 치료자는 무조건적인 존중regard과 공감을 통해 비교와 평가를 하는 언어 과정을 약화시킴으로써 인간의 잠재 능력을 실현하려 노력한다. 인지 치료자는 소크라테스식 대화와 내담자가 자신의 경험에 대해 생각하고 말하는 방식을 재구조화함으로써 역기능적인 스키마와 문제가 되는 신념을 수정한다. 전인적이며 현재 중심적 접근을 취하는 게슈탈트나 마음챙김 기반 치료 등에서는 과도한 언어 분석을 경계하며 알아차림과 직접 경험의 중요성을 강조하지만, 그들 역시도 어느 정도 언어를 통해 경험 탐색을 인도한다. 모든 주요 심리 학파 중에 오직 행동주의만이 언어와 상징적 의미에 기반한 심리치료에 어느 정도 제한된 관심을 보였다. 스키너B.F Skinner만이 급진적 행동주의Radical Behaviorism는 '진정으로 목적과 의도에 관한 분야the very field of purpose and intention'(1974, p. 61)라고 주장했지만, 그도 실제로 언어를 쓰는 내담자에게 언어 행동 분석을 제한적으로 적용하였다. 많은 사람들은 인간이 아닌 동물의 경험 연구에서 나온 과학으로 가장 복잡한 인간 행동에 통찰을 가져오는데 의문을 품어왔다.

지금까지 언어와 상징적 의미에 관한 다양한 접근법이 각기 다른 학파로 나뉘고 통합되지 않는 경향이 있었다. 또한 그 어떤 접근으로도 심리치료 자체에서 언어가 갖는 역할에 관해 전반적이고 적용 가능한 이해를 이끌어 낼 수 없었다. 기존 접근은 언어를 심리치료의 유효한 요소로 활용하는데 지침을 제공하기 보다는 대개 특정한 상징이나 인지적 내용이 내담자에게 주는 영향을 이해하는 데에 집중했다. 언어는 마치 숨 쉬는 공기처럼 항상 유용하지만, 우리는 적절한 단어를 발견하지 못하거나, 대화가 틀어지거나 오해가 생길 때처럼 뭔가가 잘못되지 않는 한 유용성을 거의 의식하지 못한다. 다양한 심리치료 체계와 치료 프로토콜을 적용할 때 언어라는 도구를 어떻게 치료적으로 사용할 수 있는지를 보여 주는 언어 이론이 없었다. 활력을 고취하고 심리적 고통에 대한 해로운 반응을 최소화하는 언어의 행동과학이 필요했던 것이다.

우리는 임상 문제를 해결해나가는 길에 환하게 빛을 비춰주고 다양한 치료 학파에서 활동하는 모든 치료자를 안내하고 힘을 더 실어줄 수 있는 분석과 개념 도구 상자를 찾으려 한다. 이것이 이 책의 주제이다.

언어에 대한 맥락행동 접근
A CONTEXTUAL BEHAVIORAL APPROACH TO LANGUAGE

이 매뉴얼은 인간 행동의 복잡성을 쉽게 이해하고 모든 학파에서 나온 치료법을 더 강화할 수 있는 실용적인 도구상자를 제공하는 언어 이론을 제시한다. 이 언어 이론이 *맥락행동과학contextual behavioral science, CBS(Hayes, Barnes-Holmes, & Wilson, 2012; Zettle, Hayes, Barnes-Homes, & Biglan, 2016)*으로 알려진 행동주의 심리학의 한 분파로부터 나왔다는 사실은 뜻밖이다. 행동주의는 바로 그 언어와 인지라는 바위에 걸려 거의 침몰할 뻔했던 하나의 심리적 접근이기에 놀라울 수밖에 없다. 언어는 심리학에서 자연주의적이고 전인적인 접근으로 결코 설명할 수 없는 인간의 고유한 능력으로, 행동적 생각하기behavioral thinking[2]라는 한계 너머에 있는 현상이었다. 아니, 그렇게 생각했다.

하지만 맥락행동과학은 옛적의 행동주의와 다르다. 이는 복잡한 행동에 관한 기본적인 과학적 설명을 개발함으로써 인간의 괴로움을 완화하고 인간의 번영을 증진하는 것이 유일한 목적이다. 맥락행동과학은 철학적 가정, 과학적 가치, 방법론적 전념을 다루고 있는 체계로, 이론 개발과 경험적 탐구 및 지식을 실제로 적용할 때 모든 측면에 영향을 끼친다. 이 책에서 발견할 언어의 접근법이 치료자에게 유용하고 여러 치료 학파에 걸쳐 폭넓게 적용 가능한 이유는 바로 맥락행동주의 접근에 기반을 두기 *때문*이다.

*기능적 맥락주의functional contextualism*라는 전인적이고 실용적인 세계관이 맥락행동과학의 핵심에 있으며, 이론과 근거를 만들고 검토하고 평가할 때 전제가 되는 철학적 가정과 진리 규준으로 구성되어 있다. 기능적 맥락주의에서 진전progressivity을 측정하는 기준은 *이 이론이 내 목표를 달성하는데 얼마나 도움이 되는가* 하는 효과성effectiveness이다. 맥락행동과학으로 이루고자 하는 목표는 괴로움을 경감하고 심리적 안녕을 증진하는 것이다. 독자들이 이 책에서 나오는 개념과 기법에 관해 읽으면서 효과성이라는 기능적 맥락주의 기준을 가지고 평가해보기를 격려한다. 이 내용이 내담자를 더 잘 이해할 수 있도록 도와주는가? 치료 관계를 더 좋아지게 하는가? 치료 중재의 효과를 더 높여주는가? 그리고 나서 '좋다', '맞다'를 가르는 기준으로 효과성을 선택하는 것이 유용했는지 살펴보라.

맥락행동과학에서 행동이란 특정한 맥락에서 유기체 전체가 하는 *행위action*라고 정의

---

2) 역주, 행동적 생각하기란 '생각도 행동원리를 따르는 생각하기라는 행동이다'라는 스키너의 '언어행동verbal behavior'에 관한 견해에서 언급된 부분이다.

한다. 따라서 생각하기, 기억하기, 주의 기울이기, 느끼기와 지각하기를 포함하여 인간이 하는 어떤 것도 행동으로 볼 수 있다. 많은 독자가 행동과 생각을 구분하거나 행동과 감정을 구분하는 것에 익숙하여, 이 모든 것을 행동이라고 부르는 단어 사용이 어색하거나 심지어 틀렸다고 생각할 수 있다. 기능적 맥락주의자인 우리는 행동을 위와 같이 정의했을 때, 넓은 범위의 임상적으로 중요한 현상에 상대적으로 간결한 행동 원리를 적용할 수 있어 임상 목표에 도달하는데 유용하기 때문에 이런 정의를 사용하기로 선택했다. 이렇게 원리에서 추동된 접근을 했을 때 치료자는 심리과학에 기반을 두면서도 다양한 인간 경험과 내담자, 설정setting, 상황 요소의 수많은 고유한 조합에 유연하게 반응할 수 있어 실용적이다.

행동의 이런 정의에서 유기체의 행위는 이것이 일어나는 환경과 따로 분리되지 않는다는 점을 알아차릴 수 있다. 이것이 맥락행동과학이 더 큰 분야인 진화과학 안에 자리 잡게 되는 이유이다. 진화과학은 행동을 변이variation와 선택적 보유selective retention의 측면에서 바라보며 실용성을 목표로 삼기에 행동이 효과적인가를 결정하는 유일한 방법은 주어진 맥락에서 행동이 어떻게 작동하는가를 보는 것이다. *맥락은 행동이 일어나는 환경이다. 맥락은 행동이 언제 어떻게 왜 일어나는지 영향을 주는 모든 것을 포함하고 있다.* 맥락은 유기체의 행동에 영향을 주는 역사 및 상황 요소 모두를 가리키며, 생물학적, 사회적, 문화적 변수, 발달과 학습 이력, 유기체의 현재 내부(예, 인지, 정서)와 외부 환경 등을 포함한다. 행동은 맥락의 다양한 요소에 영향을 받는데 특정 변수의 영향을 약하게 하거나 강화시켜서 행동을 변화시킬 수 있다.

언어를 포함한 치료의 맥락 요소를 변화시키면, 생리, 인지, 정서, 동기 상태처럼 심리치료자가 직접 접근할 수 없는 측면에서 내담자 경험에 상당한 변화를 일으킬 수 있다. 치료자와 내담자 모두 치료적 변화를 추동하는 기전을 관찰하고 조작할 수 있기 때문에, 변화의 동력을 모두의 손 안에 견고히 쥐게 하는 셈이다. 또한 사고, 느낌, 행위의 특정 형태보다는 핵심 행동 과정과 기능을 동시에 표적으로 삼아 다양한 치료 목표를 이루는 상당히 효율적인 중재를 할 수 있게 된다.

이 책의 가장 중요한 목적은 치료자와 내담자가 (1) 행동에 영향을 주는 맥락적 특징을 파악하고, (2) 언어의 힘을 이용해서 적응적 반응을 지지하는 방식으로 맥락 변화시키기를 돕는 것이다. 우리의 접근은 관계구성이론relational frame theory(RFT; Hayes, Barnes-Holmes, & Roche, 2001)이라 부르는 언어와 인지에 관한 맥락적 행동이론과 역동적인 연구 프로그램에 기반하고 있다. 상대적으로 새롭지만, 정신병리, 마음이론, 암묵적 인지, 지능, 규칙 따르기, 문제 해결, 자기 감각 영역과 다른 임상적으로 관련된 많은 주제에서 150개 이상의 경험적 연구가 발표되었다(Dymond & Roche, 2013). 교육, 발달장애, 건강과 안전행동, 수행 향상, 관계의 친밀함, 조직관리, 지역사회와 문화 변화 같은 영역에 RFT 원리를 성공적으로 적용하고 있다. 수용전념치료acceptance and commitment therapy, ACT(Hayes, Strosahl, & Wilson, 1999, 2012)는 관계구성이론을 명백히 접목한 첫 심리치료로, 삶의 다양한 문제에 경험적인 근거가 있는 치료법이다(미국 심리학회 12 분과와 미국 물질남용 및 정신보건 서비스국에서 관리하고 있는 근거 기반 프로그램 목록 참고). 그러나 이 책은 ACT매뉴얼은 아니다. ACT를 하는 다른 좋은 방법을 기술하려는 것도 아니고, 임상치료에서 RFT를 적용하기 위해 ACT치료자가 되어야한다고 제시하려는 것도 아니다. ACT나 다른 치료를 대체하려는 것은 더더구나 아니다. 이 책은 모든 심리치료에 공통 핵심 기전인 언어에 적용되는 원칙을 탐구하고 설명하려는 시도이다.

언어는 학습된 행동이다
LANGUAGE IS A LEARNED BEHAVIOR

상징관계의 구축과 이에 반응하기 Building and Responding to Symbolic Relations

근대 인류는 약 20만년 전부터 존재했는데(McDougall, Brown, & Fleagle, 2005), 우리에게 영향을 주는 대부분의 심리 과정은 훨씬 더 오래되었다. 고전적 조건화와 조작적 조건화는 5억년 이상 존재한 학습과정이며(Ginsberg, & Jablonka, 2010), 습관화는 훨씬 오래되었다. 그러나 언어의 역사는 십 만년 정도로 짧다(Nichols, 1992). 몇몇이 주장하는 대로 언어가 나온 시점을 인류가 침팬지로부터 나온 시대까지로 거슬러 올라가더라도 상대적으로 최근의 발전에 해당된다. 진화의 시간 척도에서 바라봤을 때에 오백 만년은 눈 깜빡할 시간이다.

지난 수십만 년 동안 어느 지점에 근대 인류는 상징관계를 만들어내기 시작했다. 그리고 상징관계를 이용하여 정신적으로 사물을 합하고 분리하고, 유사성과 차이를 찾아내고, 유추를 만들어내고 결과를 예측할 수 있게 되었다. 이름을 붙이는 단순하고 보잘것없는 행동에서 시작하여 분석, 계획, 가치를 부여하고 비교하기, 한 번도 경험하지 못한 미래를 상상, 자기-자각, 다른 사람의 관점취하기 등 인간만이 가지고 있는 놀라운 능력 집합체가 출현했다. 이런 행동은 다른 학파에서 상징행동, 고위 인지과정, 실행 기능이라고 부른다. 우리는 언어라고 부른다.

일상에서 언어는 일반적으로 의사소통 능력을 의미하지만, 이 책에서는 그 이상을 의미한다. 우선 우리는 언어를 *사회적으로 확립된 단서에 어느 정도 기반을 둔 대상, 사건*

들 사이에 관계를 구축하거나 그 관계에 반응하는 학습된 행동이라고 정의한다. 사회적으로 확립된 단서에 기반을 두었다는 말은 관련지은 사물에 내재된intrinsic [3]특성에만 기반하여 관계를 구축하는 것은 아니라는 단순한 의미이다. 만약 우리가 "이 사람은 알프레드입니다"라고 말한다면, 당신은 두 가지(사람과 이름)가 같다고 배우게 되며, 이 사실을 알고 난 후 사람과 이름에 다르게 반응하게 될 것이다. 예를 들어, 이름을 들었을 때 그 사람을 쳐다볼 것이다. 그러나 그 사람과 이름에 본질적으로 동등함은 전혀 없다. 사람과 이름의 관계는 '~는 ~이다, is'라는 짧은 단어에 기반한 상징관계이다. 사람과 이름에 어떻게 반응할지를 알려주는 단서(즉, ~는 ~이다, is)는 사회적 관습에 기반한다. 따라서 이런 단서의 의미는 학습되어야 하는 것이며 말하고 듣는 사람에 따라 달라진다. 한편으로, 'is'는 영어권 사람에게 특정한 의미를 가지며, 당신이 영어를 배우지 못했다면 그 사람과 이름을 연관 짓지는 못할 것이다. 다른 한편으로, 'is'가 유일무이한 단서는 아니다. 물론 불어를 안다는 가정 하에 사회적으로 확립된 완전히 다른 단서를 주어도("C'est Alfred"/ 역주, C'est는 '이것은 ~이다'를 의미하는 불어이다), 여전히 그 사람과 이름 사이의 관계를 배울 수 있다. 이렇게 사회 관습에 따라 단서가 얼마든지 달라질 수 있으므로, 사회적으로 확립된 단서는 *상징*이고, 임의적으로 적용 가능한 단서로 이어진 관계는 *상징관계*이다. 이것을 이해하면, *언어는 상징관계를 구축하고 이에 반응하는 학습된 행동*이라고 간단히 정의할 수 있다.

상징관계를 만들고 이에 반응하는 행동은 특별하다. 왜냐하면 이 행동은 우리가 세계를 경험하는 방식을 변경하고, 대상과 사건에 의미를 부여하여, 우리의 사고, 느낌, 행동에 상징관계가 미치는 영향력을 변경하기 때문이다. 그래서 언어는 우리가 소유하는 사물이 아니라 학습하는 기술이며, 의사소통을 넘어 훨씬 많은 상황에 적용할 수 있다.

RFT 관점에서, 언어는 단어로 이뤄져야만 하는 것은 아니다. 예를 들어 언어의 한 형태인 수학에서 관계를 기술하기 위해 숫자와 아이콘을 사용한다. 글자로 쓰거나 말로 표현되어야지만 언어 상징인 것은 아니다. 엄지손가락을 들어 인정한다는 의사를 표현하거나, 붉은색 팔각형을 보면 운전자가 멈추는 것처럼 언어 상징은 제스처이거나 시각 이미지일 수 있다. 언어를 구성하는 상징은 스스로는 의미가 없지만, 여러 관계에 포함되면서 의미가 생긴다. 이런 관계 네트워크는 여기에 속한 대상과 사건에 대한 심리 반응에 영향을 주는데, 우리의 평가, 선호도, 동기, 촉박감urges, 생리 및 감정 반응 등이 달라진다.

---

3) '내재된'이란 우리의 지각과 독립적이라는 의미가 아니라 상징적 해석과 무관하다는 의미이다. 따라서 이 정의의 맥락에서 우리가 빨간색으로 보는 장미의 색은 언어에 의존하지 않기 때문에 내재되어있지만 여전히 우리의 지각에 달려 있다(다른 동물이나 시력에 문제가 있는 사람은 다르게 보일 수 있음).

상징관계가 사실상 모든 임상관련행동clinically relevant behavior에 깊은 영향을 주고, 따라서 내담자의 이익을 위해 언어를 사용할 수 있으므로 치료자는 언어에 관심을 가진다.

상징관계가 인간에게만 있는 *독특한* 능력이라는 의견에는 논란의 여지가 있을지라도, 확실히 인간의 특성이라고 볼 수 있다. 지금까지의 연구는 내재된 특질(예, 대상의 크기, 모양, 혹은 색깔)에 의지하지 않고 상징관계의 모든 특징을 학습할 수 있는 좋은 인간이 유일함을 시사한다. 우리는 기술하는 대상에 내재하지 않는 가치와 의미를 부여할 수 있다. 예를 들어, 미트 로프Meatloaf(역주, 미국 가수이자 배우)가 크리스티나 아길레라Christina Aguilera보다 키가 약 20cm 더 크고 체중은 약 45kg 더 나가지만, 크리스티나 아길레라가 미트 로프보다 '더 큰bigger' 셀럽이라고 기술하는 것과 같이, 우리가 사용하는 특정한 상징은 변하기 쉬운 사회 관습에 기반할 수 있다. 상징은 시간의 흐름과 사회 집단에 따라 달라지기 때문에, 상징이 일어나는 맥락을 감안하여 그 의미를 이해해야만 한다. 'cool'이라는 단어가 뭘 의미하는지를 물어본다면, 여러 정의가 떠오르겠지만(역주, 시원한, 차분한, 멋진 등), 크리스티나 아길레라가 미트 로프보다 cool하다고 말한다면 그녀의 체온을 이야기하는 게 아님을 이해할 것이다.

언어학, 철학이나 문학 영역에서 내리는 정의처럼 다른 목적에 타당하고 유용한 언어에 관한 다른 정의가 있다. 또한, 언어를 좀 더 기술적으로 정확하고 세세하게 정의하는 이용 가능한 RFT 정의도 있다(예, Hayes et al., 2001; Törneke, 2010). 우리는 어떤 게 진짜 정의인지, 언어를 행동, 인지기능 혹은 전혀 다른 것 중에 어떤 걸로 간주하는 게 가장 좋을지 논쟁하면서 독자를 어지럽히고 싶지 않다. 그보다는 언어를 학습된 행동으로 여기면 심리치료자에게 특히 유용할 수 있음을 제시한다. 이 책에서 누구나 이해할 수 있는 말로 RFT 이론의 실용적인 정수만을 추출하고자 한다. RFT 이름에 나오는 첫 두 용어를 설명하면서 시작해보자.

관계구성틀[4] *Relational Framing*

관계하기relating는 우리가 '어머니'를 '아이'와 특정한 관계를 갖는다고 이해하거나, 어떤 것을 '덜 큰' 무언가와 관계해서 '더 크다'고 평가할 때처럼 한 사물을 다른 사물의 측면에서 단순히 반응하는 것이다. 어떤 대상과 사건을 관계 지으면 무언가를 알게 된다. 예를 들어, 우리가 미셸Michèle은 매튜Matthieu의 엄마라고 얘기하면, 당신은 다른 말을 듣지 않고도 이 관계로부터 다른 정보를 유도할 수 있다. 즉 매튜는 미셸의 자식이고, 매튜와

---

4) 역주, frame은 구성으로 framing은 구성틀로 번역하였다. 이유는 3장에 제시된 역주에서 설명하였다.

미셸은 같은 가족의 구성원이고, 미셸은 여성이고, 매튜는 미셸보다 어리다. 이런 다양한 관계 속에 함의되어 있는 정보를 의미가 있고 이해할 수 있는 하나의 네트워크에 연결함으로써 위의 모든 정보를 명시적으로 배우지 않고도 알 수 있다. 이렇게 대상과 사건을 상징적으로 관련짓는 능력을 가지면 학습 효율성이 극적으로 증가한다.

많은 학습 형태는 넓은 의미에서 관계적이다. 하지만 상징관계는 몇 가지 특별한 특징이 있으며, 이로 인해 언어는 놀라운 생성성generativity을 지니며 우리가 세계를 경험하는 방식에 강력한 영향을 미친다. 구성틀은 이런 과정에 관한 은유이다.

청명한 산속 호수를 소나무가 장엄하게 둘러싸고 있고, 나뭇가지 사이로 햇살이 쏟아지는 풍경을 바라보고 있다고 상상해보라. 만약 이 풍경을 창틀 너머로 보고 있었다면, 눈에 보이는 자연과 교감하고 싶어져서 등산, 수영, 또는 소풍 갈 준비를 시작할 지도 모른다. 당신은 하이킹 코스의 경사도, 호숫가에서 혼자 눈에 띄지 않고 수영을 즐길 수 있을지, 소풍 가서 탁자로 쓰기에 완벽한 나무 그루터기와 같이, 하고자 하는 활동과 관련된 풍경의 각 부분에 주목하게 될 것이다. 만약 똑같은 풍경이 미술관에 걸린 황금색 액자 안에 있었다면, 좀 더 수동적으로 반응하면서 미적 대상으로 바라보거나 영감을 얻으려 고민할 것이다. 작품의 구도를 눈여겨보거나 다양하게 사용된 색을 음미해 볼 가능성이 더 높을 것이다. 만약 그 풍경이 극장 무대와 무대의 커튼으로 둘러싸여 있었다면, 무대에서 전개될 이야기를 예상하면서 그 풍경은 눈에 거의 들어오지 않을 수도 있다. 한 장면. 세 가지 구성틀. 모든 범위의 지각과 반응. 풍경은 변하지 않았지만 풍경이 주는 영향은 달랐다.

대상과 사건이 다른 것들과 어떻게 연관되어 있는지에 따라 개념적으로 구성되면 그에 맞춰 우리 행동이 조형된다. 설명을 돕기 위해 일상생활에서 예를 들어보겠다. 당신이 아는 게 별로 없는 물건을 사야했던 경험이 있는가? 자동차, 컴퓨터, 또는 특별한 와인을 사야했던 적이 있을 수 있다. 다양한 물건이 비치되어 있는 요즘 가게의 진열대를 마주하면 제품 고르기가 어렵다 느낄 것이다. 점원에게 조언을 구했다고 해 보자. 점원이 선택할 수 있는 여러 물건들을 비교해 준다(예, 이 컴퓨터는 저것보다 저렴하지만 속도가 느립니다. 이 와인은 고기와 곁들일 때 완벽하고, 저것은 디저트와 더 잘 어울립니다). 직원이 제품들을 설명하고 비교하고 구별하면서, 관계 네트워크를 구축하고 있다(예, 칠레 와인이 보르도보다 저렴하다. 왼쪽 보르도가 오른쪽보다 더 다양한 맛이 느껴진다. 2009년이 좋은 포도주가 생산된 해였다. 이 와인은 고기와 잘 어울리지만 생선하고는 맞지 않다). 관계 네트워크는 고르고 있던 물건을 보는 방식을 변화시켰다는 점에서 앞서 이야기한 액자와 비슷하다. 당신은 몇몇 선택들을 없애나가며 다른 제품들에 더 끌리기 시작했다. 만약 시운전이나 시음같이 제품을 직접 경험해 볼 수 있었다면, 네트워크에 추가가 될 새로운 관계를 확립하기 시작했을 것이다. 마침내 당신은 어떤 물건을 구입했고, 이는 특정 차, 컴퓨터, 와인에 대한 직접 경험뿐 아니라 관계네트워크에서 나타난 의미 중 일부를 기반으로 하였다. 언어는 제품에 대한 경험을 구성하고 당신이 제품을 어떻게 지각하고 반응하는지에 영향을 주었다.

관계구성은 이성적인 판단뿐만 아니라, 당신의 감정과 욕구에도 영향을 준다. 캘리포니아 공과대학교Caltech의 신경경제학자들이 fMRI 스캐너에서 시행한 이중맹검double-blind 와인 시음 연구에서 관계구성이 감정과 욕구에 영향을 주는 현상을 볼 수 있었다. 참여자들은 카베르네 소비뇽Cabernet Sauvignon 5병을 시음하였는데, 와인병에는 5불에서 90불까지 판매가격만이 표시되어 있었다. 참여자는 몰랐지만, 사실 똑같은 와인을 10불, 45불, 90불짜리라고 표시해서 번갈아가며 맛보고 있었다. 어떤 결과가 나왔을까? 참여자들은 실은 같은 와인을 마시고 있었음에도 불구하고, '더 비싼' 와인을 마실 때 더 즐거워하였다. 서로 '다른' 와인이며, 이 와인은 '더 비싸다'고 관계를 지었더니 기쁨의 주관적 경험과 만족과 관련된 뇌 활동 모두가 증가하였다(Plassmann, O'Doherty, Shiv, & Rangel, 2007).

이런 과정의 세부 특징을 설명하는 매우 정밀한 기술 용어가 RFT 문헌에 다양하게 나온다. 그런 문헌을 탐구해볼 수 있지만, 이 책에서는 더 단순하고 실용적인 목표를 추구한다. 우선 기억해야 할 개념은 언어는 상징에 기반하여 사물을 관계짓는 학습과정이고, 이렇게 할 수 있게 되면 우리의 학습 방법과 세상을 경험하는 방식이 완전히 변형된다는 것이다. 상징적 학습 능력이 애초에 왜 발달했을지 고찰하면서 기술적인 세부사항을 조금 더 알아볼 것이다. 단지 자동차를 팔거나 와인을 더 즐기기 위해서가 아닌 건 분명하다.

언어의 진화
THE EVOLUTION OF LANGUAGE

인간의 뇌가 나머지 몸에 비해서 상대적으로 얼마나 큰지 생각해 본 적이 있는가? 인간이 모든 포유류 중에서 대뇌화 지수encephalization quotient가 가장 크다. 인간은 아기를 출산하는 종류의 동물이므로, '어떻게 그 큰 뇌가 산도를 빠져나오게 할 수 있는가?'하는 어려운 도전이 부여된다. 진화 과정을 거쳐 이 문제는 깔끔하게 해결이 되었다. 인간은 조그만 뇌를 가지고 태어나, 아동기, 청소년기, 심지어 초기 성인기까지 뇌가 계속해서 성장하고 발달한다. 이 해결책으로 인류는 특별한 이점을 부여 받게 되었다. 인간의 뇌는 앞으로 기능하게 될 환경에 의해 미세하게 조율이 된다. 그 환경에는 인간이 성장 발달하는 사회문화적인 맥락도 포함된다. 불리한 점은 인간의 아이는 다른 사람에게 많이 의존해야 생존욕구를 충족할 수 있고 이 추가 부담 때문에 돌보는 사람 스스로도 보다 취약해진다는 점이다. 양육자는 신생아가 내는 모든 불쾌한 소리와 냄새에 도망치거나 공격하기보다는 다가가고 보살피려는 욕구로 반응하게끔 아이의 안녕에 깊이 몰두하게 된다. 친화적 감정, 합동 주시joint attention, 관점취하기와 공감에 의해 강한 대인관계 애착이 조성되면 양육자와 아이 뿐 아니라 사회집단에 속한 다른 사람들의 생존 가능성도 높아진다. 이 정도로 인간 유대가 생기면 진화에서 선택 단위가 개인보다는 인간 집단이 될 수 있어 매우 유리하다(Nowak, Tarnita, & Wilson, 2010; Wilson & Wilson, 2007). 이렇게 인간 생존은 협력의 문화에 달려있고 진사회성eusociality[5] 문화에서 번창하는데, 협력 및 진사회성 모두 언어과정에 의해 높아진다.

언어와 인지가 인간 집단의 강렬한 사회적 본성을 확장하고 활용하기 위해 처음 등장한 협력의 형태로 생각하면 RFT를 가장 분명하게 이해할 수 있다(Hayes & San ford, 2014). 소아에서 볼 수 있는 초기 언어의 한 형태인 명명하기naming를 생각해 보자. 어린 아이에게 특정한 둥근 빨간 물체를 보여줬을 때 "사과"라고 말하고, 누군가 "사과"라고 말하는 걸 들었을 때 그 특정 물체를 가리킬 수 있게 되면, "사과"라는 상징과 대상(사과) 사이에 관계가 확립된 것이다. 이 관계는 항상 양방향이라는 점을 주목하자. 즉, 특정한 방식으로 대상을 상징과 연결하면, 상징과 대상 사이에도 특정한 종류의 관계가 구축되는 것이다. 따라서 양방향 관계로 서로 연결되면, 한 대상의 여러 기능적 특성을 다른 대상에서 경험하게 된다. 어린 아이가 "사과(역주, 사과라는 소리)"가 실제 사과와 동일한 것을 의미한다고 배우면, 그 이후에는 어떤 특정 상황에서 상징과 대상에 비슷한 방식으로 반응하기 시작할 것이다. 만약 사과를 싫어하는 아이라면, 싫은 과일을 맛보거나 만지지 않고도 "사과"라는 말을 들으면 질색하며 코를 찡그릴 지도 모른다.

상징관계에 내재하는 양방향성이 정상 학습 과정에 내포되어 있지는 않다. 파블로프의 개가 벨소리에 침을 흘렸지만, 음식을 보고 귀를 쫑긋 세우지는 않았다. 하지만 양방향성은 언어라는 인간의 가장 특징적인 학습 형태의 핵심이다. 인간이 어떻게 양방향성에 의지하게 되었는가?

그것은 우리가 사회적이고 협력하는 영장류이기 때문인 것 같다. 상징을 사용하면 어

---

[5] 역주, 진사회성이란 사회전체가 하나의 목표를 위해 구성원 각각의 이득을 뒤로 한 채 체계화되고 분업화된 역할을 수행하는 것을 말한다. 벌이나 개미의 집단사회체계에서 진사회성이 자주 관찰된다.

떻게 협력이 확장되는지를 이해하기 위해 양방향성이 관련된 역할을 살펴보자. 아이는 누군가 사과를 들어 올리는 것을 보면서 "이것은 사과다"(화자의 역할, 사과를 보면 '사과'라고 말하기)라고 이야기하는 것을 들었다면, 이후 골짜기 반대편이나 길모퉁이를 돌면 사과나무가 있는지 물어보는 질문을 받을 수 있다(청자의 역할, '거기에 사과가 있어?'하고 들으면 사과가 있는지 찾아보기). 아마도 단순한 대상과 행위에 '~이다 is'라며 이름을 붙이는 관계를 구축하기 시작하여 사회적인 인간이 살아가는데 유용했을 것이다. 우리는 화자나 청자의 관점에서 볼 수 있다. 우리는 관계의 한 측면을 배우고 다른 측면을 유도할 수 있다. 협력이 사회적 성공으로 이어지기 때문에 공동체는 상호 관계를 유도하게 훈련시킬 강력한 이유를 가지게 되었다. 그리고 일단 그렇게 하는 것을 배우게 되면, 다른 형태의 상징관계에 응용할 수 있는 원형이 생긴 셈이다.

수천 년의 문화 진화가 이뤄진 요즘, 화자와 청자 역할이 교차할 때 상징을 사용하여 소통하는 것이 얼마나 유용한 지 알 수 있다. 상징적 의사소통을 하면 그저 말하거나 생각하는 것만으로도 다른 사람의 행동이나 심지어 자기 자신의 행동에도 영향을 줄 수 있다. 상징적 의사소통은 아이가 어른에게 사과가 눈앞에 보이지 않을 때에도 달라고 요구하는 단순한 사회 교환에서 시작되었지만, 인간 문화는 그 능력을 추상적 사고, 스토리텔링, 문제해결 등 우리가 매일 보는 무수히 많은 능력으로 확장했다.

언어는 학습의 한 형태이다
LANGUAGE IS A FORM OF LEARNING

언어는 완성된 형태로 갑자기 나타난 것이 아니다. 언어는 적어도 5000배는 더 오래된 여러 학습 과정으로부터 발전해왔다. *그러나 언어는 다음 두 가지 중요한 면에서 독특한 학습 과정이다. 유일하게 학습 과정 자체를 배워야 하며, 일단 배우고 난 뒤에는 다른 모든 형태의 학습이 달라진다.* 모든 심리 치료는 어떤 형태의 학습을 고치는데, 통찰력, 기술 구축, 인지 재구조화 혹은 잠재력의 실현 등 부르는 이름은 다르지만 이 모두가 학습의 일종이다. 이번 단락에서 인간 심리에 영향을 주는 여러 학습 과정에 대해 간략히 검토할 것이다. 앞으로 다룰 학습 과정과 비교하고 대조해 볼 때 언어에 대한 RFT의 접근 방식을 가장 잘 이해할 수 있다. 학습 과정에 대한 더 자세한 설명은 *인간 행동의 ABC*The ABCs of Human Behavior[6] 책을 추천한다(Ramner & T rneke, 2008). 학습 원리

---

6) 역주, 한글로 번역된 인간 행동의 ABC 책에 관한 부분은 https://kcbs.ne.kr/books 을 참조하라.

에 입문하는 임상의에게 상세하면서도 동시에 쉽게 이해할 수 있고 실용적인 책이다.

습관화 Habituation

학습의 가장 간단한 유형 중 하나는 *습관화*이다. 이는 자극이 (혹은 환경단서가) 반복해서 나타나면 이에 대한 반응이 줄어드는 현상이다. 아기가 갑작스럽게 큰 소리에 노출되면 깜짝 놀라 울지만 소음이 계속되면 놀람 반응startle response이 가라앉고 소음이 계속 나는 데도 푹 잘 수도 있다. 중추신경계가 있는 유기체에서는 중추신경계가 습관화에 관여하지만(Thompson, 2009), 아메바나 짚신벌레와 같은 단세포 유기체에서도 습관화가 관찰된다. 우리 면역체계에 존재하는 대식세포처럼 다세포 유기체 내에 존재하는 단세포도 마찬가지이다(Harris, 1943; Nilsonne, Appelgren, Axelsson, Fredrikson, & Lekander, 2011). 이것은 습관화가 사실상 세포의 생명 자체만큼이나 오래되었으며, 틀림없이 학습의 최초 형태임을 암시한다. 습관화는 발생 가능한 위협에 대한 각성 반응과 같이 임상적으로 중요한 일부 현상에 관여하는 것 같다. 흔히 노출 치료의 효과를 설명할 때 습관화를 이용하지만, 습관화는 언어 과정(Kircanski, Lieberman, & Craske, 2012)과 같은 다른 새로운 학습과정과 쉽게 결합되므로 (Gallagher & Resick, 2012) 노출의 실제 작용 기전은 훨씬 더 복잡할 것이다.

반응 학습 Respondent Learning

한 여자아이가 고양이의 꼬리를 밟아서 고양이가 아이의 다리를 할퀴었다고 상상해보자. 좋지 않은 경험을 한 이후 아이는 고양이를 볼 때마다 겁에 질리고 울지도 모른다. 이러한 경향은 쉽게 일반화되며, 그 아이는 어떤 고양이를 보던 간에 울지도 모른다. 개인이 대상이나 사건의 유사한 정도에 따라 비슷하게 반응을 하게 되는데, 맥락의 요소에 *반응하도록* 배우는 것이므로 이런 현상을 *반응 학습*respondent learning이라고 부른다. 여자아이는 고양이를 보고 겁을 먹고 운다.

고양이에게 긁힌 것이 아이의 *반응*을 자극하는 환경의 요소인 *자극*stimulus이다. 고양이가 할퀴었을 때 아이가 즉각적으로 보인 반응은 학습을 필요로 하지 않았다. 즉, 고양이가 할퀴었을 때 다리에 통증을 느끼거나 다리를 뒤로 홱 움직이는 행동은 누구에게 배워야만 할 수 있는 행동은 아니었다. 이러한 종류의 반작용reactions은 이따금 반사나 본능으로 불린다. 하지만 사건이 발생한 정원이나, 아이가 당시 하고 있던 활동, 고양이 자체의 크기 혹은 색깔 등 고양이가 아이를 할퀴었을 때 존재하던 다른 자극에 대한 아이의 반응은 반사나 본능과 다르다. 어떤 맥락 요소도 고통의 반사 반응을 일으키지 않는다. 그러나 이 모든 특징은 고양이가 아이를 할퀸 맥락의 일부였기 때문에, 어떤 맥락 요소도 두려움이나 우는 행동과 같은 반응을 자극하는 기능을 획득*acquire*할 수 있다. 이는 반응 학습의 과정으로 '연합 학습associative learning' 혹은 '고전적 조건화 classical conditioning' 라고도 한다.

어느 맥락 요소가 반응 학습을 통해 유사한 반응을 일으킬 단서가 될 지는 여러 매개 변수parameter가 영향을 미친다. 새롭고 두드러지는salient 맥락 특징이 특히 단서가 될 가능성이 높다. 한편으로 만약 고양이에게 긁힌 정원이 아이에게 낯선 곳이었다면 고통스런 자극과 더 쉽게 연관되어, 아이가 이후에 그 정원에 가까이 가면 두려움을 느낄 수 있다. 반면에 그 정원이 자주 방문하던 곳이었다면, 이미 긍정, 중립, 부정 등 다양한 경험과 연관이 된 상태다. 따라서 고양이가 할퀸 경험이 아이의 행동에 영향을 끼치려 할 때 이미 연합된 다른 경험들과 경쟁하게 된다. 따라서 고통스러운 사건이 익숙한 곳에서 일어났다면 그 장소가 공포 반응을 유발하는 기능을 획득할 가능성이 낮아진다. 고양이 그 자체는 환경의 요소 중 특히 두드러진 요소이다. 아마도 아이가 긁혔을 때 고양이를 가장 많이 인지했기 때문에, 고양이는 미래에 공포 반응을 유발할 단서가 될 가능성이 크다.

고양이(지금 학습한 혹은 *조건화된* 자극 *conditioned* stimulus)와 물리적으로 유사한 부분이 있는 맥락 요소는 *자극 일반화 stimulus generalization* 과정을 통해 공포 반응을 일으키기 쉽다. 예를 들어, 만약 다치게 한 고양이가 긴 검은색 털을 가지고 있었다면, 아이는 짧은 주황색 털보다 긴 회색 털 고양이를 보았을 때 더 겁에 질릴 것이다. 아이가 처음에는 비슷해 보였던 사물과 사건을 구별할 수 있게 되면 이런 반작용이 서서히 사라진다. 그 예로, 아이는 모든 색의 짧은 털 고양이에게는 두려움을 적게 느끼고 검은색이 아닌 다른 색 털 고양이에게는 아예 두려움을 느끼지 않게 될 것이다.

진화 과정으로 반응 학습의 매개변수가 달라진 경우도 있다. 한 사례로, 고전적 조건화는 대체로 자극 후에 곧바로 반응이 이어져야 잘 일어나는데, 부패한 음식을 섭취한 지 몇 시간 지나서 아픈 경우에도 반응 학습을 통해 독성이 있는 음식을 피하는 행동을 배울 수 있다(Bernstein, 2000). 추정컨대, 이것은 독이 있는 음식을 피하는 학습이 진화 적합성evolutionary fitness에 강한 영향을 미치기 때문일 것이다. 또한 진화가 특정한 맥락 요소를 기능 범주로 미리 계획한 경우에는 다른 경우보다 반응 학습이 쉽게 일어난다. 전기 콘센트가 현대 세계에서 뱀보다 훨씬 위험함에도 불구하고 전기 콘센트 보다는 뱀처럼 꿈틀꿈틀거리는 물체를 두려워하도록 학습되는 것이 더 쉽다. 따라서 반응 학습과 같은 기본 학습 과정조차도 인간이 사는 맥락이 변화함에 따라 진화하고 있다.

조작적 학습 *Operant Learning*

고양이가 할퀸 사건에 아이가 어떻게 반응할 지는 다른 추가적인 학습 과정에 따라 달라질 수 있다. 예를 들어, 만약 아이가 고양이로부터 도망치면 고양이가 보이지 않게 된다. 고양이가 사라진 결과(고양이로부터 긁힐 가능성의 감소)는 고양이로부터 도망치는 행동의 중요한 결과로 기능할 수 있고, 고양이를 마주쳤을 때 회피나 도피를 지배적인 반응으로 선택할 수 있다. 아이는 계획하거나 생각하지 않고도 모든 동물 종이 학습한 가장 논리적이고 적합한 전략을 사용하는 것이다. 즉, 해로운 결과를 가져오는 자극을 회피함으로써 생존에 대한 위협을 피하는 전략이다. 이것은 조작적 학습 혹은 결과에 의한 학습이란 원리이다.

위협과 직접 관련이 없는 결과 또한 아이의 행동에 영향을 미칠 수 있다. 부모는 아이가 통증과 두려움을 표현하는 것을 보고 괴로워할 수 있고, 아이가 고양이에 때문에 훌쩍거릴 때 달래려고 할 수도 있다. 위로 받기는 이로운 결과이다. 이처럼 긍정적인 사회 결과가 뒤따르기 때문에 고통을 더 자주 표현하게 될 수 있다. 결과를 변경하려고 반응이 환경을 *조작operate on*하기 때문에 이러한 종류의 학습을 조작적 학습이라고 한다.

또한 결과를 경험하고 난 후, 행동이 나타날 가능성이 줄어들기도 한다. 불리한 결과가 뒤따르는 행동의 빈도는 줄어드는 경향이 있다. 예를 들어, 고양이에게 다가가 실수로 꼬리를 밟았더니 고통스러운 결과가 생겼다. 이렇게 하여 고양이 곁으로 다가가거나 가까이 걸어가지 않게 될 것이다.

때때로, 즐거운 무엇인가가 사라지는 형태로 불리한 결과를 겪기도 한다. 한 예로, 만약 아이가 고양이로부터 도망을 치면서 들고 있던 막대사탕을 놓쳐버렸다면, 더 이상 고양이 주변에서 놀지 않을 또 다른 이유가 될 것이다.

만약 부모는 아이가 훌쩍거릴 때마다 안아줬더니 고양이에 대한 두려움이 더 커졌다는 것을 알아차린다면 위와 비슷한 효과가 나타날 수 있다. 부모는 아이가 훌쩍거릴 때 달래지 않기로 결정할 수 있다. 따라서 더 이상 강화하는 결과를 주지 않는 것이다. *소거 extinction*라 불리는 이 원리는 조작적 행위를 유지해 온 결과가 더 이상 발생하지 않을 때 일어나는 일을 설명한다. 괴로움의 표현은 잠깐 동안은 증가(소거 폭발*extinction burst*)하였다가 더 이상 안아주고 달래기를 해주지 않으면 줄어든다.

반응 학습과 조작적 학습 모두 연합 학습*associative learning*이라고 부르기도 하지만, 우리는 이 둘을 언급할 때 '수반성 학습*contingency learning*'이라는 용어를 선호한다. 간단히 설명하자면 수반성은 '만약... 그렇다면*if...then*' 관계이다. 반응 학습에서는 자극-자극 수반성이 존재하는 반면, 조작적 학습에는 선행사건-반응-결과의 수반성이 있다. 이 장의 후반부에서 언어를 상대적으로 새로운 학습 형태로 보고 검토를 할 것이다. 그런데 이런 관점으로 검토를 할 때, 조작적 학습과 고전적 조건화를 '연합'이라는 용어를 사용하여 지칭하면 혼란스러울 수 있다. 의미에 대한 연합 모델[7]은 심리학만큼 오래되었으나 지금까지 좋은 결과를 보인 적은 없었다. 언어의 기초가 되는 관계 학습relational learning을 위와 같은 종류의 연합 모델로 오인한다면 RFT에서 무엇이 새롭고 유용한 지를 보기 어려울 것이다.

사회 학습 Social Learning

인간을 포함하는 사회적 동물은 그들이 속한 사회 그룹의 다른 구성원을 접하면서 다양한 행동을 학습할 수 있다. 학습하는 여러 행동은 유전적으로 확립되거나, 모방을 기반으로 하기도 하며, 또한 수반성 학습과 상호작용하여 나타난다. 예를 들어, 어린 새가 다 자랐을 때 그들 종이 부르는 노래를 정확하게 부르기 위해 알 속에서라도 노래를 들어야 할 수 있다. 이것은 마치 나중에 노래를 정확하게 부르는지를 판별할 때 사용할 일종의 본보기template를 저장해두는 것 같다(Catchpole & Slater, 1995). 아이들은 태어날 때 혀 내밀기와 같이 몸짓으로 나타나는 모방 반응의 일부 요소를 지니고 있지만, 보다 복잡한 형태의 모방을 하려면 수반성 학습 과정이 필요하다(Ray & Heyes, 2011). 하지만 사회 학습은 단순한 모방만은 아니다. 예를 들어 어른 침팬지가 통나무에서 맛있는 개미를 꺼내는 것을 보고 난 후, 어린 침팬지가 통나무에 다가가 시행착오를 거치며 저녁거리를 구하는 방법을 알아낼 수 있다. 인간은 사회적인 특성을 가지고 있어 사회문화 과정이 다른 학습 과정과 상호작용 할 기회가 많다. 인간이 언어를 사용하게 됨으로써, 이런 상호작용이 더욱 더 많이 일어나게 된다.

관계 학습 Relational Learning

대상, 사건을 관계지을 수 있는 능력은 조작적 학습에 의해 획득되고 사회 학습에 의해 촉진되므로, 인간이 아닌 대부분의 동물이 상대적 크기, 색이 어두운 정도, 혹은 속도와 같은 자연 환경에서의 내재된 특질에 기초하여 사물과 관계하기를 매우 빨리 배울 수 있다는 점은 그다지 놀랍지 않다(이러한 광범위한 학습을 요약한 초기 문헌 참조, Reese, 1968). 인간에서 상징적으로 사건을 연관시키는 데 특화된 능력이 진화하였고 인간과

---

7)역주, 언어의 의미론에서 연합은 단어나 구와 관련하여 사람들이 일반적으로 (정확하거나 부정확하게) 생각하는 외연적 의미를 넘어선 특정 자질이나 특성을 나타내고 있음을 의미한다. 흔히 개념적 의미Conceptual Meaning와 대비되어 사용된다.

인간이 아닌 종의 차이는 관계 구축이 복잡해질수록 더 커진다고 현대 진화과학에서 분명히 이야기하고 있다(Penn et al., 2008). 인간의 상징행동에는 '고차원적인 관계에 관한 암묵적인 시스템tacit systems of higher order relations'이 있어, '해당 영역 내에서 새로운 관계를 판단하고 발견하는 것'이 가능하다는 게 진화론자들의 공통 의견이다[8](Penn et al., 2008 , p.118).

진화 과학에서 아직 이러한 '고차원적 관계에 관한 암묵적인 시스템'이 어디에서 왔는지, 어떤 속성을 갖고 있으며 어떻게 조절되는지를 구체적으로 다루지는 못하였다. 이를 이해하게 되면, 상징 학습을 조절하고 긍정적 심리 기능을 고취하기 위해 언어 원리를 활용하는 방법에 관한 임상 지침에 유용할 것이다. 이것이 RFT와 이 장에서 다루고자 하는 내용이다. 이 장의 나머지 부분은 상징관계 행동symbolic relational behavior이 어떻게 학습되고 그 자체로 학습 과정이 되는지에 관해 설명할 것이다.

언어를 어떻게 배우는가
HOW LANGUAGE IS LEARNED

지난 20년 동안, RFT 연구자는 언어 발달의 기초가 되는 관계 학습의 단계를 재현하기 위한 150개 이상의 연구를 수행하였다. RFT 연구는 실험적 방법과 전문용어에 관심이 많고 익숙한 사람조차 이해하기 어렵다고 악명이 높다. 그도 그럴 것이 RFT 가설을 검증하려면 실제 가설을 검증하기 전에 실제 자연스러운 환경에서의 언어 발달과 흡사하지만 참가자가 경험해 본 적이 없는 독특한 학습 이력 구축하기와 같은 어렵고 시간이 많이 소요되는 준비가 필요한 경우가 많다. 이러한 난제를 해결하기 위해 방법론적 혁신과 새로운 연구 패러다임을 개발하게 되었고, 인간 행동의 모든 측면을 다루는 실용적인 지식을 얻고 응용할 수 있게 되었다. 여기서 RFT 연구에 대해 더 깊게 다루지 않으려 한다(최근 문헌 고찰 및 분석을 위한 참조, Dymond, May, Munnely & Hoon, 2010; Dymond & Royce, 2013). 그럼에도 불구하고 RFT를 가르쳐보니 연구자가 어떻게 RFT 실험을 수행하는지를 조금만 알면, 임상의들이 좀 더 쉽게 이를 이해하게 된다는 것을 알게 되었다. 사전에 경고하면 다음 몇 페이지는 조금 어렵고 따분할 수 있다. RFT의 원

---

[8] 역주, Penn 의 2008년 논문 '다윈의 실수, 인간과 동물 마음의 불연속성(Darwin's mistake: Explaining the discontinuity between human and nonhuman minds)' 의 7번 '인과 관계(Causal relation)' 단락에는 인간이 눈에 보이지 않거나 숨겨진 인과 관계를 유추하며, 논리적으로 사고하여 진짜 /가짜 원인을 구분할 줄 아는 과정에는 고차원적인 관계에 관한 암묵적 시스템이 영향을 줄 것이라고 많은 연구가들이 주장하고 있음을 인용하고 있다.

리를 탐구하는 동안 조금만 참고 견디기를 감히 청하며 곧 그 노력에 대해 보상이 있을 것임을 약속한다.

맥락 단서가 관계를 구체화한다 Contextual Cues Specify Relationships

세계와 직접 상호작용하기에서부터 세계에 관해 상징적으로 말하고 생각하기로 어떻게 넘어가는 걸까? 이 과정은 학습 환경에 존재하는 단서에 기초하여 특정한 방식으로 사물을 관계하기를 배우면서 시작한다. 걸음마기 한 아이가 보드판 구멍의 모양과 색깔에 따라 3차원 모형을 끼워 넣는 교육용 게임을 하는 경우를 생각해 보자. 예를 들어, 아이는 보드판을 살펴보고 삼각형, 동그라미, 사각형 모양의 구멍을 발견할 것이다. 각각 구멍의 테두리는 파랑, 빨강, 노란색이다. 동시에 삼각형, 동그라미, 사각형 모양의 파란색, 빨간색, 노란색 플라스틱 조각이 바닥에 놓여 있다. 시행착오를 통해 아이는 보드판의 구멍과 갖는 관계에 따라 적절한 모형을 선택하는 법을 배운다. 예를 들어, 아이가 처음에는 삼각형 모형을 동그란 구멍에 넣어볼 수 있다. 삼각형의 모서리가 동그란 구멍에 맞지 않음을 깨달으면 다른 모형을 고를 것이고 모서리가 없는 동그라미 모형이 완벽하게 들어 맞음을 알아낼 것이다. 아이는 모형이 구멍 안으로 쏙 들어갈 때 기쁨을 느끼고, 계속해서 모형을 같은 모양의 구멍에 맞춰서 안으로 쏙 사라지게 할 것이다.

이제 아이가 사물을 맞는 구멍에 넣는 법을 배우는 동안 부모가 도움을 주려고 주변에 있는 상황을 생각해 보자. 아이가 테두리가 빨간색인 삼각형 구멍에 빨간 삼각형 조각을 넣었을 때 부모가 "옳지 잘했어!"라고 외친다. 하지만 만약 아이가 빨간색이 아니라 파란 삼각형 조각을 구멍에 넣었을 때는 "아니야, 그게 아니야. 봐봐... 어떤 게 같은 색깔이지?"라고 말한다. 아이는 아직 언어 기술을 없기 때문에 부모가 방금 말한 언어[9] 단서를 이해하지 못한다. 이러한 이유로, 부모는 아이의 손을 잡고 빨간 삼각형 조각을 잡도록 이끌면서 "봐봐, 이게 색이 똑같지?"라고 말한다. 그리고 아이가 맞는 구멍에 넣었을 때 칭찬해 줄 것이다. 위 상황에서 일어난 일을 이야기하자면, 부모가 아이에게 *맥락 단서* contextual cue의 의미를 배울 수 있는 사회 맥락을 만들어 준 것이다. 이 경우 구멍의 색깔과 모형의 색깔이 공유하는 관계의 종류를 묘사한 '같은same'이라는 단어가 맥락 단서이다.

일단 아이가 '같은'이라는 단어를 써서 두 물체 사이의 동등한 관계를 밝힌다는 것을

---

9) 언어에 관한 행동과학 문헌에서 '언어적verbal'이란 용어는 상징적symbolic과 동의어로 사용된다. 그러나 생소한 독자의 혼란을 피하기 위해, 이 책에서는 단어로 이뤄진 상징을 일컬을 때에만 언어적이라는 용어를 사용하였다. 행동과학 관점에서는 몸짓, 이미지와 같은 비언어 단서도 상징적일 수 있다. 비상징적 단서와 기능을 '내재된 instrinsic'이라고 부르겠다. 하지만, 용어 '언어적 상호작용verbal interactions' 은 이 용어의 더 흔한 사용과 맞추기 위해 일반적으로 이야기하는 몸짓, 자세, 얼굴 표정, 목소리 어조 등의 상징적 상호작용을 일컬을 때 사용했다.

알게 되면, 부모가 다른 대상과 사건을 같은 방식으로 관계하게 가르칠 수 있다. 예를 들어 '고양이'라는 단어와 아이 발치에 있는 털이 있는 생명체가 *같다*고 가르칠 수 있다. '~는 ~이다is', '~와 비슷한like', '~와 유사한similar', '~같은same' 등 많은 맥락 단서가 동일한 유형의 관계를 구축하게 할 수 있으며, 단서가 꼭 단어로 이뤄질 필요는 없다. 예를 들어 '='과 같은 기호를 사용하거나, 검지로 누군가의 가슴을 가리키며 이름을 소리 내어 부를 때와 같이 몸짓을 통해 동등한 관계를 확립할 수 있다.

지금까지 이야기한 예시는 학습하는 맥락의 특징이 단서가 되어 관계에 관한 조작적 학습을 함으로써 초기에 언어가 어떻게 발전할 수 있는지를 보여 준다. 이 경우 모형과 구멍의 모양, 색과 같은 내재된 특징intrinsic feature을 바탕으로 관계가 구축되었다. 고유의 관계를 감지하는 학습은 상징 학습의 전구체precursor이다. 그 자체로는 상징적이지도 않으며, 인간만의 내재된 특성도 아니다. 갓난아기, 물고기와 비둘기는 모양이나 색깔의 유사성과 차이점을 쉽게 배울 수 있지만 사회적으로 결정된 가치를 비교하지 못한다.

관계는 상징적일 수 있다 Relationships Can Be Symbolic

일단 학습을 하고 나면, 관계를 구체화하는 맥락 단서를 주변의 모든 대상이나 사건에 적용할 수 있다. 아직 상징관계를 구축하지 못하는 어린 아이가 듣는 말은 밤하늘의 별처럼 단절되어 있고 의미와 목적이 없는 상태다. 하지만 아이가 사물을 *비슷하다similar*, *~와 가깝다near to*, *~보다 밝다brighter than*고 관계 짓는 법을 배우고 나면, 떨어져 있는 점들을 무수히 많은 방식으로 연결할 수 있게 된다. "저기 아홉 개의 별이 보이지? 저 별은 사자처럼 생겨서 사자자리(레오)라고 한단다. 저게 네 여동생의 별자리야. 여동생이 8월에 태어나서 사자자리인거야." 누군가가 아이에게 이 별들이 어떻게 별자리를 구축하기 위해 관계하는지 보여 준다면, 한때는 따로 떨어져 특별한 의미를 갖지 못했던 요소들이 서로 들어맞기 시작한다. 만약 아이가 그 별들을 충분히 자주 별자리로 본다면, 전처럼 떨어져 있는 서로 관련 없는 별들로 보기가 어려워질 것이다. 더 이상 연결을 시키지 않는 무의미한 상태로 돌아갈 수 없게 된다. 15년 후에 아이가 가족으로부터 떨어져 먼 곳을 여행하다가 그 아홉 개의 별을 올려다보고 여동생과 가까이 있는 듯 느낌을 받을 수 있다. 심지어 지금 시간대와 지구에서의 자기 위치를 알아내는 가이드로 이 별자리를 활용하는 법을 배울 수도 있다. 이것은 언어를 훈련하면서 상징 학습이 만들어내는 일종의 변화와 유사하다.

RFT 용어로 이야기를 한다면, 관계되는 사물의 내재된 특성과 상관없이 사회 관습에 기초하여 관계를 지칭하는 맥락 단서를 임의로 적용할 수 있기 때문에 위 행동은 상징적이다. 우리는 모두 내일 바나나를 *사과*라고 부르고 사과는 *바나나*라고 부르기로 정할 수 있다. 이렇게 관계 단서relational cue는 사회적이다. 만약 모든 사람이 사물을 지칭하는 용어를 바꾸기로 결정했다면, 그냥 적절한 관계 단서를 명시하기만 하면 그렇게 할 수 있다. 처음에는 임의적으로 느껴지겠지만, 시간이 지나면 바뀐 용어가 표준이 될 것이다. 더 이상 적절하게 보이지 않아서 특정 개념의 명칭을 바꾸기로 결정했을 때에 정확히 똑같은 일이 일어난다. 한 예로 제 3세계 국가를 현재는 조금 더 존중의 의미를 담고 있는 개발도상국이라고 부른다(용어가 다시 바뀌기 전까지는). 우리의 습관을 바꾸는 데에 약간 시간이 걸릴 수 있지만, 사회 관습의 단순한 변화로 이러한 새로운 명칭으로 부르기 시작하는 것이다.

주변에 물리적으로 존재하지 않는다 하더라도 상징을 사용하는 언어를 통해 어떤 것이든 현재 순간으로 불러올 수 있는 능력은 계속해서 우리에게 엄청난 이점이 된다. 실제로 아이가 장난감을 가지고 놀고 있는데 빨간 삼각형이 판자 아래에 숨겨져 있다고 상상해보자. 부모가 "빨간 삼각형이 어디 있지?"라고 물어본다. 이제 기본적인 언어 기술을 습득하여 부모의 말을 다 이해하게 된 아이는 빨간 삼각형이 없다는 것을 인식하고 어디에 감추었을지 찾기 시작한다. 다음 장에서 볼 수 있듯이, 이를 내담자 삶의 요소를 면담실로 불러오는 강력한 수단으로도 활용할 수 있다. 환자의 본래 환경에 직접 개입하지 않고도 심리 문제를 평가하고 변화시키는 것이 가능하다.

상징관계는 매우 다양하다 There Are a Variety of Symbolic Relationships

만약 사물을 유사성에 따라서만 관련지을 수 있었다면 언어의 효용성은 상당히 제한되었을 것이다. 하지만 동일성이 가장 단순하면서도 협력의 핵심에 있기 때문에 아마 동일 관계에서 언어가 출발했을 것이다. 이는 단순히 두 사물 사이의 관계가 양방향으로 정확하게 동일하기 때문이다. 즉, 두 사물이 동등할 때 "이것은 저것과 같아"와 "저것은 이것과 같아"가 정확히 같은 의미를 지니게 된다. 관계에 양방향성이 있으면 다른 사건과의 관계에서 한 사건에 대한 정보를 쉽게 추상할 수 있다. 예를 들어 "너는 내 집을 쉽게 찾을 수 있을 거야. 오래된 빅토리아 시대의 집처럼 보이는 집이야"라는 말을 하면, 상대방은 빅토리아 시대의 집이라는 말을 듣는 순간 언급한 대상의 기능을 떠올릴 것이다. 동등 관계는 결국 '인간'이라고 불리는 협력하는 영장류에게 유용하게 쓰였다. 하지만 관계하기가 동등으로 끝낼 이유도 없고 실제로 거기서 끝나지도 않았다.

확립할 수 있는 관계의 다양성을 고려하면, 매우 복잡한 상징적 세계가 만들어져 우리가 직접 경험하는 환경에 더해진다. RFT 연구자는 반대(예, Dymond &Barnes,

1996), 비교(예, Dymond &Barnes, 1995), 계층(예, Slattery & Stewart, 2014), 시간
(예, O'Hora, Roche, Barnes- Holmes, & Smeets, 2002), 관점(예, McHugh, Barnes-
Holmes, & Barnes-Holmes, 2004) 관계의 구축을 입증했다. 임상 문제를 분석하고 적
절한 임상 기법을 적용할 때 위에 언급한 모든 관계 및 다른 많은 관계에 관심을 기울여
야 하며, 자세한 사항은 이후 장에서 자세히 살펴볼 것이다. 우선 다음과 같은 인용문에서
내담자 삶의 중요한 측면들이 서로서로 어떻게 연관되어 있는지를 간단히 생각해 보자.

"만일 제가 자신감만 더 있었더라면 대화를 시작하고, 제 생각을 친구들과 나누고… 누군가
와 친밀하다고 느낄 수 있는 모든 것을 할 수 있었을 겁니다. 하지만 저는 쓸모가 없기 때문
에 결코 행복할 수 없을 거예요. 제가 어떤지 선생님은 상상조차 할 수 없을 거예요. 당신은
성공한 분이고, 저는 실패자입니다."

이런 방식의 구성에는 여러 관계가 서로 지지하면서 하나의 네트워크를 이루고 있다.
내담자의 말을 바꿔서 다시 말하고 여기서 특히 중요한 관계 단서를 굵게 표시해보겠다.

"나는 **결코** 친밀감을 **느끼지 못할 겁니다**never have. **왜냐하면**because 친밀감은 대화를 시
작하고, 생각을 나누는 것과 **같은**like 행동을 **포함하는데**include, 이는 자신감이라는 **조건이**
conditional 성립해야 가능하고 저는 자신감 있는 사람이 **아닙니다** am not. 그러므로 나와 행
복은 **양립할 수 없습니다**are incompatible. 왜냐하면 행복은 자신감에 **의존하기**is dependent
때문입니다. 저는 **분명히** 자신감이 **없는 사람**이에요I am distinctly not. 저는 가치 없는 **사람
입니다** am. 더구나, **당신**you과 나는 **양극단에 있습니다**opposition. **그 이유는**because 당
신you은 저의 **관점**my perspective으로 보지 **못하고**can't **당신**you의 성격이 **저**me와 **정반대**
opposition이기 때문입니다. 그러니 **당신**you은 제가me **어떤지**is like 알 수 **없을 것입니다**can't."

RFT 관점에서 보면, 내담자의 말속에 담긴 여러 관계에서 내담자가 언어의 필터를 통
해 삶을 인식하는 방법과 심리학적 중재가 어떻게 자신의 어려움을 다룰 수 있는지에 관
한 중요한 정보를 구할 수 있다.

상징관계는 모든 것이 무엇이든 의미할 수 있게 한다
Symbolic Relationships Make It Possible for Everything to Mean Anything

이 부분이 인간이 아닌 동물들과의 단절된 지점이며, 상징 세계에 충분히 들어갈 만큼

인간이 내디딘 작은 분기점이다. 이 분기점에서 관계 학습은 본래의 관계에서 열린 '구성 frames'로 이동하여 *어떤 것도* 둘 수 있게 된다. 우리는 이제 언어를 다루게 되었다.

이 작은 진보는 아마도 단순히 이름 붙이기에서 시작했을 것이다. 이름 붙이기는 ~**이다**^{is}라는 단서 혹은 비슷한 기능을 수행하는 단서(예, 입으로 소리를 내며 대상이 있는 방향을 가리키는 행위)로 조절이 되며, 다른 모든 조작자처럼 직접 강화가 되는 협력적 의사소통에 해당하는 행위이다. 하지만 이제 ~*이다*^{is}는 무수한 학습된 관계를 포함하는 것으로 확장되어 네트워크들을 배열한다. 이 확장의 과정은 조작적 학습으로부터 시작되었지만, 본래의 관계로부터 벗어남으로써 진정 새로운 일이 일어나기 시작하였다. 수 천년 동안 문화 사회적 지원과 더불어 그런 확장은 상징행동symbolic behavior이라는 인간 마음의 핵심이 되었다.

이제 이 상징 확장이 어떤 원리로 작용하는지 관찰해보자. 두 개의 구체적인 명사와 두 개의 다른 대상에 관해 생각해 보라. 이 과정을 계속하기 전에 실제로 해보자. 두 개의 구체적인 명사를 생각해 보라. 이제, 여러분의 미래가 다음 질문에 어떻게 대답하나에 달려있다고 가정해 보라. "어떻게 [*첫 번째 물체의 이름을 말하세요*]가 [*두 번째 물체의 이름을 말하세요*]의 아버지입니까?" 단순히 이 단어를 읽기만 하지 말고 시간을 들여 천천히 답을 해보라. 당신의 미래가 달려있기 때문에 대답을 잘하는 게 정말 중요한 것처럼 이 작업을 수행하라.

우리는 많은 워크숍에서 정말로 이해하기 힘든 관계(예, 어떻게 ~가 ~의 본질이 드러나게 하는가?')를 포함하여 다양한 관계를 질문에 넣고 답을 하게 하였다. 워크숍에 참여한 그룹은 몇 분 후에 항상 답을 내놓았는데 심지어 그냥 답이 아니라 아주 훌륭한 답을 생각해냈다! 종종 그룹이 내놓은 답이 완전 통찰력이 있어서 마치 두 물체 사이에 *본래의 관계가 있는 것*처럼 느껴지고 전체 구성원이 두 물체 모두를 다른 관점으로 보게 만들기도 했다. 방금 도전한 '~*의 아버지인가?*'라는 질문에 좋은 답을 찾았는가? 만약 그 답이 특히 적절했다면, 왠지 어느 정도는 정말로 첫 번째 대상이 두 번째 대상*의 아버지인 것*처럼 느껴질 것이다.

이 실습으로 마음이 얼마나 교묘할 수 있는지 잘 볼 수 있다. 우리는 어떤 대상이나 사건 사이에서도 아무 종류의 상징관계를 만들어 낼 수 있다. 그리고 나면, 이러한 관계가 마음 바깥에 존재한다고 믿기 시작한다. 이러한 착각은 인간의 언어를 다룰 때 역사적으로 행동 심리학자들이 막혔던 부분 중 하나이다. 그들은 상징적 의미를 창조하는 관계 단서의 영향력을 간과하고 대신 언어가 어떻게 인간이 사물의 자연적 (본래의) 특성을 다루는데 도움을 주는가 하는 이후의 과정에 초점을 맞추었다. 이러한 방식으로는 분기점이 된 관계 단서라는 핵심 주제를 놓치기 때문에 인간의 상징행동을 이해할 수 없다. 관계 단서는 어떤 것에든 적용될 수 있으며 이전에는 존재하지 않던 관계를 구축할 수 있다.

맥락 단서는 기능을 특정한다 Contextual Cues Specify Functions

행동주의 관점에서 상징적 의미를 고려하는 것을 반대하는 전통적인 의견 중 하나는 다음과 같은 질문으로 요약할 수 있다. 만약 상징과 사건이 '같은 것'으로 구성된다면, 왜 사람이 '사탕candy'같은 단어를 그냥 핥아먹거나 '호랑이'라는 단어로부터 도망치지 않는 가? 이에 대한 대답은 상징관계를 통해 전달되는 심리 기능(예, 맛, 두려움)도 맥락 단서에 의해 조절되기 때문이다. 이러한 단서 중 일부는 상징적이지 않는 것도 있다. 예를 들어, 종이에 적힌 잉크를 보는 것으로도 충분히 '사탕'이라는 단어를 핥는 것을 억제할 수 있다. "사과의 맛이 어떤가?"라는 질문에 들어있는 단어 '맛taste'과 "사과는 어떻게 생겼는가?"라는 질문에 들어있는 단어 '생김새look'와 같이 일부 단서는 그 자체로 상징적인 사건이다. 이 경우에는, '사과'와 실제 사과의 관계는 동일하지만, '맛'과 '생김새'와 같은 기능적 단서에 따라 기존의 동일한 관계에서 특정한 기능이 유발된다. 때때로 이러한 기능적 단서는 준언어 행동paralinguistic일 수도 있다. 예를 들어, 우울한 생각을 큰 소리로 노래하면 보통 어조로 말할 때와는 다른 기능을 불러일으킬 수 있다.

대부분의 경우 이러한 맥락 단서는 상징적 네트워크에서 사건의 여러 가능한 기능 중에서 어떤 기능을 선택하는데 사용된다. 예를 들어, 맥락 단서에 따라 펜이 필기도구, 속이 빈 튜브, 날카로운 끝이 있는 물건, 지렛대, 손이 닿을 수 있는 거리를 확장할 수 있는 물건 등으로 보일 수 있다. 그러나 상징적 사건의 행동학적 영향을 줄이는 데에도 맥락 단서를 사용할 수 있다. 예를 들어, 구호, 명상, 단어 반복, 풀리지 않는 역설과 유사한 수단을 보조상징 조절 시스템episymbolic control system 이라고 볼 수 있다. 후생유전학적 과정이 유전자가 단백질을 생산할 가능성을 바꾸는 것처럼, 이는 상징적 사건이 행동에 미치는 영향을 변화시키는 시스템이다(Wilson, Hayes, Biglan, & Embry, 2014).

대상과 사건의 본성은 관계 네트워크를 통해 변형된다
The Nature of Objects and Events Is Transformed through Relational Networks

상징관계에 대해 앞서 이야기한 모든 속성을 통합하면, 상징관계를 가진 네트워크는 그 안에 포함된 대상과 사건의 기능, 즉 의미와 영향을 변화시킨다. 앞에서 살펴본 임상 예시에서, 내담자는 언어로 단순히 다른 경험을 기술하기도 하지만 추가로 경험과 상호작용하는 특정 방법을 드러내기도 한다. 예를 들어, "내가 조금 더 자신감이 있었다면 다른 사람과 대화할 수 있었을 것입니다"라는 말은 다른 사람과 이야기하기 위해서는 필요충분조건으로 더 많은 자신감이 필요하다는 것을 암시한다. 그러나 "하지만 나는 쓸모 없어"라는 말은 자신감을 더 갖기 위한 노력이 소용없다는 것을 암시한다. 즉, 절망적인 상황이다.

언어가 없었다면 놓쳤을 법한 기능적 특징을 바라보게 됨으로써, 언어에 의해 대상과 사건을 경험하는 방식이 변경되는 경우가 많다. 와인을 맛보고 라벨의 설명을 읽은 다음 다시 맛보면 어떤 일이 일어나는지 생각해 보라. 만약 당신이 전문가가 아니라면 첫 모금에 포도와 알코올 맛만 날 것이다. 하지만 이 와인이 담배와 초콜릿의 풍미가 느껴진다는 라벨을 읽고 난 후, 이제 이러한 맛을 느끼기 시작할 지도 모른다. 라벨의 설명으로 와인, 담배, 초콜릿 사이의 동등 관계가 확립되었으며, '~의 맛이 난다tastes like' 문구는 이 와인이 가진 관련 있는 기능적 특징이 무엇인지를 나타낸다(예, 담배와 초콜릿과 맛은 비슷하지만 색은 비슷하지 않다). 화학 요소의 조합은 와인이 포도주 자체의 맛을 내게 하고, 일정 정도 언어가 와인에서 느껴져야 하는 맛을 이끌어 내는 것일지도 모른다.

상담자가 내담자에게 "불안을 느낄 때 몸에서 무슨 일이 일어나는지 말씀해 주시겠어요?"라고 묻고, 내담자가 "제 몸이 경직되는 것 같아요"라고 답할 때에도 거의 똑같은 일이 일어난다. 치료자가 내담자의 상징적 네트워크를 불러내서 양측이 불안 경험을 서로 더 잘 이해할 수 있게 도울 수 있다. 치료자는 내담자가 불안할 때 여타 내담자와 같은 방식으로 느낀다고 추정하기 보다는, 위 질문을 통해 내담자 경험에 더 특이적인 '불안'의 기능을 탐색할 수 있었다. 임상의는 뒤이어 "긴장감이 느껴지는 곳이 정확히 어디입니까?" 혹은 "긴장된 부위를 따라 선을 그을 수 있다면 모양과 크기가 어떨까요?" 와 같은 추가 질문을 할 수 있다. 각 질문에 답을 하면서 불안의 경험을 정교하게 표현하게 된다. 이제 불안은 위치, 모양, 크기로 표현되는 특성을 지니게 된다.

위에서 설명한 과정 중 일부는 애초에 존재하였던 내외부 환경의 특징에 주목하는 것이지만, ~의 아버지 예시에서처럼 관계 네트워크는 거기에 있었지만 지나고 나서야만 나타나는 새로운 기능을 창조해 낼 수도 있다. 속기 쉬운 블라인드 테스트는 맥락 단서를 임의 적용함으로써 지각 기능의 변형을 관찰하는 재미있는 상황이다. 여러분이 손님을 저녁 식사에 초대해서 값싼 와인을 마치 오늘 준비한 특별 요리에 곁들이기 좋은 추천 받은 훌륭한 와인인듯 한 잔 따라준다고 상상해 보라. 그리고 와인을 다음처럼 소개한다. 이 와인은 과일, 초콜릿, 그리고 홍차 맛이 차례로 매끄럽게 펼쳐지는 조화로운 맛의 향연을 제공한다. 아마도, 많은 손님이 실제로 이러한 향을 경험할 것이다. 물론, 어떤 사람들은 단지 품위 있고 싶어서 설명과 같은 맛을 본 척할 지도 모른다. 하지만 비록 당신이 그 속임수를 밝히더라도 몇몇은 정말 초콜릿과 홍차를 맛보았다고 진심으로 주장할 것이다. "이 와인은 초콜릿과 *같은like* 맛이 난다"라고 말하기만 해도 와인의 실제 구성요소와는 상관없이 지각되는 기능이 변형되었다.

관계 네트워크는 유도로 인해 급속히 확장된다
Relational Networks Expand Rapidly Due to Derivation

일단 학습한 후에는 맥락 관계 단서를 유연하게 사용할 수 있으며 다른 관계 단서와 조합하여 적용할 수 있다. 부모가 동물원에서 아이에게 이렇게 말하는 것을 상상해 보자. "저 아기 흑표범 봐! 엄마 흑표범을 똑 닮았지만, 크기는 더 작아! "흑표범과 새끼 사이의 유사 관계는 똑 *닮았다just like* 같은 단서에 의해 구체화되는 반면, 비교 관계는 *하지만 but* 더 작아 같은 단서로 분명해진다. 모든 관계와 마찬가지로, 유도되는 상호관계가 존재한다. 새끼가 더 *작으면smaller*, 어미는 더 크다.

고양이로부터 도망치는 소녀와 동물원에서 흑표범을 본 소년이 같은 초등학교 같은 반이 되었다고 상상해보라. 가장 친한 친구가 되어 어린 시절의 경험에 관해 몇 시간이고 이야기 하는 것을 좋아하게 되었다. 어느 날 소녀가 묻는다. "네가 가장 좋아하는 동물은 뭐야?" 소년은 "흑표범! 나는 흑표범이 가장 좋아! 동물원에서 흑표범이랑 새끼 표범을 본 적이 있어!"라고 대답했다. 소녀는 다시 "흑표범이 뭐야?"라고 물었고, "흑표범은 엄청 엄청 큰 고양이랑 비슷해!"라고 소년이 대답한다. 소녀의 웃음이 사라지고 "고양이는 위험해!"라고 소리치며 떠나버린다. 집으로 돌아오자마자, 소년과 소녀는 각자의 부모님에게 "흑표범이 매우 위험하다는 게 진짜에요?"라고 물어본다.

이런 상황에서, 소녀가 흑표범을 본 적이 없고 소년이 흑표범이 위험하다고 들어본 적이 없다는 점이 매우 흥미롭다. 그럼에도 불구하고 둘 다 이제는 흑표범이 위험하다고 생각한다. 소녀가 위험하다고 생각하게 된 계기는 이 장의 앞부분에서 우리가 살펴본 동일한 원리이다. 소년이 "흑표범은 엄청 엄청 큰 고양이랑 비슷해!"라고 말하며, *~와 비슷하다 like*, *크다 big*는 맥락 단서를 사용하여 고양이와 흑표범 사이의 비교 관계를 설정했다. 어린 소녀에게 고양이는 위험한 동물의 기능을 가졌기 때문에, 고양이와 흑표범 사이의 비교 관계 성립은 *흑표범*이라는 자극 기능의 변형을 초래한다. 흑표범은 이제 고양이와 마찬가지로 위험한 동물이 되었고, 아마 고양이보다 더 크기 때문에 훨씬 더 위험할지도 모른다. 소년은 또한 직접적으로 듣지는 않았지만 배운 것도 있다. 일상 언어로, 고양이가 위험하기 때문에 흑표범도 위험하리라 추론했다고 쉽게 말할 수 있다. RFT 관점으로 보면, 위의 사례가 유도한 관계가 상호 관계('사과'라는 단어를 학습할 때처럼)부터 여러 관계가 조합된 유도된 관계를 가진 전체 네트워크로 어떻게 확장되는지를 보여 준다.

RFT 실험 연구가 이러한 언어 과정을 이해하는 방법을 살펴보면 면담실에서 이러한 기본 원리를 어떻게 적용할 지 이해하는 데에 유용할 수 있다. 전형적인 실험은 첫 번째로 두 자극 사이의 관계를 확립한다. 예를 들어, 참가자가 *xxx*와 맥락 단서 "~ 같은is like'이 제시될 때마다 일련의 자극 (*aaa, bbb, ccc*) 중에서 *aaa*를 선택하게 훈련함으로써 동등 관계가 확립된다(그림 1.1). 실험의 어느 시점에서 *xxx*를 제시하는 대신 연구자가 *aaa*와 맥락 단서 '~ 같은is like'을 제시하고, 그러면 참가자는 *xxx, bbb, ccc* 중에서 자극을 선택해야 한다(그림 1.2). 다시 말해서, *aaa*가 *xxx*와 같다고 직접 학습한 후 "*xxx*는 ___와 같을까?"라는 질문에 대답해야 한다. 이것이 바로 이 단락을 읽는 독자에게도 똑같이 일어났다. 우리는 당신에게 *aaa*가 *xxx*와 같다고 말했지만, *xxx*가 무엇과 같은지 대해서는 말한 적이 없다. 하지만 질문에 답하는 것이 어려울까? 아마도 매우 쉬울 것이다. 하지만, 이 아주 간단한 대답을 하려면 직접 훈련 받은 관계의 역방향을 생각해야 한다.

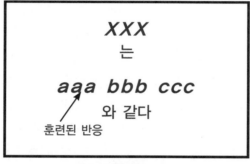

그림 1.1

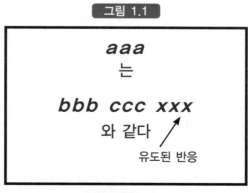

그림 1.2

이 원리를 RFT에서는 *상호함의*mutual entailment라고 부른다. 즉, 자극 A와 자극 B 사이의 관계는 B와 A 사이의 역방향 관계를 함의한다. A가 B와 같다면 B도 A와 같다는 것을 유도해 낼 수 있다. 만약 A가 B의 반대인 경우 B도 A의 반대임을 유도할 수 있다. 만약 A가 B보다 크다면 B가 A보다 작다는 것을 유도할 수 있으며 이외에도 여러 경우가 있다. 이 원리 덕분에, 아이들은 일단 언어 레퍼토리에 맥락 단서가 확립되면 새로운 단어의 의미를 빠르게 배운다. 아이에게 "x는 y를 의미한다"고만 하면, 아이는 y에 관해 말하고 싶을 때 새로운 문장에 x를 사용할 수 있다. 예를 들어, 아이가 "배고프다는 것은 무엇을 의미하나요?"라고 물어서 아버지가 "한동안 먹지 않았고 음식이 필요하다고 느끼는 순간을 의미한단다"라고 말한다. 그러면 아이가 그렇게 느낄 때 "배고파요."라고 말할 수 있게 된다. *배고픔 = 음식이 필요함*의 관계는 *음식이 필요함 = 배고픔*을 상호함의하는 관계mutually entailed relation를 유도하게 한다.

조금 더 자세히 살펴보자. 이제 당신은 *aaa*와 *xxx*가 '같고is like' 상호함의에 의해 *xxx*와 *aaa*가 같다는 것을 알게 되었다. 이제 우리가 추가로 *xxx*가 *zzz*와 같다고 말했다고 상상해보라. 당신은 *aaa*와 *zzz*의 관계에 대해 어떤 결론을 내릴 수 있겠는가? 즉, *A = B* 와 *B = C*가 성립하면 A와 C의 관계는 어떻게 되는가? 유도의 원리로 *A = C* 와 *C = A* 혹은 *aaa*는 *zzz*와 같고 *zzz*는 *aaa*와 같다고 말할 수 있다(그림 1.3). 하지만, A는 B와 같다고 직접 배운 후 상호함의에 의해 B는 A와 같다고 유도하였지만, A와 C는 (혹은 역방향은) 맥락 단서가 직접 연결한 적이 없었기 때문에 앞의 경우와는 다르다. 이것은 당연히 *aaa*와 *zzz*의 경우에도 마찬가지이다. 우리가 *aaa*와 *zzz*가 어떠한 관계를 공유하는지를 묻기 이전에는 두 자극이 같은 문장에 있었던 적이 전혀 없다. RFT에서 이러한 유형의 유도를 *조합함의*combinatorial entailment라고 한다. 세 번째 관계를 유도하기 위해 앞의 두 관계를 조합combine해야 한다. 더 쉽게 생각하자면, 상호함의와 조합함의 등의 기술적 용어를 쓰는 대신 상징관계가 상호적이며 상징관계가 네트워크에 결합된다고 기억하면 된다. 세 자극 사이에 두 개의 관계를 가르치면 네 개의 추가 관계를 유도할 수 있다. "두 개 사고 네 개는 공짜로 받으세요!"[10]하고 동료인 블랙리지J. T. Blackledge가 말한 것과 같다.

---

10) 하지만 기술적으로 보면, 전적으로 '공짜'는 아니다. 왜냐하면 유도 과정이 일어나야 하기 때문이다. 하지만 이 과정을 학습하고 잘 확립된 다음에는 유도하는 관계가 상대적으로 단순하면 이 과정이 너무 빠르고 자연스럽게 이뤄져서 자동적이고 노력이 필요 없는 것처럼 느껴질 수 있다. 예를 들어, 복잡한 문제를 해결하려고 시도할 때에는 유도 과정에 필요한 노력을 더 알아차리는 경우가 일반적이다.

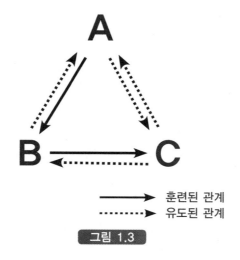

훈련된 관계
유도된 관계

그림 1.3

다음으로 이러한 관계 네트워크가 네트워크에 포함된 사물의 기능을 변화시킬 수 있다. 다시 고양이와 흑표범 이야기로 돌아가자. 소녀는 소년에게 고양이는 위험하다고 말했다. 그 전에, 소년은 흑표범이 큰 고양이와 비슷하다는 사실을 알고 있다. 만약 이 두 문장을 RFT 용어로 번역한다면, 소년은 A = B (고양이 = 위험한) 라고 들었고 C = A (흑표범 = 고양이) 는 이미 알고 있었다. 소년이 "흑표범이 매우 위험하다는 게 진짜예요?"라는 질문했을 때 C = B 관계를 조합함의를 통해 유도했다. 소년은 또한 크기라는 측면을 고려하면 $C > A$ [11](흑표범은 큰 고양이와 비슷하다)고 이미 알고 있었기 때문에, 한 번도 들은 적이 없음에도 흑표범은 *매우* 위험하다고 유도할 수 있었다.

언어와 인지에[12] 대한 RFT 접근 방식은 관계구성틀relational framing의 속성에 기반한다. 즉, 상호 관계가 네트워크의 형태로 결합하며, 그러고 나면 사건의 기능이 바뀐다. 이 모든 과정은 관계적 맥락과 기능적 맥락에 의해 조절된다. 이것이 인간 생각의 정체다.

상징관계의 유도로 언어의 생성성을 설명한다
Deriving Symbolic Relations Accounts for the Generativity of Language

언어의 RFT 접근에서 유도의 원리가 기본 토대이다. 유도로 언어의 결정적인 특징 중 하나인 *생성성generativity*을 설명할 수 있다. 언어가 있으면 한 번도 배우거나 직접 노출된 적

---

11) 이 책에서 '<'은 '~보다 작다, ~보다 적다', '>'은 '~보다 크다, ~보다 많다'라는 의미로 사용된다.

12) '언어' 뒤에 '인지'라는 용어를 종종 덧붙이는 이유는 RFT 관점에서 생각하기, 말하기가 상징관계를 구축하고 이에 반응하는 동일한 행동에 해당함을 상기시키기 위해서다.

이 없는 문장, 스키마로 이뤄진 새로운 관계 네트워크를 생성할 수 있다. 더구나 새로운 관계가 유도되거나 적절한 기능적 단서가 제시되면 자극의 기능이 변경될 수 있다. 소녀의 마음속에 흑표범이 고양이와 관계를 맺게 되었고 새로 만들어진 관계로 인해 흑표범이 매우 위험하다고 생각하게 된 것처럼 말이다. 내담자의 관계 네트워크에서 작동하는 유도된 과정을 분석함으로써 심리 중재에 도움을 받을 수 있다. 이에 대해서는 다음 여러 장에 걸쳐 살펴볼 예정이다.

우리가 본 내담자의 다음 예를 살펴보자. 내담자는 오염의 위험을 강박적으로 생각하는 문제를 겪던 대학생이다. 첫 회기 동안, 그는 자신의 상황을 더 악화시킨 TV 다큐멘터리에 관해 말했다. 오염된 물을 통해 콜레라가 확산될 수 있는 위험을 듣고 난 뒤, 물과의 접촉을 완전히 피하려는 압박을 느꼈다. 그는 이제 샤워를 하고 콜레라에 감염될 위험을 감수하느냐, 목욕을 하지 않고 세균에 오염될 위험을 감수하느냐라는 딜레마에 갇히게 되었다. 이 위기를 해결하기 위해, 손 소독제만을 사용하여 몸 전체를 씻기로 결정했다. 이러한 방식으로 한동안 덜 불안했지만, 곧 관계 네트워크 속에 물이 자꾸 나타났다. 그는 'H$_2$O'글자를 본 후로 더 이상 화학 교과서를 읽을 수 없게 되었다. 이 글자가 물의 화학식이기 때문에 그는 매우 불안해져서, 책을 덮은 후 다시는 펼치지 않기로 결심했다. 비록 심리적일지라도 물과 접촉할 위험이 존재했기 때문에 화학 수업에 가는 것을 곧 견딜 수 없게 되었다. 이런 상황에서 우리는 다큐멘터리를 보고 먼저 물과 오염의 관계가 확립된 뒤, 내담자의 상징적 네트워크가 확장하여 화학 수업과 오염 사이에 새로 관계가 유도로 이어졌음을 알 수 있다. 즉 물과 콜레라의 조건적 관계, 다음으로 물과 H$_2$O의 동등 관계가 구축되고, 마침내 H$_2$O와 화학 수업의 계층 관계(H$_2$O는 화학 수업에 나오는 여러 화학식 *중에 하나임*)가 구축됨으로서 화학 수업의 기능이 바뀌었다. 비록 이러한 관계를 직접 경험하거나 직접 언어로 학습한 적이 없음에도 이제 화학 수업에 가는 행동은 콜레라 감염과 인과 관계가 존재하는 것이다. 내담자는 콜레라가 물을 통해 퍼지는 경험 대신 공포, 혐오, 회피와 같은 심리적 기능이 어떻게 언어 네트워크를 통해 퍼지는가를 경험했다.

이 사례로 인간 언어의 지나친 면을 볼 수 있지만, 또한 언어가 왜 인간 종에서 문화적으로 계속 진화해 왔는지를 보여 주기도 한다. 진화는 변이variation와 선택적 보존 selective retention의 단순한 원리로 작용한다. 변이 없이는 진화가 불가능하다. 이것은 유전적 진화뿐만 아니라 행동, 문화 진화에도 해당된다. 이제 디콘^{Deacon}(1998)이 설명한 예를 이용해서 "두 개 사고 네 개는 공짜로 받으세요!" 원리를 확장해 보자. 8개의 기호 → 물체 관계를 가르친다고 가정하자. 인간이 아닌 경우, 우리가 한 방향으로만 가르친다면 가르친 그 방향으로만 관계가 구축된다. 하지만 인간에게 가르치면, 각각의 관계는 상호적이다. 8개가 아닌 16개의 관계가 구축되었다. 그러나 모든 기호는 다른 기호와 관련을 지을 수도 있다. 그리고 각 물체를 다른 물체와 각각 연관 지을 수 있다. 그리고 물체 사이의 관계를 각각 다른 물체 사이의 관계와 연관 지을 수 있다(예, 두 물체가 같고, 다른 두 물체가 같다면, 이 두 개의 관계 또한 같은 관계이다). 기호의 경우에도 마찬가지이다. 그리고 각각의 기호는 조합을 통해 각 물체와 연관 지을 수 있다. 이 과정은 계속 반복된다. 이 과정이 모두 끝났을 때, 단지 8개의 기호 → 물체 관계만으로 얼마나 많은 관계가 네트워크에 존재 가능한가? 놀랍게도 그 답은 *거의 4000개이다! 이것이* 바로 변이이다!

관계하기relating에 대한 맥락적 조절과 기능의 변화에 대한 맥락적 조절이 이러한 혼돈chaos을 감당하고 있다. 하지만 아직 인간은 이러한 맥락적 조절을 의도적으로 능숙하게 잘 다루지는 못한다. 좀 더 단순하게 말하자면, 우리는 마음의 고삐를 쥐는 것에 능숙치 못하다. 우리는 관계 네트워크를 생성하고 탐구하는 데에 뛰어나다. 이것은 과학, 문학 혹은 철학에서 이뤄낸 가장 위대한 업적의 근간이다. 그러나 관계 네트워크는 또한 불행의 원천이 되는 경우도 많다. 거대한 관계 네트워크에 위치하게 됨으로써 샤워하는 것조차 두려워진 경우처럼 말이다.

관계가 구축되는 과정을 관리하는 법을 배우는 것은 개인적으로나 문화적으로 인간 존재가 풀어야 할 난제이다. RFT의 과학은 우리가 심리치료를 보다 효과적으로 수행하기 위해 치료자로서 언어 과정을 의식적으로 사용할 수 있는 방법을 제시한다. 이제 그 주제로 넘어가도록 하자.

요약

이 장에서, 우리는 언어가 대상과 사건 사이 상징관계의 구축을 기초로 하여 독특한 학습 형태로 진화하는 형태에 관한 기본 원리를 제시했다. 다음은 이 책의 보다 실용적인 내용을 다룬 단락을 읽는 동안 기억해야 할 유용한 몇 가지 핵심 요소이다.

- 우리는 상징관계를 구축하고 이에 반응하는 학습된 행동을 지칭하기 위해 '언어'라는 용어를 사용한다. 이 행동은 특별하다. 왜냐하면 우리가 세계를 경험하는 방식

을 변화시키고, 대상과 사건에 의미를 부여하고, 대상과 사건이 우리의 생각, 느낌, 행동에 미치는 영향을 변화시키기 때문이다.

- 관계하기relating는 한 사물이 다른 사물의 측면에서 단순히 반응하는 것이다. 일부 동물 종은 내재된 특성에 기반하여 구체적인 관계나 사물을 관계하는 법을 배울 수 있지만, 인간만이 상징적인 관계를 구축하는 법을 배울 수 있다. 사물을 상징적으로 연관 짓는 능력은 인간 학습의 효율성을 극도로 높인다. 몇 개의 관계만 훈련해도 관계를 유도해내서 완전한 네트워크를 구성할 수 있다.

- 상징관계는 우리의 경험을 '구성frame'하여 경험의 의미와 영향을 변형한다. 우리는 이러한 다양한 관계에 수반되는 정보를 결합하고 의미와 이해의 광범위한 네트워크를 유도한다. 네트워크를 이루는 사물을 향해 우리가 생각하고 느끼고 행동하는 방식은 다른 대상 및 사건과 맺고 있는 상징관계에 강한 영향을 받는다.

- 관계 학습relational learning은 진화와 조작적 학습 역사의 특별한 종류가 결합하여 발생된 행동이다. 인간은 관련된 사물의 내재된 속성만이 아니라 부분적으로는 사회적으로 확립된 단서에 기반하여 대상, 사건이 관계하는 것을 배운다. 따라서 언어는 인간 집단의 사회적 본성에 기반한 협력의 한 형태로, 인간이 번영하는 진사회성 문화를 향상시킨다.

- 비록 상징행동은 원래 수반성 학습contingency learning에 기초하지만, 상징관계가 자극이 선행사건과 결과로 기능하는 방식을 변화시키기 때문에 상징행동은 모든 형태의 학습이 미치는 영향을 변경한다.

- 상징관계 혹은 '관계구성'에는 다양한 유형이 있다. 그 중에는 대등coordination, 구별distinction, 반대opposition, 비교comparison, 조건condition, 계층hierarchy, 관점perspective의 관계가 있다. 모든 관계구성은 잠재적으로 임상 문제의 분석과 치료와 관련 있다.

- 상징관계는 단순히 말에만 국한되는 것이 아니다. 인간에게 의미 있는 사실상 모든 것과 상징관계는 깊이 얽혀 있다. 생각, 정신 이미지, 기억, 신념, 기분과 정동, 자기인식self-awareness, 그리고 의식consciousness 그 자체는 상징관계에 의존한다. 이러한 식으로 생각하는 것은 치료자가 적은 수의 행동 원리를 광범위한 임상문제에 일관되고 효율적인 방식으로 적용할 수 있게 한다.

- 임상적으로 가장 관련 있는 생각, 느낌, 행동에는 상징관계와 다른 학습되거나 학습되지 않은 과정 사이의 상호작용이 관여한다. 임상의는 언어 사용이 자신의 치료

접근방식의 핵심 초점이 아닐지라도 언어를 피할 수 없다. 심지어 침묵을 강조하고, 이미지를 사용하고, 최면을 유도하고, 명상 연습을 시행하는 등의 중재조차도 상징관계에 참여함으로써 행해진다.

- 상징관계를 유도할 수 있는 능력과 이를 통해 발생하는 자극 기능의 변형은 엄청난 진화적 이점을 구성하는 행동 변이의 수준을 가능하게 한다. 언어는 가장 위대한 인간 성취의 원천이기도 하지만, 또한 많은 불행의 원천이기도 하다. 진화의 시간 척도에서, 상징 학습은 비교적 새로운 적응이며 우리 인간은 의도치 않은 고통을 만들지 않으면서 이런 힘을 조절하고 활용하는 법을 여전히 배우고 있다. 심리치료와 다른 임상 상호작용에서 일어나는 대화는 어느 정도는 삶을 잘 살기 위해 관계구성과 관계구성을 조절하는 맥락 단서를 다루는 방법을 배우는 과정이다.

언어와 정신병리
Language and Psychopathology

인간이 하나의 종으로 성공한 정도를 고려하면, 심리적 괴로움이 매우 만연하다는 것은 다소 의아한 일이다. 지구상 어떤 종도 인간처럼 풍요 가운데 결핍을, 위험이 없는데도 불안을, 혹은 보살피는 사회 공동체에 둘러싸인 채 외로움을 겪으며 괴로워하지 않는다. 언어를 통해 풍요, 보호, 보살핌이라는 원천이 투쟁, 고뇌, 고립의 근원이 된다. 동일한 원천이 우리의 강점이 되기도 하고 투쟁하게 하는 어려움이 되기도 하므로, 상징관계 학습은 인간의 번영을 증대하는 동시에 방해하고 있기도 하다.

관계구성의 유창성과 유연성에 연관된 문제
Problems Linked to the Fluency and Flexibility of Relational Framing

추론과 문제해결 기술의 부족 *Deficits in Reasoning and Problem-Solving Skills*

RFT 연구에서 관계구성을 할 수 있는 자질은 아동의 인지능력, 사회능력과 상관관계가 있음을 볼 수 있다. 이러한 사회인지능력으로는 효과적인 의사소통(Kishita, Ohtsuki, & Stewart, 2013), 유추와 은유의 사용(Lipkens & Hayes, 2009), 관점취하기와 마음이론(Barnes- Holmes, McHugh, & Barnes- Holmes, 2004), 언어 지능(O'Hora, Pelaez, Barnes- Holmes, & Amesty, 2005), 표현 언어와 수용 언어의 유창성(Devany, Hayes, & Nelson, 1986) 등이 포함된다. 이런 상관성은 특정 유형의 상징관계를 이해하고 반응하는 능력(예, Weil, Hayes, Capurro, 2011), 관계반응의 유연성과 유창성(예, O'Toole & Barnes- Holmes, 2009), 관계반응이 적절한 맥락 단서에 의해 조절되는 정도(예, Rehfeldt & Barnes-Holmes, 2009)에서 보고되었다.

단순히 상관관계만 존재하는 것은 아니다. 상징관계기술의 향상은 인지능력, 사회능력 향상으로 이어진다. 예를 들어, 관계기술 훈련을 통해 정상 아동과 지적 장애 아동 모두에서 IQ가 12~15점 정도 향상되었다(Cassidy, Roche, & Hayes, 2011). 유사하게 관계기술 훈련은 마음이론 수행과 관점취하기 능력에 영향을 미친다(Weil et al., 2011). 따라서 우리가 마주하는 추론, 논리 또는 문제해결의 결핍은 관계기술의 결핍인 셈이다. 즉, 관계기술이 존재하지 않거나, 충분히 유연하고 유창하지 않거나, 혹은 맥락에 따라 적절하게 조절되지 않고 있는 것이다.

논리의 실패, 비효율적인 문제해결 또는 난관이 닥쳤을 때 창의적인 대안을 만들어 내지 못하는 무능력이 많은 심리 문제와 관련 있다. 일부가 이러한 영역에서 특정한 기술 결핍을 가지기도 하지만, 모든 인간은 특정한 인지 편향에 쉽게 빠지며 복잡하거나 감정적인 상황에서 빠르고 정확하게 추론하는 데 어려움을 겪는다. 지적 장애의 경우 추론 및 문제해결 관련 문제를 보인다. 하지만, 지적 장애가 아닌 내담자도 흔히 결과를 예측하는 능력이 부족해 충동적으로 행동하거나, 다양한 합리적인 대안을 만들어낼 능력이 없어 좋지 않은 선택을 하기도 한다. 내담자는 빈번히 과잉일반화하거나 회색 음영을 흑백으로 생각하는 등 흔한 인지 왜곡을 저지른다.

많은 형태의 심리 중재가 이러한 주제에 초점을 맞춘다. 소아는 자신의 행동이 미치는 장기 결과를 생각함으로써 충동적인 결정을 피하도록 배운다. 또한 성인은 문제를 정확하게 파악하고, 대안을 만들고, 결과를 평가함으로써 더 나은 문제해결 방법을 배운다(예, Nezu, Nezu, & D'Zurilla, 2013). 다양한 형태의 CBT에서 인지 오류를 샅샅이 찾아내고 검토한다.

인간이 기능하기 위해서는 추론하고 문제를 해결하는 능력이 필수이며, 이러한 영역이 취약하면 심리문제가 발생한다. RFT 관점에서 인지 오류 및 결핍 관련 심리 문제는 관계기술 분석을 통해서 직접 접근할 수 있다. 거의 오류 없이 빠르게 일어나며, 맥락에 따라 잘 조절되는 관계기술을 습득하면, 합리성rationality의 기본 토대가 확립된다.

관점취하기 및 공감의 결핍 Deficits in Perspective Taking and Empathy

인간은 사회적 동물이다. 잘 기능하려면 서로를 이해하고 돌보고, 다른 사람의 입장을 느끼는 것이 필요하다. 이러한 기술은 전부는 아니더라도 대부분은 상징적이다. 타인의 관점을 보는 기술은 행동 과학 문헌에서 여러 명칭으로 언급되지만, 아마도 가장 잘 알려진 용어는 '마음이론' 이다.

관점취하기 및 마음이론theory of mind, ToM 기술이 부족하면 기능이 막대하게 저하된다. 빈약한 ToM 기술을 가진 아동은 타인의 동기와 행위를 이해하기 힘들어 사회 환경을 예측하고, 이야기와 우화를 통해 배우거나 타인과의 관계에서 기쁨을 찾기 어렵다.

RFT에서 타인이 가진 관점을 채택하는 것은 관점취하기에 기반한 관계반응으로, 나-너(대인관계), 여기-거기(공간), 지금-그때(시간)와 같은 맥락단서에 의해 조절된다(한 권의 책 분량으로 논의한 McHugh & Stewart, 2012 참조). 실제 예시를 통해서 배우기 때문에 이러한 반응을 직시적 구성틀deictic framing 이라 부른다. 만일 연필이 여기에 있고 상자가 거기에 있는데, 내가 거기로 가면 상자는 여기에 연필은 거기에 있게 된다. 아동이 직시적 관계반응을 배울 때, 오직 주어진 관점으로 볼 때에만 그 반응을 이해할 수 있다는 점을 배워야 한다. RFT 연구자는 발달 과정에서 시간이 지나면서 직시적 구성이 나타나지만(McHugh et al., 2004), 특정해서 훈련할 수 있음을 발견했다. 따로 훈련을 했을 때 관점취하기 및 ToM기술이 변화한다는 걸 보여 주는 일부 초기 증거가 있다(Weil et al., 2011).

관점취하기 기술 없이는 공감을 느낄 수 없다(Vilardaga, Est vez, Levin, & Hayes, 2012). 공감은 다른 사람들이 느끼는 것을 보고 느끼며 어느 정도 그들의 관점을 공유할 때 기능이 변화하는 것이다. RFT 용어로 말하면, 다른 사람의 감정을 느끼는 능력은 다른 관점에서 세상을 보는 능력에 의해 기능이 변형되는 것이다. 관점취하기와 공감 없이는, 타인과 연결되거나 관심을 갖지 못하고 사회적으로 고립된 세상에 살게 된다. 그리하여 관점취하기와 공감 능력의 결핍이 자폐 스펙트럼 장애(Rehfeldt, Dillen, Ziomek, Kowalchuk, 2007), 사회적 무쾌감증(Villatte, Monest s, McHugh, Freixa i Baqu , & Loas, 2008), 또는 조현병(Villatte, Monest s, McHugh, Freixa i Baqu , & Loas, 2010a, 2010b)을 가진 사람들에서 자아감각이 빈약한 것과 같은 심각한 문제로 이어진다. RFT 연구자는 타인과 함께 하기를 즐기려면 타인의 눈을 통해 세상을 볼 수 있는 충분한 직시적 구성 기술이 있어야 하고, 타인의 감정에 공감해야 하며, 또한 그러한 느낌을 경험하고자 하는 의향이 있어야 한다는 것을 발견했다. 이 세 가지가 결합된 기술이 인간애human caring(Vlardagaet al., 2012), 타인을 대상화 비인간화 하려는 경향 약화시키기(Levin et al., 2016)를 위한 기본 인지적 뼈대fundamental cognitive scaffolding를 제공하는 것으로 보인다.

체험회피와 연관된 문제
Problems Linked to Experiential Avoidance

무엇이든 고통의 원천이 될 수 있다 Anything Can Become a Source of Pain

위험의 실제 원천과 물리적으로 유사하지 않고 이전에 전혀 연합된 적도 없는 자극도 언어를 통해 혐오적 정서 기능을 획득할 수 있다. 신맛이 나는 레몬을 한 입 무는 생각을 하면 입을 오므리게 되거나 침이 나온다. 이와 매우 동일한 방식으로, 과거의 외상을 이야기하면 그 사건이 일어난 순간에 경험한 것과 같은 정서와 감각을 촉발할 수 있다. 우리가 대상이나 사건에 보이는 모든 정서, 인지, 동기, 지각 반응은 그와 관계된 어떤 것을 생각하고 말하는 것만으로도 순식간에 촉발될 수 있다.

이 과정 하나만으로도 인간은 큰 도전을 맞이한다. 이름과 상징을 이용해 기억하는 가장 단순한 행위에도 이런 과정이 포함되어 있다는 것은 언제 어디서든 몇 가지 단서로 과거 고통스럽거나 힘들었던 사건을 기억할 수도 있다는 걸 의미한다. 다른 복잡한 생명체와 마찬가지로 우리의 역사는 삭제 버튼 없이 항상 함께 하지만, 다른 생명체와 달리 인간에서는 상징관계를 통해 과거는 현재가 될 수 있다. 이런 인간 능력은 정서, 상황, 행위 사이에 일종의 단절을 만들어 낼 수 있다. 인간이 아닌 동물들도 과거에 고통스러운 일이 일어났던 상황과 유사한 상황에서 두려움을 느끼지만, 인간 존재는 다르다. 공황장애 환자는 심지어 '이완'이라는 단어에도 불안을 떠올릴 수 있고, 공황발작이 유발되기도 한다. 우리가 가는 곳 어디든 고통의 가능성이 동행한다.

이러한 '단서 유발 고통cued pain' 현상은 임상 사례에서 지극히 일반적이다. 아동 성폭행 생존자인 예전 내담자는 '강간rape'이라는 단어를 싫어했다. 대화, 노래 가사 또는 TV의 강간 예방 광고 속에 '강간'이라는 단어를 접할 때마다 얼어붙고 눈물을 흘리곤 했다. 이 관계 과정으로 회기에서 자기 삶의 이 부분에 관해 이야기하는 것이 매우 어려웠고, 대화 주제가 성폭력과 가까워질 때마다 울었다. 치료자가 그 말을 할 것 같다는 생각이 들면, 팔을 든 방어 자세를 취하기까지 하였다. 이 반응이 강력하고 지속되어 내담자가 고통스럽기도 했지만 한편 놀랍기도 했다. 내담자는 치료 이전에 어느 누구에게도 그 외상 사건을 말한 적이 없었고, 그 사건을 '강간'이라는 단어로 기술한 적도 없었다. 어떻게 그 단어가 그런 강력한 힘을 발휘할 수 있었을까? RFT 관점으로 상징관계는 양방향이기 때문에, 중요한 사건을 이야기하면 지극히 당연한 심리, 생리 반응이 발생한다. A = B라면, B = A가 되는 것이다. 한 사건이 고통스러운 감정을 촉발한다면, 이 사건과 동등 관계에 있는 자극은 해당 기능을 유도하는 단서가 존재할 때 고통스러운 정서를 촉발하게 된다.

자극의 내재적 성질이 아니라 자극이 고통의 원천source of pain과 공유하는 상징관계가 핵심이라는 점을 주목하라. 맥락 단서의 영향 아래에서는 ,서로 유사하지 않고 함께 발생한 적이 없는 어떠한 두 가지 자극이라도 상징적으로 관계될 수 있다. 범인이 폭행 중에 소리를 내지 않았음에도 불구하고, 내담자는 크고 화난 목소리를 들으면 공포감을 다시 경험했다. 자신에게 고함치는 것을 경험한 적이 없었음에도 불구하고, 큰 목소리는 끔찍한 위협과 관계되었고, 둘 다 공포 반응에 대한 맥락을 조성했다. 마찬가지로 즐거운 자극이 고통의 원천과 관계되어 우리가 즐거움에 마치 고통스러운 자극인 것처럼 반응하는 것도 가능하다. 친한 친구의 친절하고 조심스러운 손길이 내담자에게 분노를 촉발시키고 철수하게 하였는데, 내담자는 어린 시절에 친절이 *부족했던* 것이 너무 강하게 떠올라서 사랑스러운 포옹의 즐거운 감각에 접촉할 수 없었다.

언어는 과거의 고통을 상기시켜 줄뿐만 아니라 상징적으로 고통을 증폭시킬 수도 있다. 한 연구가 이 과정을 보여 준다(Dougher, Hamilton, Fink, & Harrington, 2007). 첫 번째 장에서 설명한 종류의 절차를 통해 관계 네트워크 A - B - C 가 확립되었는데, 이번에는 그 관계가 비교의 일종이었다(즉, A < B < C). 그다음 연구자는 반응적 학습 원리를 사용하여 참가자에게 약한 전기 충격과 자극 B가 연합하게 하여 자극 B에 혐오 기능을 확립했다. 관계 네트워크에 속한 각 자극을 제시했을 때 감정 반응이 A에서 *더 작았고* C에서는 오히려 B에서 관찰된 것보다 *더 컸다*. 반응적 학습 자체만 A와 C의 기능 변형을 초래했다면, 자극에 대한 감정반응이 B와 동일했을 것이다. 상징 과정은 언어에 의해 자극 기능 *변형*이 일어나게 한다. 1장의 어린 소녀 사례는 이를 잘 보여 준다. 흑표범은 단순히 고양이가 아니라 *더 큰* 고양이다. 소녀는 상징적 일반화와 고통의 증폭을 거쳐 고양이보다 표범을 훨씬 *더 많이* 두려워하게 되었을 것이다.

일반적으로 반추와 예측에서 고통의 증폭이 흔히 발생한다. 우리는 미래를 통제하기 위해서 끊임없이 과거를 재공식화하고 있다. 그러나 일어날 법한 모든 사건들보다 두려운 미래 속에 상상하는 사건이 훨씬 규모가 크고 힘든 경우가 많다. 우리는 A < B < C 상황으로 들어가 현재도 나쁘지만 미래는 더욱 더 나빠질 것이라 상상한다.

회피의 상징 일반화 Symbolic Generalization of Avoidance

고양이를 두려워한 예시에서 어린 소녀가 고양이를 두려워했을 뿐만 아니라 도망쳤다는 사실이 흥미롭다. 즉, 고양이나 고양이와 관련된 상징자극에 강한 감정 반응을 보였을 뿐 아니라, 이러한 자극을 적극적으로 *도망치거나 회피하기 까지* 했다. 모든 유기체는 본능적으로 도피하고 고통의 원천을 회피하는 법을 배운다. 전기 울타리와 거리를 두는 소떼부터 뜨거운 난로를 조심하는 인간에 이르기까지 유기체는 가능하다면 고통을 느끼는 것을 회피하거나 도피한다. 따라서 언어를 가진 유기체가 고통스러운 감각이나 감정을 촉발하는 기능을 획득한 모든 상징자극을 멀리하려는 것은 논리적으로 보인다.

여러 RFT 연구에서 이 예측을 검증하였다. 예를 들어, 디몬드Dymond, 로슈Roche, 포시스Forsyth, 휠란Whelan, 로덴Rhoden(2007) 등은 먼저 실험 참가자가 관계 네트워크 A = B = C 에 맞게 반응하도록 훈련시켰다. 이 때 A와 C는 조합함의를 통해 관계를 구축하게 하였다. 이 단계를 완료하면, 반응적 학습을 통해 자극 A를 무서운 그림과 소리에 연합시켰다. 즉, A가 컴퓨터 화면에 나타날 때마다 무서운 그림과 소리가 뒤따랐다. 이 단계 이후에는 스페이스 바를 눌러서 무서운 그림과 소리를 보고 듣는 것을 피할 수 있게 하였다. 예상대로 참가자들은 A를 볼 때마다 스페이스 바를 눌러 그림과 소리를 피하는 법을 빠르게 배웠다. 또한 관계 학습 단계 동안 자극 B는 A와 직접 관련되어 A의 기능, 즉 공포를 알리는 기능을 획득했다. 또한 A와 함께 제시된 적이 없고 조합함의를 통해 간접적으로만 연결되었던 자극 C도 동일한 기능을 획득했다. 결과적으로 참가자들은 화면에서 C를 볼 때마다 스페이스 바를 눌렀다. 언어를 통해 회피가 일반화되었다.

이것은 소년이 고양이를 언급했을 때 어린 소녀가 도망치게 된 것과 동일한 과정일 것이다. 소녀를 실제로 할퀸 고양이는 반응적 학습(고양이와 할큄 사이의 직접 연합)을 통해 무서운 기능을 획득했으며, 일반적인 고양이는 통상적인 일반화generalization(유사한 외모 때문에)를 통해서 무서운 기능을 획득했다. 그러나 '고양이' 라는 단어는 실제 고양이와의 *상징관계*를 통해 그 기능을 획득했다. 또한 이 과정은 아마 강박 장애로 고생했던 내담자가 'H_2O'(1장 참조)라는 단어를 읽고 나서 화학 교과서 읽기를 중단한 이유를 설명할 수 있다. 물과 H_2O의 동등 관계로 H_2O의 기능이 변형되었다. 즉, 문자와 숫자의 이러한 조합을 접했을 때 콜레라가 물로 전파될 수 있다는 것이 떠올라 불안해졌다. 외상후 스트레스 장애로 고통 받던 내담자는 자신이 피해자였던 성적 학대가 언급되었을 때 유사한 회피 행동을 보였다. 자주 말을 중단하거나, 외면하거나, 심지어 상담의 주제를 바꾸기도 했다. 마찬가지로 자신에게 일어난 일과 관계될 수 있는 모든 TV 프로그램도 피하려 했으며, 고통과 관련된 단어 듣기를 피하려다 친구들과 할 수 있는 대화의 폭도 점점 좁아져 갔다.

위의 모든 사례에서, 고통스러운 정서를 촉발하는 상징자극이 존재할 때 사람들이 참여할 수 있는 가능한 행동의 범위가 상당히 제한되었다. 불과 몇 초 전에 무엇이든 이야기하고 대화를 즐길 수 있었던 어린 소녀가 '고양이'를 듣자마자 가능한 활동이 줄었다. 마치 모든 것을 내버려두고 되도록 빨리 비상구로 가라는 경보가 내려진 것과 같았다.

마찬가지로, '물' 그리고 '성적 학대'와 관련된 단어가 있을 때에는 내담자가 할 수 있는 유일한 행동은 읽기를 중단하고, 수업에 가지 않고, 대화를 중단하고, 텔레비전 시청을 중단하는 것 등이었다.

유용한 회피 대 문제성 회피 Useful versus Problematic Avoidance

많은 경우, 상징자극이 존재할 때 행동 레퍼토리를 제한하는 것은 전적으로 합당하다. 허리케인 상습 피해 지역에 거주한다면, 주민들에게 거친 날씨에는 집에 머무르라고 안내하는 일기 예보가 유용할 것이다. 이 조언에 주의를 기울이면 더 이상 어디든 가고 싶은 곳으로 가지 않기에 행동 범위가 명백하게 협소해지지만, 분명히 현명한 선택이다. 여기서 상징적 조절은 위해를 피할 수 있게 하기에 유익하다. 그러나 어떤 경우에는 언어에 속아 무해한 또는 심지어 유익한 자극을 회피하게 되기도 한다. 그렇게 해서 보다 유익한 방향으로부터 쉽게 멀어지게 된다.

다음의 예를 살펴보자. 숲에서 하이킹을 하고, 몇 시간 뒤 집으로 돌아가기로 했다고 상상해보라. 불행히도 길을 잃고 갈림길을 만났는데 세 가지 경로 중 어느 길로 가야 차를 주차했던 곳으로 돌아갈 수 있을지를 알려주는 표지판이 보이지 않는다. 당신은 무작위로 경로 중 하나를 선택하고 차로 안전하게 갈 수 있기를 바란다. 왼쪽 길을 선택했다고 가정해 보자. 그러나 10분 후, 늪에 빠져 거의 익사할 뻔 한다. 운 좋게 나뭇가지를 붙들어 가까스로 빠져나온다. 다시 갈림길로 돌아왔을 때 마찬가지로 길을 잃은 것처럼 보이기도 하는 다른 등산객을 만난다. 그 등산객에게 가장 먼저 한 말은 당연히 늪에 빠져 죽을 수 있으니 왼쪽 길로 가면 안 된다는 것이다.

이제 잠시 멈추고 방금 일어난 일을 분석해 보자. 당신은 직접 노출(왼쪽 길로 가서 늪에 빠졌음)을 통해 행동의 결과를 배웠지만, 동료 등산객은 언어("그 길을 택하면 늪에 빠질 것이다"라고 들었음)를 통해 이 결과를 배웠다. 이제 두 사람 모두 왼쪽 길을 피하겠지만, 당신의 회피는 직접 학습의 결과이고, 그의 회피는 관계 학습(왼쪽 길과 늪에 빠짐 사이에 '만일 ~라면if-then'이라는 상징적 조건부)의 결과이다.

다른 등산객이 당신이 차로 되돌아가는 길을 찾고 있음을 알게 되었다고 가정해보자. 그는 다음으로 가야할 길은 모르지만 주차장이 어디에 있는지는 알고 있다고 이야기한다. 주차장으로 데려다 주겠다는 제안에 따라 오른쪽과 왼쪽 길을 뒤로 한 채 중간 경로로 그를 따라 내려간다. 이제는 당신이 다른 등산객의 직접 경험에서 도움을 받아, 언어를 통해 배울 차례이다. 몇 시간 더 걸은 뒤에 마침내 숲의 입구에 도착한다. 늦어서 이미 날이 어두워졌다. 동료 등산객이 마침내 긴 여정을 끝냈다며 신나서 그의 차로 달려

갔는데, 어둠 속에서도 금새 당신이 주차한 입구가 아님을 알게 되었다. 당신의 차가 있는 북쪽 입구가 아니라 그가 주차했던 동쪽 입구로 데려온 것이다. 알고 보니 당신의 차로 가려면 오른쪽 길로 가야 했던 것이다. 이제 집으로 돌아가려면 매우 오래 걸어야 한다(아마도 그에게 태워 달라 요청하는 것이 훨씬 좋을 것 같다!).

이 사례는 세 가지 유형의 회피를 보여 주는데, 그 중 두 가지는 일반적으로 유용하지만 세 번째는 흔히 문제가 된다. 첫 번째, 당신은 자신이 행한 행동의 결과에 직접 노출되어서 위험을 피하는 법을 배웠다. 왼쪽 길을 가다가 늪에 빠진 경험은 앞으로 이 길을 피하도록 가르친다. 두 번째, 등산객에게 왼쪽 길을 가지 말라고 말함으로써, 그 등산객은 언어를 통해 위험을 피하는 법을 배운다. 왼쪽 길을 가본 적은 없지만, 가서는 안 된다는 걸 알고 있다. 세 번째, 오른쪽 길이 아니라 중간 길을 선택해야 한다는 다른 등산객의 말을 들음으로써, 언어를 통해 실제로 자신에게 좋은 것을 피하고 도움이 되지 않는 것에 접근하는 것을 배웠다. 이 마지막 회피 유형은 임의로 유익한 결과에서 멀어지게 하기 때문에 문제가 된다.

언어는 체험회피의 성공을 방해한다
Language Interferes with the Success of Experiential Avoidance

회피의 상징 일반화에는 장점과 단점이 모두 존재한다. 장점은 실제로 직면하지 않고도 위험과 문제를 회피할 수 있게 된 것이다. 부정적인 결과를 직접 경험하지 않고 행동을 조정하면 시간, 에너지, 고통을 덜 수 있기 때문에, 당연하게도 언어를 통해 배운 많은 회피 행동이 유용하다. 전기 콘센트에 손가락 집어넣지 않기, 과속 운전하지 않기, 경찰에게 무례하게 굴지 않기, 중요한 기한 놓치지 않기 등을 배운다. 반면에 언어는 거짓 위험을 회피하도록 유도한다. 우리가 들은 말 또는 스스로에게 한 말을 믿으면, 사건의 내재적 특성보다는 언어에 강한 영향을 받아 사건의 기능과 사건과 상호작용하는 방식이 정해진다. 만약 우리가 자신의 고통스러운 생각, 정서, 감각을 지각하는 방식도 이러하다면 어떻게 될까? 만약 이러한 심리경험을 회피하는 경향도 언어 과정의 결과라면?

이전 절에서 상징관계는 상호적이며 네트워크를 구축하는 속성이 있어, 상징자극(예, 단어)도 실제 대상 및 사건이 일으키는 동일한 생리, 인지, 감정 반응을 유도할 수 있음을 배웠다. 고통스러운 경험을 나타내는 생각이나 말을 하면, 가장 불쾌했던 순간이 쉽게 되살아날 것이다. 사고 또는 공격 행위를 겪은 피해자라면, 사건이 발생한 장소를 다시 방문했을 때 불안, 슬픔, 또는 두려움을 느낄 가능성이 많다. 그저 그 장소와 거기에서 일어났던 사건을 생각하는 것만으로도 그럴 것이다. 얼마나 많은 이들이 직장이나 학교에서 다가올 발표를 생각하면서 근육이 긴장되고 심장 박동이 빨라지는 것을 알아차릴까? 물질 중독에 시달리고 있다면 단지 그 물질에 관해 생각하는 것만으로도 사용하고 싶어질 것이다. 이 밖에도 많은 예들이 있다. 고통을 피하는 것은 논리적이다. 하지만 상징 일반화로 계속해서 고통스러운 촉발인자와 반응을 만나게 되고, 결과적으로 위험하지 않는데도 모든 상징적 형태의 고통을 피하는데 노력을 집중하게 된다. 어떻게 피하는가? 잊으려 노력한다. 생각하지 않으려 노력한다. 무감각해진다. 억누른다. 긍정적으로 생각한다. 이야기하지 않으려 한다. 마치 존재하지 않는 것처럼 행동한다.

그러나 이러한 상징자극이 전혀 존재하지 않는 안전한 장소를 찾는 것은 어렵다. 알코올 중독으로 고통 받고 있고 술을 마시지 않은 상태를 유지하고 싶어 하는 많은 사람들이 술을 피하는 것을 택한다. 예를 들어 바가 없는 식당이나 주류 판매점이 없는 동네를 선택하는 것은 가능할 수 있다. 술을 마시는 사람을 피하거나 누군가 술을 권할만한 상황을 피하는 것도 가능하다. 마찬가지로, 폭력을 겪은 피해자는 문이 잠긴 집과 같이 공격받을 위험이 아주 적은 장소를 찾는 것이 가능할 수 있다. 오염을 두려워하는 사람은 완벽하게 깨끗한 장소를 찾아서 깨끗함을 유지하기 위해 끊임없이 청소할 수 있다. 그러나 무균 상태에 술이 없는 잠긴 방에서조차 음주 갈망, 공격당한 기억, 오염에 관한 두려움에 시달릴 수 있다. 심리기능(예, 촉박감urges, 놀람, 혐오감)은 상징관계를 통해서 생각과 감각을 포함하여 접하는 그 어떤 것에도 빠르게 전파되기 때문이다. 예를 들어, 자신이 완전한 무균 환경에 있다는 관찰은 병원 생각으로 이어질 수 있고, 이는 질병에 관한 생각으로 이어지고 두려움과 혐오감을 촉발할 수 있다. *저것을 피하기 위해 이것을 하려는* 의도는 우리가 하는 모든 일을 회피 대상과 상징적으로 연결한다. 많은 유명한 연구에서 참가자에게 하얀 곰을 생각하지 말라는 방법으로 이 현상을 입증했다 (Wegner, 1989). 참가자는 다른 것을 생각하거나 머릿속으로 큰 소리로 노래하는 등 그럴 듯한 다양한 전략을 시도했지만 대부분 하얀 곰을 생각하는 빈도가 급격히 *증가*했다고 보고한다. 일시적으로 성공한 사람들도 자기 모순된 상황을 발견했다. 즉, 전략이 효과가 있는지 확인하자마자('나는 하얀 곰을 생각하고 있나?') 하얀 곰이 다시 생각났다. 이렇게 일시적으로 효과 있던 대처 전략(예, '더 이상 불안하지 않을 때까지 주의를 분산시키거나 명상을 할 것이다')이 상징적 회피 의제에 둘러싸여 우리가 피하려는 바로 그 대상에의 노출이 더 늘어날 수 있다.

RFT 연구자들은 여러 연구에서 회피의 표적을 확장하는 언어 과정을 탐색해 왔다. 한 실험(Hooper, Saunders, & McHugh, 2010)에서 참가자들을 먼저 전형적인 관계 훈련 A = B = C에 노출시켰다. 이 경우 제시한 자극은 'Boceem = Gedeer = Bear'로 두 개의 비 단어와 하나의 실제 단어였다. 그리고 나서 참가자에게 컴퓨터 화면에 하나씩 나타나는 일련의 자극을 보면서 곰에 대해 생각하지 말라고 요청했다. 제시한 자극들 중에는 'Gedeer'와 'Boceem', 다른 몇 가지 비 단어, 그리고 'Bear(이하 곰)' 라는 단어가 있었다. 물론 눈앞에 바로 '곰'이라는 단어가 있는데 곰을 생각하지 않기란 어려운 일이다. 이런 상황에 도움을 주기 위해, 화면에서 자극을 없애고 싶다면 스페이스 바를 누를 수 있게 하였다. 참가자들은 당연히 화면에 '곰'이라는 단어가 나타날 때마다 스페이스 바를 눌렀다. 그러나 '곰'과 상호함의로 관계가 구축된 'Gedeer'라는 단어도 제거했으며 조합함의로 '곰'과 관계가 있는 'Boceem'도 제거했다. 반면에 '곰'과 관련이 없는 다른 비 단어들은 제거하지 않았다. 이것은 사고 회피의 표적과 언어만으로 관계를 구축했던 자극 또한 회피의 표적이 됨을 의미한다. 참가자들은 '곰'과 직접 관계된 'Gedeer'('Gedeer'는 '곰'과 같다)를 회피했을 뿐만 아니라 오직 유도를 통해서 '곰'과 관계된 'Boceem'('Boceem'는 'Gedeer'와 같다)도 회피했다. 심지어 '곰'과 반대 관계에 있는 자극조차도 피하는 경향을 보였다(Stewart et al., 2015). 그러므로, 당신이 고통스러운 생각을 피하기 위해 좋은 것을 생각하려고 노력해도, 그래도 고통은 여러분을 빠르게 따라잡을 것이다. 다시 말해, 일단 언어가 개입되면 고통은 무제한으로 멀리 전파될 수 있다. 그렇다면 어떻게 고통의 원천을 제한된 영역으로 한정할 수 있을까?

언어는 어떤 사건이라도 그 기능을 변화시킬 수 있다. 모든 사건은 다른 혐오스러운 사건과 상징적으로 관계를 구축할 수 있기 때문에 혐오적 대상이 될 수 있다. 바로 지금은 *neprijatelji ukrasti*가 당신에게 어떤 의미가 있을 것 같지 않다. 그러나 친구로부터 물건을 훔친 기억을 회피하기 위해 열심히 노력하고 있는 한 독자를 알고 있다고 가정해보자. 그 기억에 관한 힌트만으로도 불쌍한 독자는 수치심으로 몸서리친다. 그 독자가 기타를 연주하고 자전거를 타는 것을 즐긴다고 가정해 보자. 그 독자는 다음의 문장을 보게 된다.

자전거를 타면서 기타를 연주한다고 상상해 보세요. Neprijatelji라는 사람이 기타를 연주한다고 상상해 보세요. 오, 그런데 *neprijatelji*는 크로아티아어로는 '원수'라고 합니다. '원수'의 반대는 무엇일까요? 오, 그런데 크로아티아어로 '훔치다'는 *ukrasti*입니다. *Neprijatelji ukrasti*.

우리는 그 독자가 하늘에서 떨어진 것 같은 불편한 수치심 없이는 자전거를 타지 못하게 만들려는 이상한 목적으로 네트워크를 구축하고 있다. 이 앞 단락의 문장이 불쌍한 독자를 정확히 그렇게 만드는 것이 전혀 불가능한 일이 아니다. 언어는 *어떤* 사건이라도 그 기능을 변화시킬 수 있다. 왜냐하면 언어는 유도derivation를 통해서 사실상 끝도 한계도 없이 연결된 상징적 네트워크로 변화된 기능을 전파할 수 있기 때문이다. 그것이 의도적인 체험회피가 그렇게 까다로운 이유의 일부이다.

내담자에게 나쁜 기억을 잊으려는 시도나 고통을 느끼지 않으려는 시도가 성공했는지 물으면 일반적으로 그렇지 않다고 대답한다. 그렇다면 우리 모두가 이 전략을 주저 없이 고집하는 이유는 무엇일까? 또 다시, 이 역설에 언어 과정이 중요한 역할을 한다.

규칙 따르기와 효과 없는 지속과 연관된 문제
Problems Linked to Rule Following and Ineffective Persistence

규칙 따르기는 문제가 있는 무감각 형태로 이어질 수 있다
Following Rules Can Lead to Problematic Forms of Insensitivity

인간 존재의 주목할 만한 사실 중 하나는 상징 능력에 단점이 있다는 것이다. 즉, 규칙에 따라 무엇을 해야 하는지 배우면 직접 경험(즉, 수반성 학습)이 이끄는 힘이 약해지는 경향이 있다. 역설적이게도 상징적 추론이 도움이 되지 않아서 직접 경험에 대한 무감각이 생기는 것은 아니다. 정확하게는 인간의 상징 능력이 광범위하고 즉각적인 이득을 제공하기 때문에 학습 및 인간 행위의 다른 원천을 차단하고 압도하는 경향을 가지는 것이다.

당신이 처음으로 어떤 도시를 방문해서 최고의 레스토랑이 어디에 있는지 알고 싶어 한다고 상상해보라. 가이드북을 참조하고 여러 추천 레스토랑에서 식사를 하며 매번 완전히 만족하다. 음식은 훌륭하고 서비스는 빠르고 친절하며 가격은 예산에 완벽하게 부합한다. 다음 번 그 도시에 가게 되면 가장 좋아하는 여러 레스토랑에 방문해서 좋은 가격에 친절한 서비스와 맛있는 음식을 즐길 일을 기대할 것이다. 여러 해 동안 같은 장소를 방문할 것이고 최고의 음식점을 알고 있다는 자부심을 가질 것이다.

하지만 어느 날 한 친구가 최근에 같은 도시를 방문하여 다른 여러 훌륭한 레스토랑에서 식사를 했다고 말해준다. 그 어느 곳도 당신의 목록에 없었다. 일부는 갈만한 곳이 없다고 들었기 때문에 방문한 적이 없는 구역에 있었다. 친구는 시간을 내어 도시의 여러 구획을 탐색하고, 다양한 메뉴를 확인하고, 음식과 서비스가 그만한 가치가 있기를 바라면서 몇 개의 레스토랑을 방문했었다. 알고 보니 시간이 지남에 따라 도시의 다른 구역이 발전했고 레스토랑도 그랬던 것이다. 당신은 최고의 레스토랑이 어디에 있는지 빠르고 효과적으로 배웠지만, 동시에 도시의 변화에는 무감각해졌다. 친구는 보다 모험을 하는 방식으로 예상치 못한 장소에서 색다른 메뉴를 저렴한 가격으로 파는 레스토랑을 발굴하였다.

사람들은 최소한 어느 정도는 규칙을 통해 많은 행동을 배운다. 규칙은 기본적인 관계 학습의 확장일 뿐이다. 우리는 본질적인 특성과 상관없이 두 사건이 어떻게 임의로 관계를 구축할 수 있는지 앞에서 논의했다. 동일한 원리로 실제 결과와 무관하게 규칙을 기술하고 말할 수 있다. 그 이유는 비교적 간단하다. 즉, 규칙은 상징관계의 조합으로 만들어지는데, 상징관계 자체를 임의로 적용할 수 있기 때문이다. '이 책 읽기'를 만약 … 한다면 ~ 것이다 if… then 의 조건부 관계에 넣음으로써 이 책을 읽으면 훌륭한 임상의 또는 훌륭한 요리사가 될 것이라고 말할 수 있다(역주, "만약 이 책을 읽으면 훌륭한 임상의가 될 것이다", "만약 이 책을 읽으면 훌륭한 요리사가 될 것이다"라는 규칙을 제시하였다). 즉, 우리는 행동의 결과를 구체적으로 명시하였고, 명시한 결과에 따라 당신이 이 책을 완독할 가능성이 커지거나 작아질 것이다. 예측하는 결과가 믿기 어렵거나, 바람직한지, 혹은 두려운 지가 중요하겠지만, 모든 경우가 이해할 수 있고 영향을 끼칠 수 있는 규칙이다.

RFT 연구자들은 유도된 관계의 조합이 어떻게 규칙 형성으로 이어지는지를 실험적으로 보여 주었다(O'Hora, Barnes-Holmes, Roche, & Smeets, 2004). 많은 RFT 실험과 마찬가지로, 첫 번째 단계는 연구에서 사용한 어떤 자극도 과거에 참가자가 이용한 이력이 없음을 확실히 하기 위해 무로부터 관계 네트워크를 구축하는 것이었다. 이 실험의 참가자들은 단어를 처음 배우는 것처럼 임의로 선택한 단서가 '앞 before'과 '뒤 after'를 의미함을 학습하고 색상 이름과 동등한 군을 배워야 했다. 즉, !!!는 '앞 before'을 의미하고, ##는 '뒤 after'를 의미하며 ()()은 노란색, ^^은 빨간색을 나타낸다고 학습하였다. 그런 다음 참가자들은 '()() – ## – ^^' (즉, 노란색 – 뒤 – 빨간색)와 같은 단서를 본 후 올바른 순서로 색상 버튼을 누를 수 있었다.

이러한 종류의 네트워크를 통해 사람이 실제 결과를 먼저 접촉하지 않고도 규칙으로 행동의 결과를 정의할 수 있다. 예를 들어, "불안을 느끼면 천천히 호흡하세요. 그리고 기분이 나아질 것입니다"와 같은 규칙은 조건적 관계("만약… 한다면 ~ 것이다 if… then"), "기분이 나아짐"과 이완 상태와 관련된 감각들 사이의 동등 관계 등을 포함한다. 이러한 관계는 '()() – ## – ^^'와 같은 실험실 규칙에 상응하는 것으로 보인다.

앞의 예 가이드 북처럼 규칙으로 학습할 때, 더 빨리 배울 수 있지만 대가가 뒤따를 수 있다. 규칙 기반 학습은 행동하고 피드백을 받아 학습한 행위만큼 상황에 섬세하게 부합하지 않는다. 규칙을 따르면 언어 공동체에 기반한 상징 네트워크가 행동을 조절하는 핵심 원천이 되어 규칙 자체가 예상하지 못하는 변화에는 무감각한 활동을 하게 되는 경향이 있다. 결과적으로 우리는 더 이상 적응적이지 않게 된 후에도 오랫동안 그 규칙 기반 행동을 고집할 수 있다.

규칙 지배구조governance에 관한 초기 연구에서 이런 효과를 실험실에서 반복적으로 재현했다(책 한권 분량의 요약으로 Hayes, 1989를 보라). 한 연구에서 참가자들은 값어치가 있는 점수를 얻으려면 교대로 활성화되는 빨간색 버튼과 파란색 버튼을 누르라는 요청을 받았다(Hayes, Brownstein, Zettle, Rosenfarb, & Korn, 1986). 참가자들은 빨간색 버튼을 평균 10번 누른 후에 1점을 받았고, 파란색 버튼을 한 번 눌렀을 때 평균 10초 후에 1점을 받았다. 참가자를 두 그룹으로 나눠서 한 그룹은 빨간색 버튼을 빨리 누르고 파란색 버튼을 느리게 누르는 것이 가장 좋은 전략이라고 들었다. 다른 그룹은 스스로 학습해야 했다. 누구나 상상할 수 있듯, 최선의 전략을 스스로 알아내야 했던 참가자보다 귀띔을 받은 참가자가 많은 포인트를 쌓을 수 있는 패턴을 훨씬 더 빠르게 만들었다.

그러나 두 그룹 모두 패턴을 알게 된 후 조건을 비밀리에 바꾸었다. 이제 파란색 버튼을 평균 10번 눌렀을 때 1점이 적립되고 빨간색 버튼은 평균 10초마다 한 번만 포인트가 적립된다. 참가자들은 조건이 바뀐 것을 모르고 있었지만, 그들이 포인트를 얻은 만큼 점수가 쌓이는 것을 볼 수 있었다. 첫 번째 단계에서 직접 경험을 통해 자신의 행동을 적응시키는 법을 배운 참가자는 정확한 지시를 받았던 참가자 보다 훨씬 더 빨리 새로운 기능에 적응했다. 규칙은 참가자가 더 빨리 배울 수 있도록 도와주었지만, 규칙이나 지시는 예상하지 못한 환경 변화에 상대적으로 무감각하게 만들었다.

어떻게 보면, 이 문제는 우리가 갖고 싶은 부분이기도 하다. 무감각에는 좋은 면이 있다. 이것이 우리가 아이들에게 언어를 가르치는 이유 중에 일부이다. 우리는 아이들이 시행착오를 통해 지시의 타당성을 시험해 보기를 원치 않아서 "차도에 들어가지 마!"라고 소리치는 것이다. 왜냐하면 미니 밴 한 대가 지나가기만 해도 이런 지시를 검증하기 위해서는 한 번의 시도도 너무 과함을 알 수 있기 때문이다. 하지만 언어와 인지는 우리의 직접경험에 부합하지 않으면 쓸모없거나 심지어 해로울 수 있는 영역으로 들어가는 경향이 있다. 이 효과가 외부 지시에만 해당되는 것은 아니다. 때로는 스스로 규칙을 만들고 얽매이는 것만으로도 사회적 민감성, 창의성, 놀이, 성, 관계 등의 영역에서 심리적 해악을 일으키기에 충분하다. 따라서 이유를 입증하고 문제해결방식으로 문제를 해결하는 과정에 인간의 언어와 인지가 우세해져 추가로 문제가 만들어질 수 있다.

만약 인간 언어의 우위성이 어디에서 비롯되었는지 더 자세히 이해한다면, 맥락 조절을 통해 이 문제를 해결할 수 있을지도 모른다. 우리는 목줄을 매어 언어를 잘 확립하고 유연하게 사용하되, 도움이 되지 않을 때는 고삐를 채울 수 있을 것이다.

다양한 형태의 규칙 따르기가 효과 없이 지속될 수 있다
Different Forms of Rule Following Can Lead to Ineffective Persistence

지금까지 우리는 규칙 형성에 관여하는 여러 과정에 중점을 두었지만 규칙을 따르도록 유도하는 추가 과정도 마찬가지로 중요하다. 이 절에서 두 가지 과정을 설명하고 나머지는 이후에 논의할 예정이다.

한 부모가 아이에게 "밖에 추우니까 코트 입어"라고 말하는 경우를 생각해 보자. 아이가 코트를 입는 이유가 단지 코트를 입지 않으면 부모로부터 야단 맞기 때문이라고 가정해 보라. 규칙에 명시한 행위와 일관된 행위를 수행했을 때 다른 사람들이 주목하고 보상을 한 과거 이력이 있기 때문에 규칙을 따르는 행동을 응종pliance이라고 한다. 이 기술적 용어는 사람들에게 '순응compliance'이라는 단어를 상기시키기 위해 의도적으로 선택한 것이다. 규칙 따르기는 응종에서 시작되며 아이들의 도덕성 및 사회적 발달에 결정적이다. 이 새롭고 위험한 세상을 발견해가는 동안 성인의 경험에서 이득을 얻는 것은 엄청난 장점이다. 생존을 위해서는 아주 많은 검증과 설명 없이 규칙 따르기가 작동하게 하는 것이 중요하다. 예를 들어, 부모가 자녀에게 깨진 유리를 피해야 하고, 도로에 들어가지 말아야 하며, 젖은 바닥을 걸을 때에는 조심해야 하는 이유를 설명할 시간이 항상 있는 것은 아니다.

서로 간의 상호작용을 조절하는 규칙 따르기의 대부분은 아마도 처음에는 응종이었을 것이다. 예를 들어, 우리가 "해 주세요please"하고 정중히 부탁하거나 또는 "감사합니다thank you"라고 말하기를 배울 때, 부모가 그렇게 하기를 요구한다는 사실 외에는 왜 그렇게 해야 하는지 전혀 알지 못했을 것이다. 아마도 '그 마법의 단어'를 말할 때까지 부모들이 무언가를 해주지 않았기 때문이다. 나중에 이러한 관행이 사회 연결을 강화하는 것과 같은 다른 이점이 있음을 이해하게 될 수 있다. 하지만, 처음에는 사회적 결과가 추가되어 규칙 따르기가 확립되었다. 우리는 그저 순응하는 것을 배웠다. 체계적으로 규칙에 복종하지 않는 것은 종종 '반응종counterpliance'이라 불리는 형태의 응종에 해당하며, 이 또한 규칙 따르기 자체의 사회적 결과에 의해 유지되지만 상응하는 행위규칙action-rule의 형태는 반대다. 예를 들어, "나는 이 규칙을 따르지 않을 것입니다. 왜냐하면 나의 문화권, 사람들은 규칙 따르기를 좋아하지 않기 때문입니다"는 반응종이다. 달리 말하면, 순응과 반항 모두 규칙 따르기 자체에 대한 사회적 강화물이 지배적인 것이다.

규칙에 명시된 행동의 결과와 접촉할 수 있기 때문에 규칙을 따르는 다른 경우도 있다. 예를 들어, 아이가 "밖에 추우니까 코트 입어"라는 어머니의 말을 듣고 나서 실제로 그렇게 하니까 불쾌한 기온을 피하는데 도움이 된다는 것을 관찰한다. 규칙에 명시된 결과를 접촉하여 행동이 강화된 역사가 있기 때문에 규칙을 따르는 행동을 선례따르기[13]라고 한다. 이 용어는 지도를 따라가는 것처럼 상징적인 경로를 따름을 나타내는 은유이다. 설사 규칙이 존재하지 않았더라도 선례따르기의 결과는 발생했을 것이다. 규칙이 주어졌는지 혹은 규칙을 지켰는지 여부를 엄마가 알든 모르든 추울 때 코트를 입으면 따뜻함을 반기게 될 것이다. 당신이 무엇을 듣고 행했는지를 누군가가 알고 있을 때에만 '하라는 대로 행동하기'에 보상을 받는 응종에서는 그렇지 않다. 선례따르기와 응종의 차이는 단순히 무언가가 사회적으로 강화되었는지 여부만이 아니다. 우리가 당신에게 데이트에서 원하는 결과를 가져오는 방법을 알려주고, 그 규칙이 정확하고 당신이 규칙대로 할 수 있다면, 당신은 이러한 규칙을 따르고 긍정적인 사회적 결과를 취할 수 있다. 하지만, 데이트에서 만난 사람들이 당신이 규칙을 따른 것 자체 때문에 당신과 사귀지는 않을 것이다. 어떻게 사회적으로 능숙한 행동을 할 수 있었는지와 상관없이 당신이 그런 행동을 했기 때문에 사귀는 것일 거다. 따라서 선례따르기는 사회적일 수도 있고 아닐 수도 있지만, 응종의 경우 규칙과 행위 사이의 연결이 강화의 근거가 되며, 사람만이 그 연결을 감지할 수 있기 때문에 모든 응종은 반드시 사회적이어야만 한다.

응종과 선례따르기는 장단점이 모두 있다. 둘 다 행동의 실제 결과를 먼저 경험하지 않고도 더 빨리 배우는 데 도움이 된다. 하지만 응종의 경우처럼 규칙 따르기 자체에 *사회적* 결과가 추가되면 *자연적* 결과에 더 쉽게 무감각해진다. 예를 들어, 엄마가 "잘 했어!"라고 말해 주니까 코트를 입기에 너무 따뜻한 날에도 아이가 순종적으로 코트를 입을 수 있다. 규칙의 궁극적인 목적은 더 효과적인 행동이었는데, 이보다 멋지게 보이고, 순응하고, 올바르게 행동하기에 압도될 수 있다. 그러한 묵종(무조건 따르기)은 Albert Ellis와 같은 CBT의 초기 선구자들이 명확하게 언급한 '~해야 한다'와 같은 당위적 사고('should,' 'must,' 'have tos')로 인한 고전적인 심리 문제들로 이어질 수 있다.

처음에는 선례따르기를 통해 규칙을 따르다가 결국에는 응종이 조장될 수 있다. 후기를 먼저 읽기보다는 직접 식당에 가보기로 결정했다고 상상해보라. 시간이 좀 걸리겠지만 이 방법을 사용하여 결국 가장 좋은 장소를 찾았을 것이다. 그리고는 '여기 좋다! 꼭

---

13)5장과 그 이후에, 심리경험 사이의 기능적 관계를 기술하는 행동을 일컬을 때에도 'tracking추적하기' 라는 용어를 사용하고 있다는 점을 주목하라. 즉, 내담자가 어느 행위의 결과를 관찰하고 기술하는 행동을 부를 때에도 tracking을 사용했다 (역주, 원문은 동일하게 tracking이라는 단어를 중의적으로 사용하였으나 여러 의미를 동일하게 가지고 있는 한글 단어가 없어 선례따르기, 추적하기로 다르게 번역하였음). 따라서 전통적인 행동주의 문헌에서보다 이 용어tracking를 넓게 사용했다. 하지만, 우리의 목표는 기술적 용어를 일상 대화체에서 더 많이 사용하기를 촉진하는 것이다. 이 책에서 tracking (선례따르기/추적하기)은 기능적 관계를 기술할 때 (즉, 사이를 잇는 인과 관계를 최소한 하나 포함하고 행위와 맥락을 넣은 규칙 체계적으로 표현하기)와 규칙이 기술하는 결과의 영향 아래 규칙을 따를 때에 모두 사용되었다.

다시 와야겠어!'와 비슷하게 무언가를 스스로에게 말했을 것이다. 당신의 안목에 자부심을 가지며 이 규칙을 다른 사람들과 공유할 수도 있다. 처음에는 규칙 따르기를 지속시키는 것이 질 좋고 비싸지 않은 음식을 먹는 것일 수 있다(선례따르기). 규칙 따르기는 점점 음식의 질이 아니라 규칙 제공자의 '옳음rightness'에 의해 유지된다. 그리고 규칙 제공자는 바로……당신이다! 그렇게 되면 설령 음식의 질이 떨어지더라도 당신의 규칙을 계속 따르게 되고 다른 사람에게 제공할 수도 있다. 이 왜곡된 효과는 아이디어를 다른 사람들과 공유할 때 더욱 강해질 것이다. 왜냐하면 우리가 스스로 규칙을 생각해냈더라도 관찰자가 규칙과 행위 사이의 일관성을 모니터링 할 수 있기 때문이다. 그 식당이 여전히 좋은 곳이기 때문이 아니라 실제로는 당신이 좋다고 말한 적이 있기 때문에, '맞는' 말을 하는 사람이 되기 위해 그 식당에 가게 될 수 있다. 매 식사 후에 *실제 음식의 질과 가격에 관계없이* '여기는 정말 이 도시 최고의 식당이야. 여기에 다시 온 내 선택이 맞았어!' 라고 생각할 수 있다. 이 경우 선례따르기가 응종이 된 것이다.

이런 일은 치료실에서 쉽게 일어날 수 있다. 예를 들어 우울증을 앓고 있는 한 내담자가 '내키지 않더라도 의미 있는 활동을 계획하고 수행하면 내 삶이 좀 더 만족스러워 질 것이다'라는 규칙을 따르기 시작한다고 가정해 보자. 치료자가 정교하게 알맞은 때에 지지를 하지 못하면 내담자가 삶의 만족도를 높이기 위해서라기 보다는 치료자를 기쁘게 하기 위한 규칙 따르기를 시작하도록 부추겨서 건강한 자율성의 발달을 늦출 수 있다. 책의 후반에 이러한 위험을 피하면서 사회적 지지를 제공하는 방법에 대해 논의할 것이다.

응종 또한 선례따르기가 될 수 있다. 예를 들어, 최고의 식당에 대해서 직접 조사를 한 친구와 함께 어떤 도시를 처음 방문했다고 상상해보자. 당신이 도착했을 때, 그녀는 말한다. "이 식당으로 갑시다. 당신이 분명 좋아할 거예요". 당신은 계획을 세워서 온 사려 깊은 친구의 추천에 응해야 예의 바른 것이라고 생각하기 때문에 그녀의 제안에 따를 수도 있다. 이 경우, 그녀의 규칙을 따르는 것은 선례따르기가 아니라 응종이다. 하지만 만약 당신이 그 식사를 즐겼다면, '이 식당 정말 마음에 든다. 친구는 내가 뭘 좋아하는지 정말 알고 있군'이라고 생각할 수 있다. 다음에 그 도시를 방문했을 때, 당신은 친구의 식당 추천을 받아들이는 것이 예의 바른 행동이라서가 아니라 좋은 음식을 먹고 싶기 때문에 친구의 의견에 따를 지도 모른다.

규칙기반 무감각을 줄이는 핵심은 응종에서 선례따르기로 변화하는 것이다. 즉 순응하기, 잘 보이기, 올바르게 행동하기가 아니라 효과가 있는 행동을 하는 것이 중요하다. 응종의 경우, 자연적 결과가 어떻게 되건 상관하지 않고 규칙 따르기 자체에 관해 사회적 지지를 받으려는 것이 핵심이 되므로 환경에 무감각해질 가능성이 더 높아진다. 예를 들어, '존경 받으려면 불안하다는 것을 숨겨야 한다'고 생각하는 사람이 있다고 가정해 보자. 그래서 사람들 앞에서 말할 때 누군가 질문을 하면 자신의 불안을 숨기기 위해 방어적이 되거나 심지어 공격적이 된다. 이 전략은 아마도 청중으로부터 많은 존경을 얻지 못할 것이다. 하지만 그 규칙을 따르는 것이 응종(힘든 감정을 드러내지 말라는 사회적 요구의 역사로 인한)이라면 예측한 결과와 경험한 결과가 일치하는지 여부(실제로 효과가 있는지 확인하기)에 민감하지 않을 것이다.

규칙에 결과가 언급되지 않은 경우 응종-기반 무감각pliance-based insensitivity이 발생할 가능성이 훨씬 더 높아진다. 왜냐하면 선례따르기는 단지 규칙을 준수하는지 여부가 아니라 명시된 결과가 기준이 되기 때문이다. 암묵적인 결과를 포함하는 선례따르기의 경우도 있으므로 항상 그런 것은 아니다. 예를 들어, 주방 문 앞에서 헤매고 있는 우리를 본 직원이 "복도를 쭉 따라가다가 왼쪽으로 가면 있어요"라고 말하는 경우 '거기에서 화장실을 찾을 수 있습니다'라는 결과가 내포되어 있다. 그러나 일반적으로 명시된 결과가 없는 규칙은 응종을 부추긴다. 예를 들어, 엄마가 우는 아이에게 진정했을 때 생길 결과를 전혀 말해 주지 않고 "진정해"라고만 말하는 상황을 상상해 보자. 이렇게 엄마가 요청하면 아이가 다음 행동을 결정할 때 엄마의 반응이 핵심 문제가 된다. 설사 우는 행동이 문제가 될만한 자연적 결과로 이어지지 않을 상황에서도 아이는 단지 엄마를 기쁘게 하거나 비난을 피하기 위해 정서 표현을 통제하기 시작할 수 있다.[14]

선례따르기도 무감각을 유발할 수 있지만 응종과는 방식이 다르다. 예를 들어, 규칙은 단기적으로는 정확할 수 있지만 장기적으로는 정확하지 않을 수 있다. 이것은 사람이 기분이 나아지게 하기 위해 불안 유발 상황에 직면을 피할 때 일어나는 일이다. 종종 회피가 궁극적으로는 문제를 악화시킬지라도 회피를 하면 실제로 '기분이 나아지는' 결과가 생긴다. 단기 결과가 장기 결과보다 더 많은 영향을 미치는 경향이 있기 때문에 이 약간의 성공도 규칙을 확증하고 회피 전략을 유지하기에는 충분하다.

다른 전략에 비해 해당 규칙이 낮은 비율로만 특정 결과를 가져오는 상황에서는 선례따르기도 무감각을 유발할 수 있다. 예를 들어, 친밀한 관계를 발전시키는 가장 좋은 방법은 매우 개인적이고 부정적인 정보를 빨리 털어놓는 것이라고 생각하는 사람을 상상해보라. 보통 이것은 나쁜 전략일 수 있지만, 일부 사람들은 더 세심하게 배려하는 반응

---

14) 이 사례에서 만약 아이가 실제로 겪을 사회적 결과가 명시된 규칙을 따르고 있는 경우라면, 응종이 아니라 사회적 선례따르기(social tracking)에 해당되겠다.

을 보일 수 있다. 이로 인해 그 규칙은 계속 유지될 수 있다.

이해하기와 일관성에 연관된 문제
Problems Linked to Sense Making and Coherence

언어가 유용하려면 상징관계가 일관성이 있는 네트워크로 합리적으로 결합되어야 한다. 일관된 네트워크는 상징 연결의 방대한 시스템을 통해 정확하고 확실하고 신속하게 의미를 유도할 수 있게 해주는 초고속도로superhighway와 같다. 관계 네트워크에서 모호함과 모순을 감지하면 장애물에 부딪혔을 때와 같이 속도를 줄이고, 상황을 재검토하고 나아갈 새로운 길을 모색해야 한다. 이는 우리가 복잡성을 단순화하고 언어를 통해 복잡한 문제를 신속하게 해결하는 방법 중에 하나이다.

내용을 잘 알지 못하는 경우에도 유능한 수험자가 객관식 시험에서 고득점을 얻는 방법을 생각해 보자. 문항 내용 간의 일관된 관계와 모순된 관계를 찾아 이상한 답을 제거하고 나머지 시험 문항을 통해 유용한 정보를 얻을 수 있을 것이다. 10번 문제의 답이 'a' 또는 'b'라고 가정해보자. 만약 'b'가 10번 문제의 정답이면, 그다음 아마도 'c'가 30번 문제의 정답이어야 한다. 만약 10번 문제에 'a'가 맞으면 'c'는 30번의 답일 수 없을 것이다. 가장 일관된 조합이 딱 들어맞을 때까지 유능한 수험자는 이 과정을 반복한다. 십중팔구는 이런 과정을 통해 실제로 시험 주제에 대해 거의 알지 못하지만 일관성과 모순을 탐지할 줄 아는 응시자의 성적이 향상될 것이다.

일관성과 모순을 감지하는 것은 엄청난 기술이다. 이는 염두해 두어야 할 개념의 수를 단순화하고 지식 기반이 제한적일 때 신속하게 대응할 수 있도록 도와준다. 우리는 모호하거나 복잡한 상황에 핵심 네트워크를 적용함으로써 상황에 의미를 부여하고 예측을 할 수 있게 된다(해당 과정을 입증한 RFT 연구를 보려면 Quinones &Hayes, 2014 를 참조). 우리는 이전에 했던 방식으로 생각을 하는 경향이 있다. 즉, 이전 방식으로 사건을 해석한다. 이런 경향은 여느 행동과 근본적으로 다르지 않다. 차이점은 관계반응이 엄청나게 확산될 수 있다는 점이다. "사람은 신뢰할 수 없어"와 같은 핵심 신념은 거의 모든 사회 상황과 스스로에 적용될 것이다. 이렇게 인지 도식이 모르는 사이에 서서히 확산되어 악영향을 끼칠 수 있다. 그리고 만약 일관성 자체가 우리 행동의 유일한 지침이 된다면, 우리는 결국 스스로의 핵심 아이디어, 신념 또는 개념(즉, 핵심 관계 네트워크)에 갇히게 된다.

광범위한 상황에 핵심 네트워크를 적용하는 것은 특히 세 가지 측면에서 위험하다.

(1) 일부 상징 네트워크는 네트워크의 일관성을 확증하는 행위를 유도한다. (2) 대부분의 행위는 학습을 위해 어느 정도 수반성과 접촉을 해야 한다. (3) 일관성을 지지하는 방향이 항상 효과적인 행동을 동반하지는 않는다.

첫 번째 측면의 예로, '사람은 신뢰할 수 없어' 라는 규칙을 유도했거나 배웠던 한 사람이 자신을 보호하기 위해 타인을 멀리하고 자세한 정보를 절대 주지 않거나 거짓말을 하기 시작했다고 가정해보자. 이런 행동으로 다른 사람이 갈등, 떠남, 비난 등과 같은 반응을 보일 가능성이 높아질 것이다. 그리고 타인의 이런 행위는 '사람은 신뢰할 수 없어' 라는 규칙을 증명하는 걸로 보일 것이다.

두 번째 측면의 예는 사람이 상징적 문제해결을 벗어난 상황에 직면할 때 발생한다. 많은 기술은 경험을 통해 배워야 하며, 적어도 전통적 의미의 '문제해결' 이 아닌 여러 존재 방식이 있다. 아름다운 일몰을 보고 있는 한 사람을 생각해 보자. 일몰 감상은 문제해결 상황이 아니다. "와, 멋진 일몰이야. 그런데 저기에 파란색이 좀 더 필요한데"가 경외감을 느끼는 반응일 리 없다. 같은 방법으로 문제해결 방식이 과도하거나 상황에 적절하지 않으면 피아노 곡을 매끄럽게 잘 연주하거나 테니스 공 치기가 어려울 수도 있다. 즉, 마음의 평화를 없애거나 사랑, 감사, 기쁨, 행복을 느끼는 인간의 능력을 압도할 수 있다.

세 번째 측면의 예는 효과적이지 않음을 경험이 보여줌에도 불구하고 작동하지 않는 패턴이 지속되는 경향을 보여 준다. 효과가 있어야 한다, 다른 사람에게는 효과가 있다, 예전에는 효과적이었다, 작동하지 않음이 공정치 않다는 것을 이유로 패턴을 지속한다. 방대한 정신병리가 위의 경우로 넓게 포괄될 수 있다.

심리 문제의 이러한 측면을 여전히 흥미로운 오래된 방식으로 설명할 수 있다. 자기-파괴 행동이 자기-영속성을 가진다는 생각인데, Mowrer(1948, 1950)는 '신경 역설 neurotic paradox'이라고 간주했다. RFT 관점에서는 규칙이 경험을 압도할 때 심리 문제가 종종 지속된다. 예를 들어, 심지어 그렇게 하는 것이 불가능할지라도 '행복해지기 위해서는 내 인생에서 이 사건을 잊어야만 한다'는 규칙을 계속해서 따르려 할 수 있다. '수반성 학습'이라 불리는 5억 2천만 년 된 과정 그리고 100,000~2백만 년 정도 된 상징적 영향력 사이의 충돌이라 생각해 보자. 대략 우리 마음은 때때로 건강하지 않은 마음 습관으로 인해 해로운 방식으로 우리의 행위를 지배한다(여기서 '마음mind' 은 단순히 우리의 관계반응 모음을 의미한다).

예를 들어, 어려운 생각, 정서, 감각을 다루는 전략이 단기적으로 성공하면 마치 최선의 접근 방식처럼 보이게 된다. 외상 기억에서 벗어나기 위해 TV 시청을 이용하면 잠시나마 효과가 있다. 과도한 손 씻기는 일시적으로 오염을 두려워하여 생긴 불안을 감소시킨다. 어느 부위의 통증을 회피하기 위해 신체의 다른 부분에 집중하면 몇 분 동안은 괴로움을 덜 수 있다. 이러한 짧은 성공이 충분히 강력해서 고통을 회피할 수 있는 최선의 전략이라는 '평가review'를 확립할 수 있다. 마치 여행 책에 나오는 리뷰가 우리가 레스토랑을 선택하는 방식에 영향을 미치는 것처럼 우리의 미래 행동이 영향을 받는다. 언어는 위의 전략이 가져오는 장기 결과가 현재 행동에 거의 또는 전혀 영향을 미치지 않을 정도로 장기 결과를 가린다. 그리하여 심리적 체험회피는 장기적으로 효과가 없을 때도 지속된다.

RFT에서 제안하는 것은 유용한 수반성을 가리게 만드는 과정을 알아차릴 수 있는 능력을 개발하고 수반성에 둔해지는 과정을 조장하거나 약화시키는 맥락에 주의를 기울이는 것이다. 예를 들어, 부적절한 문제해결의 원천을 간단히 정상 상징 과정의 확장으로 보면 치료자가 회기에서 이런 과정으로부터 멀어지도록 격려할 수 있는 것이 무엇일지를 알아차리는데 유용하다. 치료자는 내담자의 문제해결이라는 문제를 해결하려는 치료자 자신의 경향 역시도 다른 문제해결의 과잉확장임을 알아차릴 수 있다. 결과적으로 유용한 치료 대안을 이끌어 낼 수 있으며, 치료 대안에 대해서는 이후에 다시 다룰 예정이다.

동기와 연결된 문제
Problems Linked to Motivation

언어는 먼 결과와 추상적 결과를 현재로 가져온다
Language Brings Distant and Abstract Consequences to the Present

인간 행동 중 상당 부분은 상징적으로 동기 부여된다. 이것이 우리가 언어를 실제 사용할 때의 핵심이다. 우리는 한 번도 존재하지 않았던 세상을 포함한 긍정적 세계를 상상할 수 있고 이러한 긍정적 비전과 상상한 결과를 향한 진전에 스스로의 행동이 부합하는지 여부를 언어로 추적할 수 있다. 직접 수반성 학습에서는 중요한 결과를 향한 경과를 안정적으로 추적하는 자극 변화도 행위에 동기를 부여한다. 인간은 순간 순간 행동의 목적과 의미를 제공하는 언어로 이를 행할 수 있다.

인간이 해왔던 영웅적인 일을 생각하면, 더 나은 세상이나 삶을 성취하고 창조하는 것에 중점을 두고 있는 사람들을 볼 수 있다. 사회 정의를 염원하는 투사들은 이런 비전의 중요성과 일치한다는 점 외에 다른 긍정적 결과가 거의 없는데도(아마도 대의를 위한 사람들의 규합과 같은 것에서 약간의 진전 징후가 있을 수는 있다) 수 년이나 수십 년에 걸쳐 억압당한 사람들을 고양시키고 행동을 취하는 것을 생각할 수 있다. 사회 정의를 위한 투쟁이 더 이상 결과에 영향을 받지 않는 것은 아니다. 결과가 상징적으로 확립되었다는 것이다.

이 과정이 중심이 되는 중요한 영역 중 하나가 자기 조절이다. 단기 결과가 장기 결과보다 더 강력한 영향을 미칠 때, 행동의 방향을 재설정하는 한 가지 방법은 단기 결과를 제거하는 것이다. 행동 분석가는 직접 환경에 접근하여 단기 결과를 제거하는 일을 자주 한다. 예를 들어 시설에 있는 돌보미가 자신의 관심이 단기적으로 환자의 자해 행동을 강화하고 있음을 인식하면, 도움 요청하기와 같은 보다 적절한 행동 쪽으로 주의를 돌릴 수 있다. 그러나 행동을 직접 강화하는 결과를 제거하는 일은 종종 어렵거나 불가능하다. 예를 들어 물질 중독에서 금단 증상 감소는 물질 사용의 본질적인 강화 요인이다. 행동과 행동의 효과는 서로 분리될 수 없다.

언어는 우리가 장기 결과에 따라 행동하도록 도울 수 있다. 사실, 우리 일상행동의 상당수는 우리가 말하고 생각하는 것을 통해 먼 결과와 상징적으로 연결되어 있다. 우리를 깨우는 알람시계가 울릴 때, 언어를 통해 강력한 결과에 접촉할 수 있다. '빨리 시내에 나가 친구와 아침을 먹고 싶어'라고 생각하면 벌써 커피 냄새를 맡고 맛있는 프렌치 토스트의 맛과 친구의 얼굴을 그려 볼 수 있다. '상상'(관계구성으로 인한 기능 변형)은 우리가 침대에서 일어나도록 동기를 촉발시킨다.

이것은 RFT가 파악한 또 다른 주요 상징 과정인 증진augumenting의 예이다. 증진은 새로운 결과를 확립(소위 형성적 증진formative augmenting)하거나 기존 결과에 관한 우리 관심을 변경(소위 동기적 증진motivative augmenting)한다. 증진이 작동하는 한 가지 방식은 언어를 통해 먼 결과를 현재로 가져오는 것이다.

잠시 RFT 실험을 살피고 넘어가면 이것이 의미하는 바를 좀 더 구체적으로 이해할 수 있다. 2008년에 Ju와 Hayes는 관계 학습을 통해 어떻게 동기가 확립될 수 있는지 보여 주는 실험을 제시했다. 우선 참가자들은 화면에 녹색 불이 들어온 상태에서 스페이스바를 누르면 유쾌한 그림이 나타남을 학습한다. 다른 말로, 특정 단서가 나타날 때에는 특정 강화제가 이용 가능함을 학습했다. 이것은 레스토랑에 가서 메뉴를 볼 때 일어나는 현상과 비슷하다. 메뉴에 좋아하는 요리가 있다면, 이제 당신은 그 메뉴를 주문할 수 있다는 것을 안다. 메뉴가 없다면, 주문할 수 없을 것이다.

그다음으로 실험 전에는 특별히 의미가 없었던 두 가지 새로운 자극과 유쾌한 그림과 사이에 동등 관계를 확립하는 관계 네트워크(A = B = C)를 구축하였다. 예를 들어 아름다운 풍경 사진과 ◇ 도형, VUG 문자 사이에 동등 관계가 확립되었다. 이것은 감자튀김(칩스)을 좋아하는 아이가 자신이 좋아하는 음식이 "칩스"란 소리로 불리고 문자 c-h-

*i-p-s*로 쓰인다고 배우는 과정과 동등하다. 외양이 특별히 비슷하지는 않더라도, 실제 음식이 다른 두 자극과 상징적으로 동등해진다. 실험의 마지막 단계에서, 연구자들은 초록불을 단독 또는 유쾌한 그림과 관련된 상징 자극과 함께 제시했다. 결과로 참가자들은 화면에 초록불만 있을 때에 비하여 상징 자극도 함께 있을 때 더 자주 스페이스 바를 눌러 그림이 나타나는 것을 선택했다. 이것은 강화제의 이용 가능성 하나만으로는 강화제와 연관된 상징 자극이 함께 존재할 때만큼의 동기를 부여하지 못함을 의미한다. 당신이 친구와 식당에 가서 무엇을 주문할지 고민하고 있었는데, 친구가 "오 연어 버거! 진짜 맛있겠다!"라고 말한다고 상상해보자. 친구의 말은 당신이 연어 버거를 주문할 가능성을 높일 것이며, 이런 영향은 증진에 기반 할 가능성이 높다.

증진은 주어진 결과를 얻기 위해 행동할 가능성을 높인다. 이 과정에서 결정적인 것은 행동한 후 오랜 뒤에 결과가 따를 지라도 우리가 먼 결과에 영향을 받을 수 있게 한다는 점이다. 위대한 프랑스 과학자이자 탐험가인 장 루이 에티엔Jean-Louis Etienne은 북극 탐험을 준비하기 위해 몇 달 동안 매일 아침 찬물로 샤워를 했다고 한다. 당신이 상상할 수 있듯, 이런 샤워는 그 순간 그리 유쾌한 경험이 아니었다. 그러나 몇 달 후 추위에 대비한다는 생각으로 그는 냉수 샤워의 혐오감을 마주할 수 있는 충분한 동기가 생겼다. 증진은 먼 결과를 현재로 가져와 언어를 강력한 협력자로 바꿔 놓는다. 이는 다른 식으로는 접촉할 수 없는 유익한 결과를 향하는 방향으로 행동을 하는데 도움이 된다. 심지어 우리가 결코 직접 경험하지 못할 결과와의 접촉을 가능케 한다. 예를 들어 부모는 자신들이 떠나고 난 뒤 자녀에게 물려주려 저축을 하는 데, 이 때 결코 행위의 결과를 보지 못한다는 것을 알고 있다. '이 돈으로 우리 아이들이 안정적인 삶을 살거야'라는 생각이 그렇게 하도록 동기를 부여하는 힘이 된다. '행복해지려면 불안을 없애야 한다' 또는 '사람들이 나를 배신하지 못하게 하기 위해서는 내가 절대 믿지 않아야 한다' 같은 생각도 거의 같은 방식으로 행위의 동기가 될 수 있다. 대부분의 자살 기록에는 죽음이 고통을 제거할 것이라 적혀있다(예, '자살하면 더 이상 고통 받지 않을 것이다'). 이는 문자적으로 사실일 수 있지만 생명 자체를 희생한다. 살아있는 어느 누구도 죽음을 경험하는 것이 어떨지 모른다. 그러나 이런 종류의 진술에 포함된 상징관계가 죽음이 이제는 바람직한 결과를 가져올 행위인 것으로 그 기능을 변화시킨다. 그러므로 자신을 해치는 고통이 괴로움에서 벗어날 거라는 희망으로 가려진다. 그러므로, 우리가 언어를 자신의 이득을 위해 사용할 수 있을 것 같아도 내재된 함정은 결코 멀리 있지 않다. 그렇기에 이런 함정을 피하는 유일한 방법은 직접 경험에 주의를 기울이고 지속적으로 만족을 얻을 수 있는 원천을 고취하는 방식으로 언어를 사용하는 것이다.

언어에 기반한 동기는 '적응 정점[15]'으로 이어진다

Motivation Based on Language Can Lead to "Adaptive Peaks"

증진하는 능력은 가치를 파악하고 구축하며 문제를 해결하고 미래를 생각하며 다른 사람을 보호하는 인간의 능력에 핵심이지만 마찬가지로 해로운 무감각을 일으킬 수 있다. 이 해로운 무감각이 어떻게 발생하는지를 설명하는 진화 과학의 개념이 있다. 적응 정점 adaptive peaks은 적응의 유리한 결과이지만 유리한 미래를 개발하기 위한 플랫폼 제공에 실패한다. 예를 들어 장기 이익을 희생하면서 단기 이익을 위해 노력하는 경우, 행동 적응 정점이 구축될 수 있다. 이 전략에서 나온 행동이 타인에게 충동적이거나 비논리적으로 보일지라도, 결과를 예측하기 어려운 혼란스러운 환경에서는 성공적인 전략일 수 있다. 학대 가정에서 보이는 아동의 행동이 하나의 예가 된다(예, 취약성을 회피). 환경이 변했지만(예, 아이는 이제 성인이 되었고 대체로 환경을 통제할 수 있음) 이미 구축된 적응 행동 패턴adaptive behavioral pattern이 계속될 때 문제가 발생한다. 나아지기 위해 그는 새로운 전략을 배워야 하는데, 많은 경우 단기가 아닌 장기로만 성과를 거둘 수 있다. 이런 종류의 학습은 어렵다. 이는 그가 훨씬 더 높은 곳으로 올라갈 수 있는 또 다른 봉우리를 찾기 위해 적응 정점을 내려와야 함을 의미한다.

증진은 이런 상황을 상징적으로 확립할 수 있다. 다른 사람에게 절대 상처받지 않기, 불안정감 전혀 느끼지 않기, 결코 틀리지 않기, 절대 혼자가 되지 않기 등을 결심한 사람은 이러한 언어 목표로 동기 부여된 행동 패턴을 개발하여 적응 정점에 갇힐 수 있다. 불안정감을 회피하기 위해 상징적으로 전념하는 한 사람이, 약물을 사용하여 불안정감을 없앤다고 가정해보자. 약물 사용은 불안정감을 경감시킨다는 점에서 '작동'하는 행위이지만 제한적이고 고립시키는 적응정점을 구축한다. 상징적으로 확립된 수단과 목표 means-end 관계가 경험적으로 부정확한 경우에(예, 상응하는 결과에 맞지 않음) 특히 이런 문제를 일으키기 쉽다. 한 청소년이 마른 체형이 되면 타인의 사랑을 받을 거라는 생각으로 식이 제거행동을 할 수 있다. 일중독자는 재정적 성공이 행복으로 이어질 것이기 때문에 모든 시간을 일하는데 바칠 수 있다. 이런 목표를 달성하지 못하면 오히려 동일한 수단이 더욱 강조될 수 있다. 즉, 언어가 결과를 의미 있게 확립하거나 기존 결과의 효과를 줄이거나 높이는 방식으로, 결과에 관한 민감성을 상징적으로 변화시킨다.

---

15) 역주, 표현형 적응이 '정점'까지 진행되어 더는 진행될 수 없다는 뜻. 예를 들어 포식자의 신체/행동적 특성 진화로 특정한 먹이 사냥에 보다 능숙해져 개체 수가 늘어날 수 있으나, 동시에 특정 먹이에 대한 의존도가 높아지며 결국 다른 먹잇감에는 이 진화적 특성을 사용할 수 없게 하는 적응이 초래됨. 이 경우 포식자가 폭발적으로 증가한다면 먹이의 개체수가 급감하여 포식자의 멸종까지 가져올 수도 있음.

적응 정점으로 이끄는 증진과정은 심리문제가 항상 회피의 문제가 아닐 수 있음을 보여 준다. 효과적이지 않은 많은 행동이 정적으로 강화되는 결과를 향한 사례인 듯 보이지만, 더 의미 있는 목표에서 멀어진 채로 우리를 갇히게 만든다. 올바르게 행동하기, 성취 향상 약물 사용하기, 강렬한 감각이나 통제감 추구하기는 정적강화가 제한적이거나 대가가 큰 여러 상황의 예이다.

심리치료자를 위한 언어 함의
Language implications for psychotherapists

상징관계는 모든 인간 정신 개념의 핵심이다
Symbolic Relations Are at the Core of All Human Mental Concepts

심리학과 심리치료는 의식, 의미, 목적, 의도, 느낌, 이해, 공감, 자기-자비 등을 포함한 인간의 정신적 삶에 관한 많은 아이디어를 포함한다. RFT 관점으로 이러한 개념은 상징관계를 포함하는 심리 과정에 관해 말하는 방식이다. 이런 연결을 알면 독자들이 어느 임상 전통에서 심리 치료 작업을 하든, RFT 원리를 가지고 상징행동의 역사와 맥락이 작업의 특정 초점에 어떻게 영향을 미칠 수 있는지를 이해하는데 직접 활용할 수 있다.

우리는 독자의 기본 이론 접근을 변화시킬 목적으로 이 책을 집필하려는 것은 아니다. 맥락행동주의 입장에서 책을 쓰고 있지만, 대부분의 심리학과 심리치료 학파에는 인간의 정신적 삶에 관한 수많은 아이디어를 포함하고 있다. 증거 기반의 효과적인 진료로 이어지는 아이디어는 RFT와 부합할 것이다. 그렇지 않으면 RFT에 뭔가 문제가 있는 것이다.

치료자는 언어를 피할 수 없다 Therapists Cannot Avoid Language

위에서 서술했듯, 상징관계는 어디나 존재하며 인간 기능의 중심이다. 임상의는 자신의 치료적 접근 방식이 언어가 핵심 초점이 아닐지라도, 언어와 인지를 피할 수 없다. 말을 넘어서 정서와 경험에 깊이 도달하는 것을 목표로 하는 심리치료 접근 방식이 존재한다. RFT는 실제로 이런 접근방식이 왜 좋은 아이디어일 수 있을지를 설명해주기는 하지만, 언어와 인지를 회피하기 *때문에* 그런 방식은 좋은 아이디어가 아니다. 상징관계는 단순히 '말words'이 아니다. 상징관계는 평범한 인간 존재에게 의미 있는 모든 것과 서로 깊이 얽혀 있다. 즉 이미지, 기억, 신체 자각과 의식 자체에 상징관계가 관여하고 있다. 상징관계는 수 많은 신체 및 행동 기능을 기반으로 하며 인간 존재에게는 상징 행위나 고위 인지보다 더 많은 것이 있다. 그러므로 심리 치료나 인간 행동변화에 관한 접근 방식은 상징관계에 관한 좋은 이론 없이는 성공할 수 없다.

더구나, 상징행동은 애초에는 수반성 학습을 기반으로 하지만, *이는 모든 형태의 학습이 가지는 영향을 바꾼다.* 상징관계는 결과가 무엇인지, 선행인자가 무엇인지, 유발 자극이 무엇인지를 변화시킬 수 있다. 예시 중 하나를 다시 살펴보자. 한 사람이 P > Q > R 을 학습했다고 가정해보자. 이제 Q가 나타날 때마다 그 사람에게 전기충격을 가했다고 상상해보자. P가 나타날 때 무슨 일이 발생할까? 연구가 완료되었기에 우리는 이미 답을 알고 있다. 그 사람은 P가 나타날 때 충격을 가한 적이 한 번도 없었음에도 불구하고, Q 보다 P가 나타날 때 *보다 더* 각성될 것이다(Dougher et al., 2007). 이러한 결과는 상징관계를 포함하지 않은 경우 행동 원리에 관한 지식이 인간 심리를 이해하는데 충분하지 않음을 의미한다. 인간에서 일어난 일들은 매우 중요하다. 우리는 5억 2천만년 된 과정 (조작적 또는 고전적 조건화)이나 더 오래된 과정(습관화)만 사용하여 인간의 기능을 완전히 해석할 수는 없다. 임상 문제는 일반적으로 상징행동과 다른 학습되거나 학습되지 않은 과정 사이의 상호작용을 포함한다. 심리평가와 심리치료는 이러한 상호작용에 주의를 기울이고 다뤄야 한다.

결과는 복잡하나 과정은 훨씬 더 단순하다
The Outcomes Are Complex, but the Processes Are Much Simpler

RFT 관점에서 상징 기술은 사건 간 관계를 유도하고 맥락적 조절하에 사건의 기능을 변경하는 것으로 구성된다. 그것이 전부다. 다양한 관계를 학습한 후, 사진을 액자 틀frame 에 배치할 수 있는 것처럼 어떤 사건도 '관계 안에 배치'할 수 있다. 관계구성이론relational frame theory이라는 이름처럼 말이다. 가장 광범위한 측면에서 보면, 경험적 연구로 심리치료에 접근하는 목표는 임상가가 치료 목표를 달성하기 위해 내담자가 할 행동을 예측하고 영향을 미치는 방법을 알도록 힘을 부여하는 것이다. 이 책에서 우리의 도전은 활용 중인 임상 접근이 무엇이든 관계없이, RFT가 임상의가 내담자가 할 행동을 예측하고 영향을 미칠 수 있도록 도와주는 도구임을 보여 주는 것이다. 우리가 설명할 수 있는 한, 인간의 복잡성은 작고 관리 가능한 일련의 관계 과정에서 비롯된다는 것을 보여 주려 한다.

여러 관계 과정에서 유도한 관계 틀과 도구를 다음 장에서 자세히 제시할 것이다. 당신이 다양한 임상 전통에 숙련된 유능한 치료자라면 우리가 소개하는 많은 기술은 이미 당신의 레퍼토리에 있을 수 있으나, 우리의 목표는 새로운 심리치료 모델을 가르치는 것이 아니다. RFT는 다양한 접근 방식에서 나온 기술을 일관된 관계 틀로 통합하고 더 높은 인식과 정확성을 가지고 내담자에게 작동하는 행위를 하도록 돕는 범용 언어이다. 우리의 목표는 관계구성 연구에서 배운 것을 적용하여 당신이 언어를 치료 도구로 사용하도록 돕는 것이다.

언어는 맥락 민감성을 바꾼다 Language Alters Context Sensitivity

상징관계는 심리 사건의 기능을 변형시키고 우리 반응에 영향을 미친다. 즉, 맥락의 요소에 관한 민감성을 증가시킬 수도 감소시킬 수도 있다. 예를 들어, "조심해"와 같은 간단한 지시도 잠재적 위험 쪽으로 주의를 향하게 하는 동시에 그 순간 덜 중요한 다른 경험에 대한 민감성을 감소시킨다. 치료에서 내담자는 신체 감각을 관찰하거나 자신의 삶에서 중요한 게 무엇인지 생각해 보도록 요청 받을 수 있다. 주어진 맥락 내 가장 유용한 것(예, 동기 증가, 회피 감소)이 무엇일지에 따라 심리적 삶의 주요 요소에 관한 내담자의 민감성을 바꾸기 위해 이런 상징적 중재를 선택한다.

치료자가 내담자의 변화를 돕기 위해 언어를 사용할 때, 언어가 무감각(내담자의 심리문제를 발전시키거나 유지하는 데 대개 이미 역할을 해오던 현상)을 만드는데 특별히 강력하다는 점을 기억할 필요가 있다. 규칙과 지시를 사용하면 내담자가 새로운 반응을 더 빨리 배울 수 있어 도움이 되기도 하지만, 효과가 부족함에도 불구하고 과잉일반화와 지속으로 이어질 수 있다. 대조적으로 내담자가 자신의 행동에 영향을 주는 수반성을 살피도록 언어를 사용하면(예, 질문, 반영적 듣기 또는 은유) 내담자 스스로의 결론을 이끌어 내고 보다 유연하고 자율적으로 체험에 기반을 둔 기술을 조성하는데 도움이 된다(5장과 8장을 보라). 만약 규칙이 비적응적 무감각에 대항하는 고유의 해독제를 지니고 있다면, 체험에 기반을 둔 기술을 고취하기 위해 치료자가 규칙을 사용하는 것이 실제로 가능하다. 예를 들어, "더 나은 결정을 위해 당신 행동의 결과에 집중하라" 같은 규칙은 가장 중요한 원리를 설명하고 있다. 이 원리는 본질적으로 체험적이어서 효과적인 의사결정과 관련된 수반성 관찰을 격려할 가능성이 높다(9장을 보라).

삭제 버튼이 없다 There Is No Delete Button

'탈학습Unlearning'은 심리 과정이 아니다. 행동을 약화시킨다고 알려진 많은 학습 과정(예, 망각 또는 소거)이 있다. 하지만, 상징 네트워크는 개인 학습 역사의 결과이며, 역사는 뺄셈이 아닌 덧셈으로 작동한다. 정말로 새로운 내용보다는 잊어버린 것을 좀 더 쉽게 재학습한다. 즉, 소거는 탈학습이 아니라 학습의 억제, 새로운 학습 또는 반응 유연성의 문제이다. 이 원리는 특히 생각(즉 상징관계)을 다룰 때 중요한데, 유도 과정이 다른 행동을 억제하는 것보다 생각을 억제하는 것을 더 어렵게 하기 때문이다. 몇 시간 동안 걷거나 먹는 행동을 억제하는 것은 가능하나, 생각을 똑같이 몇 시간 동안 억제하는 것은 불가능하다. 하지만 이는 생각을 전혀 조절할 수 없음을 의미하는 것은 아니다. 예를 들어 의도적으로 특정 생각과 접촉하기는 가능하지만, 지속적으로 다른 생각들을 억제해야 하기에 긴 시간 동안 특정 생각에만 집중하는 것은 불가능하다.

그래서 상징관계가 심리 문제에 기여할 때, 그 상징관계를 지우는 임상 중재를 할 수는 없다. 우리가 해야 하는 일은 그 상징관계의 발생 확률을 상대적으로 줄이거나 영향을 제한해야 한다. 이 때 좀 더 유용한 상징관계인 대안을 강화하는 방법을 자주 쓴다. 상징 분야에서, 임상 중재는 새로운 관계를 확립하는 단서나 기존 관계의 기능을 변형하는 단서, 또는 양쪽 단서 모두를 가지고 사고의 맥락 변경을 목표로 한다. 상징 네트워크 형태를 변경하려다 기능이 무심코 부정적으로 바뀌는 일이 없도록 양쪽 과정을 추적하는 것이 중요하다. 이런 중재로 기대하는 결과는 절대적으로 특정 생각이 존재하거나 부재하는 것이 아니라 개인의 생각을 점증적이고 포괄적인 과정을 통해서 유용한 상징관계 쪽으로 바꾸는 능력이다. 정신병리를 이해할 때, 내담자 스스로가 삭제 버튼(예, 외상을 잊으려 노력하기나 판단적 사고 억누르기)을 찾고 적용하기라는 상식적 해결책을 쓰려고 노력한다는 점을 기억해야 한다. 이런 사실이 마지막 일반적 함의로 이끈다.

논리적이지 않다, 심리─논리적이다 It's Not Logical, It's Psycho-logical

인간의 상징행동은 인간 논리의 기초이나 상징행동은 단순히 논리적이지는 않다. 상징행동은 심리적이다.

이 아이디어를 잘 이해하려면, 당신이 처음에는 A가 B를 초래한다고 믿었으나 나중에 A가 실제로는 B를 초래하지 *않는다*는 결론에 도달했다고 가정해보자. 논리적으로는 이게 이야기의 끝이다. A는 B를 초래하지 않는다. *심리적으로는 당신이 이제 A가 B를 초래하지 않는다고 진정으로 믿더라도*, 그렇게 간단하지만은 않다. 일부 이유는 A와 B 사이의 관계는 학습된 행동이고, 학습은 지속되기 때문이다. 예를 들어 아버지가 죽기 직전에 아이가 '아버지가 그냥 죽었음 좋겠어'라고 생각했기 때문에 아버지가 죽었다고 실제로 믿을 수 있다. 아이가 이것이 진실이 아님을 들었다 해도, 여전히 자신에게 책임이 있다고 생각할 수 있다. 삭제 버튼은 없다. '나 때문이야'라고 생각하는 행위는 그의 레퍼토리에서 영원히 어느 정도 힘을 발휘할 것이다. 그는 죄책감을 느낄 수 있다. 아버지를 떠올리게 만드는 것들을 피할 수 있다. 이런 괴로운 생각 다루기에 논리적이거나 조리에 맞게 보이는 많은 행동(논쟁하기, 주의분산, 다른 사람에게 안심을 구하기, 생각나게 하는 촉발요인 피하기)은 생각의 영향과 심지어 빈도를 높일 가능성이 있다. 생각을 삭제하지 않고 일관성을 회복하기 위해, 우리는 분석 시 아이의 역사를 포함할 필요가 있다. 즉, 아이가 한 때 아버지의 죽음에 책임이 있다는 생각을 했었고 이 생각을 지울 수 없음을 감안하면 그가 그런 생각을 하는 게 이해할 만 하다.

치료자가 일관성에 주의해야 하는 또 다른 이유가 있다. 일관성 자체는 안녕을 보장하지는 않는다. 우리는 실존적 질문에 관한 논리적 답을 찾을 수 있지만 여전히 불행할 수 있다. 운전 중 교통사고로 아이가 다친 엄마를 생각해 보자. 그녀는 이 사건을 되돌아보며 '나는 아이 부상에 책임이 있어' 라고 생각한다. 사고의 특정 상황과는 관계없이, 이 생각을 항상 논리정연하게 정당화할 수 있을 것이다. 그녀가 너무 빠르게 운전했다면, 논리적으로 그녀가 실제로 책임이 있다고 결론 내리기 쉽다. 하지만 안전하게 운전했다 해도, 그날 다른 길을 택할 수도 있었다거나 더 주의를 기울여 다른 차를 피할 수 있었다 등의 논리를 대며 그녀에게 책임이 있다고 결론 내릴 수도 있다. 일관성은 어디서나 찾을 수 있으나, 이것이 효과적 행동으로 이어지지 않으면 쓸모 없거나 해로울 수 있다. 따라서 심리중재는 특정 종류의 일관성을 지침으로 삼을 수는 없다. 심리 중재는 목적 의식과 이 목적에의 효과성을 포함해야 한다. 이를 일종의 *기능적* 일관성이라 일컬을 수 있다.

인간의 상징행동은 인간 행동에 최고의 영향과 최악의 영향을 미치는 양날의 검이다. 상징행동은 행동과 결과 사이의 관계에 대한 민감성을 증가시키거나 감소시킬 수 있다. 상징행동은 변화를 장려하거나 비효율적 전략을 지속하도록 할 수도 있다. 문제해결에 도움이 될 수도 있지만, 문제가 해결되야지만 삶이 시작될 것이라고 생각을 구성할 수도 있다. 상징행동은 우리가 가치를 알고 전념하는데 도움이 될 수도 있고, 불행한 과거나 두려운 미래에 관해 쓸데없이 반추하도록 할 수도 있다.

이 장에서 우리는 정신 병리를 이해하기 위해 RFT의 함의를 탐구했다. 기억해야 할 몇 가지 핵심 요소는 다음과 같다.

- 관계구성의 유창성과 유연성은 심리 건강의 핵심인 인간 기능의 많은 중요한 영역과 연관된다. 여기에는 관점취하기, 공감, 문제해결 및 유추적 추론이 포함된다.

- 상징관계를 구축하는 능력은 어떠한 것도 고통의 원천이 될 수 있게 한다. 긍정적 경험조차도 관계의 양방향 특성으로 인해 괴로움을 유발할 수 있다. 당신이 원하는 것이 무엇인지 알게 되면, 가지지 않은 것도 알게 된다. 당신을 행복하게 만드는 것을 찾으면, 상실의 위협과도 함께 살아야만 한다.

- 모든 생명체는 고통과 위험의 원천을 회피하는 경향이 있으며 인간은 상징적 위협에도 똑같이 대응한다. 내재된 위험에는 일반적으로 회피가 유용하다(예, 뜨거운 난로에서 손을 멀리하기). 하지만 상징적 고통의 원천은 유도 관계를 통해 항상 재출현할 수 있기에(예, 슬픔을 피하려 재미있는 영화를 보는 것이 '영화가 끝나면, 또다시 슬퍼질 꺼야'라는 생각을 즉각 촉발시킬 수 있다) 상징적 고통의 원천을 완전하고 지속적으로 피하기는 거의 불가능하다.

- 체험회피는 불쾌한 상징관계에 대한 논리적인 반응인 동시에 심리 괴로움의 주요 원천이기도 하다. 상징관계는 개인 학습 역사의 결과이며, 역사는 뺄셈이 아닌 덧셈으로 작동한다. 그러므로 괴로움을 유발하는 상징관계를 피하거나 제거하려는 시도(예, 외상 기억, 걱정, 낮은 자존감)는 종종 역설적 효과를 지닌다. 왜냐하면 정확히 피하려는 상징 네트워크가 활성화되어 확장되기 때문이다.

- 체험회피는 장기적으로 작동하지 않고 유지하기 위해 많은 노력이 필요하기에, 상징 사건을 회피하는 것은 우리를 중요한 삶의 영역으로부터 멀어지게 한다(예, 외상 기억을 멀리하기 위해 친밀한 관계를 회피함).

- 인간은 수반성을 경험하거나 수반성 기술(규칙 또는 지시)과 접촉함으로써 학습할 수 있다. 규칙과 지시를 통해 학습하는 것은 더 효율적이나 수반성 변화에 무감각하게 만드는 경향이 있다(예, 후기를 보고 레스토랑 선택하기 그리고 시간이 지남에 따라 음식의 질이 떨어지는 것을 알아차리지 못함).

- 변화하는 수반성에 관한 무감각은 비효과적 행동의 지속으로 이어질 수 있다(예, 실제로는 우울증이 악화되지만 하루 종일 침대에만 누워서 우울증이 개선되기만을 기다림).

- 상징관계의 네트워크인 언어는 본질적으로 일관성이 있으며 논리와 이해하기를 통해 일관성을 유지하도록 우리에게 요구한다. 세계와의 상호작용 대부분은 언어로 여과되며 이는 세 종류의 임상관련 문제를 일으킨다.
  - 아이디어와 신념의 일관성을 유지하기 위해 우리의 경험을 틀어 버림(예, 불안 정감을 느끼게하는 상황을 회피하거나 자기-자신감을 지키기 위해 비판을 무시함).
  - 직접 경험과 접촉하기가 보다 더 효과적일 때도 오로지 언어를 통해서만 학습하고 문제를 해결하기(예, 실제 피해를 복구하는 대신 과거 실수를 반복해서 반추하기).
  - 일관성 (즉 이해하기) 자체가 중요 지침이 되게 하고 행동의 효과 평가하기에 소홀해지게 하기(예, 연인 관계에서 친밀감이 훼손될지 언정 누가 옳은 지로 다투기).

- 상징관계를 구축하는 우리 능력은 먼 추상적 결과에서 동기 찾기를 가능하게 한다. 대체로 몇 년 후에야 보답이 있을 힘든 일을 하거나, 행동의 즉각적이고 구체적 결과가 고통스러울 때(예, 만족에 상당한 비용이 수반되거나 안녕의 더 나은 원천에 접근이 제한되는 경우)도 자신의 가치와 연결될 때처럼, 먼 추상적 결과가 만족의 주요 원천이 될 수 있다. 또한 행동에 따른 유리한 결과에 상당한 비용을 치러야 하거나 더 나은 안녕의 원천에 접근이 제한되는 적응 정점으로도 이어질 수 있다(예, 매우 제한적 식단 따르기는 만족스러운 통제 감각을 제공하나 건강을 해치고 다른 사람과 함께 식사하는 즐거움을 방해할 수 있음).

- 언어에 관한 RFT 접근 방식은 심리치료에 중요한 함의를 가진다.
  - 상징관계는 기억, 기분, 믿음, 자기 조절, 자기 감각, 의식, 의도 및 목적을 포함하여 모든 복잡한 인간 인지 및 정신 개념의 핵심이다. 따라서 인간이 가진 모든 형태의 심리적 괴로움은 RFT 원리로 분석할 수 있다.
  - 단어, 규칙 및 지시의 사용을 제한하더라도 모든 형태의 심리치료에서 언어를 사용한다. 따라서 임상 전통과는 관계없이, RFT 원리는 당신의 진료와 관련이 있다.

- RFT의 기본 원리는 비교적 간단하지만 이 원칙들을 조합하면 치료자가 높은 수준의 복잡성을 이해하고 중재할 수 있다.
- 언어는 주의의 방향을 설정하고 집중하게 하는 강력한 도구이나 유용한 정보가 있을지도 모르는 맥락의 다른 부분에 무감각하게 만든다. 관련이 있는 맥락 상황에 충분히 민감하지 않을 때, 반응은 과잉일반화 되고 시간이 지나고 상황이 바뀌더라도 경직되어 수정하기 어려워진다. 경직과 전반에 걸친 과잉일반화를 피하기 위해, 치료자는 규칙을 주의 깊게 사용하고 체험 기술을 고취하는 방식으로 언어를 사용해야 한다(예, 질문, 반영적 듣기, 은유 또는 수반성 관찰을 장려하는 규칙을 통해).
- 치료자는 상징관계를 제거하거나 대체하는 것으로 내담자가 심리 문제를 다루도록 도울 수는 없다(즉, 생각은 제거될 수 없다). 대신 임상의는 새로운 상징관계를 확립하거나 기존 관계의 기능을 변형하는 언어를 사용할 수 있다. 이를 통해 추가된 영향력의 원천이 가장 중요한 상징관계와 겨루거나 새로운 다른 반응이 나타날 수 있다.
- 내담자가 상징관계에 근원이 있는 문제를 다루도록 도울 때 치료자는 논리에만 의존할 수 없다. 치료자는 문제가 되는 상징 반응으로 이어지는 맥락을 고려하여 안녕을 고취하는 언어와 인지의 형태를 조성해야 한다.

3장

변화의 상징 도구
Symbolic Tools of Change

인간의 행동변화는 어떻게 일어나는가? 언어를 구사하는 성인 정도라면, 대체로 해답은 변화의 상징 도구인 언어에 있다. 이전 장에서 언어가 미치는 해로운 영향을 강조하였지만, 그런 악영향에 대응하는 데도 대부분 언어를 *사용*할 필요가 있다는 점을 주목하라.

진화의 입장에서 '신참new kid on the block'인 언어가 인간 행동의 조절에 지배적인 역할을 하는 것 같다. 그래도 진화적으로 더 오래된 과정 또한 변화에 중요하지 않은 것이 아니다. 심리치료에서는 사회 학습, 습관화, 수반성 학습과 같은 훨씬 더 원초적인 과정을 가지고 엄청난 분량의 유용한 작업을 행할 수 있다. 그러나 그런 종류의 작업을 할 때조차 심리치료는 언어에 의존한다.

RFT의 관점에서, 임상 대화는 단순히 말words에 관한 것이 아니라 의미, 감정, 목적에 관한 것이기도 하다. 두 사람이 주고받는 표정과 미소의 효과는 그들에게 어떤 의미를 지니는지에 영향을 받을 것이다. 느끼는 감정과 감각에는 그것이 무엇을 대표하는지, 어떤 타고난 특징을 가지는지, 어디서 유래되었다고 생각하는지, 또는 어디를 향해 간다고 믿고 있는지가 깊숙이 스며들어 있다. 언어의 본질이 사건들 사이의 관계 네트워크를 유도하고 이에 따라 사건의 기능을 변화시키는 것이라고 이해한다면, 인간의 행동변화 중 상징 능력이 닿아 있지 않은 것은 없다.

이번 장에서는 정신치료자로서 당신이 하고 있는 작업에 활력을 불어넣기 위한 작업

도구tools of trade를 살펴보도록 하겠다. 이 책 나머지 부분에서 쭉 사용할 도구이다. RFT의 함의를 기반으로 개념틀framework을 제공하고 이 틀 안에서 사용할 수 있는 몇 가지 개별 언어 도구를 검토할 것이다.

치료에서 언어를 활용하기 위한 개념틀
A Framework for Using Language in Therapy

관계구성의 함의를 가지고 인간이 가진 정신병리와 번영의 실패를 이해할 때처럼 변화의 상징 도구는 여러 방향으로 작동한다. 언어는 축복이자 동시에 저주이다. 이러하기에 치료자는 언어를 더 깊이 이해해야 한다. 그래야 이 도구를 도축업자보다는 좀 더 외과의사처럼 능숙하게 다룰 수 있다. 심리치료 과정 자체에서 보여지는 미세 사항들을 섬세하고 중요하게 다룰 수 있어야, RFT 덕후가 아닌 관계구성의 임상 적용에서 전문가가 될 수 있다. 이 책 대부분이 언어 도구를 사용하는 방법에 초점을 맞추고 있지만, 여기서는 언어 도구가 무엇이고 어디에 좋은 지부터 시작할 것이다.

가장 중요한 목표: 유연한 맥락 민감성과 기능적 일관성
The Overarching Goals: Flexible Sensitivity to the Context and Functional Coherence

유연한 맥락 민감성의 고취 Promoting Flexible Sensitivity to the Context

맥락 민감성이 무엇인가 What Is Context Sensitivity? 맥락 민감성이란 맥락의 다양한 요소 또는 '영향력의 원천sources of influence'을 알아차리거나 반응하는 정도를 일컫는다. 행동은 여러 영향력의 원천에 민감하게 반응한다. 일부는 직접 경험에 기반한 내재된 특징이고, 일부는 생물학적 구조와 기나긴 진화의 역사에 기반을 두고 있고, 일부는 상징으로 유도된 관계에 기반한다. 그리고 많은 경우는 위의 조합이다. 우리가 특정 영향력의 원천에 따라 행동할 때에는 당연히 다른 영향력의 원천에 대해서는 덜 민감하다. 그렇지 않았다면 다른 방식으로 대응했을 것이다. 이전 두 장에서 이 원리에 관한 많은 예를 제시했다. 탐험가 장 루이 에티엔Jean-Louis Etienne이 매일 아침 찬물로 샤워를 할 수 있는 것은 몸에 찬물을 끼얹는 불편한 느낌보다 북극 여행 준비를 잘 하려는 먼 미래의 결과에 더 민감하기 때문이다. 단기 결과가 장기 결과보다 우선하는 경우처럼 직접 학습도 무감각으로 이어질 수 있다. 하지만 언어는 임의로 수반성을 구성하거나 지시할 수 있으므로, 더욱 더 쉽게 무감각하게 만들 수 있다. 여기에는 심지어 그 누구도 실제로 경험해 본 적이 없는 일련의 결과도 포함될 수 있는데, 더 직접적인 영향력의 원천을 감소시킴으로써 작동한다.

언어와 맥락 민감성 사이의 관계_The Relationship between Language and Context Sensitivity._ 언어로 수반성을 구축하거나 지시하는 능력은 여전히 축복인 동시에 저주이다. 한편으로는, 언어가 특정 수반성에 관한 건강한 무감각을 고취하기도 한다. 누군가는 만인을 위한 정의나 학대가 사라진 세상과 같이 어디서도 여태 존재한 적이 없었던 머나먼 목표에 도달하고자, 상징이 만들어낸 희망을 원동력 삼아 아침부터 일찍 일어나서 열심히 일하고, 애쓰고, 실패하고, 다시 노력하는 일련의 행위에서 비롯된 고통을 무시한다. 언어는 유용한 특정 수반성에 _민감성_을 높일 수도 있다. 차가 우리 쪽을 향해 다가올 때 "조심해!"라는 소리를 들으면 이전에는 감지하지 못했던 대상을 알아차릴 수 있다. 의사로부터 처방을 받거나 물리학자로부터 우주에 관해 배울 때처럼 직접적 과정들이 영향 끼치기에는 너무 미묘하거나, 멀리 있거나, 복잡한 것도 배우고 가르칠 수 있다. 남극 탐험을 계획하고 떠나기 전에 다양한 경로를 검토할 때처럼 대안을 만들어서 검증해 볼 수 있다. 우리는 항암 치료를 결심할 때처럼 고통스럽더라도 합리적으로 생각할 수 있다. 즉각 만족이 없더라도, 인간 괴로움을 경감하는 등과 같은 의미 있는 목적과 연결할 수 있다.

언어의 잠재력이 어마어마한 일부 이유는 엄청난 행동 변이성variability이 세계의 맥락적 특징에 의해 조절될 수 있다는 점이다. 이러한 잠재력이 바로 인간 진보와 독창성의 원동력이 되어 왔다. 참가자에게 펜과 같은 단순한 물체를 제시하고, 생각할 수 있는 용도를 최대한 많이 떠올리도록 요청하는 창의력 테스트의 예를 생각해 보자. 펜은 분명히 글씨를 쓰는데 사용될 수 있지만, 언어를 활용하게 되면 다른 많은 기능을 유도할 수 있다. 응급상황에서 기관 절개술이 끝난 후에 호흡을 돕는 튜브로 펜을 사용할 수도 있고, 반면에 누군가를 찌르는 무기로 사용할 수도 있다. 동일한 물건이 완전히 다른 기능을 하는 것이다. 이러한 대안 기능을 생각하기 위해서는 다양한 맥락 특징에 관해 유연한 민감성을 갖고 있어야 한다. 당신이 필기를 해야 할 때에는 펜의 잉크에 초점을 맞춘다. 다른 사람이 호흡하는 걸 도우려면 펜의 형태와 속이 빈 내부에 초점을 맞춘다. 자신을 방어해야 할 때는 견고함과 끝이 뾰족한 펜의 속성에 초점을 맞춘다. 굳이 시행착오를 겪어야지만 이러한 특징을 알 수 있는 것이 아니다. 언어 그 자체가 이를 추출하도록 도울 것이다.

심리 문제와 중재를 위한 함의_Implications for Psychological Problems and Interventions._ 다른 한편으로는 언어가 우리의 눈을 가려 유용한 수반성을 보지 못하게 하여, 작동하지도 _않는_

행동을 지속하게 만든다. 대부분의 심리적 어려움은 아마도 이런 종류의 비효과적인 지속persistence을 포함한다. 어떤 내담자는 오염에서 자신을 보호하려고 강박 사고를 계속한다. 다른 내담자는 자신의 외모가 추하다고 생각하여 친밀한 관계를 회피한다. 또 다른 내담자는 일어나면 너무 지칠 거라는 생각을 하며 침대에 하루 종일 머문다. 위의 예시들에서처럼, 상상한 행동의 결과가 더 유용한 행동을 지원할 수도 있었던 다른 영향력의 원천을 능가한다. 마치 펜의 필기 기능 이상을 보지 못하는 것과 같다.

따라서 언어 활용에 건강한 유연성을 조성하기 위해서는 관계능력을 유창fluency하게 적용하는 게 필요하다(당신은 신속하고 명확하고 일관성 있게 생각할 수 있어야 한다). 그리고 *유연한 맥락 민감성flexible sensitivity to the context* 또한 필요하다. 즉, GPS가 효과적으로 안내하려면 위성이 보낸 관련 정보를 수신해야 하는 것과 유사하게, 생각이 효과적으로 작동하려면 관련된 맥락의 여러 가지 측면에 민감해야 한다. 어떤 관계를 유도할 것인지, 어떤 기능을 변화시킬 것인지 더 잘 안내할 수 있으려면 세계와의 접촉을 허용해야 한다. 달리 얘기하면, 우리는 행동과 행동이 일어나는 맥락 사이의 관계를 관찰하고 기술하는 능력이 더 향상되어 마음의 지침으로 삼기를 바란다. 무엇이 효과적이고 무엇이 효과가 없는지, 또 무엇이 관련이 있고 무엇이 그렇지 않은지를 알아야 한다. 경험, 현재 상황, 그리고 목적이 우리의 생각을 이끌어 주기를 바란다.

심리치료가 언어 사용에 기반을 두고 있고, 언어가 특히 재빠르고 강력하게 무감각을 발생시킨다는 점을 감안할 때, 심리치료자가 어떻게 많은 문제를 일으키는 무감각을 유발하지 않고도 내담자를 유용한 영향력의 원천과 더 자주 접촉하도록 도울 수 있을까?

이 질문에 대답하기 위해, 선의를 가진 한 치료자를 상상해 보자. 그는 내담자가 친밀한 관계를 피하고 있다고 보고, 이로 인해 치르고 있는 대가에 주의를 줌으로써 이 문제를 해결하려 한다. 달리 말하면, 치료자는 내담자로 하여금 자신의 행동 결과에 관한 지각을 바꾸게 하려고 언어를 사용하는 중이다. 친밀감이 만들어내는 취약한 감각을 회피하려는 시도가 가지는 해로운 효과에 내담자가 보다 더 민감하게 반응하거나 아니면 이런 회피 전략의 단기 성공에 덜 민감해지는 것이 희망하는 바이다. 내담자에게 이런 맥락에서 더 효과적인 전략을 알려줄 새로운 규칙을 제공하더라도, 경험과 더 많이 접촉하는 사고를 가져 오는 기술이 반드시 강화되는 것은 아니다. 내담자는 언어의 함정과 경험 회피의 기만적인 수반성에서 벗어나는 법을 배우지 않았다. 그는 단지 특정 영향력의 원천에 대한 특정 반응을 학습했을 뿐이고, 이것은 *효과성과 상관없이* 모든 맥락에 걸쳐 일반화될 수 있다. 그리고 치료자의 새로운 규칙에 의해 안내를 받는 것이 더 나은 결과를 가져올 수도 있지만, 또한 건강하지 못한 형태의 응종을 강화할 수도 있다(예, 내담자 자신의 생각은 믿을 수 없으므로 권위자가 그에게 어떻게 하라고 알려주어야 한다는 생각). 만약 내담자가 자신의 경험을 관찰하고 신뢰하기보다 치료자로부터 효과적인 규칙을 배운다면, 이것 역시 치료자에 대한 의존도를 증가시킬 위험성이 더 커진다.

그렇다고 '내담자에게 규칙을 제공하지 말라'고 말하는 것은 아니다. 왜냐하면 이 규칙조차도 맥락에 민감할 필요가 있기 때문이다. 대신, 우리는 효과적이고 유연한 행동을 자연스럽게 지지하도록 내담자가 수반성과 접촉하게 도와주는 규칙을 언제, 어떻게 제공할 지를 고려해 보라고 권고한다. 예를 들어, 치료자는 우울증을 앓고 있는 내담자가 궁극적으로 만족을 가져올 활동에 다시 참여하게끔 격려 할 수 있다. 만약 그렇게 한다면, 내담자는 자연스럽게 자신의 행동에 영향을 미치는 새로운 원천과 접촉할 수 있고, 의존성이나 과도한 규칙으로 인한 경직성이 발생할 위험은 사라질 것이다. 그러나 이러한 영향력의 전달이 항상 자동으로 일어나는 것은 아니다. 치료자가 가능성이 있는 단점을 잘 알고 있으면서 언어를 사용한다면 영향력의 전달이 일어날 확률이 훨씬 더 높아질 것이다.

숙련된 치료자는 이러한 위험을 감지하므로 "당신은 더 즐거운 활동을 할 필요가 있습니다"와 같은 투박한 지시를 내리는 것을 조심스러워 한다. 대신 치료의 초점을 어떤 행동이 즐거울 수 있을지 개방형으로 질문하는 것에 둔다. 동시에 활동 부족과 고립이 만족스럽지 않은 효과를 보였던 내담자의 경험을 되돌아보게 하고, 내담자의 가치를 이끌어 내고, 내담자가 행동할 수 있는 기회를 탐색하고, 행동변화의 성공을 평가하거나 검증하는 방법에 초점을 맞추게 된다. 그러한 토대 위에서는 지나친 확장, 무감각, 그리고 응종의 위험 없이 더 일반적인 규칙이 유도될 수 있을 것이다. 이런 접근 방식으로 치료자는 새로운 규칙의 이점을 추구하면서도 내담자가 스스로의 언어 과정을 유창하게 하고 유연한 맥락 민감성을 증가시키도록 돕는 역할을 할 수 있다.

따라서 유연한 맥락 민감성을 증가시킨다는 가장 중요한 목표는 내담자가 광범위한 의미로 자신의 경험과 더 많이 접촉하도록 도와주는 방식으로 이루어진다. 내담자가 특정 경험이 아니라 다양한 경험에 접촉함으로써 주어진 맥락에 대응하여 가장 효과적인 행동을 선택할 수 있다. 은유적으로 이 작업은 아이의 조각그림 맞추기를 돕는 것과 같다. 우리는 내담자가 서로 잘 들어맞는 조각을 선택하기 위해서 모든 조각들을 살펴보고 색깔과 모양에 주목하도록 격려한다. 그러나 유연한 맥락 민감성만으로는 언어로 구성된 세계에서 효과적인 행동을 지원하기에 충분치 않다. 우리는 사물을 그냥 알아차리고 사물의 내재된 특성에 따라 반응하지 않는다. 우리가 알아차린 모든 것들이 가질 수 있는 상징기능은 무한하다. 따라서 하나의 조각이 변형되어 다른 어떤 조각과도 들어맞을 수 있다. 내담자가 효과적으로 작동하고 삶의 질을 지속적으로 고취하는 방식으로 퍼즐을 맞추기 위해서는 사건들을 어떻게 생각할지 또 생각하는 과정 자체에 관해 어떻게 생각할 지에도 유창할 필요가 있다.

기능적 일관성 고취하기 Promoting Functional Coherence

일관성이란 무엇인가 *What Is Coherence?* 일관성은 언어와 인지의 핵심 속성으로 상대적으로 일관된 관계반응으로 정의한다. 상호함의와 조합함의가 발생하려면 상징관계가 동일한 네트워크 내에서 서로 충분한 일관성을 갖고 있어야 한다. 더 간단히 얘기해서, 의사소통하고 서로 영향을 주는 도구로서 언어를 사용하려면 일관된 방식으로 상징관계를 구축해야 한다. 이 과정은 개별 단어의 의미에서("사과" → 둥근 모양의 빨간 객체이면, 둥근 모양의 빨간 객체 → "사과"이다.) 시작하여, 복잡성이 증가하는 관계 네트워크로 확장된다(예, 밥이 조보다 작고, 조가 프레드보다 작으면, 프레드는 밥보다 크다). 언어의 일관성이 필요한 이유 중 일부는 언어를 사용하여 상호 이해를 쌓고 서로에게 영향을 주기 때문이다. 그러한 이해와 영향은 상징 단서에 의해 유발된 관계와 이것이 의미하는 기능이 화자와 청자 모두에게 동일한 방식으로 작용할 경우에만 가능하다. 우리는 화자가 '의미'하는 바가 듣는 사람이 '이해'하는 바와 일치하기를 기대한다. 예를 들어, 언어 훈련이 적절할 때, 누군가가 외치는 "위험해"라는 단어는 일반적으로 임박한 위협으로 이해된다. 만약 위험이라는 단어가 어떤 의미로 적용된 것인지 명확한 단서가 없고, 예측할 수 없이 때로는 "조심해"를 의미하고, 다른 때는 "당신은 안전해요"를 의미한다면, 이 단어에 적절하게 반응하는 게 불가능할 것이다.

언어의 사회적 목적을 달성하기 위해서, 청자는 상징들 사이와 상징과 환경의 내재된 특징 사이 관계들을 일관된 방식으로 유도할 수 있어야 한다. "종이 울리면 오븐에서 케이크를 꺼내세요"라고 들은 청자가 문장 내에서 일관성이 있고 예측한 방식으로 조건부 관계(종이 울리면 케이크를 꺼낸다)를 유도할 수 있어야 실제 종이 화자의 목적을 달성할 수 있는 행동 기능을 가질 수 있다.

일관성은 광범위하다 *Coherence Is Pervasive.* 일관성은 관계를 유도하는 능력에 매우 중요하기에 우리는 이를 확립하기 위해서라면 뭐든지 한다. 이런 일은 무작위 사건들 사이에서도 벌어진다. 이러한 사건에 이름을 붙이는 즉시 사건들은 상징 네트워크에 진입한다. 심지어 전혀 이해할 수 없거나 심지어 전혀 말이 안 된다할지라도, 단순히 "이건 말이 안 돼" 혹은 "이 일을 뭐라고 불러야 할지, 이 일의 의미를 모르겠어" 하고 말하는 것도 일관성의 한 형태가 된다. 이 사건들은 이제 '말이 안 됨' 혹은 '알 수 없음' 범주에 속한다.

이 책 앞부분에서, 상징관계를 밤하늘의 별자리로 비교했다. 일단 구축되면, 마치 *진짜* 거기에 있었던 것처럼 별자리를 보지 않는 것이 어려워진다. 그러나 이 별자리는 별들이 우주에 존재하는 방식에 내재된 것이 아니다. 우리가 세계에 적용하는 상징 배열이고, 다른 모양에 따라 다른 별자리를 그릴 수도 있다. 비슷한 과정을 20세기 초 프랑스 초현실주의자들이 만든 게임인 우아한 *시체cadavres exquis* [16]('exquisite corpse')에서도 관찰할 수 있다. 이 게임은 모자에서 문장 일부가 적힌 종이를 뽑고, 만들어진 문장으로부터 의미를 만드는 과정으로 구성된다. 문장의 조각을 무작위로 배열하더라도 *항상* 어떤 식이든 의미를 만들 수 있다. '그 우아한 시체가 새 포도주를 마실 것이다The exquisite corpse shall drink the new wine'라는 문장이 게임 이름의 기원이다. 단어들이 무작위로 문장을 구성함에도, 문장을 읽으면 아마도 당신은 단어들이 유발하는 구체적인 사실을 바탕으로 의미 있는 그림을 만들 수 있을 것이다.

세계에 일관성 부과하기는 실제로 정상 사고 과정에 항상 일어난다. 사회에서는 일반적으로 스스로의 생각, 느낌, 행동을 일관성 있는 방식으로 정당화하기를 기대 받는다 (예, "왜 그렇게 했어요?", "내가 떠나니까 슬퍼요?"). 이 과정의 목적은 실용적이지만 (즉, 상호 이해와 예측 가능성), 세계의 본질적인 특성으로 여겨지는 임의적인 정당성과 규칙으로 이어진다면 독이 된다.

생각들이 서로 잘 들어맞게 만드는 것 뿐 아니라 세계의 속성과 *내재적으로 동등함intrinsic equivalence*을 보여줌으로써 자신의 생각이 '진실' 혹은 '정답'임을 보이려 애쓸 때, 내적 일치성은 일종의 *본질적 일관성essential coherence*으로 확장하는 듯 보인다. 이 과정은 사실 언어를 배우면서 바로 시작된다. 사물의 내재된 특성에 기반한 관계를 구축하는 능력이 임의적으로 적용 가능하게 확장된 것이 사물을 상징적으로 관계 짓는 우리의 능력이다. 따라서 우리가 상징 네트워크를 물리적 세계의 내재된 속성과 비교해 봄으로써 상징 네트워크의 일관성을 정당화하려는 경향이 있음은 놀라운 일이 아니다. 예를 들어 한 아이가 "사과는 수박보다 작아"라고 듣고는 '수박이 사과보다 크다'는 생각을 유도했다고 가정해 보자. 이러한 진술은 내적으로 일관성이 있다. (A⟨B이면 B⟩A이다.) 하지만 일반적으로 이것만으로는 이 진술이 진실이라고 하기에 충분치 않다. 이 대상의 속성과 내재적인 동등성을 가리키는 단서를 덧붙일 필요가 있다. ("봐? 그게 *진짜*로 더 크다고!"). 상징 네트워크와 직접 경험 사이의 동등성 관계를 구축하기를 습관화하면서 물리적 공격으로부터 스스로를 보호하듯이 스스로의 생각을 방어하기 시작한다. 마치 상징 세계가

---

[16]역주. cadaver exuis [카다브르 엑스키] 여러 사람이 공동으로 일부분씩 작업하여 그림이나 글을 완성하는 놀이

본래의 세계와 융합한 것 같다. "이것은 파이프가 아니다"라고 (불어로) 써 놓은 말 위에 파이프를 그린 마그리트의 유명한 작품을 '이미지의 배반'이라 부른다. 하지만 RFT 관점으로 보면 '상징의 배반'이라고도 부를 수 있을 것이다.

심리 문제와 중재를 위한 함의 Implications for Psychological Problems and Interventions. 이 논의를 임상 실제로 다시 가져와 보자. 내담자는 종종 자신의 경험에서 일관성을 찾기 위해 임상 작업을 하러 방문한다. 내담자는 내적 상징의 일치성과 세계와의 내재적 동등성 모두를 기대하며 **완전한 진실**TRUE을 알고 싶어 한다(예, "나는 왜 이 모양이죠?", "나는 망가진 건가요?", "학대를 받은 사람은 절대로 완전한 회복에 이를 수 없다는 게 사실인가요?"). 그들은 자신들이 경험했던 것을 이해시켜주고, 비일관성에서 오는 불쾌감을 해소해 주는 본질적인 진실essential truth을 달라고 임상의에게 요청한다. *본질적 일관성*Essential coherence은 일반적으로 다음과 이유로 문제가 된다. (1) 내적 일치성과 내재적 동등성을 동시에 유지하는 것은 잠재적으로 중요한 요소를 무시하는 경우에만 가능하다. (2) *조건*condition의 관계처럼 상징적으로 세계와 상호작용하는 더 유용한 방법들을(대신 우리가 가진 생각의 *유용성*utility을 살피게 하는) 기각하게 할 수 있다. 이 두 가지 문제를 탐색해 보자.

생각의 일치성을 보호하거나 회복하기 위해 우리 경험의 핵심 요소를 무시하거나 변형하기는 심리학에서 이미 잘 알려진 과정이다(예, 동화assimilation를 이용한 적응, 인지 부조화[17]). 우리 경험의 다양성을 감안하면 어떤 요소를 빼놓지 않고는 모든 조각들을 서로 맞추는 동시*에* 이것이 유일하게 가능한 배열임을 보이기는 어렵다. 많은 생각과 아이디어는 직접 충돌한다. 우리는 자신이 선하다는 생각과 악하다는 생각을 가진다. 우리는 미래를 향해 긍정적인 태도와 부정적인 태도를 갖고 있다. 우리는 일을 사랑하기도 하고 증오하기도 한다. 하지만 내담자가 자신의 모든 생각과 느낌이 서로 일치해야 한다고 느끼는 경우가 드물지 않다. 문제는 스스로의 인지적, 감정적 삶 측면에 점점 더 무감각해져야만 이 접근법이 작동할 수 있다는 점이다. "나는＿＿＿＿＿＿＿＿이다"라는 진술을 생각해 보라. 자신에 대해 당신이 믿고 있는 속성 중 긍정적인 세 가지 서술로 빈칸을 채운다고 가정해 보라. 예를 들어 '정직한, 따뜻한, 열심히 일하는'이라고 적었다고 해 보자. 이런 진술 내에 비일치성을 다음의 단순한 질문들로 쉽게 파헤칠 수 있다. "언제나

---

17)역주. 동화는 기존에 알던 지식에 새로운 정보를 맞춰서 이해하려는 인지과정을 의미한다. 인지 부조화는 두 가지 이상의 믿음, 생각, 가치를 동시에 지닐 때 또는 기존의 것과 반대되는 정보를 접했을 때 개인이 받는 스트레스나 불편감을 의미한다. 이럴 때 태도를 바꾸어서라도 이를 해소하고자 하는 경향이 발생한다.

그런가? 누구에게나 그런가? 모든 상황에 그런가?" 이런 질문을 적용할 때 겪을 불편한 느낌은 그 진술을 과도하게 확장했음을 보여 준다. 아니다, 당연히 아니다. 언제나 그렇지 않다. 누구에게나 그렇지는 않다. 어디서나 그렇게 하지는 않는다. 어떻게 사람이 정직하면서도 여전히 때때로 거짓말도 할까? 어떻게 사람이 다른 사람에게 따뜻하면서도 다른 사람의 욕구를 무시하거나 친구를 버리고 떠날 수 있을까? *어떠한 성품attribute*이나 *특성trait*도 모두 과장된 서술이다. 이 실습은 중요한 교훈을 담고 있다. 상징 네트워크와 세계의 특징 사이에 내재적 동등성을 유지하기 위해서는 우리가 경험하는 일부 측면에 무감각해져야한다. 그래서 단지 우리 생각에 들어맞게 하려고 중요한 측면을 무시한다면 우리 생각은 세계와 상호작용하는 데 있어 유용성을 잃게 된다.

때로, 상징 네트워크의 내적 일치성을 유지하는 과정이 내재적 동등성을 유지하려고 애쓰기 보다는 *내재적[18] 세계를 철저하게radically* 무시함으로써 달성된다. 생각의 본질적 진실을 옹호하는 대신 직접 경험과의 관련성으로 생각 평가하기를 거부한다. 이전 장에서 우리는 응종이라 불리는 규칙 따르기 유형을 언급하였다. 응종은 규칙 속에 구체화된 자연적인 결과와는 상관없이 상징 네트워크에 반응하는 것으로 이루어지는데, 규칙을 따르는 그 자체에 대한 사회적 결과에 기반을 둔다(예, 어린이가 밖의 날씨가 따뜻함에도 코트를 입는다. 왜냐하면 엄마가 그렇게 하라고 말했기 때문이다). 이런 경우 중요하게 여기는 유일한 사실은 규칙 그 자체에 순응하는 것이다. 왜냐하면 규칙을 따를 때 벌어지는 결과와 상관없이 사회 공동체(혹은 규칙을 따르는 자신)에 의해 강화가 주어지기 때문이다. 따라서 이 경우에 중요한 것은 일종의 *사회적 일관성social coherence*이다. 사회 규범에 질문("우리가 왜＿＿＿＿＿해야 해요?")을 하는 아이는 종종 "그건 원래 그런 거야" 혹은 "내가 그렇게 얘기했으니까"라는 대답을 들을 것이다. 이는 RFT 용어로 하면 "그 네트워크는 내적으로 또 사회적으로 일치하고 그게 유일하게 중요한 것이다"를 의미한다. 아이들은 동의하면 칭찬 받을 것이고 동의하지 않으면 벌을 받을 것이다.

사회적 일관성에서 발생하는 문제는 본질적 일관성과 유사하다. 관계 유연성을 상실하게 되고(특정한 방식으로 생각하고 행동해야 한다) 직접 경험에 대한 민감성 또한 잃

---

18) 여기서 '내재적intrinsic'은 다만 '상징이 아님'을 의미한다는 사실을 기억하라. 어떤 특징이 상징적이지 않다고 해서 우리 경험과 독립적이거나 혹은 '객관적으로 진실'이라고 이야기하는 것은 아니다. 예를 들어 어떤 대상의 색깔은 사람마다 다르게 보일 수 있다. 그러므로 색깔은 대상의 내부에 존재하지 않는다. 색깔은 우리의 지각에 의존한다. RFT가 근거를 두고 있는 과학 철학인 기능적 맥락주의는 비존재론a-ontology의 원리를 포함한다. 이 원리는 우리 경험 외부에 있는 실재(상징이든 비상징이든)에 관한 가설을 만들지 않는다 (Monest s & Villatte, 2015을 보라). 여기서 사용하는 용어인 '내재적intrinsic'은 이러한 넓은 범위의 철학적 맥락에서 읽혀져야만 한다.

어버린다(행위의 자연적인 결과를 무시한다). 이러한 점은 본질적 일관성과 사회적 일관성에 연결된 두 번째 문제에 이르게 한다. 바로 이러한 종류의 일관성이 우리 행동에 미치는 영향력이다.

본질적 혹은 사회적 일관성이 가장 중요한 목표라면, 내담자는 그 생각에 들어맞는 내재된 속성을 꽉 붙들고 매달리거나 혹은 반대로 생각을 완전히 무시해버릴 것이다. 내담자는 삶에서 자신이 소중히 여기는 것에 어떤 영향을 미치는지와는 상관없이 이런 종류의 일관성을 유지하기 위해 생각에 자신의 행동을 맞출 것이다. 그렇게 되면 내담자가 개념화하는 세계는 의미 있는 삶에 다가가는 것을 불가능하게 만든다. '나는 *진짜* 사랑스럽지 않으므로 연인 관계를 맺는 것이 *불가능하다*', '불안은 *정말이지* 견딜 수 없다. 그리고 내가 그렇게 느끼게끔 만드는 건 무엇이든 하지 않을 것이다', '내 배우자는 *진짜* 나쁘다. 그래서 우리는 함께 할 수 없다.' 사회적 강화가 이러한 개념화를 유지시킨다면 내담자가 자연적인 결과에 효과적으로 대응하는 것이 한층 더 힘들어진다. "*우리 가족은* 느낌에 관해 이야기하지 *않으므로* 내 느낌을 털어놓을 수가 *없어요*", "나는 남자로서 내 가족을 부양하기로 *되어 있으므로* 아파도 일을 *해야 합니다*", "나는 더 많은 시간을 함께 보내고 싶다고 파트너에게 말할 수 *없어요*. 왜냐하면 *그는 그렇게 하는 게 어리석다고 생각하거든요*." 각각의 경우 모두 사회적 일관성이 우리 자신의 행복을 지원하는 일을 하는 것보다 더욱 중요하다.

내담자가 본질적 일관성과 사회적 일관성의 함정을 피하면서도 가치로운 행동을 위한 일관성에 도달하도록 어떻게 도울 수 있을까? 해답은 일관성을 유연성과 효과성에 연결하는 것이다. 이렇게 함으로써 일관성은 *기능적*이 된다. 주어진 목적과 관련해서 작동하는 것이 '진실'이 된다. 네트워크의 상이한 요소들이 여전히 서로 조화를 이루지만, 내재적 동등성이나 임의의 사회적 강화가 일관성을 정당화하지는 않는다. 요소들이 서로 들어맞게 하는 방식은 주어진 맥락에서 이러한 상징 배열이 세계에 미치는 영향에 따라 달라질 수 있다. 이 순간 사람이 호흡하는 데 도움을 줄 수 있는 튜브로 사용할 수 있다면 펜은 튜브가 *될 수 있다*. 따라서 기능적 일관성에서 볼 때 상징 네트워크와 내재적 세계 사이의 관계는 일차적으로 *조건적인 특성을 가진다*. 상징적으로 펜을 튜브로 바꿔서 세계에 효과적인 영향을 줄 수 있다면 일관성이 획득되는 것이다. 그 펜이 *실제로actually* 튜브였다거나 *실제real* 본질이 튜브라고 덧붙일 필요가 없다. 펜을 잠시 후에 감사하다는 메모를 적기 위해 사용할 수도 있고 그러면서도 여전히 본질적으로 펜이 아닐 수 있다.

내담자를 언어 흐름에서 어느 정도 물러나도록 안내하면 본질적 일관성을 약화하는 데 도움이 될 수 있다. 하지만 이것이 쉽지는 않다. 왜냐하면 한번 유도된 의미가 확립되면 상징이 그 의미를 모든 곳으로 전달하기 때문이다. 상징이 단지 정신적 구축물이라 할지라도 우리는 내재적 세계와 동등성을 확보한 상징을 억제할 수 없다. 대화 내용이 무엇을 의미하는지 이해하지 않으면서 동시에 대화에 자세히 귀를 기울여보라. 당신은 그렇게 하는 것이 거의 불가능함을 발견하게 될 것이다. '우유'라는 말을 듣자마자 당신은 흰 액체를 떠 올린다. 외국어를 처음으로 듣는 사람은 그 소리를 듣기만 할 수 있지만 원어민에게 극도로 어렵다. 본질적 일관성이 이러한 상징에 매우 깊이 스며들어 있으므로 꽃이나 쌍무지개를 보는 것처럼 의미보다는 모양만 보는 식으로 사고의 과정을 보는 데는 상당한 노력이 필요하다.

무척 다양한 방법들이 인간이 언어로부터 물러나도록 돕는 일에 초점을 맞추고 있다. 예를 들면 명상meditation, 역설, 묵상contemplation, 찬팅chanting, 침묵, 요가, 화두koans, 환각제, 영적 의식, 춤, 바디 워크body work, 탈융합 방법, 주의 훈련 등이 있다. 이런 방법 중 일부만이 근거 기반의 임상 실천에 포함되어 왔다. 하지만 이제 적어도 일부에서는 메타 분석이나 매개 연구를 통해 상당한 지지를 받고 있다(Hayes, Villatte, Levin, & Hildebrandt, 2011를 보라). 이런 방법들은 일시적으로 상징기능이나 내적 일치성과의 접촉을 제한하는 동시에 비상징적 경험에 기반을 둔 기능과 접촉을 늘린다. 그렇게 할 때 본질적 일관성이 줄어들고 다른 유용한 기능을 더 선택할 수 있다. 상징의 유연성이 증가하면서 새로운 방식으로 사물들을 관계하는 것이 가능해진다.

언어 자체가 본질적 일관성을 감소시키고 기능적 일관성을 증가시키도록 도움을 준다. 사실, 위에 열거된 방법들 중 많은 것들(예, 역설, 화두, 탈융합 방법, 주의 훈련)이 크게 보아 언어적이다. 우리는 경험을 이해하고, 생각의 유연성을 증가시키는 방식으로 관계 네트워크를 구축할 수 있다. 이는 어떤 주어진 네트워크 내의 불일치성을 보다 더 평온하게 유지하면서 우리의 시선을 행동이 갖는 효과성으로 돌리는 것이다. 내담자가 치료 시간에 다양한 가설을 탐색하고 다른 관점을 취해보거나, 다양하며 종종 모순되는 행동, 생각, 감정, 감각 등을 단지 내담자 자신의 일부로 관찰할 수 있는 심리 사건으로 개념화함으로써 관계 유연성을 연습하도록 격려한다. 또 생각, 행위, 결과를 연결하는 기능적 관계를 추적하고 자신의 목표를 의미 있는 삶의 방향과 연결함으로써 기능적 일관성을 연습한다. 내담자가 언어를 통해 경험과 더 효과적으로 관계하는 것을 돕도록 더욱 분명하게 언어로 중재하는 과정 속에 묵상 연습 같은 방법들을 포함시킬 수 있다. 언어의 기능 변형에 초점을 맞추고 있는 이러한 방법들이 알려주는 깊은 메시지는 모든 관계 네트워크를 기능적 영향의 측면에서 살펴볼 수 있다는 점이다. 그렇게 하면 가설은 가설로, 관점취하기는 관점취하기로, 자기 개념은 자기 개념으로 그대로 유지하게 도와준다.

임상 중재를 다루는 다음 장에서 보게 되겠지만 사회적 및 본질적 일관성이 언제나 문제를 일으키는 것은 아니다. 기능적 일관성이 관찰 가능한 수반성에 의해 제대로 지지되지 못할 때는 심지어 유용하기까지 하다. 몇몇 증례에서 보면, 치료자가 내담자에게 내담자 자신의 경험을 있는 그대로 관찰하기보다 치료자를 신뢰하라고 격려함으로써 사회적 일관성을 촉진할 수 있는데, 이때는 내담자 판단에 장애가 있거나(예, 내담자가 절망적이거나 심하게 스트레스를 받았을 때) 혹은 효과적인 행동을 지원할 만한 내담자 경험이 부족할 수 있기 때문이다. 그렇지만 이런 경우에도 자율성을 기르기 위해서는 결국 기능적 일관성을 다루는 것이 필요하다(5장 참조). 본질적 일관성[19]은 어느 정도는 '자기'와 '삶의 의미'의 개념에 관여한다. 비록 상징적인 개념이고 따라서 관계구성을 통해 영향을 받을 수 있다 하더라도 안정성이 필요하기 때문이다. 우리가 6장과 7장에서 보게 되겠지만 자기를 심리경험의 컨테이너container로 개념화하고 행동의 가장 중요한 목표와 속성을 광범위한 삶의 방향으로 파악하기는 심지어 상징 구축이 필수라고 여길 때라 하더라도 유연성을 유지하는 좋은 방법이다.

요약하면, 기능적 일관성을 고취하는 가장 중요한 목표는 내담자로 하여금 전체성과 효과성에 근거하여 생각하고 선택할 수 있도록 도움으로써 모든 심리경험이 유연한 네트워크 속으로 통합되고 의미 있는 삶을 위해 행동을 취할 수 있게 하는 것이다.

가장 중요한 전략: 상징기능을 변형하기 위한 맥락 수정
The Overarching Strategy: Altering the Context to Transform Symbolic Functions

상징기능의 변형 Transformation of Symbolic Functions

언어는 경험을 지각하고 대응하는 방식에 영향을 준다. 이 책 1장에 걸쳐 기능이 변형되는 몇 가지 사례를 제시하였고 이 과정이 이점과 단점을 동시에 가진다는 것을 살펴보았다. 언어와 함께 한다면 어떤 것이든 뭐든지 될 수 있으므로 사실상 삶의 어떤 사건이라도 우리에게 가치 방향으로 움직일 수 있는 힘을 제공하기도 하며, 혹은 반대로 극복하기 어려운 장벽을 만들어 낼 수도 있다. 치료 작업은 기능의 변화를 일으킬 수 있어야 효과가 있다. 즉, 치료 작업이 내담자가 경험하는 바의 의미와 경험이 행동에 미치는 영향

---

19)본질적 일관성(essential coherence)이 본질주의(essentialism)로 가는 경로이기는 하지만 우리가 본질적 일관성과 본질주의를 동시하지 않고 있음을 유의하라. 본질주의는 상징 네트워크와 내재된 경험 사이의 내재적 동등 관계를 구축하는 것보다 한 단계 더 나아가야 한다. 그 단계는 경험 바깥에 있는 실재의 구조에 호소함으로써 이러한 동등 관계를 정당화하는 것이다(Monestès & Villatte, 2015 참조).

을 변화시킬 수 있어야 한다. 숙련된 언어 사용은 상징기능을 고취함으로써 효과적인 행동을 차단하기보다 일어나도록 지원한다.

언어는 사건들을 관계시킨다. 하지만 또한 이미 관계가 있는 사건들의 기능을 선택하기도 한다. 사과를 한번 생각해 보자. 신선한 사과를 한 입 베어 물 때 어떤 소리가 나는지 기억할 수 있는지 지금 살펴보라. 이제 아삭아삭하고 차가운 사과를 크게 한 입 물고 입 안에서 씹는 느낌이 어떤 지에 집중해 보라. 씹을 때 사과 과육의 질감이 어떻게 느껴지는가? 맛은 어떤지 기억할 수 있겠는가?

이러한 경험들 중에 새로운 것은 하나도 없다. "사과를 한번 생각해 보자"라는 첫 문장만으로도 모든 경험을 불러내는 것이 가능하다. 하지만 추가로 단어들이 제공되기 전까지는 사과의 많은 기능들이 정돈되지 않고 자신만의 특이한 방식으로 산만하게 떠돌아다녔을 것이다. 이후에 우리는 소리(사과의 아삭거림), 질감, 맛의 기능을 증강하였다. 우리는 오랫동안 무게, 모양, 껍질의 질감, 색깔 등으로 그러한 증강을 계속할 수도 있다. 우리는 '가장 중요한 것the big apple[20]'이나 '눈에 넣어도 아프지 않을the apple of my eye[21]'와 같이 흔히 사과가 인용되는 은유를 독자에게 일깨워줄 수도 있다. 여기에서 '사과'라는 하나의 단어에 이미 얼마나 많은 기능이 함축되어 있는지에 단지 주목하게 하기 위해 이야기하는 것이다. 따라서 기능의 순서와 주안점은 별로 중요하지 않다. 하지만 광고주라면 좀 더 선택적으로 행동할 수 있다. 지금은 사과의 아삭아삭함이나 맛을 이용하거나 아니면 이브가 아담에게 사과를 권하는 문화적 기억과 같이 할당된 기능을 이용할 수도 있다. 그 선택은 판매하려는 목표가 주스인지 컴퓨터인지 혹은 라스베가스로 가는 여행 상품인지에 따라 결정된다.

임상의도 같은 도전을 마주한다. 임상의는 긍정 변화를 고취하는 관계 네트워크의 기존 기능에 대한 접촉을 증강하고, 긍정 변화를 고취하지 않는 기존 기능에 대한 현재 접촉을 감소시키고, 새로운 기능을 적절한 시기에 가져오고, 기능이 선택될 시기를 관리하기 위해 새로운 사건에 기존 기능을 연결시키는 등의 작업을 하려면 언어 도구를 사용할 필요가 있다.

친밀감의 예를 들어보자. 친밀감을 조성하려면 느낌을 공유해야 한다. 하지만 그러한 공유의 기능은 복합적이다. 예를 들어, 타인과 느낌을 공유하는 것이 깊은 연결감을 발

---

20)역주. 대문자로 썼을 때에는 뉴욕 시의 별칭: 최근에는 잘 쓰이지 않는 의미로는 an alternate reference to a woman's buttocks: something most significant or desired 이 사전에 나옴.

21)역주. 가장 소중한 것 또는 보물

전시키는 걸 의미한다면 매력적일 수 있다. 하지만 거절의 두려움이나 판단의 대상이 되는 경험과 연결된다면 혐오 반응과 회피를 촉발할 것이다. 느낌 공유가 대부분 거절당하는 위험으로 인식되고 연결성 개선의 기회로 인식되는 정도가 충분치 않다면, 타인과 느낌을 공유하지 않으려 할 것이다. 하지만 아이러니하게도, 만약 우리가 거절의 두려움을 제거하려고 노력하거나 어떻게든 내담자에게 두려움에서 빠져나오라고 설득하는 데 투박하게 초점을 맞춘다면, 더 큰 친밀감을 방해하는 바로 그 기능들과의 접촉을 증진하고 있는 것인지도 모른다. 진정한 연결에 대한 열망에 초점을 맞추는 게 목표(친밀감 증가) 달성에 더 도움이 될 것이다. 이 접근 방식의 역설적 버전에서는 회피를 동기화하는 기능을 대신 접근을 동기화하는 기능으로 알아차리게끔 하는 단서로 이용할 수도 있다. 요구가 많은 자신의 아버지에게 거부당하고 보살핌을 받지 못했다고 느끼는 한 여성과 저자 중 한 명(SCH)이 했던 작업 회기의 기록에서 그 예를 찾아볼 수 있다(Hayes, 2009; 이 녹취 기록은 적당한 분량과 비밀보장을 위해 편집하였다[22]).

치료자	그럼, 여러 대화들 중 하나를 선택해서 천천히 살펴보죠, 대화 중에 상처를 받은 부분이 있을까요?
내담자	조금요. 좋아요. 저는 통화를 하고 있어요. 아버지와 이야기를 나누고 있어요. 그리고 저는 그 대화가 온통 아버지 이야기일 거라고 생각하고 있어요. 그래서 어느 정도는 상처를 받고 있어요. 아버지가 전화를 할 때 "수잔, 정말 무슨 일이야? 좀 어때, 괜찮아?" 하는 식으로 흘러가지 않을 거라는 걸 알고 있어요. 아버지는 제가 누구인지 알지도 못하는 것 같아요. 아마 그 부분에 상처가 좀 있어요.
치료자	알겠어요. 그런데요, 여기 좀 이상한 점이 있어요… 만약 당신이 상처받은 자신의 부분을 밀쳐 낸다면 당신은 스스로에게 똑같은 일을 하고 있다고 말할 수 있을까요? 당신을 진짜 당신으로 살펴봐 주지 않는 것이 상처받는 일이라면, 당신의 아버지와 대화하는 상황에서 나타나는 그러한 감정을 살펴봐 주지 않을 때, 그래서 그런 감정에 대한 공간이 만들어지지 않을 때 당신도 자신에게 같은 일을 하고 있는 게 아닐까요?
내담자	다시 얘기해 주실래요? 무슨 뜻인지 선뜻 이해가 안 가요.

---

[22] 실제 내담자를 언급한 여기 대화록을 포함한 다른 모든 대화록에서 우리는 내담자와 나누었던 대화 전체를 문장 그대로 재현하지는 않았다. 논지를 분명히 하고 내담자의 프라이버시를 보호하기 위해 내용을 수정하였다. 하지만 원래 대화의 정신은 보존되어 있다. 일부 대화들은 허구이다.

치료자	좋아요. 제가 당신에게 요청하는 것은 당신이 체험하는 느낌이나 생각과 있는 그대로 함께 있어도 괜찮겠냐는 것이에요.
내담자	아. (멈추고) 제가 있는 그대로의 제 자신이나 제가 느끼고 있는 느낌과 함께하면 괜찮겠냐고 물어보시는 거죠?
치료자	예.
내담자	그건 분명 저에게는 어려운 일이네요. (멈춤) 지금 이야기하면서 깨닫고 있어요… 저는 항상 제 자신에게 이래야한다 혹은 저래야한다고 판단하고 있었어요. 이건 아버지가 그렇게 했다고 제가 얘기하던 것과 비슷한 거네요. (웃음) 저는 그런 삶이 싫어요!
치료자	(웃음) 그렇지만 당신도 알다시피 때때로 고통에 빠지는 것이 우리에게 무언가 가르쳐 주기도 하지요. 그리고 여기에도 당신에게 주는 가르침이 있어요. 이 고통이 당신이 원하는 것에 관해 무언가를 가르쳐준다는 점에서 가치 있다면 어떨까요? 아버지로부터 원하는 것일 뿐 아니라 당신이 누군가로부터 원하는 것이라면요.
내담자	제 자신에게서요.

이 예에서 치료자는 환자에게 비판적인 아버지로부터 받아온 거절과 판단의 고통스러운 기능을 포착하도록 안내하고, 이해받고 싶고 판단 없이 봐 주기를 원하는 욕구에 관한 기존의 연결을 활용하고 있다("아버지는 제가 누구인지 알지도 못하는 것 같아요. 아마 그 부분에 상처가 좀 있어요"). 그렇게 함으로써 그런 고통스러운 기능이 더 큰 자기 수용의 가능성으로 이어져 아버지와의 친밀감마저 가능해질 수도 있다. '교사(역주, 가르치는 것)'라는 은유를 활용하여 치료자는 거절과 판단의 고통이 내담자가 다른 사람으로부터 그리고 (내담자 자신이 추가하였듯이) 스스로에게 원하는 무언가에 관해 가르쳐 준다고 암시하고 있다. 말하고자 하는 의도는 개방성, 수용, 호기심, 연결의 중요성에 초점을 맞추고 증진하고 이런 기능의 단서로 거절의 두려움을 활용하는 것이다.

한층 더 빨리 유용한 기능을 증진하고 초점을 맞추는 한 가지 방법은 이전의 기능을 묘사했던 동일한 단어를 사용하면서 새로운 기능을 강조하는 것이다. 예를 들어, '좋은 기분을 느끼려는' 노력의 일환으로 느낌을 회피하는 사람에게 '좋은 기분을 *느끼려는feel good*' 노력을 잠시 늦추고 감정에 주의를 기울이도록 요청할 수 있다. '통제를 벗어난' 느낌을 회피하려고 과잉통제하고 있는 사람에게 '통제를 *벗어난out of control*' 느낌이 어떤 것인지 느껴 보기 위해 통제하려는 노력을 내버려 두라고 격려할 수 있다(여기서 '그 모든 것에서 벗어난' 혹은 '그 주제 바깥에서' 라는 의미로 '벗어난' 상태를 일컫는 목소리 톤으로 말한다. 달리 말해 '통제하는 것'을 더 이상 관심사로 고려하지 않으면 어떻게 느껴지는지를 뜻한다).

따라서 심리경험의 기능을 선택하고 변화시키는 것이 효과적인 치료에 핵심이다. 남은 문제는 어떻게 할지 그 방법이다. 전구를 갈아 끼우듯 기능을 간단히 변화시킬 수 있다면 우리의 작업이 쉬웠을 것이다. 하지만 일반적인 치료에서는 더 간접적인 수단을 사용한다.

맥락의 수정 Altering the Context

행동은 생물학적 이력, 개인 역사, 현재 환경 등과 같은 직접 맥락과 상징 맥락에 의해 조절된다. 치료자는 내담자 행동 맥락의 부분으로 시작으로 영원히 단지 부분으로 남을 뿐이다. 그러므로 사람들이 생각하거나 느끼는 것 혹은 행동하는 방식 바꾸기를 치료자 임무로 보는 것은 지나치다. 우리는 좀 더 정밀해질 필요가 있다. 우리의 임무는 사람들이 생각하고 느끼고 행동하는 *맥락을 변화시키*는 것이다. 치료자가 다른 사람의 몸이나 마음속에 존재하는 것은 아니다. 우리는 사물을 관련짓는 새로운 방식을 유도하고 내담자 행동에 이런 사물이 가지는 기능(즉, 의미와 영향력)을 변화시키는 단서를 수정함으로써 사고 영역에서 유용한 변화를 모델링하고 선동하며 지원한다.

내담자 행동의 상징 맥락을 어떻게 수정할 것인가? 심리치료의 기초 수학은 덧셈이 뺄셈보다 훨씬 더 유용하다고 알려준다. 내담자의 관계 네트워크의 조각들을 제거할 수 없다. 학습이 그런 식으로 작동하지 않기 때문이다. 그러나 우리는 영향력의 원천이 발생하는 맥락을 변화시킬 수 있고, 네트워크를 확장하여 대안으로 유용한 영향력의 원천을 가져올 수 있다. 이런 종류의 확장은 문제를 일으키는 상징 네트워크의 지배력을 감소시키는데, 소금기 많은 짠 물이 든 컵에 신선한 물을 보충하여 결국 마실 수 있게 되는 방식과 매우 유사하다.

마음이 덧셈으로 작동하고 뺄셈에 의해서는 작동하지 않는다는 점을 이해하는 데 사용할 수 있는 또 다른 좋은 은유는 인터넷이다. 대용량 서버는 사람들이 인터넷에 올린 거의 모든 것을 저장한다. 나중에 사진, 글, 혹은 데이터 일부가 특정 페이지 혹은 웹사이트에서 삭제된다 하더라도 저장된 과거 페이지를 통해 여전히 접근 가능하다. 사람들이 인터넷에서 루머나 거짓 정보의 희생자가 될 때, 사실 여부와 상관없이 이 해로운 정보의 영향을 약화시키는 좋은 방법 중 하나는 그 정보를 다른 종류의 콘텐츠에 빠지게 해서 덮는 것이다. 다른 콘텐츠의 바다에 잠겨 있더라도 성가신 정보 조각들은 여전히 존재하고 완전히 삭제되지 않았지만, 그 영향력은 약하다. 이와 비슷하게 내담자가 힘든 생각(예, '나는 사람들과 교류할 때 너무 불안해한다')에 과도하게 지배를 받고 있다면, 어떤 것도 없애려는 시도를 하지 않고 다른 생각을 생성함으로써 유용한 방향으로 내담자 행동에 영향(예, "사람들과 교류해서 좋은 게 뭐가 있을까요?"라고 의문을 제기함)을 줄 수 있다. 인지 재평가가 인지 유연성 혹은 인지 생성성generativity을 의미하고, 재평가의 목표가 제거하거나 도전하는 것이 아니라 인지 범위를 확장하고 구축하는 것이라면 이런 접근법의 한 가지 예가 될 수 있다. 하지만 재평가가 심리경험을 억제하는 방식이 된다면 그 유용성은 사라져 버린다(Kashdan, Barrios, Forsyth, & Steger, 2006; Troy, Shallcross, & Mauss, 2013을 보라).

네트워크 확장하기는 기능의 일관성을 고취하기 위해 설계된 중재 목표를 달성하는 데 활용될 수도 있다. 생각을 그 생각을 경험하는 사람과 계층 관계 또는 포함 관계 속에 두는 것이 좋은 예가 될 수 있다. 우리는 "나는＿＿＿＿＿라는 생각을 가지고 있어요"라고 말한 뒤 우리의 생각이 무엇인지 보고하거나 "나는＿＿＿＿＿라는 느낌을 갖고 있어요"라고 말한 뒤 우리의 감정이 무엇인지 보고할 수 있다. 이 과정은 경험을 분류하여 이름을 붙이는 것과 경험의 관찰자와 경험 그 자체 사이에 있는 자연적인 계층에 주목하는 것으로 이루어진다. 자기와 관련된 문제와 치료 관계에 관한 내용의 장에서 광범위하게 다룰 관점취하기 언어 역시 다른 예가 될 수 있다. 힘든 생각에 관해 보고를 한 후 "그리고 누가 그것을 알아차리고 있는가?" 같은 질문이 생각과 생각하는 사람 사이에 거리를 만들어 낼 수 있다.

관계 네트워크의 확장이 반드시 기능의 변형으로 이어지는 것은 아님을 주목하라. 이야기하는 것이 항상 효과적인 변화를 이끌어 내는 것은 아니며 어떤 회기들은 많은 내용을 논의하였음에도 불구하고 아무런 진전을 이루지 못해 치료자와 내담자 모두에게 좌절감만을 남길 수도 있다. 심지어 이야기하는 것이 내담자가 자신의 문제와 맺고 있는 관계를 변화시키기보다 문제를 오히려 더 크게 만들게 되는 경우도 드물지 않다. 따라서 치료자는 중재 효과를 항상 주시하고 있어야 하고 상징 맥락을 수정한 결과로 내담자가 자신의 경험에 대응하는 방식이 변화하고 있는지 여부를 순간순간 또 시간을 두고 계속 평가해야 한다.

반대로 기능 변형이 항상 관계 네트워크의 확장을 필요로 하는 것은 아니다. 예를 들어, 침묵, 얼굴 표정, 질문으로 재공식화한 진술, 자세의 변화나 숙고의 순간 등은 명시적으로 새로운 관계를 추가하지 않고도 내담자 경험이 미치는 영향을 바꿀 수 있다. 미소, 고개를 끄덕임, 웃음, 눈물 등이 내담자 경험이 변하고 있거나 내담자가 세계를 다른 방식으로 보고 있음을 알려주는 신호일 수 있다. 종종 이러한 새로운 경험에 아무 말도 덧붙이지 않는 것이 더 낫다.

위에서 제시하였던 대화록을 다시 한번 살펴보자. 치료자가 유용한 기능을 고취하기 위해 맥락을 어떻게 수정하는지를 관찰해보자.

치료자　그럼, 여러 대화들 중 하나를 선택해서 천천히 살펴보죠, 대화 중에 상처를 받은 부분이 있을까요?

치료자는 속도를 늦추어 맥락을 수정한다. 그리고 내담자가 아버지와 가졌던 대화에 연결되어 있는 상처를 맥락에 추가한다.

내담자　조금요. 좋아요. 저는 통화를 하고 있어요. 아버지와 이야기를 나누고 있어요. 그리고 저는 그 대화가 온통 아버지 이야기일 거라고 생각하고 있어요. 그래서 어느 정도는 상처를 받고 있어요. 아버지가 전화를 할 때 "수잔, 정말 무슨 일이야? 좀 어때, 괜찮아?" 하는 식으로 흘러가지 않을 거라는 걸 알고 있어요. 아버지는 제가 누구인지 알지도 못하는 것 같아요. 아마 그 부분에 상처가 좀 있어요.

치료자　알겠어요. 그런데요, 여기 좀 이상한 점이 있어요… 만약 당신이 상처받은 자신의 부분을 밀쳐 낸다면 당신은 스스로에게 똑같은 일을 하고 있다고 말할 수 있을까요? 당신을 진짜 당신으로 살펴봐 주지 않는 것이 상처받는 일이라면, 당신의 아버지와 대화하는 상황에서 나타나는 그러한 감정을 살펴봐 주지 않을 때, 그래서 그런 감정에 대한 공간이 만들어지지 않을 때 당신도 자신에게 같은 일을 하고 있는 게 아닐까요?

치료자는 내담자가 고통을 밀쳐내려고 할 때 내담자가 스스로에게 타격을 주는 상처를 맥락에 추가한다.

내담자　다시 얘기해 주실래요? 무슨 뜻인지 선뜻 이해가 안 가요.

치료자　좋아요. 제가 당신에게 요청하는 것은 당신이 체험하는 느낌이나 생각과 있는 그대로 함께 있어도 괜찮겠냐는 것이에요.

치료자는 내담자가 마음을 열고 자신의 생각과 접촉할 수 있겠는지 그 가능성을 맥락에 추가한다.

내담자   아. (멈추고) 제가 있는 그대로의 제 자신이나 제가 느끼고 있는 느낌에 관해서 괜찮겠냐고 물어보시는 거죠?

치료자   예.

내담자   그건 분명 저에게는 어려운 일이네요. (멈춤) 지금 이야기하면서 깨닫고 있어요… 저는 항상 제 자신에게 이래야한다 혹은 저래야한다고 판단하고 있었어요. 이건 아버지가 그렇게 했다고 제가 얘기하던 것과 비슷한 거네요. (웃음) 저는 그런 삶이 싫어요!

치료자   (웃음) 그렇지만 당신도 알다시피 때때로 고통에 빠지는 것이 우리에게 무언가 가르쳐 주기도 하지요. 그리고 여기에도 당신에게 주는 가르침이 있어요. 이 고통이 당신이 원하는 것에 관해 무언가를 가르쳐준다는 점에서 가치 있다면 어떨까요? 아버지로부터 원하는 것일 뿐 아니라 당신이 누군가로부터 원하는 것이라면요.

치료자는 고통이 가치에 연결되어 있을 가능성을 맥락에 추가한다.

내담자   제 자신에게서요.

이 대화록에서 보듯이 치료자가 상징 맥락을 수정하려고 사용하는 기술은 언어적(예, 질문, 재공식화)일 수도 있고 비언어적인 것[23](예, 대화 속도나 목소리 톤의 변화)일 수도 있다. 또한 기존 기능을 선택할 수도 있고(아버지와의 대화에 연결된 상처), 내담자 네트워크를 확장하여 새로운 기능을 구축할 수도 있다(고통은 가치에 관한 무언가를 가르쳐 줄 수 있다). 맥락 변화가 더 유용한 행동을 향한 현재 기능 변화로 이어질 때 진전이 생긴다.

가장 중요한 목표와 전략에 관한 이 절은 RFT가 심리치료에 제공하는 특정 상징 도구의 활용을 안내하는 개념틀을 만들기 위해 고안하였다. 치료자는 상징 맥락을 수정함

---

23) 우리가 비언어적이라고 하면 '단어로 구성되지 않은'을 의미함을 기억하라. 하지만 언어로 구성되지 않은 단서도 여전히 상징일 수 있다 (예, 제스처나 목소리 톤이 무언가를 의미할 수 있다).

으로써 영향력의 원천이 갖는 기능을 변형하여 내담자가 자신의 경험 중 유용한 요소에 더 민감해지고, 더 효과적인 선택을 하고, 효과적인 행동에 참여할 수 있도록 돕는다. 이 전략은 경험을 제거하려 시도하기 보다는 행동 레퍼토리를 확장하고 구축하기(언어와 인지 영역도 포함하여)에 달려 있다.

개념틀은 방향을 제시하며, 이 방향으로 갈 수 있는 방법이 무엇인지에 관한 일반적인 지침을 함께 제공한다. 하지만 사물들을 관계 짓는 다양한 방식(즉, 관계구성틀)이 어떻게 맥락을 수정하고 심리경험의 상징기능을 변형하는지를 확인함으로써 더 구체적인 안내를 제공할 수 있다. 다음 절에서 우리는 이러한 '상징 도구' (즉, 구성틀의 다양한 종류) 중 여러 가지를 탐색하고, 그 활용법의 예시를 제공할 것이다. 이 장에 있는 예시는 일부에 불과하고 이 책 나머지 부분에서 그 활용에 대해 더 깊이 있게 다룰 것이다. 여기서는 구성틀이 무엇인지 명쾌하게 이해할 수 있을 정도로만 그 잠재력을 설명하려 한다.

치료 도구로 관계구성틀 활용하기
Using Relational Framings as Therapeutic Tools

관계 구성틀Relational framing은 충분한 훈련으로 획득하도록 진화적으로 준비된 언어 능력의 집합이다. 치료에서 기능의 유용한 변형을 기대하면서 내담자 심리경험의 맥락을 수정하기 위해 관계 구성틀을 도구로 사용한다. 처음 두 장에서 세 가지 기능적 특징(상호 함의, 네트워크로의 결합, 기능 변형)을 모두 가진 구성틀을 살펴보았다. 우리는 의미를 가지고 말하고 이해를 하면서 듣는 실제 유용성을 가진 최소 단위를 일컫기 위해 '구성 frame'(*관계구성 이론*에서처럼)이라는 용어를 때때로 사용한다. 그러나 관계 구성은 우리가 가진 것이 아니라 하는 행동이다. 이를 상기시키기 위해 일반적으로 관계 구성을 동명사 형태인 관계 구성틀[24]로 기술할 것이다.

많은 구성틀이 한 문장에 포함될 수 있으며, 우리는 치료자가 내담자와 상호작용을 하면서 구성틀 하나하나에 모두 주의를 기울이라고 권유하는 것은 아니다. 대신에 다른 RFT 저자들(예, Luciano, Rodr guez Valverde, & Guti rrez Mart nez, 2004)이 만든 초기 제안에 따라 효과적인 행동변화로 이끄는 기능 변형에 가장 중요한 구성틀에 초점을 맞추길 제안한다. 때때로, 다음 예와 같이 말 전체에서 몇 가지 구성틀이 유용한 기능을

---

24)역주, 명사 형태인 (relational) frame 은 (관계) 구성으로 번역하였다. 동명사 형태인 (relational) framing 은 저자의 의도대로라면 '(관계) 틀에 넣기'라는 표현에 가깝다고 볼 수 있다. 하지만 용어 사용의 편의와 다른 책과의 통일을 위해 (관계) 구성틀로 번역하였다.

개발하는 데 중심이 될 것이다. "바로 지금 만약 당신이 당신의 엄마가 되어, 당신이 나에게 말한 것을 듣고 있다면... 당신이 엄마가 된 것처럼 이 장면을 마음속으로 실제 그려보는 시간을 충분히 가지세요." 여기서 치료자는 내담자가 말한 것의 영향을 알아차릴 수 있도록 돕기 위해 주로 관점의 변화나 직시적 구성틀을 표적으로 하고 있다. 물론 조건부 구성틀("*만약 당신이 당신의 엄마가 되어*")과 같은 다른 유형의 구성틀과 조합되기에 이러한 관점 이동이 가능한 것이지만, 이 전체 시퀀스를 관점을 취하는 움직임으로 생각하는 것이 더 실용적이다.

우리가 다양한 유형의 구성틀을 살펴보는 동안, 관계를 활성화하고 기능을 변형하기 위해 사용하는 특정 상징들이 다양한 형태를 띨 수 있다는 점을 기억할 필요가 있다. 예를 들어, 이전 예에서 사용한 직시적 구성틀은 "이제 엄마의 관점에서 그 말을 들어보아라." 또는 "바로 지금 당신은 당신의 엄마가 되어 이 말을 들었다고 가정해보자"로 표현할 수 있다. 심지어 말이 없이도 실현할 수 있는데, 예를 들어 의자 바꿔 앉기와 같은 방식으로 가능하다. 중요한 것은 다른 유형의 구성틀을 활성화하는 데 사용하는 단서의 기능이다. 일부 단서는 치료 중재 이후에 새로운 특정 구성틀 기능을 획득하기도 한다. 예를 들어 "이 행동이 당신에게 중요한 것과 일치하는가?"라는 질문이 원래는 내담자가 특정 목표 측면(조건부 구성틀)에서 자기 행동의 영향에 관해 생각하도록 이끌었는데, 의미와 동기에 관한 작업 이후에는 가장 중요한 목표(계층적 구성틀)로 주의가 향하게 하는 단서가 될 수 있다(7장을 보라). 다음에 보여 주는 상징들은 영어에서 가장 전형적으로 특정 구성틀의 단서로 작용하는 예에 해당한다. 그러나 치료자가 전달하려는 의미와 내담자가 이해한 내용이 일치하는지 항상 확인해야 한다. 종종 그림, 제스처 그리고 은유를 사용하는 것이 이런 다양한 유형의 상징관계를 보다 더 구체적으로, 더 쉽게 보이도록 만드는 데 도움이 된다(예, "그리고 그다음에 어떤 일이 일어났나요?"라고 말하면서 동시에 왼쪽에서 오른쪽으로 손을 움직임). 이런 방식은 치료자와 내담자 둘 다 서로를 이해하고 있음을 확실히 하는데 도움이 될 수 있다. 그리고 유용한 기능 변형이 일어날 수 있게 한다.

대등과 구별 구성틀 Coordination and Distinction Framings

가장 단순한 두 종류의 관계 구성틀 기술은 대등(동등equivalence, 유사similarity, 동반coming together을 포함한다)과 구별(또는 차이difference)이다. 예를 들어, 누군가가 "나는 불안하다"(나와 *불안*은 대등관계에 있다) 또는 "나는 준비되지 않았다"(나와 *준비*는 구별 관계에 있다)고 말할 수 있다. 이는 지금 이 순간 스스로에 대해 생각하고 느끼는 방식을 표시한다. 가장 기본 적용으로 대등과 구별 구성틀은 한편으로 사물들 사이에서 동등성 또는 유사성을 확립하고 다른 한편으로 사물들 사이에서 차이와 제외를 확립한다. 이런 기술은 단순하기도 하며, 사물을 명명하는 것에 중심적 역할을 하는 두 가지 이유로 발달 이력 초기에 나타나며, 명명하기를 할 수 있게 되면 광대한 협동의 이점이 생긴다(이는 동일한 문화의 구성원들이 환경에서 당장 존재하지 않는 대상에 관한 상징을 가지고 의사소통을 할 수 있게 한다. 1장을 보라).

치료에서 이런 유형의 구성틀은 종종 내담자가 자신의 생각, 느낌 감각에 관해 의사소통하고, 이를 변별하도록 돕는데 사용된다. 예를 들어 감정 언어는 우리의 필요와 욕망 그리고 일어남직한 미래 행동을 다른 사람에게 의사소통하는 일차적인 수단이다. 만약 대등과 구별 구성틀로 유지되는 명명naming의 기술이 약하거나 특이하다면 원하는 것을 얻기 어렵다. 명명은 또한 맥락에 관한 유연한 민감성을 발달시키는 핵심 과정이다. 우리는 더 이상 유용하지 않는 행동을 지속하는 대신, 행동에 관한 영향의 원천을 관찰하고 표현함으로써 다른 맥락에서 더 잘 알아차릴 수 있고 더 잘 적응할 수 있다. 약한 명명 기술을 가진 사람들은 자기 행동의 원인과 결과를 예측하고 이해하기, 세상에서 일어나는 사건을 해석하고 효과적으로 반응하기 또는 자신의 필요를 효과적으로 만족시키기에 종종 어려움을 겪는다.

그런 문제들은 많은 방식으로 나타날 수 있다. 감정을 인정하거나 논의하지 않는 가정에서 자라난 사람은 감정에 관한 알아차림이나 감정 어휘를 발달시킨 적이 전혀 없다. 그럼에도 불구하고 이런 환경에서 자란 아이들은 대체로 시간이 지나면서 감정에 붙이는 이름을 배운다. 그러나 감정 이름의 사용이 너무 일관성이 없거나, 이례적이거나 막연해서 좋은 대인관계 기술을 확보할 수 없기도 한다. 아동기에 가해자로부터 사랑한다는 말을 들으면서 학대를 받았던 사람은 안전하고 애정 어린 돌봄의 분위기 안에서 자란 사람과 비교해서 사랑과 돌봄의 의미를 다르게 이해할 것이다. 순간적으로 분노하는 폭발적인 부모 밑에서 자란 사람은 어디서든 심지어 지루해하거나 슬퍼하거나 심지어 행복해하는 사람의 얼굴에서도 분노를 볼 것이다(Penton-Voak et al., 2013). 만약 감정 표현이 강하게 처벌받는다면 아이들은 감정을 억압할 것이다. 결국, 느낌을 표현하여 처벌받기 보다는 부정하거나 무시하는 게 나을지도 모른다. 이런 상당히 흔한 경험 중 어떤 것이든 개인의 언어 공동체 안에서 광범위하게 공유되고 이해되는 언어 레퍼토리의 발달을 방해할 수 있다. 분노라는 강한 느낌은 '짜증annoyance'으로 불리거나 성적 끌림은 '혐오disgust'로 경험되거나 지루함은 '분노'로 이해될 수 있다. 명명을 통해 상징적으로 감정과 접촉하는 것이 혼란을 일으키거나 고통스러운 결과를 야기할 수 있기 때문에 유사한 과정이 감정의 인식과 소통을 억제하는 방향으로 이어질 수 있다.

문제적 명명은 임상의에게 도전적이며 신중한 주의를 둘 필요가 있다. 이는 경험을 명명하기 위해 사용한 용어가 재빨리 광대한 관계 네트워크로 들어가기 때문에, 일련의 행위를 지속시키고 문제가 되는 이름표를 발견하고 제거하려는 시도를 더욱 더 어렵게 한다. 예를 들어 다른 사람에게서 너무 많은 맥락적 단서를 분노로 읽는 사람은 적개심으로 대응할 가능성이 높다(Penton-Voak et al., 2013). 이는 결국 다른 사람을 진짜 화나게 하고 문제적 관계반응을 강화하게 될 것이다. 성적 상호작용을 '혐오'라는 용어로 명칭한 사람은 생물학적 의미로 성적 흥분을 느낄 때조차도 성적으로 기능하기 어려울 것이며(Cherner & Reissing, 2013), 이는 친밀한 관계에서의 어려움과 덜 빈번한 성적 행동으로 이어질 수 있으며 각성과 혐오를 분별할 기회조차 더 줄어들 것이다. 부족한 기술description하기 기술과 변별 기술을 발견하고 교정하는 것이 근본적인 치료 과업이다. 이 치료 작업은 대등과 구별 구성틀 기술의 함의와 정신치료에서 이런 기술을 평가하고 수정하는 방식을 이해함으로써 용이해진다.

반대 구성틀 Opposition Framing

이 유형의 구성틀은 두 사건 사이의 반대 관계를 확립한다. 반대 구성틀은 보다 구체적이기에 단순한 구별과는 다르다. 만약 당신이 온도를 알고 싶다면, 온도가 뜨겁지 *않다*other than고 아는 경우는 온도가 뜨겁다와 *반대임*opposite of을 아는 경우보다 덜 구체적이다.

반대는 상당히 구체적이기에 내담자의 관점에서 자신의 경험들 중에 양립할 수 없는 경험은 무엇인지 또는 한 경험의 존재가 다른 경험들에 어떤 의미를 갖는지를 탐색할 때 유용할 수 있다. 예를 들어 내담자는 종종 심리적 문제와의 싸움에 초점을 맞추는 동안 의미와 목적을 보류한다. "만약 이것이 문제가 아니라 기회라면 당신은 무엇을 할 것인가?"와 같은 진술을 통해 반대 관계틀은 현재 초점을 빠르게 확장할 수 있다. 감정 명칭을 회피하는 내담자가 자신이 느끼는 것을 말하기 어려워하는 것만큼이나 만성적으로 의미와 목적을 보류해온 내담자는 때때로 그들이 무엇을 원하는지 말할 수 없을 것이다. 그런 상황에서 그 사람이 원하는 것을 직접 알아내려고 하면 "모르겠다"라는 대답이 나올 가능성이 높지만, 반대를 사용하면 모르는 것보다는 아는 것을 낳을 수 있다. 이는 내담자가 문제 행동을 자극하는 단서를 더 의미 있는 어떤 것을 할 기회를 알리는 단서로 사용하도록 임상의가 도우려고 할 때 특히 유용하다(예, "만약 도망가려는 촉박감이 당신이 이 상황에서 원하는 뭔가가 있다는 걸 알리는 신호라면 어떨까요?"). 반대는 내담자가 자신의 동기에 관해 보다 더 추론하는 것을 돕는데 사용할 수 있다.

다음은 앞에서 제시했던 요구적인 아버지로 인해 거부되고 돌봄을 받지 못한다고 느끼는 여성과 동일한 회기의 대화록으로, 위의 예를 살펴볼 수 있다(Hayes, 2009; 대화록은 길이를 위해 편집하였고 비밀 보호를 위해 내용을 변경했다).

치료자   고통은 자신이 무엇에 가치를 두는지에 관해 뭔가를 가르쳐줍니다. 즉, 자기 자신과 어떻게 지내고 싶은지 그리고 다른 사람과 어떻게 지내기를 원하는지에 대해서요. 투명인간인 것처럼 사람들이 대할 때 당신은 상처받습니다. 이런 일에 화가 납니다. 만약 우리가 뒤집어서 이렇게 말한다면 어떨까요? 자 그러면, 이런 현상이 당신이 삶에서 갖길 원하는 것에 관해 무엇을 알려주나요? 당신은 뭔가를 원하기에 상처를 받는 겁니다.

내담자   알겠어요. 이해했어요.

치료자   그래서 당신은 무엇을 원하나요? 기이한 방식으로 이렇게 말해보겠습니다. 당신이 투명인간 취급을 받을 때 상처 받지 않으려면 무엇을 개의치 않아야 할까요?... 당신은 아버지에 신경을 쓰고, 아버지와의 관계에 관심을 가지지만 이 관계가 어떤 것이 되길 원하고 있어요. 맞나요? 당신은 진실하길 원합니다. 당신은 진정한 관계이기를 원합니다. 당신을 알아주길 원합니다.

내담자   맞아요. 분명 그걸 원합니다. 예, 그래요. 사실이에요. 정말 정말 그렇습니다. 그것이 제가 상처 받는 이유입니다.

반대 구성틀(예, "상처 받지 않으려면 무엇을 개의치 않아야 할까요?")은 보이는 것보다 훨씬 더 많이 적용될 수 있다. 효율적인 임상의들은 내담자가 현재에 없는 것에 관해 알게 함으로써 현재 있는 것에 대해 더 많이 이해하도록 돕는다. 내담자가 하지 않고 있었거나 할 수 없었던 것을 뒤집음으로써 하길 원하는 것에 관해 더 많이 알게 하는 것이다. 반대의 간접 특성은 임상의가 저항을 줄이고, 피하고 있거나 출입이 막힌 영역을 마치 뒷문을 통해 들어가듯이 길을 찾을 수 있게 한다.

반대 구성틀은 또한 역설과 아이러니의 핵심으로 적절한 시기에 유머나 불손함으로 접근한다면 내담자가 고통스러운 경험을 더 기꺼이 탐색하도록 돕는데 유용할 수 있다. 예를 들어, 치료자는 어려운 경험에 관해 얘기하면서 "우와, 대단한 경험이네요, 그죠?" 또는 "당신이 원했던 건가요, 아니죠!NOT"와 같은 진술을 사용할 수 있다. 이런 진술은 하기 어려운 일을 단지 고통스러운 것이 아니라 위대하거나 원하는 것으로 재구성하기 때문에 잘 연습된 회피를 우회할 수 있다.

조건부 구성틀 Conditional Framing

조건부 구성틀은 효과성을 평가하는데 유용하다. 특히 행동의 영향을 추적하거나 어떤 행동이 주어진 목표에 도달하는데 도움이 될 수 있는지를 파악하는데 유용하다. 가장 명백한 활용은 생길 법한 미래로의 확장이다(예, "*만약* 당신이 파트너에게 사랑한다고 말한*다면* 어떻게 될까요?", "*만약* 아이들과 더 가까워지고 싶었*다면* 무엇을 했을까요?", "이 목표를 향해 나아가기 *위해* 당신이 취할 수 있는 다음 단계는 무엇인가요?"). 그러나 조건부 구성틀은 이런 일반적인 문제해결에서 사용하는 것보다 훨씬 더 광범위하게 적용될 수 있다. 예를 들어, 조건부는 내담자의 느낌, 생각 또는 행위에 관한 맥락 변수의 영향을 인정함으로써 내담자의 경험을 정상화하거나 수인하는데 사용할 수 있다(예, "당신이 겪은 일을 감안할 때 이런 느낌이 드는 것이 이해된다" 즉, *만약* 당신이 이것을 겪는*다면* 당신은 이런 느낌이 든다). 그것은 잠재적 수반성을 탐색하거나(예, "만약 당신이 *실제로 그렇게 하면* 어떤 기분이 들 것 같습니까?") 다른 사람의 동기를 이해하는데 (예, "아버지가 그 행동을 했을 때 어떤 일이 일어나기를 소망한 것이라고 생각하나요?" 즉, 아버지의 행동이 가질 수 있는 *결과가* 무엇인가?) 활용할 수 있다. 즉석에서 조건부 구성틀을 알아차리도록 학습시키면, 내담자가 무심코 조건부 관계에 자신의 자기 가치나 자기 수용을 넣을 때 암묵적인 판단이나 실패가 존재한다는 것을 감지하도록 돕는 데 유용할 수 있다(예, "그러나 그 승인을 얻으려고 시도할 때조차도, 당신은 기본 규칙을 믿고 있는 건가요? 내가 _____일 때 괜찮아질 거야").

심리학에서 인과 관계는 일반적으로 시간이 지나면서 펼쳐진다(즉, 선행사건은 행동에 앞서고 행동은 결과에 앞선다). 이런 이유로 시간 구성틀(예를 들어, '후'와 '전'으로 단서가 주어지는)은 종종 조건부 구성틀과 연결된다. 비슷하게 인과관계에서 상관관계가 항상 존재하지만, 상관관계가 있다고 해서 항상 인과관계인 것은 아니다. 따라서 과학자가 인과관계를 명확히 하려는 단계로 상관관계 효과를 탐색하는 것처럼, 내담자와 수반성을 탐색할 때 "당신이 그 행동을 한 이후에 무슨 일이 일어났나요?"라는 질문으로 시작해 "그리고 당신의 행동이 그 일의 원인이라고 생각하나요?"라는 질문으로 이어질 수 있다.

비교 구성틀 Comparative Framing

조건부와 함께 비교 구성틀은 아마도 문제해결과 추론의 가장 핵심 특성이다. 두 일반적 기술(역주, 문제 해결과 추론)은 일상의 단순한 목표를 이루고 삶에서 위대한 프로젝트를 달성하는데 유용할 뿐만 아니라 치료 작업을 안내하는데도 유용하다. 우리는 "일어나는 것과 침대에 머무는 것 중 더 효과적인 것이 무엇입니까?", "이 두 개의 경력 중에서 더 의미 있는 것이 무엇입니까?", "당신은 술을 마신 후에 스트레스를 더 받는가 아니면 덜 받는가?"와 같은 문구에서 비교 구성틀을 인지할 수 있다. 그것은 선택할 수 있는 두 행위의 효과성을 평가할 때 특히 유용하지만, 비교를 조절하는 맥락적 단서가 경험과 밀접하게 연결될 때 보다 더 유용할 가능성이 크다. 동전의 본질적 특성은 반대를 시사함에도 불구하고 우리가 다임(10센트 동전)이 니켈(5센트 동전)보다 더 크다고 말할 때처럼 비교는 전적으로 임의적 사회 단서에 의해 조절되기 쉽다. 그러나 임의적 비교로 조절이 되는 행위의 직접 결과는 임의적이지 않다. 그래서 내담자는 경험이 스스로에게 하는 조언을 놓친 채 그들이 기대하거나 희망하거나 두려워하는 것에 의해 행동이 잘못 안내될 수 있다. 내담자가 새로운 직업 제의를 고려하고 있고 수락할지 말지 결정하기 위해 당신의 도움을 구한다고 가정해보라. 가능한 옵션의 임의적 특성보다는 자연적 특성에 더 직접 연결된 비교의 경험적 형태를 적용하는 것이 유용할 것이다.

| 치료자 | 양자택일 가능한 선택을 생각을 할 때 당신이 어떻게 반응하는지 주목해 볼 가치가 있습니다. 또 다른 형태의 정보가 될 수 있을 겁니다. 잠시 시간을 가지고 현재의 직장에 걸어 들어가는 걸 상상해 보십시오. 시간을 갖고 자신이 복도를 걸어가고, 사무실 문을 열고, 비서에게 "안녕"이라 인사하고, 책상에 앉는 장면을 그려보세요. 천천히 어떻게 느껴지는지를 음미하세요. 당신의 몸을 살펴보세요. 당신의 마음에 스쳐 지나가는 생각을 알아차려 보세요. 자 이제 당신의 새로운 직업으로 동일한 작업을 해봅시다. 다른 복도를 걷고, 사무실로 가는 문을 열고, 비서에게 "안녕"이라 인사하고, 책상에 앉는 자신을 그려보세요. 그리고 다시 열린 마음으로 느껴보세요. 당신의 몸을 살펴보세요. 당신의 마음에 스쳐 지나가는 생각을 알아차리세요. 천천히 속도를 늦춰보세요. 무엇을 알아차리셨나요? |

| 내담자 | 현재 직장으로 걸어 들어가는 상상을 하면 온 몸이 무거워집니다. 방어적인 방식으로 불안한 생각이 들어요. 그리고 상상에서만이 아니라 실제로 일어납니다. 새로운 직업을 그릴 때는 매우 달라요. 새 직장에서도 역시 불안해요, 심지어 좀 더 불안한 것 같아요. 그런데 기회로 다가가는 것은 나의 능력에 달려있어요. 도전해 보고 싶어요. 내가 할 수 있을지 궁금하지만 예측 가능한 무겁고 오래된 일이 아니에요. 새롭죠... |

조건부 구성틀처럼 즉석에서 비교 구성틀 알아차리기도 마음의 문제해결 모드가 잘못 적용되었을 때를 감지하는 데에 도움이 될 수 있다. 경험에 기반하지 않은 비교는 특히 판단적 사고의 징후일 수 있으며, 이로 인해 사람들은 자주 현재에서 벗어나 두려운 과거나 평가 중인 미래에 머무르게 된다. 유용하고 바람직할 때 마음의 문제해결 모드는 괜찮지만, 우리가 접근할 수 없는 사건에 관해 반추하는 경우처럼 그저 자동적이며 효과적인 행위로 이어지지 않을 때는 괜찮지 않다.

직시적 구성틀 Deictic Framing

직시적 구성틀은 사람, 시간 또는 장소와 연결된 관점을 내포하는 상징적 관계(나-당신, 지금-그때, 여기-거기)를 기반으로 한다. 그리고 관점취하기와 관점 이동 능력과 긴밀하게 연결되어 있다. 이 유형의 구성틀은 내담자들이 자신과 사건 사이에 거리감을 가지고 그들의 경험을 관찰하고 기술하는 것을 돕기 때문에 많은 치료적 기법에 포함되어 있다. 거리감은 기능을 변환하는 과정이다. 다루기 어려운 영향력의 원천과 심리적 거리를 둠으로써, 그 원천이 자신의 행동에 미치는 자동적인 영향을 줄이고 원천이 무엇인지를 볼 수 있게 한다. 임상의는 직시적 구성틀을 정교하게 다룸으로써 다양한 방법으로 장소, 시간, 사람을 바꿔가며 관점의 감각을 증가시킬 수 있다.

직시적 구성틀 작업을 행하는 흔하고 일반적으로 적용 가능한 한 가지 방식은 치료 관계를 통해서다. "제가 그 말을 들었을 때 어떻게 느꼈을 것이라고 생각하나요?" 또는 "만약 당신이 나라면 자신에게 뭐라고 말할까요?"와 같은 질문은 관점취하기를 확장하는 '나-당신' 이라는 직시적 관계를 사용한다.

하지만 시간을 사용해서도 같은 작업을 대부분 할 수 있다. 예를 들어, 내담자는 더 현명한 먼 미래로 간 다음, 일이 매우 어려웠던 지금 이 순간을 마치 아주 오래 전인 것처럼 그려보도록 요청할 수 있다. 이 방법을 사용할 때 우리는 존재하는 감정, 기억, 감각, 생각, 충동과 접촉하기 전에 내담자가 감각적인 방식(예, 몸이 어떻게 굽었는가, 머리카락은 어떻게 보이는가)으로 자신을 그려보는 시간을 가지게 할 것이다. 이후 치료자는 "이 사람에 대해 어떻게 느끼나요? 만약 더 현명한 먼 미래에서 전할 수 있는 약간의 조언이 있다면, 그것은 무엇일까요?"와 같은 관점취하기 질문을 요청할 것이다. 또한 내담자가 현재 순간에 존재하는 상태로 어린 시절 거의 같은 문제로 고군분투하고 있는 자신을 되돌아보면서 관점취하기를 수행할 수도 있다.

동일한 기본 장치를 공간적 관점을 변화시키는데 활용할 수 있다. 예를 들면 내담자가 상담실 반대편에서 자신을 바라보는 유도된 명상을 한 후 이런 다른 관점으로 그녀가 현재 어려움을 어떻게 다루고 있는지를 살펴보라고 요청한다. 빈 의자 기법, 사이코드라마 그리고 역할극은 동일한 관계 과정을 활용한다.

우리가 관점을 바꿀 때 자동적 자극 기능이 줄어들 뿐만 아니라 이전에는 보지 못했던 것을 보게 되는 경우가 많다. 관점취하기를 하면 감정, 생각 그리고 감각을 정상화하고 수인하는데 도움이 되고, 자기 자비라는 더 큰 감각이 생기며 유연한 자기감이 조성된다. 이 주제를 6장에서 광범위하게 다룰 것이다.

계층적 구성틀 Hierarchical Framing

계층적 구성틀은 포함, 순위 또는 범주로 구축된 관계로 구성된다. "이 행위는 어떤 가치의 일부인가요?"(포함) 또는 "그래서 당신이 느끼는 것은 어떤 종류의 감각인가요?" (범주)와 같은 문구에서 인식될 수 있다. 이런 유형의 구성틀로 다양성diversity 속에 단일성unity과 단일성 속 다양성의 창조가 가능하다. 한 수준에서 전부인 것이 다른 수준에서는 요소이고 한 수준에서 요소인 것이 다른 수준에서는 전부가 된다.

어떤 사건은 사건들의 한 *군class에서* 하나의 예라고 볼 수 있다. 따라서 모든 사건들은 계층 내에 포함될 수 있다. 자신을 얼마나 멍청하고 무능하다고 판단하는지를 다루는 한 사람은 다른 계층 수준에서는 단순히 "나는 멍청하고 무능하다"라는 생각을 다루고 있는 것이다. 다른 수준에서 존재하는 주제(예, 무능함, 멍청함)에 반드시 도전하지 않고도, 때때로 다른 수준에서 전체를 그저 알아차리는 것만으로도 더 큰 기능적 일관성으로 향하는 길이 생길 수 있다.

모든 사건은 특징들을 가지는데, 특징은 하나의 계층이기도 하다. 때때로 사건이 너무 압도적이라서 사건의 특징은 흐려지고 전체 게슈탈트gestalt만 유효하다. 공황 발작은 전체적으로는 압도적일 수 있지만, 빠른 심장 박동만으로는 그렇지 않다. 도망가고 싶은 충동만으로도 그렇지 않으며, 얕은 호흡만으로, 두려운 생각만으로는 압도적이지 않을 수 있다. 이렇게 공황 발작의 속성을 하나하나 단독으로 고려했을 때에는 압도적이지 않다.

그리고 이러한 특징들을 알아차릴 때, 특징을 계층에 위치시키는 용어를 사용하여 언급하기도 한다. 즉 빠른 심장 박동은 하나의 감각(많은 것 중 하나)이며, 도망가려는 충동은 하나의 충동(많은 것 중 하나)이며 다른 것도 마찬가지이다.

모든 특징들은 의식이 있는 한 사람의 인식 안에 담겨 있다. 한 사람의 인식도 일종의 다른 계층이다. 어떤 의미에서 '나'는 그릇container의 구성요소보다는 그릇과 더 유사하다 (즉, "나는 내가 멍청하다는 생각을 *가진다*" 대 "나는 멍청*하다*").

이것은 모두 '다양성 속 단일성과 단일성 속 다양성' 이라는 문구가 가리키는 상호 등지 특성mutual nesting quality을 보여 주는 예시이다. 이런 방식의 생각으로 명확한 임상적 안내를 할 수 있다. 전체가 유용한 특성을 압도하거나 흐릴 때, 그 전체를 분해하는 계층적 기술description이 순간의 알갱이와 유용한 접촉을 만들어 낼 수 있다. 한 사건이 전체를 압도하고 겉보기에 위협적일 때 다른 수준에서 전체를 보기 위해 계층을 사용하는 것이 도움이 될 수 있다. 전체를 발견하기 위해 계층적으로 위로 가고 현재의 알갱이를 발견하기 위해 계층적으로 아래로 내려가는 것처럼 어떤 순간에도 위 또는 아래 수준으로 이동할 수 있다. 유연한 자기감을 구축하고 의미와 동기를 생성하기를 다룰 때 이 과정에 관해 더 많이 이야기할 예정이다.

구성틀의 조합 Combination of Framings

거의 대부분의 언어 전략은 다양한 구성틀의 조합에 기반한 관계 네트워크 수준에서 발생한다. 일반적으로 짧은 단일 문장도 다양한 형식의 구성틀로 구성된다. 보통 이런 여러 형식들을 RFT 용어로 이름을 붙일 필요는 없다. 대신에 핵심 구성틀 활동에 초점을 맞추면 충분하다. 그러나 기본 관계 도구에 관한 설명의 일부로 논의할 가치가 있는 몇 가지 고위 구성틀 형태가 있다.

유추 구성틀 Analogical Framing[25] (유추와 은유 Analogies and Metaphors)

유추적 추론은 관계의 두 세트 사이에 대등 관계를 확립한다. 은유는 관계의 전체 네트워크를 한 도메인에서 다른 도메인으로 옮길 수 있기 때문에 엄청나게 효율적인 과정이다. 적절한 은유를 사용하면 매개물vehicle과 표적target을 함께 묶는 현저한 기능을 통해, 표적에서는 현재 누락되거나 상대적으로 약하지만 매개물에서는 우세한 다른 특성을 볼 수 있게 한다. 예를 들어, "고양이는 독재자다"라는 진술은 독재자(매개물)와 고양이(표적)의 공통 특성인 (역주, 자기 본위의) 까다로움을 가지고 와서 독재자에서는 명확하지만 고양이에게는 아직 명확하지 않은 새로운 아이디어를 확립하는 데에 활용한다. 이 은유는 고양이가 자신만의 목적을 위해 같은 집에서 지내는 다른 사람을 지배한다는 새로운 아이디어를 추가하기 때문에 특히 고양이 주인들에게 가엾은 미소를 짓게 한다.

은유는 미묘하거나 비교적 추상적인 경험을 더 구체적인 것으로 모델링해서 설명하는데 활용될 수 있다(5장을 보라). 거의 모든 감정 용어들이 태생이 은유적이었지만, 언

---

25) 비록 유추는 기술적으로 하나의 구성틀이 아니라 구성틀의 조합이지만, 우리는 실용적 목적으로 이 책 전반에 걸쳐 '유추 구성틀'이라는 용어를 사용할 것이다.

어 공동체가 감정에 명칭을 부여하는 방법을 구성원들에게 훈련하고 나면 은유는 더 이상 필요하지 않았다. 이를 이해하기 위해 예를 들어 보면, 우리는 더 이상 '원함want'을 결여된 어떤 것으로나 '성향inclination'을 기울어지고 곧 떨어질 것 같은 어떤 것으로 생각할 필요가 없다. 치료에서 은유적 대화 사용이 더 큰 감정 지식을 생성하는데 도움이 된다. 예를 들어, 치료자는 내담자가 마치 그림인 것처럼 감정에 관해 이야기하도록 초대하여 내담자가 감정을 설명하도록 도울 수 있다. 유추적 구성틀은 새로운 기능을 확립하는 은유를 구축하고 적용하는데 활용될 수 있으며, 또는 매개물 영역에 존재하는 기능을 표적 영역에 연결함으로써 내담자 경험의 기능을 변경하는데 활용할 수 있다(8장을 보라). 예를 들어, "불안은 모래늪quicksand과 비슷하다"라는 진술은 두 상황 모두 몸부림치고 싶게끔 끌어당기는 힘이 느껴진다는 점에 두드러지는 유사성이 있음을 활용하여, 모래늪 속으로 가라앉는 것을 피하기 위해 모래늪 위에 그대로 눕는 방법처럼, '감정 위에 평평하게 눕기'라는 새로운 기능을 확립할 수 있다. 유추 구성틀은 회기 중 일어나는 일과 내담자의 실제 삶에서 일어나는 일 사이를 연결하는 상징기능의 일반화를 고취할 수도 있다(4장을 보라). 예를 들어, 치료자는 내담자가 대화의 주제를 갑자기 바꾸는 것을 알아차린 후, 고통스러운 생각 피하기를 위해 집에서 술 여섯 팩을 마시는 그의 습관과 회기에서의 회피를 연관지어, 내담자에게 "지금 술 여섯 팩을 마셨는지" 물어볼 수 있다.

스토리텔링과 이야기 | Storytelling and Narratives

우리는 대부분의 상징적 사건을 이야기와 스토리 내에서 이해한다. 구성틀 능력이 몇 가지만 확립되어도 상징을 대화와 연대기에 사용한다. 만약 우리가 단어를 다른 단어들로 이뤄진 맥락 바깥으로 가지고 나온다면, 그 단어는 의미의 많은 부분을 잃을 수 있다. 그 동일한 초점의 다른 측면은 단어들이 다른 이야기에 위치했을 때 상징의 의미와 영향이 바뀐다는 것이다.

이런 사실을 인식하면 한 사람의 삶 속 사실을 더 큰 효과성을 가진 이야기 속에 두려고 고안된 중요한 종류의 임상적 중재로 이어지는 길이 열린다. 우리는 종종 상징적 관계에 필요한 일관성 때문에 스토리와 이야기의 유연함을 놓친다. 책의 앞부분에서 봤듯이 상징의 의미가 일관되어야지만 유용하다. 결론적으로 상징이 어떤 것을 의미하기로 확립되었을 때, 그 의미를 내려놓는 것이 더 유용할 때조차도 의미를 내려놓는 것이 어려워진다. 진실은 그야말로 이야기의 유연성에 저항하는 흔한 근거이다. 우리가 알고 있는 사실 자체를 단순히 인정하는 것 뿐 아니라 우리가 그 사실을 이해하기 위해 사용한 이야기를 고수하는 것도 마치 중요한 것 같다.

다리가 부러진 십대 아들을 둔 중국인 농부의 스토리이다. 안타까운 소식에 마을 사람들은 통곡했지만 농부는 그저 "지켜보자"고 한다. 얼마 지나지 않아 군인들이 마을에 들어와 군대에 데려갈 십대 소년들을 모았는데, 농부의 아들은 다리가 부러져 면제 되었다. 마을 사람들은 그의 엄청난 행운에 알랑거렸지만 농부는 현명하게 "지켜보자"라고만 말한다. 이 스토리는 다리와 연결된 여러 차례의 행운과 불운으로 이어지지만 요점은 이미 언급된 것이다. 사건의 의미는 맥락에 달려있다는 것이다. '인생 스토리'에서 맥락의 가장 중요한 측면 중 하나는 우리가 사건을 이해하는 방법이다. 이러한 이야기는 특히 성장 인지growth cognitions가 의미 있는 행위와 연결되어 있는 경우 사랑하는 사람의 갑작스러운 죽음과 같은 극도로 고통스러운 사건이 외상후 스트레스 장애로도 이례적인 형태의 심리적 성장으로도 이어질 수 있는 이유를 설명할 수 있다(Hobfoll et al. 2007). 스토리와 이야기는 이전에 놓친 유용한 기능을 조명할 때 변형시키는 강력한 힘을 발휘할 수 있다. 예를 들어, 심리적 어려움을 극복할 수 있었던 사람들의 증언은 사람들이 치료를 받을 가능성을 높이거나 치료 과정에서 효과적인 변화를 모델링하는 데 종종 사용된다.

규칙과 지시| Rules and Instructions

우리는 2장에서 많은 행동이 규칙과 지시를 통해 학습되고 규칙 따르기는 다양한 기능을 가진다는 것을 보았다. 선례따르기는 규칙이 명시한 행위의 자연적 결과에 의해 강화되는 규칙 따르기이다(경험한 일련의 행동 결과가 규칙에서 명시된 바와 같다). 응종은 자연적 결과와 상관없이 수행한 행위가 규칙과 일치하는 것으로 보이기 때문에 사회적으로 강화되는 규칙 따르기이다.

규칙과 지시가 신속한 학습을 촉진하고 내담자에게 불필요한 혐오적 결과를 겪게 하지 않기에 때로는 치료에서 유용할 수 있다. 연습과 기술 훈련에 포함된 심리교육과 지시는 임상 작업에서 이들을 활용하는 훌륭한 예가 된다(9장을 보라). 그러나 RFT 지식을 갖춘 치료자는 규칙을 활용할 때, 내담자가 자신의 경험으로부터 멀어지지 않게 주의하며 유용한 수반성에 무감각해지거나 임의적 사회적 강화에 의지하게 되는 것을 피하려고 한다(그러나 규칙 따르기가 선례따르기로 향하는 유용한 단계일 때는 예외가 된다). 따라서 지시는 일반적으로 내담자가 그들의 경험과 재연결하는 수단으로 활용되며(예, 마음챙김 연습이나 행동 실험에서의 지시), 그 규칙을 따를 때 생기는 자연적 결과를 관찰하도록 격려하기를 덧붙인다("이 새로운 전략을 적용했을 때 당신은 무엇을 알아차렸나요? 그게 도움이 되었나요?").

임상 예

우리가 이 책의 임상실제 단락에서 제안하고 있는 임상대화 검토 방법의 한 예로, 다음 삽화에서 치료자와 내담자 사이에 일어나는 상호작용을 살펴보자. 여기서 치료자가 언어를 활용하여 내담자 경험의 맥락을 변경함으로써 경험의 상징기능을 변형하는 것을 볼 수 있다. 이런 과정에서 새로운 기능을 선택하고 생성하고 증폭함에 따라, 내담자가 효과적 활동에 참여할 가능성이 증가한다.

이 대화는 외모로 인해 타인이 거부한다고 느끼는 우울한 여성 내담자와 첫 회기 동안 일어난 일이다. 그녀 스스로 치료 받으러 왔지만, 지금은 자신이 겪고 있는 어려움에 관해 치료자에게 말하는 것을 거부하고 있다. 상당히 복잡한 상황이다. 비록 우리는 이런 상호 대화 유형이 내담자가 치료에 참여하고 좋은 치료 관계를 확립하는데 도움이 된다고 생각하지만, 이 대화를 설명하는 목적은 하나의 단일하고 올바른 치료작업 유형을 보여 주려는 것이 아니다. 오히려 우리의 목적은 RFT 원리가 치료자를 어떻게 안내하는데 도움이 될 수 있는지를 보여 주려는 것이다. 특히 당신은 내담자가 강한 망설임에도 불구하고 자신의 경험을 공유하도록 동기 부여를 하기 위해 치료자가 언어 과정을 어떻게 활용하는지를 볼 것이다. 이 지점에 관해서만 상대적으로 제한하여 해설을 할 것이다. 남은 장들을 통해서 보다 더 자세하게 RFT 원리의 구체적 활용을 보여줄 것이다.

> **치료자**   당신이 어떻게 여기에 오시게 되었는지 조금 얘기해 주실 수 있나요?
>
> **내담자**   아무 의미가 없어요, 말해봤자 당신은 이해할 수 없을 거예요.
>
> **치료자**   제가 이해할 수 없는 것이 무엇이죠?
>
> **내담자**   사람들은 날 거부해요. 내가 뚱뚱하고 못생겨서. 봐요. 당신은 날씬하고 예쁘잖아요. 당신은 내가 어떨지 이해할 수 없을 거예요.
>
> **치료자**   만약 제가 첫 회기에 치료자를 만나러 온 입장이 되어 이해 받을 수 없다고 생각한다면, 정말 힘들 것 같습니다. 지금 당신도 힘든가요?
>
> **내담자**   어떻게 생각하세요? 당연히 힘들어요…. 당신 앞에서 내가 내 모습을 얼마나 싫어하는지 말하고 있다는 게 수치스러워요(*이제 치료자를 바라보면서*).

이 첫 번째 상호대화에서, 내담자가 자신의 필요에 관해 의사소통을 하는 것과 이해를 받고 도움을 받는 것 사이를 반대 관계로 보는 것으로 생각된다. 반대 관계에 대한 근거는 내담자가 차이에 무게를 두고 있는 호소이다. 그런 형태의 맥락적 조절이

명백한 점을 감안했을 때에는, 직접적으로 이 반대 관계에 도전하는 것은 성공 가능성이 낮다. 대신에 치료자는 공통성commonality과 상호 이해를 조성할 가능성이 높은 맥락을 만들기 위해 관점취하기를 사용했다("만약 내가 당신 입장이라면…"). 만약 내담자가 이 공통성의 감각에 더 민감해진다면 치료자에게 그녀의 삶을 공유할 기회가 늘어날 것이다.

치료자   그렇게 저에게 말해줘서 고마워요. 당신의 경험이 스스로에게 분명하다는 것을 압니다. 하지만 저는 당신의 위치에 있지 않기에, 당신에게 물어보아야 할 것입니다. 당신이 저를 보고 당신이 어떻게 느끼는지를 저에게 말할 때 저는 그 경험이 당신에게 어떨 지를 더 잘 볼 수 있는 것처럼 느껴요. 지금 당신이 어떤 지 더 물어봐도 될까요…. 당신은 지금 무엇을 겪고 있나요?

내담자   당신은 물어볼 수 있어요. 하지만 내가 겪고 있는 것을 아무도 이해할 수 없어요. 아무도 나에게 관심이 없어요… 나는 나에게 관심 있는 사람을 아무도 찾을 수 없어요. 심지어 내가 여기서 뭘 하고 있는지도 모르겠어요.

치료자   여기에 오시는 길에 이미 그런 생각들을 하고 있었나요? 당신이 뭐하러 가고 있는지 모르겠고 저를 포함해서 아무도 당신을 이해할 수 없다는 생각을요?

내담자   그런 생각을 할 필요조차 없어요. 그저 사실인걸요.

치료자   저는 당신이 어떠했을지 몰라요. 하지만 제가 만약 처음으로 치료자를 만나러 왔고, 의미도 모르겠고, 어쨌든 누구도 자신에게 관심이 없다고 상당히 확신을 한다면, 오기가 정말로 힘들 것이라고 상상이 됩니다. 그런데도 당신을 여기에 오게 만든 것에 관해 저에게 더 얘기해 줄 수 있나요? 쉽지 않았을 거라고 생각합니다.

내담자   나는 혹시 당신이 나를 도울 수 있지 않을까 희망 했어요… 그러나 시도할 가치가 없다는 확신이 상당히 있었어요. 그리고 지금 당신을 보니까, 당신은 나를 이해할 수 없을 거라는 걸 알겠어요.

이 두 번째 상호대화는 첫 번째와 많이 비슷하지만 더 정교해졌다. 내담자는 문제가 되는 주제를 일반적인 이해에서부터 좀 더 특정한 관심 사건으로까지 자세하게 설명을 했다. 치료자는 방어적이 되지 않으면서, 대신에 그들 사이의 공통성에 내담자의 민감도를 더 증가시키기 위해 그리고 동기 기능을 유발하기 위해 관점취하기를 다시 활용한다. 얼마나 힘들었을 지와 어쨌든 내담자가 왔다는 사실 사이의 반대 구성은 도움 받고자 하는 욕구에 관한 기능을 유발한다. 이런 방식으로 구성을 하면 내담자가 여전히 말을 하고 있다는 바로 그 사실이 그녀가 얼마나 강력하게 도움을 원하는지를 보여 주는 증언이 된다. 그런 기능을 유발하는 것은 내담자가 치료자에게 얘기하는 것의 잠재적 이점에 관해 민감도를 증가시키는 의미가 있다.

치료자 예, 지금 당장은 당신에게 불가능해 보이는군요. 그럼에도 당신이 설명하기 위해 노력을 하고 있다는 것을 알고 있습니다. 고맙습니다. 당신이 저에게 이해를 해볼 수 있는 기회를 주고 있다고 느낍니다. 당신은 제가 도울 수 있기를 희망했다고 말했어요, 그리고 동시에 시도해 볼 가치가 없다는 생각을 가졌네요. 그런데도 막 들어오려고 했을 때 기분이 어땠나요?

내담자 절박했어요.

치료자 그건 당신이 말하지 않았다면 제가 알 수 없는 것이군요. 막다른 골목에 몰린 기분은 다른 사람에게는 다른 경험일 수 있어요, 하지만 저는 그런 경험이 저에게 어떤 지는 알아요. 저는 다른 사람들을 외면하고, 혼자라고 느끼고, 가치 있는 것이 아무것도 없는 것처럼 느껴요. 울고 싶어요⋯. 그리고 그것에 대해 말하는 것조차 너무 힘들어요. 당신도 그런가요 아니면 다른가요?

내담자 예, 나는 눈을 내리깔아요⋯. 사람들과 눈 마주치길 원하지 않아요. 사람들이 나를 못생겼다고 생각하는 걸 알아요.

치료자 그렇다면 당신이 왜 그런 식으로 느끼는지 알 수 있을 것 같아요. 그 절박한 느낌에 관해 더 얘기해 줄 수 있나요?

내담자 그런 기분일 때는 이야기 하고 싶지 않아요. 내가 못생기고 뚱뚱하기 때문에 절망스러운 기분이 든다고 말을 하면 사람들이 나를 비웃어요.

치료자 사람들이 자신을 비웃을 거라고 생각하면서 얘기를 한다는 것은 매우 어려울 수밖에 없겠군요. 당신이 어떻게 느끼는지를 저에게 말하면 그런 일이 일어날 것이라고 생각했나요?

내담자 예⋯

이 상호대화에서 치료자는 내담자가 본질적 일관성("당신이 이해할 수 없다는 것을 안다")에 갇히지 않고 기능적 일관성을 향해 움직이도록 돕기 위해 계속해서 동기 기능을 표적으로 유지한다. 구체적으로는 치료자가 구별과 조건부 구성틀("그건 당신이 말하지 않았다면 제가 알 수 없는 것이군요")을 가지고 그녀의 어려움을 공유하는 것이 가지는 현재 이점을 추적함으로써 동기 기능을 겨냥하고 있다. 이는 내담자가 치료에 오게끔 동기를 부여한 것에 보다 민감해질 수 있는 맥락을 생성한다.

그다음 치료자는 대등 구성틀과 관점취하기에 기반한 질문과 반영으로, 내담자의 감각, 생각 그리고 느낌에 관한 내담자의 관찰과 기술을 유발하기 시작한다. 경험은 논리보다는 보다 관찰 방식으로 이야기한다. 즉 "당신은 시도해 볼 가치가 없다는 생각을 가졌네요"라고 이야기했다. 치료자는 또한 긍정적 활동 동안 일어나는 경험을 관찰하는데 관심을 보이며, "그런데도 막 들어오려고 했을 때 기분이 어땠나요?"라고 말했다. 열린 관찰 접근은 잠재적으로 내담자의 어려움 속에 포함된 수반성을 탐색하는 것을 허용한다. 그리고 회피가 약해지는 맥락을 생성한다(경험을 기술하는 것이 경험과의 접촉을 수반한다).

치료자 당신이 지금 하고 있는 행동에서 제가 정말로 탄복하는 것이 있어요. 당신은 그럴만한 가치가 없다는 생각을 하면서도 왔다고 말했어요, 그리고 지금 역시 제가 당신을 비웃을 위험이 있다고 생각을 하면서도 저에게 말을 하고 있어요. 그것은 정말하기 힘든 것이죠….

내담자 예…. 당혹스러워요.

치료자 당혹스러움 역시…. 지금 당신이 저에게 말하기 힘들게 만드는 또 다른 느낌이군요.

내담자 예, 나의 결점에 관해 말하는 것은 어려워요.

치료자 때때로 느낌이 강할 때 우리의 신체조차도 반응을 하죠. 지금처럼 당혹스러울 때 당신의 신체 감각에 대해 말해줄 수 있나요?

내담자 거의 내 머리 속에서 박동하는 것 같아요.

치료자 그게 바로 당신이 지금 눈을 찡그린 이유입니까? 이야기하고 대화하면 아플 것처럼요?

내담자 예… 항상 그렇게 하게 되요.

치료자 그렇다면 저에게 말하는 것이 당신에게 어려운 감각을 일으키는군요?

내담자 예… 지금 너무 힘들어요.

치료자는 공유, 힘든 감각 그리고 용기를 대등관계로 놓는다. 이는 내담자가 공유의 긍정적 기능을 더 많이 접촉할 수 있는 맥락을 생성하기 위해서다. 그 뒤에 대등과 조건부 구성틀에 기반한 질문과 반영("그게 바로 당신이 지금 눈을 찡그린 이유입니까?", "저에게 말하는 것이 당신에게 어려운 감각을 일으키는군요?")을 통해 경험의 관찰과 기술을 유발하는 작업을 지속한다. 그 목적은 다시 회피를 약화시키는 맥락을 생성하는 것이다.

치료자　일반적으로 제가 힘든 일을 할 때에는 뭔가 저에게 중요한 것이 있기 때문이에요. 그 일은 힘들고 그럼에도 그것을 해요. 지금처럼, 이 질문을 당신에게 하는 것이 당신을 당혹스럽게 만든다는 것을 알기에 힘듭니다. 그래도 제가 당신을 이해하는데 도움이 되고 유용할 수 있다고 생각하기 때문에 질문을 합니다. 당신이 제가 이해할 수 있다고 확신하지 않더라도 지금 저에게 말하도록 동기를 부여하는 뭔가가 있나요?

내담자　달리 무엇을 해야 하는지 모르겠어요... 나는 기분이 나아지고 싶어요...지금 내 인생에는 가치 있는 것이 없어요.

치료자　이것이 당신이 여기에 온 이유인가요?

내담자　예...

치료자　그리고 저에게 말하는 것이 비록 힘든 생각과 감각을 가져오더라도, 당신 삶을 나아지게 만드는 길을 찾기 위한 것인가요?

내담자　예, 나는 다른 사람들처럼 재밌게 살고 싶어요.

이 마지막 상호대화에서 치료자는 공통성의 맥락을 계속해서 조성하고, 그리고 동시에 치료에 오고 힘든 경험에 관해 공유하는 동기의 기능을 유발하기 위해 관점취하기를 다시 사용한다. 게다가 조건부 구성틀(예, "이것이 당신이 여기에 온 이유인가요?")은 비록 힘들 지라도 자기 경험을 공유하는 행위에 더 나은 삶을 만드는 기능의 가능성을 부여하려는 의도였다. 결론짓는 내담자의 진술은 기능의 이런 변화가 일어나기 시작하고 있으며 치료에 오는 것과 경험 공유가 다시 타당성이 생기기 시작했다는 것을 암시한다. (즉, "나는 재밌게 살고 싶어요").

이것은 단지 임상 대화를 우리가 어떻게 이해할 수 있는지에 관한 간략한 예일 뿐이다. RFT에 기반한 치료 작업은 가공되지 않은 상징 도구보다 더 많은 것이 필요하다. 주어진 사례는 개념화와 중재 전략과 연결이 필요하다. 이런 주제를 다음 장부터 살펴보려고 한다.

이번 장에서 RFT 원리와 맥락행동과학을 심리치료에서 사용하기 위한 실제 개념틀과 도구 모음으로 조직하는 방법을 배웠다. 다음은 기억해야 하는 주요 요점이다.

- 우리의 개념틀은 두 가지 가장 중요한 목표를 위주로 조직되었다.
  - 유연한 맥락민감성 고취하기는 내담자가 영향력의 다양한 원천과 보다 접촉하도록 돕는 것으로 구성되며, 이는 주어진 맥락에 대한 반응으로 가장 효과적인 행동을 선택할 수 있게 한다.
  - 기능적 일관성 고취하기는 내담자가 전체성과 효과성에 기반한 생각을 하고 선택을 하도록 돕는 것으로 구성되며, 이는 모든 심리적 경험이 유연한 네트워크로 통합되고 의미 있는 삶을 위해 행위를 할 수 있게 한다.
- 이런 목표들을 성취하기 위한 가장 중요한 전략은 다음과 같다.
  - 상징기능 변형하기는 경험에 대한 반응을 변화하기 위해 경험의 새로운 의미를 선택하기, 증폭하기, 생성하기로 구성된다.
  - 맥락 수정하기는 상징기능의 변형이 일어나는 방식이다. 이것은 새로운 관계 네트워크를 선택하거나 정교화 하거나 현재 관계 네트워크의 영향력을 약화시키기 위해 맥락적 단서를 사용하는 것으로 구성된다.
- 관계 구성틀은 언어분석의 기본 단위다. 여러 종류의 구성틀이 있고 이는 우리가 맥락을 수정하고 이로 인해 다른 방식으로 상징기능을 변형하도록 허용한다. 구성틀의 주요 유형은 다음과 같다.
  - 대등과 구별 구성틀(예, "슬픔을 느끼는 것은 정상입니다", "지금 당신이 느끼지 못하는 것은 무엇인가요?").
  - 반대 구성틀(예, "일어나는 대신에 침대에 계속 누워있을 때 당신은 어떤가요?").
  - 조건부 구성틀(예, "당신의 느낌을 공유했을 때 그 결과로 무슨 일이 일어났나요?").
  - 직시적 구성틀(예, "만약 당신이 지금으로부터 10년 뒤로 갔다면 당신 삶은 어떤 모습일까요?").
  - 계층적 구성틀(예, "당신 삶에서 더 많은 독립을 향한 움직임의 일부로 당신이 하

는 것은 무엇인가요?”).

• 구성틀의 조합:

◦ 유추적 구성틀(예, 유추와 은유).

◦ 스토리텔링과 이야기(예, 소설, 영화, 일화).

◦ 규칙과 지시(예, “만약 행위의 결과에 주의를 기울인다면, 효과적 판단이 더 가능해질 것이다”, “당신의 신체 감각을 알아차리는 시간을 가져라”).

4장

심리 평가
Psychological Assessment

이 장은 치료적 변화를 위한 체험적 접근에 뿌리를 두는 맥락행동적 임상평가 방식을 소개한다. 치료 협력, 비판단적 자기 인식, 적응 행동의 획득 및 일반화, 치료 성취 유지를 촉진하는 기능 평가를 수행하기 위해 체험적 언어를 활용하는 방법 등을 배우게 될 것이다. 또한 맥락 민감성의 유연성/비유연성과 일관성이 확립되는 방식을 포함하여, 심리적 투쟁과 개선을 나타내는 특정 언어 표식을 평가하는 법도 배울 것이다. 우리의 목표는 체험적 언어와 기능적 평가를 사용하여 역동적 사례공식화 및 치료 계획을 수립하는데 도움을 주는 것이다. 여기에는 비행동적 치료 모델을 기반으로 하는 치료까지도 포함된다. 따라서 특정 평가 영역이나 항목을 추천하지 않을 것이다. 독자들이 임상관련행동, 치료 기전에 관한 가설, 치료 과정 및 결과 목표 모니터링을 파악하고자 스스로의 임상 훈련 및 전문 지식을 활용할 것이라 가정한다.

평가를 위한 체험적 맥락 생성하기
Creating an Experiential Context for Assessment

내담자의 체험이 핵심이다 The Client's Experience Is Central

심리 평가에 참여하는 것은 그야말로 용기있는 행위이다. 자신의 사적 체험을 공유하고 이를 이해하고 다루는 데 도움이 필요하다고 인정함으로써, 내담자는 판단, 오해 및 거절이 가능함에도 기꺼이 마음을 연다. 이런 취약성을 치료자가 세심하게 인식하고 있을 때, 치료 전단계였던 평가 과정이 존중을 전달하고 신뢰를 구축하며 협력을 위한 무대를 설정할 수 있는 이상적인 기회로 바뀐다.

임상평가를 체험적으로 접근하면 치료가 즉각 협력적 과정이 된다. 즉 내담자*에게가* 아닌 내담자와 *함께하는* 일이 된다. 치료자와 내담자는 함께 내담자가 치료를 찾게 된 이유와 관련된 다양한 체험을 탐색하고, 임상관련행동과 맥락을 파악한다. 이 과정에 내담자의 참여는 필수적이다. 내담자는 자신에게 의미 있는 것을 결정할 수 있는 유일한 존재이며, 내담자의 체험에 기반한 분석만이 주어진 행동이 내담자를 가장 중요한 일로 다가가게 하는지 또는 멀어지게 하는지 여부를 밝힐 수 있다.

체험적으로 언어를 사용함으로써 내담자는 자신의 행동과 그 맥락을 지향하게 되며, 판단보다는 열린 인식과 기술description을 격려할 수 있다. 내담자는 자신의 생각, 느낌, 감각 및 활동을 맥락의 산물로 보게 되며, 동시에 이러한 심리적 체험을 초월하는 자아 감각을 점진적으로 개발한다(6장을 보라). 이러한 접근은 내담자가 심리적 폭풍을 목격할 수 있는 안전한 장소를 창조하여, 평가와 중재의 중요한 요소인 고통스러운 사건에 관해 생각하고 말하기를 회피하려는 자연스러운 경향을 약화시킨다. 심리 기능의 양방향 전달을 통해 체험적 언어는 비록 사건이 오래 전 아주 먼 곳에서 발생하였을지라도, 치료실로 '외부' 사건을 가져와 공동으로 관찰하고 현재 행동에 미치는 영향력을 상호적으로 탐색할 수 있게 한다. 이러한 방식으로 체험적 언어는 각 임상 대화를 실시간 평가 및 실습으로 변형하여 학습과 숙달을 촉진하고, 치료자가 수행 기반 피드백을 제공하게 하며, 치료실 너머 치료 성과의 일반화를 촉진한다.

행동변화를 위한 체험적 접근은 내담자가 그저 수반성에 관한 기술(규칙)을 따르기보다는 수반성에 접촉하도록 권장한다. 내담자가 이런 과정에 참여하게 되므로 자율성과 자기 효능감이 고취된다. 자신의 체험을 관찰하는 학습된 기술이 경직될 위험 없이 모든 맥락에 일반화될 수 있기 때문에 유연성이 고취된다. 그리고 보편적인 규칙은 '무엇이 효과적인지 관찰하고 효과가 있는 행동하기'와 같이 가장 중요한 원칙으로 제한되기 때문에, 모든 관찰이 내담자의 개별성에 부합하도록 보장된다(이 주제는 9장 및 10장을 보라). 실제 진료에서 내담자가 수반성을 관찰하도록 장려하는 것은 맥락의 다른 측면을 바라보는 질문을 하는 것을 의미한다. 이런 접근 방식은 5장에서 자세히 살펴보겠지만, 이 장은 평가라는 목적을 위해 몇 가지 기법을 검토할 것이다.

평가 과정은 개방성의 질을 가져야 한다. 그렇지 않으면 사회적 걱정과 염려가 모든 다른 발언의 원천을 지배한다. 내담자는 당신이 자신을 판단하지 않는다는 감각을 가져야 한다. 내담자가 자신의 어려움에 대해 이야기할 때, 종종 자연스럽게 치료실에서 고통스러운 느낌을 체험하거나 주어진 상황이 얼마나 나쁘게 느껴지는지를 보고하게 된다. 이러한 어려움을 주목하고 명시적으로 인정하는 것은 상호 이해와 믿음이 생기고, 도움을 줄 수 있는 사람으로서 신뢰성을 입증하며, 현재 상황에 관한 깔끔한 견해만을 제시하려는 불필요한 추진력을 제거하는 데 핵심이다. 예를 들어, 치료자가 내담자의 어려움을 인정하기 위해 *직시적 구성틀*(즉, 관점취하기)을 사용했던 이전 장의 마지막 대화록을 떠올려 보라(예, "만약 제가 첫 회기에 치료자를 만나러 온 입장이 되어, 이해 받을 수 없다고 생각한다면 정말 힘들 것 같습니다. 지금 당신도 힘든가요?"). 관점취하기와 공감을 돕기 위해, 임상의는 자신의 추측이 정확하지 않을 가능성에 열려 있으면서, 내담자가 어떻게 느끼는지를 탐색해야 한다(예, "지금 당신이 이것으로 힘들겠군요. *그런가요?*").

내담자는 종종 치료자가 초기 평가 양식에서 가져오는 특정한 질문보다 다른 것을 이야기하고 싶어 한다. 즉, 너무 엄격한 구조를 따르면 평가를 효율적으로 진행할 수 없다. 내담자의 동기 원천을 탐색하기 위해 내담자가 염려하는 내용을 더 상세히 말하도록 요청하면 너무 심한 불안이 유발되어 해당 영역을 피할 수 있다. 더 밀어붙이는 것도 하나의 옵션이 될 수 있다. 하지만, 회피를 확인하고 내담자에게 바로 지금 느낌이 어떠한지, 종종 이런 느낌을 체험하는지, 대체로 이를 다루기 위해 무엇을 하는지, 통제 행동이 단기 및 장기로 효과가 있는지 여부에 관해 더 물어봄으로써 회피를 유용하게 탐색할 수 있다. 이러한 주제에 민감함을 유지하는 것은 내담자가 자신의 생각에 압도되지 않으면서 체험을 치료 작업의 최전선에 계속 둘 수 있도록 돕는 하나의 방식이다.

치료 과정을 내담자의 삶에 연결하기
Connecting the Therapeutic Process to the Client's Life

심리치료에서 발생하는 일과 내담자 그 밖 삶 사이의 격차는 엄청나게 크게 느껴질 수 있다. 치료자와 내담자 모두 이러한 느낌에 기여하는 여러 가지 이유를 나열할 수 있다. 여기에는 다른 활동에 비해 상대적으로 짧은 치료 시간, 치료실의 다소 인위적인 설정 또는 치료 관계가 상호적이지 않게 설정되어 있다는 사실 등이 포함된다. 그러나 치료에서 관찰되는 내담자의 행동이 삶의 다른 영역 기능과 직접적으로 관련성이 있고, 치료 관계가 다른 중요한 상호작용을 반영하는 특징이 있다고 믿을 수 있는 설득력 있는 이유 또한 존재한다. 당신과 눈 마주치는데 어려움을 겪고, 수치심을 느낄 때 회기에 나타나지 않고, 자신이 당신을 실망시키지 않고 있다는 안심을 끊임없이 구하는 사회적으로 불안한 내담자를 생각해 보라. 외상 후 스트레스에 시달리며 자신의 과거에 대해 이야기하기를 거부하고 당신을 신뢰하는데 어려움이 있으며, 너무 감정적일 때 대화를 미묘하게 바꾸면서도 보다 더 친밀한 관계를 발전시키고 싶어 치료를 찾는 내담자를 상상해보라.

치료와 '실제' 삶의 명백한 차이로 내담자의 가장 중요한 삶의 영역에서 치료 표적과 기능적으로 유사한 풍부한 상황이 가려질 수 있다. 이 모든 상황 하나하나가 치료적 변화의 기회이다. 특정 행동이 형태에서 극적으로 다르지만, 여전히 동일한 기능 군의 일부가 될 수 있다. 즉 동일한 원인과 결과의 많은 부분을 공유할 수 있다. 그러한 행동을 추적하고 임상적으로 관련이 있음을 인식하려면 세심한 주의가 필요할 때가 많다. 이런 접근은 기능분석 정신치료(FAP, Kohlenberg & Tsai, 1991)에서 광범위하게 개발되어 왔지만 많은 다른 심리치료 모델(예, 게슈탈트 치료, 관계적 정신역동 치료)에서도 적용되며, 이 책에서 제시되는 기능적 맥락 관점과 일치한다.

예를 들어 내담자는 치료자가 권하는 연습을 수행한 후 만족감을 표현한다고 가정해 보자. 여러 단서가 내담자의 표현이 일종의 순응임을 가리킬 수 있다. 즉 내담자의 단어 선택(예, "나는 당신이 말한 대로 연습을 했습니다"), 자신의 경험에 관한 예상치 못한 정보 부족(마치 경험을 전달하는 것은 덜 중요하고 치료자의 기대에 부응하는 효과를 만드는 것이 중요한 것처럼), 준언어적 단서(예, 마치 질문에 준비를 한 것처럼 과제에 관해 질문했을 때의 응답 속도, 또는 생각해보지 않은 것처럼 실제 경험에 관해 유창하게 말하지 못함) 또는 자연적인 결과에 관계없이 내담자가 치료자의 규칙을 따르고 있음을 나타내는 기타 미묘한 단서 등이 순응을 가리킨다. 이런 패턴은 내담자가 타인을 지나치게 의존하거나, 타인의 승인을 얻으려는 시도가 삶에 쟁점이었다면 특히 문제가 될 것이다. 그러한 경우 치료자가 피상적이고 내용에 기반하여 판단을 내린다면 내담자가 과제 제안을 기회로 삼고 성공적으로 하였으므로 치료가 잘 진행되고 있다는 인상을 가질 수 있지만, 더 깊은 기능적 수준에서는 이런 성공 보고 자체가 문제 과정의 반영일 수 있다.

안타깝게도 치료실에서 일어나는 일과 내담자의 자연 환경에서 일어나는 일 사이에 공유되는 기능적 유사성을 인식하는 간단한 비법은 없다. 행동의 기능은 각 내담자의 맥락과 학습 이력에 달려있다. 관련 상황에서 행동의 효과를 관찰해야만 그 기능을 명확하게 밝힐 수 있다. RFT가 추가하는 내용은 관련된 관계 구성에 초점두기, 추적해야 하는 맥락적 사건 일부에 관한 고려, 치료실과 내담자의 삶을 연결하는 데 도움이 되는 언어 기술이다.

치료실 내 행동 및 상징적 문제를 인식하는 당신의 능력을 향상시키는 데는 훈련이 필요하지만 내담자의 도움을 직접 받을 수도 있다. 내담자가 한 발짝 물러나 행동 패턴

이 어디에서 왔는지 기술할 수 없을지라도, 협력적 방식으로 가설을 정교화하면 내담자가 치료과정에 참여하도록 도울 수 있다. 이러한 협력적 탐색을 지원하는 기법은 대부분의 숙련된 치료자에게 새롭지 않지만, 기능적 맥락 개념틀 내에서 이런 기법이 갖는 특정 기능을 고려하는 것이 유용하다. 예를 들어, 의미 있는 활동을 스스로 방해하는 여러 생각들(예, '너무 피곤하다', '지루할 거야', '그럴 가치가 없다', '어차피 난 잘 하지도 못하는데')을 보고하는 우울증을 겪고 있는 내담자를 상상해 보라. 당신이 상황을 더 설명해달라고 요청하면 내담자는 설명하려는 동기가 거의 없다고 표현하며, 자신이 어떻게 느끼고 있는지 더 자세히 표현하는 것을 어려워할 수 있다. 언어적 보고를 단순히 내용적 측면 뿐 아니라 관계에 관한 진술, 유사한 사회적 상황이나 언어 습관의 샘플, 기능적으로 정의된 행위 등으로 고려할 수 있다는 점을 기억하면, 자연스럽게 일종의 2차 초점을 이야기할 수 있다. 임상의는 이 반응이 내담자가 치료실 밖에서 직면하는 문제와 기능적으로 유사한 행동의 예일 수 있음을 인식할 수 있다. 예를 들면, 생각에 의한 과도한 통제로 인해 의미 있는 체험에 접촉하지 못하는 경우일 수 있다.

어떤 의미에서 현재 임상 상황은 내담자에 대한 하나의 유추 또는 은유이다. 유추는 전체 관계 세트 사이 대등 구성에 의존하며, 임상의는 일반화를 증진하려는 희망을 가지고 유추에 관심을 갖게 할 수 있다. "지금 당장 이야기하기가 어려운 것 *같습니다*. 활동에 참여하려 노력하면서 그럴 가치가 없다는 생각이 들기 시작할 때도 *같은 식으로 느*낍니까?" 이러한 상황이 어느 정도 규칙성을 갖고 발생하면 임상의는 좀 더 감각적인 은유를 제안하거나, 더 나은 방법으로 내담자의 자발적인 말을 주의 깊게 듣고 그 속에서 이 상징 세트를 포착하는 은유를 찾아낼 수 있다. 예를 들어 내담자가 새장에 있는 것 같은 느낌을 언급하면 임상의는 그 아이디어를 확대하여, 아마도 그의 생각이 새장의 창살 같다고 제안할 수 있다. 그 제안이 반향을 불러 일으켰다면 이제 단일 시각 이미지를 사용하여 이러한 관계 세트를 연결하고, 내담자가 회기 자체에서 회피를 보여줄 때 그 상황 속으로 이를 가져올 수 있다(예, "그리고 지금... 새장의 창살이 다시 올라왔나요?" 나 "이 창살이 내려갈 때까지 기다렸다가 작업을 하는 것보다, 제가 새장 안에 있는 당신과 합류하여 이 창살 뒤에 서 있는 느낌에 관해 이야기해 봐도 괜찮을까요?").

직시적 구성틀에 의해 활성화된 관점취하기는 내담자의 삶에서 일어나는 사건을 치료실로 가져오는 또 다른 강력한 도구이다. 과거에 일어난 일, 미래에 일어나거나 날 수도 있는 일, 서로 다른 상황에서 일어나는 일들, 심지어 다른 사람에게 일어났거나 일어날 수 있는 일들까지도 관계 구성틀을 가지고 적절한 상징적 맥락이 만들어지면 모두 즉시 이용할 수 있다. 예를 들어, 치료자는 "그 순간의 동영상을 보여 주듯이 무슨 일이 일어났는지 말해줄 수 있습니까? 마치 그때 그곳에서 일어난 일이 여기에서 지금 일어나고 있는 것처럼"이라고 말할 수 있다. 이 예에서 관점취하기와 은유의 조합은 사건과의 체험적 접촉을 향상시킨다. 현재 시제, 제스처 및 자세를 사용하여 사건의 특성을 지금 여기로 가져오면 치료 밖 내담자의 삶과 더 밀접하게 연결하는데 도움이 된다(8 장을 보라).

평가를 행동(상징적 행동 포함)에 관한 영향력의 원천에 주목하는 과정으로 생각한다면 적절한 맥락을 만들어 잠재적으로 관련 있는 행동 유발하기도 평가 도구에 넓게 포함할 수 있다. 이 과정을 주의 깊게 사용하면 직접적인 체험을 통해 원천을 탐색하고 임상의와 내담자가 결과를 직접 볼 수 있기에, 관련된 영향력의 원천에 관해 좀 더 높은 정밀도를 가질 수 있다.

예를 들어, 파트너와의 반복적이고 격렬한 싸움으로 인해 장기 관계를 유지할 수 없다는 호소로 치료를 방문한 내담자를 상상해보자. 내담자가 통제 불능이라고 느끼거나 상처나 거부에 취약한 것처럼 보일 때 싸움이 발생하여, "이건 다 그 사람만 원하는 것일 뿐이야"나 "이 관계에서 나는 내 삶의 결정권이 없어" 와 같은 통제 문제에 초점을 맞춘 생각과 얽히게 되고, 결국 관계에서 물러나게 되었다고 당신이 가설을 세웠다고 가정해보자. 이런 동일한 패턴을 치료 관계로 확장한다면, 치료자가 취한 모호한 조치가 갈등을 만들거나 통제로 해석될 때 내담자가 떠나는 생각이나 다른 치료자를 구해야겠다는 생각을 하게 되거나, 치료를 방해하는 행위(예, 침묵이 길어짐, 진료 약속에 오지 않음, 가벼운 수다 떨기)를 할 수 있다고 예상할 수 있다. 반대로 이러한 사소한 불일치를 논의하는 시기와 방법에 관해 내담자에게 완전히 통제권을 준다면, 이런 불일치가 건설적일 수 있다고 가정할 수 있다. 그런 경향을 염두에 두고, 내담자가 말하는 무언가에 다른 의견이 있음을 표현하되 대화에 관한 많은 통제권을 주는 경우(예, "여기서 다른 의견을 제안해도 괜찮을까요? 당신이 그럴 마음이 없다면 나중으로 미룰 수 있습니다")와 갑자기 대화의 주제를 바꾸는 것과 같이 상황을 통제하려는 아주 사소한 시도를 하고 몇 분 후에 "지금 뭔가 물어봐도 될까요? 당신과 저 사이에 거리감을 느끼고 있나요?" 말하면서 "제가 단지 저에게 관심 있는 것만 이야기 하고 싶어 한다고 생각하거나, 당신 말에 귀 기울이지 않는다는 생각을 하고 있나요?"라고 물어보는 경우도 있다. 이 두 경우, 각각 무슨 일이 일어나는지 관찰할 수 있을 것이다.

맥락 민감성 평가하기|Assessing Context Sensitivity

전반적 접근 General Approach

맥락 민감성 평가하기는 내담자가 임상관련행동에 영향을 미치는 원천(내재적 또는 상징적 선행사건 및 결과)을 인식하는지 여부와 영향력의 원천에 따르는 반응을 탐색하는 것으로 구성된다. 평가는 내담자의 삶에서 일어나는 일에 관한 보고, 치료실에서 이뤄지는 치료자의 직접 관찰, 그리고 궁극적으로는 중재에 대한 반응을 기반으로 한다.

이러한 조사investigation는 내담자의 심리적 삶을 조직화하는 일련의 사건들을 알아내기 위해 여러 질문을 하는 것이며, 기본적으로 일련의 대등(사건이름을 지정)과 *조건부* (사건 간의 기능적 관계 파악) 구성틀을 구축한다. 선행사건은 행동 전에 발생한 것을 탐색함으로써 파악한다(시간 구성틀). "그런 촉박감urge이 있을 때 당신은 어디에 있습니까?", "그것을 하기 직전에 무엇을 알아차렸습니까?" 결과는 행동이 발생한 후 어떤 일이 발생하는지 질문하여 탐색한다(시간 구성틀). "다음에 무슨 일이 발생합니까?", "한동안 이렇게 유지되나요?", "얼마 동안?". 비교(정량화 할 수 있음) 및 구별 구성틀은 영향력의 원천이 가지는 강도, 만연한 정도와 반응의 변이성을 평가하는 데 특히 유용하다. "식사 후 얼마나 자주 혐오감을 느낍니까?", "마감일 때마다 일을 미루는 습관이 있다고 말하겠습니까?", "결과가 동일합니까 아니면 매번 다른가요?". 이러한 질문은 기본적이지만, 이러한 기능적 맥락방식으로 자신의 생각, 느낌 및 행동에 관해 생각하는 것이 내담자에게는 얼마나 새롭고 어려운지에 주목할 가치가 있다.

선행사건 및 결과에 관한 내담자의 인식과 반응을 평가할 때, 그 특성(상징적 또는 내재적)에 주의를 기울이고 맥락의 어느 특징이 가장 영향력이 있는지 파악해야 한다. 경우에 따라 내담자의 행동은 내담자가 인식하고 있는 맥락의 요소에 의해 영향을 받는다(예, 중독으로 괴로워하는 한 내담자는 촉박감이 있고 이러한 반응 패턴을 알고 있으면서 약물을 사용한다). 다른 경우, 내담자는 맥락의 요소가 행동에 미치는 영향을 인식하지 못한다(예, 한 내담자는 불안감을 느낄 때 약물을 사용하지만 그 느낌과 그 느낌이 약물 사용에 미치는 영향을 인식하지 못한다). 자기 보고에만 의존하는 경우, 내담자가 인식하지 못하는 영향력의 원천을 파악하기 어렵지만, 체험적 탐색을 수행하며(5 장을 보라) 회기에서 임상관련행동 사례를 주의 깊게 관찰하면 이러한 영향력의 원천을 점진적으로 발견하는데 도움이 될 것이다. 선행사건과 결과가 행동과 행동의 기능에 영향을 미치는 구체적 방법을 살펴보자.

선행사건에의 민감성 *Sensitivity to Antecedents*

선행사건은 특정 행동이 발생하는 경우를 설정하는 모든 사건이다. 많은 임상 장애에서 특정 선행사건이 지배적이 되어, 다른 반응을 촉발할 수 있는 맥락의 다른 특징을 고려하지 않고 유사한 상황에서 유사한 행동을 반복적으로 촉발한다. 이러한 촉발 요인은 신체 감각(예, 물질 사용 장애로 투쟁하는 사람들이 경험하는 갈망), 감정(예, 광장 공포증을 가진 사람이 느끼는 불안), 생각(예, 사회 불안을 가진 사람이 창피 당할 것이라는 예상), 기억(예, 외상 생존자의 플래시백) 또는 외부 상황(예, 금연하려 노력하는 사람이 식사를 마친 상황)일 수 있다. 특정 선행사건이 우세할 때, 행동은 보다 적응적인 반응으로 이어질 수 있는 원천을 포함하여 맥락 내에서 다른 잠재적인 영향력의 원천에 덜 반응하게 된다.

전형적인 언어 능력을 가진 사람들의 경우, 대부분의 선행사건은 적어도 부분적으로 상징적 영향에 의하여 행동을 자극한다. 이 점을 감안하면 선행사건에 관해 몇 가지 다른 측면의 고려가 필요하다. 첫째, 상징관계를 통해 자극기능을 획득한 선행사건은 이전에 함께 발생한 적이 없는 행동의 단서로 작동하여 그 행동을 일으킬 수 있다. 어떤 사람이 엘리베이터에서 공황 발작을 겪고 연합에 의해 앞으로 모든 엘리베이터를 회피할 수 있다. 뿐만 아니라, '어떤 곳에서 다시 갇힐 수 있기 때문에' 전화를 받거나 데이트를 하러 나가거나 새로운 직장에 헌신하지 않을 수도 있다. 이러한 상황은 엘리베이터가 가진 형태적인 속성과 같은 부분이 없다. 이 경우는 전형적인 자극 일반화가 아니다. 상징적 일반화이다.

둘째, 관계 네트워크의 급속한 확장과 이러한 네트워크 내에서 일관성을 설정하고 유지하려는 경향은 선입견에 부합하도록 외부 상황을 왜곡하게끔 만들 수 있다. 이러한 정신 경험은 종종 세상에 관한 직접 경험보다 우선한다. 이기적인 아버지 아래서 자라난 내담자는 여자 친구가 자신의 욕구와 선호도를 고려하지 않을 때 상처를 받는 동시에 그녀의 친절하고 배려하는 행위를 조종하려는 이기적인 것으로 해석할 수 있다. 이 커플은 관대한 행동이든 자기중심적 행동이든 이 모두가 사람들이 이기적이라는 내담자의 믿음을 '증명'하는 이길 수 없는 논쟁에 갇히게 된다.

셋째, 상징적 선행사건은 이전에 경험하지 못한 결과를 만들어냄으로써 행위를 통제할 수 있다. 앞에서 소개된 강박 장애를 앓고 있는 내담자를 생각해 보자. 그녀는 사랑하는 이를 독살할까 걱정했기에, 자녀에게 새로운 것을 피하도록 끊임없이 요구했다. 예를 들어, 그녀의 침실이 갑자기 출입금지 구역이 되었다. 왜일까? 몇 분 동안 청소부가 침실에 판지 상자를 두었기 때문이다. 하지만 상자에는 윈덱스Windex 한 병이 들어있었다. 그러나 그 병은 그 전에 차고에 있었고, 차고에는 애벌레가 있었다. 그러나 앞마당에 있는 나무에서 애벌레를 보았지만 그 나무는 화단 근처에 있었다. 그러나 화단의 꽃에 벌레를 죽이는 독이 들어있는 비료를 주었었다. 내담자의 행위로 인해 아이들이 아프고 죽어가는 결과는 완전히 마음속으로 구성한 생각이다. 그러나 그 끔찍한 상상의 결과는 몇 가지 별개의 '만약... 한다면, 그다음에는if then' 이라는 관계(조건부 구성틀)를 통해 옮겨온 것으로, 상자가 있던 내담자의 침실 안으로 들어가는 것이 잠재적으로 치명적이게 된 것이다.

따라서 관계 학습은 선행사건과 결과 사이의 명확한 구분선을 약화시킨다. 상징기능을 다룰 때, 동기는 전적으로 선행사건에 의해 통제될 수 있지만, 결과에 의해 확립된 것처럼 기능할 수 있다.

내담자가 일부 선행사건에 의해 과도한 영향을 받을 수 있는 것처럼, 다른 선행사건에 의해 충분하게 영향 받지 않을 수 있다. 이런 일은 의학적 상태나 약물 사용이 단서를 인지하는 능력을 손상시킬 때 극적인 방식으로 발생하지만, 우리가 건강 패턴의 변화를 알아차리지 못하고, 파트너의 반응을 감지하지 못하거나, 자녀 학업 진전의 부족을 놓칠 때처럼 보다 일반적인 방식으로 발생한다. 우리가 '머리 속에서 살고 있기' 때문에 또는 중요한 변화나 이정표를 감지하는 데 필요한 정보가 없기 때문에, 상징적 사건이 이러한 종류의 부주의에 핵심이 될 수 있다.

결과에의 민감성 Sensitivity to Consequences

내담자가 결과에 의해 너무 많이 영향을 받는 경우가 있다. 특히 단기 결과가 장기적 삶의 만족과 충돌할 때 그러하다. 예를 들어, 약물, 알코올, 섹스 또는 도박 등의 중독으로 괴로워하는 사람들은 일반적으로 유쾌한 단기 결과가 혐오적인 장기 결과를 압도하는 상황에 있다. 그러나 종종 이와 같은 상황에는 회피가 관여하는데, 예를 들면 금단 증상, 불안전감 또는 지루함을 피하는 것이다. 유사한 종류의 행동적 함정은 즉각적인 유쾌한 결과를 가져오는 행위가 처음에는 불쾌한 결과가 뒤따르는 대안 행동과 중첩될 때 발생한다. 예를 들어, 공부 대신 미루기나 운동 대신 TV 보기는 장기적인 이득을 희생하면서 즐거운 주의분산으로 다가가기와 노력과 작업을 회피하기 둘 다가 결합된 것이다.

상징적 결과는 언어와 인지의 임의적 가능성으로 인해 특히 과도해질 가능성이 있다. 예를 들어, 우울증을 앓고 있는 사람은 철수withdrawal 와 무활동이 장기적으로 우울증으로 이어지더라도 고통스러운 생각이나 감정을 회피하려는 동기가 높을 수 있다. 비슷한 예로는 진정한 자존감을 희생하면서 자기를 과장하기 위해 거짓말하기와 헌신적 관계를 대가로 치르면서도 고통스러운 거절을 피하기 위해 친밀감을 약화시키기나 사회적 협력과 우정을 희생하면서 사회적 지위를 얻기 위해 끊임없이 싸우기가 있다.

내담자는 결과가 나타나는 데 시간이 걸리거나, 확률적이거나 또는 접촉하는 빈도가 드물 때 결과에 의해 충분히 영향을 받지 않을 수 있다. 이것은 종종 미루기나 약물 사용과 같이 우리가 방금 논의한 유형의 자기 조절 상황의 다른 면이다. 결과가 영향력을 미치지 못하는 것은 내담자가 새롭고 더 효과적인 행동을 배울 때도 발생한다. 긍정적인 결과를 신속히 얻지 않으면 포기하고 싶은 유혹을 받을 수 있다. 예를 들어, 파트너에게 더 많은 유대감을 느끼기 위해 더 자주 관심사를 물어보는 사람은 파트너 반응이 처음에 좋지 않으면 낙담할 수 있다.

맥락 민감성 개선 모니터링하기 Monitoring Improvements in Context Sensitivity

맥락 민감성 개선은 맥락적 변수에 관한 인식과 반응의 변화로 측정한다. 일반적으로 지나치게 광범위하거나 너무 제한적인 관찰 및 반응에서 시작하여 관련된 맥락적 특징에 보다 유연한 방식으로 연결된 관찰 및 반응으로 변화한다. 내담자가 특정 변수의 영향을 덜 받고 다른 변수의 영향을 더 많이 받는다는 신호이다. 예를 들어, 내담자가 처음 몇 번의 치료 회기 동안 자신의 결혼 관계에 관한 많은 부정적인 판단을 전반적으로 또는 지나치게 막연한 방식으로 표현할 수 있다. 초기에 결혼생활에 긍정적인 면도 보이는지 물었을 때 그는 다음과 같이 대답했다. "아니요, 우리 관계에는 좋은 게 없어요." 몇 회기 후 치료자가 "지금 당신의 관계에 대해 어떻게 느끼십니까?"라고 물으니, 내담자가 "더 나아요. 사실 제가 정말 화가 났기 때문에 이전에는 전부 부정적인 것에 집중했다는 것을 알게 되었습니다. 당연히 관계에 좋은 점도 많습니다. 그녀가 내 직장 경력을 얼마나 지원하는지처럼요"라고 응답한다. 이 예는 간단하지만 모든 종류의 임상 작업에서 순간적으로 그리고 시간이 지남에 따라 우리가 찾고 있는 것이 무엇인지 보여 준다. 맥락 변수에 관한 반응의 변화이다.

회기에서 치료자는 이전에 무시되었던 맥락의 측면에 관한 특정 반응과 이미 알아차렸던 맥락의 측면에 관한 더 풍부한 반응을 관찰할 필요가 있다. 이전 장의 예에서 볼 수 있듯이, 마치 사람이 펜을 보고 더 전통적인 쓰기 기능으로 알아차리는 대신 튜브나 무기로 보고 사용할 수 있음을 알아차릴 수 있는 것과 같다(즉, 새로운 기능에 민감한 사람이다). 내담자가 회기에서 보여 주는 모든 새로운 것은 대개 변화의 신호이다(내담자가 지난 회기에서 해오던 것과 비교하든 바로 몇 분 전에 했던 행동과 비교해서 새로운 것이든 상관없이). 다른 목소리 톤, 자세 전환 또는 새로운 표정이 변화의 비언어적 단서이다(예, 파트너에 대해 이야기할 때 미소를 짓기 시작하는 한 내담자는 관계의 긍정적인 측면에 더 많이 접촉하고 있을 것이다). 내담자가 치료실 밖에서 무엇을 하고 있는지에 관한 보고는 보다 외현적 단서이다. 직접 관찰과 동일하지는 않지만, 치료자가 맥락 민감성의 개선을 평가하기 위해 분석하는 '정보'의 대부분을 구성한다. 예를 들어 내담자가 "어제 아내와 좋은 대화를 나눴습니다. 늘 싸움으로 이어지는 전형적인 논의 중 하나였습니다. 하지만 이번에는 그녀의 말을 그냥 듣고 있었어요. 그리고 그녀가 아이들에 관해 무엇을 말하려고 했는지 정말로 이해한 적이 이전에는 한 번도 없었다는 것을 깨달았습니다"라고 말한다. 내담자는 종종 회기 중에 일어나는 일에 관해 보고를 하기도 한다. 예를 들어, 한 치료자가 "지금 당신의 몸에서 무엇을 느끼십니까?"라고 물을 때 내담자가 처음에는 "아무 느낌 없어요"라고 말할 수 있다. 그러나 관찰 및 기술description 기술이 좋아짐에 따라(5 장을 보라), 내담자는 특정 주제에 관해 이야기할 때 근육의 긴장감을 보고하기 시작한다. 즉, 내담자는 맥락의 특정 측면에 더 민감해지기 시작한다.

반응의 변화가 효과적인지 여부를 평가하는 것은 분명히 임상 목표에 달려 있으며, 임상 목표는 각 내담자의 상황에 따라 다르다. 다양한 심리문제(예, 인식, 의사 결정, 자기 정체성, 삶의 의미 및 동기 부여)에서 치료 진행을 더 구체적으로 평가할 수 있는 기준을 임상 중재에 관한 다음 장들에서 제시할 것이다.

일관성 평가하기 Assessing Coherence

일반적 접근 General Approach

일관성 평가는 내담자가 자신의 체험을 상징적 관계 네트워크에 통합하는 방식을 탐구하는 것이다. 관계적 유연성과 유창성을 평가하기 위해 다양한 유형의 구성틀이 단서가 되는 여러 질문을 할 수 있다(예, 조건부 및 직시적 구성틀: "친구 중 한 명에게 방금 말한 내용을 들었다면 무슨 생각이 들 것 같습니까?", 조건부 및 반대 구성틀: "만약 약물을 사용하지 않았다면 당신 삶이 어떤 모습이었을까요?"). 어떤 질문은 기능적, 본질적 또는 사회적 일관성이 어느 정도로 내담자의 개념화를 지휘하고 있는지를 평가하는 데 도움이 된다. 특히, 규칙과 행동의 효과성을 연결하는 조건부 관계를 탐색하면 내담자의 초점이 본질적 일관성에 더 많이 가 있는지 또는 기능적 일관성에 있는지 관련 정보를 얻을 수 있다(예, "이 믿음에 따라 행동하면, 목표를 달성하는 데 도움이 됩니까?"). 자기와 심리경험을 연결하는 계층적 및 직시적 관계(6장 참조)과 행위와 가치를 연결하는 계층적 관계(7장 참조)를 탐색하면 행위에 참여할 때 자기 개념에서 전체성과 거리를 발견하고 가장 중요한 과정에 집중할 수 있는 내담자의 능력을 볼 수 있다(즉, 기능적 일관성의 다른 차원). 개념과 경험 사이의 대등 관계를 탐색하면 자신의 생각이 본질적으로 진실이라는 믿음이 어느 정도인지 알아볼 수 있다(예, "이것을 어느 정도로 믿으십니까?" "파트너의 견해도 역시 진실이 일부 담겨 있을까요?"). 규칙에 따라 행동하게 하는 사회적 강화제를 탐색하면 사회적 일관성을 평가하는 데 도움이 될 것이다(예, "만약 무엇을 선택하든 상관없이 당신이 하는 일을 모두가 찬성한다고 해도, 여전히 이 믿음에 따라 살기를 선택하시겠습니까?").

관계 유창성과 유연성, 그리고 일관성으로 이끄는 다양한 힘을 평가하면서 내담자의 관계 구성이 맥락에 관한 인식을 어떻게 변형시키고, 더 유용한 아이디어와 개념을 구축하도록 돕기 위해 어떤 중재를 선택할 수 있을지를 이해하게 된다. 보다 세부적으로 일관성 평가의 다양한 측면을 검토해 보자.

관계 유창성과 유연성 Relational Fluency and Flexibility

대부분의 임상 평가는 내담자가 말한 내용과 맥락에 초점을 맞춘다. 즉, 내담자가 무엇을 생각하는지와 자신의 생각에 어떻게 반응하는지가 초점이다. 그러나 언어과정 자체의 유연성과 유창성을 겨냥해서 임상 평가를 할 수도 있다. RFT를 활용하여 관계구성틀을 표적으로 삼으면 이러한 평가가 가능하다. 즉 맥락 조절하에 상징관계를 유도하거나 결합하여 네트워크를 구성하고 마찬가지로 맥락 조절하에 관련 사건의 기능이 변형되는 것을 평가하는 것이다. 틀을 구성하는 기술은 다양한 수준의 속도와 정확성으로 발생할 수 있으며, 작거나 큰 관계의 집합에 적용할 수 있다. 그리고 이러한 기술을 조정하는 맥락적 조절은 강하거나 약하거나, 유연하거나 경직되어 있을 수 있다.

관계틀 구성 과정의 유창성과 유연성에 대한 실험적 측정 방법이 나타나기 시작했다(O'Toole & Barnes-Holmes, 2009; O'Toole, Barnes-Holmes, Murphy, O'Connor, Barnes-Holmes, 2009). 관계구성 유창성과 유연성에 관한 훈련이 발달지연 학생들에서도 IQ 점수를 증가시킨다는 교육적 맥락에서 이러한 측정이 주로 사용되어왔다(Cassidy et al., 2011). 임상 영역에서는 심리학자들이 직시적 관계(나-당신, 여기-거기, 지금-그때)가 맥락적 단서에 의해 적절하게 조절되는 정도를 측정하는 실험 방법을 개발했다(예, McHugh et al., 2004). 연구에 따르면 자폐성 스펙트럼 장애가 있는 어린이 같이 사회적 이해가 저조한 사람들이나(Rehfeldt et al., 2007) 사회적 상호작용으로 즐거움을 경험하지 못하는 사회적 무쾌감증을 가진 사람(Vilardaga et al., 2012; Villatte et al., 2008, 2010a, 2010b)에서 직시적 구성의 유연성과 유동성fluidity이 부족한 경우가 흔하다. 훈련을 통해 직시적 구성 기술을 보다 더 유동적이고 유연하게 적용할 수 있다 (Rehfeldt & Barnes-Holmes, 2009; McHugh & Stewart, 2012). 직시적 구성 기술을 적용할 때, 장애 아동은 다소 더 나은 마음 이론 기술을 보여 주기 시작한다. 즉, 다른 사람의 관점을 더 잘 이해하는 모습을 보여 준다(Weil et al., 2011).

관계 구성틀의 유연성과 유창성은 심리 치료의 일반적인 임상 면담 중에 평가할 수 있다. 추론의 맥락을 바꾸는 질문을 던짐으로써, 우리는 내담자가 시간적, 조건부, 계층적 또는 직시적 관계와 같은 것들을 사용할 수 있는지 평가할 수 있다. 그 결과로 기능이 강하게 변하는지 여부 그리고 바로 이러한 과정을 뜻대로 증진하거나 축소할 수 있는지 여부를 평가할 수 있다. 다음은 아내와 말다툼을 한 내담자의 예이다.

치료자   그렇게 말함으로써 무엇을 이루려고 하셨나요?

치료자는 목표를 탐색하여 조건부 구성틀을 시험한다.

내담자   그녀를 그만두게 하기 위해서죠. 공정하지 않잖아요.

자신의 경험을 개념화하는 내담자의 방식은 본질적인 일관성에 의해 추동되는 것처럼 보인다(즉, 효과가 있는 행동을 하는 것보다 옳고자하는 쪽으로 이끌림).

치료자   속도를 늦추고 몇 가지를 알아차려 보겠습니다. 당신이 그 말을 한 순간 기분이 어땠나요?

치료자는 속도를 늦추고 전후 비교를 단서로 제공함으로써 기능의 변화(내담자의 느낌이 변할 가능성)와 시간 구성틀의 조절하에 주의를 이동하는 능력을 탐색한다.

내담자   반격을 기다리고 있었습니다. 저는 스스로를 방어해야 할 것 같았습니다.

내담자는 현재 말싸움에 명백히 연결되어 있지만 다른 상징 맥락에 의해 잠재적으로 조절되고 있던 기능을 가리킨다.

치료자   이상한 질문을 해도 될까요? 그 말을 했을 때 스스로 몇 살이라고 느껴졌습니까?

치료자는 역사를 탐색하기 위해 '지금-그때' 직시적 구성에 기반한 은유를 사용한다.

내담자   아마 아홉 살이요. (웃음)

내담자는 이런 직시적 구성을 적용할 수 있다.

치료자   아마도, 9살이었을 때 당신은 자신의 삶에 관한 통제권이 매우 적었을 겁니다. 그저 조금 반발할 필요가 있었을지도 모릅니다. 그러나 이제 당신은 39세이고 어떤 이유로 지금 누구를 방어하고 있는지 생각해 볼 가치가 있습니다. 아내의 입장에서 생각해 보면, 그녀가 무엇을 들었을까요?

치료자는 조건부 방식으로 내담자 행동의 가능한 역사적 기능을 지적합니다. 그런 다음 '나 – 당신' 직시적 구성을 사용하여 내담자 행위의 현재 사회적 결과를 탐색한다.

내담자   제가 화가 났다는 것과 그만둬야겠다고요.

내담자는 이런 직시적 구성을 적용할 수 있다.

치료자   그게 그녀에게서 무엇을 이끌어냈다고 생각하세요?

치료자는 '나 – 당신' 구성틀에서 변화된 기능을 탐색한다.

내담자   아마도 도망치고 싶을 것입니다. 아니면 다시 공격하거나요. 하지만 제가 아는 그녀는 도망치고 싶어 할 겁니다.

내담자는 새로운 기능을 기술할 수 있다.

치료자   그게 끔찍한가요?

치료자는 기능의 가능한 변화를 조사한다.

내담자   그래서 제가 화가 난 것 같아요. 그녀가 그렇게 될까 봐 두렵습니다. 저는 두려움을 느꼈습니다.

내담자는 감정 기능의 변화를 초래하는 조건부 구성을 적용한다.

치료자   그래서 그녀가 당신의 입장이 옳다는 것을 이해한다면, 머물고 싶을 것이고 당신이 두려워하는 일은 일어나지 않을 거니까요.

치료자는 규칙에 포함된 조건부 관계('만약... 하다면')를 강조하고, 암묵적으로 내담자가 행위의 목적과 이 행위로 경험하게 될 결과 사이의 비일관성에 주의를 기울이도록 끌어들인다.

내담자   그런 것 같아요.

치료자   자신의 위치가 옳다는 것을 알게 하려는 목적을 가진 사람이 주위에 있을 때 당신은 기분이 어떤가요?

치료자는 행위의 목적/경험한 행위의 결과 사이의 비일관성을 더 탐색하기 위해 시간, 장소, 사람의 직시적 구성을 사용한다.

내담자   보통 떠날 구실을 찾고 싶을 것입니다. 빨리 탈출하고 싶습니다.

내담자는 직시적 구성을 적용하고 원하는 결과를 추적할 수 있다.

치료자   그리고 두려워하는 사람을 볼 때에는요?

치료자는 새로운 맥락에서 직시적 구성틀로 관점취하기의 새로운 이동을 유발한다.

내담자   보통 손을 내밀고 다가가고 싶어합니다.

내담자는 맥락 변화에 유창함과 원하는 결과를 추적할 능력을 보인다.

치료자 이걸 아래의 다른 수준, 즉 '공정성'과 '그만두기' 아래에 있는 더 깊은 동기까지 쭉 가지고 내려가보면 어떨까요. 당신이 거기로 갈 수 있었다면 무슨 일이 일어났을까요? 어쩌면 당신의 두려움을 공유하기까지 할 수 있었을까요?

치료자는 실제 원하는 결과로 이어질 수 있는 대안행위를 탐색하기 위해 조건부 구성틀을 사용한다.

내담자 잘 모르겠지만, 애초에 싸움이 일어나지도 않았을 것 같습니다. 그러나 그건 저에게 어려운 일이에요. 통제 불능 상태라고 느낍니다. 어쩌면 저는 정말로 통제 불능입니다.

내담자는 효과적이고 일관된 해결책을 볼 수 있지만 '나'와 '통제 불능' 사이의 대등은 이러한 맥락에서 장벽 역할을 하는 자기 개념을 암시한다.

치료자 네. 9살짜리가 나타납니다. 그리고 그 중 일부는 느끼기가 어렵기도 합니다.

치료자는 내담자의 직시적 기술을 사용하여 역사를 기반으로 어려운 이유를 수인한다.

이 중 어느 것도 임상적으로 특이한 것은 아니지만, RFT의 안내를 받는 치료자는 이제 내담자가 상대적으로 직시적 구성(관점취하기) 및 시간/조건부 구성(이전-이후/만약… 한다면)의 유연한 적용을 기반으로 규칙을 이해하고 생성하는 데 비교적 우수한 기술을 가지고 있음을 알 수 있다. 그는 다른 구성을 적용할 때 일어난 변화와 변화된 기능을 감지할 수 있다. 그런 유창함으로 내담자에게 생긴 많은 상징 도구를 임상의가 치료의 진전을 위해 사용할 수 있다. 내담자의 문제는 목표가 본질적인 일관성(예, '공정한' 행동을 하는 것)에 의해 추동되고 그 기능이 회피적이며(어릴 때 했던 행동처럼 통제할 수 없는 느낌 피하기) 따라서 활력이 부족해진다는 점이다. 기능적 일관성(작동하는 규칙을 따름)이 더 중심이 되어야 하지만, 이를 위해서는 속도를 늦추고 행위의 결과를 알아차려야 하고, 대안적 관점과 과정을 상징적으로 탐색하는 데 더 유연해야 한다.

내담자가 사건을 기술하는 데 사용하는 단어는 관계구성을 통해 자신의 경험을 개념화하는 방식에 관한 유효한 단서를 제공하기도 한다. 많은 언어에서 어떤 생각이 주어지든 표현하는 방식에는 여러 가지가 있다. 특히 여러 언어의 영향을 받은 혼혈의 역사를 가진 영어가 그러하다. 그러나 단어 선택은 더 흔하거나 덜 흔한 차이가 있을 수 있다. 예를 들어, 흔하지 않은 단어나 은유가 사용되는 경우, 특히 의미가 있어 보이는 특정 함축된 의미connotations나 관련 단어들이 있는 경우 주목할 가치가 있다. 여러 영역에서 반복적으로 흔하지 않은 단어 사용이 발생하는 경우, 특정 유형의 관계반응이 높은 강도로 있을 가능성을 보다 직접적으로 평가할 수 있다. 예를 들어, 어떤 사람이 폭력적인 의미(예, 술을 진탕 마신getting hammered, 술을 꿀꺽꿀꺽 마신[26]getting slammed)가 내포된 단어를 사용하여 자신의 중독을 기술하는 경우, 분노 문제를 탐색할 수 있다.

공식적인 텍스트 분석에서는, 실제 단어 빈도 및 '연어 구성collocates[27]'(근처에 나타나는 단어의 빈도)을 비일상적인 단어 선택을 평가하는 데 사용할 수 있다(예, 현대 미국 영어 말뭉치the Corpus of Contemporary American English, *www.wordfrequency.info*를 참조[28]). 임상 회기에선 이러한 변별은 실제 대화 중인in flight 치료자가 해야 하지만, 일반적인 문제는 내담자 전반에 충분히 자주 발생하므로 실제로 비일상적 단어 선택을 더 잘 알아차릴 수 있다.

지난 10년 동안 RFT는 또한 흔히 암묵적 인지implicit cognition로 불리는 것을 평가하는 도구를 개발해 왔다. 암묵적 인지는 매우 빠르게 생성되고 더 정교한 생각에 의해 숨겨지기에 우리가 잘 인식하지 못하는 종류의 생각을 말한다. 예를 들어, 공동체가 편견을 처벌하는 경우, 사람들은 자신이 집단 외 구성원에게 부정적인 태도를 갖고 있음을 인식하지 못할 수 있다. 사람들의 첫 번째 부정적인 인지는 약간 더 긴 기간에 걸쳐 생성된 보다 수용 가능한 인지에 의해 가려진다(예, 암묵적으로 '여성은 좋은 리더가 아니다'라고 생각하는 오랜 역사를 가지고 있는 한 남성이 더 나아가 '여성은 좋은 리더임이 입증되었다'라고 생각할 수 있으며, 이 두 번째 더 정교하게 만들어진 생각만 알아차리는 경우). 암묵적 인지를 평가하는 것이 때때로 겉으로 드러난 자기보고('명시적 인지explicit cognition')보다 미래의 행동을 더 잘 예측할 수 있으므로 유용할 수 있다(Hughes, Barnes-Holmes, & Vahey, 2012).

이러한 평가를 수행하기 위해, RFT는 암묵적 인지를 간단하고 즉각적인 관계반응

---

26)역주, '망치로 얻어맞다' 또는 '세계 맞다'를 술을 많이 마신 상태를 뜻하는 속어로 사용함

27)역주, 연어를 이루다 (어떤 언어 내에서 특정 단어들이 흔히 함께 쓰이는 관계라는 뜻)

28)역주, 국립국어원에서 제공하는 한국어 말뭉치 사이트 corpus.korean.go.kr와 한국어 학습자 말뭉치 kcorpus.korean.go.kr 참조

brief and immediate relational responses(BIRR)으로, 명시적 인지는 확장되고 정교하게 만들어진 관계반응extended and elaborated relational responses(EERR)으로 개념화한다. BIRR은 복잡도와 유도성이 낮은 경향이 있다(Hughes et al., 2012). 즉, 간단하고 잘 훈련된 반응이다. EERR은 보다 더 복잡하고 확장되어 서로 다른 관점 간의 경쟁 또는 현재 청중 효과(지근 거리에 있는 사람을 공격하지 않기 위해 무례한 언급을 걸러 낼 때처럼)와 같은 것들에 관한 반응을 반영할 시간이 더 있다. EERR에 비해 BIRR에 더 마술적인 뭔가가 있는 것은 아니다. 둘 다 관계반응이다. 하지만 서로 다른 맥락 조건에서 발생하기 때문에 일부 조건에서는 BIRR가 EERR보다 더 예측 가능하고 유용하며 그 반대의 경우도 마찬가지로 존재한다. 이러한 종류의 관계적 차이를 이유로 불법약물 사용이나 사회적 제재가 되는 대상을 향한 성적 이끌림과 같은 불법적이거나 금기시되는 행동에 관한 확장되고 정교한 측정이 때때로 유용성이 떨어진다(Ames et al., 2007). 즉, EERR 평가에는 다른 많은 기능적 차원이 작용할 수 있기 때문에 자기보고가 도움이 되지 않기도 한다. 간단하고 즉각적인 관계반응을 표적으로 하는 측정을 사용하여 위의 동일한 영역을 유용하게 탐색하여 임상 결과를 예측하는 능력을 향상시킬 수 있다. RFT에서 이러한 관계반응 측정 방법이 있다(Carpenter, Martinez, Vadhan, Barnes-Holmes, & Nunes, 2012; Dawson, Barnes-Holmes, Gresswell, Hart, & Gore, 2009).

RFT는 이러한 반응을 평가하기 위한 강력한 전산화 방법론 즉 암묵적 관계 평가절차Implicit Relational Assessment Procedure(IRAP; Barnes-Holmes, Barnes-Holmes, Stewart, & Boles, 2010을 보라)를 개발하였다. 이는 틀림없이 어떤 기존 대안보다 더 유연하고 신뢰할 수 있으며 적용 가능하다(Barnes-Holmes, Waldron, Barnes-Holmes, & Stewart, 2009). IRAP의 핵심 특징 중 하나는 다양한 관계를 시험할 수 있으며(단순히 '연합'만이 아님, 반면 암묵적 연합 검증IAT, Implicit Association Test은 대등 구성만을 평가할 수 있음; Greenwald, McGhee, & Schwartz, 1998을 보라), 추론보다는 직접적으로 이러한 관계를 시험한다. 간단히 말해서, 원리는 상반되는 진술(예, '여성은 좋은 리더이다' 및 '여성은 나쁜 리더가 아니다' vs. '여성은 좋은 리더가 아니다' 및 '여성은 나쁜 리더이다')을 제시하는 것으로 구성되며, 참가자는 이러한 진술에 관한 자신의 실제 의견과 상관없이 가능한 빨리 교대로 참과 거짓으로 반응해야 한다. 예를 들어, 첫 번째 시도에서 참가자에게 리더로서 여성에 관한 긍정적인 태도에 따라 반응해야 할 것이다. 이런 경우 '여성은 좋은 리더다' 및 '여성은 나쁜 리더가 아니다'에는 '참'으로, '여성은 나쁜 리더이다' 및 '여성은 좋은 리더가 아니다'에 '거짓'으로 반응해야 한다. 그런 다음 반대되는 태도(즉, 리더로서 여성에 관한 부정적인 태도)로 반응하게 된다. 그다음 반응의 속도와 정확성을 여러 시도를 통해 비교하게 된다. 그런 시도 중 하나의 태도에 관해 더 빠르고 정확한 결과가 나타나면, 이 태도에 BIRR (또는 암묵적 인지)가 존재하는 것으로 해석하게 된다(예, '여성은 좋은 리더이다- 참'에 더 빠르고 정확하게 반응한다면 리더로서 여성에 관한 암묵적인 긍정 태도가 있음을 나타내는 것이다).

평가할 수 있는 신념의 범위가 늘어나기 때문에 IAT와 같은 암묵적 평가에 관한 연합 접근 방식과 비교할 때 IRAP이 상당한 전진임을 우리는 이미 알고 있다(예, Gawronski & de Houwer, 2014을 보라). 최근 연구에 따르면 한층 더 많은 진전이 가능하다. 예를 들어, 새로운 버전의 IRAP(Levin, Hayes, & Waltz, 2010)은 IRAP의 예측 유용성을 높이는 것으로 보이는 항목별 평가item-by-item assessments가 가능하고(예, Smith, 2013을 보라), 다양한 기존 자기 보고 장치의 암묵적 버전이 될 가능성을 지닌다.

비록 RFT 연구자들은 이 작업을 임상평가에 활용하는 것을 이제 탐색하기 시작했지만, 이미 정신 건강 전문가와 관련된 일련의 연구를 발표했다. 예를 들어, Carpenter 등 (2012)은 (치료 시작 시점에) 코카인과 친숙도being popular 사이 관계에 관한 IRAP 척도가 코카인 치료 프로그램에서 치료 탈락을 예측했으며 명시적인 평가 척도보다 더 잘 예측한 것으로 나타났다. IRAP은 마음챙김 개입으로 인한 체험적 회피의 감소를 감지했는데, 이는 질문지로는 감지가 되지 않은 결과였다(Hooper, Villatte, Neofotistou, & McHugh, 2010). 거미 공포와 관련된 IRAP로 측정한 BIRR은 겉으로 드러난 살아있는 거미에 대한 회피 행동을 예측했다(Nicholson & Barnes-Holmes, 2012). BIRR은 임상 우울증의 척도를 만드는 데 사용할 수 있다(Hussey & Barnes-Holmes, 2012). 그리고 최근 연구 (Jackson et al., 출판 중)에서, 운동에 관한 개인적 동기를 감지하기 위해 IRAP로 조사한 문장을 사이클링 수업 중에 제시했을 때 실제로 더 강도 높은 운동을 하는 결과를 가져옴을 발견했다. 따라서 짧고 즉각적인 관계반응에 초점을 맞춘 RFT 기반 방법을 사용하여 선행사건 민감도, 결과 민감도 및 늘 지키는 규칙 모두를 어느 정도 감지할 수 있는 시기가 가까워지고 있다.

규칙과 규칙 따르기 Rules and Rule Following

이전 장에서 살펴보았듯이, 관계 구성이 결합되어 복잡 네트워크를 구축한다. 이들 네트워크 중에는 행동에 대한 강력한 영향력의 원천이 되는 규칙이나 수반성 묘사(선행사건-행동-결과)가 있다. 이들 규칙이 정교화 되는 방식과 규칙 따르기 여부는 내담자가 일관성을 발전시키는 방식에 관한 정보의 중요한 원천이 된다.

때로는 비교적 완전한 행동 순서를 기술하기도 한다. "밤에 혼자 있을 때, 제게는 술이 필요해요. 그렇지 않으면 우울해질 거예요." 다른 경우에는 치료자가 내담자의 공식화를 이끌어 내야 할 수도 있다. 예를 들어 만약 동일한 내담자가 "밤에는 술이 필요해요"라고 했다면, 치료자는 조건부 구성틀(예, "무엇을 위해서인가요...?")을 이끌어 내어 "우울해지기 싫으니까요"라고 내담자가 반응하게끔 해야 할 수 있다. 한편 내담자가 행동 순서 전체를 파악하지 못할 수도 있다. 이런 경우에는 반대 구성틀이나 구별 구성틀을 사용하는 것이 유용하다. 내담자가 이전 질문("무엇을 위해서인가요...?")에 "몰라요, 그냥 술이 필요해요"라고 답한다고 상상해보자. 당신은 간단히 "술을 마시지 않았다면 무슨 일이 일어날까요?"라는 질문을 돌려줄 수 있다(구별 구성틀). 내담자는 "잘 모르겠어요, 아마 끔찍한 기분이 들겠죠"와 같은 대답을 할 수 있다. 이 때 치료자는 "어떤 '끔찍함'이 가장 두려운가요?"라는 질문을 함으로써 내담자가 "글쎄요, 우울해지는 게 아닐까요"라고 답을 할 수 있을 것이다.

내담자가 행동을 어떻게 보는qualify 지를 알아차리면 대개 기저에 규칙이 존재함을 볼 수 있다. 예를 들어 "밤에는 술이 필수예요"라는 말 속 '필요하다' 또는 '필수적이다'라는 개념 안에는 무언가 필수적이거나 필요하거나 없어서는 안 된다(예, '밤에 괜찮으려면 술을 마셔야 해')는 생각이 포함되어 있기에, 명백히 언급하지 않았더라도 내담자의 음주가 규칙의 영향을 받는다는 것을 나타낸다고 볼 수 있다.

이와 같은 많은 규칙들은 내담자가 이를 인식하지 못하여 진술할 수 없는 경우에도 내담자의 행동에 영향을 미칠 수 있다. 때로 선행사건과 결과를 함께 탐색할 때 처음으로 규칙을 공식화하게 된다(내담자는 심지어 "제가 기분이 나아지려고 술을 마신다는 건 생각도 못했어요. 그냥 습관처럼 마시고 있었거든요"라고 말할 수도 있다).

규칙을 자발적으로 표현하지 않을 때에도 내담자에게 자신의 행위를 준비하고 수행하고 정당화하는 생각에 관해 질문을 함으로써 규칙을 탐색해 볼 수 있다. 친밀한 관계 구축에 어려움을 겪고 있는 내담자를 예로 들어보자. 문제가 발생하는 대표적인 상황을 살펴보던 중, 내담자가 새로운 사람을 만날 때 자신에 대한 어떤 내용이든 말하는 것을 피하려는 경향이 있고, 그 결과로 아무도 그녀에게 관심을 갖지 않는 것 같다고 설명한다. 내담자가 규칙을 따르기를 하고 있는지 탐색하기 위해, "낯선 사람과 대화를 나누면서 당신 자신 이야기를 별로 하지 않는 것에 관해 어떻게 생각하나요?"라고 물어볼 수 있을 것이다. 예를 들어 여기에 내담자는 "제 자신에 대해 너무 많이 말하면 상대방은 저를 지루한 사람으로 여기게 될 거예요"라고 답할 수 있다. 생각을 묻는다고 해서 곧장 명시적인 규칙이 드러나지 않을 수도 있지만, 암묵적 규칙의 존재를 가리키는 단서("제 자신 이야기를 하고 싶지 않은 것 같아요")를 발견하는 경우가 많다. 이러한 단서들은 조건부 구성틀에 기초한 다른 질문("당신 자신에 대해 이야기하면 무슨 일이 생길 것 같나요?")을 통해 더 깊은 탐색이 가능하다.

전형적으로 심리적 문제를 일으키는 네 가지 규칙 따르기로는 응종pliance, 적용할 수 없는 선례따르기 inapplicable tracking, 부정확한 선례따르기, 그리고 '적응 정점'adaptive peaks 으로 이어지는 선례따르기가 있다.

응종 Pliance

응종은 주로 사회적 일관성에 의해 추동되며, 규칙에 언급된 결과와 실제 경험한 결과가 상응하는지와 무관하게 규칙을 따르면 사회적 결과가 추가되기 때문에 이 규칙을 따르는 것이다. 언어 공동체는 우리가 규칙에 노출되었다는 것을 알아야 하며, 우리의 행동이 규칙과 상응하는지도 확인해야 한다. 결과는 규칙 따르기 맥락 바깥에서는 해당 행위를 강화하지 않는다. 대신 결과는 우리의 규칙 자체에 관한 순응이나 비순응을 강화한다. 따라서 응종의 핵심 차원은 규칙에 대한 지식, 행위에 대한 지식, 상응하는 규칙-행위에 대한 지식, 결과에 대한 사회의 관리social management 등이다.

내담자 언어 속에 응종이 관련되어 있음을 암시하는 전형적인 특정 단서가 있다. 내담자가 규칙을 표현하지만 결과를 이야기 하지 않을 때(예, "남편과 함께 있어야만 해요" 또는 "친구와 더 많은 시간을 보내야 해요")에는 규칙에 포함된 결과와 자연적 결과 사이의 상응관계를 확인하는 것은 논리적으로 불가능하다. 그러나 이 경우 내담자가 그저 명시적으로 이 결과를 언급하지 않거나 단순히 입 밖으로 소리 내어 표현하지 않았을 수도 있다. 내담자가 응종하고 있는지, 또는 실제 자연 결과를 따르고 있는지 확인하기 위해 치료자는 "목적이 무엇인가요?" 또는 "무엇을 위해서죠?"라고 물어볼 수 있다. 그에 대해 내담자가 결과를 말한다면, 이 결과가 규칙 따르기를 강화하는지 탐색해 볼 수 있다. 내담자가 답을 찾기 위해 고군분투한다면, 응종일 가능성이 더 높다. 때로 내담자가 결과라기보다 선행사건이라 볼 수 있는 원인("그게 제가 해야 할 일이니까요" 또는 "친구가 부탁했으니까요")을 대답으로 말할 수도 있다. 이 규칙에 여전히 아무런 결과도 명시되어 있지 않다는 점에서 그 또한 응종의 징후이다.

응종은 또한 응종을 뒷받침하는 내용을 상징적으로 변경하여 최소한 상상 속에서라도 그 행동이 변화하는지 확인하는 것으로 평가할 수도 있다. 나중에 의대에 진학할 수 있게 생물학에서 좋은 성적을 얻으려 열심히 공부하는 젊은 여자 대학생을 예로 살펴보자. 만약 이 학생의 동기가 그녀가 의사가 되길 간절히 바라는 부모님을 실망시키지 않는 것에 바탕을 두고 있다면, 자신이 진정으로 좋아하는 일을 하고 있지 않다는 것을 깨달을 때까지 몇 년 동안 계속 노력하게 될지도 모른다.

이 경우 응종 평가에 도움이 되는 질문에는 다음과 같은 것이 있다.

"그럼 만약 당신이 어떤 일을 하든 부모님이 당신을 사랑해 주었다면, 전공에 관해 같은 방식으로 느꼈을까요?"

"만약 아무도 당신이 학교에 있다는 것도, 수업을 듣는다는 것도 알지 못한다면 어떨 것 같습니까?"

"당신이 의사가 될 수 있지만 부모님께 당신이 해낸 걸 말할 수 없는 상황이라면 어떨까요? 그건 당신에게 어떤 영향을 줄 것 같나요?"

"만약 당신이 마법처럼 다른 사람, 그러니까 다른 이름과 모습을 가진 사람이 된다면, 어떤 걸 가장 해 보고 싶을까요?"

적용할 수 없는 선례따르기 | Inapplicable Tracking

적용할 수 없는 선례따르기는 주로 본질적 일관성 또는 빈약한 맥락 민감성에 따른 기능적 일관성에 의해 추동된다. 이는 어떤 행위의 자연적인 결과를 정확하게 특정하는 규칙을 따르려는 시도를 하지만(즉 규칙 그 자체를 따르는 것에 관한 사회적 승인과 무관하게 행위에 결과가 뒤따름), 유감스럽게도 이 행위는 수행할 수 없다. 규칙이 정확하기 때문에 이를 따르는 것은 효과적이지 않을지라도 해야 할 옳은 일로 간주된다. 예를 들어 외상 후 스트레스 장애를 앓고 있는 사람은 과거 사건을 반추하며 일어난 일을 막기 위해 자신이 했던 행동을 바꿔보려 할 수 있다. 그녀는 '그날 밤 외출하기로 하지 않았더라면 공격받지 않았을 텐데', '시간을 거슬러 다른 선택을 할 수 있다면 지금 내 삶은 평범했겠지'라고 생각할지도 모른다. 이들 규칙은 어떤 행동과 그 결과를 기술하고 있는데, 규칙이 본질적으로 정확할 수도 있지만 적용이 불가능하다. 과거로 돌아가는 것은 불가능하며, 규칙이 적용되는 세상은 상상 속에서만 존재한다. 통제할 수 없는 사건을 막기 위한 반추나 과도한 계획수립은 적용할 수 없는 선례따르기이다. *다른 사람의 행동을 기반으로 긍정적인 결과를 약속하는 규칙* 또한 여기에 해당한다. 다른 사람이 자신을 더 많이 배려해야만 훨씬 더 행복해질 거라 생각하는 내담자를 떠올려 보라. 문제는 이 규칙은 더 행복해지기 위해 *그녀가* 무엇을 할 수 있는지에 관해서는 아무 언급도 없다는 점이다. 모든 것은 다른 사람의 행동에 달려 있고, 그 결과 내담자가 할 수 있는 유일한 일은 사람들이 그녀를 더 배려하지 않는다고 불평하는 것뿐이다.

적용할 수 없는 선례따르기를 평가하는 데 도움이 되는 몇 가지 질문은 다음과 같다.

"우리가 단순히 그 생각을 따른다면, 바로 지금 정확히 무엇을 해야 한다는 생각이 드나요?"

"이것은 당신이 따르는 규칙인가요, 아니면 다른 사람이 따라야 할 규칙인가요?"

"그렇다면 그다음 단계는 무엇인가요?"

부정확한[29] 선례따르기 Inaccurate Tracking

부정확한 선례따르기도 주로 본질적 일관성 또는 빈약한 맥락 민감성에 따른 기능적 일관성에 의해 추동된다. 이는 실제 경험과 일치하는 않는 선행사건-행위-결과의 기능적 관계를 가리키는 규칙을 따르는 것이다[30]. 규칙이 명시되자마자, 환경에 관한 우리의 지각이 규칙 자체에 의해 여과되어 이러한 불일치를 확인하기 어려울 수 있다. 달리 말하자면 우리는 스스로가 보기를 기대했던 것을 보려 하는 경향이 있다. 이런 위장 효과 disguised effect는 규칙이 모호하거나 단기 결과와 장기 결과를 *함께* 고려하지 않을 경우 발생할 가능성이 더 높아진다. 일례로 기분이 나아지기 위해서는 강박 사고로부터 주의를 분산시켜야 한다고 생각하는 사람은 규칙의 부정확성을 쉽게 놓치게 되는데, 이는 '기분이 나아지는 것'이라는 규칙이 충분히 정확하지 않기도 할뿐더러 규칙이 생각 분산의 단기 결과만을 명시하기 때문이기도 하다. 역으로 부정확한 규칙은 유리한 결과를 실제로 경험할 수 있는 상황임에도 불구하고 혐오적 결과 또는 즐거운 결과의 부재를 예측하여 효과적인 행동을 약화시킬 수도 있다. 예를 들어 만성 통증에 시달리는 사람은 운동 몇 시간 후에 접촉하게 될 미래의 피로나 고통스러운 감각을 예상하여 특정 활동에 참여하기를 꺼릴 수 있다('상태가 더 나빠질 거야!'). 비록 장기적으로 보았을 때 실제로는 삶의 질을 더 높일 수 있음에도 불구하고, 이 활동에 훨씬 덜 끌리게 된다. 과잉일반화 overgeneralization는 또 다른 종류의 부정확한 선례따르다. 어떤 행동과 그 행동의 결

---

[29] 정확성을 이야기 하는 것은 우리가 이 책에서 사용하는 기능적 맥락주의 접근과 모순되는 것처럼 보일 수 있다. 실로 경험을 탐색하고 이를 언어로 설명할 때, 우리는 결코 외적인 객관적 진실을 찾고 있는 것이 아니다(비존재론a-ontology의 원리, Monestes & Villatte, 2015를 참조). 그저 단순히 우리 기술description의 유용성에 관심을 둘 뿐이다. 어떤 경험을 명명하는 방식이 유사한 경험을 명명하는 평소 방식과 비교적 일치하는다는 의미에서 정확성이라고 한 것이다(그리고 의사소통과 사회 적응을 촉진하기 위해 가능한 한 언어 공동체가 명명하는 방식과도 일치해야 한다). 어떤 사람의 불안 개념이 빠른 심장박동, 떨림, 근육 긴장과 같은 일련의 감각으로 구성되어 있다고 가정해보자. 우리는 그녀가 이런 감각을 가지고 있을 때 여기에 불안이라는 이름을 붙일 거라고 예측한다. 만약 그녀가 자신의 경험에 불안 대신 피로라고 이름을 붙인다면, 이는 경험을 개념화하는 그녀 방식과 다소 일관되지 않다. 이런 점에서 그녀의 기술은 부정확하며, 이는 부정확한 선례따르기로 이어질 수도 있다. 부정확한 기술은 특정 감각을 알아차리지 못하거나(빈약한 맥락 민감성), 특정 감각을 일치하는 상징 네트워크에 통합하지 못해서일 수도 있다(부족한 일관성).

[30] 부정확한 선례따르기는 규칙에서 진술한 행동과 수행한 행위 사이가 상응한 것에 대한 사회적 승인이 아니라, 규칙에 의해 부정확하게 명시되거나 명시되지 않은 다른 자연적 결과로 행위가 강화된다는 점에서 응종과 다르다.

과 사이의 연관성이 모든 맥락이 아닌 일부에만 일치하는 방식으로 명시된 규칙이다. 예를 들어 내담자는 "저는 사람을 믿으면 항상 배신당하는 걸로 끝나요"라고 말할 지도 모르지만, 실제 경험은 그보다 훨씬 더 다양할 것이다. 이런 식으로 표현된 규칙은 내담자가 다른 사람을 신뢰했을 때 경험한 긍정적인 사례를 숨긴다. 다른 경우 과거에는 정확한 규칙이었거나 또는 특정 영역에서는 정확한 규칙이지만, 지금은 그렇게 하는 것이 효과적이지 않은 맥락에 적용될 수 있다. 이는 종종 학대의 희생자였기에 타인으로부터 자신을 보호하는 법을 학습했던 사람에게서 발생한다. 위협이 더 이상 존재하지 않더라도 이들은 친밀한 상황에서 여전히 철수하며 살아간다.

부정확한 선례따르기를 평가하는 데 도움이 되는 몇 가지 질문은 다음과 같다.

"그런 생각들에 관해 당신의 경험이 말해 주는 건 무엇인가요? 그 생각들이 실제로 당신이 더 효과적으로 살 수 있게 도와주나요?"

"그러니까 단기적으로는 좋은 접근이라고 말씀하시는 거군요. 장기적으로 봤을 때는 어떤가요?"

"만약 인터넷에서 영화나 식당을 평가하는 것처럼 이 전략에 평점을 준다면, 별 몇 개를 줄 수 있을 것 같나요? 그 평점이 당신의 기대에 부응하나요?"

적응 정점으로 이어지는 선례따르기 | Tracking Leading to Adaptive Peaks

적응 정점으로 이어지는 선례따르기는 부정확한 선례따르기의 하위 범주로, 약간의 이득을 제공하는 결과에 다가가려는 동기를 일컫는다. 하지만 이 경우 장기적으로 앞으로 나아갈 수 있는 길을 포기하는 대가를 치르는 것이다. 행위가 정적 강화되면 우리가 한 행위가 최선이라고 믿게 되어 적응 정점으로 이어지는 전형적인 상황이 발생한다. 결과적으로 우리는 이러한 행위의 대가와 다른 행위와 관련된 다른 강화의 원천으로부터 얻을 수 있는 잠재적 이득을 무시하게 된다. 예를 들면 누군가는 자신의 건강을 희생하며 수행 능력을 향상시키기 위해 약물을 사용할 수 있고, 다른 누군가는 자신의 필요를 충족시키기 위해 자신의 파트너를 학대하며 파트너의 필요를 희생하게 하고 관계의 질을 떨어뜨릴 수 있다.

적응 정점으로 이어지는 선례따르기를 평가하는 데 도움이 되는 몇 가지 질문은 다음과 같다.

"그 목표에 좀 더 집중하고 지냈는데, 당신의 삶은 미뤄두고 있었다는 것을 느끼나요? 마치 당신의 인생 자체는 그 목표를 이룬 다음에야 시작될 수 있는 것처럼?"

"그 행동에는 어느 정도 보상이, 어떤 이득이 있었던 것 같네요. 제가 궁금한 건, 그 보상이 당신의 모든 에너지를 쏟아부을 만큼 가치가 있나요?"

"한 걸음 뒤로 물러서서 넓게 바라본다면, 이게 당신이 살고 싶었던 삶인가요? 미뤄놓고 제쳐둔 것들 중에 소중히 아끼는 무언가가 있나요?"

우리는 지금까지 관계 유연성/유창성과 규칙/규칙 따르기를 평가하는 일반적인 접근을 다루었다. 중재에 초점을 맞춘 다음 여러 장에서는 심리적 문제의 여러 다양한 영역에서 보다 구체적으로 내담자가 자신의 경험을 개념화하는 방식을 제시할 것이다.

일관성 개선을 모니터링하기 Monitoring Improvement in Coherence

일관성의 개선은 내담자가 자신의 경험을 상징적으로 관계 짓는 방식의 변화로 측정할 수 있다. 유창성과 유연성에서 긍정적 변화는 더 빠르고 더 정확한 관계반응으로 확인할 수 있다(예, 내담자가 다른 사람의 입장을 이해하도록 권유 받았을 때 다른 사람의 관점 취하기를 더 잘하게 된다). 대안 네트워크를 구축할 수 있는 제반 능력은 내담자가 자신의 경험에 대한 한 가지 개념화에 덜 붙들리고, 따라서 자신의 생각을 맥락에 더 잘 적응시킬 수 있다는 신호이기도 하다. 예를 들어 치료를 시작할 무렵에 내담자는 '신뢰는 언제나 배신으로 이어진다'라고 생각할 수 있다. 이후 회기에서 '신뢰가 친밀감으로 이어질 수도 있다'라고 인정한다면, 이는 그녀가 신뢰에 관해 더 다양한 상징 네트워크를 구축할 수 있게 되었다는 점을 가리킨다. 이제 이 다양한 네트워크는 특정 맥락 안에서 하나의 가능성이 될 수 있을 것이다.

자기를 심리적 경험의 그릇container으로(6장을 보라), 행위를 상위 목표의 일부로서 (7장을 보라) 계층적 구성하려는 경향이 증가하는 것은 의미 있는 목적 감각과 전체성이 더 커졌다는 것을 가리킨다. 예를 들어, 치료 초기에 자신이 산산조각 났다고 묘사하며 모순되는 감정과 생각에 고통스러워하는 내담자가 있다고 가정해 보자. 안정적이고 유연한 자기에 대한 다양한 심리경험을 강조하는 진술들(예, "긍정적인 생각과 부정적인 생각을 가지고 있어요", "나는 내 생각보다 더 큰 존재예요", "나는 여전히 여기에 있어요")은 일관성의 개선을 반영하는 것이다. 이 중 일부는 치료 중 실제 언어로 분명히 나타나야 한다. 실제로 이미 치료 녹취본에서 생각을 진실의 문자적 표현으로 보는 경향성이 생각을 유용할 가능성이 있는 지침으로 보는 경향성으로 변한 정도(즉, 본질적 일관성에서 기능적 일관성으로 이동)가 치료의 장기 결과를 예측한다고 보여준 기존 연구들이 있다(Hesser, Westin, Hayes, & Andersson, 2009).

규칙을 정교하게 만드는 능력의 향상은 행위를 의미 있는 목표와 연결 짓는 조건부 구성틀 사용이 늘어나고 세상이나 자기 특징과 생각 사이를 내재적 대등 구성으로 보는 일이 줄어드는 것으로 측정할 수 있다(5장과 6장을 보라). 예를 들어 치료 초기에 "저는 직장을 구할 수 없어요. 저는 자신감이 부족해요(본질적 일관성의 징후)"라던 내담자가 나중에는 "제가 직장을 구하지 않으면, 가족을 부양할 수 없어요(기능적 일관성의 징후)"라고 말할 수 있다.

규칙 따르기의 개선은 정확한 선례따르기의 증가 및 적용 불가능한 선례따르기, 부정확한 선례따르기, 적응 정점으로 이어지는 선례따르기, 응종의 감소로 측정할 수 있다(일부 상황에서 예외가 있을 수 있음, 5장을 보라). 규칙에 관한 반응을 내담자가 보고하거나 회기 중에 관찰할 수 있다. 두 경우 모두 내담자의 행동이 규칙에 기술된 결과로 강화될 때 규칙 따르기가 더 효과적인 경향이 있다. 예를 들어 내담자가 치료 초기에는 "제 불안을 견딜 수 있는 다른 방법이 없어서 밤새 술을 마셔요(부정확한 선례따르기)"라고 말했지만, 이후에는 "밤새 불안함을 느꼈지만 건강을 위해 술을 마시지 않기로 했어요(효과적 선례따르기)"라고 말할 수 있다. 규칙 따르기에서의 개선은 또한 비효과적 규칙에 관한 유연성의 증가와 규칙 따르기의 맥락에 관한 더 유연한 민감성으로도 짐작할 수 있다. 앞선 예시에서 내담자는 새로운 규칙('건강하게 살려면 술을 마시지 마')을 따르고 있을 뿐만 아니라, '불안을 견디려면 술을 마셔'라는 규칙을 따르지 않고 있기도 하다. 따라서 내담자가 비효과적인 규칙을 보고하지만 의미 있는 목적을 추구하기 위해 이를 따르지 않을 때마다 기능적 일관성 증가를 확인할 수 있다.

맥락 민감성과 마찬가지로, 중재에 관한 다음 여러 장에서 일관성을 평가할 수 있는 더 구체적인 표적을 자세히 설명할 것이다.

RFT를 특정 심리치료 모델에 맞추기
Fitting RFT into Specific Psychotherapy Models

이 장에서는 일반적인 임상 평가에 수반되는 언어 과정의 개요를 다루었지만, 이를 특정 평가 표적이나 특정 치료 모델에서의 기법과 연결하는 시도는 의도적으로 피하고자 하였다. 그러나 각각을 연결하는 것은 분명히 가능한 일이며, 우리는 그러한 노력이 임상적으로 보상이 있다는 것 또한 알고 있다. 예를 들어 동기면담에서 반영reflection이나 열린 질문에 관한 반응에서 나타나는 상징관계를 관찰하거나, 대화 주제의 변화를 제한하거나 유발하는 특정 구성틀의 유형을 확인하는 것이 도움 된다.

우리는 또한 임상 면담이나 대화 안에서의 평가로 논의를 제한하고자 한다. 물론 수많은 표준화된 측정법과 신경심리검사가 RFT와 호환되며, 상징행동 표적을 통합한 사례 공식화 접근에도 정보를 제시할 수 있다. 예를 들어, 인지 치료자가 치료의 잠재적 인지 매개 요인을 평가하고자 한다면, 암묵적 평가를 통해 사회적 정향성desirability에 관한 염려나 체험회피가 동기인 자기-인식 부족과 같은 내담자 자기-보고에 내재한 난제를 극복할 수 있다. 특정 치료 접근에 관한 RFT의 무수한 함의를 이 책에서 탐색할 수는 없지만, 특정 치료 모델에 관심이 있는 독자가 치료 현장과 연구실에서 이러한 연결을 탐구하도록 북돋는 것도 우리의 목표이다.

임상 예

다음은 32세 남성 내담자의 첫 치료 회기 동안 진행된 대화이다. 각 부분에 달린 논평은 내담자가 겪고 있는 어려움 중 맥락 민감성 및 일관성 문제 부분을 확인하는데 도움이 될 것이다.

내담자   더 이상 이렇게 살 수는 없어서 진료 받으러 왔어요. 완전히 지쳤거든요.

치료자   무슨 일을 겪고 계신 건가요?

내담자   제가 무언가 끔찍한 일을 저지를까 봐 무서워요. 계속 종일 그 생각을 해요. 제가 실제로 할 수 있는 모든 나쁜 짓을 떠올리는 걸 멈출 수가 없어요.

이 첫 번째 장면에서, 내담자의 생각으로부터 도피와 회피하고자 하는 욕구는 일부 선행사건이 미치는 과도한 영향이 핵심 문제일 수 있음을 나타낸다.

치료자   생각이 당신을 힘들게 하나요? 어떤 생각을 하는지 좀 더 자세히 말해줄 수 있을까요?

내담자   누군가를 해칠 것 같다는 생각이요. 거의 매 순간 떠올라요. 처음에는 칼이나 다른 날카로운 물건이 주위에 있을 때만 긴장하는 정도였어요. 운전을 하다가 제가 우연히 누군가를 다치게 할까 봐 겁이 났고요. 지금은 거의 모든 상황에 그래요. 사람들 곁에 있을 수가 없어요. 곁에 있다가는 그 사람들을 해칠 것 같아요.

이 두 번째 장면에서, 치료자는 도피/회피의 선행사건을 탐색하고 있다. 내담자는 칼, 날카로운 물건, 운전, 그리고 다른 사람 곁에 있는 것을 두려워한다. 이 반응은 상징적 단서인 칼, 날카로운 물건, 운전 등에 의해 촉발되며, 이 단서는 위험과 대등 관계에 있다. 내담자는 또한 부정확한 선례따르기를 통해 회피를 조장하는 규칙을 따르고 있는 것으로 보인다("나는 사람들 곁에 있을 수 없고 운전을 할 수도 없어. 그렇게 하면 나는 누군가를 해칠 거야").

치료자 여기 머무르는 것도 어려운가요? 지금 이 순간에도 그런 생각을 가지고 있나요?

내담자 네. 힘들어요.

치료자 그걸 저와 나누는 게 얼마나 힘든 일인지 상상할 수 있어요.

치료자는 내담자의 힘든 경험(경험에 이름을 붙이는 대등 구성틀)을 인정해 주고 있다.

치료자 지금 이 방에서 나타나는 생각들에 관해 좀 더 말해줄 수 있을까요?

내담자 바로 지금이요? 제가 선생님을 때릴까 봐 겁나요.. 제가 저 책장에 있는 책을 집어서 선생님 얼굴에 던질 것 같기도 하고요.

이 장면에서 치료자는 도피/회피의 선행사건을 짚으며 치료실 안과 바깥의 삶 사이의 연결성을 탐색한다. 보다 상징적인 선행사건(알아차림의 징후이지만 맥락 변수에 유연하지 않은 대응)을 파악하는 내담자가 이러한 연결을 분명히 보여 준다.

치료자 이런 생각을 가지고 있을 때, 주로 무엇을 하나요?

내담자 자리를 피하거나, 사람들로부터 최대한 멀리 떨어지려고 해요.

치료자는 조건부/시간 구성틀을 사용하여 선행사건에 대한 반응을 탐색하고 있다 (내담자는 도피하거나 사람들을 회피한다). 내담자는 두려움을 유발하는 선행사건에 대한 자신의 반응을 알아차리고 있지만, 이 반응은 유연성이 부족하다.

치료자 지금 당장 여기서 떠나고 싶은 충동이 드나요?

내담자   네.

치료자   제가 그런 생각을 가지고 있다면 저 역시도 불편할 것 같아요. 많이 힘든데도 여기에 저와 함께 머물러 있어 주셔서 정말 감사해요. 당신의 상황을 이해하는데 도움이 되고 있거든요.

치료자는 관점취하기(직시적 구성틀)와 머무름에 참여하는 이점을 명시하여 내담자의 힘든 경험을 인정하고 있으며, 이를 통해 협력관계를 향상하고 있다.

치료자   앉기 전에 의자를 저로부터 멀리 밀어 놓은 건 저를 다치게 할까 봐 걱정돼서 그러신 건가요?

내담자   네. 사람들과 가까이 있으면 걱정되거든요.

치료자는 치료실과 치료실 밖 내담자의 삶 사이의 연결을 추가로 탐색하고 있다. 선행사건(충동)과 반응(의자를 멀리 밀어 놓음)이 이 순간 여기에서 일어나고 있다.

치료자   누군가를 해칠지도 모른다는 생각을 가지게 되는 상황의 예를 몇 가지 들어 주실 수 있을까요?

치료자는 내담자가 가진 어려움의 범위를 평가하기 위해 공간단서를 사용하여 치료실 밖 내담자의 삶 속 또 다른 선행사건을 탐색하고 있다.

내담자   대중교통이 최악이에요. 저는 주로 제 차로 운전해서 다녔지만, 운전은 너무 위험하고요. 사고 나기 쉽거든요. 한 번도 겪어보진 않았지만, 어느 때든 일어날 수 있는 거잖아요. 그래서 제 차로 다니는 걸 그만두고 버스를 타기 시작했는데, 제가 해칠지도 모르는 사람들 속에 있는게 너무 힘들어요. 그래서 지금은 매번 걸어다녀요.

대중교통 이용과 운전에 관한 걱정은 회피에 영향을 미치는 또 다른 상징적 선행사건이다. 규칙도 자연스럽게 표현하고 있으며, 부정확한 선례따르기를 보여 주고 있다("운전은 매우 위험해요", "사고가 나기 쉽거든요", "사람들 속에 있는 게 너무 힘들어요"는 모두 행동에 대한 평가이므로, 운전 및 사람들과 함께 있는 행동에 대한

결과를 지나치게 일반화하는 암묵적 규칙이 있음을 시사한다).

치료자 그게 당신 삶에 어떤 영향을 주고 있나요?

내담자 어딜 가는 데 몇 시간이 걸려서, 제가 가고 싶은 곳을 갈 수가 없어요.

치료자 더 이상 갈 수 없게 된 곳이 어딘가요?

내담자 만나고 싶은 만큼 형을 자주 볼 수 없어요. 여기서 50마일 떨어진 곳에 살거든요. 예전엔 자주 형을 보러 갔었어요. 지금은 형이 시간을 내서 올 수 있을 때만 볼 수 있는데, 자주 있는 일은 아니에요.

치료자 당신에게는 힘든 일이겠네요(*대등 구성틀로 내담자의 어려운 경험을 인정하며 협력 관계를 향상시킴*). 형과 친한가요?

내담자 네. 굉장히 가까워요. 제 바보 같은 생각 때문에 형을 자주 볼 수 없다는 게 너무 슬퍼요.

이 장면에서 치료자는 조건부 구성틀("*그게 당신 삶에 어떤 영향을 주고 있나요?*")을 사용하여 내담자의 삶 속에서 생각을 회피하는 영향을 평가하고 있다. 내담자는 자신에게 중요하지만 사람을 해칠 것 같은 두려움이 더 많은 영향을 미치고 있어 놓치고 있었던 맥락의 측면(*형을 만나는 것*)을 알아볼 수 있다.

치료자 누군가를 해칠지도 모른다는 두려움이 있을 때에도 몇 번인가는 운전해서 형을 만나러 가려고 시도해 보기도 했나요?

내담자 네, 몇 번 시도해 봤는데, 몇 킬로 운전하고 나면 더 이상 그럴 기분이 아니게 되었어요.

치료자 마음이 내키지 않았나요, 아니면 그런 생각을 가지고 있는 게 너무 힘들었나요?

내담자 차 안에서 심하게 배가 아프고 두통이 올 정도로 너무 스트레스를 받았거든요. 게다가 운전은 제게 너무 위험하니까 그렇게까지 스트레스를 받는 상황을 만들 의미는 없는 것 같아요.

이 부분에서 치료자는 효과적인 행동의 부족을 탐구하고 있다. 내담자는 형을 만나는 것이 만족스러울 수 있음에도 불구하고 운전해서 형을 만나러 가지 않는다. 이는 멀리 있는 강화적 원천(*형을 만나는 것*)의 불충분한 영향, 내적 선행사건(*복통과 두*

통)의 과도한 영향, 그리고 부정확한 선례따르기(즉, 운전을 전혀 하지 않음으로써 "운전은 위험하다"는 규칙 따르기, 마치 운전이 반드시 나쁜 결과를 초래할 것처럼 보고 있음)가 반영된 것으로 보인다.

치료자   이런 상황에서 많이 괴로우실 것 같네요.

치료자는 내담자의 힘든 경험을 인정(경험을 명명하는 대등 구성)해주며 협력 관계를 향상시키고 있다.

치료자   아까 생각을 멈출 수 없다고 말씀하셨죠. 실제로 생각을 멈추려고 시도해 본 건가요?
내담자   네. 제가 사람들을 해치는 생각을 멈출 수 있다면 이렇게 매 순간 두렵지는 않을 거예요.

치료자는 문제적 회피에 관해 좀 더 질문하면서 결과에 대한 민감성을 탐색하기 시작했다. 내담자가 적용할 수 없는 규칙("생각을 멈출 수 있다면")을 표현하는 것에 주목하라.

치료자   어떤 걸 시도해 보셨어요?
내담자   그런 생각이 들기 시작했을 때, 그냥 다른 생각을 해 보려고 했어요. 칼이 보이면 시선을 돌리는 식으로.
치료자   효과가 있었나요?
내담자   처음에는 있었는데, 지금은 칼이 거기에 있으니 내가 무언가 위험한 행동을 할 수 있다는 생각이 자꾸 들어서 어차피 방에서 나갈 수밖에 없어요.
치료자   방에서 나가는 게 효과가 있나요?
내담자   보통은요. 진정이 되거든요.

이 장면에서 치료자는 조건부 구성틀을 사용하여 생각을 회피하려는 시도의 결과를 탐색하고 있다. 선행사건의 상징성으로 인해, 시선을 피하는 것은 단기간만 효과가 있었다. 방에서 나가면 걱정이 줄어들지만("진정이 되거든요"), 이 전략은 내담자가 방에서 나가야하기에 대가가 따른다. 이러한 서로 다른 결과에 관한 내담자의 알아차림은 맥락 민감성이 비교적 유연함을 보여 주는 징후이지만, 내담자는 여전히 회피 전략으로 인한 단기적인 완화에 더 많은 영향을 받고 있다.

치료자   조금 전에 이 방에서 나가려고 생각한 것도 같은 이유에서인가요? 저를 다치게 할 것 같은 생각을 없애기 위해서?

내담자   네. 그게 제가 편해지는 유일한 방법이에요.

치료자는 유추 구성틀로 치료실 안팎의 연결을 탐색하고 있으며, 이번에는 생각을 회피하는 결과에 초점을 맞추고 있다. 내담자가 표현한 규칙이 상당히 모호하고(편해지는) 동시에 협소하여("유일한 방법"), 부정확한 선례따르기와 응종이 더 잘 일어나게끔 만들고 있음에 주목하라.

치료자   누군가를 해칠 수 있는 상황에서 벗어날 때 항상 마음이 편해지나요?

내담자   딱 잘라서 말 하긴 어려운데요... 잠시 다른 생각을 할 수 있는 순간이 있어요. 그러면 한 숨 돌릴 틈이 생겨요. 하지만 종종 제 마음을 비우기 위해 무엇을 더 해야 할지 잘 모르겠어요.

치료자는 도피와 회피의 강화가 가변적인지 탐색하고 있으며, 이 사례의 경우 그런 것으로 보인다. 내담자는 이러한 가변성을 알아차리고 있다.

치료자   차를 타고 형에게 가려고 했다가 다시 집으로 돌아가기로 했을 때에도 똑같은 경험을 했나요?

내담자   집에 도착하니 마음이 놓였죠.

치료자는 비교 구성틀을 이용하여 운전의 맥락에서 회피의 결과를 탐색한다. 다시 한 번, 내담자는 걱정이 줄어듦에 관해 언급하고 있으며, 따라서 이는 결과에 관해 다소 알아차리고 있음을 시사한다.

치료자   결과적으로 기분이 나아진 거라고 볼 수 있을까요?

내담자   네. 그게... 별로 그렇지는 않아요. 두려움은 줄었지만, 형을 만날 수 없어서 슬펐거든요.

치료자는 비교 구성틀을 사용하여 보다 거시적인 만족 측면에서 결과를 탐색하고 있다. 내담자는 단기적으로는 안도감을 느꼈지만, 강화의 중요한 원천(형을 만나는 것)에는 도달하지 못했다. 내담자는 이러한 다른 결과에 관해 어느 정도 알아차리고는 있지만, 현재는 단기 결과가 내담자에게 더 많은 영향을 미치고 있다.

치료자　도로에서 누군가를 다치게 할 것 같은 생각은 어땠나요? 집에 도착했을 때 사라졌나요?

내담자　차에서 내릴 때 처음에는 안심했는데, 그다음에는 제가 저도 모르게 누군가를 이미 차로 쳤을지도 모른다는 생각이 들면서 무서웠어요.

치료자는 조건/시간 구성틀로 걱정 측면에서 결과를 탐색하고 있다. 단기적으로는 걱정이 줄어들었지만, 나중에 다시 돌아왔다. 거듭 말하지만 이는 내담자가 장기 결과보다 단기 결과에 더욱 영향을 받는 것으로 보인다. 하지만 이러한 서로 다른 결과를 알아차리고 있음을 보여 준다.

치료자　형도 만나지 못하고, 동시에 누군가를 해쳤을지도 모른다는 두려움에 시달렸다니 정말 힘들었겠네요.

치료자는 내담자의 힘든 경험을 인정하여 협력 관계를 향상시키며, 회피의 문제적 결과를 강조하고 있다(경험을 명명하는 대등 구성).

내담자　정말 끔찍한 기분이었어요.

치료자　차에 타고 있었을 때와 비교하면 어땠나요?

내담자　더 안 좋은 것 같기도 해요. 하지만 저는 어차피 차 안에 머무를 수가 없었어요.

치료자는 비교 구성틀(효과가 없을 뿐만 아니라, 더 나쁜 상황을 만든다)을 이용하여 회피의 가능한 역효과에 관해 탐색하고 있다. 상황이 더 나빠진다는 것을 알아차림에도 불구하고 "나는 차 안에 머무를 수 없다"는 규칙을 붙들고 있다는 점은 응종(즉, 결과와 무관하게 규칙을 따름) 또는 부정확한 선례따르기(즉, 규칙이 명시하지 않은 자연적 결과에 의해 규칙 따르기가 강화됨)의 가능성을 암시한다.

치료자	이런 상황에서 삶에 만족스러움을 찾기가 어려울 것 같은데요. 집에 계실 땐 무엇을 하시나요?
내담자	비디오 게임을 하면서 시간을 보내요. 게임은 제가 완전히 우울해지지는 않도록 도와주고, 제가 다른 사람을 해치는 위험 없이 할 수 있는 유일한 거예요. 상황이 더 안 좋아진 후로 점점 게임을 더 많이 하게 되었어요.
치료자	그렇게 말씀하시면서 슬퍼 보이네요.
내담자	네. 비디오 게임을 정말 좋아하지만, 그게 사람들로부터 점점 더 멀어지게 한다는 걸 알아요. 외로운 활동이죠.

이 마지막 장면에서, 치료자는 단기 강화제에 다가가는 문제적 접근 행동을 밝혀가며 내담자의 삶 속 만족의 원천에 관해 질문하고 있다. 내담자는 비디오 게임에서 어느 정도 만족을 찾지만, 이 행동은 장기적으로 해로운 결과(사람들로부터 점점 멀어지게 함)를 가져온다. 따라서 단기 결과는 과도한 영향을 미치고 있는 반면, 장기 결과는 충분히 영향을 주지 못하고 있는 것으로 보인다. 아울러 다음과 같은 특정 규칙의 구축은 적응 정점으로 이어짐을 시사한다. "내가 완전히 우울해지지는 않도록 도와준다"(정확성이 부족하고 장기 효과를 숨기는 규칙), "내가 다른 사람을 해치는 위험 없이 할 수 있는 유일한 것"(부정확한 규칙).

대부분의 심리치료 접근에서, 사례가 진행되는 한 실제 평가는 결코 끝나지 않는다. 초기에는 중재의 방향을 잡기 위해 평가를 진행하지만, 나중에는 우리가 시행하기로 선택한 기법의 효과를 평가하고 치료 과정 동안 선택을 재조정하는데 도움이 된다. 우리가 이 책에서 사용하고 있는 개념틀의 관점에서, 평가 단계는 이미 내담자의 행동과 행동을 둘러싼 영향력의 원천을 관찰하는 역량을 조형하는 데 기여하기에, 내담자의 변화를 활성화시키기 시작한다. 이 중요한 기술을 더 향상시키는 내용이 다음 장의 핵심으로, RFT에 기반한 중재 원칙의 첫 번째 군을 다음 장에서 설명할 것이다.

이 장에서는 맥락행동적 관점에서 심리문제와 변화를 평가할 때 RFT 원리를 사용하는 법을 학습하였다. 기억해야 할 주요 원칙은 다음과 같다.

- 치료의 핵심 목표는 내담자가 자신의 행동과 자기 행동을 유지하는 영향력의 원천을 관찰할 수 있는 능력을 발달시키는 것이므로, 평가는 가능한 내담자의 관점에서 실시해야 한다. 다음을 통해 기능적 맥락 관찰을 고취함으로써 이런 접근을 뒷받침할 수 있다.
  - 체험기법
  - 개방성과 진정한 호기심을 동반한 질문
  - 평가 단계에 내담자가 참여하게 함
- 평가에 필요한 정보는 치료실 밖에서 일어나는 일(일반적으로 내담자에 의한 보고)과 치료 관계 속 지금-여기에서 일어나는 일에서 얻을 수 있다. 이 두 가지 임상관련 영역을 연결하기 위해 다음과 같은 방법을 시도할 수 있다.
  - 치료실 안과 치료실 밖 내담자 삶 사이의 유사함을 탐색하는 유추를 이용하라.
  - 다양한 맥락에 걸쳐 상징적 일반화를 탐색할 수 있는 은유를 사용하라.
  - 관점취하기를 이용하여 그때-거기에서 일어났던 사건을 지금-여기의 대화로 불러오라.
  - 치료실 내 적절한 맥락을 창조하여 잠재적 관련 행동을 유발하라.
- 맥락 민감성은 행동에 영향을 미치는 원천에 대한 내담자의 인식과 반응으로 평가할 수 있다. 평가할 수 있는 주요 영역은 다음과 같다.
  - 선행사건에 민감성, 즉 반응 전에 오거나 단서/촉발 요인으로 작용하는 것
  - 결과에 민감성, 즉 행동 다음에 오거나 해당 맥락에서 행동이 다시 발생할지를 결정하는 것
- 맥락 민감성의 개선은 맥락 변수에 대한 알아차림 및 맥락 변수에 대한 새로운 반응을 추적함으로써 모니터링할 수 있다. 다음에 주의를 기울이자.
  - 다양한 맥락 변수에 대한 알아차림이 향상됨
  - 여전히 존재하는 변수에 대해 새로운 반응을 함

- 시시각각, 그리고 시간에 따라 일어나는 변화
- 치료실 안과 밖(일반적으로 내담자가 보고함)에서 일어나는 변화

- 일관성은 내담자가 다양한 유형의 관계구성틀을 통해 자신의 경험을 개념화하는 방식과 이 개념화 과정에 수반되는 본질적, 사회적, 기능적 일관성의 정도를 탐색함으로써 평가할 수 있다. 평가할 수 있는 주요 영역은 다음과 같다.
  - 관계 유창성 및 유연성
  - 규칙 및 규칙 따르기

- 일관성의 개선은 경험을 개념화하는 새로운 방식, 새로운 규칙, 규칙에 대한 새로운 반응을 추적함으로써 모니터링할 수 있다. 다음에 주의를 기울이자.
  - 유창성 및 유연성이 향상됨
  - 수반성을 완전하게 기술하고, 의미 있는 목적을 포함하는 규칙 구축이 증가함
  - 정확한 선례따르기가 증가함
  - 시시각각, 그리고 시간에 따른 일관성의 변화
  - 치료실 안과 밖(일반적으로 내담자가 보고함)에서 발생하는 일관성의 변화

5장

행동변화 활성화와 조형하기
Activating and Shaping Behavior Change

책나머지 장들에서는 내담자가 괴로움을 완화하고 회복탄력성과 심리적 번영을 고취하도록 언어를 사용하는 다양한 방법과 이를 조절하는 맥락적 단서를 제시할 예정이다. 이번 장에서는 행동변화를 활성화하고 조형하기 위해 언어적 상호작용을 사용하는 방식을 살펴볼 것이다. 중재의 주요 과업은 내담자 행동을 조절하는 변수들이 달라지는 것이다. 대개 내담자가 생각하거나 믿는 것과 같은 언어와 인지 영역에 직접 속하는 변수에 초점을 맞출 것이다. 때로는 비상징적 세계(예, 감각)에서 비롯되었지만 언어와 인지로 유용하게 다룰 수 있는 사건에 초점을 맞추기도 한다. 두 경우 모두 내담자와 치료자의 언어가 심리치료에서 긍정적인 변화를 고취하는 주요 도구이다. 특히, 이 장에서는 내담자가 문제 행동을 그만두고 보다 의미 있는 행위에 참여하는 것을 목표로 자신의 경험과 다시 연결하고, 더 효과적으로 이해하는 방식을 개발하고, 반응 유연성을 향상시키도록 돕는 방법에 중점을 둔다.

행동변화 활성화에 언어 사용하기
Using Language to Activate Behavior Change

내담자가 마주하는 행동 문제는 맥락적 요소에 영향 받는다. 일부 요소는 너무 많은 영향을 미치고, 어떤 요소는 영향을 미치기에 충분하지 않다. 내담자의 심리적 세계를 변화시키려면 이러한 영향력의 원천이 어떤 식으로든 바뀌어야 한다. 때로는 맥락적 요소를 제거하거나 다른 요소로 대체하는 방법을 선택할 수 있다. 예를 들어, 내담자가 너무 피곤해 아침에 일어날 수 없다면 일찍 잠자리에 들어 피로를 제거하면 아마 훨씬 쉽게 일어날 수 있다. 그러나 임상의로서 우리는 내담자의 행동을 조절하는 맥락적 요소에 항상 직접 접근할 수 있는 것은 아니며, 대개 이를 완전하게 바꿀 수 없다. 맥락의 일부 상징 및 내부 요소는 제거하거나 대체할 수 없다. 예를 들어, 이명으로 괴로워하는 사람이 듣는 소음, 섬유근육통으로 힘든 사람이 겪는 고통, 외상 생존자의 힘든 기억을 제거하는 것은 불가능하다. 맥락의 외부 또는 사회적 요소는 바뀔 수 있지만, 실제로 거의 접근할 수 없다. 이론적으로는 직업을 잃은 우울한 내담자가 직장을 되찾도록 도와줌으로써 삶을 향상시킬 수 있다고 가정할 수도 있지만, 구체적인 세상에서 이는 가능하지 않을 수도 있다. 맥락적 요소를 직접 변경할 수 있는 경우에도 내담자 스스로 이러한 변화를 꾀할 수 있도록 내담자의 행동을 활성화해야 하는 경우가 많다. 이전 예에서 내담자가 더 일찍 잠자리에 들기 위해서는 이 행동에 동기를 부여하거나 방해하는 맥락적 요소를 먼저 바꾸어야 한다. 다행히도 맥락적 요소를 제거하거나 바꿀 수 없는 경우 다른 접근이 가능하다. 맥락을 직접 변경하지 않고도 맥락의 영향을 변경할 수 있다. 그런 취지로 우리가 사용할 수 있는 최상의 도구는 아마도 언어일 것이다. 왜냐하면 언어를 사용하면 무엇이든 아무것이나 될 수 있다. 이 무한한 잠재력이 종종 내담자 문제의 핵심이지만, 장애물을 변화의 기회로 바꿀 때와 같이 유용한 맥락의 상징적 변형도 이끌어 낸다.

언어는 우리와 우리의 내부 또는 외부 경험(즉, 우리의 맥락) 사이에서 필터 역할을 한다. 이 필터는 경험에 대해 알아차림을 높일 수도 낮출 수도 있으며, 경험의 의미와 영향을 변화시키고, 우리가 경험과 상호작용하는 방식을 수정할 수 있다. 비록 우리는 대부분 행동에 영향을 미치는 하나의 변수로서 언어를 논의했지만, 언어 자체도 *행동임*을 기억하는 것이 중요하다. 언어는 우리가 *행하는* 무언가이다. 이는 우리가 행위를 바꾸기 위해 경험에 대한 지각을 변경하는 데 이 필터를 *사용*할 수도 있음을 의미한다. 어떤 의미에서 언어는 *상징적 맥락화symbolic contexting*로, 맥락을 상징적으로 변형하여 맥락에 대한 반응을 바꾸는 행동이다.

언어가 행동이라는 점을 고려하면, 언어는 맥락을 변형시키고 맥락에 대한 반응에 영향을 미칠 뿐만 아니라 맥락의 영향을 받기도 한다. 심리치료에서 우리는 어떤 맥락이 내담자의 언어를 조형할 수 있는지를 생각해야 한다. 그리고 대부분은 치료자 자신의 언어를 포함한 치료자의 행동이 그 맥락에 해당한다. 치료자의 말, 제스처, 자세, 얼굴 표정은 임상관련 경험과 상징적으로 관계반응을 하는 새로운 방식을 유발하고 강화할 수 있는 맥락적 단서가 된다. 이 과정을 통해 내담자는 내재적으로 경험을 바꿀 수 없는 경우에도 이러한 경험과 상호작용하는 더 효과적인 방법을 점진적으로 학습한다.

강박 사고에 대응하기 위해 의식rituals 행동을 하는 내담자가 "나는 손을 씻어야 해"라고 말하는 상황을 상상해보라. 치료자는 다음과 같은 다른 공식화를 사용하여 이 진술을 되돌려줌으로써 내담자의 언어 맥락을 변경할 수 있다. "당신은 손을 씻어야 한다는 생각을 가지고 있다." 이런 식으로 구성되면, 내담자는 이 생각과 다르게 관계를 맺기 시작할 수 있고 생각의 상징적 기능이 변형될 수 있다. 오래된 반응을 재검토할 수 있으며, 새로운 반응이 나타날 수 있다. 내담자는 생각이 말하는 내용에 반응하는 대신 생각의 과정을 알아차릴 수 있다.

이 단락에서는 맥락 변수가 행위에 미치는 영향을 바꾸는 데 사용할 수 있는 RFT 원리를 기반으로 한 세 가지 주요 과정을 다룬다. 첫 번째 과정은 언어를 사용하여 경험의 관찰, 기술, 추적을 통해 내담자의 기능적 맥락 알아차림 향상시키기이다. 두 번째는 심리경험을 정상화하고 행위의 효과성을 평가함으로써 내담자가 일관되기만 한 것이 아닌 효과적인 방식으로 경험을 이해할 수 있도록 언어 사용하기이다. 그리고 세 번째는 반응 유연성을 높이는 맥락을 설정하기 위해 언어를 사용하는 과정으로 이뤄진다.

기능적 맥락 알아차림 향상시키기 Increasing Functional Contextual Awareness

목표 The Goal

모든 행위는 맥락에서 발생하며 그 맥락에 포함된 것에 많은 영향을 받는다. 영향력의 맥락적 원천을 식별하는 것은 평가 과정의 핵심이지만, 행동변화를 활성화하려면 이 원천의 영향을 변화시켜야 한다. 내담자는 자신의 내면과 외부 세계에 대한 좋은 관찰자가 되는 법을 배우고, 자신이 알게 된 것을 바탕으로 무엇이 효과가 있을지에 관한 아이디어를 이끌어 내는 것을 배울 필요가 있다.

RFT 관점에서 이것이 중요한 이유 Why This Is Important, from an RFT Point of View

건강한 변이variation와 효과에 바탕을 둔 선택 없이는 행동이 효과적으로 진화하지 못한다. 모든 심리적 사건은 일단 탈맥락화decontextualized되면 과잉 확장될 수 있다. 맥락의 변이에 민감하지 않으면 하나의 관찰이 규칙으로, 생각이 믿음으로, 기억이 이야기로, 감정이 기분으로, 행동이 습관으로 바뀐다. 이것은 특히 규칙에서 문제가 될 가능성이 높다. 가장 유연한 형식의 규칙은 기능적 수반성을 기술한다. 규칙을 만드는 사람이 자신의 행동, 감각, 생각, 느낌, 기억 그리고 이 모든 것이 일어나는 내부 및 외부 맥락과 접촉하지 않는 경우 기능적 수반성에 관한 기술이 불가능하다. 장애물을 극복하기 위해 동기를 늘릴 때처럼 때로는 맥락의 일부 측면에 대한 무감각이 임상 목표가 되기도 하지만, 이는 더 유용한 경험에 민감도를 높이기 위해서다(7장을 보라). 생명을 위협하는 재난의 급박한 요구에 직면할 때와 같이 회피나 심지어 억제가 유용할 때도 있다. 그러나 시간이 흐른 뒤에 보았을 때 건강한 심리적 성장을 고취하기 위해서는 내담자가 내면 혹은 상징적이든 자신의 경험과 더 많이 접촉하도록 돕고, 행위의 맥락을 더 잘 인식하도록 하는 것이 거의 언제나 유용하다.

이 방법이 다양한 임상 전통과 어떻게 만나는가
How This Method Touches on Various Clinical Traditions

거의 모든 주요 임상 전통에서 내담자가 자신의 내부 및 외부 세계를 더 잘 관찰할 수 있게 가르치려 한다. 행동 치료자는 중재와 연관된 표적을 고르기 위해 내담자 행위에 영향을 미치는 맥락 변수를 식별하고 싶어한다(예, 변증법적 행동치료에서의 사슬 분석 또는 관찰 및 기술description). 인지 치료자는 생각이 가진 인지 오류를 드러내고 궁극적으로는 이를 수정하기 위해 내담자가 자신의 생각과 이런 생각을 일으키는 상황에 주목하도록 돕는다. 인본주의 치료자는 내담자가 자신의 직접 경험과 더 깊이 접촉하도록 돕고 이상화된 자기와 현실 자기 간의 갈등을 해소하기 위해 협력적인 접근법을 사용한다. 정신 역동 치료자는 내담자가 숨겨진 충동, 갈등, 방어기제, 욕망을 훨씬 더 잘 알아차리고, 더 잘 알고 솔직할 수 있는 방법을 배우기를 원한다. 실존주의자들은 죽음, 무의미함, 자유에 직면함으로써 발생하는 불안에 맞서지 못하는 무능력에서 오는 해악을 밝히려고 한다. 따라서 거의 모든 임상 전통은 관찰 및 기술의 맥락적 민감성을 개선하려 한다.

어떻게 이것을 할 것인가 How to Do It

넓게 보면 치료자는 내담자가 자신의 행위와 이에 영향을 미치는 맥락의 다양한 요소를 관찰하고 기술하도록 격려하기 위해 언어를 사용한다. 외부 맥락에 있는 명백한 요소는 상대적으로 관찰하기 쉽지만(예, 다른 사람의 표정, 실내 온도 변화), 내담자의 맥락의 상당 부분은 내부 경험(감각, 생각, 감정)으로 만들어져 있다. 이러한 요소는 맥락의 외부 요소보다 덜 가시적이어서 종종 알아차리지 못하지만, 그럼에도 대개 내담자 행위에 강력한 영향을 미친다. 따라서 치료 작업은 감각, 생각, 감정 알아차리기를 증대시키는 데 중점을 두는 경우가 많다. 그다음 맥락의 다양한 내부 및 외부 요소를 내담자의 행위와 연결하는 기능적 관계로 관찰 및 기술 과정을 확장한다. 기능적 기술을 공식화하면서 기능의 새로운 규칙을 추출한다. 이러한 새로운 규칙을 또다시 과잉 일반화된 방식으로 적용하는 위험을 피하려면 기능적 맥락 알아차림을 가지고 규칙을 따를 필요가 있다. 내담자는 규칙을 따를 때마다 기술하거나 예측한 수반성과 경험한 수반성 사이의 상응 관계를 확인하도록 권장해야 한다. 따라서 성공적인 심리치료는 관찰, 기술, 추적과 같은 보다 일반적인 기술에 관한 일종의 학습 연구실을 제공하는 경우가 많다.

은유적으로 내담자는 이전에 방문한 적 없는 장소를 탐색하는 것과 같은 방식으로 이 과정에 접근하도록 격려 받는다. 길이 없는 야생 환경에서 하이킹하고 있다고 상상해보라. 당신은 오른쪽의 밀집된 나무, 왼쪽의 바위, 길을 따라 있는 강과 같이 이곳의 모든 특징을 주의 깊게 관찰해야 한다. 주목한 것을 기억하기 위해 지도를 그리고 관찰한 것을 가능한 정확하게 기록한다. 목적지에 도달하기 위해 따라간 단계를 기억하려고 지도에 여정을 그릴 수도 있다. 기록을 이용하여 길을 다시 쉽게 찾거나 당신의 경로를 다른 사람에게 보여줄 수 있다. 이 지도를 효과적으로 사용하려면 지도에 그려진 것과 실제 본 것 사이의 상응성을 확인해야 한다. 맹목적으로 지도를 따라가면 원하는 곳으로 가기 어려울 수도 있다. 특히 다른 누군가가 그린 지도를 이용하고 있다면 말이다.

보다 일반적인 기술의 확립이 목표이므로, 이 과정에서 치료자의 역할은 관찰과 기술을 해주는 것보다 불러일으키는 것이 우선이다. 이런 식으로 잘 진행된다면 내담자는 단지 치료자가 제안한 특정 반응보다는 자신의 경험을 바탕으로 관찰하고 결론을 이끌어 내는 전반적인 과정을 배우게 된다. 이 과정에서, 치료자는 무엇을 관찰하는 것이 유용할지와 행위와 행위의 맥락을 더 잘 인식하는 내담자의 능력에 따라 여러 목적을 지닌 다양한 관계 구성틀을 활용할 수 있다.

관찰Observation. 내담자가 자신의 경험과 접촉하지 못하고 있지만 (그의) 자발적 기술 개발의 가능성을 높이기 위해 내담자가 경험하고 있는 것을 우리가 직접 말해 주길 원치 않는다면, 우리는 잠재적으로 유용한 맥락적 요소들로 내담자의 주의를 돌릴 필요가 있다. 맥락의 다양한 특징에 직접 주의를 기울이기 위해 *공간* 및 *시간적* 단서를 사용하여 답을 주지 않고도 방향을 잡을 수 있다. 제스처, 목소리의 크기 및 속도와 같은 비언어적 단서를 탐색을 유발하는 미묘한 방법으로 활용할 수 있다. 예를 들어, 치료자는 자신의 가슴에 손을 얹고 "여기서 무엇이 느껴지나요?"라고 말할 수 있다. 치료자는 천천히 또는 조용히 말하며 내담자가 지금 여기에서 일어나는 일에 더 많이 접촉하도록 도울 수 있다. 맥락에 민감한 관찰을 증가시키기 위해 *어디, 여기, 거기(공간적) 언제, 지금, 그때*

(시간적), 그리고 더 구체적인 장소와 시간(예, *당신의 가슴에서, 팔에서, 집에서, 아침에, 밤에, 방금 전에*)과 같은 언어 단서를 치료 회기의 자연스러운 상호작용에 포함할 수 있다.

때로는 내담자가 갇혀 있어, 기본적인 공간 및 시간적 단서만으로는 경험 중 일부를 알아차리는 데 충분한 도움을 줄 수 없을 때도 있다. 내담자가 이러한 경험에 주의를 기울이는 법을 한 번도 배우지 못했거나(예, 가족의 무관심, 비수인, 또는 문화적 요인 때문) 오랫동안 자기 생각, 감정, 감각을 회피한 경우(예, 때때로 학대 상황에서 발생하는 것과 같은 가족 내 초기 트라우마 또는 회피 때문)에 일어날 수 있다. 보다 민감한 주제를 탐색할 때 대부분 내담자에서 일어나는 일이기도 하다. 이런 경우 유추 구성틀을 사용하면 경험을 보다 구체적이고 관찰하기 쉬운 무언가로 바꿀 수 있다. 예를 들어, 치료자는 다음처럼 말할 수 있다. "사진을 보는 것처럼 당신의 느낌을 관찰하고 있다고 상상해 보세요." 또는 "대화를 글로 옮겨 적듯이 당신의 생각이 기록이 되고 있고, 하루가 끝날 때 이 기록을 읽는다고 상상해 보세요."

직시적 구성틀 또한 내담자가 자신의 경험을 다른 관점에서 바라보고, 원래 관점에서 볼 수 없었던 것을 주목하도록 유도할 때 유용할 수 있다. 예를 들어, 치료자는 "그날 당신과 함께 있었던 남편의 눈으로 이 공황 발작을 보고 있다고 상상하세요"(내담자의 경험에 다른 사람의 관점 채택하기) 또는 "여동생이 같은 상황에 처했다고 상상하세요. 그리고 동생이 무엇을 하는지 관찰하세요"(내담자의 관점 안에 다른 사람 넣기)라고 말한다. 후자의 기법은 자기 인식self-awareness이 고통스러운 경험을 촉발할 때 특히 유용하다. 먼저 다른 무언가나 다른 사람에 대해 이야기를 한 다음, 자신의 경험과 유사한 점에 점진적으로 주목하기가 더 쉬운 경우가 많다.

기술*Description*. 심리경험을 더 많이 관찰하면 내담자 주의를 특정 방향으로 향하게 하는orienting 단서가 언어 반응을 불러일으키기 시작하기 때문에 자연스럽게 기술description이 광범위하게 증가한다. 그러나 기술은 실제로 그보다 더 구체적이며, 기술하기는 대개 구체적으로 표적으로 삼아야 하는 기술skill이다. 특히 내담자가 생각, 감정 또는 감각에 단어를 붙이는데 어려움을 겪는다면 더욱더 그러하다. 내담자는 경험의 유용한 특성을 숨기는 판단judgment에서 벗어나는 법을 배워야 한다. 예를 들어, 부정적인 형용사(예, 끔찍한, 참을 수 없는, 최악의)를 많이 사용하여 감각을 기술하는 내담자는 어디서 그것을 느끼는지, 언제 시작되는지, 실제로 무엇처럼 느껴지는지, 언제 멈추는지와 같은 다른 측면을 주목하기가 더 어려울 수 있다. 그러므로 기술하는 기술을 개발하기 위해 치료자는

종종 내담자가 판단에서 좀 더 중립적인 기술로 이동하도록 도와야 한다. 이는 대등 및 계층 구성틀을 활용하여 판단을 제한한 상태로 경험에 이름이나 명칭 붙이기를 유발함으로 행해질 수 있다. 예를 들어, "끔찍해요"라고 말하는 내담자에게 치료자는 "그건 어떻게 느껴지나요? 어떤 종류의 감각을 느끼나요?"라고 물을 수 있다. 그리고 이 내담자가 "끔찍한 두통이에요. 제 마음은 역겨운 그림으로 가득 차 있어요"라고 대답한다고 상상해보라. 치료자는 이러한 평가를 직접적으로 다루지 않고 내담자 경험을 더 정확하고 덜 비판적으로 기술하도록 다시 독려하거나(예, "두통에 관해 더 자세히 설명해 주시겠어요? 이러한 감각을 어떻게 기술할까요?") 좀 더 중립적인 용어로 판단 자체를 경험으로 기술하도록 이끌 수 있다(예, "끔찍함이 무엇처럼 느껴지나요?").

내담자가 기술하기를 어려워하면, 유추 구성틀을 사용하여 보다 구체적인 무언가와 대등하게 만들면 정의하기가 더 쉬워진다. 예를 들어, 치료자가 감각을 단어로 옮길 수 없는 내담자에게 "만약 그것에 색이나 형태가 있다면, 어떤 모습일까요?" 또는 "만약 당신이 노래에 관해 이야기를 하고 있는 거라면, 이 감정을 어떻게 묘사할 수 있을까요?"라고 말할 수 있다. 또한 치료자는 단어를 찾기 전 첫 번째 단계로 경험의 잠재적인 특성을 모방한 제스처와 같은 물리적 비유를 사용할 수 있다(예, "당신이 지금 어떻게 느끼는지를 보여 주는 자세를 취해본다면, 그게 어떤 모습일까요? 저에게 기꺼이 보여줄 수 있을까요?"). 내담자가 기술하는 데 어려움을 겪을 때, 대개 자연스럽게 은유적 언어를 사용하기 시작한다(예, "그건 무거운 느낌이에요"). 치료자는 이러한 종류의 단서에 주의를 기울여야 하며, 내담자가 은유를 펼쳐내어 관찰한 것에 부합할 가능성이 높은 자신만의 은유를 만들 수 있는 열린 질문을 통해, 경험을 더 세밀히 기술하도록 도와야 한다(예, "무엇처럼 무거울까요? 그건 얼마나 무거울까요?"). 내담자가 여전히 어려워하면, 치료자는 관찰한 경험과 부합하는지를 내담자가 결정하게 하면서 제안을 할 수 있다(예, "바위처럼 무겁나요? 아니면 가방이랑 더 비슷할까요? 이 느낌은 얼마나 많은 공간을 차지하나요? 작지만 매우 무겁나요, 아니면 더 넓게 퍼져있나요?").

직시적 구성틀 또한 사용할 수 있다. 왜냐하면 직시적 구성틀이 만드는 심리적 거리가 종종 내담자 자신의 경험을 더 다양한 방식으로 이야기하도록 개방하고 상징으로 뒤얽힌 경험의 즉각적인 영향을 줄이기 때문이다. 예를 들어, 치료자는 "당신이 여기 앉아 있는 당신을 보며 저기 서 있다고 상상해보세요. 당신은 무엇을 보게 될까요?" 또는 "당신이 영화를 보는데 영화의 주인공이 당신이 지금 겪고 있는 것과 같은 사건을 겪고 있다면, 그가 어떤 감정을 느끼리라 생각하나요? 이 장면에서 설득력을 가지려면, 감독이 배우에게 어떤 지시를 내릴까요?"라고 물을 수 있다. 앞에서 말했듯이, 이런 접근은 자기-인식이 고통스러운 경험을 촉발할 때 특히 유용하다.

보통 구체적인 기술하기가 일반적인 기술하기보다 더 유연하기 때문에, 내담자가 현재 경험을 다른 시간 및 장소에서의 경험과 구분하는 데 도움이 되는 구별 및 비교 구성틀은 종종 행동변화에 유용하다. 예를 들어, 치료자는 "이 느낌은 당신이 집에 혼자 있을 때의 느낌과는 다른가요?", "사람들에게 둘러싸여 있을 때 이런 생각을 더 자주 하나요?", "이 감각은 아침에 더 세나요?"라고 물을 수 있다. 마치 내담자를 통해 치료자의 호기심을 충족하거나 자세한 양식을 채우는 것처럼 '정보 수집하기'가 요점은 아니다. 요점은 내담자가 경험과 그 맥락을 보는 것을 배우고 맥락에 민감한 행동적, 인지적, 정서적 민첩성을 고취하는 것이다. 질문과 탐지probes를 내담자에게 호기심을 유발하도록 고안하여, 그가 자신의 경험에 관한 더 섬세한 관찰자가 되도록 돕는다.

건포도 먹기와 같은 명백하게 중립적인 사건으로 이런 탐색을 하는 것이 실제 도움이 될 수도 있지만, 일반적인 임상 작업에서 내담자는 검토하려는 경험과 임상적으로 의미 있는 목표에 영향을 미칠 수 있는 변수들 사이의 관계를 보거나 감지한다면 그 과정을 보다 더 기꺼이 받아들일 것이다.

다음 짧은 장면은 내담자의 관찰 및 기술하기 기술을 향상시키기 위한 다양한 기법의 예를 보여 준다.

치료자 제가 당신의 대인관계를 언급하니 방금 말을 멈추었습니다.

내담자 네. 제 대인관계에 관해 생각하는 걸 좋아하지 않아요.

치료자 무엇이 싫은가요?

내담자 모르겠어요. 그냥 지금은 생각하고 싶지 않은 것 같아요.

치료자 제가 당신의 대인관계를 언급했을 때 어떻게 느꼈는지 물어봐도 될까요?

내담자 네 괜찮아요. 하지만 무엇을 말해야 할지 모르겠어요. 지금은 아무 생각이 안 나고 멍해요.

치료자 '멍함blank'은 어디에 있나요?

내담자 (눈앞에서 손을 움직이며) 바로 여기요. 그냥 멍해요.

치료자 그렇게 말하면서, 당신 안의 어떤 것이든 알아차린 게 있나요?

내담자 화가 나요.

치료자 화도 거기에 있나요? 아니면 다른 곳에 있나요?

내담자 음… 아니요. 화는 지금 턱에 더 많이 있는 것 같아요.

치료자 턱에서 어떤 느낌이 드나요?

내담자	어떻게 기술해야 할지 모르겠어요.
치료자	만약 당신이 저쪽에 앉아 바로 지금 여기에 있는 자신을 바라본다면, 무엇을 보게 될 것 같나요?
내담자	긴장한 남자를 보게 될 것 같아요. 죄송해요. 당신 때문이 아니에요. 그걸 알기 바라요.
치료자	네, 저도 알아요. 그렇게 말해줘서 고마워요. 그래서 긴장이요? 턱에서요?
내담자	(긴장을 풀기 위해 턱을 움직이고 심호흡을 한다) 네… 당신이 묻기 전에는 그걸 정말로 알아차리지 못했어요. 저는 지금 조금 날이 서 있는^{edgy} 것 같아요.
치료자	날이 서 있다고요? 무언가의 가장자리에 있는 것처럼요?
내담자	네. 정확해요.
치료자	무엇의 가장자리라고 생각하나요?
내담자	모르겠어요.
치료자	만약 그것이 당신이 볼 수 있는 구체적인 무언가라면, 어떤 것의 가장자리와 더 비슷할까요? 절벽, 산, 칼, 다이빙 보드?
내담자	아니요, 다이빙 보드는 아니에요. 점프하고 싶은 느낌이 들기는 하지만… 당신한테 그런 건 아니고요. 그냥… 떠나거나 하고 싶어요.
치료자	무언가를 떠나고 싶나요, 아니면 어딘가로 가고 싶나요?
내담자	무언가를 떠나고 싶어요.
치료자	그게 무엇일까요?
내담자	이 느낌.
치료자	(자신의 눈앞에서 손을 움직이며) 멍함 아니면 화?
내담자	멍함이요.

이 짧은 장면 초반에 내담자의 대인관계에 관한 이야기를 방해하고 있다고 보이는 경험을 관찰할 수 있도록 치료자가 대등 구성틀 단서를 사용하고 있다. 내담자가 자신이 느낀 것을 식별하려고 계속해서 애쓰고 있을 때, 치료자는 공간적 단서를 사용하여 내담자가 은유(눈앞을 가리는 손)를 제시하도록 이끌었고, 이 은유는 기술("그냥 멍해요")의 유용한 출발점이 되었다. 더 많은 대등 단서를 이용하여 내담자의 기술은 느낌("화")으로 이어졌다. 치료자는 구별 구성틀("그것도 거기에 있나요? 아니면 다른 곳에 있나요?")과 직시적 구성틀("만약 당신이 저쪽에 앉아 바로 지금 여기에 있는 자신을 바라본다면, 무엇을 보게 될 것 같나요?")을 사용하여 내담자가 더 정확하게 관찰하고 기술하

도록 도왔다. 마지막으로, 치료자는 내담자가 자연스럽게 가져온 다른 은유("날이 서 있음 edgy")를 사용하여 그가 느낌에서 회피하고 싶다고 느꼈음을 식별하는 데 도움을 주었다.

추적Tracking. 추적을 조형하면, 내담자가 자신의 경험을 함께 연결하는 *기능적 관계*를 고려하는데 도움이 되어 한 단계 더 나아가게 된다. 이는 내담자가 심리적 반작용reactions을 불러일으키는 조건과 행위의 영향을 주목하는데 기본이 된다. 관찰 및 기술 과정과 마찬가지로 치료자는 내담자가 가능한 한 스스로 추적하도록 우선적으로 격려해야 한다. 여기에는 두 가지 장점이 있다. 하나는 추적의 형태로 위장한 응종 및 반응종의 위험을 제한한다. 다른 하나는 치료자에 대한 의존의 위험을 제한하고 내담자가 치료 밖에서 스스로 관찰하고 결론을 내리도록 훈련시킨다.

추적 과정에서, 내담자가 경험을 기술한 후에 직접 경험한 선행사건, 행동, 결과(수반성에는 생각, 느낌, 감각이 포함됨) 사이의 조건부 구성틀에 기반한 질문이 이어진다. 일례로, 치료자는 "당신이 방을 떠나기로 하기 직전에 무슨 일이 있었나요? 그리고 그 결과로 무슨 일이 일어났나요?"라고 물을 수 있다. 여기에서 또한 유추 및 직시적 구성틀이 내담자가 주목하기 더 어려운 기능적 관계를 주목하는데 도움을 준다.

이미 알거나 관찰하기 쉬운 수반성을 지닌 구체적인 상황을 여러 은유와 연결하여 내담자의 추적을 향상하는 데에 사용할 수 있다. 예를 들어, 감정에서 벗어나려는 시도의 역효과와 모래 늪 속에서 몸부림치는 것의 결과 사이에 유사점을 이끌어 낼 수 있다. 또한 기능적 순서를 모방하는 제스처는 내담자가 수반성 분석에 포함된 여러 요소의 영향에 주의를 두도록 이끌 수 있다(예, 선행사건-행동-결과 순서를 왼쪽에서 오른쪽으로 손을 움직임으로써 나타냄). 이 과정은 8장에서 자세히 살펴볼 것이다.

시간적 관점취하기는 기능적 관계가 시간에 따라 펼쳐진다는 점을 고려할 때 종종 도움이 된다. 예를 들어, 치료자는 약물을 사용하고 싶은 촉박감urge에 따른 행위의 영향을 주목하는 데 어려움을 겪고 있는 내담자에게 질문해볼 수 있다. "이 상황에 똑같이 접근한다고 상상해보세요. 지금으로부터 1년 후 당신 삶은 어떤 모습일 것 같나요? 1년 후 당신의 인생이 어떨지 그저 마음속에 그려보세요. 무엇이 보이나요?" 관점취하기 내에서 사람 사이의 이동은 자신의 행동이 다른 사람에게 미치는 영향을 주목하는 데 도움이 될 수 있다("이 논쟁을 그녀의 관점에서 본다면, 당신이 그 말을 했을 때 그녀가 어떤 느낌을 받았다고 생각하나요?"). 또는 완전한 수반성을 알아차리는 데 방해가 되는 방어적인 태도와 자기 판단을 줄일 수 있다("이 일이 마치 다른 사람에게 일어난 것처럼 살펴봅시다").

더 정밀성을 얻기 위해, 치료자는 단기, 장기, 가변적인variable 결과를 탐색하려고 비교 및 구별 구성틀을 활용할 수 있다. 예를 들어, 치료자는 "침대에 머물기로 결정한 후 기분이 나아지거나 나빠졌나요? 몇 시간 후는 어떤가요? 여전히 같거나 달라졌나요?", "다른 사람과의 대화를 피하면, 항상 덜 불안하나요?", "그건 가끔 일어나나요? 아니면 항상 일어나나요?"라고 물을 수 있다. 기술된 수반성이 다른 맥락을 얼마나 전형적으로 나타내는지를 평가하기 위해 다양한 상황을 탐색할 수도 있다. 이는 규칙 따르기에 수반될 수 있는 과잉일반화를 방지하는 데 특히 유용하다. 충분히 맥락적으로 결부되어 있지 않은 경우에는 추적하기도 과잉일반화의 위험성이 있다.

다음 대화는 외상 후 스트레스 장애로 힘든 내담자의 추적 과정을 보여 준다.

치료자 이런 힘든 생각에 관해 더 자세히 말씀해 주시겠어요? 어떤 상황에서 나타나나요?

내담자 특히 사람이 많은 갇힌 공간에 있을 때요. 제가 수업할 때처럼요. 교실은 위험하지 않다는 것을 알면서도 폭행을 당했을 때가 생각나요. 모두가 저를 쳐다보면 압박감이 느껴져요. 갇힌 느낌이에요.

치료자 그건 정말 힘든 느낌이네요. 교실에서 이러한 생각과 느낌이 있을 때 어떻게 하나요?

내담자 지난 몇 주 전 마지막으로 출근했을 때, 10분 후에 나왔어요. 아픈 척하면서요.

치료자 나온 직후 기분이 어땠나요? 여전히 외상 경험을 생각하고 있었나요?

내담자 네. 사실 다른 것은 생각할 수 없었어요.

치료자 그리고 압박감을 느끼는 것은 어떻게 되었나요?

내담자 교실을 떠났을 때 나아졌어요. 모두의 눈이 저를 향하고 있다는 걸 더 이상 보지 않아도 돼서 안도했어요.

이 첫 번째 상호대화에서 치료자는 선행사건(교실 안에 있음, 압박감을 느낌), 행동(교실을 떠나기), 결과(압박감은 덜 느끼나 여전히 외상 기억을 생각하는 것) 사이의 기능적 관계를 강조하기 위해 시간적 및 조건부 구성틀을 강조하며 내담자가 경험을 기술하도록 장려한다.

치료자 괜찮다면 중요한 무언가를 놓치지 않기 위해 지금 말한 내용을 당신과 함께 차근차근 검토하고 싶네요.

치료자는 내담자가 선행사건, 행동, 결과의 순서를 재구성하여 정밀한 기능적 기술

의 공식화로 이어지도록 준비를 시키고 있다.

내담자　괜찮아요.

치료자　먼저 당신은 교실로 갔어요...

내담자　그 후 저는 매우 불안해지기 시작했어요. 모두가 저를 보고 있는 것을 보았어요. 그건 저에게 일어났던 일을 생각나게 했어요. 저는 압박감을 느꼈어요. 더는 참을 수 없어서 자리를 떠났어요.

치료자　그리고 다음에 무슨 일이 일어났나요?

내담자　안도감을 느꼈어요.

치료자　좋아요. 그리고 여전히 당신에게 일어났던 일을 생각하고 있었다고 말했어요. 그렇죠?

내담자　네. 저는 그것 말고는 다른 걸 생각할 수 없었어요.

치료자　그건 당신에게 어떻게 느껴졌나요?

내담자　끔찍해요. 그 생각에서 벗어날 수 없었어요. 결코 벗어날 수 없어요.

치료자　당신 마음속에 항상 있네요... 정말 힘들겠어요. 그런데 그 생각에서 벗어나기 위해 여전히 노력하고 있었나요?

내담자　네. 저는 압박감을 멈추고 싶었어요.

치료자　압박감에서 벗어날 수 있었나요?

치료자는 내담자가 교실에서 도피하는 것의 결과에 주의를 기울여 회피의 영향을 평가하도록 이끈다.

내담자　압박감은 느껴지지 않았어요.

치료자　그 이후 다시 압박감을 느낀 적이 있나요?

치료자는 내담자가 장기 결과에 주의를 기울여 회피의 영향을 보다 정밀하게 평가하도록 이끈다.

내담자　(한숨) 거의 항상 그랬죠...

치료자　심지어 당일에 다시 압박감을 느꼈다는 뜻인가요?

내담자　네. 그랬어요. 저는 항상 압박을 느껴요.

치료자　그렇군요. 하지만 교실을 떠났을 때는 압박감을 느끼지 않았다고 했었죠?

치료자는 정밀성을 얻기 위해 비교 구성틀을 사용한다.

내담자　네... 하지만 얼마 지나지 않아 모든 것이 다시 나를 압박하는 것 같았어요.

치료자　그렇군요... 계속 도돌이표군요? 당신이 교실을 떠날 때 압박감을 덜 느끼기를 원했어요. 종합해서 보면 교실을 떠날 때 압박감을 덜 느낀다고 말할 수 있나요?

내담자　압박감이 약간 줄어들죠... 잠시 동안만.

치료자　단기간만요?

내담자　네. 단기간만요.

치료자　그러나 장기적으로는 그렇지 않고요?

내담자　네. 확실히 아니에요.

이 마지막 대화에서 치료자는 내담자가 단기 및 장기 결과의 차이를 관찰하도록 돕고 이 차이를 스스로 평가하도록 한다.

치료자　당신은 단기적으로만 압박감을 덜 느끼네요. 그리고 장소를 떠났을 때 항상 압박감을 덜 느끼게 되었나요? 아니면 가끔만 덜 느끼게 되었나요?

치료자는 내담자가 회피 결과의 가변성을 평가하도록 이끈다.

내담자　모르겠어요. 확실하지 않네요.

치료자　알아요. 아마 기억하기 어려울 겁니다. 압박감을 느껴서 그 장소를 떠났는데, 기분이 짧게나마 조금도 나아지지 않은 경우가 한번이라도 있었나요?

치료자는 내담자가 정밀성을 얻을 수 있도록 구별 구성틀을 사용한다.

내담자　콘서트에 한 번 갔었어요. 시작하기도 전에 자리를 떴어요.

치료자　그랬군요. 그리고 다음에 무슨 일이 일어났나요?

내담자　그저 진정하기 위해 몇 분만 밖에 나가야겠다고 생각했어요. 하지만 30분 후에도 여전히 매우 불안해서 안에 들어가지 않고 집으로 돌아갔어요.

치료자　그때는 자리를 뜬다고 해서 압박감이 사라지지는 않았네요...

내담자	네. 전혀요.
치료자	그건 당신이 압박감을 느낄 때 자리를 뜨는 것이 잠시 그 느낌을 없애지만, 항상 그렇지는 않다는 것을 의미하나요?
내담자	아마도요. 그러나 압박감을 느낄 때마다 바로 자리를 뜨기 때문에 항상 알아차리지는 못해요. 이런 순간들에 엄청 예민해져요. 다음에 무슨 일이 일어날지 그다지 신경 쓰지 않아요. 단지 더는 그곳에 머무를 수 없을 것 같다고 느껴요.
치료자	이해할 수 있을 것 같네요. 매우 예민할 때는 일어나는 모든 것을 알아차리기 어렵죠. 다 따져 보았을 때, 압박감을 느끼게 하는 장소를 떠나면 그 느낌이 사라진다고 말씀하시겠어요?
내담자	조금은 그렇지만, 항상은 아니라고 생각해요. 그리고 오래 가지 않아요.

이 마지막 대화에서 내담자가 다양한 경험들 사이에서 기능적 관계의 공식화를 하는 과정을 치료자가 함께 하고 있다. 치료자는 가능한 한 내담자 스스로 결론을 내릴 수 있도록 한다. 내담자가 상황의 중요한 측면을 고려하지 않으면, 치료자는 모든 답변에 열린 자세로, 내담자의 그 경험 영역에 관해 질문한다.

때때로 내담자가 너무 고통스러워하거나 완전히 길을 잃어, 효과적으로 추적하기 위해서 더 많은 안내guidance가 필요하다. 치료자가 내담자를 짧은 시간 동안만 볼 수 있는 설정에서는 직접적인 안내가 더 많이 필요하다. 치료 초반에 보다 지시적인 접근 방식을 사용하다가 점차 줄이는 것이 일반적이다. 정밀하고 기능적으로 접근하면 임상의가 자신의 규칙을 언급함으로써 생길 수 있는 위험을 약화시킬 수 있지만, 목표는 항상 내담자의 관심을 자신의 경험으로 향하게 하는 것이다. 이는 중요한 부분이다. 왜냐하면 임상의가 무엇을 지지해야 하는지를 알기 위해서는 응종과 선례따르기를 구별하는 작업이 필요하기 때문이다. 예를 들어, 치료자가 과제 연습을 제시하고 내담자에게 일어난 일을 관찰하라고 요청한다. 만약 내담자가 연습한 후 다시 방문해 "선생님이 말한 대로 하니 효과가 있었어요"고 말한다면, 이를 치료적 진전으로 보고 지지하는 것(예, "멋지군요!")을 주의할 필요가 있다. 이러한 반응은 연습 후 실제로 무슨 일이 있었는지에 관계없이 규칙 따르기를 강화할 수 있다. 왜냐하면 자연적으로 연관된 결과를 명확하게 언급하지 않았고, 규칙 따르기 행위를 조절하는 것이 무엇인지 아직 모르기 때문이다. 오직 지정된 행동(연습을 시도함)과 실제 수행한 행동 사이의 상응성만 강조된다. 대신 치료자는 내담자가 자신의 경험으로 다시 향하게 하여 행동의 결과에 접촉하고 자신의 관찰을 공식화하는데 도움을 주는 것이 가능하다(예, "'효과가 있었다'라고 말할 때, 그건 무슨 뜻일까요? 당신이 무엇을 했고, 무슨 일이 일어났다고 알아차렸나요?"). 따라서 선례따르기의 가능성을 높이려면 가능한 정밀하고 기능적인 접근을 유지하고, 기술하거나 예측한 수반성과 경험한 상황 간의 상응 정도를 내담자가 확인하도록 권장하는 것이 좋다. 우울증을 앓고 있는 내담자와의 다음 대화에서 이 기법을 관찰해 보자.

> **치료자** 지난 시간에 주중에 할 수 있는 여러 활동을 살펴보았습니다. 이러한 활동 중 일부를 할 수 있었나요?
>
> **내담자** 조금은 했어요.
>
> **치료자** 예를 들어 무엇을 했나요?
>
> **내담자** 지난 월요일에 영화를 보러 갔어요.
>
> **치료자** 어땠어요?
>
> **내담자** 모르겠어요... 당신이 하라고 해서 간 거예요.

치료자가 실제로 내담자에게 (명확히) 영화 보러 가라고 말하지 않았을 수도 있지만, 실제로 무슨 일을 일어나는지와 상관없이 내담자는 사회적으로 제공된 규칙을 따르려는 목적으로 이 활동을 수행한 것으로 보인다. 우울증을 앓고 있는 내담자는 처음 활동을 하면서 만족을 크게 경험하지 않고, 초반에 높은 응종을 보이는 경향성이 일반적이다. 결과적으로 내담자는 경험한 수반성 전체에 주의를 많이 기울이지 않는 상태로, 이전 회기 시간에 계획한 행동과 실제로 한 행동 간의 상응성에 대부분 초점을 맞추고 있다.

> **치료자** 다녀온 일에 관해 더 말씀해 주시겠어요? 무슨 영화를 보았나요?

활동을 하는 실제 목적에 관해 내담자와 논쟁하는 대신, 치료자는 영화를 본 경험에 주의를 기울인다.

> **내담자** 공상 과학 영화요. 제목은 잊었어요.
>
> **치료자** 좋은 영화였나요?
>
> **내담자** 나쁘지는 않았어요.
>
> **치료자** 어떤 점이 마음에 들었고, 어떤 점은 마음에 들지 않았나요?

내담자 줄거리는 좋았어요. 저는 공상 과학 소설을 많이 읽곤 했어요. 생각하게 만들어 주거든요. 그래서 많이 좋아하곤 했어요. 그러나 배우들이 별로였어요. 그들이 연기하고 있다는 사실을 잊기가 어려웠어요. 저는 영화라는 사실을 완전히 잊고 빠져들 때가 좋아요.

이 대화에서, 치료자는 내담자가 만족의 잠재적 원천(영화 보러 가는 것의 자연스러운 관련 있는 결과)과의 접촉을 늘리기 위해 구별 구성틀(어떤 점이 마음에 들었고, 어떤 점은 마음에 들지 않았는지)로 자신의 경험을 보다 상세하게 관찰할 수 있도록 도와준다.

치료자 영화관에 가는 것이 결국 긍정적인 경험이었나요? 부정적인 경험이었나요?
내담자 부정적이지는 않았어요. 약간은 긍정적이었어요. 그렇게 나쁜 경험은 아니었어요.
치료자 다시 해보고 싶은 경험일까요?
내담자 아마도요.
치료자 다시 해보고 싶은 동기는 무엇일까요?
내담자 좋은 영화를 찾을 수 있다면, 아마 좋은 시간을 보낼 수 있겠죠.

이 마지막 대화에서, 치료자는 내담자가 자신의 경험과 더 밀접하게 일치하는 수반성을 공식화(영화 보러 가기 → 즐거운 시간 보내기)할 수 있도록 돕고, 강화물로서 작용 가능한 치료자의 역할은 제쳐둔다. 이 짧은 장면에서 우리는 내담자가 새로운 무언가를 한 후에도 추적이 중요함을 알 수 있다. 관찰, 기술, 추적은 치료 전반에 걸쳐 적용해야 하는 지속적인 과정을 이룬다. 내담자가 맥락의 중요한 측면에 더 민감해짐에 따라, 새로운 행동에 참여하기 시작한다. 응종과 효과적이지 않은 규칙 따르기를 피하려면, 기능적인 눈으로 이런 새로운 행동을 관찰해야 한다.

기능적 감각 만들기 Making Functional Sense

목표 The Goal

언어를 사용한다면 최소한 어느 정도 일관성을 가지고 있다는 것을 암시한다. 따라서 심리경험을 다루기 위해 언어를 사용하는 것은 우리가 이 경험을 이해making sense하려 하고 있다는 것을 의미한다. 그러나 일관성의 함정을 피하려면, 심리치료는 내담자가 단지 일관적일뿐 아니라 도움이 되는 방식으로 자신의 경험을 이해하도록 도와야 한다. 우리는 이질적이고 불편한 생각, 느낌, 기억, 그리고 감각을 가지지만, 이 모두를 우리의 역사와 현재 맥락의 영향과 관련시키며 다양한 내부세계를 다루는데 최선으로 작동하는 것이 무엇인지로 방침을 삼을 수 있다. 그래서 정상화와 효과성은 임상 작업에서 이해하기[31] 의 우선적인 기준이다.

RFT 관점에서 이것이 중요한 이유 Why This Is Important, from an RFT Point of View

언어 자체는 이해하려는 끌림을 가진다. 쉽게 말해 관계를 유도하고 기능을 변경하는 과정들이 발생하려면 상징 네트워크에서 어느 정도의 일관성이 필요하기 때문이다. 네트워크가 일관성이 없다면, 무엇을 유도해야 할지, 따라서 어떤 기능이 변경될지 명확하지 않다. 웨이터가 당신이 무엇을 원하는지 물어보았을 때, 당신이 "다이어트 콜라"라고 말한다면, 이 두 사람은 "다이어트 콜라"가 특정 무설탕 소다를 의미함을 유도해야만 한다. 만약 당신이 실제로 "다이어트 콜라"라고 말하면서 와인 한 잔을 의미했다면, 웨이터에게 잘못 지시한 것이다(즉, 그가 이해하지 못할 것이다). 만약 그가 물 한 컵을 가져온다면, 당신도 이해할 수 없을 것이다.

문제는 본질적인 일관성이 의미 생성에 핵심이라면, 네트워크의 내적 일치성을 유지하려면 네트워크 일부를 같은 것으로 묶거나bracketing 한정해야 한다는 것이다. 이런 경우, 우리는 유용한 아이디어를 만들고 효과적인 선택을 하기보다 오히려 세상에 대해 타당한right 개념화를 선호하는 것으로 끝날 수 있다. 일관된 과학 이론이 실용적이고 효과적인 적용으로 이어지지 않는다면 쓸모가 없는 것처럼, "이것은 공평하지 않아. 나는 그 짐을 짊어질 수 없어"와 같은 규칙과 진술도 기술한다는 측면에서는 사실일 수 있지만 실용적인 면에서 소용이 없거나 심지어 해롭기까지 할 수 있다. 우리는 이런 모든 경험들이 의식과 계층적으로 관련이 있거나 안정적인 관점취하기의 감각이 있다면 일관성을 늘 찾을 수 있다는 점을 6장에서 살펴볼 것이다. 이 장에서는 기능적인 유용성에 기반한 일관성에 접근하는 방법에 초점을 맞출 것이다.

---

31) 역주, make sense를 '이해하기'로 번역하였으나, 이를 '의미 생성하기'로 번역하여도 적절해 보인다. 전반적인 읽기 흐름 상 '이해하기'로 번역하였다.

이 방법이 다양한 임상 전통과 어떻게 만나는가
How This Method Touches on Various Clinical Traditions

의식과 효과성에 기반한 이해하기는 많은 임상 전통에서 관심사이다. 예를 들어 인간중심 치료person-centered therapy는 인간의 자유를 위해 이상적이고 실제적 자기라는 더 커다란 내적인 조화를 조성하기 위한 진정성genuineness을 사용한다. 융 심리치료는 더 높은 영적인 목적을 위해서 대극의 쌍을 모두 의식에 지님으로써 통합을 하는 과정인 '개성화 individuation'를 통해 '성격 통합personality integration'을 추구한다. 많은 다른 예들이 있다. 우리의 요점은 이 목표가 심리치료의 광범위한 접근 방식에 걸쳐 일반적이라는 것이다.

어떻게 이것을 할 것인가 How to Do It

심리경험에서 기능적 감각을 만드는 것은 두 가지 주요 방식으로 이뤄진다. 역사 및 현재 맥락에 대한 반응으로서 생각, 감각, 그리고 감정을 정상화하고 수용하는 방식과 본질적인 진실보다는 아이디어, 개념 그리고 선택이라는 유용성에 초점을 맞추는 두 가지 방식이 있다.

올바르다는 것과 별개로 효과성 측면에서 생각하기에 보통 익숙하지 않으므로 본질적인 진실에 기반한 의미 만들기를 포기하는 것은 어려운 일이다. 하지만 치료자로서 우리는 내담자가 틀렸다고 납득시킬 필요가 없기 때문에 특히 강력한 치료 관계 안에서 효과성 측면에서 생각하기가 자유롭다. 작동하는 것이 무엇이냐에 집중하면 내담자의 삶을 주의의 핵심에 두게 된다. 이 부분이 내담자와 치료자들이 효과성에 집중하기를 일단 배우면 자주 감사해하는 점이다.

내담자들이 치료를 방문할 때, 종종 일정수준 정도 삶에서 일치하지 않는 것들을 경험하면서 괴로워한다. 그들이 하기를 원하는 것과 현재 하고 있는 것 사이의 불일치는 일반적으로 매우 고통스럽다. 내담자가 기대했던 것과 경험한 것 또는 발생할 것이라고 들었던 것과 발생했던 것 사이의 간극, 다른 사람이 겪을 거라고 생각한 것과 겪은 일 사이의 차이, 이 모든 것이 마치 무언가가 잘못되었고 삶이 진행되기 전에 바로 잡아야만 하는 것처럼, 비일관성의 감각을 키운다. 일관성에 관한 기준으로서 효과성을 설정하면 즉각적인 안도와 환영의 감각이 따른다. 내담자는 이제 삶이 더 잘 작동하도록 만들고 싶어 하며, 기능적인 일관성은 대개 완전 새로운 아이디어다.

행위와 열망aspiration 사이의 간격을 채우는 좀 더 자동적인 전략은 원하지 않는 심리경험 같은 맥락 요소를 제거하거나 대체하려 애쓰는 것이다(예, 고통스러운 감각을 회피하거나 촉박감을 억압함으로써). 내담자들은 바람직한 행동에 참여하는 것이 혐오스러운 감정도 가져온다면, 이에 참여하는 것이 불가능하다고 믿으면서 종종 치료를 시작한다. 혐오스러운 경험을 우선 제거하거나 대체할 필요가 있다. 예를 들면, 성적 학대의 생존자가 파트너와 좀 더 친밀한 관계를 원하지만 그와 좀 더 가까워지려 노력하는 매 순간 고통스러운 감정을 느낀다. 이런 감정은 좀 더 친밀해지는데 장벽으로 경험된다. 그러므로 내담자는 비일관적이라고 경험하는 바람직한 행동과 관련된 어려운 감정을 제거하려 애쓴다. 감정을 억압하려 시도하고 그것이 잘 되지 않는다면, 친밀함마저도 피해 버린다. 내담자가 해로운 강화물(예, 술을 마시고 싶은 촉박감)에 끌린다고 느끼기 때문에 문제있는 접근을 하거나 효과적인 행위에 참여하고 싶다고 느끼지 않기에 이런 행동을 포기할 때, 느낌과 행위 사이의 상응성에서 일관성을 찾으면 또한 어려움이 있을 수 있다.

대안적 접근은 현재의 맥락과 내담자의 역사에 어려운 심리경험을 연결하여 이런 경험을 정상화하는 것이다. 예를 들면, 다음과 같은 것들 사이에 일관성을 확립할 수 있다. 성적인 외상의 역사가 있는 것과 친밀함의 맥락에서 고통스러운 감정 느끼기, 중독의 역사와 술이 있을 때 마시고 싶은 욕구를 느끼기, 그리고 강화물 결핍의 역사와 아무것도 하고 싶지 않음 등의 사이에서 일관성을 확립할 수 있다. 내담자 상징 네트워크의 이런 부분에서 일관성을 확립하면(즉 경험을 이해하는 자신의 방식) 제거될 수 없는 맥락의 요소와 싸울 필요가 없어진다. 그 요소들의 의미가 달라졌다. 문제는 더 이상 문제가 아니며 내담자는 효과적인 행위에서 일관성을 발견하는데 초점을 둘 수 있다.

심리경험 정상화 *Normalizing Psychological Experiences.* 경험 정상화하기는 내담자가 현재 자신의 경험을 일관성이 없다고 보아, 결과적으로 이를 제거하거나 변화시키려 애쓸 때 (예, '나는 이렇게 불안하게 느껴서는 안 된다. 내가 뭐가 잘못된 거지? 이완하기 위해 무언가를 할 필요가 있어') 유용하다. 이런 맥락에서, 치료자로서 우리가 내담자의 경험을 비일관적인 것으로 보는 것 같다고 느끼게 하여 수치심 또는 저항을 촉발하지 않는 게 당연히 좋다.

내담자의 심리경험 정상화는 경험의 존재를 인정하고, 경험의 본성과 발생하는 조건에 귀를 기울이고, 조건부 구성틀을 사용하여 이런 경험을 내담자의 역사와 표적 행동의 현재 맥락과 연결하는 것으로 구성되어 있다. 예를 들어, 내담자가 즉각적인 불안을 느끼기에 파트너와 가까워질 수 없다고 설명한다면, 치료자는 "당신은 파트너와 좀 더 가까워지려고 노력했을 때 매우 불안함을 느낍니다(인정acknowledge). 당신에게 일어났던 일에 비추어 볼 때(역사에 연결), 당신이 좀 더 친밀해지려고 노력했을 때 이런 식으로 느끼는 것을 이해할 수 있습니다(현재 맥락과 연결)"라고 말할 수 있다. 대등 구성틀을 포함하는 간단한 진술은 또한 불안하고 혼란스러운 내담자가 현재 삶 속에서 겪고 있는 심리경험을 인간 삶의 정상 경험으로 전환할 수 있다(예, "그것은 정상적입니다", "얼마나 힘들겠어요!", "전적으로 이해할 수 있습니다").

직시적 구성틀은 심리경험을 정상화하고 수용하는데 매우 유용하다. 치료자 자신을 포함하여 다른 사람과 내담자 사이에 인간 속성이 공유하고 있다는 감각을 생성하는데 도움이 된다. 예를 들면 치료자는 "만약 제가 똑같은 일들을 겪었다면, 저도 아마도 똑같은 방식으로 느꼈을 것입니다"라고 말할 수 있다. 그러한 반응은 내담자가 직접적으로 타인의 경험과 관계하기에, 단순히 이런 느낌이 정상적이라고 언급하는 것보다 훨씬 더 강력하기조차 하다. 때때로 치료자는 내담자가 보고하는 내용이 너무 낯설어서 자신이 똑같은 상황과 똑같은 역사를 가졌다면 유사한 경험을 느꼈을 것이라고 쉽게 말하기 어려울 수 있다. 그러하더라도, 종종 이런 단절은 사실의 수준에 있는 것이다(예, 치료자는 총을 사용한 적이 없었고, 사람을 죽였어야만 했던 퇴역 군인과 이야기하고 있다). 인간으로 산다는 게 어떠한지의 수준에서 보았을 때에는, 개인의 역사와 상관없이 내담자와 치료자 사이에 차이는 없다. 진정성을 유지하고 연결을 증가하기 위해서, 치료자는 그러한 사건을 전혀 겪어 보지 못했기에 내담자의 입장에서 어떨지 모르지만, 비슷한 느낌과 연관 지을 수 있음을 인정할 수 있다. 비록 그 느낌이 내담자만큼 강렬하지 않고 다른 사건에 촉발된 것이라 하더라도 연결 지을 수 있다(예, 자신이 하지 않았으면 하는 무언가에 의해 유발된 죄책감). 또는 내담자의 입장에서 어떤 느낌일지를 알지 못한다는 점을 그저 인정하면서 내담자가 좀 더 공유해줌으로써 더 잘 이해하고 싶다고 전할 수 있다. 치료자가 또한 어려운 느낌을 대하는 새로운 접근을 모델링하는 하나의 방식으로 자신의 현재 심리경험을 전할 수 있다. 예를 들면, 치료자는 "당신에게 어려운 주제같이 느껴집니다. 당신이 삶에서 그러한 고통스러운 사건들을 겪어야만 했다는 것이 저를 슬프게 합니다"(한편, 치료자는 주제를 바꾸지 않고 어려운 느낌을 수용하는 본보기를 보여준다). 내담자의 고통으로 치료자의 감정이 움직이는 것을 내담자가 볼 때, 덧붙이는 말이 적더라도 수인 받는 감각이 생길 수 있다.

반응의 효과성 평가 유도하기 Evoking Assessment of Response Effectiveness. 내담자의 효과성 감각을 증진시키기 위해서, 치료자는 삶의 만족이 오래 지속되는가의 측면에 서서 내담자 행동과 결과 사이의 관계에 초점을 두고 조건부/시간 구성틀을 활용한다. 예를 들면, 한 내담자가 "아침에 일어나서 처음으로 하는 생각이 '난 오늘 하루를 견딜 수 없을 것이고 침대에 머무는 것이 더 좋겠다'입니다. 그래서 거의 매일 침대에 머물러 있습니다"라고 말한다면, 치료자는 "당신이 이 생각을 가지고 침대에 머물러 있을 때, 당신에게 중요한 것으로 더 가까워지나요, 아니면 더 멀어집니까?"라고 되물을 수 있다. 치료자는 "침대에 머무는 것이 더 좋겠다"는 말이 진실이 아니라고 내담자를 확신시키거나 이 생각을 다른 것으로 대체하려 노력하지 않는다는 것을 주목하라. 대신에, 효과성에 관해 질문하기는 그 생각에 대한 내담자 반응의 유용성을 평가하기 위한 맥락을 설정한다. 일부 임상 접근은 처음부터 반응 효과성 평가를 명백하게 심리경험을 정상화하는 방법으로 사용한다. 예를 들면, 일관성치료coherence therapy(Ecker, Ticic, 및 Hulley, 2012)에서 내담자는 자신이 실제로 문제 반응에 참여함으로써 얻는 이득이나 기대하는 바가 무엇인지를 탐색하도록 한다. 우리의 견해로는 이것은 경험을 정상화하는 유용한 방법이며 동시에 강화의 원천과 접촉하거나 의미 있는 목적을 추출하기도 한다. 그다음 만약 내담자가 자신의 현재 반응이 최선의 선택이 아니라는 것을 알게 되면, 대안적인 방법으로 이런 의미 있는 목적을 추구할 것이다(7장 참조).

치료자는 또한 내담자가 대안적인 선택을 평가하고 효과를 지속적인 만족의 원천과 연관짓도록 격려하기 위해 비교 및 계층 구성틀을 사용한다(7장을 참조). 일례로, 치료자는 "한편으로는, 당신이 술을 마실 때 단기간은 기분이 더 나아지지만 가족의 삶은 망가질 것이라고 말합니다. 그리고 다른 한편으로는, 술을 마시지 않을 때에 당신은 매우 불안해지고 당신 주변에 있는 가족은 더 안전해집니다. 인생에서 무엇을 중요하게 생각하는지의 측면으로 봤을 때 당신에게 좀 더 의미 있는 선택은 어느 쪽입니까?"

다음 장면은 공개 발표의 두려움으로 고통 받는 내담자와의 대화를 보여 준다. 치료자는 이해하기가 효과성과 연결되는 맥락을 설정하기 위해 결과에 초점을 둔 조건부 구성틀을 활용하는 방법에 주목하자. 또한 치료자가 역사적인 맥락과 현재 맥락에 초점을 둔 조건부 구성틀을 사용하여 심리경험을 정상화하고, 그다음 내담자 네트워크의 이런 부분에 좀 더 많은 일관성을 가져오는 방식도 살펴보자.

내담자 제가 내일 그 발표를 하는 게 상상이 안 되네요. 제 인생에서 가장 끔직한 경험이 될 것 같아요. 가지 않는 쪽으로 심각하게 고려 중입니다.

치료자 사람들 앞에서 말하는 걸 두려워하기에 이 발표를 바라지 않는다는 점을 이해합니다. 어떤 것이든 이 발표를 하게 만들 어떤 이유가 있을까요?

치료자는 내담자의 경험(발표를 하지 않기를 원함)을 조건부 구성틀을 통해 공개 발표의 두려움과 연결하는 것으로 정상화한다. 그다음 조건부 구성틀을 다시 사용

해 발표를 하는 동기의 원천을 탐색한다.

내담자 제가 해야 하는 일이라서요…. 모두가 팀의 활동 보고를 제가 하기를 기대하고 있어요.

치료자 그 발표가 회사에 중요한 순간입니까?

내담자 오 네! 중대한 발표입니다.

치료자 정확히 왜 중요한가요?

내담자 글쎄요, 알다시피 저희 팀은 올해 회사의 실적을 강화하기 위해서 매우 중요한 일을 했습니다. 새로운 웹사이트를 만들었고요. 광고에 많은 돈을 투자했습니다. 그래서 회사의 모든 사람들이 저희가 한 일을 알 수 있게 하는 것이 중요합니다. 우리가 열심히 일했고 노력한 것에서 굉장한 결과를 곧 보려는 참이라는 것을 알 필요가 있습니다.

치료자 당신은 이 일이 자랑스럽습니까?

내담자 네, 물론입니다.

치료자 회사가 당신 팀의 작업에 관해 어떻게 생각할 것 같습니까?

내담자 대단히 좋아할 거라고 생각합니다.

치료자 이 발표가 당신에게 큰 의미가 있는 것처럼 들립니다.

이 대화에서 치료자는 계층 구성틀을 사용하여 내담자가 자신의 공개 발표수행을 더 높고 좀 더 의미 있는 목적에 연결하도록 돕는다(7장에서 좀 더 참조). 치료자는 내담자가 해야 할 가장 좋은 일이 무엇인지를 말하거나 발표가 끔찍한 경험이 아닐 거라고 확신시키기 위해 노력하지 않았다는 것을 주목하라.

내담자 음 … 하지만 저는 수백 명의 사람들 앞에서 이야기하는 것이 너무나도 무섭습니다. 끔찍할 것 같아요.

치료자 네, 알고 있습니다. 당신에게 아주 무서울 것임이 틀림없습니다. 이 발표가 끔찍한 경험이기도 하고 또한 의미 있는 경험이기도 하다는 것이 가능할까요?

내담자 예, 둘 다입니다. 그러나 바로 지금은 대부분이 끔찍하고 스트레스인 느낌이에요.

치료자 네, 모든 사람들 앞에서 발표하는 것을 생각하면 벌써 스트레스를 느끼게 되는군요. 이해할 수 있고 제가 당신의 위치에 있었다면 똑같은 방식으로 느꼈을 것이라고 꽤 확신합니다! 당신에게 가장 유용한 것이 무엇이라고 생각합니까? 발

표에 가지 않음으로써 끔찍한 경험을 피하거나 의미 있는 경험을 하러 발표에 가는 것 중예요.

내담자   글쎄요. 이 순간을 놓치는 것을 진짜 상상할 수 없습니다. 저희의 팀에게는 너무나도 중요하니까요.

이 마지막 대화에서 치료자는 이번에는 직시적 구성틀을 사용해서("제가 당신의 위치에 있었다면 똑같은 방식으로 느낄 것입니다") 내담자의 어려운 심리경험을 정상화한다. 그다음 만족을 가져올 수 있는 대안적 선택의 효과성을 평가하기 위해서 비교 및 위계 구성으로 맥락을 설정하였다. 다시 한 번 치료자가 내담자 생각의 신빙성에 관해서 절대로 논쟁하지 않음을 주목하라. 단지 내담자를 격려하여 발표의 다른 기능을 고려하도록 한다. 이는 이 경험 자체를 변화시키려는 목적이 아니라 이런 영향력의 반대 원천에 대한 반응의 효과성을 더 잘 평가하려는 것이다.

내담자는 자신 삶에서 일어나고 있는 일에 현재 만족하지 않기 때문에 더 커다란 그림을 보는 것에 개방적인 경우가 많다. 아직 효과성의 렌즈를 통해서 보지 못한다 하더라도 어려움이 개선되기를 원한다. 그러나 내담자가 하고 있는 행동이 맞고, 더 많은 노력을 할 필요가 있다거나, 이런 전략의 실패를 남 탓하는 아이디어에 강하게 부착되어 있는 경우가 드물지 않다. 이것은 보통 적용할 수 없거나 부정확한 규칙들로부터 과도한 영향을 받고 있다는 신호이다. 그러한 경우 치료자는 이러한 규칙의 신빙성에 의문을 제기하지 않고도 내담자가 이러한 규칙을 따르는 효과성을 평가하도록 이끌 수 있다. 이 원칙은 우리가 위에 제시한 것과 유사하지만, 이 규칙에 내담자가 강하게 부착되어 있으므로 치료자가 규칙의 내용으로 끌려 들어가지 않도록 특히 조심해야 한다. 중요한 것은 규칙들이 말하는 내용이 아니라, 이 규칙들에 내담자가 반응하는 방식이다. 배우자가 자신에게 충분히 관심을 보이지 않는다고 불평하는 내담자와의 다음 대화에서 이 기법을 관찰해 보자.

내담자   아내는 제가 직장에서 무엇을 하는지에 관해 어떠한 것도 절대 물어보지 않아요. 정말 실망입니다. 하루의 일과를 마친 후, 제가 한 일에 관해 이야기를 할 수 있으면 정말 좋을 텐데 말입니다. 일은 저에게 중요하거든요.

치료자   때때로 당신이 직접 그 주제를 꺼냅니까?

내담자   아니요. 왜냐하면 그녀가 진짜로 관심이 있다면, 제가 그 대화를 시작할 필요가 없을 것입니다. 그녀가 먼저 물어볼 거예요!

내담자는 자신의 행동에 영향을 미치고 있을 가능성이 높은 규칙을 공식화한다. 관심을 증명하기 위해 부인이 먼저 물어봐야만 하기 때문에, 그는 자신의 일에 관해서 그녀에게 말할 수 없다. 선례따르기는 여기에 적용될 수 없다. 왜냐하면 내담자의 행동을 정의하는 것이 아니라 다른 누군가의 행동을 정의하기 때문이다.

치료자 그래서 그녀가 당신의 하루에 관해서 물어볼 때까지 기다립니까?
내담자 네.
치료자 어느 순간에 그녀가 당신에게 물어봅니까?
내담자 그런 일은 거의 없습니다.

이 대화에서 치료자는 내담자가 '부인이 자신의 하루에 관해서 물어볼 때까지 기다리자'라는 규칙을 따르는 것의 효과성을 평가하도록 이끈다.

치료자 저는 그 상황이 매우 실망스럽게 느껴질 것이라 생각합니다. 당신의 일에 대해 더 물어봤으면 좋겠다고 그녀에게 말했습니까?

치료자는 상호 이해를 증진시키고 방어를 예방하기 위해 공감을 표현한다. 이는 특히 내담자가 규칙을 경직되게 따르고 있을 때 특히 유용하다. 그런 다음 치료자는 내담자가 시도해봤을 대안 전략을 탐색하여 이 맥락에서 가능한 다양한 행위의 효과성을 평가하고자 한다.

내담자 아니요. 제가 그렇게 해달라고 요구한다면 진짜가 아니게 될 거예요. 속임수처럼 들릴 거예요. 단지 저를 기쁘게 만들려고 물어봐 달라는 게 아니라 그녀가 정말 신경써주길 원합니다.
치료자 여기서 우리가 하려는 것은 무엇이 효과가 있는지 그리고 무엇이 효과가 없는지를 알아내는 것입니다. 당신이 자신을 위해 무엇이 최선인지 선택할 수 있도록. 그렇죠? 부인과 이 어려운 상황에서 무슨 일이 일어나는지 더 잘 이해하도록 함께 자세히 살펴보면 어떨까요?

치료자는 내담자가 효과성의 렌즈를 통해 자신의 행동에 접근하도록 격려하는 맥락을 설정한다. 다음 대화에서, 치료자는 내담자가 선행사건-규칙-행동-결과의 순서를 추적하도록 이끈다.

내담자　네.

치료자　그럼 일터에서 돌아온다고 했는데...

치료자는 순서의 재공식화를 시작함으로써 선행사건의 관찰을 유발하지만, 의도적으로 문장을 완성하지 않고 있다(다음에 무엇이 올지 탐색하기 위한 암묵적 시간 구성틀).

내담자　저에게 중요한 것을 나누고자 제 하루에 대해 이야기하고 싶습니다.

내담자는 선행사건을 기술한다.

치료자　그다음엔 무슨 일이 일어나나요?

치료자는 시간 구성틀을 통해 수반성의 다음 단계를 유발한다.

내담자　아무 일도 안 생깁니다. 아내가 제게 오늘 하루를 물어보기를 바라며 기다립니다. 하지만 그런 일이 일어난 적이 없어요.

내담자는 규칙-행동-결과의 순서를 기술한다.

치료자　그럼 기분이 어떤가요?

치료자는 심리경험의 측면에서 더 많은 결과를 불러일으킨다(시간 구성틀).

내담자　매우 실망했어요. 외로워요.

내담자는 규칙 따르기의 결과를 기술한다.

치료자 기다림이 당신의 일에 관해 부인과 대화를 하는 것에 기여한다고 당신은 생각하나요?

치료자는 계층적 구성틀로 효과성의 평가를 유발한다.

내담자 아니요. 하지만 그것 말고는 할 수 있는 게 아무것도 없어요.

내담자는 반응의 비효과성을 알아차리지만, 다른 선택을 제한하는 새로운 규칙을 공식화한다.

치료자 만약 부인이 묻길 기다리지 않고 당신의 일에 관해 이야기하기 시작한다면 어떻게 될까요?

치료자는 반대 구성틀로 규칙에 대한 대안 반응을 추적하도록 유도한다.

내담자 무슨 일이 일어날지 모르겠어요. 하지만 그녀가 자연스럽게 관심을 가지는 것처럼 느껴지지 않기에 그렇게 하고 싶지 않아요.

동일한 규칙을 다시 공식화한다.

치료자 그리고 당신이 그녀에게 오늘 일을 물어봐달라고 요청한다면 똑같은 문제가 될 것이라고 말했죠. 그렇죠?
내담자 네. 그녀로부터 나온 것이 아니면 다른 것은 아무런 의미가 없습니다.

내담자는 자신의 행동변화를 방해하는 다른 규칙을 공식화한다.

치료자 그럼, 무엇이 효과가 있는지 그리고 무엇이 효과가 없는지 알아봅시다. 할 수 있을까요? 기다리는 것은 효과가 없다고 말했습니다. 당신이 오랫동안 해왔던 것이기에 이미 효과가 없음을 알고 있습니다. 그렇죠?

치료자는 규칙을 따르는 내담자의 반응이 가지는 효과성을 평가하는 쪽으로 대화의
방향을 조정한다.

내담자 네.

치료자 물어보기를 기다리는 대신, 당신의 일에 관해 부인에게 말을 한다면 어떤 일이
일어나는지 관찰할 수 있었습니까?

치료자는 내담자를 자신의 경험으로 지향하게 한다. 지금까지 그는 '부인이 먼저 말
을 해야 한다. 그렇지 않으면 정말로 관심이 있다고 느껴지지 않을 것이다.'는 규칙
때문에 부인에게 먼저 말을 건네는 것을 거부했다. 치료자는 단지 무슨 일이 일어날
지 관찰하는 방식으로 이런 다른 접근을 탐색하도록 그를 초대한다.

내담자 아니요. 저는 그렇게 해 본 적이 없습니다. 그래서 저는 말할 수 없습니다. 하지
만 그녀가 먼저 물어보는 것과 같지 않을 거라는 정도는 압니다.

치료자 그저 무슨 일이 일어날지 단지 보기 위해서 시도해 보는 게 어떤 위험이 있을까
요?

치료자가 어떻게 내담자의 규칙을 절대로 반박하지 않는지 주목하자. 치료자는 그
저 무슨 일이 일어나는지 관찰하기 위해 시도해 볼 가능성을 제안한다.

내담자 아니요, 위험은 없습니다. 그냥 제가 일어나기를 원하는 형태가 아닐 뿐입니다.

치료자 알아요. 진짜로 원하는 것이 있고 당신이 하는 어떤 것도 도움이 되지 않는 것처
럼 보일 때 좌절하게 됩니다.

치료자는 부인에게 다르게 접근하는 방법을 실험하는데 더 유리한 맥락을 조성하기
위해서 다시 공감을 표현한다(경험을 좌절감으로 규정하는 대등 구성틀).

내담자 맞아요. 정말 좌절하게 됩니다. 저는 참으려고 노력해왔던 것처럼 느끼는데, 효
과가 없었습니다.

치료자 다른 걸 시도해 보는 건 어때요? 이런 방식으로 무슨 일이 일어나는지 관찰해
볼 수 있습니다.

내담자   시도해볼 수는 있겠지요. 어쨌든 저 생각엔 지금보다 더 나쁠 수는 없을 것 같아요.

반응 유연성 향상시키기 Increasing Response Flexibility

목표 The Goal

문제가 있는 방식으로 내담자의 행동에 영향을 미치는 맥락적 요소를 제거하거나 교체할 수 없을 때에도 그 영향력의 원천이 가진 상징기능을 변형함으로써 내담자 행위의 유연성을 늘리는 것이 가능하다. 예를 들어, 만성 통증으로 고통 받는 내담자를 상상해 보자. 그는 자신이 통증을 견디지 못하고, 무엇을 하든 통증이 더 악화될 것을 두려워하기 때문에 어떠한 운동도 하지 않는다. 그의 회피를 조절하는 일부는 통증의 상징기능이다(예, '통증은 참을 수 없다'고 생각한다). 고통스러운 감각은 *본질적으로* 운동의 장애물이 아니다. RFT 연구자들은 놀랄 만큼 짧은 중재가 통증의 상징기능을 변경함으로써 통증과 통증 회피 사이의 연결을 약화시킬 수 있음을 보여 주었다(예, McMullen 등, 2008). 이런 종류의 중재는 운동을 아프지만 가능하고 유익한 무언가로 경험하는 것을 심리적으로 가능하게 한다. 만약 우리가 장애물로 현재 지각되는 것의 다양한 기능에 연결하도록 내담자를 도울 수 있다면, 그가 자신의 통증과 통증에 관한 생각에 반응하는 방식에 유연성을 얻도록 도울 것이다. 자신의 고통을 피하는 대신, 다시 운동을 시작할 수 있다.

RFT 관점에서 이것이 중요한 이유 Why This Is Important, from an RFT Point of View

언어는 우리의 경험에 상징기능을 부여한다. 그리고 문제가 되는 기능이 지배적이 되어 반응 유연성을 제한한다. 문제가 되는 기능은 유도 과정에 의해 항상 네트워크 안에 재설치가 될 수 있기에 기능의 제거는 헛된 일이다. 그러나 영향력의 원천의 상징적 맥락을 바꾸고 새로운 반응을 유발하는 대안적 기능을 생기게 하는 것은 가능하다.

이 방법이 다양한 임상 전통과 어떻게 만나는가
How This Method Touches Various Clinical Traditions

많은 임상 전통은 반응 유연성을 고취하기 위해 영향력의 맥락적 원천이 지닌 상징적 영향을 변경시키는 것을 목표로 한다. 인본주의 치료는 내담자들이 사건에 관한 자신의 감각느낌felt sense[32]으로 다가가도록 격려하는 것이 개방과 선택의 감각을 늘린다고 오래 동안 주장해 왔다. 마음챙김 기반 전통도 유사하게 신체 경험의 인식과 자동이 아닌 자발적으로 사건에 주의를 향하게 하는 학습을 격려한다. 이것을 좀 더 환영하고 비판적이지 않은 방식으로 행하게 한다. 인지 치료는 사고의 영향이 덜 자동적이 되도록 '거리두기distancing'의 확립을 추구한다(Hollon & Beck, 1979). 정신역동적 접근은 '감정에 영향 받지 않는dispassionate 관찰'의 자세로 어려운 내용을 탐색하는 것을 격려하여 보다 의식적으로 선택을 하게 한다. 이러한 모든 접근방식에는 한 걸음 뒤로 물러서는 것이 자동성을 바꾸고 새로운 형태의 행위를 허용한다는 아이디어가 존재한다. 다른 접근법들은 다양한 반응을 장려하기 위해 심리경험의 의미를 바꾸는 것으로 구성되어 있다(예, 인지 전통에서의 재평가).

어떻게 이것을 할 것인가 How to Do It

반응 유연성 향상시키기는 다양한 경로를 취할 수 있지만, 맥락 변경은 항상 필요하다. 이 단락에서는 어떤 의미에서는 반대 방향으로 진행되지만 모두 맥락을 변경하는 것으로 구성된 두 가지 주요 접근 방식을 보여 준다. 한편으로, 현재 내담자의 반응을 조절하는 영향력의 원천 주변 맥락을 변경할 수 있으면, 결국 반응이 달라질 수 있다. 예를 들면, '나는 너무 우울하다'는 생각에 대한 반응으로 출근하지 않는 한 내담자에게 이 생각을 이메일 함에 온 스팸메일로 보도록 권유할 수 있을 것이다. 반면, 다른 반응을 유발하기 위해 내담자 행동의 주변 맥락을 변경할 수 있다. 이는 결국 영향력의 최초 원천이 가지는 기능을 변화시킬 것이다. 예를 들면 일부러 '나는 너무 우울하다'고 생각하면서 출근하는 실험을 해보자고 내담자에게 권유해볼 수 있다. 이는 생각이 미치는 영향을 약화시킬 수 있다.

영향력의 원천 주변 맥락을 변경하기 *Changing the Context around the Source of Influence.* 영향력의 원천 주변 관계 맥락을 변경하여 반응 유연성 향상시키려는 것은 원천이 가진 본질적 특성을 변경하려 하지 않고 이것의 상징기능을 바꾸는 것을 목표로 한다. 다양한 구성틀과 이러한 구성틀의 조합은 무한한 수의 기법으로 이어질 수 있기 때문에, 맥락을 변경하는 모든 방법이 완전히 포함된 목록을 나열하는 것은 불가능하다. 이 단락에서는 다른 관계 구성틀에 기반한 몇 가지 예를 제시할 것이다.

---

32)역주, 감각느낌은 내담자의 심리경험이 몸으로 경험되는 느낌을 말한다.

가장 기본적인 수준에서, 새로운 기능적 단서를 제시하여 내담자가 영향력의 원천과 그 효과를 보는 방식을 유효하게 변화시킬 수 있다. 예를 들면, 자세를 바꾸거나 표정을 바꾸거나 특유의 말 속도와 어조를 사용하는 경우 내담자에게 새로운 의미를 줄 수 있다. 내담자가 보통 피하는 어떤 중요한 주제를 말할 때 치료자가 몸을 앞으로 기울이거나 또는 내담자가 말하는 내용에 나타나는 거부감이나 응종을 줄이기 위해서 내담자 편으로 치료자의 의자를 옮길 수 있다. 치료자 또한 내담자가 보고한 어려운 경험에 관한 호기심을 전달하기 위해 부드럽게 미소 짓고 고개를 끄덕일 수 있다. 이는 어려운 경험을 단순히 행동을 방해하는 장애물로만 보기보다는 관찰하기에 흥미로운 어떤 것으로 바꾼다. 몇몇 치료자들은 치료에 음악 사용하기를 좋아한다. 왜냐하면 아무 말을 하지 않고도 내담자가 사물을 다른 방식으로 볼 수 있도록 도와주기 때문이다.

어려운 감정이나 생각으로 괴로워하는 사람에게 그 경험을 단 한 단어로 줄여 정제한 후, 치료자와 내담자가 그 느낌이나 생각에 관해 이야기할 수 있도록 그 단어를 책상 위에 놓도록 요청할 수 있다. '거리를 두고 대상을 보기'라는 은유는 그 느낌이나 생각의 일부 기능을 상징적으로 변형한다. 마음챙김 중재로 내담자에게 의식 자체는 좀 더 하늘과 비슷하게 보고 생각은 구름이 떠다니는 것처럼 보도록 요청할 때도 동일한 효과에 기대는 것이다. 수용전념치료에서 사용된 많은 '탈융합' 방법은 이런 전체적인 패턴에 부합한다.

대등 및 구별과 같은 간단한 관계 구성틀을 이용하여 기술하기를 유발하는 것도 내담자가 자신 경험의 내재적 특징과 더 많이 접촉하도록 유도할 수 있다. 결과적으로 상징기능이 가하는 문제적 영향력은 감소된다. 예를 들어, 타인이 자신을 판단한다고 즉각적으로 느끼기 때문에 다른 사람들의 눈 쳐다보기를 피하는 내담자를 상상해보자. 여기서 다른 사람들의 눈은 혐오적 상징기능을 가지고 있다. 이 회피 행동은 치료에서 상호작용 중에 나타나기도 하기에, 치료자는 내담자가 치료자의 눈을 바라보는 동안 무엇이 보이는지를 기술하도록 격려할 수 있다. 기술을 할 때에는 상징기능보다는 내재적 기능을 강조하는 단어를 사용하도록 한다. 다음 짧은 장면이 이를 보여 준다.

치료자 보이는 것을 가능한 한 구체적으로 기술하도록 해보세요.

내담자 당신의 눈이 보여요. 파란색입니다.

치료자 그 밖에 또 뭐가 보이나요?

내담자 하얀 부분도 있어요. 눈동자는 둥글고 속눈썹도 보입니다.

치료자 속눈썹은 어떻게 생겼나요?

내담자   갈색이고 가늘어요.

치료자   저의 눈 움직임은 어떨까요?

내담자   별로 움직이지 않아요. 움직인다면.. 약간 옆으로, 조금.

이 접근에서, 사회적 판단에 관한 두려움에 직접 도전하거나 변화시키지 않고 도움이 되지 않는 상징기능과 균형 잡기를 희망하면서 내재적 기능을 증진하고 있다.

대등 구성틀이 현재 정반대로 보이는 것들 사이에 양립할 수 있다는compatibility 감각을 전달할 수 있다. 역사가 있기 때문에 한 관계를 다른 관계로 대체할 수 없지만, 새로운 관계를 수립하고 더 자주 사용할 수 있다. 예를 들면, 치료자는 내담자가 감정이 자신의 행위를 저지한다고 습관적으로 진술하는 것을 가지고("그녀에게 데이트 신청을 하고 싶지만 두려워요") 대신 대등 구성틀을 사용할 수 있다("알겠습니다. 당신은 그녀에게 데이트를 청하고 싶습니다 그리고 당신은 두렵습니다"). 이것은 즉시 새로운 행위의 가능성을 개방할 것이다. 이 기법은 구성틀의 현재 작용을 빼거나 제거하는 데 초점을 두지 않는다. 즉 언어는 뺄셈이 아니라 덧셈을 통해 작동한다. 오히려, 대안적인 상징관계를 단순히 더하는 것만으로도 사고의 가변성이 증가하여 생각에 관한 새롭고 보다 효과적인 대응을 할 수 있다.

반대 구성틀은 여러 가지 면에서 문제가 되는 영향력의 원천이 가진 기능을 변형하는 데 사용할 수 있다. 그 예는 유머와 불손함인데, 이는 종종 경직된 생각으로부터 거리를 창조하는 데 도움이 된다. 예를 들어, 사회적 불안을 가진 내담자가 면접을 보러 갔고, 자신의 치료자에게 자신이 겪었던 끔찍한 경험에 관해 말한다고 상상해 보자. 면접관은 매우 차가웠고, 그녀에게 난처한 질문을 했고, 심지어 옷 입는 방식을 비판하기도 했다. 내담자가 이런 경험의 기억 속에 갇혀 있고, 그리고 명백하게 다시는 인터뷰에 참석하고 싶어 하지 않는다. 치료자는 "와... 그는 정말 멋진 분이었군요, 흠? **전혀 아니죠(Not)**!" 라고 말하며 자애로운 미소를 머금는다. 물론, 이러한 유형의 시도로 저항이나 수치심을 일으키는 게 아니라 거리를 만들려면 치료적 관계가 견고하고, 적절한 타이밍이라는 확신이 중요하다. 다른 전형적인 예는 대개 문제 행동을 촉발하는 단서를 좀 더 효과적인 무언가를 시도할 기회가 되게 하는 것으로 구성된다. 예를 들면, 내담자가 "저는 지금 좌절하고 있어요 그리고 이럴 때 화가 나고 그리고 제 관계를 더 나빠지게 해요. 저는 부정적이고 판단적이 되며 그녀의 모든 것을 비판하게 되요"라고 말하면, 치료자는 "잘 찾아내셨어요. 그리고 이제 알아차리게 되었으니, 이 일이 실제로 당신의 관계를 개선시킬 수 있는 기회가 될 수 있을까요? 늘 하던 대로 하려는 바로 그 당김은 정말로 무언가 다른 것을 시도하기 위한 신호일 수 있습니다"라고 말할 수 있다.

영향력의 문제적 원천이 가진 효과를 줄이기 위해 비교 구성틀을 활용하기는 다른 가능성을 가진 영향력의 원천을 내담자의 주의로 가져오게 하여 대안적 반응을 보다 이용 가능하게 한다. 한 예로서, 치료자는 다른 행위를 선택할 경우 더 나은 결과를 얻을 수 있을지 내담자의 관찰을 이끌어 낸다(예, "이것이 목표에 도달할 수 있는 최선의 방법입니까?", "이 문제를 해결하기 위한 보다 더 효과적인 접근 방법이 있습니까?"). 이와는 대조적으로, 내담자가 효과적인 행위를 지속하도록 돕는 방법으로 더 나쁜 결과로 내담자의 주의를 끌 수 있다. 예를 들어, 치료자가 "당신이 밤새 담배 피우고 싶은 충동을 가진 채로 지내는 것이 힘들었던 것을 압니다. 만약 실제로 담배를 피웠다면, 지금 기분이 어땠을 거라고 생각이 듭니까?"

이후 장에서 계층 구성틀이 내담자가 '더 큰 그림'을 볼 수 있도록 함으로써 영향력의 원천이 가진 기능을 변형한다는 것을 확인할 수 있을 것이다. 한편, 계층 구성틀은 문제 있는 방식으로 자신에게 영향을 미치는 경험으로부터 내담자가 어느 정도 거리를 둘 수 있도록 돕는다. 반면에, 내담자는 더 높은 목적에 기여하는 경험들과 더 많이 접촉할 수 있다. 이런 전략의 간단한 예는 경험을 내담자의 행동에 서로 다른 영향을 미치는 계층 범주에 연결시키는 것이다. 다음 대화에서 치료자가 내담자의 진술을 공식화하기 위해 어떻게 이 접근 방식을 사용하는지 관찰해보라.

내담자   전 너무 나약해요.

치료자   이런 생각을 가지는 것이 힘들 것 같습니다. 지금 기분이 어떤가요?

내담자   전 무너졌어요. 아무것도 할 수 없어요.

치료자   그리고 압도당한 느낌이 다시 나타나요, 그렇죠?

내담자   네...

치료자   그리고 나서 아무것도 할 수 없다는 생각이 나타나고요...이런 경험들이 연속해서 일어나는 것 같아요. 이것이 당신이 알아차린 건가요?

내담자   네, 꽤 빠르긴 하지만, 그것을 알 수 있어요.

이 간단한 대화에서 치료자는 그가 ~이다he is 보다는 그가 가진he has 생각과 느낌으로 내담자의 진술을 재공식화하고 있다. 이는 바라건대 최초 생각("전 너무 나약해요")에 내포되어 있는 동등성의 관계보다 우위를 점할 것이다. 일단 생각과 느낌을 어느 정도 거리를 두고 개방성과 호기심을 가지고 관찰될 수 있는 사건들로 볼 수 있으면, '나는

~이다'am' 의 틀을 가지고 볼 때보다는 이 생각들에 대한 다른 반응이 더 많이 이용 가능해진다.

유추 구성틀은 특히 은유의 사용을 통해 영향력의 원천이 가진 기능을 변경한다. 이런 과정을 통해 대상, 상황 또는 특성character의 유용한 기능이 내담자의 반응을 변경시키는 방식으로 영향력의 원천에 적용된다. 예를 들면, 내담자가 "전 항상 두려워요. 자꾸 뭔가 안 좋은 일이 일어날 것 같아서 두려워요"라고 말하면 치료자는 "두렵다. 뭔가 나쁜 일이 일어날 것 같다… 하루 종일 이 노래를 들으시는 거죠, 그렇죠?" 라고 말할 수 있다. 이런 간단한 문장의 방향 전환은 노래 가사를 대할 때처럼 내담자가 좀 더 거리를 두고 자신의 생각과 관계하도록 도와준다. 치료실에서 소품의 사용은 거의 같은 효과를 가질 수 있다. 예를 들면, 내담자가 고통스러운 자기 비판에 관해 말하면 치료자가 손을 뻗어 컵을 잡고 내담자 앞 탁자에다 쾅하고 내려놓으면서 "그래서 갑자기 '나는 바보야' 가 나타나는 것과 같고 [쾅하고 친다] 그다음 그런 생각을 가지고 뭘 할지 결정해야만 하는군요"라고 말한다. 이 경우, 큰 소음과 고통스러운 감정 사이에 평행은 신체 은유의 적용 가능성을 높인다. 일단 은유를 이해하면, 컵과 고통스러운 자기 판단의 존재에 관한 내담자의 반작용reaction으로 새로운 기능이 나타날 기회를 만들 수 있다. 치료자는 "어쩌면 '난 바보야'라는 생각을 다듬을 필요 없이 우리는 그냥 이를 그저 알아차릴 수 있습니다" 라고 말하는 하나의 방법으로 "어쩌면 컵을 마시지 않고 그냥 거기에 있게 놔둘 수 있습니다."라고 말할 수 있다.

관점취하기(직시적 구성틀을 통한)는 내담자가 대인관계, 공간 또는 시간적 차원에 따라서 다른 각도로 영향력의 원천을 바라보게 도울 수 있으며, 그리고 그 결과로 이런 경험에 대응하는 대안적인 방법을 고려한다. 예를 들면, 노출 연습을 준비하는 동안 치료자는 이렇게 말한다. "그래서 지금 두려움이 삶에서 당신이 중요하다 여기는 것보다 더 강력하다고 말하고 있습니다. 집에 돌아가 이 연습을 다시 한 번 돌이켜 볼 때 어떻게 생각할까요?[시간적 관점 이동]". 치료자는 또한 "당신이 딸과 함께 있었다고 상상해 보세요. 아이에게 수영을 가르치는 것처럼요. 아이는 물속에 들어가는 것이 너무 두렵다고 말합니다. 뭐라고 말해줄 것 같아요?"[대인관계 관점 이동]라고 말한다.

기능의 변형이 효과적일 때 내담자는 영향력의 원천에 새로운 방식으로 반응하기 시작한다. 때때로 반응의 변화는 갑작스럽고, 많은 형태의 치료에서 추구하는 감정적 통찰과 유사하다. 내담자가 처음에는 영향력의 원천에 관해 말하는 방식 또는 자세와 목소리 톤을 통해 유연성이 늘어난 징후를 보이기 시작하는 경우가 더 많다. 그리고 시간이 흐르면서, 실제로 내담자의 핵심 반응이 달라진다. 이런 변화는 중재가 작동한다는 신호이므로 주의 깊게 지켜봐야 한다. 이 시점에서 내담자가 이러한 변화와 새로운 반응이 낳는 더 나은 결과를 주목하도록 돕는 것이 유용하다.

행동 주변의 맥락을 변경하기 *Changing the Context around the Behavior.* 반응 유연성을 향상하기 위한 또 다른 접근 방식은 고유의 원천이 여전히 존재하는 동안 또 다른 영향력의 원천을 활용하여 단순히 새로운 반응을 유발하는 것이다. 일단 내담자가 새로운 반응이 가능하다는 것을 경험한다면, 본래 문제가 되었던 영향력의 원천은 영향을 잃기 시작한다. 새로운 반응을 유발하는 많은 언어 기반 방식의 완전한 목록을 제공하는 것도 역시 불가능하다. 그래서 우리는 몇 가지 전형적인 예만을 제시할 것이다.

종종 새로운 반응 유발하기는 체험연습에서 지시의 형태를 취하거나 덜 형식적으로는 단지 다른 것을 시도하도록 초대하는 형태를 취한다. 예를 들면, 만약 내담자가 감정 회피에 참여하는 경우 치료자는 다음과 같이 말한다. "그래서 당신은 그렇게 할 때 단기적으로는 효과가 있지만 장기적으로는 효과가 없다는 것을 관찰했습니다. 지금 다른 것을 시도해 보는 것은 어떻습니까? 다른 생각을 하지 않고 이 생각을 그대로 두면 어떤 일이 일어나는지 잠시 함께 관찰해 볼까요?" 내담자가 단일한 사고 패턴에 갇혀 있다면, 치료자는 대체로 같은 방식으로 인지적 재평가를 유발하기 위해 질문을 종종 사용한다. "그리고 똑같은 익숙한 생각이 다시 떠오르죠. 우리가 한 발 물러서서 전체 그림을 본다면, 이 상황에 대해 어떤 다른 생각이 있을 수 있을까요?"

이러한 초청이 공식화되는 방식은 새로운 반응이 나타날 가능성을 더 높일 수 있다. 예를 들면, 호기심, 탐색 또는 심지어 놀이와 같은 맥락을 설정하면 반응을 좀 더 매력적인 어떤 것으로 바꿀 수 있다(예, "이것을 실험을 하는 것처럼 바라봅시다", "우리가 아무도 이전에 보지 못한 땅을 함께 탐험하고 있다고 상상해보죠", "당신은 요가 연습을 하죠. 그렇죠? 이 생각에 공간을 주는 것이 마치 보통 하는 것보다 조금 더 멀리 근육을 뻗는 것과 같다고 상상해보세요. 우리는 약간의 유연성을 확보하기 위해 겨우 그 가장자리에 도달합니다"). 공감 보여 주기는 뭔가 다른 것을 시도하자는 초대를 유지하면서, 행동 변화가 내키지 않는 내담자의 마음을 정상화하는데 도움이 된다(예, "당신은 지금 두려운 것 같습니다. 그건 충분히 이해할 만합니다!").

비록 더 효과적인 행동을 향한 진정한 단계를 만들어내는 것이지만 새로운 반응을 오히려 일상적으로 '여담by the way'인 것처럼 제시할 수 있다. 예를 들면, 내담자가 "난 이런 느낌을 견딜 수 없어요, 그것에 관해 말하고 싶지 않습니다"라고 말하면 치료자가 묻는다. "이에 관해 얘기하고 싶지 않다는 걸 알아차렸을 때 당신은 무엇을 느끼나요?" 관찰을 하는 수준은 이동했지만, 말하는 동안 내담자는 이 경험을 계속 접하게 있다. 이는 이미 유연성이 향상되었다는 신호이다.

내담자가 새로운 반응에 참여할 때, 치료자는 본래의 영향력의 원천이 가지는 기능이 변하고 때로는 대안적 반응에 대한 단서가 될 수 있도록 이러한 유연성의 증가를 알아차리도록 돕기를 원할 수 있다. 예를 들면, '일어나지 못하겠어'라는 생각을 가졌을 때 침대에 누워있었던 내담자는 이제 이 생각을 일어나서 커피를 만들라는 신호로 본다. 그 생각은 아직 그 곳에 있지만, 반응은 달라졌다.

다음 삽화에서 문제가 있는 영향력의 원천이 가진 기능을 변형하려는 목표로 하는 기법과 다르게 반응을 직접 표적으로 하는 다른 기법도 보게 될 것이다.

내담자   저는 엄청난 스트레스를 받고 있어요, 그리고 제 스트레스에 대해 이야기하는 것은 더욱 더 고통스럽습니다. 다른 주제로 이야기할 수 있을까요?

치료자   그게 정말 힘들다는 것을 알겠습니다. 물론 대화의 주제를 바꿀 수 있습니다. 하지만 그게 당신이 원하는 것인가요 아니면 스트레스가 당신에게 하기를 원하는 것인가요?

내담자   저는 정말로 선택의 여지가 없어요…. 너무 긴장되고 그리고 정말 고통스러워요. 전 이대로 머물 수 없어요.

치료자   그래요, 고통스러운 일이라는 것을 저도 압니다. 피하기를 바라는 것도 이해할 만합니다. 그렇지만 선택권을 가지길 원하십니까?

내담자   저는 스트레스에 덜 지배받고 싶습니다. 물론…

치료자   이런 방식이라면, 당신이 정말 원하는 것을 할 수 있나요? 당신은 다른 주제에 관해 이야기할 수도 있으며, 아무리 스트레스를 느끼더라도 계속 얘기하기로 결정할 수도 있습니다. 그렇죠?

내담자   네. 그래도 전 스트레스를 전혀 받지 않는 게 좋겠어요!

치료자   이해해요. 그리고 지금, 스트레스는 거기에 있습니다…

내담자   네.

이러한 첫 번째 대화에서 내담자의 반응은 고통스러운 스트레스 감각과 "저는 정말로 선택의 여지가 없어요"라는 생각에 의해 통제되는 듯이 보인다. 내담자의 도피 시도에 대한 반응으로, 치료자는 내담자가 다른 반응에 참여하도록 권장하는 맥락을 설정한다. 치료자는 조건부 구성틀을 이용해 선택권을 가지는 것에 내담자가 더

많은 관심을 가지게 함으로써 맥락을 설정하고 있다(즉, 스트레스에 의해 덜 조절된 다면 내담자는 자신이 정말로 원하는 것을 할 수 있다.).

치료자   스트레스가 당신이 할 수 있는 일과 할 수 없는 일을 얼마나 많이 통제하고 있는지 관찰해 보는 것은 어떨까요?

내담자   어떻게요?

치료자   음, 아마도 이것부터 시작할 수 있을 것 같아요. 대화의 주제를 변경하고 싶다고 말했기 때문에 실제로는 스트레스에 대해 계속 이야기 할 수 있었던 것 같습니다. 그것을 알아차렸었나요? 스트레스를 받더라도 여전히 당신이 하고 싶은 일을 선택할 수 있다는 신호가 아닐까 싶습니다.

치료자는 내담자가 이미 발생하기 시작했던 유연성에 주목하도록 권장한다. 이런 맥락에서, 스트레스와 도피 충동은 내담자 행동을 조절하는 선행사건의 기능을 잃어버리기 시작할 수 있다. 스트레스와 도피 충동은 점차적으로 내담자가 반응 여부를 선택할 수 있다는 감각으로 바뀔 수 있다.

내담자   지금까지는 그렇습니다. 하지만 전 아직도 이게 견디기 힘들다고 생각합니다.

치료자   아직도 그 생각을 가지고 계시네요... 참을 수 없다... 좋아요. 이 스트레스가 어떻게 느껴지나요? 얘기하기 쉽지 않다는 거 알아요. 동시에, 어쩌면 우리가 스트레스의 통제를 덜 받는 방법을 깊게 탐색하는데 도움이 될 수도 있습니다.

치료자는 내담자가 스트레스의 내재적 기능과 상징기능을 구별하도록 도우려고 "참을 수 없다"는 진술을 생각이라고 명명한다. 그다음 치료자는 생각의 기능을 변형하는 방법으로 내담자에게 감각을 기술하고(내재적 특징과 접촉을 증가) 도피가 아닌 다른 반응을 할 수 있도록 격려한다.

내담자   막 긴장한 기분이에요. 초조해요. 당신에게 아마 그렇게 보일 겁니다.

치료자   예를 들어, 다리를 움직이는 방식이요?

내담자   네, 스트레스를 받을 때 저는 움직임을 멈출 수 없어요.

치료자   그 밖의 다른 것은요?

내담자   숨이 찬 것 같아요. 그래서 다른 것에 관해 이야기하고 싶죠.

치료자	그렇군요. 이게 도피하고 싶게 만들죠. 이해가 됩니다. 비록 고통스럽지만 여전히 이 느낌을 묘사할 수 있나요?
내담자	호흡이 빠르고 가슴이 조이는 것 같아요…. 배가 빠르게 움직여요.
치료자	당신은 무엇을 하고 싶습니까?
내담자	이 감각이 사라졌으면 좋겠어요. 참을 수 없어요.
치료자	견딜 수 없는 기분을 느끼시는군요… 어떻게 이런 감각을 떠나가게 만들 수 있을까요?
내담자	떠나고 싶다고 느껴요.
치료자	얼마나 오랫동안 이런 촉박감을 겪었나요?
내담자	제가 들어왔을 때부터.
치료자	그래서 이 감각은 떠나고 싶게 만들지만, 당신은 여전히 여기 있네요. 그것이 어떻게 가능하다고 생각하나요?
내담자	완전히 지배받고 있는 것은 아닌가 봐요.
치료자	하지만 그런 감각을 가질 때, 떠나거나 대화 주제를 바꾸는 것과 같이 그 감각에 관해 무엇인가를 해야만 할 것 같은 느낌이 드는군요.
내담자	네, 선택의 여지가 없는 것처럼 느껴져요
치료자	그래서 선택의 여지가 없다고 느끼면서도 여전히 여기 남아서 스트레스에 관해 얘기하는 것을 선택할 수 있군요?
내담자	어렵지만, 지금 그것을 하고 있는 것 같아요.

이 마지막 대화에서 치료자는 내담자가 내재적 기능에 접촉하기 위해 스트레스 감각을 기술하도록 격려한다. 목의 통증, 심장 박동, 그리고 배 움직임은 내담자의 행동을 내재적으로 통제하지 않는다. 내담자가 도망쳐야 한다고 생각하게 만드는 것은 언어가 이러한 감각에 부여하는 기능이다(즉, '이 감각은 견딜 수 없다'). 이러한 감각들은 견딜 수 있지만, 여전히 상당히 혐오적인 것 같다는 점에 주목하라. 따라서 치료자는 내담자가 스트레스 감각에 역치가 증가했음(유연성 향상)을 알아차리도록 격려한다.

심리치료 작업이 기본적으로 언어 상호작용으로 이루어지지만 우리가 이 특정 부분에서 넘어가기 전에, 광범위한 언어적 상호작용 없이도 얼마나 간단하게 새로운 반응을 유도할 수 있는지를 언급하려 한다. 말을 거의 하지 않고도 자세의 변화(예, 앞으로 또는 뒤로 기대기), 얼굴 표정(예, 미소, 찡그리기) 또는 의성어(예, "아하?" "아야!")로 내담자가 사건에 새로운 방식으로 반응하게 이끌 수 있다. 시의적절한 침묵이나 반영적 경청은 새로운 행위를 유발할 수 있다. 예를 들면 내담자가 "이 주제에 관해 너무 고통스러워서 말할 수 없어요"라고 이야기 후, 치료자는 잠시 침묵을 취하고 나서 "너무 고통스러운가요?"라고 궁금해 하는 어조로 친절하게 반복하고 관심을 표현하면서, 내담자가 이 경험에 대해 더 이야기하도록 암묵적으로 초대할 수 있다.

　내담자가 이전에 문제가 된 반작용reaction을 할 때 임상의가 하는 거의 모든 것은 새로운 반작용을 확립하는 기회이다. 임상의가 보이는 반응 변동성은 내담자 반응에서 유연성의 주요 원천이 된다. 특히 임상의의 반응이 관습적인 사회교류와 다를 때 그러하다. 임상의가 새로운 반응을 확립하는 힘은 관습의 설정 밖에서 나오기 때문에 평범한 행동을 하려는 이끌림에 주의할 필요가 있다. 예를 들면, 내담자가 혼란스럽다고 가정해보자. 혼란스러움은 정기적으로 발생하며 임상적으로 관련있어 보인다고 가정하자. 혼란의 표현은 무언가에 대한 암묵적이거나 노골적인 요구와 함께 온다. 그러나 그 주제에 초점을 맞추는 것은 회기 중에 예측 가능성이나 얽혀듦의 성질을 가지고 있다. 평범한 사회적 상호작용에서는 거의 항상 혼란을 줄이려는 시도를 할 것이다. 이는 다음과 같이 독자가 쉽게 시험할 수 있다. 내일 (당신의) 거의 모든 사회적 상호작용에서 무작위로 "혼란스러워"라고 말하고 관찰해 보라. 이 말이 얼마나 다시 진술하기, 명료화, 안심, 이해, 해석 또는 혼란의 원천을 파헤치려는 시도로 이어지는가. 혼란을 표현하면 이를 없애기 위해 설계된 반응의 기본 비율이 높음을 감안할 때, 임상의가 이와 동일한 행동을 하면 새로운 반응이 나타날 가능성은 상대적으로 낮다. 하지만 정상적인 사회적 설정 밖에서 적절한 임상 반응을 할 방법은 무수히 많다. "혼란스러워요"라는 내담자의 말에 할 수 있는 반응의 가능한 범위가 얼마나 넓은지 보기 위해 몇 가지를 나열해 보자.

　"멋지군요! 당신이 알아차렸다니 기뻐요!"
　"우리가 모든 것을 멈추고 혼란스러움을 추적해야 할까요?"
　"혼란스럽다는 것이 괜찮은가요?"
　"저 또한 그래요. 우리 둘 다 혼란스러움과 함께 머무르며 잠깐 앉아있으면 어떨까요?"
　"우리가 이 영역을 계속 살펴보면서 이 반응을 함께 가져갈 수 있겠습니까?"
　"그게 보통 당신에게서 무엇을 끌어내나요?"
　"어원적으로 '혼란'은 '함께 쏟아붓다'를 의미합니다. 지금 함께 쏟아지는 것은 무엇입니까?"

"글쎄, 당신은 분명해져야 할 것처럼 말하지만 분명합니다. 당신이 혼란스러워하는 것이 분명합니다. 이제 우리가 명확해졌으니 다음 단계로 무엇이 좋을까요?"

우리는 내담자를 혼란스러운 상태로 내버려두거나 혼돈 그 자체가 유용하다고 제안하는 것이 아니다. 위에 나열한 제안은 특정 임상맥락에서 명료화 요청하기의 문제 기능을 표적으로 한다. 치료 목표를 명확히 식별하고 견고한 치료 관계 안에서 적용할 경우(10장을 자세히 참조), 이 접근 방식은 내담자에게 오래된 문제에 새로운 방식으로 반응할 수 있는 기회를 제공한다.

우리의 요점은 새로운 반응을 불러일으키기 위해서는 전형적인 맥락에서 무언가 바뀌어야 한다는 것이다. 맥락 안에서 어떤 변화든 잠재적으로 새로운 반응을 유발할 수 있다. 그래서 이 영역에서 이뤄지는 임상 작업의 동맹은 박스 바깥에서 생각하는 것이다. 문제가 되는 반응이 확고한 틀로 자리 잡혔을 때는 평범하고 사회적으로 기대되는 행동은 도움이 되지 않을 가능성이 높다. 왜냐하면 이것이 전형적인 맥락이기 때문이다.

행동변화를 조형하기 위해 언어를 이용하기
Using Language to Shape Behavior Change

이 장 첫 부분에서 문제를 일으키는 영향력의 원천으로부터 받는 영향을 변경하기 위해 내담자 자신의 행동을 더 잘 관찰하고 평가하도록 도울 수 있는 방식을 탐색했다. 이는 내담자가 비효율적인 전략을 포기하고 더 큰 만족을 주는 대안 행위를 상상하도록 격려하는 데 유용하다. 또한 우리는 내담자 반응의 유연성을 늘리기 시작하는 상징적 맥락을 만드는 다양한 방식을 검토했다. 실제적이고 지속적인 변화는 더 시간이 걸리는 과정이다. 특히 내담자가 새로운 방식으로 세상에서 행동하기를 배워야 할 때 그러하다. 행동이 자연적으로 보다 바람직한 결과를 가져온다 할지라도 치료자는 보다 효과적인 행위를 지지하고 조형하기 위해 행동 원리를 신중하게 사용할 필요가 있다. 거의 모든 과정을 임상 대화 안에서 수행하기 때문에 이에 대해 여기서 좀 더 논하기로 한다.

목표 *The Goal*
행동변화의 조형은 단계별 진전에 대한 강화, 변화가 일어날 때 응종보다 선례따르기를 지지, 문제 행동의 약화 등을 포함한다. 이 모든 것에 언어 과정이 필요하다.

RFT 관점에서 이것이 중요한 이유 Why This Is Important, from an RFT Point of View

모든 인간 행동이 상징이거나 규칙 지배는 아니지만 언어는 임상적으로 유의미한 거의 모든 행동에 영향을 준다. 언어 도구를 신중하게 사용함으로써 다른 행동 원리를 활용하여 행동이 규칙보다는 좀 더 경험에 의해 직접 조형되도록 할 수 있다. 이것이 더 큰 반응 유연성을 격려하는 것이다.

이 방법이 다양한 임상 전통과 어떻게 만나는가
How This Method Touches on Various Clinical Traditions

조형과 강화의 언어는 온전히 행동적이지만, 작동하는 행동을 하도록 배워야 한다는 의견은 거의 모든 임상 전통에 내재되어 있다.

어떻게 이것을 할 것인가 How to Do It

진전을 강화 Reinforcing Progress

심리치료의 의학 모델 영향으로 많은 임상의들이 행동 문제의 감소에 우선 관심을 두게 되었지만 기능적 맥락주의 관점에서 치료의 일차 목표는 유연성을 얻고 안녕을 지속할 수 있는 행동 레퍼토리를 넓히는 일이다. 이러한 접근은 우리 작업이 주로 효과적 행위를 향한 진전에 강화를 주는 것이어야 함을 시사한다.

  단계별 강화 *Reinforcing Step by Step.* 조형은 우리가 내담자의 진전을 지지할 때 사용할 수 있는 가장 효과적인 원리 중 하나이다. 이는 효과적 행동을 향한 단계를 인식하고 강화하는 것을 말한다. 우리는 너무 자주 완벽한 행동이 발생한 후에야 개선이 있음을 인정한다. 이런 일은 내담자의 실제 삶에서 자주 일어난다. 실제 삶에서는 완벽한 행위를 실행하기 전까지 새로운 결과가 꼭 일어나는 것은 아니다. 이런 이유로 치료자는 학습의 초기 단계 동안 자연적 지지의 부족을 보상해 주어야 한다. 좌절의 느낌을 받았을 때 문제 반응을 보이는 한 내담자 사례를 고려해 보자. 치료 초기 내담자는 사람들이 대화 중에 자신의 말을 잘 알아듣지 못하면 쉽게 화를 냈다. 그 결과 그는 대화를 중단해 버리거나 상대방을 사납게 지적했다(두 가지 전략 모두 불편한 느낌으로부터 도피할 수 있게 한다). 자신의 행동이 문제인 것은 알았지만 좌절의 느낌을 그대로 두기는 힘들었다. 얼마 후 약간의 진전이 있었다. 계속 대화에 머물면서 겉으로 드러내며 깔보는 듯이 비난을 퍼붓지는 않았다. 하지만 아직은 다른 사람이 바로 알아듣지 못하면 눈을 굴리면서 한숨을 푹 쉬었다. 이런 식의 좌절 표현은 여전히 사람들을 불편하게 했고, 이 정도 노력으로 지금까지 얻어낸 성취만으로는 만족을 찾기 쉽지 않았다. 따라서 이 시점에서 그의 기술은 여전히 개선될 필요가 있었지만, 우리 전략은 효과적인 상호작용을 향한 진전을 강화하는 것이었다. 아래 대화는 이를 어떻게 진행할 수 있을지 간단히 재현한 것이다.

> **치료자** 제가 당신을 제대로 이해하고 있는지 모르겠습니다. 친구가 당신 말에 귀 기울이고 있지 않았다는 겁니까? 아니면 이해를 못했다고 하는 건가요?
>
> **내담자** (눈을 굴리면서) 친구는 내 말을 이해하지 못했다고 말했어요. 하지만 내가 한 말은 그가 내 말을 제대로 안 듣고 있는 것 같다는 겁니다.
>
> **치료자** 아, 좋아요. 저에게 더 분명하게 말씀해 주셔서 감사합니다. 같은 말 반복하기가 당신에게 쉬운 일이 아님을 알고 있습니다.

치료자는 내담자의 행동과 긍정적 결과(보다 나은 이해)를 연결함으로써 노력을 강화하고 그로 인한 내담자의 어려움을 인정해 주려 한다.

> **내담자** 미안합니다. 또 눈을 굴렸네요.
>
> **치료자** 예, 당신이 그러는 것을 보면 내가 당신을 제대로 이해하길 원하면서도 동시에 오히려 불편하게 만든 것 같아서 말을 하기가 쉽지 않습니다. 하지만 일어난 일을 다시 한 번 저에게 설명할 시간을 가진 것에 감사합니다. 진짜 도움이 되고 이런 식으로 좋은 대화를 계속해 나갈 수 있을 것 같습니다. 어떻게 생각하세요?

치료자는 효과적인 행동과 여전히 문제가 되는 행동을 구분한다. 양쪽 모두 내담자 행동의 효과를 가리키면서 자기 행위의 실제 결과를 추적해 보도록 권유하고 있음에 유념하라.

> **내담자** 덜 민감하고 싶어요. 그렇지만 너무 쉽게 좌절을 느끼고…
>
> **치료자** 알고 있습니다. 그것이 내가 당신의 노력을 특히 높이 사는 이유입니다.

치료자는 진료실에서 일어나는 실제 결과를 언급함으로써 내담자의 노력을 강화한다.

위 사례에 치료자가 효과적 행동과 문제 행동을 변별하는 것을 볼 수 있다. 한편 진전을 인정하고 작동하고 있는 행동을 강화했다. 또 다른 한편 내담자가 여전히 개선할 수 있는 부분을 가리켰다. 이러한 접근은 때때로 미묘하다. *겉보기에는* 완전히 부적절한 것처럼 보이지만 실제로는 진정한 진전을 이루는 행동을 강화하는 경우로 이어질 수 있다. 같은 내담자와의 치료 초기 단계 동안은 최소한 대화에 참여하고 있었기에 심지어 그가 하는 비난을 강화하는 게 유용할 수 있다. 당시에는 이것이 진정한 개선이었다.

치료자가 사용한 강화물이 내담자의 실제 삶에서 일어나는 결과와 비슷했다는 점을 알아차리는 것도 중요하다. 이전 장에서 언급한 대로 치료실에서 일어나는 일과 내담자 삶에서 일어나는 일 사이에 기능적 유사점이 자주 있는 것이 도움이 된다. 이는 조형에도 적용된다. 치료실에서 배운 행동이 바깥에서 확실히 일반화되기 위해서는 치료자와 함께 있을 때 내담자가 유발한 결과가 자연스러운 환경에서 일어나는 일과 기능적으로 유사할 필요가 있다. 따라서 이전 사례에서 다시 한 번 설명하려는 노력이 치료자가 이해하고 같이 대화를 지속할 수 있게 도왔다는 말을 분명하게 하였다. 이것이 내담자가 기술을 계속해서 개선시킬 때 자신의 삶에서 일어날 법한 일이다.

응종보다 선례따르기를 강화 Reinforcing Tracking over Pliance. 적절한 강화물을 선택할 때 응종을 부추길 위험을 고려하는 것도 필요하다. 심지어 의도하지 않았다 하더라도, 행동의 자연적 결과 대신 치료자가 마음대로 낸 의견whim이 강화물이 되어버리기가 쉽기 때문이다. 지난 사례에서 우울증으로 고통 받는 내담자가 '치료자가 하라고 했기 때문에' 영화관에 갔다는 것을 보았다. 다시 행위에 참여하려는 사람에게 영화관을 가는 것은 효과적인 행동일 가능성이 높다. 하지만 단지 치료자의 규칙을 따르는 기능 밖에 없다면, 만족이 크지 않고 오래 가지도 않는다. 따라서 강화를 전달할 때 치료자는 내담자의 행동을 가능한 자연적 결과물과 밀접하게 연결하려고 노력해야 한다. 이는 특히 긍정 결과에 집중하여 내담자가 예측한 수반성과 경험한 수반성이 상응하는지 평가해 보도록 권하는 것으로 가능하다. 이런 목적으로 치료자는 대등, 비교, 구별의 구성틀을 활용할 수 있다 (예, "예측한 대로 일이 흘러갔나요?", "결과가 바라던 대로인가요? 아니면 다른가요?", "더 나은가요?", "예상만 못한가요?"). 다음의 짧은 예를 통해 이러한 접근을 살펴보자.

내담자   이번 주 선생님이 말한 대로 마침내 집에서 연습할 시간을 낼 수 있어서 아주 기뻤습니다.

치료자   저는 당신이 불안을 다루는 이전과 다른 좀 더 유용한 접근을 시도해 볼 수 있었던 것 같아 시간을 내서 연습을 했다는 것이 기쁩니다. 이 연습을 하면서 무엇을 경험했나요?

내담자 흥미로웠어요. 확실히 평소에 하던 것과 아주 달랐지요.

치료자 평소 하던 것에 비하면 이 접근이 더 도움이 되거나 덜 유용했나요?

내담자 아직 뭐라 말하기는 이른데, 덜 압도당했던 것 같습니다.

이 대화에서 처음 내담자가 과제에 대해 말했던 방식을 보면 계획했던 것과 실제 행동이 상응한 것에서 주로 강화를 받은 것 같다. 다시 말하자면 자연적 결과와 상관없이 '하기로 했던' 대로 행동한 것이다(응종). 치료자 또한 진심 어린 만족을 표현했지만, 이를 예상되는 자연적 결과와 직접 연결시켰다. 그다음으로 치료자는 연습한 동안의 경험을 기술하도록 초대하면서 예상한 수반성과 경험한 수반성 사이의 상응성을 검토해 보도록 했다(선례따르기).

치료 작업에서 표적으로 하는 행동의 속성이 사회적일 때, 예상되는 자연적 결과가 사회적으로 전달되는 강화와 상응하는 경우가 많기 때문에 선례따르기와 응종을 구분하기가 어려울 수 있다. 예를 들어 파트너와 관계를 개선하고 싶은 내담자는 파트너의 요청("같이 시간을 더 보낼 수 있으면 더 행복할 거 같아")을 만족시키는 선택을 할 수 있다. 이것은 그에게 바람직한 자연적 결과이다. 하지만 단지 파트너가 그에게 원하는 행동을 하였기 때문에 강화를 받은 것으로 끝이 날 수 있다(즉, 규칙에 언급한 결과와 경험한 결과 사이가 상응하는지 추적 없이). 이러한 선례따르기와 응종 사이의 뒤엉킴이 치료자와 내담자 상호작용에서도 역시 일어날 수 있다. 이 경우 내담자가 선례따르기를 그만두지 않는 한 반드시 문제가 되지는 않는다. 이를 피하기 위해서 내담자가 규칙 따르기의 임의적인 사회적 강화를 제한하고, 행위, 선행사건, 결과 사이를 분명하게 연결 짓는 규칙을 공식화함으로써 행동의 기능을 염두에 두도록 권하는 것이 유용하다. 다음은 관계에서 보다 믿을 수 있는 사람이 되려고 작업 중인 내담자와 나눈 대화이다.

내담자 다음 주는 보통 상담했던 시간에 제가 올 수 있을지 100% 확신할 수 없어서 혹시 예약 시간을 바꿀 수 있을지 고민하고 있었어요. 직전에 취소하는 일이 생겨서 선생님을 불편하게 하고 싶지 않아서요.

치료자 그렇게 얘기해 주셔서 감사합니다. 임박해서 취소하지 않고 미리 예약을 옮겨 달라고 요청하면 제 일이 한결 수월해지지요.

내담자가 치료자를 '불편하게' 하고 싶지 않다는 말을 했기 때문에 치료자는 내담자의 행동과 자연적 결과 사이의 연결을 공식화했다.

내담자   그게 제 생각이에요. 그리고 좀 더 믿을 만한 사람이 되고 싶은 것도 있고...

치료자   *(관심을 보이면서)* 아 좀 더 믿을 수 있는 사람이 되기를 원해서 제게 요청했다는 거죠?

내담자   네. 이렇게 하면 선생님도 저를 믿을 수 있을 것 같아서요. 좀 더 어른스럽게 행동하고 있다는 기분이 듭니다.

치료자   *(관심을 보이면서)* 그리고 그것이 당신에게 중요한가요?

내담자   네, 아주 중요합니다. 사람들이 저를 믿으면 좋겠습니다. 제가 책임감 있는 사람으로 보였으면 좋겠습니다. 그리고 그렇게 되려면 제가 좀 더 믿을 만해야 한다고 생각합니다.

이 대화에서 치료자는 내담자가 스스로 좀 더 믿을 수 있는 사람이 되고자 하는 기꺼이함과 다른 사람만이 아니라 자기 자신에게 중요한 결과를 연결하도록 돕는다. 이런 접근은 '믿을 수 있는'이라는 규칙을 임의적으로 따르는 대신 바람직한 결과를 추적하는 내담자의 능력을 최대화하는 것이므로 유용하다.

응종에 주의하라는 것이 응종을 반드시 모두 제거하라는 뜻은 아니다. 때로는 내담자가 많이 헤매고 있거나 너무 지쳐서 스스로 자연적 수반성을 관찰할 수 없거나 현재로선 자연적 수반성이 효과적인 변화를 지지하지 못하는 상황도 있을 수 있다. 예를 들어 강렬한 감정을 대처하기 위해 자해를 하는 내담자는 처음에 다른 방법들이 효과적이지 않기에 다른 방법들이 효과가 있다는 것을 인식하지 못할 수 있다. 보다 나은 결과를 보기 위해서는 종종 연습이 필요하다. 이 경우 치료자는 내담자가 자신의 수반성을 관찰하고 기술하고 추적하기 이전에 첫 단계로 내담자의 생각과 행동 방식에 치료자가 더 많이 영향을 주기로 선택할 수 있다. 예를 들어 치료자가 내담자에게 "저를 믿으세요", "그녀를 의지하세요"라고 요청할 수 있다. 이러한 요청은 응종을 부추길 수 있다. 우리는 이런 접근을 수술을 하기 위해 마취를 사용하는 것에 비유한다. 목표는 수술을 수행하기 위해 일시적으로 고통의 원천을 제거하는 것이다. 심리치료에서도 유사한 방식으로 자연적 수반성이 너무 해롭거나 효과적인 행위를 조형하지 못할 때 응종을 부추김으로써 자연적 수반성으로부터 일시적으로 분리시킬 필요가 있다. 그러다가 내담자가 좀 더 효과적으로 세상을 다룰 수 있게 되면 인위적으로 증진된 형태의 사회적 영향을 서서히 줄여 나간다.

우리는 7장에서 의미 있는 강화의 원천을 추출하기 위해 응종도 탐색할 수 있음을 볼 것이다. 내담자가 '단지 남을 즐겁게 해 주기 때문'에 행위에 참여할 때 사회적 연결에 대한 강력한 관심을 반영하는 경우일 때가 많다. 이러한 동기를 내담자가 더 잘 발견한다면 자신의 필요를 채울 수 있는 더 효과적인 행위를 하도록 선택하거나 같은 행위를 하면서도 목적을 더 잘 알아차리는 데 도움이 된다.

문제 행동 약화시키기 | Weakening Problematic Behaviors

내담자가 진전을 보이면 보다 효과적인 전략을 빈번하게 쓰기도 하지만 뿐만 아니라 작동하지 않는 전략을 포기하는 경향을 보이기도 한다. 이는 대안 전략이 대체로 기존 전략과 양립하기 어렵기 때문에 자연스럽게 일어난다. 예컨대 술을 마시려는 촉박감에 반응하지 않기는 술 마시기와 공존할 수 없다. 따라서 첫 번째 행동이 강해지면 자연스럽게 두 번째 행동은 힘을 잃는다. 하지만 더 효과적인 행동이 강화되었다 하더라도 한동안은 내담자의 행동 레퍼토리 안에 문제 행동이 남아있을 수 있다. 특히 새로운 행동을 학습하는 초반에 그러하다. 이 경우 직접적으로 문제 행동을 약화시키면서 동시에 적절한 행동을 강화하는 것이 내담자가 더 빠르게 학습할 수 있게 도울 수 있다. 우리의 접근에 주로 유용한 행동의 강화가 필요하지만 일부 기법은 부적절한 행동을 약화시키기 위해 언어적 상호작용에 활용할 수 있다.

바람직하지 않은 결과를 전달하고 보도록 하기 *Delivering and Orienting Undesirable Consequences.* 행동에 이어 혐오적 결과가 따라온다면 그 행동의 빈도는 줄어들 것이다. 따라서 문제 행동이 치료실에서 일어났을 때 치료자는 내담자가 이어지는 결과를 추적하도록 도울 수 있다. 예를 들어 사회적 상호작용에서 어려움을 보이는 내담자를 상상해 보자. 첫 면담에서 내담자가 자주 치료자 말을 중간에서 끊음으로써 효과적인 상호작용의 발전을 막고 있다는 것을 알게 되었다. 다시 말을 가로막았을 때 치료자는 부드럽게 "당신이 내 말을 가로막을 때, 당신이 처한 상황을 잘 이해하는 게 힘듭니다. 그리고 당신이 가진 어려움을 제가 더 잘 이해할 수 있게 질문을 하고 싶습니다"라고 말할 수 있다. 내담자는 치료자로부터 이해를 바라기 때문에 이것은 원하지 않는 결과로 기능할 수 있다. 사실 이런 결과는 이미 있었지만 내담자의 행동에 충분히 영향을 주지 못했다. 따라서 무엇이 일어나는지 가리키기는 내담자가 결과를 추적하게 돕고 자신의 행동을 적응시키게 돕는다. 강화를 사용하는 것처럼 바람직하지 않은 결과 또한 내담자의 삶에서

일어나는 것과 일치해야 한다는 것을 주목하자. 설령 보통 그녀와 대화를 나누는 사람들이 그런 얘기를 하지 않았다 할지라도 자주 말을 끊은 행동이 불편했을 것이고 그녀와 좋은 관계를 발달시키기가 어려웠을 것이다. 따라서 이 경우 치료자는 임의적 혐오 결과를 사용하지 않으면서도 자연적 환경에서의 수반성에 좀 더 잘 적응하도록 도왔다(하지만 이 가설을 검증하기 위해서는 남들과 대화하는 동안 말을 가로막는 것의 결과를 내담자가 관찰하도록 권유하는 것이 유용하다).

차단Blocking. 또 다른 가능성은 단순히 문제 행동을 수행할 수 없도록 만드는 방법이다(차단). 예를 들어 외상 후 스트레스 장애를 앓고 있는 내담자에게 자신의 감정을 기술하도록 요청함으로써 외상 에피소드의 유발에 덜 반응적이 되도록 도울 수 있다. 그렇게 함으로써 회피의 통상적 형태를 차단한다. 물론 내담자가 실제로는 여전히 회피 행위를 언제든지 할 수 있지만 치료자가 만든 맥락은 회피가 덜 일어나게 한다. 내담자가 기술을 멈추거나 다시 회피에 참여한다면 치료자가 다음과 같은 예처럼 친절하게 내담자의 주의를 그런 감정으로 다시 향하게 할 수 있다.

치료자   힘들어지고 있나요?

내담자   네.

치료자   얘기를 멈춰서 알아차렸습니다. 그게 감정이 진짜 고통스러울 때 하는 행동인가요?

내담자   네, 마치 얼어붙는 거죠. 말이 안 나와요.

치료자   얼어붙는 거, 그래요. 몸 어디에서 특히 느끼나요?

내담자   목이랑 어깨요.

소거Extinguishing. 행동의 빈도를 줄이는 또 다른 방법은 그동안 그 행동을 유지해 왔던 강화적인 결과의 전달을 중단하는 것이다(소거). 이것은 기능의 상징적 변형으로 인해 반응의 부재로 해석될 수 있기 때문에 사회적 상호작용 동안에 행하기는 쉽지 않다. 예를 들어 내담자가 공황으로 죽을 수 있는지 치료자에게 물었다고 상상해 보자. 처음에 내담자에게 그런 일은 일어나기 힘들다고 말하는 것은 정당하다. 하지만 같은 질문을 다시 물어볼 때 치료자는 안심 추구에 강화를 제공하지 않는 것에 주의를 할 필요가 있다. 이것이 문제가 되는 체험회피의 사례가 될 수 있기 때문이다. 하지만 단순히 질문에 대응하지 않는다고 해서 반응이 소거되지 않는다. 왜냐하면 내담자는 치료자의 반응 부재를 자신을 돌봐주지 않거나 가장 최악의 공포를 확증하는 신호로 해석할 수 있기 때문이다. 이런 상황에서 대안적인 접근은 내담자로 하여금 질문의 기능을 알아차리게 하고, 회피를 지속할지 행동을 소거할지 본인이 스스로 선택하도록 도와주는 것이다. 아래의 대화는 이러한 접근을 보여 준다.

내담자 제가 공황으로 죽을 수 있다고 생각하시나요?

치료자 이 질문이 당신을 많이 괴롭히나 봅니다. 지난번에도 물었던 질문이죠. 맞나요?

내담자 네. 알아요. 하지만 정말 두려워요. 확실히 해 두고 싶은 것일 뿐입니다.

치료자 제가 질문에 답을 할 수도 있겠지요. 하지만 제가 답을 하는 행동이 불안에 어떤 영향을 주는지 알아차렸으면 합니다. 제가 지난 번 답을 했을 때 기분이 어땠나요?

내담자 기분이 나아졌습니다. 안심이 됐죠.

치료자 좋아요. 더 나은 기분이 얼마나 길게 가던가요?

내담자 기억나지 않아요… 그리 길진 않았습니다. 회기가 끝나고 나서는 기분이 괜찮았죠. 하지만 자러 갈 때 다시 걱정하기 시작했습니다.

치료자 공황으로 죽을 수 있다는 생각이 들었다는 거죠?

내담자 네, 그로 인해 두려웠습니다.

치료자 제가 오늘 다시 당신 질문에 대답해 주면 어떤 일이 일어날 것 같으세요?

내담자 기분이 나아지겠죠. 제가 죽는다는 생각을 하는 것은 매우 힘들어요.

치료자 이번에는 오래 갈 것 같으세요?

내담자 잘 모르겠어요… 선생님이 무슨 말을 하려는지 알겠어요. 저는 내과 의사나 가족에게도 질문을 계속 해요. 다들 내가 죽지 않는다고 말하죠. 하지만 죽을 수 있다는 생각을 멈출 수가 없어요.

치료자 지금 겪고 있는 당신의 경험이 힘들다는 것을 압니다. 충분히 이해할 만하지요. 제가 할 수 있는 것은 당신에게 선택을 드리는 것입니다. 당신 말대로 제가 질문에 답을 한다면 잠시 동안 기분이 나아지겠지요. 다른 하나는 질문에 답을 듣지 않고 내버려두는 것입니다. 이것이 처음에는 더 힘이 들겠지만 즉각적인 위안을 받지 않았을 때 무슨 일이 일어나는지 관찰할 수 있는 기회를 제공할 것입니다. 어떻게 생각하세요?

내담자가 이 질문을 답 없이 놔두기로 선택한다면 이는 자신의 생각에 반응을 덜 하는 진전의 이정표가 될 수 있다. 하지만 이번에도 안심시켜 달라고 할 수도 있다. 이 경우 치료자는 답하기로 선택할 수 있지만 내담자가 이러한 선택의 결과를 관찰하도록 도움으로써 이 상황에서도 치료적 이득을 취할 수 있다. 특히 회기를 진행하면서 불안이 어떻게 진화하는지, 이후 무슨 일이 일어나는지 주의를 기울이도록 권할 수 있다. 시간이 지나면서 이 전략의 효과를 더 잘 알아차리게 되면 내담자가 다른 선택을 내릴 수 있게 된다. 이런 방법으로 반응의 부재가 가지는 상징기능이 이 직접적인 수반성 과정을 압도하지 않으면서 안심 추구를 소거하기 위해 반응하지 않기를 결국 가능케 한다.

임상 예

이어지는 장면에서 이번 장에서 우리가 보여준 몇 가지 원칙을 발견하게 될 것이다. 이 책 대부분의 사례에서처럼 우리는 내담자 행동의 완전한 변형을 보여 줄 의도는 없다. 몇 번의 대화를 나눈다고 해서 그런 종류의 변화가 일어나는 경우는 거의 없다. 하지만 이런 종류의 상호작용이 계속 이어지다 보면 변화의 충분한 맥락이 조성되면서 시간에 걸쳐 유의미한 개선이 일어날 수 있다.

자연스러운 상호작용이 흘러가면서 치료자와 내담자가 어떻게 협력하는지 관찰하라. 우울, 불안, 마리화나 중독이 있는 41세 남자 환자와 나눈 대화이다.

> **치료자** 그래서 어제는 어땠나요? 집을 손보기로 계획했었죠?
>
> **내담자** 아, 원하던 대로 되지는 않았어요. 피곤한 상태로 일어났어요. 그리고 피곤하면 일을 잘 할 수 있을 거라는 생각이 들지 않았어요.
>
> **치료자** 피로감을 좀 느꼈고, 그런 느낌을 가지고 일을 잘 할 수 없을 거라는 생각을 가지고 있었네요. 그래서 어떻게 하셨나요?
>
> **내담자** 아침에는 쉬는 게 좋겠다 생각했고 오후에 집 보수 일을 하면 좋겠다 싶었어요.
>
> **치료자** 그렇게 했나요?
>
> **내담자** 네, 먼저 쉬어 주지 않으면 지붕 보수 작업을 완전 망쳐 버릴까 걱정되었습니다.
>
> **치료자** 그렇군요. 피곤했고 피곤한 것을 걱정했고, 그랬던 건가요?
>
> **내담자** 네.
>
> **치료자** 쉬겠다고 결정한 후 기분이 어땠나요?
>
> **내담자** 좋았습니다. 오늘 하루의 계획이 있다고 생각했죠. 실제로 기분은 좋았어요. 음악을 들으면서 소파에서 쉬기 시작했죠.

치료자 좋아요. 일이 당신이 원하던 대로 되지 않았다 얘기했어요. 그다음에는 어떤 일이 있었나요?

내담자 아, 결국 마리화나를 피웠어요… 아시다시피 제가 혼자 있을 때… 그리고 음악을 들으면… 어찌할 수가 없어요. 마리화나를 피울 때는 정말 기분이 좋거든요. 그 순간에는 그 느낌을 생각하지 않을 수 없어요, 그렇죠.

이 대화에서 치료자는 내담자가 자신의 경험을 각 단계별로 관찰하고 기술하고 주요 논점을 선행사건/규칙-행동-결과로 재공식화하도록 지도한다. 내담자의 문제 행동은 선행사건에 영향을 받았다. 선행사건은 피곤한 느낌, 촉박감, 부정확하고 정밀하지 않은 규칙("피곤하면 일을 잘 할 수 없을 거라 생각이 들었어요", "아침에는 쉬는 게 좋겠다 생각했고 오후에 집 보수 일을 하면 좋겠다 싶었어요", "어찌할 수 없어요", "마리화나를 피울 때는 정말 기분이 좋거든요") 등이다. 그는 또한 강화하는 결과의 역사에 영향을 받았다. 즉, 마리화나를 피울 때 피곤함에 관한 불안이 줄어들고 좋은 기분이 들었다. 역으로 집 보수하기의 긍정적 결과는 그의 행동에 영향을 주는 데 실패했다.

치료자 당신은 혼자 있거나 음악을 들을 때 마리화나를 피우는 오랜 습관이 있어요. 그런 촉박감을 가진 것을 이해할 만합니다. 또한 그런 촉박감이 있을 때 마리화나를 피우지 않기가 어렵다는 것도 압니다. 그게 당신이 하고 싶었던 행동을 하지 않았다는 걸 의미하나요?

한편 치료자는 흡연의 역사를 고려했을 때 촉박감을 정상화하고 저항의 어려움을 인정해 주었다. 동시에 내담자가 자신이 행한 반응의 효과성을 평가하도록 돕고 있다.

내담자 네. 저는 실망했습니다. 아마 아내도 그랬을 거예요. 아무 말도 하지 않았지만 실망했으리라 확신합니다. 아침에 피곤을 덜 느끼고 그런 촉박감을 느끼지 않을 수만 있다면 다른 모든 사람들처럼 기능할 수 있을 텐데. 그렇죠…

내담자는 적용할 수 없는 규칙을 공식화하고 있다.

치료자 분명 좌절감을 느끼겠네요. 당신이 지붕 보수 일을 진짜 하기를 원했다는 걸 기억합니다. 그렇기 때문에 당신의 실망을 이해할 수 있습니다[느낌을 정상화]. 어제 있었던 일을 정리해 보면 이 모든 것이 피곤한 느낌과 피곤함과 관련된 불안에서 시작되었다고 볼 수 있을까요[추적을 유발]?

내담자 네, 그리고는 쉬어야 한다는 생각을 했죠. 하지만 마리화나를 피고 싶은 촉박감은 소파에 누워 있거나 음악을 들을 때 항상 일어나는 것이기 때문에 그것은 안 좋은 생각이었습니다.

치료자 그 말은 어제 당신이 정말 지붕 보수 일을 하기를 원했다면 쉬겠다는 선택은 가장 효과적인 전략이 아니었다는 거네요?

내담자 네, 좋은 생각이 아니었어요. 그렇게 했을 때 작동하지 않는 것 같아요.

이 대화에서 치료자는 내담자가 자신의 행동에 관한 효과성을 평가하도록 돕고 있다.

치료자 좋아요, 이걸 알고 있으면 도움이 되지 않을까요? 어떤가요?

내담자 그러게요. 하지만 피곤할 때는 제대로 생각을 못 하는 것 같아요. 다시 잠자리로 되돌아가거나 마리화나를 피우는 것이 좋은 게 아닌 걸 알아요. 하지만 그 순간에는 촉박감에 저항하지 못하죠.

치료자 좋아요. 알겠습니다. 촉박감이 있을 때 대응하는 방법을 바꾸고 싶으신 거죠. 맞나요?

내담자 네, 촉박감이 사라진다면 도움이 되겠지요… [적용할 수 없는 규칙]

치료자 촉박감이 사라질 거라고 생각하시나요?

내담자 확신은 없어요. 전 항상 피곤함을 느낍니다. 그리고 마리화나? 아마 주변에 아내가 없다면 하루 종일 마리화나를 피울지도 몰라요!

이 대화에서 치료자는 영향력의 원천을 제거하는 불가능한 일에 관심을 두는 것이 아니라 내담자 반응의 효과성에 초점을 맞추도록 돕는다(촉박감이나 피곤함은 적어도 다른 활동에 참여하기 전까지는 없어지지 않을 것이다).

치료자 지금 촉박감이 있나요?

내담자 네, 몇 시간 전에 일어난 이후 계속 피곤함을 느낍니다. 할 수만 있다면 마리화나를 피웠을 겁니다.

치료자 흥미롭군요. 당신의 촉박감에 대해 좀 더 물어봐도 될까요?

내담자	좋습니다.
치료자	당신이 "할 수만 있다면 마리화나를 피웠을 겁니다"라고 말을 한 것이 흥미롭습니다. 왜 지금은 마리화나를 피우지 않는다고 생각하세요?
내담자	음, 전 진료실에서 마리화나를 피우고 싶지는 않습니다. 치료 중이고…
치료자	좋아요, 그 말은 지금 당신은 집에 가거나 마리화나 피우는 것보다는 여기 더 있고 싶어한다고 볼 수 있을까요?
내담자	전… 모르겠는데… 그걸 그런 식으로 생각해 보지는 않은 거 같아요.
치료자	난 당신이 지금 촉박감을 가지고 있으면서도 집에 가서 소파에 앉거나 마리화나를 피우지 않고 여기서 저와 얘기하고 있다는 것이 정말 흥미롭습니다.

치료자는 진전을 강화할 효과적인 행동으로 향하는 단계를 강조한다.

내담자	하지만 내가 지금 여기 있을 때는 혼자가 아니기 때문에 저항하기 쉬워요. 아시다시피…
치료자	네 좋아요. 왜 그것이 더 쉽다고 생각하세요?
내담자	대화가 촉박감을 분산시키는 거죠.
치료자	오, 재미있네요! 어떤 의미에서는 촉박감을 없애 주는 건가요?
내담자	네, 상당 부분.
치료자	하지만 지금 우리는 촉박감에 대해 얘기하고 있어요. 그러니까 당신은 촉박감에 모든 주의를 두고 있습니다. 그리고 당신은 아직 여기에 있네요…
내담자	일정 시간 동안은 저항할 수 있나 봅니다.

이 대화에서 치료자는 촉박감을 느끼는지 물어봄으로써 지금 이 순간 일어나는 일과 내담자의 삶에서 주로 일어나는 일 사이에 연결을 확립하고 있다. 그리고 나서 영향을 주는 원천이 있다 하더라도 행동의 유연성을 높일 수 있다는 것을 알게 함으로써(마리화나를 피우고 싶은 촉박감에도 불구하고 피우지 않고 있음), 촉박감이 가지는 기능의 변형을 돕는다('저항할 수 없음'에서 '저항이 가능한 것'으로).

치료자	지금 저항하는 것이 어려운가요?
내담자	촉박감 관련 얘기하다 보니 그러네요.
치료자	촉박감에 대해 더 물어봐도 될까요?

내담자	좋습니다.
치료자	정확히 어떤 느낌인가요?
내담자	촉박감이 어떻게 느껴지느냐를 묻는 거죠?
치료자	네… 감각이 정확히 어떤가요? 최대한 구체적으로 말해볼 수 있을까요? 제가 볼 수 없는 그림을 묘사해야 하는 것처럼.

치료자는 내담자가 촉박감을 기술하는 데 도움이 되도록 유추적 구성틀을 사용하고 있다.

[여기서 내담자는 최대한 정밀하게 얘기해 달라는 치료자의 권유에 따라 몇 분 동안 촉박감을 기술하고 감각의 내재적 특성에 초점을 맞춘다]

치료자	마리화나를 피우지 않고도 당신의 촉박감과 접촉해 있을 수 있었던 것 같습니다. 어떻게 생각하세요?

치료자는 내담자가 감각을 기술하는 지난 몇 분 동안 촉박감에 더 유연하게 반응했다는 걸 알아차리도록 돕고 있다.

내담자	네, 대개는 그렇게까지 가지는 못해요. 벌써 마리화나를 피우죠…
치료자	이 방을 나가고 무엇을 할 것 같나요?
내담자	음, 지붕에서 하려던 작업을 시작해야겠지요. 그게 제가 해야 되는 일이죠. 그렇죠?

내담자는 응종의 신호를 보인다.

치료자	중요한 것은 당신에게 가장 효과적인 행동을 하는 것이라고 생각합니다. 당신에게 가장 효과적인 일이 무엇이라고 생각하세요? 이 방을 나간 뒤예요.
내담자	집 보수 일을 하는 겁니다.
치료자	왜죠?
내담자	소파에서 마리화나 피우면서 시간을 보내고 싶지 않기 때문이죠. 집 보수 일을 끝낼 필요가 있습니다. 오늘 밤에는 아내가 저를 다르게 바라보면 좋겠습니다.

치료자는 내담자의 관찰, 기술, 추적을 유발한 후 일관성의 기준으로 효과성을 확립하고, 촉박감 기술하기를 통해 영향력의 원천이 가지는 기능을 변형하여 다른 반응(촉박감과 접촉한 채 머무르기)을 유발하고, 효과적인 행동을 향한 진전을 강화시켰다. 이로써 내담자는 결국 대안적인 선택을 제시했다. 내담자는 문제 행동보다 효과적 행동을 선택했으나 그 방식이 선례따르기보다는 응종이었다("그것이 제가 해야 되는 일이죠. 그렇죠?"라고 물으며 치료자의 승인을 구함). 그래서 치료자는 내담자의 선택을 자신의 목표를 이루기 위한 효과성의 문제로 재구성했고 행동을 바람직한 자연적 결과와 연결시키도록 격려하였다고(응종보다 선례따르기).

행동변화를 활성화하고 조형하기 위해 언어를 사용하는 원칙을 제시한 것에 이어 우리는 이제 특별한 구성틀 기술이 요구되는 행동 문제 영역을 살펴보고자 한다. 이는 자기와 관련된 주제이다.

요약

이 장에서 행동변화를 활성화하고 조형하기 위해 언어를 사용하는 것에 관해 배웠다. 다음은 기억해야 할 주요 원칙이다.

- 내담자의 행동에 영향을 주는 맥락적 요소를 제거하거나 대체할 수 없을 때, 그 요소의 영향을 바꾸기 위해 언어를 사용할 수 있다. 이를 위해 내담자가 보다 효과적인 행동을 고려할 수 있도록 언어 과정을 사용할 수 있다. 이는 다음으로 구성된다.
  - 관련된 수반성에 맞춰 반응을 조정하기 위해 기능적 맥락에 대한 인식을 증가시켜라. 이를 위해 다음을 할 수 있다.
    - 내담자의 경험에 대한 관찰을 유도하라.
    - 내담자의 경험에 대한 기술을 유도하라.
    - 내담자의 경험에 대한 추적을 유도하라.
  - 정상화와 반응 효과성을 평가함으로써 기능적 감각을 고취하라. 이를 위해 다음을 할 수 있다.

。심리경험의 일관성을 확립하고 인정하라.

　。내담자의 행동 문제를 효과성 측면에서 재구성하라.

- 영향력의 현재 원천이나 현재 반응을 표적으로 삼아서 반응 유연성 증가시켜라. 이를 위해 다음을 할 수 있다.

　。영향력의 원천 주변 맥락을 변경하라.

　。새로운 반응을 유발하기 위해서 반응 주변 맥락을 변경하라.

- 내담자의 행동 레퍼토리에서 일어나기 시작한 변화를 강화하기 위해 치료실에서 일어난 일을 내담자 외부 삶과 연결하면서 학습 원리(조형)를 사용할 수 있다. 이는 다음으로 구성된다.

- 진전을 강화하라. 이를 위해 다음을 할 수 있다.

　。단계별로 강화하라.

　。응종보다는 선례따르기를 강화하라.

- 문제 행동을 약화시켜라. 이를 위해 다음을 할 수 있다.

　。바람직하지 않은 결과를 전달하거나 보도록 하라.

　。행동을 차단하라.

　。행동을 소거하라.

유연한 자기감 만들기
Building a Flexible Sense of Self

심리중재의 많은 접근법 중 핵심은 '자기Self'라는 주제이다. 이 장에서는 RFT 원리를 이용하여 자기와 관련된 주제를 다루는 방법을 배우게 될 것이다. 이 영역에서 내담자가 마주하는 몇 가지 전형적 문제를 살펴보고, 자기에 대한 RFT 접근이 가변성variability, 안정성stability, 기능적 일관성functional coherence 및 건강한 책임감healthy sense of responsibility을 조성하는 치료기법을 알려줄 수 있는 방식을 탐색할 것이다.

자기 개념
THE CONCEPT OF SELF

이 책의 주된 주제는 언어를 구성하는 관계 네트워크의 일관성이 우리의 행위에 강력한 영향을 미치는 방식이다. 부적절한 일관성이 특별히 강력하고 해로운 영향을 미치는 영역 중 하나는 자신을 개념화하는 방식이다.

어린 아이들조차 비교적 안정적인 행동 패턴을 가리키는 명칭label으로 자신을 정의하도록 격려 받는다. 부모는 의도적으로 이런 종류의 긍정적인 명칭을 장려할 수 있지만 (예, "넌 정말 똑똑하구나!" 또는 "넌 정말 다정하구나!"), 명칭의 중요성이 커짐에 따라 거의 사회적 기대치를 따르도록 강요하는 수단처럼 사용될 수 있다(예, "넌 너무 지저분해! 네 방 좀 보렴!" 또는 "그것보다 더 잘 알잖아! 그런 바보 같은 짓을 하기엔 넌 훨씬 똑똑해!").

상징행동은 가장 중요한 범주 기술하기 이상의 역할을 한다. 즉, 스스로에게 사용한 명칭과 일치하는 행동을 유지하도록 장려한다. 성격 특성은 출생 때부터 관찰할 수 있는 기질적 패턴을 포함하여 다양한 요인에서 기인하지만 시간과 상황에 따라 행동적 일관성이 증폭될 가능성이 높으며, 심지어 일부 영역에서는 스스로에게 적용하는 명칭 때문일 수도 있다. 어떤 아이는 순전히 다른 사람이 주변에 있을 때 보이는 행동(예, 주위에 낯선 사람이 있을 때 말을 많이 하지 않고 부모 가까이 와서 머무름)으로 인해 '수줍음을 아주 많이 탄다'는 말을 들을 수 있다. 이 정의는 자기와 '수줍음' 사이의 동등 관계와 수줍음과 이 범주에 주로 속하는 모든 행동 사이의 계층 관계를 포함하는 상징적 네트워크를 구성한다. 이런 명칭은 특정 상황의 단순한 관찰에서 나왔지만, 미래 행동을 지배하는 새로운 영향력의 원천이 될 수 있다. 학교에서 다른 아이들이 함께 놀자고 하면, 그 여자아이는 '나는 너무 수줍어서 모르는 사람 곁에 있을 수 없어!'라고 생각할지도 모른다. 몇 년 후, 명칭이 실제로 특정 상황과 관련된 행동을 관찰한 *후에* 나오게 되었음을 잊어버리게 된다. 소녀 자신도 수줍기 *때문에* 낯선 사람을 피한다고 생각할 수 있고, 이 설명이 실제로는 자신의 행동을 전혀 설명하지 못함에도 다른 사람들에게 그렇게 설명할 수도 있다. 단지 행동에 명칭을 붙였는데, 이제는 명칭이 행동을 장려하게 된 것이다.

이 예에서 살펴볼 수 있는 점은 단순한 관찰에서 자기에 대한 정의가 생기고, 자기에 관한 규칙으로 이어질 수 있다는 것이다. 만약 어떤 여성이 자신을 친절하다고 정의한다면 과거에 다른 사람들에게 따뜻함을 보였고 사람들이 '친절함'을 칭찬하거나, '친절한 사람'이라고 불렀기 때문일 수 있다. 이제 그녀 마음 안에 자신은 친절한 사람이 되었으니, 현재와 미래에 따뜻한 모습을 보여줄 것이라고 결론내리는 것은 논리적이고 일관성 있다. 즉 친절하다면 대다수의 사람들에게 따뜻함을 보여 주어야만 한다. 그녀는 친절해야 하므로 친절하게 행동하지 않는다면 스스로에게 뭔가 문제가 생긴 게 틀림없다. 궁극적으로 '친절한'이라는 명칭은 자신의 다양한 행동과 경험을 보지 못하게 방해할 수 있으며, 이로 인해 대가를 지불해야 할 수 있다(예, 합리적인 한계 설정을 위해 타인을 향해 분노를 느끼는 것이 유용하게 작용하는 경우). 어떤 의미에서 마치 우리가 명칭이 되려고 노력하면서 자기 일관성을 유지하기 위해 그 안에서 살게 되는 것과 같다. 내담자가 보다 유연하게 '자기 자신이 되는' 것을 배울 수 있도록 도우려면 이 시스템에서 한 발 물러설 수 있도록 해야 한다.

자기 개념 문제
PROBLEMS WITH SELF-CONCEPTS

자기-명칭에 따라 행동함으로써 자기 일관성을 유지하려는 문제는 행위의 가변성을 극적으로 좁히고 사람이나 상황에 반응하는 선택 폭을 줄일 수 있다. 특히 이런 문제는 치료에서 만나는 내담자가 장기적으로 더 큰 만족감을 가져올 수 있는 새롭고 보다 효과적인 행동을 하는 것을 종종 방해한다. 예를 들어, 어떤 사람은 "저는 항상 이기적이에요. 그게 바로 제 방식이고, 사람들이 저를 보는 방식이에요"라고 말한다. 그녀는 정말로 다른 사람을 돕고 다르게 보이고 싶기에, 이타적인 행위에 참여하는 것을 고려하기 시작한다. 하지만 자신이 할 수 있는 일을 찾게 되면 "단지 제가 이기적인 사람이 아니라는 걸 사람들에게 알리고 싶기 때문에 이 일을 하는 것이에요. 그러나 *이렇게 하는 것은* 이기적인 일이지요. 전 항상 이런 종류의 사람일 거예요"라고 말한다. 사실 관계 네트워크의 일관성이 위협받을 때마다 언어는 이전에 확립된 개념과 충돌하는 것으로 보이는 사건의 기능을 변형하여 일관성을 복구한다. '난 우울하다', '난 학대의 피해자다', '난 경계성 인격 장애다'와 같은 명칭은 모두 효과적인 변화의 잠재적 장애물이다. 그 이유는 언어가 이러한 정의와 모순되는 모든 행동을 기존 관계 네트워크에 부합하도록 변형할 수 있기 때문이다. 예를 들어, 다시 복직하는 것을 떠올릴 때 우울증을 앓고 있는 사람은 "난 우울해서 일을 할 수 없을 거예요"(즉, "우울한 사람은 복직하지 않을 거예요. 따라서 복직을 하는 것은 내 느낌을 틀렸다고 입증하는 거예요")라고 생각하고 집에 머무르기로 결정할 수 있다. 학대의 희생자였던 사람은 "난 학대를 당했기 때문에 파트너와 정상적인 관계를 가질 수 없다"(즉, "정상적인 관계를 갖는다는 것은 학대와 내 괴로움을 축소한다는 의미다")라고 생각하여 결과적으로 친밀한 신체 접촉을 피할 수 있다. 경계성 성격장애를 앓고 있는 사람은 "나는 경계성 성격장애가 있기에 사람들에게 화를 내는 것은 정상이다"(즉, "내가 사람들에게 화를 내지 않으면 더 이상 경계성이 아니게 되고 내 괴로움은 더 이상 인정받을 수 없을 것이다")라고 생각할 수 있기에 결과적으로 싸움을 거는 행동을 지속한다. 복직하지 않기, 관계 회피하기, 사람들에게 화내기로 많은 문제가 발생함에도 불구하고, 이 모든 경우 언어로 구축된 관계는 내담자가 일관성을 유지하는 방향으로 행동하도록 안내한다.

자기의 정의나 개념에 관한 과도한 집착으로 생기는 문제는 심리 장애에 너무나 일반적이다. 흔히 경직되었다고 분류되는 일부 내담자는 자신을 너무나 강력하게 명칭과 동일시하여, 명칭에 반하는 것을 피하기 위해 무엇이든 할 것처럼 보인다. 심지어 명칭이 부정적으로(예, 우울증, 정신병, 주의력결핍 과잉행동장애) 지각될 수 있는 경우에도, 이런 진단에서 '해답'을 발견한 경우 흔히 볼 수 있는 현상이다. 일부 내담자는 '명칭 쇼핑'을 한다. 즉, 자신의 역사와 반응을 마침내 이해하고 실제로 자신이 누구인지 알려주는 데 도움이 될 적절한 명칭을 찾아다니기도 한다. 감정 조절 문제로 고통 받는 사람들(예, 경계성 성격 장애, 양극성 장애)은 결국 '불안정성'과 같은 보다 일반적인 명칭이나 '나만큼 엉망인 사람은 없다'라는 생각과 동일시하게 된다. 또한 내담자들은 적절한 범주를 찾을 수 없을 때 공허함을 느끼기도 한다. 어떤 내담자는 심지어 부정적인 정의라도 자신을 온전하게 느끼게 하는 한 그 정의를 채택할 것이다. 이를 RFT 용어로 일관성이라 한다.

내담자가 자신의 삶에 만족하지 않을 때, 자연스럽게 삶을 바꿀 수단을 찾는다. 이 지점에서 또 다시 자기에게 접근하는 내담자의 방식이 적용하려는 해결책에 중요한 영향을 끼친다. 만약 자신을 '문제'로 본다면, 자기 네트워크에 일관성을 다시 가져오기 위해 자기에 대한 정의를 바꾸고 새로운 정의에 집착하게 될 수 있다. 예를 들어, 자기 자신을 완벽한 엄마로 보고 그렇게 행동하도록 배워온 한 여성이 단 한 번이라도 그 역할에 실패한다면 혹독한 비판으로 자신을 공격할지도 모른다. 그녀는 이제 '나쁜 엄마'가 되었다. 이것은 고통스럽지만, 스스로의 눈에는 나쁜 엄마라고 정의하는 것이 정당하고 일관성 있게 느껴지고 역설적으로 위안처럼 느껴진다(즉, "내가 뭔가 잘못했지만, 나는 나쁜 엄마니까 적어도 이해는 된다"). 그러므로 한편으로는 과도한 책임감을 느끼면 사람들은 비효율적인 행동에 기여하는 수많은 맥락 변수를 무시하게 되고, 비록 더 비효과적인 행위를 할 가능성이 더 높아지더라도 자기를 대신 표적으로 삼는다. 반면에, 중독이나 우울증으로 고통 받는 사람에서 자주 볼 수 있듯이 책임감이나 자기 효능감을 상실하면 절망감으로 이어질 수도 있다. 그들은 나아지기 위해 모든 것을 다 시도해봤으나 성공하지 못했다고 느끼며, 따라서 삶을 개선하기 위해 할 수 있는 일은 아무것도 없다는 결론에 도달하게 된다. 다시 말하자면 이는 일관성 있는 결론이긴 하지만 자기에게 접근하는 유용한 방식이 아니다.

자기에게는 일관성이 필요하지만, 협소한 개념적 수준(즉, 닫힌 범주 내)에서 일관성을 찾게 되면 그러한 범주 자체가 한 사람의 삶을 다 포착할 수 없기 때문에 경직성과 불안정성이 생긴다. 이전 장에서 본 다른 상징적 및 내재적 과정과 마찬가지로 협소한 자기 개념은 우리 행동을 지배하는 과도한 영향력을 가진 원천이 된다. 자기에 적용하는 개념은 영향력을 가진 상징적 원천이기에, 자기 관련 문제는 5장에서 제시한 것과 동일한 기법으로 접근할 수 있을 것이다. 그러나 자기 관련 문제를 다룰 때 *직시적(관점취하*

기) 및 *계층적 구성틀*이라는 특정 상징적 관계구성을 구체적이고 광범위하게 사용해야 하기 때문에, 영향력을 가진 상징적 원천의 또 다른 종류와 같이 다루기보다는 '자기'라는 주제에 전체 장을 할애하는 것이 유용할 것이다.

자기에 대한 RFT 관점
AN RFT PERSPECTIVE ON THE SELF

자기라는 문제에 RFT 원리를 적용하려면 먼저 RFT가 어떻게 다양한 자기감을 설명하고 있는지 탐색해 볼 필요가 있다. 이번 단락에서는 다양한 관점취하기와 계층적 경험을 통해 안정된 자기가 원래 어떻게 구축되는지와 구축된 후 자기 정의 네크워크를 정교화하기 위해 전달되는 방식을 살펴볼 것이다. 하나의 관점과 상위 용어로서의 자기감을 상실한 채 자기의 다양한 특징을 추정해서 명칭을 붙이고 그 명칭과 동일시하기 시작하면 문제가 발생한다.

자기감의 기원 The Origin of the Sense of Self

인간 활동이 유기체와 맥락 사이의 상호작용이라는 사실을 스스로에게 떠올리는 것이 유용하다. RFT는 '자기'에 대해서도 동일한 접근 방식을 취한다. 자기를 하나의 실체가 아닌 맥락 변수에 의해 조절되는 관계 활동의 다양한 모음으로 간주한다. 어색하게 느껴지겠지만 '자기'보다는 '자기화self-ing'라고 말하는 것이 실제 기술적으로 더 정확할 것이다. 우리가 동사보다는 명사(예, '언어', '생각')로 활동에 이름을 붙이는 경우가 많기 때문에 '자기화'가 어색하게 들린다. 사실, 우리는 일반적으로 자기를 관찰하고 접촉할 수 있는 대상과 같이 *물체thing*로 생각한다. 그러나 우리가 생각하는 구체적인 것이 자기(예, 한 사람의 뇌)와 *동일하다*고 가리키는 순간, 자기를 가지거나 자기로 존재하는 느낌과 완전히 일치하지 않는 것 같아 실망하게 된다. 자기는 더 넓고 보다 추상적인 것 같다. RFT의 관점에서 보면, 이런 느낌은 여러 경험에 적용되는 관계 활동에 의해 만들어진다.

우리는 일반적으로 자기를 행동의 수행자agent이며 환경에서 지각하는 것을 바탕으로 결정을 내리는 의식적인 장소로 생각한다. 자기를 흔히 관련 정보를 모니터링하고 특정 방식으로 행동하도록 명령을 전송하는 일종의 관제탑으로 본다. RFT 연구자들은 정보를 중앙 집중시키고 질서를 부여하는 자기에 대한 느낌이 타인과 자신의 지각 변별을 배우면서 시작되는 것이라 믿는다. 아이의 역사를 살펴보면 자신이 보고, 느끼고, 냄새 맡고, 만지고, 듣고, 맛보는 것과 타인이 자신의 감각으로 지각하는 것 사이에서 점진적인 구별이 발달한다. 예를 들어, 한 아이가 TV 앞에 서서 동생이 화면을 보는 것을 방해하고 있다. 그러면 어머니는 아이의 손을 잡고 말한다. "여기here 있지마. 네 동생이 저기there에서는 볼 수 없단다." 위와 아래, 앞과 뒤, 위로와 아래로 같은 단어를 배울 때는 마치 특정 관점에서 보는 것과 같이 참조의 구성frame of reference이 필요하다. 이와 같은 다중 경험은 아이가 다른 사람과 상호작용을 할 때 발생하며, 시간이 지남에 따라 자신의 관점에서 발생하는 것(감각 지각, 신체 움직임)과 다른 사람의 관점에서 지각하는 것을 구별할 수 있게 된다. 더 나아가, 아이는 *나와 너, 여기와 거기, 그리고 지금과 그때* 사이의 관점과 관련된 여러 언어적 상호작용에 노출된다. 예를 들어, "지금 기분이 어떻습니까?", "어제 무엇을 보았니?", "오빠가 생일에 무엇을 갖고 싶어할까? 너는 어떤 선물을 원하니?" 와 같은 질문을 받을 수 있다. 각 개인은 대인관계적, 시간적, 공간적 관점취하기에서 다중 표본 훈련multiple exemplar training을 경험하게 된다. 이러한 여러 차원이 합쳐지기 시작하면 일반적으로 나/여기/지금에서 경험이 지각되지만 다른 관점도 가능하다는 감각이 나타난다. 다른 말로, 관점취하기 감각이 생겨난다.

자기가 개념이 될 때 When the Self Becomes a Concept

하나의 관점에서 경험을 지각한다는 것을 알아차리려면, 먼저 경험 자체에 주목하여야 한다. 우리는 관점취하기를 감지하고, 느끼고, 생각하고, 행동하는 대상things에 적용한다. 내적 지식이 외적 지식과는 근본적으로 다른 차원일 거라고 착각하지만, 내적 지식은 그저 외적 지식의 확장일 뿐이다. 이 책 앞부분에서 사과가 주어졌을 때 "사과"라고 말하게 되는 학습을 살펴보았지만, 사과를 직접 보고 "사과"로 말하기나, 망막에 특정 형태로 자극했을 때 "사과"라고 말하는 것을 학습했다고 해도 마찬가지로 맞는 설명일 것이다. 느끼는 바를 말하도록 학습하는 것은 조금 더 복잡한 일이다. 왜냐하면 우리를 훈련시키는 공동체가 우리가 사과를 보고 있을 것 같을 때보다 뭔가를 느낄 때, 예를 들어 배고플 때를 변별하는 것이 더 어렵기 때문이다. 그렇지만 관계를 구성하는 기술은 동일하다.

자신의 경험에 주목하기를 배우는 것은 매우 유용하다. 왜냐하면 시간이 지남에 따라, 우리는 자신이 느끼는 방식의 이유를 설명할 수 있고, 자신이 어떻게 느낄지 예측하고, 이런 유용한 정보를 타인에게 전달할 수 있게 되기 때문이다. 예를 들어, 어떤 여성이 친구들과 함께 있을 때 유쾌한 감정을 느낀다면, 친구들과 더 많은 시간을 보내면 다시 이런 감정을 느낄 수 있다는 것을 알고 있다. 친구들에게 함께 있으면 기분이 좋아진다고 말하면, 친구들은 그녀가 자신들 곁에 있는 것을 좋아하고, 그녀를 더 자주 초대하면 감사해 할 것임을 알게 될 것이다. 우리는 부분적으로 자신의 경험에 *주목함으로써noticing*

자신에 대해 배우고, 이를 통해 자신에게 도움이 되는 방식을 사회공동체에게 전할 수 있다.

인간의 경우 관계 구성틀 기술을 가지기에, 어떤 것이든 알아차리면 필연적으로 관계 네트워크로 유입된다. 일단 관계 네트워크로 유입되면, 매우 다양한 유도 관계가 발생한다. 인지하는 경험들을 빠르게 평가하고 분류한다. 위장의 통증 감각에 주목하면 곧 이에 관해 가능한 설명을 만들어내고 무엇을 해야 하는지 찾아내려 노력할 것이다. 예를 들어, 상한 음식을 먹었거나 몸이 아파서 약이 필요하다 생각할 수 있고, 배가 고파서 그런 거니 무언가를 다시 먹어야 한다고 생각할 수 있다. 따라서 우리는 경험에 관점을 취하고 알아차릴 뿐만 아니라 이러한 경험들을 둘러싼 네트워크를 만들고 유도하기도 한다.

청중 앞에서 이야기하는 것에 불안이라는 고통스러운 감각을 느끼게 된다면, 이 활동이 자신에게 안 좋은 것이라 평가할 것이다. 대신 기분이 좋아진다면 '유쾌한' 활동으로 분류한다. 따라서 자신과 관련된 세 가지 관계 활동에 참여한다. 관점을 취하고(나/지금/여기), 알아차리고(나는 고통을 느낀다), 평가한다(공개 연설은 나를 불안하게 만들기 때문에 좋지 않다). 이러한 모든 활동은 거의 동시에 발생하고 종종 명시적이기보다는 암묵적으로 발생하기에 각각을 다른 과정으로 알아차리기 어렵다. 게다가 주변 사람들은 우리가 이런 관점취하기를 알아차리는 것을 강화하기보다 이 경험의 내용과 경험을 평가하는 방법을 더 강화한다. 강연을 한 뒤 친구가 "기분이 어땠어? 내 생각에 *너*는 잘했어 *you were good!*"라고 묻는다. 그러면 당신은 아마 "정말? 오 난 끔찍했어. 나는 대중 연설을 좋아하지 않아. 나는 최악의 강사*야! am a terrible speaker*…"라고 대답할 것이다. 어떤 의미에서는 경험을 평가하고 정교하게 설명하면서, 경험 알아차리기에서 나아가 이 경험이 자기의 속성이 *되는 것*으로 바뀐다(즉, 자기와 경험 사이에 동등 구성이나 대등 구성이 만들어짐). 만약 우리가 신중하게 행동한다면 그렇게 꼬리표가 붙게 되어 스스로를 신중한 사람으로 이름 붙인다. 자주 걱정을 하면, '근심이worriers'가 된다. 슬픔을 느낀다면, 슬프고 어쩌면 '우울한' 사람일 것이며 이외에도 다양할 것이다. 그리고 이 모든 명칭은 그 자체로 여러 다른 평가하는 명칭과 관련이 있기 때문에(예, 걱정하는 건 어리석고, 약함의 표시이고, 건강하지 않다 등) 우리 세계의 다른 물체들처럼 자신도 평가 대상인 개념이 된다.

자기 개념의 함정 The Traps of the Self-Concept

우리의 행동을 좁히고 종종 해로운 방식으로 영향을 미치지만 않는다면, 자신의 행위와 경험을 자기와 동일시하는 것이 꼭 문제가 된다고 할 수는 없다. 주된 문제는 다양한 명칭과 동일시할 수 없다는 것이다. 모순되는 경험과 행위는 자신의 네트워크에서 일관되지 않은 것처럼 보이므로, 그 중 소수만을 선택하여 우리 자신을 수식한다. 일단 자신을 수줍다고 여기면 그렇지 않을 때를 알아차리기가 어려워진다. "나는 항상 불안하다"거나 "나는 수동적이다"라고 말하는 내담자는 자신이 달랐을 때를 잊고 기존과는 다른 패턴을 보이는 새로운 사례들을 무시하기 쉽다. 내담자들은 "글쎄요, 지금 당장은 불안하지 않지만, 그건 단지… 때문입니다"라거나 "물론 제 스스로 결정 내릴 때도 있지만, 정말 자신감을 느낄 때에만 그렇게 합니다"라고 말한다. 따라서 경험과 행위의 풍부함과 잠재력은 실제로 훨씬 더 크지만, 우리의 정체성은 제한된 측면의 수로 줄어든다. 상징관계는 환경에서 경험하는 사건의 기능을 변형시키고, 다른 기능에 반응하는 것을 차단한다(예, '견딜 수 없는' 감각이기에, 내재적으로 견디기가 불가능하지 않지만 피하게 된다). 유사하게, 자기가 하나의 명칭이 되면 그 명칭과 일관된 행동을 하거나 우리의 행동을 왜곡시켜서 명칭에 부합되게 한다.

자기 개념에 대한 과도한 집착이 어떻게 행동 문제를 유발하는지를 쉽게 알 수 있다. 내담자는 스스로에 관해 갖고 있는 이미지에 부합하지 않기 때문에 지속적인 만족을 가져올 수 있는 활동에 참여하기를 피한다. 내담자는 자신이 구직활동을 하기에 너무 우울하다고 생각할지도 모른다. 또 다른 사람은 자신이 자녀를 갖기에는 너무 미성숙하다고 생각한다. 결과적으로 자기 개념의 일관성을 유지하기 위해 자신에게 중요한 것과 하고 있는 행동 사이의 격차가 큰 상태로 유지되기에 삶의 만족에 제약이 존재한다. 심지어 자기에게 부여된 긍정적인 명칭조차도 내담자의 행동 레퍼토리를 좁힐 수 있다. 내담자 자신이 자신감 있는 사람이라고 생각하는 경우, 자신감 있게 보일 수 없는 상황(예, 더 많은 책임을 져야 하는 직위를 제안 받고 수락하기)을 피할 수 있다. 자신의 취약함 공유를 회피하여 관계에서의 친밀감을 제한할 수 있다. 자신의 행위가 이러한 평가로 이어지지 않을 때에도 자신의 자기 개념이 타인에게서 보인다고 주장할 수도 있다. 즉, 다른 사람과 비교하며 자신이 다른 사람보다 '더 나은' 교만하고 외로운 세상에 은밀히 들어갈 수 있다. 그러므로 긍정적인 명칭조차도 이를 완전히 진실로 받아들일 때 협소하고 만족스럽지 못한 삶을 사는 길로 이끌 수 있다.

자기 개념과 모순되는 삶의 경험이 너무 커서 무시할 수 없게 되면, 비일관성이 발생하여 종종 매우 혼란스럽게 인식된다. 자기 개념이 위협받을 때 사람들은 화를 내거나 심지어 폭력적이 될 수 있으며, 특히 자기 개념에 지나치게 집착하는 사람일수록 더 그럴 수 있다(Bushman et al., 2009). 이렇게 얽힌 과정을 임상현장에서 항상 보게 된다. 예를 들어, 한 내담자가 외상 사건 이후에 자신을 '파손된' 것으로 본다. 다른 사람은 직장을 잃은 후 스스로 '가치 없다'고 느낀다. 그들은 또한 "지금 내가 망가졌기에 사람들 곁에 있을 수 없다"거나 "나는 지금 무가치하기에 다른 직업을 구할 수 없을 것이다"와 같은 규칙을 유도해낼 수 있다. 이런 경우에 긍정적인 사건일지라도 역시나 자기 개념의 교란을 경험할 수 있다. 예를 들어 새로운 직업을 위해 다른 나라로 이주하는 것이 매우 좋은 일일 수 있지만, 내담자가 자신을 지각하는 방식에 큰 변화를 가져올 수도 있다. 그 사람은 다른 사람과의 상호작용에 대해 자신이 없다고 느끼고, 직장에서 자신의 능력을 의심하기 시작하며, 자신을 주변 사람들과 근본적으로 다른 존재로 계속 인식하게 된다. 그 결과 장기적으로 만족을 가져올 수 있는 상황이라도 자신이 어울리지 않는다고 느껴지면 그 상황을 피해서 물러날 수도 있다. 만약 자기 개념이 새로운 사건에 맞게 재조정된 경우라면, 새로운 명칭과 일관되도록 미래의 행위를 맞추게 될 것이다.

RFT 관점에서 볼 때, 경직성, 불안정성, 공허함, 방어적인 태도, 자기 비난이나 절망감은 모두 이러한 명칭에서 유도된 평가와 명칭에 관한 집착에서 발생한다. 그러나 자기 개념은 사람들의 삶에 상징적인 안정감을 가져다주기도 하기에, 명칭을 쥐고 있는 것이 해를 끼치더라도 놓아버리기가 아마도 힘들 것이다. 내담자를 포함한 많은 사람들이 단단한 기반을 느끼기 위해 우리가 누구이며 무엇인지 알고자 노력한다. 어떻게 하면 자기의 안정성과 행동 레퍼토리의 가변성 사이에서 균형을 찾을 수 있을까?

유연한 자기 The Flexible Self

목표 The Goal

'우리는 누구이다'라는 개념을 지니길 원하는 것은 자연스럽다. 상징행동에서 유도된 관계가 중심적인 역할을 하기 때문에 언어는 자연스럽게 일관성을 추구한다. 그러나 자기 개념들 간의 어떤 모순이라도 제거하며 일관성을 찾는 것은 특정 경험을 부인하거나 이러한 경험을 상징적으로 왜곡하는 경우라야 가능하다(3장에서 논의된 본질적 일관성을 떠올려보라). 목표는 사람들이 보다 체험적으로 개방되고, 자신에게 더 정직하고, 자신의 관심사로 더 활기차게 행동할 수 있는 기반을 구축해주는 더 유연한 형태의 자기 일관성을 찾는 것이다.

RFT 관점에서 이것이 중요한 이유 Why This Is Important, from an RFT Point of View

협소한 자기 개념에서 안정성을 구하는 경우 행동이 경직되고 기꺼이 접촉하려 하는 경험의 종류를 제한하기 때문에, 다른 방식으로 안정성을 찾아야만 한다. RFT에서는 다음의 세 가지 방식으로 관계 구성틀을 사용하면 유연한 자기감이 구축될 수 있다고 제안한다. (1) (경험과 자기 사이에 대등 구성을 피하면서, 5장에 나오는 다른 종류의 구성을 사용하여) 경험을 관찰하기, 기술하기, 추적하기, (2) (*직시적 구성틀*을 사용하여) 관점 취하기 활동을 관찰하기, (3) (*계층적 구성틀*을 사용하여) 자기를 모든 심리경험의 컨테이너나 맥락으로 개념화하기. 이러한 결과로 안정적이면서도 가변적인, 일관되면서도 개방적인, 통합적이면서도 힘을 실어주는, 자비로우면서도 책임감 있는 적극적이고 통합된 자기감이 생겨난다.

유연한 자기는 진행 중인 자기 인식으로 시작된다. 순간 속 경험을 알아차리는 것이다. 목표는 자기 관리나 자기 조작이 아니라 그저 알아차림이다. 지금 나는 이것을 느끼고 있다, 지금 나는 저것을 생각하고 있다, 지금 이런 감각이 일어나고 있다. 진행 중인 경험은 방앗간을 위한 원료가 된다. 삶의 순간을 통해 흘러가는 삶의 재료가 된다. 경험과 그 맥락을 알아차리고 그 알아차림을 계속 진행하는 것을 배움으로써, 다양한 경험과 접촉이 늘고 우리가 속한 맥락에서 행동의 가변성을 보는 것이 가능해진다. 이렇게 되면 이 수준의 지식은, 지금 느끼는 것이 한 시간 전이나 한 달 전에 느꼈던 것과는 어떻게 다른지 알아차리고 특정 맥락에서 행동하려는 촉박감urge이 다른 맥락에서 촉박감과 다르다고 알아차리는 것처럼, 인식이 시간적으로나 여러 상황으로 확장되어 보다 반영적 자기 인식을 설정한다.

우리는 이러한 경험에 관점취하기 기술을 가져온다. 그저 보는 것이 아니라, 우리가 보고 있다는 것을 보는 것이며, 특정 시간, 특정 장소, 특정 사람의 관점에서 우리를 보는 것이다. 유연한 관점취하기 또한 가능하며, 이는 공감과 사회 인식social awareness에 필수적이기도 하다. 하지만 일단 '나/여기/지금'이라는 감각이 완전히 구축되면 경험의 기반이 된다. 나는 다른 곳에 있는 것을 상상할 수 있지만, 그래도 나는 여전히 여기에 있다. 나는 먼 과거 또는 아주 먼 미래의 상상 속에서 자신을 볼 수도 있지만, 난 여전히 지금에서 상상을 하고 있는 중이다. 나를 돌아보는 당신 모습이 어떨지 상상할 수 있지만, *내가* 그런 상상하는 행위를 하고 있는 것이다. 이 기술이 강해지면 우리는 시간, 장소, 사람을 아우르는 관점취하기를 지속적으로 확장할 수 있으며, '나/여기/지금'의 성좌로 언제라도 돌아올 수 있다. 이는 관점취하기가 개인적이며 사회적이라는 것을 의미한다. 시간과 공간이 제한되기도 하지만 시간과 공간에 걸쳐 확장되기도 한다. 관점취하기 기술 안에는 안정성이 있다. 관점취하기 그 자체에서 안정성이 발견되며, 가변성은 우리의 경험과 행위 속에서 보존된다.

이러한 종류의 사색적이고 비판단적 관점취하기 과정은 필연적으로 자기를 중심으로 구축된 평가 관계들 내부로 오고 가지만, 관점취하기는 피할 수 없는 자신에 대한 평가, 판단, 모순, 명칭에도 지속적으로 적용될 수도 있는 또 다른 상징관계를 포함한다. 경험은 알아차림 속에 담겨지게 되며, '속에 담겨지게 된다'는 것은 계층적 관계이다. 의식적으로 경험, 행동, 평가를 계층적 네트워크의 일부로 포함시킴으로써, 행위와 경험의 가변성을 보존하는 동시에 여전히 자기의 안정감을 확립할 수 있다. 이것은 단지 추상적인 이론이 아니다. 고위험 청소년을 대상으로 한 RFT 연구에서 관점취하기에 계층적 구성틀을 추가하는 것이 참가자가 어려운 생각을 보다 효과적으로 다루는데 도움이 됨을 발견하였다(Luciano et al., 2011; Foody, Barnes-Holmes, & Luciano, 2013 참조).

마지막으로 RFT 관점에서 '자기'는 사물이 아니라 일련의 상징적 행위임을 기억할 필요가 있다. 사람들이 말하기, 생각하기, 춤추기를 배우는 것처럼 '자기'하기를 배우게 된다. 이런 식으로 볼 때 자기는 완전히 통제하거나 완전히 통제되는 어떤 실체가 아니다. 오히려 자기는 유기체와 맥락 사이 일련의 상징적인 상호작용이다. 내담자가 자신과 맥락 사이의 상호 영향을 지각하도록 도움으로써, 이러한 상호작용에 대한 유연한 책임감 flexible sense of responsibility을 개발할 수 있다.

이 방법이 다양한 임상 학파와 어떻게 만나는가
How This Method Touches on Various Clinical Traditions

자기라는 주제는 인본주의, 실존주의, 정신분석 접근을 포함한 많은 임상 학파에 주요한 영향을 미쳤다. 정신분석적 심리치료에서 코후트Kohut의 '자기 심리학' 접근방식 (1971/2009)이 하나의 예이다. 코후트의 접근방식에서는 응집된 자기cohesive self가 생성되지 않는 것이 주요 문제이다. 이는 부분적으로 부모와 다른 사람이 아이의 입장에서 보기를 실패하여 결과로 아이가 전능감에 관한 장대한 비전을 포기하지 못하는 것에서 기인한다. 비록 이 접근방식의 일부 세부사항이 정신 분석의 경계 너머에서는 변환되지 않을지라도, 치료에서 관점취하기 중심을 차지하고 있으며 관점취하기가 다른 종류의 자기 일관성을 유도하는 역할을 한다는 점이 RFT와 부합한다.

아마 RFT에 보다 상응할 수 있는 또 다른 예는 칼 로저스Carl Rogers의 접근방식(1951)이다. 여기서는 자기 구조가 가진 일관성이 왜곡 없이 상징적으로 경험을 알 수 있는 정도를 결정한다고 본다. 자기 구조가 경직되거나 협소하면 경험은 단절되고, 내담자가 허구를 유지하려 노력할수록 불일치감sense of incongruence이 발달한다. 심리 건강은 부분적으로 경험을 상징적으로 자기 구조에 동화시킬 수 있는 정도로 정의된다. 더 큰 자기 수용 (치료에서 무조건적인 긍정적 관심과 공감을 통해 조성됨)은 '진정한 자기'와 자기 방어적인 '이상적 자기' 사이의 건강치 못한 격차를 줄여준다. 그 차이가 줄어들수록 자기실현의 가능성이 더 커지면서 보다 큰 일치감이 나타난다. RFT는 여기서 언급한 Rogers식 접근 방식에 대체로 동의하며, 상향식 과정 기반 설명을 추가하여 보다 구체적인 형태의 평가, 분석 및 중재를 제공한다.

어떻게 이것을 할 것인가 How to Do It

유연한 자기는 네 가지 특징으로 구성된다. 변화하는 자기 경험에 대한 지속적이고 반영적인reflective 알아차림, 연속적인 관점취하기에 대한 알아차림, 일관되고 맥락적인 자기감, 그리고 행위로서 '자기'의 상호작용적 특성으로 구성된다. 이 중 어느 것도 다른 특징과 완전히 분리될 수 없으며, 이러한 구성 요소들이 치료실에서의 상호작용으로 변환되므로 우리는 이러한 다중 특징을 활용할 것이다.

경험 알아차리기에서 가변성 발견하기 | Finding Variability in Awareness of Experiences

지속적이고 반영적인 과정을 통해 경험 알아차리기에 대한 더 큰 감각을 발달시키면, 자신의 심리경험(생각, 감각, 감정이나 행위)이 보통 생각했던 것보다 훨씬 다양하다는 것을 내담자가 인식하는 데 도움이 된다. 경험의 내용을 통해 우리 자신을 정의하려는 것이 합리적일지라도 우리에겐 단지 몇 가지만이 아니라 훨씬 더 다양한 경험들이 존재한다. 예를 들어 '나는 이기적이다'와 같은 제한된 명칭에 주로 영향 받는 내담자도 자신의 경험이 이런 정의와 일치하지 않는 경우(예, 다른 사람의 안녕을 걱정하는 느낌)를 알아차릴 수 있다. 내담자는 더 이상 그저 '이기적인 사람'일 수 없기에 경험과 그 가변성에 대한 알아차림은 자기 네트워크에 유용한 비일관성을 가져온다. 그 내담자에게는 사실 많은 것들이 있고, 그 중 일부는 서로 모순된다.

　유도 과정은 종종 본질적 일관성에 의해 추동되기에 경험의 다양성을 알아차리는 것이 어려워 우리의 지각이 좁아지기 쉽다. 일단 경험을 주목하고 명칭을 붙이게 되고 특히 이 명칭과 우리를 동일시한다면, 다른 경험이 가려지게 된다. 이미 5장에서 내담자가 자신의 경험을 보다 정확하게 관찰, 기술, 추적하여, 경험이 다양하고 변화하고 있다는 알아차림을 향상할 수 있는 방법을 살펴보았다. 이러한 모든 기법은 자기감의 가변성을 높이는 데 사용할 수 있지만, 이번 장에서는 관점취하기의 활용에만 초점 맞출 것이다. 왜냐하면 우리 경험에 비추어 볼 때 관점취하기를 활용하는 것은 내담자를 다른 차원의 유연한 자기(특히, 관점취하기 자체에 관한 알아차림)로 이동시키는 데 도움이 되기 때문이다.

관점취하기 안정화*Stabilizing Perspective Taking.* 유도 과정과 끊임없이 변하는 경험의 흐름을 알아차리려면 안정적인 관점이 필요하다. 경험을 따라 움직이는 것을 멈추고 가만히 머물러 볼 필요가 있다. 은유적으로 마치 당신 앞을 서서히 지나가는 다양한 색깔의 기차를 보고 있는 것과 같다. 눈앞 빨간 열차 칸을 바라보면서 기차와 같은 속도로 걷다 보면 기차 전체가 빨갛게 느껴질 것이다. 하지만 움직이지 않고서 앞을 지나치는 기차를 계속 바라보면, 색깔이 다른 많은 열차 칸을 볼 수 있다. 마찬가지로, 경험에 대한 관점취하기 안정화는 경험의 흐름을 볼 수 있게 해준다.

경험에 대한 관점취하기 안정화를 위해 다양한 기법을 사용해 볼 수 있다. 이런 기술은 종종 공식적 연습(예, 명상 훈련)을 통해 훈련하지만, 이 단락에서는 자연스러운 언어 상호작용을 활용하는 방법에만 초점을 맞출 것이다.

간단한 접근 방식은 내담자가 현재 순간에 지각하는 것으로 주의를 반복적으로 가져오도록 지시하는 것이다. 회기가 진행될수록 내담자가 무엇을 느끼는지 물어볼 수 있고, 지각으로 즉시 이용 가능한 것을 알아차리는 데 도움이 되는 단서를 강조할 수도 있다. 특히 '지금', '바로 지금', '이 순간' 같은 시간 부사구와 '여기', '바로 여기', '당신이 있는 곳에서'와 같은 장소 부사구를 사용하면 내담자를 지금/여기의 관점에 머무르게 하는데 도움이 된다. 말하는 속도를 늦추고, 말하는 중에 고정된 지점의 현저성salience을 높이는 동작을 사용하면 내담자가 '움직임 멈추기stop moving'를 하도록 도울 수 있다. 동시에 지각의 변화를 강조하는 동작을 사용하면 내담자가 경험의 흐름을 알아차리는 데 도움이 된다. 다음의 대화에서 이런 기법들을 살펴보자.

내담자 정말 스트레스로 죽겠어요!

치료자 바로 지금도 그러세요?

내담자 네, 하루 종일 가요. 계속되네요.

치료자 그래요… 정확히 어떤 것을 느끼고 있나요?

내담자 모르겠어요… 초조하고, 신경이 날카롭고… 오늘은 쉽게 짜증이 나네요.

치료자 바로 지금(손가락으로 *바닥을 가리키며*), 이에 관해 말하고 있을 때도 짜증나고 걱정되나요?

내담자 (*한숨*)… 네, 그래요… 그냥 이에 관해 말만 해도 불안해요.

치료자 그렇군요. (*손바닥을 가슴에 올린 채 자신의 몸을 보여 주면서*) 바로 지금 당신의 몸에서 알아차릴 수 있는 특정한 감각이 있나요?

치료자는 내담자가 변화를 알아차리도록 감각 쪽으로 내담자의 관찰을 이끈다(대조적으로 '불안해요'와 같은 자기 명칭에 머물면 자기와 경험 사이의 대등 구성이 유지되므로 유연한 관찰을 방해할 수 있다).

내담자   배에서 약간 쥐어짜는 느낌이 있어요.

치료자   방금 느꼈나요?

내담자   네… 어… 글쎄요, 지금은 없어진 것 같아요.

치료자   예 좋습니다, 흥미롭군요. 그렇다면 지금은 무엇을 느끼나요?

내담자   제가 미쳤다고 생각하실 거예요… 지금 다시 수축이 느껴져요.

치료자   (온화하면서도 장난스럽게) 아, 되돌아왔군요! 이 감각이 당신에게 장난치는 것 같네요, 그런가요?

내담자   (웃음) 네.

치료자   약간 웃고 있는 지금은 어떤 느낌인가요?

내담자   괜찮아요.

치료자   (내담자의 배를 가리키며) 아직도 쥐어짜는 것 같나요?

내담자   음… 네, 조금요.

치료자   (손으로 파도의 움직임을 흉내 내면서) 올라갔다 내려갔다 하는 건가요?

내담자   네, 정확해요. 괜찮다고 느꼈다가도, 그다음에는 다시 스트레스 받아요. 하루 종일 그래요.

치료자   오, 좋습니다. (손을 내담자 앞에서 앞뒤로 움직이면서) 긴 하루 동안, 들어갔다 나왔다하며 바뀐다고요?

내담자   네.

이 대화에서 내담자가 애초에 자신의 다양한 감각에 거의 주의를 기울이지 않고 느낌을 보고한다는 것을 알 수 있다. 내담자는 심지어 "계속"되고 있고 "하루 종일" 일어난다고 말하는데, 이는 체험적 수준에서 매우 가능성이 희박한 일이다. 이런 표현은 단지 상징적 수준에서만 '진실'이고, 그다음에 벌어지는 일을 알아차리지 못해야지만 '진실'이 되어 버린다. 치료자는 내담자가 현재 순간과 신체의 특정 부분에 주의를 기울이도록 도와주면서 내담자가 이러한 경험들의 변동을 알아차리기 시작한다. 내담자가 시작할 때 보였던 일반화를 절대로 언어적으로 도전하지 않는다. 그보다 오히려 내담자 자신의 경험이 이의를 제기한다.

유사한 접근 방식을 사고 과정 자체에 적용할 수 있다. 이 경우, 치료자는 유도된 관계의 흐름을 내담자가 순간순간 알아차릴 수 있도록 도와줘야 한다. 다음 대화에서 이 방법을 살펴보자.

치료자 당신 방금 말을 중단했네요. 뭔가 생각을 하기 시작했나요?

내담자 네. 오늘 밤 일을 끝낼 수 없을 거라는 걸 이제 막 깨달았어요.

치료자 그리고 지금은 어떤가요? 무슨 생각을 하고 있나요?

내담자 요즘 작업을 마무리 할 시간도 거의 없는데 여기서 당신과 대화하는 데 시간을 보내는 게 걱정돼요.

치료자 이에 관해 제게 말하는 게 기분이 어떤가요?

내담자 다소 당황스럽네요.

치료자 자신의 걱정에 관해 제게 이야기하는 것이 당황스럽게 느껴진다는 것이죠?

치료자는 자신과 경험 사이의 대등 구성을 피함으로써 내담자의 관찰을 재공식화한다 ("당황스럽네요"에서 "이야기하는 것이 당황스럽게 느껴진다"로).

내담자 네, 왜냐하면 당신과 함께 이 작업을 해나가는 것이 중요하다는 것을 알고 있거든요. 아니면 제 삶의 어떤 부분에서도 아무것도 해내지 못할 거예요.

치료자 당신의 걱정이 이제 삶 전체로 옮겨간 것 같네요. 알아차렸나요? 하나의 생각이 다음 생각으로 이끌고 가는 것 같습니다. 이게 바로 지금 당신이 경험하고 있는 것인가요?

내담자 제가 많은 생각을 가지고 있네요, 예.

치료자 생각들이 바쁘게 돌아가는 것처럼 느껴지나요? 아니면 동시에 많은 생각이 있는 것처럼 느껴질 수도 있겠네요?

내담자 한 생각을 하고, 그다음 다른 생각이 아주 빠르게 떠오르네요. 그게 이전에 제가 말을 중단하게 된 이유입니다. 요즘은 정말로 집중이 힘들어요.

치료자 바로 지금은 어떤가요?

내담자 지금 말이죠?

치료자 당신은 우리의 대화에 집중하고 있나요?

내담자 네, 훨씬 나아요. 이런 질문을 할 때 우리가 하고 있던 작업에 다시 집중하는 데 도움 되네요.

치료자　바로 지금 무슨 생각이 드나요?

내담자　약간 혼란스럽네요.

치료자　그래요? 생각이 다시 바쁘게 돌아가나요?

다시 자기와 경험 사이의 대등 구성을 약화시키는 방법(예, "약간 혼란스럽네요"에서 "생각이 다시 바쁘게 돌아간다"로)으로 치료자는 내담자가 자신의 경험을 관찰하도록 이끈다.

내담자　딜레마에 가깝네요.

치료자　몇 가지 상반되는 생각들이 동시에 떠오르는 것처럼요?

내담자　네, 정확해요.

이 대화에서, 치료자는 내담자가 가진 생각의 내용을 논의하지 않는다. 내용을 다루는 것도 다른 목적에서는 유용할 수 있지만(예, 5장 및 7장 참조), 여기서의 목표는 내담자가 평가 그 자체의 과정을 알아차리기 위해 자기 개념의 내용에 관한 평가로부터 자신을 약간 떼어놓을 수 있도록 돕는 것이다. 내담자에게 이 순간 무엇을 지각했는지 반복해서 물어보면, 내담자는 자신의 생각이 어떻게 끊임없이 변화하고 있는지를 알아차리게 된다. 이러한 방식으로 내담자는 자신의 경험에서 유도한 평가의 가변성도 알아차리며, 때로는 평가의 모순도 알아차린다.

관점취하기 전환 Shifting Perspective Taking. 경험이 보이는 것보다 훨씬 더 풍부하다는 지각을 높이는 데 사용할 수 있는 두 번째 접근 방식은 관점취하기에서 전환을 유도하는 것이다. 기차 은유를 따르자면 열차 칸이 하나의 색만 있는 게 아니라 다른 색도 있다는 것을 알아차리기 위해 여러 다른 방향으로 바라보는 것과 같다. 즉 내담자에게 자신의 삶에서 다양한 상황과 순간을 기억하여 자기 경험에서 변화를 알아차리도록 요청하는 것이다. 상황과 시간에 따라 다양한 경험과 접촉할 수 있고 자신에게 매우 다른 방식으로 명칭을 붙일 수 있다. 내담자가 특정한 자기 개념이 지니는 내용에 집착할 때 이 가변성을 쉽게 잊어버린다.

사회 불안에 시달리는 내담자와의 다음 대화를 통해 이런 접근법의 예를 살펴보라.

내담자	동료들과 대화를 시도해 보았지만, 제 인생에서 정말 흥밋거리가 아무것도 없어요. 당신도 아시다시피 전 언제나 재미있는 이야깃거리가 있는 그런 사람이 아닐 뿐이에요.
치료자	당신은 어떤 종류의 사람인가요?
내담자	내성적이에요. 사람들의 말을 듣는 것을 더 좋아해요. 수동적이고 지루한 것 같아요. 하지만 그게 바로 저예요. 전 항상 그랬기 때문에 다른 사람이 되려고 해서는 안 될 것 같아요. 그런 대화에 참여하려 노력하는 행동은 바보짓이란 기분이 들어요.
치료자	당신의 가족에게도 그런 종류의 사람인가요? 언니와 자주 긴 대화를 나눈다고 했는데…

치료자는 첫 번째 관점취하기 전환을 유도한다.

내담자	아, 하지만 그건 완전히 다른 상황이죠. 전 평생 언니를 알고 지냈어요. 언니와 대화하는 건 쉬워요.
치료자	당신이 언니와 함께 할 때는 어떤 종류의 사람이 됩니까?
내담자	선생님 말씀은 제가 언니와 어떻게 이야기 나누느냐고요? 언니와 함께 있을 때 무엇을 하냐고 묻는 건가요?
치료자	네. 당신은 내성적이고 수동적이며 지루합니까?
내담자	아니요… 그렇지 않아요! 언니와 있으면 편하니까 언니와 함께 있을 때는 제가 많이 다른 것 같아요. 더 수다스럽고 농담도 할 수 있어요.
치료자	그 모습은 다른 당신처럼 들리네요.
내담자	네. 하지만 대개의 경우 전 매우 부끄러워요. 매우 수동적이죠.
치료자	이 버전의 당신이 되는 다른 상황들에는 어떤 게 있나요?

치료자는 새로운 관점취하기 전환을 유도한다.

내담자	제가 수동적이고 부끄러워하는 상황이요?
치료자	네.
내담자	전 사람들을 잘 알지 못하면 부끄러워해요. 직장이 그런데, 서로 간에 전문적인 관계이기에 편안함을 느끼기가 매우 어려워요. 우리가 서로를 아는 것 같지만

사실은 아니에요. 비록… 제 동료들은 서로 잘 어울리는 것 같긴 하지만… 전 충분히 편안하게 느끼는 데 아주 많은 시간이 걸려서 뒤로 빠져 있게 되죠.

치료자   여기서는 어떤가요? 저와 함께 할 때는 어떤 종류의 사람이 되나요?

치료자는 또 다른 관점취하기 전환을 유도한다.

내담자   흠… 글쎄요! 제 생각엔… 직장에서처럼 수동적이진 않은 것 같아요… 내 삶에서 무슨 일이 일어나고 있는지 선생님께 말할 필요가 있기 때문에 선생님께는 많이 이야기하네요.

치료자   그렇다면, 당신은 듣고만 있는 것이 아니네요?

내담자   그런 것 같아요.

치료자   부끄러움은 어떻습니까? 여기 있을 때 부끄럽나요?

내담자   그렇지 않아요. 별로 부끄러워하지는 않아요.

치료자   그렇다면 저와 함께하는 여기서는 어떤 종류의 사람이 되나요?

내담자   제 생각에 저는… 평범한 사람인 듯싶네요. 치료이기 때문에 너무 들으려고만 하지 않고 너무 친근해 하지도 않고요. 언니하고 있을 때처럼 제 삶에 관해 이야기 나누긴 하지만 그와는 또 다릅니다.

치료자   직장에서의 당신, 언니와 함께 있을 때의 당신, 저와 함께 할 때의 당신, 이처럼 여러 버전의 당신에 관해, 당신이 어떤 종류의 사람인지 이야기 나눠 볼 수 있을까요?

치료자는 다양한 자기 경험에 관한 관찰을 유도한다.

내담자   음… 네, 명백하네요. 제 생각엔 우리가 어디에 있고 주위에 누가 있는지에 따라 모두 달라지는 거 같네요.

이 대화에서 치료자는 내담자에게 다양한 상황에서 자신을 어떻게 지각하고 있는지 물었다. 치료자는 내담자가 자신에 관한 다른 정의를 채택하게 하려고 명칭에 명시적으로 이의를 제기하지 않았다는 점에 주목하라. 오히려 치료자는 이러한 정의가 맥락에 따라 크게 달라지고, 따라서 매우 다양할 수 있다는 것을 알 수 있도록 도와준다. 자신을 수동적이거나 지루하거나 부끄러워하는 사람으로 상당히 완고하게 정의 내리는 것으로 대화가 시작되었지만, 결국 내담자는 자신이 누구인가를 기술하는 모두 합리적인 세 가지 다른 '자기들'로 대화를 마무리했다. 이 같은 면담이 이뤄질 때, 실제로는 내담자가 생각하는 자기 자신이 아니라고 설득하려는 함정에 빠지기 쉽다. 이 대화에서 치료자는 다양한 상황에서 내담자가 경험하는 것을 단지 탐색함으로써 부드럽고 유쾌하게 내담자에게 도전하는 것을 볼 수 있다. 내담자 삶이 지닌 풍요로움에 관한 호기심을 보여 주고 내담자의 실제 경험에 선험적인 결론 내리기를 피한다. 열린 마음으로 여러 상황을 탐색하다 보면 내담자는 자신의 다양한 성격적 측면을 드러내고, 현재 자신의 행위가 가진 가변성을 제한하는 명칭 이상을 보기 시작한다. 결국 명칭 대신 경험을 기술하는 데 초점을 맞추면서, 명칭을 아예 버릴 수도 있다. 사실 자기 정의에 대한 집착이 강한 경우, 치료자는 자기 정의보다는 경험 탐색을 선호할 것이다(예, "당신의 언니와의 상호작용은 어떻습니까? 그리고 저와의 상호작용은 어떻습니까?"). 이런 식으로 하면 내담자는 특정 정의를 방어할 필요성을 덜 느끼고 오히려 자기 정의를 완전히 포기할 가능성이 더 높아진다(즉, 자기와 경험 간에 대등 구성틀이 약화됨).

관점취하기에서 안전성 발견하기 Finding Stability in Perspective Taking

우리가 경험이 지니는 끊임없는 변화를 단지 알아차리기만 하고 스스로 여전히 이러한 경험 그 *자체*라고 믿는다면, 내용 수준에서 평가와 판단이 본질적으로 모순되게 느껴지기에 아마도 자기감이 극도로 불안정하게 느껴질 것이다. 뼈처럼 고정된ossified 자기 개념이 가진 경직된 기반을 흔들기 위한 단계로 불안정감이 유용할 수 있지만, 장기적으로 실행 가능한 태도는 아니다. 하지만 알아차리는 바로 그 행위에 안정성의 원천이 있다. 즉, 우리는 시간, 공간 및 사람에 의해 정의된 관점으로부터 알아차리고 있는 것이다. 나/여기/지금 관점은 지속적으로 명백히 느껴지지 않지만 연속적으로 이용 *가능하다* *available*. 기차 은유를 다시 사용하면, 우리는 움직임을 멈추고 지나가는 열차를 관찰하면서 스스로가 움직이지 않고 있다는 것도 역시 알아차릴 수 있음을 의미한다. 열차를 지켜보는 동안에 발 밑 땅은 그 장소 그대로이다. 수많은 열차가 양방향으로 다양한 속도로 지나가지만 여전히 여기, 지금, 같은 장소에 발을 두고 있는 것이다. 만약 우리가 다른 열차의 방향을 바라보거나 기차를 따라 걸으면서 다른 열차를 본다면, 매번 우리의 발은 우리 아래에 있다는 것을 알아차릴 수 있다. 우리가 거기로 움직이는 순간, 거기는 여기가 된다. 따라서 우리가 어디를 가든 나/여기/지금 관점이 함께 한다.

우리 경험의 극적인 변화가 자기 개념을 위협할 수 있지만, 의식 자체가 살아 있는 한 좋은 것이든 나쁜 것이든 그 무엇도 관점취하기를 위협할 수는 없다. 따라서 자기 개념의 명칭에 집착하거나 위협을 느끼거나 방어적일 필요 없이 자기의 안정감과 연속성이 향상될 수 있다. 어떻게 느끼든 무슨 생각을 하든, 시간과 상황을 가로지르는 온전함whole과 안정을 느낄 수 있다.

발달 과정 중 관점취하기는 경험 인식하기와 나란히 나타난다. 이 둘은 같이 발달하기 시작하는데, 종종 공식 명상 실습에서도 그러하다. 그럼에도 불구하고 경험과 관점취하기의 *차이*를 알아차리는 것이 중요하다. 이러한 구별은 내담자가 다양한 경험을 관찰하고 이러한 경험 전반에 걸친 공통점을 알아차리는 과정에서 추출하게 된다. 가끔 이것은 이상하고 찰나의 초월적인 경험으로 느껴지기도 한다. 예를 들자면 자신이 이야기하고 있는 것을 알아차리고, 다음으로 자신이 이야기하고 있음을 알아차린 것을 알아차리고, 나아가 자신이 이야기하고 있음을 알아차린 것을 알아차림을 알아차린다. 관점취하기를 일으키는 상징관계는 시간, 공간 및 사람에 걸쳐 확장되기에 일체감sense of oneness, 합일감merging with others 혹은 무한함timelessness이 존재할 수 있다. 이러한 '영적' 순간에는 관점취하기 이외의 모든 유도 과정이 마치 차단된 것처럼 여타의 다른 경험과는 독립된 자기감을 남긴다(Hayes, 1984; Villatte, Villatte, & Hayes, 2012).

경험 전반에서 공통된 관점취하기 활동 알아차리기 Noticing the Common Perspective Taking Activity across Experiences.

보다 일상적인 심리치료의 세계에서, 이런 종류의 '아하'하는 순간보다 자연스러운 언어 상호작용을 통해 활용할 수 있는 기법이 아마도 더 중요할 것이다(9장에서 보다 공식적 실습 훈련에 관해 알아볼 것이다). 지난 단락에서 언급했듯이 경험 전반에서 공통된 관점취하기 활동을 알아차리는 것은 다양한 경험을 관찰하는 것에서 시작한다. 예를 들어 내담자가 지금 이 순간 자신의 감정, 생각과 감각을 알아차리고 그것들이 서로 다른 상황과 다른 시점에는 어땠는지 비교해 보도록 초대하면서, 이러한 모든 경험이 일어날 때 존재하는 공통된 관점취하기 행위를 알아차리게 된다. 다음의 짧은 대화에서 이 기법을 살펴보자.

> **내담자** 여자 친구가 떠난 뒤로 저는 마치 그림자가 된 것 같아요. 부끄럽고, 아무도 만나고 싶지 않아요. 저는 여자 친구에게 차인 남자예요. 그리고 사람들이 저를 여자 친구로부터 버림받은 남자로 보는 것을 원치 않아요.
>
> **치료자** 바로 지금 당신은 자신을 그림자로 보고 있네요, 여자 친구에게 버려진 남자

로… 그녀가 당신을 떠나기 전에 당신은 자신을 어떻게 보았는지 궁금합니다.

치료자는 내담자가 자신에 대해 내리는 정의를 해당 정의에 대한 관점취하기로 재공식화("당신은 자신을 ~로 보고 있네요")하였다. 그다음, 내담자가 다른 맥락에서 다른 정의를 알아차리도록 이끈다.

내담자 저는 자신감이 매우 강했습니다. 무엇이든 자신했죠. 제 친구들 사이에서는 정말 인기가 많았는데, 다들 제가 멋지고 유머 감각이 좋다고...어떤 것도 겁내지 않는다고. 이제 그 이미지가 갈기갈기 찢겼어요.

치료자 당신 스스로도 매력적이고 유머 감각이 뛰어나며 무엇이든 자신이 있다고 보고 있었나요?

내담자 예, 그랬을 겁니다. 그러니까 사람들이 그렇게 말했으니까요. 그래서 자신을 그렇게 생각했었던 것 같아요.

치료자 만약 여자 친구가 다시 돌아온다면 당신은 자신을 어떻게 보겠습니까?

내담자 그 여자 친구와 다시 사귀지는 않을 겁니다.

치료자 어째서인가요?

내담자 저는 내팽겨 쳤다가 다시 돌아와도 되는 그런 남자가 아닙니다. 전 물건이 아니에요. 만약 그녀를 받아준다면 저는 제 자신을 존중하지 않는 거예요.

치료자 알겠습니다. 그래서 그녀가 돌아오는 것을 받아 준다면 자신을 물건으로 보게 될 거라는 거군요?

내담자 네, 정확합니다.

치료자 좋습니다. 하지만 말하고 싶은 게 있습니다... 그녀가 돌아오도록 내버려 두면 자신을 물건같이 볼 거라고 했습니다. 바로 지금은 자신을 그림자로 보고 있습니다. 과거에는 자신을 자신감 있고 유머 감각이 넘치는 사람이라고 보았습니다… 그런데 누가 이 모든 것을 보고 있는 겁니까?

치료자는 내담자가 스스로에 대한 모든 정의에서 공통된 관점취하기 활동이 있음을 알아차리도록 이끈다.

내담자 무슨 소리인가요?

치료자 당신 자신을 보는 방식이 다양한 상황에 따라 달라집니다, 그렇죠?

내담자	예.
치료자	누가 그러한 변화를 알아차리고 있나요?

치료자는 명칭과 관점취하기 사이의 구별을 강조하기 시작한다.

내담자	저네요.
치료자	어떤 당신이지요?
내담자	어떤 나라니요, 무슨 소리인가요?
치료자	그림자가 되었다 찢긴 이미지가 되는 등 변하는 '당신'이 있는 듯하고, 이런 변화를 볼 수 있는 '당신'도 있는 것 같네요.
내담자	같은 나인데요, 아닌가요?
치료자	그럴까요? 이미지가 스스로를 볼 수 있을까요?
내담자	음… 그러진 않겠네요. 근데 무슨 말을 하고 싶은 건지 모르겠어요.
치료자	제가 말하고자 하는 것은, 당신의 일부분은 변하고 다른 일부분은 변하지 않는 것이 가능할까요?
내담자	제가 추측하기엔. 여자 친구와 헤어진 뒤로 몸은 변하지 않았지만, 제 자신을 생각하는 것은 변한 것 같네요.
치료자	당신 모든 삶의 경험 전반에 걸쳐 몸 또한 변하지 않았나요? 몸이 다시는 변하지 않을까요?
내담자	그렇겠네요. 그러니까 모든 게 변화한다는 소리인가요?
치료자	당신은 어떻게 생각하십니까?
내담자	너무 혼란스럽네요.
치료자	이해합니다. 우리가 자신을 보는 방식이 달라지는 동시에, 무언가는 달라지지 않는다는 것을 깨닫는 건 이상한 기분이지요. 지금과 같이 당신은 혼란스럽게 느끼고 있습니다. 그럼에도 혼란스러운 것을 보는 당신의 일부 혹은 다른 당신이 있습니다. 그렇지 않습니까?
내담자	흠, 그렇네요!

관점취하기를 알아차리는 것은 쉬운 행위가 아니며 자주 혼란을 가져오곤 한다. 치료자가 내담자를 놀리고 있다고 느끼게 만들어서 관계를 해치지 않는 것이 중요하다. 이런 이유로, 내담자가 관점취하기를 경험하도록 유도하는 대신 관점취하기라는

개념만을 설명하고자 하는 유혹이 생길 수 있다. 어려운 점은 내담자가 관점취하기를 스스로 접촉하지 않는 이상, 설명을 임의적이라고 느끼기 쉽다는 것이다. 따라서 내담자가 자신의 경험을 관찰하도록 도와주는 것과 유용한 결론을 추상화하도록 돕는 것 사이에 적당한 균형을 잡는 것이 필요하다. 이는 내담자가 혼란스러워하는 상태로 짧게 두었다가, 관점취하기와 모든 다른 경험 사이의 구별을 이해하는 방향으로 나아갈 수 있게 단서를 제공함으로써 가능하다.

치료자 만약 여자 친구가 돌아오도록 내버려 둔다면 자신을 그림자로 보는 당신에게는 무슨 일이 일어날까요?

내담자 아무것도 일어나지 않을 것 같은데요?

치료자 만약 아무 일도 일어나지 않았고, 여자 친구가 당신을 떠나지 않았다면 어떨까요?

내담자 더 나은 기분일 것 같아요.

치료자 누가 그것을 알아차릴 수 있을까요?

내담자 변화하지 않는 제 일부분이요. 이것이 선생님이 말하려는 건가요? 이런 차이를 이해하는 것이 왜 중요한가요?

치료자 당신이 자신을 바라보는 방식은 변화하고 있고 또 다시 변화할 수 있지요, 그렇죠?

내담자 네.

치료자 이게 바로 지금 아프게 하는 부분인가요?

내담자 네. 전 제 자신을 이런 식으로 보기 싫어요. 다시 자신감을 느끼고 싶어요.

치료자 그것을 볼 수 있고 당신 자신을 어떻게 생각하느냐에 영향을 받지 않는 '당신'이 있나요?

내담자 알 것 같아요… 즉 선생님이 말하는 건, 저의 그 부분에는 아무 일도 일어나지 않는다는 거지요?

치료자 어떤 일이 일어나던 간에, 당신은 항상 그 곳에 있습니다. 그렇죠? 이를 추론하기만 하지 마세요. 믿음이나 의견을 묻고 있는 것이 아닙니다. 당신의 경험을 바라보세요.

내담자 마음 속 깊이 저는 항상 저네요. 그렇네요.

이러한 상호작용을 마무리하는 좋은 방법은 내담자가 자신의 모든 경험에 대한 관점으로 자신에게 접근하는 것의 이득을 지각하도록 돕는 것이다(즉, 기능적 일관성을 향해 나아가기). 치료자는 내담자가 자신에 대해 생각하는 것의 정확성에 관해 논쟁한 적이 없으며, 자신에 대한 개념적 정의를 바꾸려고 시도하지도 않았다는 점을 주목하라. 여기서의 표적은 어떤 특정한 개념적 정의에 의존하지 않는 관점취하기라는 경험이다.

관점 전반에서 공통된 관점취하기 활동 알아차리기 Noticing the Common Perspective-Taking Activity across Points of View.

지속적인 관점취하기에 접촉하는 또 다른 방법은 내담자가 경험을 여러 다른 관점에서 보도록 초대하는 것이다. 이는 서 있는 기차를 옆에서 나란히 걸어가면서 보거나, 아예 반대편으로 가서 이 위치에서는 객차가 어떻게 보이는지를 보는 것과 같다. 객차는 다르게 보이지만 기차가 다르기 때문이 아니라 관점이 다르기 때문이다. 실제 임상에서는 시간, 장소 또는 사람의 직시적 관계 이동으로 이뤄진다. 다음 질문처럼 관점취하기 단서를 포함하는 언어적 상호작용을 통해 행한다. "내일이 되어 바로 지금 당신에게 일어나고 있는 일을 생각하고 있다면, 당신은 자신을 어떻게 볼까요?"나, "저 곳에 앉아서 당신에 관해 이렇게 이야기하는 것을 듣고 있었다면, 당신 자신을 어떻게 보겠습니까?"나, "만약 당신이 지금 이 말을 듣고 있는 당신의 아내라면 어떤 기분이 들겠습니까?" 같은 질문이다(이런 세 개의 예시가 시간, 공간 및 사람을 각각 변화시킨다는 점에 주목하라). 이와 같이 관점을 전환하는 효과는 두 가지이다. 경험에서 가변성을 주목할 수 있고(따라서 이 기법 또한 지난 단락과 관련 있다), 한 발 물러서서 관찰하는 감각이 높아지며 관점취하기 자체에서 발견할 수 있는 안정감이 늘어난다.

관점 변화의 차원으로, 내담자는 이러한 경험의 변화 전반에서 공통된 관점취하기 활동을 알아차리도록 요청받을 수 있다. 치료자는 또한 내담자의 경험에 물질적 특성을 부여하고 거리를 두고 관찰하기를 허용하는 물리적인 단서를 활용할 수 있다. 예를 들어 치료자는 손바닥을 눈앞에 들고 이를 바라보면서 "그래서 당신은 거기서 절망적이라고 생각하는군요"라거나 "바로 거기에 공포에 사로잡힌 당신이 있군요. 지금 있는 곳에서 그를 바라볼 수 있나요?"라고 말할 수 있다. 다음의 짧은 대화에서 이 기법을 살펴보라.

치료자 새로운 직장에 관해 어떻게 느끼고 있습니까?

내담자 꽤 이상해요. 전 한 번도 집단을 이끌어 본 적이 없는데, 동료들이 저를 리더로 바라보는 것이 이상하네요.

치료자 그러니까 그러한 것이 당신에 관해 무언가를 바꾸었다고 말하고 있는 건가요?

내담자	네. 직장에서 더 이상 예전의 내가 아닌 것 같아요. 끔찍해요. 지금 책임질 게 너무 많다는 것을 아시잖아요. 여기에 더해 저는 여자예요. 회사에서 이 자리까지 오른 여성은 이전까지 한 번도 없었고, 그래서 회사의 다른 여자 직원들과는 비슷하면 안 되고 달라야 해요. 전 그게 싫어요.
치료자	달라야 한다는 부분에서 싫은 점이 무엇입니까?
내담자	정확히 잘 모르겠어요. 그저… 이상할 뿐입니다. 마치 제 한부분이 사라지는 느낌입니다. 더 이상 제 자신이 아니라는 게 싫습니다.
치료자	1년 후, 당신이 바로 지금 어떻게 느끼는지를 기억한다고 상상해봅시다. 당신은 지금의 자신을 어떻게 볼 것 같나요?

치료자는 내담자가 최초로 관점취하기 전환을 하도록 이끈다.

내담자	그러니까 지금부터 1년 후 자신을 어떻게 보게 되겠냐는 말씀이죠?
치료자	더 정확하게, 시간을 되돌아 볼 때 당신을 어떻게 보게 될까요?
내담자	아… 뭐, 아마도… 아마 그 때가 되면 저는 완전히 다른 사람이 되어 있을지도 모르니까. 그래서 뒤돌아보면 완전히 다른 삶처럼 느낄 것 같아요.
치료자	마치 다른 사람처럼?

치료자는 내담자가 다른 관점을 채택하면서 일어나는 지각의 변화를 강조한다.

내담자	네, 그래요. 전 벌써 지난 주와는 완전히 다른 사람처럼 느껴져요.
치료자	지난 주, 1주일 후 당신이 어떤 사람이 되어 있을 거라고 생각하고 있었나요?

치료자는 두 번째 관점취하기 전환을 유도한다.

내담자	저는 상상하고 있었는데… 잘 모르겠네요… 이런 변화를 보다 잘 관리할 것이라 생각했어요.
치료자	바로 지금 스스로를 보는 관점과는 매우 다르네요. 그렇지 않나요?
내담자	네… 모든 게 예전과 같을 수 있다는 생각이 너무 순진했던 것 같아요.
치료자	그럼 이것이 지난 주의 당신을 보는 방식인가요?
내담자	네… 사실 너무 순진한 사람이었죠…

치료자	그리고 다음으로, 오늘의 당신을 어떻게 보고 있었나요?
내담자	좀 더 자신감 있고. 보다 안정적인 사람이요.
치료자	그리고 내년의 당신은 오늘의 당신을 어떻게 볼까요?
내담자	모르겠습니다... 아마 방황하고 있다고 느끼지 않을까요?
치료자	제가 보기에 다른 관점에서 오늘의 당신을 볼 때, 매번 다른 지각을 가지는 것 같습니다(내담자가 채택한 다양한 관점을 형태로 나타내기 위해 몸 앞에 왼손을 펴 보이며, 오른손과 함께 빙빙 돌린다).

치료자는 내담자가 자신을 바라보는 방식이 다양한 관점에 따라 어떻게 변화하는지 알아차리도록 도와준다.

내담자	압니다. 그것이 두렵게 느껴져요. 요즈음 너무 안절부절못합니다.
치료자	다른 관점에서 자신을 바라볼 때마다, 변하는 자신의 부분이 있나요?
내담자	네. 제 자신을 안다는 것이 너무 어려워요. 온전하게 느끼는 것이요. 더 이상 제 자신이 아닌 것이 싫어요.
치료자	그러한 변화를 바라보는 '당신'도 같이 변하고 있나요?

치료자는 내담자가 여러 관점취하기 표본에 걸쳐 동일한 자신의 부분이 있음을 알아차리도록 돕는다.

내담자	제가 제대로 이해했는지 모르겠네요.
치료자	자신을 바라볼 때마다 매번 당신이 변하고 있는 것 같나요? 그게 혼란스럽고요, 그렇죠?
내담자	네.
치료자	하지만 당신은 같은 눈으로 바라보고 있지요. 그렇지 않나요?
내담자	네… 아마도, 저도 모든 게 바뀐다는 것이 아님을 알고 있습니다.
치료자	무엇이 바뀌지 않았나요?
내담자	제 생각에는 전 여전히 저인데, 그러나…
치료자	정확하게 무엇이 여전히 자신인가요?
내담자	전… 저는 이런 변화를 인식하고 있어요. 실은 차라리 알아차리지 않았으면 좋겠어요. 그러면 덜 혼란스럽겠지요!

치료자 그러니까 이런 변화를 인식하고 있는 부분이 여전히 당신임을 말하고 있는 건가요?

내담자 네, 아마도요. 무슨 일이 일어나고 있는지 볼 수 있습니다. 마치 때때로 외부에서 제 자신을 보는 것 같을 때가 있어요. 만화책의 등장인물처럼.

이제 내담자가 자신의 경험에 대한 관점취하기를 인식하고 있음을 알리는 은유를 사용하고 있다. 다음의 대화에서 치료자는 이 은유를 사용하여 변화하는 경험 전반에 걸쳐 자신의 어떤 부분이 안정적으로 유지되는지 알아차리도록 돕는다.

치료자 만화책의 등장인물은 변하지만 읽고 있는 사람은 변하지 않죠?

내담자 네. 그리고 그 독자는 더 이상 등장인물을 좋아하지 않아요.

치료자 독자가 등장인물을 좋아하지 않는다는 걸 보는 사람은 누구입니까?

내담자 모르겠네요.... 제기 보고 있네요.

치료자 독자는 그저 읽고 있는 중입니다.

내담자 저에게 또는 제 안에 일어나고 있는 일이 뭔지 볼 수 있어요... 하지만 여전히 하나의 제가 있어요.

치료자 당신은 전체 인생 동안 당신이었지요, 그렇지 않습니까? 인식할 수 있는 사람으로 나타난 이래로 늘상이요.

내담자 깊은 곳에서는 결코 변하지 않는 무엇이 있네요.

위 대화록에서 다시 한번 볼 수 있듯이, 관점취하기 감각에 관한 작업은 내담자에게 약간 혼란을 가져올 수 있다. 따라서 이 과정 동안 혼란이 불필요하게 혐오적이지 않도록 강력한 관계를 유지하는 것이 중요하다. 따라서 치료자는 이 작업의 재미있는 영역을 강조하고, 과정 내내 흥미와 호기심을 보여 주어야 한다. 내담자가 관점취하기에서 안정성을 찾을 때 얻을 수 있는 잠재적 이점을 알 수 있도록 돕는 방식으로 마무리하면, 내담자가 이 과정을 그저 무의미한 사고 실험이 아니라 유익한 접근 방식으로 받아들이는데 또한 도움이 된다. 그러나 만약 당신이 내담자가 이 과정에서 취할 수 있는 이점을 스스로 관찰하길 원한다면, 관점취하기 경험을 과도하게 설명하지 않는 것이 더 효과적이다.

지난 단락에서 경험에 대한 인식이 더 커지면 보다 다양한 경험과 접촉하게 되고, 관점 취하기 기술을 통해 더 큰 자기 안정감을 가져오게 됨을 주목했다. 그러나 상징적 유도 과정은 언어활동을 제한해서 경험과 관점취하기 활동을 알아차리려는 시도를 방해한다. 우리는 이를 깨닫기 전에 이미 자기 개념으로 되돌아간다. 이 자체는 나쁘지 않다. 자기 자신을 개념화하는 것은 개인적 이야기를 소유하게 하여 상징적 방식으로 자신을 타인과 구별할 수 있게 해준다. 우리는 언어를 사용하는 사회적 동물로, 자신에 관해 이야기할 수 있어야 한다. 그러나 우리는 *자기 이야기self-narrative와* 동일시하지 않고서 경험의 총합을 통합한 자기 이야기를 만들고 들을 수 있어야 한다(즉, *자신을 경험과 동등하게 구성하지 않아야 함*). 따라서 가변성, 안정성과 상징적 일관성의 요구 사이에서 자기 안의 균형을 찾기 위한 추가 단계가 필요하다.

유용한 단계는 의도적으로 계층적 구성틀을 사용하여 체험적 과정과 관점취하기에 대한 알아차림을 포함하면서도 자기가 모든 경험의 *맥락*이 되는 보다 광범위한 상징 네트워크를 만드는 것이다. 이러한 유형의 구성틀은 개방과 인식이 있는 다른 자기감을 가리키는 많은 마음챙김 은유 속에 존재한다. 지나가는 구름을 간직한 하늘 은유, 체스 게임의 말을 포함하는 체스판 은유, 가구와 사람을 간직한 집 은유 등이 있다. 이러한 은유에서 자기는 일종의 컨테이너, 즉 맥락이지 컨테이너가 간직한 내용이 아니다.

이러한 개념화 유형은 계층의 기저에서 일어나는 언어의 일반적 사용을 문제없이 감당하면서 자기와 심리경험 사이의 구별을 유지하는 장점을 가진다. 예를 들자면 계층의 기저에서 일어나는 것이 계층의 정점을 근본적으로 변화시키지 않기에, 자기 유연성을 해치지 않고도 평가를 의도적으로 사용할 수 있다. 자기를 맥락으로서 개념화하는 것은 본질적 일관성의 한 형태로 간주될 수 있으나(자기는 거의 내재적으로 연속적인 관점취하기 경험에 기반하는 맥락이라는 감각이다), 여기서 대등 구성틀 대신 계층적 구성틀이 사용되기에 가변성은 여전히 가능하다(즉, 자기는 '그것'만이 아님. 이것도 될 수 있고 그것도 될 수 있으며 다른 여러 가지일 수 있음).

하나의 유추로 인류humankind를 자주 계층으로 개념화한다. 이 계층에서 모든 사람 human은 계층의 기저에 동일하게 배치되며 우리 종의 이름이 계층의 정점에 위치한다. 한 명 혹은 여러 명이 악을 행하더라도 인류는 여전히 인류로 남는다. 우리는 그들이 한 일을 좋아하지 않지만, 그 사람들이 여전히 인간이라는 점은 변하지 않는다. 그들의 행위 이상의 무언가가 그대로 유지되기 때문에 그들은 여전히 같은 그룹에 속해 있다. 유사하게 자기를 하나의 계층 네트워크 내 모든 경험이 일어나는 맥락으로 보고 접근하면,

경험(행위, 느낌, 정의, 평가)에서 어떤 일이 일어나든 자기는 여전히 안정적이며 내용을 넘어선다.

관점취하기 관계와 계층 관계의 조합은 계층을 단독으로 사용할 때 발생하는 계층의 어두운 면을 피하면서 자기 차원self-order이라는 주제를 다루는 데에 중요하다. 끔찍한 잘못이라 판단되는 무언가를 하고 있는 인간을 관찰하면 대개 인류를 바라보는 시각도 바뀌는 것처럼(예, 히틀러가 저지른 범죄는 인간성에 대한 일반적 관점을 변화시킬 수 있다), 우리는 스스로가 한 하나의 잘못 때문에 자신을 부정적으로 판단하게 되는 경우가 많다. 이런 이유로 '컨테이너 대 내용 전체'라는 은유처럼 총합summation보다 포함containment의 관계를 통해 구성하기를 행한다면, 내용과 컨테이너 사이의 전달이 거의 일어나지 않기에 자기를 경험을 가진 하나의 계층으로 구성하는 것이 더 안전하다. '나/여기/지금'이라는 감각은 이런 계층 관계 형태와 부합하기에(의식은 우리가 의식하는 내용의 합이 아니라 의식하는 것을 담고 있다), 관점취하기와 계층 관계 조합은 특별히 더 도움이 된다. 포함 관계로서의 자기는 책임감을 제거하지 않고도 자기 낙인을 줄이는 데 도움이 된다(예, '나는 나쁜 행동을 *하였다did*' vs '나는*am* 나쁘다'). 계층 관계에 관한 최근의 RFT 연구 문헌은 이러한 여러 묘사를 다루기 시작했으나(예, Slattery & Stewart, 2014), 보다 명확한 권고를 위해 하나 또는 다른 패턴의 계층 관계반응이 가지는 유용성에 관한 경험적 연구 결과가 추가로 필요하다.

경험에 대한 더 큰 인식과 보다 풍부한 관점취하기 감각을 발전시킨 후에는 맥락으로서 자기라는 아이디어를 건강한 방식으로 받아들이기가 훨씬 쉬워진다. 자기에 대한 계층감은 자신에 관한 또 다른 이야기일 뿐이라고 말할 수 있지만, 과정적 지식과 관점취하기 경험을 기반으로 구축한 경우 내담자가 혼자서 관찰할 수 있었던 것과 보다 더 직접적으로 일치한다. 이런 방식으로 행할 때, 자기를 맥락으로 개념화하기는 자기 경험을 관찰하기와 이러한 경험에 대한 관점취하기 활동을 관찰하기가 어떠했는지를 내담자가 떠올릴 수 있게 하는 단서로 기능할 수 있다. 따라서 다양한 경험을 가지고 동시에 안정감을 유지하는 것이 기능적 일관성 감각을 함양한다.

자기의 계층적 차원 강조하기 *Emphasizing the Hierarchical Dimension of the Self.* 실제 임상에서는 내담자가 자기 맥락으로 개념화하도록 돕는 몇 가지 방법을 이용할 수 있다. 해당 기법들은 다양한 방식으로 계층적 구성틀을 사용하는 것이다. 이런 개념화의 은유적 특성을 고려한다면 기법들은 일반적으로 이미지나 그림figures의 형태를 가진다. 은유의 공식적인 사용은 8장에서 다룰 예정이다. 지금은 맥락적 자기감을 전달하는 자연스러운 은유

적 언어 상호작용에만 초점을 맞출 것이다. 예를 들어 내담자가 자신이 무엇이 *되는^is* 방식이 아니라 자신이 *가진^has* 무엇으로 경험을 공식화하도록 이끄는 것은 계층 관계를 구축하는 괜찮으면서 간단한 방법이다. 자연스러운 대화에서 이런 자기감을 점진적으로 조형하기 위해 컨테이너(혹은 맥락)와 내용 사이의 관계를 유도하는 많은 은유적 형태의 언어를 사용할 수 있다. 다음의 짧은 대화에서 그 접근법을 살펴보자.

> **내담자** 전 이제 제 삶을 어떻게 해야 할지 모르겠어요. 온통 끌려 다니는 것 같습니다. 제 삶 속에 존재하는 모든 사람들을 어떻게 통합할지 모르겠어요. 가족도 있고, 좋은 직장도, 모든 것을 가지고 있습니다. 하지만 더 이상 평범한 사람이 아닌 것 같아요. 자신이 분열된 것 같습니다. 제 인생 모든 영역에서 다른 사람이 된 것 같고, 아무도 제가 진짜 누구인지 모르기에 인생이 거짓으로 느껴집니다.
>
> **치료자** 당신은 바로 지금 자신이 여러 방향으로 분열되어 있다고 생각하고 있어요. 여기 제 손처럼(*치료자와 내담자 사이에서 손을 펼치고 손가락을 뻗은 채로 보여주며*) 각각 다른 방향을 가리키는 손가락 같은가요?

치료자는 내담자가 계층적 구성틀을 통해 자신을 개념화하도록 물리적인 은유를 사용한다.

> **내담자** 네, 말 그대로 사방팔방으로 갈라지는 것 같고 손가락 하나하나가 서로 다른 사람, 다른 나인 것 같습니다. 잘못되었다는 느낌이 들어요.
>
> **치료자** 하지만 각각의 손가락은 같은 손의 일부이지요.
>
> **내담자** 그렇지요.
>
> **치료자** 당신이 삶에서 다른 역할을 가지듯이^have, 그 역할들도 동일한 것의 일부이지 않을까요?

치료자는 '존재^being' 형태가 아닌 '소유^having' 형태를 사용한다. 내담자가 초기에 "자신은 다른 사람이다"라고 말했지만, 치료자는 "내담자가 다른 역할을 가진다"는 표현을 사용하여 재공식화하고 있다.

> **내담자** 그것들은 제 일부예요. 하지만 분열되었다고 느껴져요. 그게 바로 지금 혼란스러운 부분이에요.

치료자	잠시 상상해 봅시다. 서로 다른 방향으로 향할 수 있는 다섯 개의 다른 손가락 대신, 손가락이 모두 서로서로 붙어 있다고 상상해 보세요. 마치 하나의 크고 편평한 손가락처럼요. 어떤 차이가 날까요? 그런 손으로 당신은 무엇을 할 수 있고 무엇을 하지 못할까요?
내담자	하, 재미있는 상상이네요! 음… 옷 입기가 훨씬 힘들어질 것 같네요. 기타도 칠 수 없을 것 같고요(웃음). 분명히 아침에 화장을 하거나 머리를 하는 건 아예 불가능할 겁니다.
치료자	손가락이 붙어 있다면 좀 더 잘 할 수 있는 일이 있을까요?
내담자	아니오, 없을 것 같네요.
치료자	마찬가지로 당신이 오직 하나의 방식으로만 존재할 수 있다면, 인생에서 하고 싶은 모든 것을 할 수 있을까요?

치료자는 다양한 경험을 가지는 것의 유용성을 강조한다.

내담자	그런 식으로는 전혀 생각해 보지 못했네요. 아마도 아니겠지요. 가족과 직장에서는 달라야만 하겠죠. 둘은 완전히 다른 세계죠! 그러나 전 그게 싫은 겁니다. 제 자신이 아닌 것 같다고요. 이처럼 전혀 다른 사람으로 분열된 것 같아요.
치료자	만약 당신이 손가락이 아니라 손이라면 어떨까요?

치료자는 내담자가 모든 역할을 포함한 계층의 정점으로 자신을 접근하게끔 유도한다.

내담자	하지만 전 제가 손가락처럼 느껴지는 걸요…
치료자	정확해요. 그것이 당신이 느끼고 있는 방식입니다. 그런데 만약 당신이 사방으로 움직이는 손가락 대신 손이라면 무슨 차이가 있을까요?
내담자	온전하다고 느껴지겠지요.
치료자	당신이 다른 역할을 가진다고 문제가 되지는 않을 것 같습니다. 왜냐하면 단지 큰 당신의 일부이니까요, 그렇죠?
내담자	네, 문제가 되지 않을 것 같습니다. 선생님의 말은 이런 역할들을 모두 저의 부분으로 볼 수 있다는 거죠? 그런 식으로 생각해 보지 못했네요.

자기와 경험 사이의 구별 강조하기 *Emphasizing the Distinction between the Self and the Experiences.*
맥락적 자기감을 개선하는 또 다른 기법은 자기를 평가하는 것에서 행위를 평가하는 것으로 방향을 전환하여 자기와 심리경험 사이에 구별 구성틀을 사용하는 것이다. 행위를 자기와 구분하지 않고 합쳐서 평가할 때, 평가가 불만족스러울 경우 자기가 변화의 표적이 되는 위험에 빠진다. 내담자가 자신이 만족하는 무엇을 하고 결과적으로 자신을 '좋은' 사람으로 규정하더라도, 이러한 자기에 관한 평가는 상황이 잘못 진행될 때에는 자기를 고쳐야 한다는 생각을 강화할 수 있다. 대신 다양한 행위를 포함하는 맥락으로서 자기의 개념화는 무엇을 행하든 간에 자기는 그러한 행위의 위에 있음을 시사한다. 다음의 대화에서 이 기법을 살펴보자.

> **내담자** 정말 괴롭네요. 그를 다시 믿을 만큼 제가 그렇게 멍청했다니 믿을 수가 없어요. 전 너무 순진한가 봐요. 전 항상 그랬지요…
>
> **치료자** 그를 다시 믿은 것이 멍청했다고 느끼는 거지요?

치료자는 평가를 행위로 전환한다.

> **내담자** 네, 저는 그에게 다시 한 번 기회를 주고 싶었지만 너무 순진했어요.
>
> **치료자** 당신이 한 행동 중 어떤 부분이 순진합니까?

치료자는 평가를 다시 행위로 전환한다.

> **내담자** 여전히 그가 변할 수 있다고 생각한 부분이요.
>
> **치료자** 그가 변할 수 있다고 생각했기에 당신은 무엇을 했나요?

치료자는 내담자의 주의를 행위로 안내한다.

> **내담자** 주말을 같이 보내기 위해 준비했어요. 그는 금요일 저녁까지는 일을 다 마칠 테고 토요일 일찍 같이 떠날 수 있을 것이라 말했지요. 하지만 금요일 밤에 퇴근하고 나서 토요일 아침에도 여전히 일해야 하고, 우리는 오후에 출발해야 한다고 말하는 거예요. 토요일 늦게 도착할 거면 주말에 외출하는 이유가 없는 것 같아요. 그래서 그냥 취소하자고 말했어요.

치료자	이번 주말을 정말로 같이 보내고 싶었다고 했지요. 정말 실망했겠어요.
내담자	그럼요 그에게 정말 실망했고요, 저 자신의 멍청함에도 크게 실망했어요.
치료자	그렇다면 주말을 같이 보내는 걸 다시 실패하지 않게 하려면 어떤 것을 할 수 있다고 생각해요?

치료자는 결과를 바꾸기 위해 내담자가 자기보다는 행위를 표적 삼도록 돕는다.

내담자	이제 그만 순진해져야죠.
치료자	그렇다면 순진하지 않은 행동으로 어떤 다른 걸 할 수 있을까요?

치료자는 평가를 다시 행위로 전환한다.

내담자	주중에 일정을 잘 조정하지 못한다면 그가 금요일 밤까지 일을 마치지 못할 것 같다고 말해야 할 것 같아요.

상호작용 내에서 책임감 찾기 | Finding Responsibility in the Interaction

유연한 자기를 만드는 마지막 요소는 균형 잡힌 책임감을 기르는 것이다. 원인과 결과 사이 관계에서 내담자의 역할을 고려할 때, 두 가지 전형적인 반대 입장이 내담자를 종종 막다른 골목으로 이끈다. 내담자들은 자주 자신의 행위와 이에 따른 결과에 과도한 책임감을 가진다. 반대로 자신의 행위를 지배할 통제권이 없고, 결과는 자신이 행하는 것과 독립적이라 생각하기도 한다. 전자의 내담자는 많은 수치심을 경험하고, 자학하고, 변하지 못하는 자신과 원하는 것을 얻지 못하는 자신을 지나치게 자책한다. 자신이 처한 어려움의 주된 혹은 심지어 유일한 원인으로 보이는 자기를 변화시키기 위해 상당한 시간을 소비한다. 후자의 내담자는 절망하거나, 통제 불능이거나, 하찮다고 느끼며 자신의 조건을 바꾸기 위해 할 수 있는 건 아무것도 없다고 생각한다. 기껏해야 자신은 외적 변수의 단순한 결과이며 삶에 차이를 만드는 어떤 것에도 도달하지 못한다고 생각한다.

　균형 잡힌 책임감을 개발하기는 자기를 대신 상황 속 행위situated action로 접근하는 것으로 구성된다. 즉 환경의 맥락 변수와 유기체 사이의 상호작용으로 접근하는 것이다. 이 관점에서 자기는 주요 원인도 아니며 최종 결과도 아니다. 자기는 결과이자 동시에 다른 행위에 영향을 미치는 행위의 집합이기도 하다. 자기는 맥락 변수에 영향을 받고 역으로 이 변수에 영향을 주기도 한다. 기능적 맥락주의 관점에서 보면 자기가 맥락 변수에 행사하는 영향 자체가 맥락 변수에 의해 영향을 받는다. 그러나 모든 조작적 행동이 환경에 영향을 미치고 환경에 의해 생기는 것처럼, 이러한 영향력의 형태는 선형적이지도 않으며 단방향이 아닌 다방향이다.

자기에 접근하는 이러한 방식은 두 가지 장점을 가진다. 먼저 내담자가 자신에게 일어나고 있는 일에 관해 과도한 책임을 느낄 때 자기의 책임감을 약화시킨다. 내담자가 자신의 행동과 더 바람직한 결과를 만드는 데 보다 결정적 영향을 미칠 수 있는 다른 변수를 살피도록 돕는다. 다른 한편으로 행동적으로 중요한 맥락 변수를 변경하려는 내담자의 기꺼이함을 증가시켜, 바람직한 결과가 발생할 수 있는 새로운 행위에 내담자가 참여하도록 돕는다.

명백하게 내담자와의 작업에서 이러한 전문 용어를 사용하는 일은 거의 드물다. 즉, 자기 개념이나 계층과 같은 단어를 대개는 사용하지 않는다. 독자는 이전 짧은 대화록에서 이러한 종류의 기술적 용어를 찾아 봐도 허사일 것이다. 상호적인 자기감을 발달시키는 것은 자연스러운 언어적 상호작용을 통해 이루어지며, 유연한 자기의 다른 구성 요소와 마찬가지로 구체적 관찰을 강조한다. 유기체와 맥락 변수 사이 관계의 양방향 속성을 고려할 때, 당신이 사용하는 기법은 반대 방향을 향할 수 있다. 몇몇 기법들은 맥락 변수의 영향에 대한 내담자의 주의를 가져오는 것으로 구성되고, 반면 다른 기법들은 내담자의 행위가 이러한 변수에 영향을 미칠 수 있다는 인식을 개선한다.

맥락의 영향 알아차리기 Noticing the Impact of the Context. 내담자가 맥락 변수의 영향력을 알아차리도록 비효과적인 행위에 기여하는 다양한 현재 및 과거 요소에 관한 질문을 할 수 있다. 조건부 구성틀을 사용하면 맥락 요소와 행동 사이의 기능 관계를 파악하는데 특히 도움이 된다(5장에서 살펴보았던 추적을 유도하는 접근과 유사함). 예를 들어 치료자는 "당신이 아내에게 화낸 것에 죄책감을 느낀다는 것을 알 수 있습니다. 그날 당신이 그런 식으로 행동하도록 이끈 특징적인 부분(예, 내담자의 수면 부족을 가리키며)을 생각해 볼 수 있나요?"라거나 "당신이 기대했던 것만큼 잘 해내지 못해 슬프군요. 이런 상황에서 아직 편안하지 못한 이유를 설명하는데 당신 과거의 일부(예, 내담자의 외상 과거력을 가리키며)를 고려하는 게 도움이 된다고 생각하나요?"라고 말할 수 있다. 여기서 목표는 내담자의 책임감을 제거하는 것이 아니라, 중요한 역할을 *또한* 할 수 있는 다른 변수를 강조하기 위해서이다. 이러한 변수들을 파악하면 직접 수정이나(예, 잠을 더 많이 자기), 만약 변수를 제거하거나 대체할 수 없다면 변수의 영향력을 변경할(예, 내담자가 더 큰 자기자비 보이기) 수 있다.

특히 내담자가 자기를 행위의 원인으로 간주하고 경직된 자기감에 과도하게 통제될 때, 맥락 변수를 알아차리기 어려운 경우가 많다. 다행히도 여기에서도 직시적 관계를 사용할 수 있다. 이번에는 작용하고 있는 다른 변수에 대한 인식을 향상시키기 위해서이다. 이전 단락에서와 동일한 원칙에 따라 임상의는 내담자가 다른 사람들의 관점과 같이 현재 상황에 대해 다른 관점을 채택하도록 돕는다. 이것은 다른 사람들이 종종 내담자의 상황에 관해 다르게 해석하기 때문에 도움이 된다. 내담자는 이 사실을 알고 있는 경우가 많지만, 이러한 다양한 관점과 반드시 접촉하고 있지는 않다. 따라서 일시적으로 다른 사람의 눈을 통해 자신의 상황을 보는 것은 다른 잠재적으로 중요한 맥락 요소를 보도록 이끈다. 이러한 맥락에서 목적은 수치심과 자기비판을 줄이는 것이므로 내담자에 대한 태도가 친절할 가능성이 높은 사람의 관점을 포함하는 것이 자연히 더 좋을 것이다. 유사하게 치료자는 내담자에게 자신이 높이 평가하는 사람이 비슷한 상황에 있거나 자신이 했던 같은 행동을 했다고 상상하도록 초대하여 외부에서 이러한 경험을 어떻게 지각하는지 보도록 초대할 수 있다. 다음 대화록에서 이러한 관점취하기 기법의 예를 살펴보자.

내담자   부끄럽습니다. 저번에 선생님을 봤을 때 하기로 약속한 걸 못해서 사실 오늘 안 올 뻔 했어요.

치료자   그렇다면 당신이 계획했던 것처럼 운동을 시작하지 않았나요?

내담자   네. 그리고 실패자같이 느껴져요. 그게 하기 쉬운 일이라는 걸 알고 있어요. 그냥 일어나서 헬스장으로 가면 되는데. 전혀 어려울 게 없었는데. 근데… 못 했어요. 도대체 제 어디가 잘못되었는지 모르겠습니다. 다른 모두에게는 분명 쉬운 일일 텐데, 약해빠진 제겐 너무 힘들어요.

치료자   무슨 일이 일어났다고 생각하세요?

치료자는 내담자의 주의를 그 상황으로 이끌어, 내담자의 행동에 영향을 미치는 맥락 변수를 탐색하려 한다.

내담자   잘 모르겠습니다. 충분히 의욕이 없나 봐요. 뭔가를 할 거라고 말하면서 실제로 절대 하지 않아요.

치료자   당신은 사실 안 올 뻔 했다고 하셨죠. 이것에 관해 제가 어떻게 생각할 거라고 생각했나요?

내담자	당신을 실망시키고 싶지 않았습니다.
치료자	이해해요. 하지만 제가 어떻게 생각할 것 같았나요?
내담자	어쩌면 저는 당신이 노력을 기울일만한 가치가 없을지도 몰라요.
치료자	만약 당신이 바로 지금 저라면, 이 상황을 어떻게 볼까요?

치료자는 내담자에게 치료자의 관점에서 자신의 상황을 보도록 이끌어, 행동에 영향을 미치는 다른 변수를 알아차리도록 돕는다.

내담자	음, 아마도 작업이 좀 더 필요하다고 생각할 것 같아요. 당신이 저를 실패자라고 생각하지는 않았을 것 같아요.
치료자	어째서죠?
내담자	새로운 기술을 배우려면 시간이 걸린다고 했잖아요. 습관을 바꾸기는 어려울지도 모른다고요.
치료자	네, 맞습니다. 제가 그렇게 이야기했죠. 무엇이 어렵게 할까요?
내담자	제 의욕 부족이요.
치료자	당신의 동기가 있다 없어지다 하는 것에 관해 무엇을 알아차릴 수 있나요? 여기서는 동기가 명확해 보이는데 나중에는 그렇지 않죠?

치료자는 내담자가 행동의 원인을 자신의 내부(예, 동기 부족)에서 찾으려 할 때마다 내담자의 주의를 맥락 변수로 전환한다.

| 내담자 | 잘 모르겠어요. 일어나서 운동하러 갈 시간이 되면 더 이상 가야 할 이유를 알지 못하는 것 같아요. |
| 치료자 | 그래서 가야 할 이유가 충분히 보이지 않으면 당신은 동기를 잃습니다. 무엇이 그 이유를 좀 더 눈에 띄게 만들까요? |

치료자는 원인으로서의 역할을 맥락 변수로 전환하는 방식으로 내담자의 진술을 재공식화한다("내담자가 이유를 알지 못한다"에서 "그 이유가 보이지 않는다"로).

| 내담자 | 운동을 하고 싶은 이유를 기억할 수 있어야 하는데 아침에는 제대로 생각하기가 너무 어려워요. |

치료자   운동이 당신에게 왜 중요한지와 연결하기 위해 무엇을 할 수 있을까요?

치료자는 내담자가 자신의 동기에 영향을 미칠 수 있는 행위를 탐색하도록 격려한다.

내담자   잘 모르겠네요… 스스로에게 채찍질한다면 가능할까요?
치료자   (미소를 지으며) 그건 이번 주 내내 당신이 해 오던 것 아닌가요?
내담자   (한숨 쉬며) 네. 하지만 저는 나약해서 더욱 더 스스로를 채찍질해야 하나 봐요!
치료자   예를 들면?
내담자   스스로 동기 부여할 무언가가 필요해요.
치료자   어떤 것이 사기를 북돋우는지 알아차릴 수 있을까요? 어떤 것이 낙담시키나요?

마지막 대화에서 내담자는 계속해서 자신 내부의 변화를 찾고 있으므로, 치료자는 그녀가 동기를 향상시킬 수 있는 맥락 변수를 표적으로 삼도록 계속 격려하고 있다.

내담자   아마도 심하게 자책하는 것이 가장 큰 낙담 요소 같네요.
치료자   좋습니다. 그래서 아마도 여기서는 자책하지 않는 것이 좋겠죠… 무엇이 기운을 북돋아주는지 찾아보면 어떨까요?
내담자   음악이요. 항상 그런 건 아니지만요. 어쩌면 일어날 때 음악을 좀 들을 수도 있겠네요.
치료자   그래요? 어떤 종류의 음악을 들으면 좋을까요?
내담자   가끔 트랜스trance 음악에 맞추어 집을 돌아다니며 춤을 막 추기도 해요. 다른 사람들은 '댄스 음악'이라고 부르기도 하죠.
치료자   그렇게 하면 운동이 중요한 이유와 연결할 수 있을까요?
내담자   그럴 것 같아요. 도움이 될 것 같아요. 몸으로 되돌아올 수 있어요. 전 실제로 운동을 좋아합니다. 그저 잊어버리는 것이죠.

대화록에서 볼 수 있듯이 다른 관점을 채택함으로써 자신을 다루는 방식을 변경할 수도 있다. 초반 대화에서 내담자는 매우 혹독하게 자신을 판단하지만, 점차 자신에게 다른 어조를 채택해 나간다. 다시 언급하자면, 이 접근법의 목적은 내담자를 제멋대로 해도 된다는 일종의 자기 관용으로 이끄는 것이 아니라 자기에 관한 쓸모없는 평가가 미치는 영향력을 줄이는 것이다. 그러므로 내담자는 수정할 수 있는 맥락 변수에 초점을 두어, 자신이 바라는 행동에 참여할 기회를 높여 나간다.

행동의 영향 알아차리기 *Noticing the Impact of Behaviors.* 자신의 영향력에 관한 내담자의 인식을 높이는 것은 원인과 결과를 연결하는 조건부 관계를 알아차리도록 돕는 것으로 구성되므로, 이전과 접근 방식이 유사하다. 하지만 이번에는 내담자의 역할에 강조점을 둔다. 지난 장에서 살펴본 평가(4장)와 추적하기(5장)에 관한 논의와 유사하지만, 여기서는 책임감을 더 구체적으로 표적 삼는다는 점이 다르다. 이 맥락에서 사용하는 전형적 기법으로 결과 추적하기를 유도하는 조건부 및 시간 구성틀, 그리고 변화의 관찰을 유도하는 비교/구별 구성틀이 있다.

구체적으로 치료자는 내담자에게 구체적 행위에 관해 묻고, 그 행위의 영향력이 긍정적이든 부정적이든 행위와 결과 사이 연관성을 강조한다. 다음 짧은 대화에서 이 기법을 살펴보자.

> **내담자** 제게 필요한 건 새 직장이에요. 그렇게 된다면 새로운 보금자리로 옮길 수도 있을 겁니다. 그리고 모든 것이 바뀔 거예요. 하지만 일자리를 구할 수 없어요. 아무도 저 같은 남자에게 관심을 가지고 있지 않아요. 무엇도 할 수 있는 게 없고요. 이 나이에 다른 사람이 될 수 없으니, 희망이 전혀 없습니다!
>
> **치료자** 우리가 이 작업을 함께 시작한 이후로 무엇이 변하였요?

치료자는 내담자 행위에 뒤따라 이어지는 변화에 주의를 집중시킨다(구별 구성틀).

> **내담자** 없어요! 아무것도…
>
> **치료자** 몇 주 전, 당신이 다시 일할 생각조차 없다고 말했던 것을 기억합니다. 혹시 기억나나요?

내담자가 자신이 처한 상황에 너무 갇혀 있었기에, 치료자는 그의 주의를 끌만한 요소를 가져오지만 내담자를 설득하려 노력하지는 않는다.

> **내담자** 네, 기억합니다. 그리고 제가 맞았어요. 몇 시간이나 전화기를 붙들고 있었지만 저는 어떤 구직 면접도 보지 못했어요.
>
> **치료자** 그런 전화를 하기로 결정했을 때 무슨 일이 일어났나요?

치료자는 내담자에게 자신의 행위에 이어지는 결과를 보다 직접적으로 관찰하도록 하여 과잉 일반화된 평가의 영향력을 약화시키려한다(시간 구성틀).

내담자   몇 군데에 전화를 해서 구인 중인 자리가 있는지 물어봤지만, 저를 필요로 하는 곳은 하나도 없었어요.

치료자   그 전화를 하기로 결정하기 전에 무얼 하고 있었죠?

치료자는 내담자가 구직 행동을 시작한 이후로 발생한 변화를 알아차리도록 돕는다 (시간 구성틀).

내담자   아무것도 하지 않았습니다. 무슨 말이에요?

치료자   우리가 상담을 시작했을 때, 당신은 다시 일하는 것을 상상조차 할 수 없다고 이야기했어요. 그리고 방금 말씀하셨듯이 아무것도 하고 있지 않았죠, 그렇죠?

내담자   네, 하루 종일 침대에 누워 있을 뿐이었습니다.

치료자   네, 그래서 저는 당신이 직장을 구한다는 결정을 내린 이후로 무언가가 변화했는지 궁금합니다.

내담자   좀 더 활동적인 것만 제외하면 같은 상태로 있는 것 같아요. 하지만 여전히 전 절망적입니다. 상황이 어떻게 바뀔지 상상할 수가 없어요.

치료자   아내는 당신이 좀 더 활동적이 된 것에 어떤 반응을 보였나요?

치료자는 내담자의 새로운 행동에 의해 영향을 받았을 다른 영역을 고려할 수 있도록 도와준다(조건부 구성틀).

내담자   아내는 좋아했습니다… 몇 달 전부터 그렇게 하라고 저에게 말하고 있었거든요. 그녀를 이해합니다. 제가 지난 한 해도 역시나 집안에서 별로 쓸모가 없었거든요.

치료자   그렇다면 직장을 구해 보겠다는 당신의 결정이 아내와의 관계에 어떤 영향을 미쳤나요?

내담자   아아… 그런 의미군요. 네, 물론 우리 관계는 예전보다 나아졌습니다. 그건 확실해요. 네.

치료자   그리고 그것이 당신에게 중요한 것인가요?

내담자   네, 물론이지요. 제가 직장을 찾는 이유는 아내 때문이니까요. 그러면 우리는 다른 데로 이사 갈 수 있으니까요.

이 마지막 대화에서 내담자는 바람직한 방향으로 변화한 삶의 요소를 알아차린다. 비록 뜻대로 모든 것이 잘 진행되고 있지는 않지만, 삶에 중요한 것에 자신이 끼칠 수 있는 영향력을 더 잘 인식하는 것은 효과적 행위를 하려는 전념을 강화하는 데 유용했다.

임상 예

이 장에서 논의한 중재의 풍부함을 감안하면, 치료자와 내담자 사이의 짧은 대화로 유연한 자기의 모든 구성 요소가 깊이 있게 개발되는 장면을 보여 주는 것은 불가능하다. 하지만, 다음 짧은 대화록에서도 여전히 다양한 시도를 할 수 있다는 것을 볼 수 있을 것이다. 때로는 미묘하고, 비교적 짧은 대화로도 모든 유연한 자기 기술을 조성하는데 기여할 수 있다.

이 대화는 커터 칼로 자해하는 18세 여성 내담자와의 사례이다.

치료자   언제 자해를 하나요?
내담자   제 기분을 감당할 수 없을 때요.
치료자   어떤 종류의 느낌일까요?
내담자   공허함을 느껴요. 사람들과 대화를 할 때 투명인간처럼 느껴져요. 매일 유령처럼 보내요. 아무것도 느껴지지 않아요.
치료자   자신을 유령처럼 보는 건 정말로 고통스럽겠네요, 그렇죠?

치료자는 내담자가 공허한 느낌에 대한 반작용으로 나타나는 여러 느낌을 알아차리도록 도와주어 다양한 경험에 대한 더 많은 알아차림을 가져오려 한다.

내담자   모르겠어요. 정말로 상관없어요. 이게 문제예요.
치료자   문제라고요?
내담자   네. 누가 공허함을 느끼고 싶어하겠어요?

치료자	저도 아마 좋아하지 않을 거 같네요.
내담자	맞아요. 당신이 상상하는 것보다 더 나쁜 느낌이죠.
치료자	그 점에 관해 저에게 더 말해줄 수 있을까요?
내담자	몸이 자기 것이 아닌 것처럼 무감각해져요. 너무 싫어요.
치료자	정말 고통스러운 느낌 같네요.
내담자	네 맞아요.
치료자	당신이 적어도 그런 두 가지 느낌을 느끼고 있다는 걸 알아차릴 수 있나요? 공허하다는 느낌과 그 느낌이 고통스럽다는 느낌이요.

이 대화에서 비록 내담자가 먼저 공허한 느낌에 관해 어떤 것도 느낄 수 없다고 말했지만, 치료자는 그녀가 실제로 이 경험으로 인해 괴로워하고 있다는 것과 이는 그 자체로 공허함과는 다른 하나의 느낌이라는 것을 알아차리도록 돕고 있다(즉, 경험에 관한 인식을 증폭하고 있음).

내담자	음……네, 그런 것 같네요. 하지만 정말로 어떤 것도 전혀 느낄 수 없는 것처럼 느껴져요. 때때로 제가 그냥 빈껍데기라고 생각돼요.
치료자	파도에 쓸려 와서 해변에서 볼 수 있는 조개껍질 같은 거요?
내담자	예, 맞아요.
치료자	그렇다면 해변에서 그 빈 조개껍질을 발견하고 손에 쥔다고 상상해보세요. 당신은 그 조개껍질을 봅니다. 안은 텅 비어있죠.
내담자	그렇죠?
치료자	당신은 누구일까요?
내담자	무슨 말씀이죠? 저는 저죠. 껍질을 손에 들고 있는 사람이죠.
치료자	당신은 조개껍질이 아니네요.
내담자	이 경우에는 아니네요.
치료자	무슨 차이가 있는 거죠?
내담자	저는 제가 공허함을 느끼기 때문에 빈 조개껍질이라 생각해요.
치료자	좋아요. 그런데 그걸 누가 보고 있죠?
내담자	제가요.
치료자	어디로부터 보고 있나요?
내담자	제가 있는 곳에서죠. 무슨 말을 하는 거죠?

치료자   당신이 있는 곳에서부터, 좋아요. 그럼 당신은 어디에 있나요? 당신이 빈 껍질인 가요, 아니면 빈껍데기를 들고 있는 사람인가요?

내담자   당황스럽네요.

치료자   네 맞아요. 무언가를 느낀다는 것과 느끼는 것을 동시에 보는 것은 낯설죠, 그 렇죠?

내담자   그냥 평소에 그런 식으로 생각을 하지 않아서요.

이 대화에서 치료자는 내담자가 자신에 대한 관점을 바꾸도록 돕기 위해 내담자가 가져왔던 조개껍질 은유를 사용한다. 그 이후 내담자는 공허함을 느끼는 경험과 이 경험에 관한 관점을 취하는 행위 사이의 구별을 알아차리게 된다.

치료자   만약 그런 식으로 생각을 했다면 어떤 차이가 생길까요?

내담자   만약 제가 껍질이라는 생각을 하지 않았다면?

치료자   만약 당신이 자신을 조개껍질을 쥐고 있는 한 사람으로 보았다면요. 그 껍질은 공허하거나 공허한 느낌으로 인한 고통이 가득해요.

내담자   잘 모르겠어요.

치료자   만약 당신이 이 껍데기 안에 무엇이 있는지와 상관없이 이 껍데기를 잡을 수 있 다고 한다면 어떨까요? 설령 껍질 안이 텅 비어 있다고 하더라도, 당신에 관한 어떤 것도 변화하지 않을 겁니다.

내담자   하지만 저는 껍질 안에 무엇이 들어 있고 무엇이 들어 있지 않는지 신경을 쓰는 걸요!

치료자   당연하죠. 그렇기 때문에 당신의 손에 이 껍질을 들고 있는 것이죠, 그렇죠? 그 리고 내부에 무엇이 있는지를 보고 있는 이유이기도 하고요…

이 대화에서 치료자는 계속해서 조개껍질 은유를 사용하여 내담자가 자신과 자신의 경험을 계층적 네트워크로 보고 접근하도록 격려한다. 이런 접근 방식의 장점은 기 저에서 일어나는 것(공허함을 느끼는 경험)과 계층의 정점(자신) 사이 구별을 강조 하는 것이다. 치료자가 내용 역시 중요하지만 내용이 맥락적 자기를 변경하지 않는 다는 점을 어떻게 알리는지 주목하라.

내담자   저도 자해를 하면 안 된다는 것을 알아요. 자해가 상황을 악화시키는 것을 알지

	만 저는 미친 사람이잖아요. 미쳤기 때문에 자해를 하는 거예요.
치료자	만약 내담자분이 저였다면, 자신이 미쳤다고 말하는 한 소녀 내담자에게 무슨 말을 할 것 같나요?
내담자	전 아마도 소녀에게 미치지 않았다고 말할 것 같아요. 안심시키려 노력할 거예요. 그러나 미친 사람이 되는 게 어떤 것인지 모르니까 그러는 거겠죠.
치료자	그 외에 당신이 아는 것이 또 뭐가 있을까요?
내담자	아마도 심리학에 대해 많이 알고 있을 것 같습니다.
치료자	당신이 저라면 또 무엇을 보고 있을까요?
내담자	고통을 겪고 있고, 공허함을 느끼고 기분이 나아지기 위해 자해를 해야 하는 사람이요.
치료자	만약 당신이 저였다면 미친 소녀를 보고 있을까요 아니면 고통 받는 소녀를 보고 있을까요?
내담자	제가 만약 선생님이었다면 "미쳤다"라고 말하지는 않을 겁니다.
치료자	왜죠?
내담자	선생님은 친절하기 때문이죠. 저에게 상처 주고 싶지 않아 한다는 것을 알아요.
치료자	그럼 만약 당신이 저였다면, 당신은 지금 여기 의자에 있는 당신에게 상처 주고 싶지 않아 했을 거라는 말이네요?
내담자	예.

마지막 대화에서 내담자는 가혹한 자기 비난을 표현한다. 치료자는 내담자의 행동에 기여할 수도 있는 다른 변수에 마음을 열고 바라볼 수 있게 하는 방법으로 치료자의 관점을 채택하도록 이끈다. 즉 상호작용하는 자기감을 탐색한다. 이 다른 관점을 채택하면서, 내담자는 단지 "미쳤기 때문에" 자해를 하고 있다고 생각하는 대신 고통을 보기 시작한다.

이 같은 대화에서, 치료자는 분명 내담자의 자신에게 접근하는 방식이 완전히 변형할 것이라고 즉시 기대하지는 않는다. 그러나 이러한 유형의 대화가 여러 회기에 걸쳐 재현됨에 따라, 자기의 유연성을 개발하는 데 도움이 될 씨앗이 뿌려진다. 공식연습 훈련(9장 참조)과 함께 진행한다면, 중요한 변화가 나타나기 시작하고 보다 효과적인 행동으로 이어질 수 있다.

이번 장에서 당신은 언어적 상호작용을 사용하여 내담자의 유연한 자기감을 개발하도록 돕는 과정을 배웠다. 유연한 자기감은 가변성, 안정성, 일관성 및 균형 잡힌 책임감을 조성한다. 기억해야 할 주요 원칙은 다음과 같다.

- 경험에 대한 더 큰 인식을 조성하면 내담자가 자신의 다양한 경험을 알아차리고, 만약 자신이 이러한 경험이라면 몇 가지 경험으로는 자신을 완전히 정의할 수 없음을 알 수 있으므로 경직성이 감소한다. 이러한 자기인식 기술 개발하기는 다음으로 구성된다.
  - 내담자가 경험의 변화를 알아차리도록 반복적으로 현재로 주의를 재전환하는 관점취하기 안정화하기.
  - 내담자가 맥락 전반에 걸쳐 경험과 자기 명칭의 변화를 알아차리도록 다양한 맥락을 탐색하는 관점취하기 전환하기.
  - 경험 자체의 가변성에 대한 인식을 높이도록 시간, 장소, 사람으로 정의한 다양한 관점에서 경험 관찰하기.

- 관점취하기 감각을 조성하면 내담자가 자신의 모든 경험에 공통적인 것을 알아차리는 것이 가능해져 안정성이 증가한다. 관점취하기 감각 개발하기는 다음으로 구성된다.
  - 내담자가 모든 경험, 행위, 명칭 전반에서 공통된 관점취하기 활동을 알아차리도록 돕기. 내담자가 행하는 것 중 안정적인 무언가('자신의 한 부분'), 즉 나/여기/지금으로부터 알아차리는 활동이 존재함을 알아차리도록 돕는다.
  - 내담자가 시간, 장소 및 사람으로 정의한 여러 관점 전반에 걸쳐 공통된 관점취하기 활동을 알아차리도록 돕기. 경험에 관한 지각에서 변화를 알아차림으로써 인식에서 나/여기/지금 측면을 알아차리는 것이 쉬워진다.

- 자기 인식과 관점취하기의 특성을 계층적 관계에 기반한 일관된 네트워크로 통합하는 맥락적 자기감을 조성하기. 이러한 기술 개발은 다음으로 구성된다.
  - 맥락 혹은 컨테이너와 내용 사이의 관계를 재현하는 은유적 언어 형태를 이용하여 자기의 계층적 차원 강조하기.

- 자기에 관한 평가를 경험 쪽으로 방향을 바꿈으로써 자기와 경험 사이의 구별 강조하기.

• 상호작용적인 자기감을 조성하기는 유연성을 가진 책임감에 접근하도록 장려하며, 불필요한 자기 비난과 절망감을 방지한다. 이런 상호작용적인 자기감의 개발은 다음으로 구성된다.

- 맥락이 자신의 행위에 미치는 영향을 내담자가 보다 잘 인식하도록 돕기.
- 자신의 행위가 맥락에 미치는 영향으로 내담자의 주의를 전환하기.

의미와 동기 조성하기
Fostering Meaning and Motivation

앞선 두 장에서 내담자를 더 큰 효과성 및 유연성 감각에 다시 연결하는 수단으로, 영향력의 원천에 대한 내담자의 민감도를 변경하는 방법을 탐색하였다. 그러나 효과 있는 것에 접촉 늘리기와 다양한 경험이 발생하도록 허용하기는 의미 있는 목적에 부합할 때 타당할 것이며, 행동의 결과가 목적을 달성하는데 방해가 되는 경우에만 문제가 되거나 비효율적인 행동이 된다. 따라서 행동변화는 내담자의 삶에 지속 가능한 만족을 가져올 것임을 보증하는 지침이 필요하다. 이번 장에서 우리는 내담자가 의미 있는 삶의 방향을 도출하고 이 방향으로 움직이게 할 강력한 동기를 확립하도록 돕기 위해 RFT 원리를 어떻게 사용하는지 살펴본다.

의미와 동기의 언어
The Language of Meaning and Motivation

실제로 치료실에서 만나는 모든 내담자는 어떤 식으로든 동기나 자신의 삶에서 의미 찾기와 연관된 어려움을 가지고 있다. 그들은 자신의 삶 속에 현재 존재하는 것과 존재하길 바라는 것 사이의 불일치를 지각한다. 이런 불일치를 줄이려면 대체로 행위를 바꾸어야 한다. 많은 사례의 내담자들에서 행동변화의 필요성이 명백해 보인다. 예를 들어 중독을 벗어나거나 강박 의식을 중단하기 위해 치료를 찾는 사람들은 대개 자신의 행위에 문제가 있다는 것을 안다. 한편 다른 사례로, 내담자들은 자신의 상황이나 행위의 결과에 관해 불평을 하면서 행위를 변화시킬 방법을 모색하기보다는 단지 변화를 희망할 뿐이다(예, 우울증이나 관계의 어려움으로 투쟁하는 내담자들). 비록 내담자가 처한 상황의 변화(예, 새 직장, 더 매력적인 연인)는 극적인 삶의 개선으로 이어지는 것이 사실일 수 있으나, 이런 변화는 오직 새로운 행동을 통해서만 일어날 수 있다.

행동변화는 지속적인 만족을 보증하는 방향성을 필요로 한다. 내담자는 기꺼이 변할 마음이 있고 새로운 활동에 참여를 지속할 수는 있지만, 때때로 자신의 삶을 가치 있게 하려면 무엇을 해야 하는지 모른다. 다른 경우 내담자들은 이미 만족스러운 삶으로 이어질 수 있는 많은 것을 하고 있지만, 만족을 얻지 못하기도 한다. 삶의 의미라는 감각을 구축하면 이런 종류의 지속적인 만족을 찾는데 도움이 되며, 때로는 자신의 행위를 많이 변경하지 않아도 도움을 얻을 수 있다(이런 경우 대부분 내담자가 자신의 행위와 경험에 상징적으로 관계하는 방식이 변하는 것이다).

물론 내담자들이 자신의 삶에서 무엇이 중요한지를 알고 이를 성취하기 위해 무엇을 해야 하는지 알고 있다고 해도, 여전히 필요한 행위에 실제로 참여하고 인내하는데 있어 커다란 어려움을 안고 있기도 하다. 충분히 슬프게도 많은 내담자들이 의미와 동기와 씨름한다. 자신의 삶에서 중요한 것을 모르고, 지속적인 만족을 찾기 위해 해야 하는 것을 모르며, 지속적으로 효과적인 행위에 참여할 수 없는 것처럼 보인다.

의미와 의미 있는 행위에 참여하려는 동기는 사람들이 태어날 때 받은 선물이 아니기에, 내담자가 자신의 삶으로 지속적인 만족감을 가져다주는 것을 알지 못하며 알려고도 하지 않는다는 관찰 정도로 내담자 문제를 협소하게 이해하면 의미와 동기 영역에서 거의 진전을 가져오지 못한다. 동기가 결여된 내담자나 자신에게 가장 중요한 것에 관한 분명한 감각이 없는 내담자를 돕기 위해, 내담자를 유용한 방향으로 움직이게 할 수 있는 영향력의 원천을 파악하고 표적으로 두어야만 한다. RFT 원리를 적용하여 치료실에서 언어 상호작용을 안내하고, 내담자에게 유용한 관계 네트워크를 정교화 할 수 있다. 내담자가 이를 이점advantage으로 활용한다면, 언어 과정은 자신의 행위에 의미를 부여하고 구체적인 만족이 즉각적이지 않을 때라도 이런 행위를 할 수 있는 능력을 강화한다.

계층 네트워크로서 의미 Meaning as Hierarchical Networks

목표 The Goal

행위에서 의미를 발견할 때는 일반적으로 행위가 무슨 목적에 기여하는지를 말할 수 있기 때문이다. 예를 들어 만약 당신에게 이 책을 읽는 목적이 무엇이냐고 묻는다면, 아마도 RFT를 더 배워 임상의로서 자신의 실력을 향상시키는데 사용할 수 있는 방법을 알고 싶다고 대답할 것이다. 그러나 목적만으로는 의미를 발견하기에 부족하다. 만약 내담자들에게 강박 의식, 알코올 남용, 또는 하루 종일 집에만 머물기의 목적을 묻는다면, 각각 불안을 줄이기 위해, 자신에 관해 나은 느낌을 가지기 위해, 우울증이 사라지는 것을 기다리기 위해서 등의 답변을 갖고 있는 경우가 많을 것이다. 이런 대답을 통해 어느 정도 목적을 파악할 수 있지만 진정한 의미를 전달하지는 못한다. 이후에 이런 차이를 자세하게 설명할 것이다.

임상 목표는 행위의 추상적이며 상징적인 목적을 발견하거나 더 정확하게 말하자면 구성하는 것이다. 이 행위의 목적은 지금 내담자에게 만족을 가져다줄 뿐더러 시간이 지나면서 행위에 대한 지침으로 확장된다. 이런 추상적 목적을 구성하려면 내담자는 자신의 행위에서 기대하는 특정 결과를 넘어, 행위의 속성qualities(예, 자비롭게, 정직하게, 성실하게, 사랑을 담아, 정확하게)과 가장 중요한 목표(예, 배우고, 보호하고, 가르치고, 연결하기 위해)를 향해 나아가야한다. 수용전념치료에서 이런 행위의 속성과 가장 중요한 목표를 '가치'라는 용어로 부르지만, 여기서는 현재의 접근을 더 광범위하고 오래된 임상 전통과 연결하는데 도움이 되도록 어느 정도 의도적으로 이 용어를 사용하지 않았다.

RFT 관점에서 이것이 중요한 이유 Why This Is Important, from an RFT Point of View

RFT의 관점으로 볼 때, 현재 순간으로 투영되지만 행위가 끝난 후에도 여전히 존재하는 만족의 *내재적intrinsic*[33]이고 *무한한inexhaustible* 원천에 자신의 행동을 연결할 수 있을 때 우리는 의미를 발견한다. 의미는 상호작용을 일으키지만 그 과정에서 다 사용되지 않고 남아 있는 일종의 심리적 촉매로 간주할 수 있다. 행동 용어의 기술적 요건을 충족하기 때문에, 여기서는 이러한 만족의 원천에 '강화'라는 용어를 사용할 것이다. 그러나 RFT 관점에서 이러한 강화물은 내담자의 상징행위에 부분적으로 좌우되기 때문에, 고전적 행동주의 측면에서 보면 일차 강화물도 아니며 조건 강화물도 아니다. 이들은 상징적 (관계적) 강화물이나, 또는 '의미의 원천'이다. 그리고 이들은 일차 강화물과 상징적 사건 사이의 단순한 연합에서나 외부 환경에서 전적으로 발견되지 않는다. RFT가 추가한 것은 의미와 목적이 성공적으로 구성될 수 있는 조건과 이들이 다른 행위에 영향을 줄 수 있

---

[33] 이 장 전반에 걸쳐 알 수 있듯이, 우리는 '내재적' 용어를 '비상징적'의 유의어로 사용하지 않고 있다. 이 책 나머지 부분에서도 같은 식으로 사용된다. 만족의 '내재적' 원천이라 함은 '직접 맥락에서 오는 외부 강화와 무관함'을 의미한다.

는 조건에 관한 세부사항이다.

당신은 내담자에게 가능한 최고의 치료를 전달하는 것에 관심을 두기에 이 책을 읽고 있다고 가정해보라. 이 경우 책 읽기는 치료에서 당신의 언어 기술을 향상시키는 많은 방법들 중 단지 하나의 수단일 뿐이다. 책을 다 읽는다 해도 내담자에게 가능한 최고의 치료를 전달한다는 가장 중요한 목적을 수행할 방법들은 여전히 남아 있다. 그리고 최종적으로 이 책이 도움이 되지 않을 때조차도, 만약 당신이 책 읽는 행위를 내담자에게 가능한 최고의 치료를 전달하기 위한 노력의 일환으로 본다면, 이 책을 읽은 것이 여전히 의미를 가질 것이다. 희망한 결과가 결코 일어나지 않더라도 시도 그 자체로 의미가 있다. 반대로 내담자가 현재 또는 잠재적 행위에서 의미를 발견하지 못하는 경우는 만족의 가장 중요하고 무한한 원천과 이 행위를 연결시키지 못하기 때문이다.

사물(사건)things을 언어를 통해 관계 짓는 능력은 사물/사건 사이의 연결을 확립할 뿐만 아니라 사물(사건)이 가진 기능의 변형을 이끌어 내기도 한다. 출근하기와 같은 단일 행위는 내담자의 삶에 만족을 가져올 수 있는 가능성이 있지만, 이 행위가 내담자의 관계 네트워크(더 일상적인 언어로 사물(사건)의 더 큰 체계)에 어떻게 위치하는지에 따라 매력적이거나 혐오스러운 속성을 얻을 수 있다. 만약 출근이 가족 삶의 질을 개선하는 그런 사물(사건)과 연결된다면 출근은 의미를 가진다. 그러나 출근이 단지 의무적으로 해야만 하는 것으로 간주한다면 내담자는 출근에서 큰 의미를 발견하지 못할 것이다. 엄밀히 말해 행위는 완전히 동일하지만, 내담자가 행위를 다른 사건에 관계 짓는 방식이 행위가 가진 강화의 속성을 극적으로 변화시킨다. 따라서 적절하게 적용한다면 언어과정은 가끔은 행위 자체를 변화시킬 필요도 없이, 행위에서 발견하는 만족을 향상시킬 수 있다.

이 방법이 다양한 임상적 학파와 어떻게 만나는가
How This Method Touches on Various Clinical Traditions

인본주의와 실존주의 학파는 인간으로 기능하기human functioning에서 의미의 중요성을 특히 명확하게 표현했지만, 개괄적으로 말해서 정신역동 작업에서부터 게슈탈트 치료에 이르기까지 많은 형태의 심층 지향 심리치료에서 의미는 대단히 중요한 주제이다. 아마도 의미에 대해 인간이 갖고 있는 본질적인 욕구를 실존주의 치료자 빅터 프랭클Viktor Frankl 보다 더 강력하고 분명하게 확언한 사람은 없을 것이다. 프랭클은 '죽음의 수용소에서 Man's Search for Meaning(1984)³⁴⁾'라는 책에서 자신이 홀로코스트에서 생존하는데 의미가

---

3 4)역주, Man's Search for Meaning를 한글 번역한 책 이름.

가졌던 중심적 역할에 관해 언급하고 있다.

생각 하나가 나를 꿰뚫었다. 그 많은 시인들이 노래하고 그 많은 사상가들이 최후의 지혜라고 찬양하는 진실을 내 생애 처음으로 보았다. 그 진실은 사람들이 열망할 수 있는 가장 궁극적이며 높은 목표가 사랑이라는 것이다. 그다음 나는 인간시와 인간 사상과 신념이 전해야만 하는 가장 위대한 비밀의 의미를 파악했다. 인간 구원은 사랑을 통해서 이뤄지고 사랑 안에 있다. 이 세상에 남길 것이 아무것도 없는 사람이 어떻게 사랑하는 사람에 관한 사색 속에서 단지 짧은 순간이라도 더없는 기쁨을 알 수 있는지를 나는 이해했다. 절대적으로 황폐한 상황에서 사람이 자신을 긍정적 행위로 표현할 수 없을 때, 그의 유일한 성취가 정당한 방식으로 명예로운 방식으로 고통을 견딤으로써 이뤄질 때 그런 상황에서 사람은 그가 지닌 사랑하는 사람의 이미지에 대한 사색을 사랑함으로써 성취를 이룰 수 있다. (p. 38)

프랭클의 사상과 어빈 얄롬Irvin Yalom, 롤로 메이Rollo May, 로널드 데이비드 랭R. D. Laing과 같은 실존주의 치료자의 사상에서 우리가 기술한 의미의 특징을 대부분 발견할 수 있다. 삶의 의미는 경험 그 자체에 있는 것이 아니라 경험을 상징적으로 변형시키는 방식에 있다. RFT를 통해 언어 과정에 영향을 미치는 맥락 변수를 표적으로 하여 내담자가 '자극과 반응 사이에서 자유와 성장을 발전시키도록' 돕는 방식을 명료화 할 수 있다.

어떻게 이것을 할 것인가 How to Do It

관계구성 관점에서 현존하고, 내재적이며, 무한한 의미를 행위에 부여하는 주요한 방법은 다음과 같은 *계층* 네트워크에 행위를 연결하는 것이다. 네트워크가 가진 계층의 정점에 긍정적인 가장 중요한 목표(예, 공동체 성장에 기여하기)와 행위의 속성(예, 자비롭게)을 두며, 계층의 기저에 행위와 구체적 목표(예, 일주일에 2시간 지역 자선단체에서 일하기)를 두게 된다. 가장 중요한 목표와 행위의 속성을 가진 계층 구조로 행위를 구성할 때, 지속적으로 만족과 동기를 가질 수 있다.

가장 중요한 목표는 끝나지 않는 목표이다. 심리적 도움이 필요한 사람에게 최고의 치료를 전달하겠다는 가장 중요한 목표를 생각해 보라. 이는 결코 끝나지 않을 목표이며, 당신이 은퇴를 해서 내담자를 보지 않을지라도 여전히 지역사회에서 정신 건강 증진에 기여할 수 있을 것이다. 그러나 또한 지금 이 책을 읽고 있는 이 순간과도 관련 있는 목표이기도 하다.

내담자가 가진 가장 중요한 목표가 긍정적인 것이 중요하다. 비록 혐오적 결과 *회피하기*(부정적 목표)가 동기의 강력한 원천(예, 경제적 어려움을 피하기 위한 구직, 암을 피하기 위한 금연)이 될 수 있지만, 긍정적 목표가 제공하는 동일한 활력을 가져오지 못한다. 우리는 내담자가 완화relief 보다는 자신의 삶에서 만족을 발견하길 원한다. 따라서 긍정적인 가장 중요한 목표 측면으로 의미를 생각하는 것이 최선이다.

행위의 속성은 단순히 주어진 목표를 추구하는 방식으로 정의할 수 있다. 종종 행위의 속성은 우리 언어에서 부사(예, 친절하게, 철저하게, 주의 깊게)나 속성적 요소(예, 신중함을 갖고with caution, 유머를 가지고with humor)로 파악된다. 예를 들어 정직에 가치를 두는 사람은 정직함과 행위가 함께 이뤄지는 한 셀 수 없이 많은 행위에서 만족을 발견할 수 있다. 행위의 속성은 행위에 대한 긍정적 결과가 행위 자체에 포함되어 있기 때문에, 언제든지 사용할 수 있는 행위에 대한 긍정적인 결과를 만드는 능력이 있다.

이런 종류의 계층 네트워크가 지닌 이점은 내재적이고 무한한 강화를 제공한다는 점이다. 가장 중요한 목표와 행위의 속성은 시간과 상황을 아우르며 행위를 인도하는 상징적으로 구성된 결과이다. 상징적으로 구성된 결과는 거의 일차 강화물(예, 음식 섭취)처럼 추가 결과에 무관하게 강화의 속성을 지닌다. 특정 목표에 초점을 맞추는 조건 관계는 그 목표를 달성했을 때에만 만족과 접촉할 수 있는 반면(예, "나는 돈을 많이 벌기 위해 열심히 학위를 취득해야한다. *그다음에* 나는 행복해질 것이다", "나는 다른 사람들의 말을 경청해야 한다. *그래야* 그들에게 인정받을 수 있다"), 계층 관계는 *행위에 참여하는 과정이 그것 자체로 강화하는 속성을 만든다*(예, "나는 학위 공부에 몰두하는 것이 행복하다. 왜냐하면 학위는 항상 더 배우려고 하는 나의 가장 중요한 목표 중 *일부이기 때문이다*", "다른 사람에 대한 경청이 존중을 나타내고, 이는 내가 가치를 두는 행위의 속성 중 하나이다").

계층 네트워크를 통해 만족은 더 이상 행위의 외부 결과에 의존하지 않을 뿐만 아니라 폭넓은 범위의 행위를 통해 만족에 도달할 수 있다. 이 행위들 중 일부는 매우 작지만 여전히 의미가 있을 수 있다. 예를 들어 자비롭게 행동하는 것에 가치를 두는 사람은 길에서 낯선 사람에게 미소 짓거나 웨이터에게 감사인사를 하거나 식료품점에서 누군가의 끼어들기를 허용하는 것에서 의미를 발견할 수 있을 것이다. 항상 더 배우기를 가장 중요한 목표로 두면 장황한 책을 읽는 것은 물론 짧은 대화나 뉴스를 읽는 것으로도 이를 행할 수 있다. 따라서 주어진 어떤 행위에서도 만족을 발견할 수 있고 심지어 특정 행위를 실행할 수 없을 때조차도 강화의 가장 중요하고 무한한 원천에 항상 접촉할 수 있는 다른 행위에 참여할 수 있다.

증진을 통한 동기 부여 *Motivation through Augmenting*

목표 The Goal

의미는 행위에 방향을 제공하는 한편, 동기는 직결된 맥락의 한계를 극복해서 행위를 수행하도록 돕는다. 우리가 특정 방향으로 가고자 하는 이유를 분명히 알지라도, 매 순간 그렇게 느끼는 것은 아니다. 추구하길 원하는 것과 실제 하고 있는 것 사이의 간격이 점점 커질 때, 종종 좌절, 낙담 심지어 창피함을 느낀다. 예를 들어 많은 사람들이 선택의 목적(예, 건강 증진, 일상생활에 활력 더 가져오기)을 분명히 알고, 매년 초 더 자주 운동하기를 결심한다. 그러나 체육관에 가야 할 때나 첫 구간을 달려야할 때가 오면 많은 사람들은 이내 포기한다. 이는 곧 운동의 의미가 사라졌음을 나타내는 것이 아니라 그 순간 만족의 가장 중요하고 무한한 원천과 연결이 너무 약해진 것이다. 만약 휴식이 필요하거나 다른 활동에 시간 보내기 같이 다른 영향력의 원천과도 관련된다면, 운동 할 가능성은 훨씬 더 적어진다.

이런 유형의 문제가 자연스럽게 즉각적으로 강화되는 활동에서 거의 발생하지 않음을 주목하라. 당신이 한 조각의 초콜릿 케이크를 먹기로 결심하고 실제로 이를 해야 하는 순간이 되었을 때, 초콜릿 케이크를 더 이상 먹고 싶지 않다고 느끼는 경우가 얼마나 되는가? 가령 그런 일이 일어났다고 해도, 예를 들어 배가 부르기 때문이었을 것이고 아마도 원래 결심했던 초콜릿 케이크를 먹는 일을 하지 않아도 나중에 괴롭지는 않을 것이다. 활동이 자연스럽게 즉각적으로 만족을 준다면 활동이 가져오는 강화 결과에 쉽게 접촉하기에, 활동에 참여하려는 동기는 별로 중요하지 않다. 불행히도 많은 의미 있는 활동이 이런 방식으로 유지되지 않는다. 그리고 하리라고 결심한 활동에 참여하지 않았을 순간에도 이 활동은 중요했었고, 현재도 여전히 중요하기 때문에 우리는 낙담하게 된다. 따라서 우리가 해야 할 일은 의미 있는 활동에 참여하고 만족을 발견하는 기회가 증가하도록, 그 순간 우리에게 중요한 것과 효과적인 연결을 확립하는 것이다. 목표는 멀고 추상적인 목표에 대한 긍정적인 상징적 연결을 구축하여 동기를 부여하는 것이다.

RFT 관점에서 이것이 중요한 이유 Why This Is Important, from an RFT Point of View

당신은 2장에서 언급되었던 상징관계가 현재 맥락에 접촉한 단서의 기능을 변형시켜 먼 결과와 연결되도록 돕는다는 것을 기억할 것이다. 대부분의 경우 아침에 일어날 때 약간의 피곤함을 여전히 느낀다. 단지 일어났을 때와 일어나지 않았을 때의 먼 결과와 접촉할 수 있기에, 침대에서 일어날 수 있는 것이다. 즉각적 맥락에서 느끼는 피로는 동기의 원천이 아니다. 그러나 시계를 볼 때 '내가 일어나지 않으면 지각하고 동료를 실망시킬 거야' 또는 '내가 일어나면, 따뜻한 샤워를 상쾌하게 하고 맛있는 아침을 먹을 수 있어'와 같은 관계가 재빨리 구축된다. 결과적으로 이후에 발생할 결과를 예상하고 상상하기를 통해 아침에 일어나기가 강화된다.

다행스럽게도 적극적으로 행위에 따르는 결과를 상징적으로 변형하려는 기술을 훈련해서 동기를 높일 수 있다. 결국 이 기술은 만족의 내재적이고 무한한 원천을 제공하는 행위를 증진시키는데 도움이 된다.

RFT 관점에서 동기는 증진 과정을 통해 접근할 수 있다. 증진 과정은 행위와 멀고, 확률적이며, 추상적이며 또는 숨겨진 결과 사이에 상징적 다리를 구축하는 것으로 구성된다. 이 과정을 통해서 결과의 일부 기능이 현재 순간으로 옮겨지고 더 두드러지게 된다. 상징적 동기는 시간, 확률 그리고 혼란의 변덕을 극복한다.

'스테이크 말고 지글거리는 소리를 팔라'는 광고 격언은 상징적 동기가 작동하는 방법을 설명하는데 도움이 된다. 실제로 우리는 상징 과정을 통해 스테이크를 먹을 수 없지만, 스테이크 냄새를 맡고 맛을 보는 상상을 할 수 있다. 다른 예로 광고주는 잡지 구독의 동기를 부여하기 위해 자동차 당첨 이벤트를 한다. 이 때 응모자들에게 자동차의 색을 미리 정하도록 요구한다. 자동차 당첨 이후에 색깔을 정해도 충분한데, 왜 그런 어리석은 일을 하게 할까? 정답은 경품으로 무엇을 할지 구체적으로 세밀하게 상상하기 전까지는 낮은 확률의 사건만으로는 동기부여가 되지 않기 때문이다(당신은 아마도 자동차 당첨 확률보다 벼락에 맞을 확률이 더 높다는 것을 알고 있을 것이다). *은색 컨버터블을 타고 거리를 달리는 자신을 그리는 것이 추상적으로 자동차에 관해 생각하는 것보다 훨씬 더 동기부여가 된다.*

비상징 과정이 행위에 동기를 부여할 수 있음을 보여 주는 오랜 연구 전통이 있다. 언어의 독특한 점은 동기부여 과정 자체가 아니라 그것이 인간 심리에 어떻게 들어오는지에 있다. 예를 들어 만약 개가 간식을 얻기 위해 재주를 부린 이력이 있다면, 가장 빠르게 재주를 부리게끔 하는 방법 중 하나는 간식을 조금 맛보게 하는 것이다. 만약 파블로프Pavlov의 개들 중 한 마리가 재주를 부릴 줄 알았다면, 그 개가 재주를 부리게 하는 가장 빠른 방법은 벨을 울리는 것이 될 것이다(사실 스키너 B. F. Skinner가 일찍이 이와 완전히 같은 실험을 했고 그가 발견한 결과와 정확히 일치한다). *동기부여 과정이 작동하는 것은 강화하는 결과와의 접촉이 해당 결과를 야기하는 행위를 동기부여하기 때문이다.*

간식을 맛보는 개는 강화되는 결과와 직접 접촉을 하고 있는 것이다. 따라서 벨소리와 음식을 짝 짓는 것에 노출된 적 있는 개는 고전적 조건화 과정을 통해서 그렇게 행동하게 된다. 이와는 달리 사람에게는 언어와 (상징적으로 안내되는 상상이 제공하게 되는) 기능의 변화를 이용하는 또 다른 방식이 있다.

맥락의 즉각적 특성이 효과적인 행동에 충분히 영향을 주지 못할 때, 행위와 결과 사이의 상징 연결이 의미 있는 목적의 강화적 특성을 현재로 가져와서, 해당 행위에 거의 내재적인[35] 강화속성을 부여한다(거의 초콜릿 케이크 조각처럼!). 우울증으로 고통 받는 내담자는 더 이상 즐겁지 않은 활동에 재참여하는데 심각한 어려움을 경험한다. 우리는 현재의 강화 부족을 극복하려 계층적 연결을 구축함으로써 이들이 참여를 지속하도록 도울 수 있다(예, "다시 일하러 가는 것이 당신 삶에 어떤 기여를 할까요?"라는 질문을 함으로써). 불안감을 지닌 내담자가 고통스러운 감정과 감각으로부터 멀리 떨어져 있으려 회피했던 활동에 다시 참여하려고 시도할 때, 계층적 연결을 구축하는 것은 이런 활동의 의미로 인해 발휘되는 영향력을 증가하는데 도움이 될 수 있다(예, "무서운 것을 하는 것이 당신이 지으려는 집의 주춧돌이라면 어떠할까요?"). 중독으로 고통 받는 내담자가 촉박감을 놓는데 힘든 시간을 보낼 때 계층적 연결 구축은 이 불쾌한 느낌의 기능을 변화시키고 해로운 활동으로부터 멀리 떨어져 있으려는 기꺼이함을 증가시킬 수 있다(예, "촉박감이 마약 사용이 아니라 중요한 어떤 것을 할 수 있다는 신호라면 어떨까요?").

이 방법이 다양한 임상적 학파와 어떻게 만나는가
How This Method Touches on Various Clinical Traditions

정신역동 치료자는 종종 동기가 가려져 있는 여러 방식을 다룬다. 때때로 이런 동기는 부정적이다(예, 성性에 대한 무의식적 공포로 인해 체중 감량을 회피). 그러나 동기가 부정적이든 그렇지 않든, 분석가는 내담자가 느낌, 촉박감, 동기에 대한 주인의식을 가질 수 있도록 알아차림을 확장하고 현재 순간 나타나는 느낌, 촉박감, 동기를 접촉하는데 관심을 가진다.

인본주의 치료자(예, Maslow, 1966; Rogers, 1951)는 이 장에서 기술하는 것과 매우 유사하게 내재적 동기의 핵심 역할을 강조하여 왔다. 내재적 동기는 결과보다는 과업 자

---

[35] 여전히 증진 과정에의 참여가 필요하다는 점을 감안할 때 행위는 문자 그대로 내재적으로 강화의 속성을 가지진 않지만, 강화가 추가 결과에 달려있지는 않다.

체의 즐거움과 이것의 직접적인 특질에 의해 추동된다. 또한 내재적 동기는 순종, 외압, 또는 임의적 외부 결과보다는 개인의 선택을 기반으로 한다.

인본주의 치료가 현대적으로 확장된 것이 동기 면담(Miller & Rollnick, 1991)이다. 동기 면담은 내담자가 자신의 행위 결과를 살펴보고 다른 미래를 상상하는 것의 중요성을 강조한다. 이때 임상의는 자신의 견해를 내담자에게 강요하지 않으면서 내담자가 자신에게 무엇이 진실인지를 볼 수 있도록 돕는다. 치료자는 열린 질문의 사용과 요약을 통해서 내담자를 참여시키며 내담자가 집중하는 것을 돕고 반응을 유도한다. 동기가 분명해짐에 따라 실제 변화 단계를 설계한다. 임상 대화에 관한 RFT 관점은 일반적으로 이들 관점과 일치하지만, RFT에는 그러한 주제를 다루는 방법과 이유에 관한 기능적 맥락 모델 및 이를 실행하는 방법에 관한 세밀한 기본 과정을 포함하고 있다.

어떻게 이것을 할 것인가 How to Do It

동기 부여에서 언어를 사용하는 핵심은 행위가 지니는 만족적 특질(즉, 의미)에 분명하게 접촉을 해서 시간, 확률, 혼란의 변덕을 극복하는 것이다. 이런 특질은 직접 효과를 파고드는 계층적 구성틀 질문을 통해 드러난다(예, 이 행위를 하는 것이 왜 중요한가? 이 행위는 무엇의 일부인가? 이 행위는 무엇에 기여하는가?). 사실상 치료자는 내담자가 의미와 목적이라는 은색 자동차 안에 있는 자신을 발견할 수 있도록 행위의 가장 중요한 목표와 속성이라는 스테이크를 맛보고 냄새 맡도록 돕는 것이다. 이 과정이 일어나면 동기는 매우 자연스럽게 증가한다. 등을 두드리는 임의적 격려나 M&M 초콜릿으로 인한 것이 아니라 의미의 동기적인 속성을 명백하며, 직접적이며, 감각적이며, 현재에 있는 것으로 설정함으로써 동기가 증가하게 된다.

임상실제에서 삶의 의미와 동기 부여
Life Meaning and Motivation in Practice

의미와 동기 부여의 상징 과정은 보다 유연한 행동 레퍼토리를 채택하려는 내담자의 노력이 지속적인 만족과 연결되도록 함으로써 행동변화의 엔진을 함께 구성한다. 이제 치료에서 RFT 원리로 의미와 동기를 구축하는 방법을 탐색해보자.

삶의 의미 구축 Building Life Meaning

임상 실제에서 삶의 의미와 관련된 RFT 원리는 두 가지 주요 측면으로 구성된다. 첫 번째, 긍정적인 가장 중요한 목표와 행위의 속성을 파악하거나 구축하도록 내담자를 인도한다. 두 번째, 내담자가 자신의 가장 중요한 목표와 행위의 속성이 향하는 방향으로 참여하게끔 다양한 행위의 광범위한 패턴을 파악하도록 격려한다.

내담자의 삶에 적어도 몇 가지의 긍정적인 가장 중요한 목표와 행위의 속성이 이미 비교적 잘 확립되어 있지만 충분한 주의를 기울이고 있지 않은 경우가 종종 있다. 문화와 내담자가 처한 외부 세계의 다른 요소가 도움이 되지 않는 경우가 흔하다. 그 이유는 다양한 상업적 또는 기타 이익 집단이 자신들의 다양한 이기적인 이득을 취하는 방식으로, 내담자를 위하지 않는 의미를 만들어 내도록 끊임없이 압박하기 때문이다. 아주 오랫동안 담배 생산자들은 흡연을 의미 있는 행위로 두도록 선전하는 것에 일말의 수치심도 가지지 않았다. 이런 혼동과 부주의의 결과로 내담자는 의미 있는 행위를 수행할 때조차도 만족을 거의 또는 전혀 경험하지 못한다. 지속적인 만족을 보증하는 방식으로 내담자의 삶에서 중요한 것을 공식화하도록 도울 수 있다면, 내담자가 자신의 현재 행위 또는 잠재적 행위가 가지는 강화 속성에 접촉하고 이를 알아차릴 수 있다. 다른 경우에는 현재 내담자의 삶에 지속적인 만족의 원천이 없는 것처럼 보이기도 한다. 이때 치료적 상호작용은 다음과 같은 여러 예를 기반으로 하여 긍정적인 가장 중요한 목표와 행위의 속성을 구축하는 것을 목표로 할 것이다. 내담자가 과거 행위에서 발견할 수 있었던 만족, 삶의 다양한 영역에 대한 탐색, 또는 다른 사람들의 행위에서 발견하는 영감과 이런 목표와 속성에 행위를 연결시키기 등을 예로 들 수 있다.

의미를 내담자가 통제할 수 있는 행위로 변환시켜 공식화하는 것이 중요하다(즉, 가져야 하거나 되어야 하는 것보다는 해야 하는 것). "나는 훌륭한 엄마가 되고 싶다. 아이들이 자라서 내가 해준 것을 고마워하길 바란다"라는 말과 "나는 아이들에게 무조건적 사랑과 자신들의 선택에 대한 존중을 보임으로서 인생에서 성공할 최고의 기회를 주고 싶다"라는 말의 차이를 고려해 보라. 첫 번째 문장에서 만족은 자기에 관한 평가[36]와 사회적 승인에 좌우된다. 두 번째 문장에서 만족은 행위의 속성(무조건적 사랑과 존중)을 통해 가장 중요한 목표(아이들이 성공할 기회를 증가시키기)를 위한 무언가를 하기에 좌우된다.

내담자가 지속적인 만족의 원천과 일치하는 행위를 파악하도록 돕는 일은 두 가지 주요 단계를 포함한다. 첫 번째로 임상의는 내담자의 행위가 내재적이며 광범위한 강화

---

36)그러나 자기 평가에 관한 대화는 행위의 속성에 부합하는 존재 방식을 파악하는 쪽으로 나아가게 하는 한 단계일 수 있다 (예, "나는 훌륭한 엄마가 되고 싶다"는 사랑하기와 존중하기로 정의할 수 있고 결국 사랑과 존중으로 행동하기로 정의할 수 있다).

의 속성을 가지도록 보증하기 위해, 내담자가 선택한 행위가 단순히 조건부가 아닌 계층 네트워크에 위치하도록 돕는다. 예를 들어 내담자가 더 나은 월급을 위해 새로운 직업을 구하기로 선택한다면 치료자는 이 행위를 가족의 안녕을 향상시키기와 같은 긍정적인 가장 중요한 목표와 연결하도록 내담자를 격려할 수 있다. 이 방식은 직업을 구하는 행위가 (일어날 수도 있고 일어나지 않을 수도 있는) 특정 결과에 도달하기 위한 단순한 수단만이 아니라 보다 전반적인 과정의 일부가 되게 한다. 게다가 더 나은 월급을 받지 못하더라도, 해당 월급의 궁극적이며 긍정적인 목적에 알맞은 다른 선택이 존재할 것이다. 그러므로 (두 번째로) 임상의는 내담자가 동일한 긍정적인 가장 중요한 목표나 행위의 속성에 알맞은 다양한 행동을 파악하도록 이끌어야 한다. 이렇게 해서 내담자를 미래의 잠재적 한계로부터 보호함으로써 항상 이용 가능한 지속적인 만족을 만든다. 예를 들어 도전하는 삶에 가치를 둔 내담자는 이 가치에 알맞은 행위로 신체적 건강을 요구하는 행위(예, 스포츠 경기에 참가)뿐만이 아니라 신체적으로 요구가 덜한 행위(예, 새로운 언어 배우기)도 파악할 것이다. 폭넓게 다양한 행동 선택을 열린 채로 유지하는 것은 마치 '인생 만족 보험'에 가입한 것과 같다. 이는 내담자가 자신의 신체 조건이나 처한 상황의 어려움과 상관없이 도전적인 행동에 끊임없이 참여할 수 있게 한다.

계층적 구성틀은 행위와 특정 목표를 연결하는 조건부 구성틀을 추가하기이지 제거하기가 아님을 주목하라. 행위가 가장 중요한 목표나 행위의 속성의 *부분이 될 때*, 결과에 상관없이 만족을 주지만 결과는 여전히 중요하다. 예를 들어 시험을 준비하는 의과대학생을 떠올려보라. 시험 통과는 전문인으로 살기 위해 반드시 필요한 결과이다. 그러므로 시험 준비 과정의 효과성 평가하기는 중요하다. 왜냐하면 만약 학생이 시험을 통과한다면 다음 시험에서 같은 방식으로 준비를 할 것이고 통과에 실패한다면 공부 방식에 변화를 줄 것이기 때문이다. 만약 학생이 '다른 사람의 안녕에 기여하기'라는 가장 중요한 목표에만 자신의 준비 과정을 연결하고, 시험 실패에 대해 '나는 내가 중요하게 여기는 것과 일치하고 있어. 통과를 하든 실패를 하든 이는 중요하지 않아'라는 생각으로 반작용react한다면, 학생은 유용한 수반성에 무감각해질 것이고 준비 과정이 효과적이지 않아도 바꾸려고 하지 않을 것이다. 5장에서 봤듯이 선례따르기는 조건부 구성틀을 필요로 한다. 계층적 구성틀이 추가될 때 실패한 경우에도 만족을 발견할 수 있지만, 행동변화가 더 나은 결과를 가져오게 한다는 사실과 때로는 그렇게 해야 한다는 사실을 숨기지 않는다.

의미의 원천을 파악하고 구축하기|Identifying and Building Sources of Meaning

치료자는 내담자가 강화의 내재적이고 무한한 원천을 파악하고 구축하도록 돕는 언어적 상호작용을 수행할 수 있다. 비록 이런 유형의 작업은 공식적 연습 활용하기(9장 참조)에서도 커다란 이점을 취할 수 있겠지만, 이 단락에서는 치료실에서 내담자와 발생하는 비공식적 상호 대화에만 초점을 맞출 것이다.

의미의 원천을 발견하거나 만들기*Finding or Creating Sources of Meaning*. 종종 강화의 원천이 자연스러운 대화 도중 저절로 드러나기도 한다. 예를 들어 사회 불안을 줄이고 싶은 내담자는 아마도 직업을 갖거나 연인관계를 가지는 것을 목표로 할 것이다. 강박사고와 강박의식을 없애고 싶은 또 다른 내담자는 아마도 가족과 함께 더 많은 시간을 갖길 원할 것이다. 이런 것들이 확실히 동기의 타당한 원천이긴 하지만 긍정적인 가장 중요한 목표와 행위의 속성이기보다는 특정 목표를 공식화하는 것이라서 지속적인 만족을 보장하지는 않는다. 긍정적인 가장 중요한 목표나 행위의 속성을 파악하기 위해 임상의는 반드시 내담자가 이들 특정 목표로부터 *더 높은 기능*을 추출하도록 도와야만 하고, 이 기능은 핵심 계층 관계가 행위와 인지적으로 관계 맺는 것을 확립한다. 결코 끝나지 않는 목표를 정의할 때 지속하는 만족의 충분한 원천을 발견하며, 많은 수의 행위를 아우르며 특징짓는 한 가지 속성으로 연결할 수 있다. 예를 들어 여성 내담자가 출근하기를 원한다고 말하면, 치료자는 출근의 더 높은 기능이 무엇을 위한 것(예, 가족 부양, 다른 사람들과 상호작용)인지 뿐만 아니라 이 활동에 참여하길 원하는 방식(예, 근면하게, 신뢰를 가지고, 친절하게)에 관해 내담자와 함께 탐색할 수 있다. 우리는 가장 중요한 목표와/또는 행위의 속성이 계층 네트워크의 정점에 위치할 때 탐색 과정을 멈출 수 있다는 것을 안다. 그러나 일반적으로 필요하다면 추가적인 탐색을 계속해서 할 수 있다. 두 사람 사이 가치 충돌이 있을 때 전형적으로 이런 경우가 발생할 수 있다. 이 경우 임상의는 다른 수준에서 공통성을 찾기 위해 내담자들이 중요하게 여기는 것의 더 높은 기능을 파악하도록 도울 수 있다(예, 아이들을 양육하는데 있어 한 부모는 권위를 중요시하고 다른 부모는 자비를 중요시할 때, 그들 모두 사랑으로 양육하는 것을 중요하게 여긴다는 것을 파악함으로써 더 높은 지점에서 서로 만날 수 있다). 궁극적으로 모든 사람은 동기의 가장 기본적인 원천(탐색exploration, 안전, 애착 등)에서 서로 만날 수 있다. 그러므로 계층 네트워크의 정교화가 아주 충분히 이뤄진다면 아마도 공통성 찾기는 항상 가능할 것이다. 또한 가장 중요한 목표와 행위의 속성을 동기의 비상징적 원천(즉, 기본 욕구)과 연결하는 것이 내담자에게 필수 영역을 제공하는데 도움이 될 수 있다. 이 필수 영역은 상징 경험의 자의성arbitrariness에 접촉하는 것이 무의미함으로 이어질 때(예, 외상 이후) 특히 유용하다.

조건부 구성틀과 계층적 구성틀은 언어적 상호작용을 통해 특정 목표의 더 높은 기능을 파악하는데 사용되는 두 가지 주요 언어 도구들이다. 예를 들어 치료자가 "그리고 만약 직업을 가진다면 당신 삶에서 무엇이 달라질까요?"라고 물었을 때 내담자가 "돈을 벌겠죠"라고 대답한다면, 치료자는 긍정적인 가장 중요한 목표나 행위의 속성을 파악할 때까지 조건부 단서와 계층적 단서를 계속 사용해 나간다(예, "돈을 벌면 무엇을 할 수 있을까요?", "직업을 가지는 것은 당신 삶에서 어떤 부분이 될까요?", "이것은 당신에게 무슨 의미일까요?").

또한 비교와 구별 구성틀은 내담자가 자신의 선호를 파악하도록 격려하기에 가장 중요한 목표와 행위의 속성을 이끌어 내는데 사용될 수 있다(즉, "왜 저 행위가 아니라 이 행위를 하나요?", "왜 저 목표가 아니고 이 목표인가요?"). 내담자는 자신의 삶에서 중요한 것이 무엇인지에 관한 감각은 거의 없어도, 일반적으로 하나가 다른 것보다 낫다거나 적어도 나쁘지 않다고 말할 수 있다. 예를 들어 임상의가 하루 종일 소파에서 스포츠 TV를 보면서 지내는 내담자에게 "당신은 왜 뉴스나 영화가 아니라 스포츠 채널을 보나요?"라고 물었을 때 내담자가 "덜 지루하니까요"라고 대답한다면 여기서부터 치료자는 행위의 속성(예, 도전, 불확실성)이 공식화될 때까지 내담자가 스포츠를 덜 지루하게 만드는 것이 무엇인지를 파악하도록 도울 수 있다.

일단 더 높은 기능이 파악되면, 다른 영역에서도 다른 행위를 동일한 목적을 위해 수행할 수 있는지 탐색하는 것이 유용하다. 이 과정은 동일한 목적의 계층적 속성을 확실히 하고 이에 접근하기 위한 다양한 길을 유지한다(즉, 잠재적으로 다양한 행위를 포함한다). 계층 내 다른 특정 행위를 탐색하거나(예, "같은 목표와 속성을 가지는 것으로 당신이 할 수 있는 다른 일이 있나요?") 유추적 구성틀을 이용함으로써(예, "동일한 목적을 가지고 당신이 하는 다른 일이 있나요?" 또는 은유를 사용하여 "만약 직업이 영화 같은 것이라고 한다면, 당신에게 어떤 영화를 떠올리게 하나요? 그 영화 같이 당신이 할 수 있는 다른 일이 있나요?") 행할 수 있다.

종종 내담자들은 없애길 원하는 심리경험 너머를 보는 것이 어렵다. 내담자들은 무엇이 중요한지 또는 인생에서 바꾸고 싶은 것이 무엇인지 질문을 받으면 더 이상 고통 받고 싶지 않다거나 과거 외상을 기억하고 싶지 않다고 대답한다. 아마도 이 문제에 너무나도 집중한 나머지 더 높은 목적감과 접촉을 완전히 잃어버렸기 때문일 것이다. 이런 경우에 구별이나 반대 구성틀을 사용해서 이 장애물의 다른 측면에 있을 수 있는 것을 내담자가 탐색하도록 도울 수 있다. 예를 들어 "더 이상 생각으로 괴롭고 싶지 않다"라고 말하는 내담자에게 임상의는 "만약 생각 때문에 더 이상 괴롭지 않다면 당신은 무엇을 할 수 있을까요?"라고 물을 수 있다. 때때로 이 과정은 처음으로 특정 목표로 공식화될 만족의 잠재적 원천을 파악하기 전까지 연속된 질문으로 이어질 필요가 있다. 특정 목표가 공식화되면 치료자는 위에서 설명한 대로 더 높은 기능을 파악하기 위해 조건부 구성틀과 계층적 구성틀로 계속 질문을 진행한다.

범불안으로 고통 받는 내담자와 이뤄진 다음 대화에서 구별/반대, 조건 그리고 계층적 구성틀 사용을 살펴보자.

내담자 제가 원하는 것은 불안이 줄어드는 거예요.

치료자 불안을 느끼는 것이 문제되지 않으면, 당신 삶은 무엇이 달라질까요?

치료자는 내담자를 그의 문제로부터 떨어트리기 위해 구별 구성틀을 사용한다.

내담자 직장에서 더 생산적일 수 있겠죠. 지금은 저 자신을 비판하는데 너무 많은 시간을 낭비하고 있어서, 그다지 생산적이지 않아요. 그래서 집에 가서도 업무를 하게 되요.

치료자 직장에서 더 생산적이 되면 당신의 삶은 무엇이 달라질까요?

치료자는 더 높은 기능을 탐색하기 위해 조건부 구성틀을 사용한다.

내담자 가족과 함께하는 시간이 늘어나겠죠.

치료자 가족과의 시간이 늘어나는 것이 당신에게 중요한 무언가에 기여를 할까요?

치료자는 긍정적인 가장 중요한 목표나 행위의 속성을 파악하기 위해 계층적 구성틀을 사용한다.

내담자 남편과 아이의 삶에 더 많이 신경 쓰게 되겠죠. 더 많은 것을 공유할 거예요. 지금처럼 단지 돈으로만이 아니라 가족들을 도울 수 있어요. 필요할 때 가족들을 위해 곁에 있겠죠.

내담자는 긍정적인 가장 중요한 목표를 파악하고 행위의 속성을 파악하기 시작한다.

치료자 당신이 직장에서 더 생산적이 되길 바라는 다른 이유가 있나요? 더 생산적이어야 하는 것에 어떤 다른 영향이 있을까요?

치료자는 강화의 다른 원천을 탐색하기 위해 조건부 구성틀을 다시 사용한다.

내담자 음. 당신이 아는 것처럼 이번 직장을 어렵게 얻었어요. 직장에 지원했을 때, 전 정말로 아주 잘할 거라고 얘기했어요. 그런데 지금은 동료들 보다 한참 모자라죠. 이것은 마치 날 …

치료자 마치?

내담자 상사의 기대에 부응하지 못하는 사람 같아요.

치료자 상사의 기대에 부응하는 것이 당신에게 중요하군요.

내담자 네. 그렇지 못하면 직장을 잃게 될 거예요.

치료자 이해합니다. 직장에서의 모습도 삶 전반에서 당신이 중요하게 여기는 것의 일부분이라고 느끼나요?

치료자는 긍정적인 가장 중요한 목표나 행위의 속성을 파악하기 위해 계층적 구성틀을 사용하고 행위를 특정 영역에서의 응종에서 벗어나게 한다.

내담자 저는 신뢰받는 사람이고 싶어요. 제가 하겠다고 말을 했으면 그대로 해내고 싶어요.

내담자는 행위의 속성을 파악한다.

치료자 신뢰가 당신이 삶 전반에서 중요하게 여기는 것인가요?

치료자는 이 행위의 속성이 가장 중요한 강화물로 기능하는지를 탐색하기 위해 계층적 구성틀을 사용한다.

내담자 네. 확실히. 매 순간 그것을 생각하지는 없지만, 많은 영역에서 중요하게 여기는 것이에요.

치료자 신뢰할 수 있는 사람이기 위해 당신이 삶에서 하고 있거나 하고 싶은 다른 것에는 어떤 게 있나요?

치료자는 신뢰성에 포함되는 다른 행위를 더 탐색하기 위해 계층을 뒤집는다.

내담자 사람들과의 관계에서 저를 확실히 믿을 수 있게 노력해요.

치료자 당신이 가족을 위한 튼튼한 기반을 세우기를 원하는 것과 거의 비슷하게 방금 말한 부분을 느낄 수 있군요.

치료자는 계층을 넓히기 위해 유추 구성틀을 사용한다.

내담자 정확해요. 심지어 전에 그 말을 사용하기도 했어요. 신뢰도는 기반과 같다고.

치료자 강력한 기반을 단단히 세우고 싶은 그런 욕구는 또 어디서 나타나나요?

치료자는 계층을 넓히기 위해 다시 유추 구성틀을 사용한다.

때로는 특정 목표조차 파악이 어려운 때가 있다. 내담자가 우울하거나, 원치 않는 행동과 심리경험에 너무 몰두한 나머지 더 이상 자신에게 중요한 것을 알지 못할 때 종종 발생한다. 이런 경우에 과거 행위나 잠재적 미래 행위를 검토하기 위해 관점취하기(직시적 구성틀)를 사용하는 것과 이 행위들이 일어났을 때 (또는 일어날 수 있을 때) 느낌을 더 많이 관찰하게 하는 것이 지속하는 만족의 새로운 원천을 구축하거나 재구축하는 데 도움이 될 수 있다. 의미 있는 순간과 연결되는 느낌을 관찰하고 기술하도록 유도하는 것은 지적 수준에서 의미의 원천을 탐색하려는 시도를 하지 않기 위해 중요하다. 만약 내담자가 보다 깊고 더 내재적인 수준에서 경험하는 것을 건너뛰고 탐색을 하게 된다면, 임의적인 방향을 취할 위험이 높아진다. 구체적으로 임상의는 "당신이 15살 때 어떤 삶을 원했나요?", "살면서 당신이 중요하게 여기는 것에 대해 아주 잘 알았던 때가 있나요? 그 때로 잠시 되돌아가 볼 수 있을까요?", "지금으로부터 10년 후를 상상해 봅시다. 이 10년을 되돌아 볼 때 당신이 삶 속에서 보여 주고 싶었던 것이 무엇일 것 같나요?"와 같은 질문을 할 수 있다. 그런 다음 치료자는 이 의미 있는 순간들과 연관된 경험을 관찰하고 기술하도록 유도하는 질문을 한다(예, "그 순간에 무엇을 느꼈나요?", "삶의 그 순간과 다시 연결될 때 무엇을 느꼈나요?"). 만족의 원천과 연결이 강해질 때 의미만 증가하는 것이 아니라 동기 역시 증가한다. 다음 대화에서 이런 접근을 관찰해 보자.

내담자	뭘 말해야 할지 모르겠어요. 더 이상 소중하게 여기는 것이 없어요.
치료자	저를 방문하려고 결심했을 때, 다시 무언가를 소중하게 여길 희망을 가졌나요?
내담자	네. 영원히 이렇게 지내고 싶지는 않아요.
치료자	과거에는 무엇을 소중하게 여겼나요?

치료자는 의미의 이전 원천에 관한 기억을 유도한다.

내담자	말하기 어렵네요. 그러니까 소중하게 여겼던 것들을 생각할 수는 있지만 지금은 너무 흥미가 없어서 그 당시에 많이 중요했었는지 조차도 확신하기가 어려워요. 그저 그것이 중요했다고 저 자신을 납득시키려고 한 건지도 몰라요.
치료자	하나의 예를 들어 줄 수 있을까요?
내담자	독서로 시간을 많이 보냈어요.
치료자	어떤 종류의 책이죠?
내담자	거의 대부분 소설이요.
치료자	독서의 어떤 점이 좋았나요?

치료자는 독서를 통해 얻었던 만족에 관해 관찰하고 기술하도록 내담자를 유도한다.

내담자	모르겠어요.... 더 이상 확신이 없어요.
치료자	즐겁게 읽은 책을 기억하나요?
내담자	물론이죠.
치료자	그 책을 읽고 있었던 그 순간을 마음속에 그려볼 수 있을까요? 그리고 그때로 다시 돌아갔다고 상상해 볼 수 있나요?

치료자는 내담자가 즐겼던 것에 관한 관찰을 촉진하기 위해 관점의 변화를 유도한다.

내담자	그건 쉽게 떠올릴 수 있어요. 휴일 동안이었어요.
치료자	좋아요, 잘하고 있어요. 그 페이지를 읽는 동안 마음속으로 지나갔던 것에 대해 기술해줄 수 있나요?
내담자	난 완전히 빠져들었어요. 독서를 할 때는 대체로 그런 편이었어요.
치료자	빠져든다. 좋아요, 흥미롭네요. 마치 당신의 모든 주의를 가져가는 것 같나요?

내담자   네 정확해요.

치료자   이 책의 어떤 부분이 당신의 주의를 그렇게나 많이 가져가고 있나요?

치료자는 내담자가 가능한 생생하게 그 기억과의 접촉을 유지하도록 돕기 위해 의도적으로 현재 시제를 사용한다.

내담자   그 이야기가 너무 흥미로웠던 것 같아요.

치료자   어떤 이야기인가요?

내담자   한 남자가 아내를 살해한 사람을 찾아다니는 이야기예요.

치료자   이 이야기의 어떤 부분이 아주 흥미로운가요?

내담자   아내와 가진 행복한 시간들을 기억하는 남자에 관한 강력한 뭔가가 있어요. 아내가 죽기 직전에 헤어졌기 때문에 그녀와 다시 연결되는 방법의 일종으로 일어났던 일을 밝히려고 노력하는 그를 보는 것이 감동적이에요.

치료자   아름다운 이야기처럼 보이는 군요.

내담자   예, 맞아요.

치료자   그리고 죽은 아내와 다시 연결되려고 시도하는 주인공에게 감동받은 것이 기억나고....

내담자   네.

이 대화에서 치료자는 강화 속성을 현저하게 증가시키기 위해 내담자가 책을 읽는 동안 경험했던 만족을 정교하게 관찰하고 기술하도록 돕는다.

치료자   지금은 어떤가요? 이 연결감이 당신에 어떤 의미가 있나요?

내담자   모르겠어요. 지금은 모든 사람들과 단절된 것 같아요.

치료자   그것이 당신을 괴롭히나요?

내담자   맞기도 아니기도. 그렇게 되고 싶지는 않은데 동시에 별로 와 닿지도 않아요. 이상한 건 아는데. 단지 지금은 그렇게 많이 느끼진 않아요.

치료자   그 이야기에 관해 얘기할 때 당신이 초기에는 감동받는 것 같았어요. 그런가요?

내담자   제가 많이 괜찮았던 때를 떠올리고 있었던 것 같아요..... 그리고 예, 이야기가 감동적이었죠. 여전히 그런 것 같아요.

치료자는 다른 사람과의 연결과 같이 여전히 의미 있을 수도 있는 긍정적인 가장 중요한 목표와 행위의 속성을 탐색하기 위해, 책의 이야기를 떠올렸을 때의 현재 경험에 관해 내담자가 관찰하고 기술하도록 유도한다.

치료자 당신은 살면서 누군가와 밀접하게 연결되었다고 느낀 적이 있나요? 특정 예나 순간을 생각할 수 있나요?

치료자는 내담자의 삶 속에서 보다 직접적으로 의미의 원천을 탐색하기 시작한다.

내담자의 삶에 강화적인 것이 전혀 없어 보일 때, 의미의 원천을 만드는데 조건부 구성틀이 강력한 도구가 될 수 있다. 예를 들어 임상의는 "당신이 만약 기부를 하거나 투자를 할 10억 달러를 가지고 있다면 그 돈을 어디에 사용하겠습니까?", "만약 모든 것이 다 가능하다면 세상에서 무엇을 바꾸시겠어요?"라는 질문을 할 수 있다. 때로는 내담자가 의미의 긍정적 원천보다는 여전히 자신의 어려움에 더 몰두하고 있는 것을 보여 주는 방식으로 대답을 할 것이다. 예를 들면 병원에 입원한 환자가 "이 병원을 사서 모두 해고해 버리겠어요"라고 말할 수 있다. 비록 즉각적으로는 이런 반응이 내담자가 의미 있는 것에 관심이 없는 것처럼 보이지만, 추가적으로 조건부와 구별 구성틀을 사용해서 더 높은 그리고 더 긍정적인 기능으로 향하는 과정을 도울 수 있다. 다음의 예를 살펴보자.

치료자 만약 여기의 모든 사람들이 해고된다면 이 병원을 어떻게 할 건가요?

치료자는 조건부 구성틀을 사용한다.

내담자 그렇게 무관심하지 않고 판단하지 않는 사람들을 고용할 거예요.
치료자 그들이 무관심하지 않다면 대신 어떤 모습일까요?

치료자는 구별 구성틀을 사용한다.

내담자 환자의 요구에 주의를 기울이겠죠. 우리가 어떻게 느끼는지 관심을 갖겠죠. 우리가 여기에 있는 것이 얼마나 힘든 지를 깨닫겠죠.
치료자 자비를 보일 거라는 건가요?

치료자는 내담자가 말하는 것을 행위의 속성으로 재공식화한다.

내담자　맞아요.

치료자　자비가 당신에게 중요한 건가요?

치료자는 자비가 내담자가 중요하게 여기는 행위의 속성인지를 탐색한다.

내담자　그래요.

이런 유형의 대화가 다양한 재료와 다양한 상황에 걸쳐서 반복될 때 긍정적인 가장 중요한 목표와 행위의 속성에 관한 씨앗이 뿌려지기 시작한다. 치료자는 어떤 지점에서도 의미의 특정 원천을 내담자가 찾도록 *납득시키려* 하지 않는다. 납득시키게 되면 초점이 응종으로 옮겨지고, 그 사람이 소중히 여기는 내재적 결과를 추적하는 것과 매우 달라진다. 치료자의 임무는 내담자에게 만족을 가져다주는 것을 발견하도록 돕고, 이 원천을 긍정적인 가장 중요한 목표와 행위의 속성으로 공식화하는 것을 돕는 것이다. 만약 임상의가 새로운 삶의 방향을 내담자가 완전히 승인하고 자신의 행위에서 의미를 진실로 발견하길 원한다면 이런 작업은 인내심을 요구한다.

응종으로부터 *의미의 원천 구분하기* Distinguishing Sources of Meaning from Pliance. 강화의 지속적인 원천을 파악하고 구축하는 과정에서 응종 제한하기의 중요성은 치료 관계뿐만 아니라 영향력의 다른 사회적 원천에도 적용된다. 사회 공동체에 의해 적어도 부분적으로라도 영향을 받지 않는 의미의 원천은 거의 없다. 예를 들어 이타심과 같은 행위의 속성은 공동체 구성원으로부터 훌륭하다고 인정을 받는다. 항상 더 배우려는 가장 중요한 목표를 추구하는 것은 아마도 많은 사회 집단에서 쉽게 인정받을 것이다. 사람들이 결정하는 긍정적인 가장 중요한 목표와 행위의 속성 거의 대부분은 분명히 사회적 영역을 갖게 된다. 그러나 응종은 사회적 배려를 넘어서, 행위의 목표와 속성을 개인과 개인의 선택에서 타인의 선택과 타인의 반응으로 옮겨가는 것이다. 이렇게 되면 행위의 결과는 행위의 속성과 가장 중요한 목표 안에 있는 것이 아니라 대신 최종 반작용reaction의 속성과 타인의 목표 안에 있기 때문에, 이런 행위는 내재적으로 강화되지 않는다.

의미에 관한 경험적 연구에서 목표와 속성이 회피적이거나 순응적이거나 심리적으로 강요된 것이라면 긍정적 영향을 거의 줄 수 없다는 것을 보여 주었다(Sheldon, Ryan,

Deci, & Kasser, 2004). 만약 누군가 다른 사람의 기대에 부응하기 위해 자선단체에 지원한다면, 이 활동에서 거의 의미를 발견할 수 없을 것이다. 따라서 내담자가 가진 가장 중요한 목표의 공식화와 행위의 속성이 사회 규칙에 지나치게 부합하려는 모습을 보인다면(사회 규칙이 뚜렷한 목적이 없이 '반드시must'나 '당연히 해야 한다have to'는 속성을 가진다면), 이 규칙은 나쁜 결과를 예견한다. 이런 경우에 치료자는 구별/반대 구성틀을 사용해서 아무도 자원 봉사에 대해 인정하지 않거나 알지 못한다면 내담자가 이런 삶의 방향을 따를 때 발견하게 될 만족을 평가하도록 도울 수 있다. 만약 이런 사고 실험thought experiment에서 만족이 현저히 떨어진다면 내담자가 하는 행위의 더 높은 기능을 탐색하도록 격려할 것이다. 내담자가 타인의 판단을 두려워하고 있다는 의심이 들 때 이렇게 가상으로 사회적 영향을 제거하는 것이 전반적으로 더 적절하다. 반대로 내담자가 사회적 승인으로 *긍정적인* 강화가 되는 것 같아 보인다면, 사고 실험을 반대 방향으로 수행하는 것이 지혜롭다. 예를 들어 내담자가 무엇을 하든 상관없이 모든 사람들이 내담자를 좋아하거나 인정한다면 그럴 때 무엇을 할 것인지를 내담자에게 물어볼 수 있다.

때로는 사회 규칙에 부착attachment하려는 것이 타인과 연결에 강한 관심이 있다는 것을 반영할 수 있다. 예를 들어 누군가가 자신의 가장 중요한 목표가 사회 활동에 참여하는 것임을 깨닫고 난 후에도 여전히 자선단체 행사에 자원을 할 수 있는데, 이러한 것을 알게 됨으로 해서 자신의 행위에 더 큰 의미가 전달된다. 다음의 짧은 대화에서 치료자가 어떻게 내담자가 사회적 영향 너머에 있는 의미를 발견하도록 돕는지를 관찰해 보자.

내담자 전 아이들을 위해 곁에 있어야만 해요. 그게 엄마가 할 일이에요.

치료자 대부분의 사람들이 그 말에 동의할 겁니다. 그러나 저는 그것이 당신에게 중요한 이유를 듣고 싶습니다.

치료자는 내담자를 내재적 강화의 잠재적 원천으로 향하게 한다.

내담자 아이들을 위해 거기 있음으로써 좋은 엄마가 되고 싶어요. 제가 아이들을 적절히 돌보지 않았을 때 사람들이 어떻게 생각할지 아시잖아요?

치료자 살짝 다른 방식으로 접근해 보는 건 어떨까요? 예를 들어 당신이 아이들을 위해 거기에 있지만 아무도 이를 모르거나 관심이 없다면 어떨 것 같은지 궁금해요.

내담자가 사회적 결과에 주로 초점을 두는 것처럼 보이기에, 치료자는 아이들을 위

해 거기에 있는 것에 관한 의미를 다른 사람들의 생각과 상관없이 평가해보도록 격려한다(반대 구성틀).

내담자	글쎄... 음... 매우 이상한 질문이군요!
치료자	그런가요?
내담자	그러니까.... 제 말은 ... 물론 저는 여전히 아이들을 위해 거기에 있을 거예요. 오히려 사람들이 제가 틀렸다고 말해도 저는 아이들을 돌볼 겁니다.
치료자	즉 전혀 신경 쓰지 않는다는 거죠?
내담자	네. 완전히. 사람들이 생각하는 것 따위에 신경 쓰지 않아요.
치료자	좋아요. 정말 흥미롭네요. 아이들을 위해 거기에 있는 것에 관해 당신이 그렇게 해야만 한다는 사람들의 생각보다 더 의미 있는 이유가 무엇인지 조금 더 탐색해 보실래요?

치료자는 아이들을 위해 거기 있는 것에 관해서 사회적 승인을 넘어서는 내재적으로 의미 있는 것을 좀 더 탐색하도록 내담자를 격려한다.

내담자	아이들을 사랑해요. 아이들은 저에게는 전부예요.
치료자	그렇군요. 그러면 그것이 아이들을 위해 거기 있으려는 욕구와 어떻게 부합하나요?
내담자	제가 사랑한다는 것을 아이들에게 보여 주는 하나의 방식이에요.

의미의 원천을 외부 결과나 자기 개념과 구분하기 *Distinguishing Sources of Meaning from External Consequences or Self-Concepts.* 사회적 순응과 상대적으로 무관하다는 것을 보증하는 것만으로 내재적 강화가 구축되지는 않는다. 보다 일반적으로, 내재적 강화 구축하기는 행위를 제안하는 방식에서 외부 결과나 자기 개념의 속성보다는 긍정적인 가장 중요한 목표와 행위의 속성을 공식화하는 것으로 이루어진다. 이런 방식으로 해당 행위의 외부 결과나 자기에 관한 평가와 상관없이 내재적으로 의미 있는 방향과 연결된 행위에 참여하는 것이 강화의 속성을 가질 수 있다.

치료를 하다 보면 우리는 가지기를 원하는 사물이나 되고 싶은 것으로 '자신의 인생에서 중요한 무엇'을 표현하는 내담자를 종종 본다. 무엇을 소유하는 것이 중요하다고 표현하는 문화적 경향을 고려하면, 이런 모습이 그리 놀라운 일은 아니다. 우리 언어의 문화적 한계는 자기에 관한 평가를 선호하는 경향을 가지며, 이런 경향으로 인해 대신 자기를 행위의 속성으로 공식화하는 것을 어렵게 한다(예, 누군가는 '사려 깊게 행동하기'라고 말하기보다는 흔히 사려 깊은 사람되기가 소중하다고 말을 할 것이다). 이러한 자기에 관한 평가를 어느 정도는 피할 수 없지만, 그래도 내재적인 동기적 속성을 유지하기 위해서는 구체적 행위(예, 다른 사람의 말에 귀 기울이기, 그들의 요구에 신경 쓰기)의 중요한 점을 가능한 많이 주목하게 하는 것이 RFT 관점으로 보아 타당하다. 이런 방식으로, 내담자를 반박하기보다 내담자의 관계 네트워크가 특정 목표의 더 높은 기능과 행위의 속성을 향해 확장되도록 점진적으로 돕는다. 다음 대화에서 이런 접근 방식을 살펴보자.

내담자   평범한 삶을 살고 싶어요. 직장, 연인, 친구... 선생님이 아는... 그런 평범한 삶.

치료자   평범한 삶을 말할 때 다른 모든 사람처럼을 의미하나요?

내담자   예, 그렇겠죠.

치료자   왜 사람들이 그런 종류의 삶을 원한다고 생각하나요?

내담자   사람들을 행복하게 만드니까요.

치료자   좋아요, 구체적인 예를 들어보죠. 내일 직장을 얻는다고 해봅시다. 그게 당신을 행복하게 만들까요?

내담자   예, 물론이죠.

치료자   당신 삶에서 뭐가 달라질까요?

내담자   돈을 많이 벌겠죠. 그건 언제나 중요하죠. 진짜 사람처럼 느껴질 것 같아요.

의미의 원천을 외부 결과와 자기 평가로 표현하였다(무엇을 가지는 것: 더 많은 돈, 무엇이 되는 것: 진짜 사람).

치료자   좋아요, 여기에 두 가지가 있네요. 괜찮다면 먼저 돈으로 시작할게요. 더 많은 돈을 가진다면 당신의 삶에서 뭐가 달라질까요?

치료자는 더 많은 돈을 버는 것의 더 높은 기능을 탐색하기 위해 조건부 구성틀을 사용한다.

내담자   예를 들면 친구와 밖에서 만날 수가 있죠. 지금은 그들과 밖에서 만날 수가 없

어요. 단지 술 한 잔 하는데도 돈이 너무 많이 들어요.

치료자   친구들과 함께 시간을 보내는 것을 좋아하나요?

내담자   네, 그래요.

치료자   어떤 점이 좋아요?

내담자   뭔가를 공유할 수 있을 것처럼 연결된 느낌을 줘요. 지금은 외로워요.

치료자   직장을 구하는 것이 중요하다고 한 이유가 친구들과 연결되게 도와주기 때문인가요?

내담자   네, 맞아요. 확실한 한 가지 이유예요.

이 대화에서 치료자는 외부 결과보다는 친구와 연결이라는 자신의 통제 내에 있는 가장 중요한 목표로 만족의 원천을 공식화하도록 내담자를 돕는다.

치료자   당신은 또한 진짜 사람처럼 느낄 것이라고 말했어요. '진짜'가 실제로 의미하는 것이 뭔가요?

내담자   도움 받는 느낌이 싫어요. 저는 주도적인 사람이 되고 싶어요. 직장 없는 좀비와 같아요. 전 아무것도 아니에요.

치료자   그래서 당신은 자신의 삶을 주도적으로 살고 싶은가요?

내담자   네, 저는 기여하길 원해요 … 그러니까… 사회에 말이죠.

이 마지막 대화에서 치료자는 자기 평가를 행위의 속성으로 전환하기 위해서 '진짜'라는 용어가 의미하는 바를 더 실제적인 단어로 정의하도록 초대한다.

의미의 긍정적 원천 탐색하기 *Exploring Positive Sources of Meaning.* 만약 내담자가 자신의 삶에서 의미를 파악하고 구축하려고 할 때 혐오적 통제가 과도하게 작용한다면 활력감이 부족할 것이다. 일찍 죽는 것을 피하기 위한 금연과 더 건강하고 오랜 삶을 위한 금연 사이의 차이점을 고려해 보자. 이 목표는 겉으로 유사하지만 활력 측면에서 미치는 영향은 다를 것이다. 건강하려는 생각은 폭넓고 다양한 건강 행위로 사람을 부드럽게 끌어당기는 반면, 죽음을 피하는 것은 금연 외에 여러 방법으로 피하려고 하는 두려움을 갖게 할 것이다(예, 과도한 음주로 공포를 제거하려고 할 것임, 사고 억제suppression으로 일시적으로 공포를 제거하려고 할 것임).

이런 이유로 자신의 가장 중요한 목표와 행위의 속성을 부정적으로가 아니라 긍정적으로 공식화하도록 내담자를 가능한 많이 격려해야 한다. *제거할 것보다는 추가할 것*(심지어 상징적으로라도)을 탐색하는 것이 이를 가능하게 한다. 다음의 대화가 이런 접근방식을 보여 준다.

> **내담자** 이대로 분노 폭발을 계속한다면 저의 관계들은 파괴될 거예요. 이를 해결할 뭔가가 정말로 필요해요.
>
> **치료자** 관계가 당신에겐 중요한 것 같군요.

치료자는 내담자를 긍정적으로 강화하는 결과로 향하게 한다.

> **내담자** 네 맞아요! 제 남편을 사랑해요, 그리고 지금은 제가 끔찍하다는 걸 알아요. 매사에 불평이고 물건을 부수고. 이렇게 계속 지낼 수는 없어요, 그러지 않으면 그를 잃게 될 거예요. 그가 날 떠날만하다는 걸 이해하지만, 그걸 원하지 않아요!
>
> **치료자** 만약 남편과의 상호작용 방식을 바꾼다면, 관계가 어떻게 호전될까요?

치료자는 다시 긍정적인 결과로 향하게 한다.

> **내담자** 항상 싸우진 않을 거예요.
>
> **치료자** 그러면 분명 안도할 수 있을 거예요. 변화해야 할 다른 것이 있을까요, 관계에서 문제가 되는 것을 제거하는 것뿐만 아니라 당신이 소중하다고 생각하는 무언가를 가져올만한 것이 있나요?

치료자는 다시 긍정적이며 가장 중요한 목표와 행위의 속성을 찾으면서 긍정적 결과로 향하게 한다.

> **내담자** 음... 아마도 우리가 다시 가까워질 수 있도록 도울 수 있는... 지금 서로 대화를 거의 안하거든요. 좋은 대화를 나누고 그와 느꼈던 친밀함이 그리워요. 육체적으로도 더 가까워지면 좋겠죠.
>
> **치료자** 남편과 특별히 친밀하다고 느꼈던 때를 얘기해 줄래요?

치료자는 특정 행위에서 가장 중요한 목표의 속성을 탐색한다.

내담자 시어머니가 돌아가셨던 때로 기억해요. 우리는 시어머니가 남편에게 어떤 의미인지에 관해 몇 시간 동안 얘기를 나눴고 그러다 서로에 대한 느낌으로 이야기가 흘러가게 되었어요. 매우 슬픈 날이었지만 서로에겐 꽤 달콤했던 이상한 날이었어요.

치료자 그러니까 서로에 관한 느낌을 포함해서 깊은 느낌을 공유할 때 친밀함을 느끼는군요.

치료자는 목표와 속성을 분명히 한다.

내담자 그런 일은 그리 자주 일어나지 않는 것 같아요. 그런데 친밀함을 느꼈다고 생각나는 순간들은 모두 그랬던 것 같아요.

치료자 남편과 이야기를 나누고 싶었지만 하지 못한 어떤 느낌이 있나요?

치료자는 계층 아래에 위치한 특정 예로 다시 향하게 한다.

의미 있는 행위 패턴 구축하기 | Building Patterns of Meaningful Actions

의미 구축하기의 두 번째 단계는 내담자가 자신의 긍정적인 가장 중요한 목표와 행위의 속성과 일치하는 다양한 행위를 파악하고 선택하도록 돕는 것이다. 임상의는 자연스러운 언어적 상호작용을 통해 두 가지 주요 과정을 표적으로 삼는다. 첫째, 내담자가 자신의 행위를 계층 네트워크의 정점에 위치한 가장 중요한 목표와 행위의 속성에 연결시키고 있음을 보증해야 한다. 둘째, 의미의 원천을 최대한 이용할 수 있도록 하기 위해 동일한 기능을 표적으로 하는 (즉, 주어진 가장 중요한 목표나 행위의 속성 또는 둘 다를 위한) 다양한 행위를 파악해야만 한다.

계층의 정점과 행위 연결하기 *Connecting Actions to the Top of the Hierachy.* 치료자는 내담자가 가지는 의미의 원천과 행위 사이의 연결을 확립하도록 돕기 위해 계층적, 조건부, 직시적 구성틀을 사용할 수 있다. 앞에서는 이런 유형의 구성틀을 가장 중요한 목표와 행위의 속성을 파악하기 위해 사용을 했었지만, 지금은 행위의 패턴 파악하기를 표적으로 한다. 은유적으로 말하자면 계층 네트워크의 정점으로 올라가는 대신 기저로 내려간다고 말할 수 있다. 계층적 구성틀의 예는 "＿＿＿＿＿＿[행위의 속성이나 가장 중요한 목표]의

일부로/에 기여하는/을 위해 할 수 있는 일로 어떤 것이 있나요?"라고 묻는 것이다. 일반적으로 이런 맥락에서 조건부 구성틀은 특정 중간목표 활용이 필요하다. 예를 들어 임상의는 "돈을 더 많이 벌고[특정 목표] 아이들의 안녕을 지지하기[가장 중요한 목표] 위해 뭘 하고 싶나요?"라고 물을 수 있다. 직시적 구성틀의 예는 "지금으로부터 1년 뒤, 오늘 이후로 해온 것을 뒤돌아볼 때_____[가장 중요한 목표나 행위의 속성]을 위해 무엇을 하고자 했을 것 같은가요?" 또는 대인관계의 직시적 구성틀을 활용해서 "당신의 지인이나 유명한 사람 중에 동일한_____[가장 중요한 목표나 행위의 속성]을 공유하는 사람이 있나요?_____을 위해 그들이 하는 것이 무엇인가요? 그들이 하는 것들 중에 당신도 할 수 있을 것 같은 일이 있나요?"라고 묻는 것이다. 가능하다면 치료자는 강화 특질을 증가시키기 위해 가장 중요한 목표와 행위의 속성 둘 다와 연결된 행위를 발견하도록 내담자를 격려한다. 다음 대화에서 이런 접근 방식을 살펴보자.

치료자   사회적으로 풍요로운 삶을 구축하는 것이 당신에게 중요하다고 말했어요. 이 목적에 기여하기 위해 무엇을 할 수 있을까요?

치료자는 '사회적으로 풍요로운 삶 구축'이라는 가장 중요한 목표를 위한 행위를 탐색하기 위해 계층적 구성틀을 사용한다.

내담자   지금은 정말 모르겠어요. 솔직히 살짝 당황스럽네요.
치료자   이해해요. 지금으로부터 일주일 뒤 다음 치료 시간을 상상해보세요. 일주일 동안 당신이 한 것에 관해 이야기하고 있는 모습을 상상해보세요. 지난 치료 시간 이후에 어떤 일을 해냈다고 말하고 싶을까요?

내담자가 살짝 갇혀 있기 때문에 치료자는 내담자가 의미 있는 행위를 파악하도록 돕기 위해 직시적 구성틀을 사용한다.

내담자   친구들에게 전화를 했을 거예요. 아마도 전화가 친구들과 더 가까워지게 했을 거예요. 그리고 친구들도 그렇게 여겼을 거예요.
치료자   전에 당신은 대인관계에서 사려 깊은 사람이 되고 싶다고 말했어요.

치료자는 '사려 깊음'이라는 행위의 속성으로 다른 의미의 원천을 상기시킨다.

내담자　네, 그것에 신경을 많이 써요. 저는 친구들이 잘 있는지 확인하기를 좋아하고 그들을 위해 뭔가 하는 것을 좋아해요. 몇 달 동안 그렇게 많이 못해서 정말 속상해요.

치료자　만약 친구들에게 전화를 한다면, 이 또한 그들과의 관계에서 더 사려 깊은 사람이 될 기회가 될까요?

치료자는 행위의 속성과 행위 사이의 연결을 탐색하기 위해 조건부 구성틀을 활용한다.

내담자　음.... 짧은 대화 대신에 경청하는 시간을 갖는다면, 친구들에게 더 사려 깊은 사람이 될 수 있을 것 같아요. 네.

치료자　좋아요. 그러니까 친구들에게 전화하기가 사회적으로 더 풍요로운 삶이 되도록 도울 수 있고 동시에 사려 깊은 사람이 될 수 있게 하는 하나의 행위군요. 이것이 당신이 하고 싶은 것 중에 하나인가요?

치료자는 가장 중요한 목표와 행위의 속성 둘 다를 위해 친구에게 전화걸기를 행할 수 있다는 점을 알아차리도록 내담자를 돕는다.

내담자　네, 확실히. 그것에 관해 이야기하면서 그렇게 하고 싶다고 분명히 느꼈어요.

특정 행위가 의미의 원천에 접근하게 할지라도 그 행위가 언제나 만족감을 주지는 않는다는 사실을 주목하라. 이후에 보다 만족스러운 활동에 접근하기 위해 중간 행위에 참여할 필요가 있는 경우가 종종 그러하다. 예를 들어 아이를 입양하고자 하는 사람들은 가족을 구축하기 전까지 시간을 소모하고 좌절할 수도 있는 많은 단계를 거쳐야할 필요가 있다. 비록 이 중간 행위들이 최종적으로 아이를 입양하는 것보다는 당연히 강화를 덜 주지만, 이런 행위들이 더 높은 목적과 강하게 연결될수록 만족을 더 줄 수 있다. 치료자는 계층적 구성을 이용해서 내담자가 이런 유형의 연결을 만들도록 도울 수 있다. 이를 다음 대화에서 살펴보라.

치료자　아이들의 삶에 더 많이 함께 하기 위해 무엇을 할 수 있을까요?

내담자　아이들이 주말에 저와 함께 더 많은 시간을 보내길 원한다는 것을 알아요. 하지만 그러기 위해서는 작업일정을 변경해야만 하고 아마도 다른 동료와 함께 일을 해야 할 거예요. 4년 동안이나 같은 동료와 일을 해왔어요. 새로운 팀을 구성하면 일이 많아질 거예요.

치료자 그렇군요. 일도 더 많아지고 당신에게 쉽지 않겠군요. 최종적으로 그것이 아이들의 삶과 더 함께하는데 기여할까요?

치료자는 내담자가 자신의 행위를 가장 중요한 목표에 연결하도록 돕기 위해 계층적 구성틀을 사용한다.

내담자 제가 그렇게 한다면 아마도 주말에 더 많은 시간을 가질 수 있겠죠. 네. 저는 주말에 아이들과 더 많은 시간을 가질 수 있어요. 그리고 아이들은 좋아할 거예요.

내담자는 아이들의 삶과 함께하는 것과 연결된 특정 중간 목표를 파악한다.

치료자 그것이 당신이 하길 원하는 건가요?
내담자 만약 내가 가족과 더 가까워지는 걸 돕는다면, 그렇죠, 그렇게 할 수 있을 것 같아요. 어렵겠지만 그만한 가치가 있을 거예요.

종종 단일 행위가 다른 기능을 수행할 수 있다. 예를 들어 앞의 대화에서 나오는 내담자가 아내와 다툼을 피하기 위한 수단으로 또는 아이들과 주말을 함께 보내기가 사회 공동체에서 전반적으로 인정받는 행위이기 때문에 더 많은 시간을 보내길 원할 수도 있다. 이는 행위가 혐오적 결과(회피)와 사회적 승인(응종)에 의해서도 영향을 받을 수 있다는 것을 뜻한다. 오로지 이런 이유만으로 선택된 행위가 아니라 더 긍정적이고 내재적인 기능을 분명히 파악한다면 이런 행위가 반드시 문제가 되는 건 아니다. 가장 중요한 목표와 행위의 속성을 파악하면서, 임상의는 내담자가 파악한 행위가 다른 기능들과 상관없이 내재적이고 긍정적인 강화의 속성을 주고 있다는 사실을 이해하도록 도울 수 있다. 이는 구별/반대 구성틀(예, "만약 당신이 이것을 하는지 아무도 모른다면 그래도 여전히 이것을 하고 싶을까요?")과 조건부/계층적 구성틀(예, "행한 이후에도 이것이 여전히 의미 있는 뭔가에 기여할까요?")을 사용해서 도울 수 있다. 다음 대화에서 이런 접근 방식을 살펴보자.

내담자 새로운 것에 더 흥미를 가지려고 시도한다면 좋을 것 같아요, 박물관에 간다든지, 책을 더 읽는다든지.

치료자 그런 것들이 당신에게 중요한 것의 일부인가요?

치료자는 행위가 의미의 원천과 연결되어 있는지 탐색하기 위해 계층적 구성틀을 사용한다.

내담자 친구 대부분이 그런 걸해요. 그런 걸 하는 게 제게도 역시 좋을 것 같아요.

치료자 그저 사고 실험처럼 해 보죠, 만약 친구들이 박물관과 책에 관심이 없다면 그래도 여전히 이 새로운 활동을 고려할 것 같나요?

치료자는 행위가 적어도 부분적으로라도 내재적 강화를 주는지 탐색하기 위해 구별 구성틀을 사용한다.

내담자 음. 아마도 아니요. 하지만 전 친구들과 더 비슷해지고 싶어요. 요새 친구들과의 대화에서 살짝 따돌림 당하는 느낌을 받았어요. 친구들이 제가 그들만큼 영민하지 않다고 생각해요. 저에 대해 그런 식으로 생각하지 않길 바란다면 노력해야만 해요.

치료자 그러니까 제가 들은 대로라면 박물관에 가고 책을 읽는 것이 당신의 사회관계를 개선시키기 위해 해야만 하는 일이라는 거죠? 맞나요?

치료자는 책을 읽고 박물관에 가는 것과 연결된 의미의 다른 원천을 탐색하도록 내담자를 초대한다.

내담자 예, 사실이에요.

치료자 당신은 친구들이 당신을 그들만큼 영민하지 않다고 생각 안했으면 한다고 말했어요. 책을 읽거나 박물관에 갔을 때 생길 수 있는 또 다른 긍정적인 것이 있나요?

치료자는 행위와 긍정적인 결과(즉, 생길 수 있는 또 다른 것)를 연결하기 위해 대등 구성틀을 사용한다.

내담자	무슨 뜻이죠?
치료자	제 얘기는 당신이 영민하지 않다고 친구들이 생각하는 일이 발생하지 않는 것 뿐만 아니라 또 다른 뭔가가 발생하고 그것이 당신에게 만족을 주는 그런 것이 있나요? 그러니까 발생할 불쾌한 어떤 일을 막는 것뿐만 아니라 아마도 당신의 삶을 풍요롭게 할 어떤 것이요.
내담자	네 알겠어요... 그 그룹에 더 많이 속하게 되고 아마도 친구들과 관심사를 더 많이 공유할 수 있을 것 같아요. 그리고 만약 제가 노력한다면 이런 활동에서 흥미를 발견할 수도 있을 거예요. 저는 항상 이런 종류의 활동이 맞지 않다고 여겨왔지만, 친구들이 경험에 관해 이야기하는 것을 듣는 건 좋아해요. 아마도 지금까진 그런 노력을 할 준비가 안됐던 것뿐인 거 같아요.
치료자	이제는 그것이 가치가 있는 것 같나요?
내담자	네 그렇게 생각해요, 예. 노력하는 게 나쁠 건 없다는 거죠, 그렇죠? 그리고 적어도 친구들이 얘기하는 것을 더 잘 이해할 거예요. 그러면 친구들과 더 많은 것들을 공유할 수 있다고 느낄 거예요.

계층의 기저에 가변성 구축하기 *Building Variability at the Base of the Hierarchy.* 의미 있는 행위로 광범위한 패턴을 구축하는데 있어 두 번째로 주요한 측면은 계층 네트워크의 기저에 가변성을 발달시키는 것으로 구성된다. 원하는 방향을 위해 수행하는 행위가 더 다양할수록 내담자가 어떤 종류의 상황에서도 할 수 있는 것을 발견할 기회가 더 많아진다. 이는 행위를 가로막는 장애물들을 우회하기 불가능하거나 어려울 때 특히 유용하다(예, 입원해 있을 때 운동하기 또는 아주 멀리 떨어져 살고 있는 아이들과 시간 보내기). 만약 내담자가 가장 중요한 목표를 위해 행하거나 행위의 속성을 존중하는 방법이 오직 하나뿐이라면, 이런 행위를 수행할 수 없는 매우 특별한 상황에 처했을 때 의미의 원천을 포기해야하는 위험에 직면할 것이다. 반대로 의미의 원천으로부터 선택 가능한 다양한 행위를 가지고 있다면 만족을 항상 만들어 낼 수 있을 것이다.

지속하는 만족을 향해 지향하는 행위에 가변성을 보증하려면, 치료자는 내담자가 공통 기능을 공유하는 활동의 범위를 파악하도록 도와야 한다. 기본적으로 이 파악 과정은 유추적(어떤 네트워크가 이 네트워크와 유사한가?)이거나 계층적(이 범주에 속하는 다른 것들은 무엇인가?)이다. 그래서 유사한 행위 사이 대등을 포함한다. 예를 들어 임상의는 "동일한 목적을 위해 당신이 할 수 있는 다른 일은 무엇인가요?" 또는 "당신 삶에서 동일한 속성을 공유하는 다른 행위는 무엇인가요?"라고 물을 수 있다. 내담자는 또한 비교 구성틀을 사용해서 다양한 진폭의 행위를 파악하도록 권유 받는다(예, "시간을 덜 들이거나 노력을 덜 하더라도 당신에게 동일한 의미를 갖는 다른 행위가 있나요?", "이 방향에서 당신이 할 수 있는 가장 작은 행위와 가장 큰 행위는 무엇인가요?"). 특정행위에 관해 이야기 하는 것이 가장 중요한 목표나 행위의 속성을 향하는 다른 행위보다 더 의미 있는 과정을 생산하는 것처럼 보일지라도, 계층 네트워크의 기저에 있는 모든 행위들을 특징짓는 기능적 동일함이 모든 행위에게 진정한 의미를 부여한다. 이런 접근 방식을 취하면 내담자는 커다란 성취에서 뿐만 아니라 일상의 작은 순간에서도 만족을 발견할 수 있게 된다.

또한 반대와 구별 구성틀로 대안 행위를 파악하여 가변성을 만들어 낼 수도 있다. 예를 들어, 치료자는 "당신이 더 이상 이 활동을 할 수 없다고 상상해보세요. 당신이 할 수 있는 것으로_____[가장 중요한 목표]에 기여하는 다른 어떤 것이 있을까요?" 또는 "어떤 이유로 이 행위가 더 이상 만족을 주지 않는다면_____[행위의 속성]으로 당신은 다른 어떤 것을 할까요?"라고 물을 수 있다.

다음 대화에서 이런 접근 방식을 살펴보자.

치료자   무엇이 당신이 아내와 가까워지도록 도울 수 있을까요?
내담자   우리는 함께 잠깐의 휴가를 보낼 수 있겠죠. 휴가를 길게 갖지는 못해요. 아마도 짧게 여행은 다녀올 수 있을 거예요.
치료자   그것이 어떻게 가까워질 기회가 될까요?

치료자는 가장 중요한 목표와 계층적 연결을 확인한다.

내담자   여행은 그저 우리 둘 뿐이고, 둘이서 함께 여러 가지를 할 거예요.
치료자   그러니까 그것이 당신에게 의미가 있을까요?

치료자는 다시 가장 중요한 목표와 계층적 연결을 강하게 한다.

내담자   네, 그래요. 비록.... 그저 꿈일 수도 있지만요. 그게 가능할지 잘 모르겠어요. 우리는 돈이 조금 부족해요. 보다시피, 이것이 우리가 가진 확실한 문제죠. 다른 사람들처럼 휴가를 가서 함께 시간을 보낼 정도로 여유롭지가 않아요.

내담자가 선택한 행위는 실행하기 어려워서 아내와 가까워지는 것을 포기할 위험이 증가한다.

치료자   네, 어렵죠. 이해해요. 그러니까 휴가를 가는 것이 정말 엄청난 것이고 지금은 휴가가 가능할지 모르겠다는 것이네요. 휴가가 불가능하다면 아내와 가까워지기 위해 당신이 할 수 있는 것으로 다른 무엇이 있을까요?

치료자는 동일한 기능을 위한 대안 행위를 탐색하기 위해 구별과 유추 구성틀을 사용한다.

내담자   아마도 더 자주 외출을 할 수 있겠죠.
치료자   함께 외출해서 어떤 종류의 것들을 할 건가요?
내담자   영화보고. 저녁 먹고.
치료자   이런 것들이 아내와 가까워질 기회가 될까요?

치료자는 가장 중요한 목표와 계층적 연결을 확인한다.

내담자   네 그럴 거예요. 예전에 그런 것들을 함께 하는 것을 좋아했어요, 그러니까 예, 가능해요.
치료자   또 다른 것이 있을까요? 돈을 쓰거나 다른 어떤 계획을 세울 필요가 없이 집에서라도 할 수 있는 것이 있나요?

치료자는 상황에 상관없이 쉽게 접근할 수 있는 작은 활동들을 포함하도록 행위의 범위를 더 확장하기 위해 대등 구성틀("또 다른 것이 있을까요?")과 구별 구성틀을 다시 사용한다.

내담자   함께 음악을 들을 수 있어요.
치료자   좋아요. 당신이 쉽게 할 수 있는 건가요?
내담자   네. 해야 할 전부는 라디오를 켜는 것뿐인데요. 너무 바쁘고 각자의 일로 너무 많은 시간을 갖다보니 전혀 못한 것 같네요. 우리는 같이 음악을 들을 수 있을 것 같아요.

의미라는 계층 네트워크의 기저에서 가변성은 특정 목표에 도달하는데 성공하지 못한 시도도 포함한다. 예를 들어, 내담자는 연인과 친밀감을 발전시키기 위해 데이트를 선택할 수 있다. 이 특정 행위를 통해서 내담자가 친밀한 관계를 만들고 싶은 이상적인 사람을 만나게 될 거라는 보장은 명백하게 어디에도 없다. 그러나 데이트는 친밀감을 위한 행위 중 일부로 인정될 수 있다. 이런 방식으로, 이 정확한 행위가 내담자가 연인을 얻고자 하는 특정 목표를 달성하게 하는지 그렇지 않은지에 의해, 그 행위가 가진 의미를 제거하지 않는다. 이를 위해 치료자는 내담자에게 자신의 행위와 특정 목표 사이의 조건부 관계에 초점을 맞추는 대신에, 의미의 원천을 가진 계층적 관계를 강화하도록 돕는다. 다음 짧은 대화에서 이런 접근 방식을 살펴보자.

치료자 동료를 인정한다는 것을 더 보여 주기 위해 당신은 뭘 할 수 있을까요?

내담자 그들에게 일을 굉장히 잘하고 있다고 말할 수 있어요.

치료자 좋아요. 예를 들면 내일 동료에게 할 수 있을까요?

내담자 음, 그럴 수 있어요. 그러나 알다시피 지금 직장에서 제 평판이 두려워요, 제 말을 진정으로 받아들이지 않을 거예요. 그들의 기여를 인정하지 않는 건 아니에요. 하지만 전 너무 완벽주의자예요. 저도 알아요. 그래서 저는 너무 비판적이죠. 그들은 제가 솔직하다고 생각하지 않을 것 같아요. 그들의 작업에 관해 저가 잘하고 있다고 말하는 것에 그들은 익숙하지 않아요!

내담자는 자신의 행위가 동료들에게 잘 받아들여지려는 특정 목표를 이루는데 성공적이지 못할 것을 걱정한다.

치료자 잘 들었네요. 그래서 당신의 인정을 보여 주는 행위가 잘 받아들여질 것이라는 보장이 없다는 것을 의미하네요. 맞나요?

내담자 네.

치료자 당신의 말이 잘 받아들여지길 원하는 마음은 충분히 이해할 수 있어요. 하지만 그들이 일을 잘하고 있다고 말을 하는 목적이 뭐죠? 먼저 그것이 당신에게 왜 의미가 있나요?

치료자는 내담자가 자신의 행위를 스스로 발전시키려고 노력하는 속성과 연결되도록 돕기 위해 계층적 구성틀을 사용한다.

내담자   다른 사람들을 좀 더 인정하는 사람이 되고 싶어요. 제가 지금 빠져있는 비판의 악순환을 벗어나고 싶어요.

치료자   만약 당신이 그들에게 일을 잘하고 있다고 말한다면, 이는 보다 인정하는 방식이 될까요?

치료자는 다시 행위의 속성과 계층적 연결을 강하게 한다.

내담자   네. 그렇지만 그들이 저를 믿을 것이라 생각하지 않아요.

치료자   네, 그럴 수도 있어요. 그렇게 된다면 그것이 당신이 인정하지 않고 있다는 것을 의미하나요?

치료자는 인정하는 것이 내담자가 하려고 계획한 것과 내재적으로 연결된 속성인지를 탐색하기 위해 구별 구성틀을 사용한다. 만약 행위가 특정 결과와 상관없이 여전히 의미가 있다면 그것은 여전히 만족을 줄 수 있다.

내담자   아니요. 저는 정말로 그들의 작업을 인정해요.

치료자   그들이 당신을 믿지 않는다면 자신이 한 말을 후회할 건가요?

치료자는 구별 구성틀을 다시 사용한다.

내담자   음... 모르겠어요. 아마도 실망할 것 같아요. 하지만 그들이 저를 달리 보려면 시간이 필요하다는 걸 알아요. 그리고 적어도 저는 인정한다는 것을 더 보이려고 계속 노력할 거예요. 그리고 그들이 모를지라도 저는 이것이 진실임을 알잖아요.

특수한 경우에는 내담자가 의미의 원천과 연결되는 행위를 선택하지만, 전반적인 기능이나 다른 사람의 안녕에 부정적인 영향을 주기 때문에 문제가 되기도 한다. 예를 들어, 아주 사랑했던 배우자를 상실한 내담자는 배우자의 무덤에 머무르거나 주고받았던 편지를 읽고 배우자의 사진을 보면서 상당히 많은 시간을 보낼 수 있다. 이런 행위들은 '배우자에 대한 기억을 지키는' 가장 중요한 목표나 '신의를 가지는'이라는 행위의 속성을 위한 것으로 간주될 수 있다. 하지만 이런 행위들이 내담자 삶의 다른 중요한 영역과 단절을 만든다면 문제가 될 수 있다(예, 더 이상 친구 만나지 않기, 일과 여가에 투자 하지 않기, 아이들을 돌보지 않기 등).

이런 경우가 종종 '가치 갈등values conflicts'으로 언급되는 종류의 상황이다. 실제로 대개 갈등 그 자체가 아니라 삶의 유한함을 받아들이는 문제에 가깝다. 이런 유형의 상황에서 치료자는 내담자가 자신의 삶 속 다른 영역 및 다른 사람들의 안녕과 보다 양립할 수 있는 활동에 참여할 수 있도록 가장 중요한 목표나 행위의 속성에 기여하는 행위의 가변성을 확장하도록 돕는다. 다음의 대화에서 이런 접근 방식을 살펴보자.

치료자   창의성을 가지고 해볼 만한 것이 뭐가 있나요?

내담자   그림. 그림 그리기를 좋아해요. 주말에 몇 시간 동안 그림을 그려요. 앞으로 어떤 일이 일어날지 전혀 알 수 없지만 그 시간에는 제가 원하는 무엇이든 할 수 있을 것 같아요. 이것을 좋아해요. 창조의 끊임없는 과정이죠. 아내는 우리가 함께 시간을 보낼 수 있게 제가 다른 것도 하길 원해요. 저만의 시간을 너무 많이 보내는 건 사실이에요, 하지만 아내가 좋아하는 것들에서는 동일한 흥미를 발견할 수가 없어요.

치료자   어떤 종류의 것들을 그녀가 좋아하나요?

내담자   요리를 좋아하고 하이킹 같은 야외 활동을 좋아해요. 정말 나랑 안 맞죠.

치료자   아내가 좋아하는 것들을 하는 것에 흥미를 발견할 수 있다면 아내와 함께 더 많은 시간을 보내기가 쉬울까요?

내담자   네, 만약 약간이라도 아내가 좋아하는 것을 제가 좋아할 수 있다면, 때때로 전 그림 그리기를 멈출 수 있을 거예요.

치료자   그림 그리기가 당신에게 창의성을 발휘하는 아주 훌륭한 방법처럼 보이는군요. 예를 들어 요리하기에서도 창의성을 발견할 수 있을 것 같나요?

처음 약간의 대화에서 치료자는 내담자에게 스스로가 관심을 가지고 있는 행위의 속성과 아내가 하는 활동을 계층적으로 구성할 수 있는지 탐색하도록 초대한다.

내담자   음. 전혀 그런 식으로 생각해 본적이 없어요. 전 전혀 요리를 못해요. 그래서 요리를 할 땐 요리법을 따라하는 게 전부예요. 전혀 창의적일 수 없죠!

치료자   그림을 그릴 때 창의성을 발휘하기 위해 당신은 무엇을 하나요?

내담자   뭔가 다른 것을 해요. 그림을 그릴 때 제가 전에 결코 본적이 없는 것을 그리려

고 노력해요.

치료자　요리할 때 그렇게 할 수 있을까요?

치료자는 내담자가 아내의 활동에서 자신이 관심을 갖는 행위의 속성에 기여하는 구체적 행위를 탐색하도록 격려한다.

내담자　아마도 새로운 요리법을 찾아볼 수 있겠네요. 아내는 아마도 요리법을 개선할 방법들에 관한 아이디어를 가지고 있을 거예요. 아내 역시 창의적이거든요. 우리는 창의성을 표현하는 방법이 다를 뿐이에요.

치료자　그림 그리는 시간을 놓치지 않을 거라는 게 아니라...

내담자　네, 그림 그리는 걸 사랑해요. 하지만 아내 또한 사랑하니까 만약 창의적인 방식이라면 아내와 함께 요리를 하는 것도 재미있을 것 같아요. 아마도 그렇게 잘하지는 못하겠지만 재미는 있을 것 같아요.

지속가능한 동기 조성하기Fostering Sustainable Motivation

치료에서 RFT 원리를 이용한 동기 작업은 내담자가 행위와 그 행위의 멀고, 확률적이며, 추상적이며, 또는 숨겨진 결과 사이에 상징적인 다리를 건설하여, 이런 결과를 풍부하게 접촉하도록 돕는 것으로 구성된다. 즉시 실행에 옮길 정도로 충분히 매력적인 일부 행위들도 있겠지만, (적지 않는 의미가 있지만) 다른 행위들은 행위 자체가 환경 속에서 아직 존재하지 않는 것과 연결되어야 한다. 예를 들어, 연인관계를 강화하려 상대와 함께 외출을 결심한 내담자가 이를 행동으로 옮기는 것은 쉽게 동기 부여될 수 있다. 지속적인 만족을 발견하는 방법이 외출임을 파악하고 이어서 외출할 때마다 종종 빠르게 즐거움을 얻는 것만으로도 쉽게 동기 부여된다. 그러나 예를 들어 외출이 진정으로 의미가 있다하더라도 강도에게 습격당한 힘든 기억을 떠올리게 한다면, 외출을 시도하려는 동기는 손상될 것이다. 또 다른 경우 우울증으로 고통 받는 내담자는 자신에게 외출이 의미 있다고 파악하지만, 오랫동안 이 활동으로부터 얻을 수 있는 만족을 경험하지 못했을 것이다. 결과적으로 실제로 외출할 시간이 되면 하고 싶지 않은 느낌이 들고 자신에게 중요한 방향으로 나아가기 힘들어 한다. 상징적 연결을 정교하게 하도록 내담자를 유도함으로써, 즉각적이고 내재적인 강화의 속성을 지닌 행위의 기능으로 변형하는 것이 가능하다. 결과적으로 내담자가 실제로 이 행위를 수행할 가능성이 상당히 증가하고, 해당 행위를 하는 동안이나 이후에 만족을 발견할 가능성도 매우 증가한다.

실제 임상에서 동기 개발은 주요한 삼단계로 나뉘는데 행위 준비하기, 행위 실행하기, 행위 검토하기이다. 매 단계 마다 임상의는 내담자가 내재적인 강화 속성을 행위로 전달하는 그들 자신의 상징관계 네트워크 부분을 만들고 그리고 그 부분이 강력하게 되도록 돕는다. 외부결과 자체가 가진 영향력을 제한하기 위해 긍정적인 가장 중요한 목표와 행위의 속성을 향한 *방향*으로 존재하거나 움직이고 있는 과정에 특별히 주의를 기울인다. 이는 외부결과가 종종 행위 자체의 많은 외부 요인에 의해 영향을 받기 때문에 유용하다. 예를 들어 사회 불안으로 고통을 받는 내담자가 강연하기로 결심했을 때, 그녀를 움직인 동기가 청중들로부터 찬사를 받는 것이라면 자신 행위에 만족하지 않을 수 있다. 다른 사람들에게서 긍정적인 피드백을 받겠다는 목표가 잘못된 것은 아니지만, 이런 외부 강화에만 자신의 기대를 제한하게 되면 행위를 안정적으로 이끌 수가 없다. 한 가지 이유는 처음에는 숙련도 부족으로 청중들로부터 찬사를 받을 만한 수준의 강연이 아닐 수 있다. 그 결과 내담자는 강연을 즐기지 못하거나 다시는 강연을 하고 싶지 않을 수 있다. 반대로 계층 네트워크의 정점에 있는 의미의 원천과 행위를 연결하는 상징관계는 청중들의 생각과 상관없이 이 행위를 통해 만족을 받을 수 있도록 돕는다. 그다음에는 더 커다란 패턴의 의미 있는 행위를 구축하게 될 것이다. 예를 들어 만약 내담자가 '내가 최고의 강연을 못하고 있다는 것을 알지만 그래도 내 의견을 표현하고 있기 때문에 나에겐 중요해.'라고 생각한다면 강연하는 것을 더 좋아하게 될 것이고 다른 강연도 이어가게 될 것이다. 결국에는 외부 강화물이 따라올 것이지만 그동안 내담자는 성장하고 있을 것이다. 다음 단락에서 우리는 동기를 조성하고 유지하는 삼 단계 동안에 언어적 상호작용을 통해 사용할 수 있는 기법을 탐색할 것이다.

행위 준비하기|Preparing Actions

행위를 준비하는 동안 동기 구축은 주요한 두 가지 원칙으로 구성된다. 한편으로 치료자는 내담자에게 *강화를 증진*augment reinforcement하도록 격려한다. 즉 행위를 긍정적인 가장 중요한 목표와 행위의 속성으로 연결하게 한다. 다른 한편으로 치료자는 내담자가 행위에 대한 잠재적 장애물과 실패의 위험성을 고려하도록 돕는다.

다양한 유형의 상징관계가 사건을 변형할 수 있기 때문에 수많은 방식으로 증진을 성취할 수 있다(5장 참조). 예를 들어 내담자는 "나는 독립적일 수 있게 직업을 구할거야" (대등 구성틀), "나는 의존하고 싶지 않으니까 직업을 구할거야" (구별 구성틀), "나는 언니처럼 의존적이고 싶지 않으니까 직업을 구할거야" (비교 구성틀)라고 말할 수 있다. 이 모든 진술은 내담자가 실제로 직업을 구할 가능성을 증가시키지만, 첫 번째 진술은 정적 강화를 강조하는 반면 나머지 두 진술은 행위를 더 회피처럼 조성한다는 것에 주목하라. 행위 파악하기처럼(의미에 관한 이전 단락 참조), 우리의 언어 문제에서 증진이 정교화되는 방식도 중요하다. 이런 이유로 임상의는 내담자가 원치 않는 결과를 회피하거나 도피하기보다는 지속하는 만족과 접촉을 증가시키려는 방식으로 행위에 참여하려는 의도를 진술하도록 도와야만 한다. 구체적이고 느낄 수 있는 방식으로 증진이라는 중재를 언어화하는 것이 중요하다. 감각화되고 느낄 수 있는 동기는 추구 중인 결과를 만지는 것과 비슷하다. 예를 들어 사랑하기라서 의미가 있는 행위라면 증진은 만져지고, 안기고, 상대가 바라보고 소중히 여겨지는 것과 같이 사랑하고 사랑 받는 것이 어떻게 느껴지는지에 초점을 두어야만 한다. 순전히 지적이거나 추상적인 수준에 머무는 것은 거의 항상 동기를 주지 못한다.

행위를 수행하려는 의도를 공식화하는 것 또한 일관성을 효과적인 방식으로 사용하는 수단이다. 5장과 6장에서 내담자에게 자신의 생각을 평가할 때는 본질적인 진실보다는 효과성을, 자기감에 접근할 때는 경직성보다 유연성을 목표하도록 돕기 위해 일관성을 사용했음을 기억하라. 마찬가지로 동기 작업에서도 기존 관계 네트워크에 일치하는 방식으로 행동하는 경향을 내담자의 이득을 위해 활용할 수 있다. 만약 내담자가 "나는 매일 아침 아이들을 학교에 데려다 주겠어"라고 말했을 때, 자신이 말한 대로 한다면 관계 네트워크의 일관성을 유지하게 되겠지만 그렇지 못할 때 비일관성으로 인한 혐오적 느낌을 받게 될 것이다. 그러므로 행위에 전념하는 효과가 동기를 개선시켜 그 순간 충분히 매력적이지 않은 행위일지라도 참여하게 한다. 이는 대부분의 내담자에게 유용한데, 왜냐하면 여태까지 소홀히 해왔던 행위들이 일반적으로 경쟁하는 영향력의 원천에 의해 영향을 받기 때문이다. 금연에 전념하는 내담자는 대개 고통스러운 금단 감각을 경험하리라는 것을 알고 있다. 하지만 새로운 행위인 금연에 참여하려는 자신의 의도를 언급하는 것과 금연을 의미 있는 목적과 연결하는 것이 해로운 영향력의 원천으로부터 받는 충격을 줄일 수 있다. 치료자가 어떻게 내담자에게 강화를 증진하도록 도와 내담자의 강박 의식을 방해하는 행위를 준비하게 하는지 살펴보자.

치료자 그래서, 가족과 함께 하기 위해 당신은 무엇을 할 것인가요?

내담자 음, 정말이지 저녁 식사 시간에 아내와 아이들 옆자리에 앉는 것을 시작하고 싶어요. 하지만 나쁜 일이 일어나지 않았다는 것을 확신하기 위해 컴퓨터로 뉴스를 챙겨 봐야할 거라는 것을 알기에 그렇게 하려고 하니 너무 초조해요.

치료자 좋아요. 그러니까 두 가지 다른 행위들이 서로 경쟁을 할 거라는 거죠?

내담자 네. 뉴스를 확인하지 않고 저녁 식사 시간 내내 앉아 있을 자신이 없어요.

치료자 만약 당신이 실제로 저녁 식사 시간 내내 앉아 있다면 이것이 당신에게 의미하는 것이 뭘까요?

치료자는 계층적 구성틀을 통해 증진을 유도한다.

내담자 대박이죠. 2분마다 뉴스를 보려고 자리를 뜨지 않은 채 가족들과 저녁 식사 시간을 보낸 적이 언제인지 알 수도 없어요.

치료자 대박이라 엄청난 말이네요. 이는 거기에 중요한 뭔가가 있을 것이라고 생각하게 만드는군요. 그것이 당신에게 무엇을 의미인지 좀 더 얘기해 줄 수 있나요?

치료자는 의미의 원천을 보다 분명하게 파악하기 위해 더 정교한 증진을 유도한다.

내담자 그건 제가 아이들과 함께, 아내와 함께 한다는 걸 의미하죠. 우리가 한 가족이란 걸 의미하고 뭔가를 공유한다는 걸 의미해요.

치료자 그러니까 당신에게는 공유하는 것이 중요하군요. 당신이 가족들과 함께 그리고 가족들이 당신과 함께 공유를 하는 그때 그 순간을 어떻게 느끼는지 얘기할 수 있나요? 가능한 신체적 방식 또는 감정적인 방식으로 표현해 보세요.

내담자 어떻게 느끼냐구요? 음... 마음에 떠오르는 것은 마치 제가 안겨있거나 누군가를 안고 있는 것처럼 느껴지는 것 같아요. 포옹처럼요.

치료자 그러니까 당신은 저녁 식사라는 포옹을 원하는군요.

내담자 (웃으면서) 너무 좋을 것 같군요. 아주 큰 것은 아니지만 아내는 매우 행복해할 거예요. 더 함께 하기 위해 제가 진정으로 노력하고 있다는 것을 아내에게 정말로 보여 주고 싶어요. 그리고 그녀와 함께 한다는 것으로 그녀의 존재를 다시 느끼고 싶어요. 아이들도 역시. 단체 포옹하는 것처럼!

치료자 (웃으면서) 그러면 뉴스를 확인하는 것과 가족과 함께 하는 단체 '저녁식사 포옹' 중 어느 것이 보다 중요하고 더 활력 있고 더 고양되는 일인가요?

치료자는 경쟁하는 행위의 의미를 평가하기 위해 비교 구성틀을 사용하고 친밀함이란 속성에 초점을 맞추기 위해 의도적으로 은유에서 나온 감각적 언어를 사용한다.

내담자	글쎄, 그렇게 말한다면, 확실히 가족이죠. 몸과 마음을 다해서 그들을 안는 거죠. 그들과 함께. 하지만 저녁 식사 시간이 되는 순간, 알다시피, 뉴스 확인을 저항하기 어려워요.
치료자	다른 것을 한다는 게 어렵다는 걸 충분히 이해해요. 아마도 잠깐 동안 이 대안적인 선택을 거의 맛볼 수 있을 거예요. 제 말이 이해가 되나요? 마치 다른 두 종류의 음식을 두고 선택하기 전에 맛볼 수 있는 것과 같아요. 이 상황에서 어느 곳이 더 다양한 삶을 위한 곳인가요? 어떤 것이 가장 맛있나요?

치료자는 내담자가 의미의 원천과 계층적 연결을 향하도록 방향을 바꾸고 다시 감각적 은유를 사용해서 더 깊은 느낌을 향하게 인도한다.

내담자	가족과 함께하기. 가족을 사랑하기. 내 관심을 그들에게 보이기예요. 뉴스 확인은 단지 제가 해야만 하기 때문에 하는 거죠.
치료자	당신은 이 자리에 앉아 있습니다. 그래서 무엇을 할 건가요? 이미 대안적인 선택의 맛을 보았죠. 당신은 무엇을 할 건가요?

치료자는 동기를 증가시키기 위해 일관성의 긍정적 효과와 감각적 은유를 활용하여 내담자가 자신이 하려는 행위를 진술하도록 초대한다.

내담자	가족들과 머무를 수 있다면 뭐든지 할 겁니다... 단체 포옹처럼!

이 대화에서, 내담자가 선택한 행위를 수행하는데 실패에 관한 염려를 하고 있다는 것을 알 수 있다. 일어날 수 있는 실패를 예견하는 것이 행위를 준비하는데 있어 중요한 부분이다. 일부 내담자는 실패에 대한 두려움으로 행위에 전념하는 것을 망설이는 한편 다른 내담자들은 행위를 실행할 수 있다는 생각만 하고 잠재적 장애물을 고려하지 않는다. 원래의 목적이 보다 큰 만족에 접촉하는 것이기에 비현실적인 전념은 행위를 오히려 혐오적인 경험으로 바꿔버려 문제가 된다. 이런 이유로 내담자를 부드럽게 도전하고, 장애물들을 다룰 수 있도록 준비되었다고 확인하는 것이 유용하다. 이를 위해 우리는 5장에 제시된 해로운 영향력의 원천을 알아차리고 극복하기 위한 기법을 사용할 수 있다 (즉, 관찰/기술/추적, 정상화와 효과성 그리고 반응 유연성을 통한 기능적 감각 만들기). 우울증을 겪고 있는 내담자와 이뤄진 다음의 대화에서 이 접근 방식을 관찰해 보자.

치료자   이번 주 계획이 어떻게 되나요?

내담자   예전 생활로 정말 돌아가고 싶어요. 그래서 매일 아침 일찍 일어나서 체육관에 다시 다니고 직장에도 정시에 출근할 거예요. 좋은 시작이 될 것 같아요.

치료자   이것이 당신이 소중하다고 여기는 것과 일치 하나요?

내담자   예, 다시 평소 일정으로 돌아가서 제가 하는 일들을 다시 즐기고 싶어요.

치료자   네, 아주 좋아요! 이것이 당신이 원하는 것이라는 걸 이해하겠어요. 그런데 이전에 계획 세운 것을 실제로 실천을 하는데 종종 어려움이 있었다고 얘기를 했어요. 맞나요?

치료자는 잠재적 장애물을 관찰하도록 유도한다.

내담자   예, 그렇지만 이번에는 정말로 할 수 있을 동기가 생긴 것 같아요.

치료자   동기는 확실히 도움이 됩니다. 다만 제가 뭔가를 한 번 제시해 보고 싶은데요. 당신이 다시 체육관을 가거나 직장에 출근을 할 때 발생할 수 있는 어려움에 관해 잠시 생각을 해보는 순간을 가져보는 건 어떨까요?

내담자   좋아요.

치료자   뭐가 방해를 할 수 있을까요?

치료자는 내담자가 잠재적 장애물에 대해 기술하고 반응을 추적하도록 유도한다.

내담자   일어났을 때 너무 피곤해서 더 이상 체육관에 가고 싶지 않게 될 위험이 있네요.

치료자   좋아요. 그 외 다른 건요?

치료자는 추가적으로 내담자가 잠재적 장애물에 대해 기술하고 반응을 추적하도록 유도한다.

내담자   아마도 전 첫 날 체육관에 가도록 노력할 거예요. 그러나 그 첫 날 만약 출근을 지각한다면, 다음날부터 시간이 없다고 생각해서 체육관에 가기 싫어질 것 같아요.

치료자   좋아요. 이 두 가지 잠재적 어려움들을 잠시 살펴볼까요. 어떤 지점에서 당신을 서로 다른 방향으로 끌어당기는 경쟁이 있는 것 같아요, 그런가요? 한편으로는 체육관에 가고 싶고 다른 한편으로는....

치료자는 대안적인 행위들을 관찰하도록 유도한다.

내담자 계속 자고 싶어요! 전 이미 그렇게 될 거라고 예상할 수 있어요.

치료자 이럴 경우 어떻게 다르게 할 수 있을까요? 어떻게 하면 잠을 더 자는 대신 체육관으로 가게 할 수 있을까요?

치료자는 증진을 유도한다.

내담자 자신을 충분히 동기 부여 할 수 있다면 되지 않을까요?

치료자 동기 부여를 어떻게 충분히 할 수 있을까요?

치료자는 내담자가 더 구체적으로 증진하기를 강화하도록 돕는다.

내담자 그것이 중요한 이유를 생각할 수 있다면. 다만 그 순간에는 생각하기가 힘들어요. 피곤할 거라는 걸 알아서....

치료자 그래서, 체육관에 가라고 하는 목소리를 듣기는 더 어려울 거예요. 그죠?

내담자 예.... 체육관에 다시 간다는 계획은 약간 순진했던 것 같아요.

증진이 감소하고 해로운 영향력의 원천은 내담자의 결정을 점령하기 시작한다.

치료자 왜 그렇게 얘기하죠?

내담자 음... 단지 다시 체육관을 다시 다니고 싶다고 말하는 것과는 달리 실제로는 더 어려울 것 같아요.

치료자 그래서 지금 계획을 바꾸고 싶어졌나요?

내담자 네....

치료자 아침에 일어났을 때의 상황과 정확히 동일한 상황 속에 당신이 지금 있다는 것이 흥미롭네요. 당신은 체육관에 가는 계획을 세우고 싶지만 다른 한편으로 당신이 그것을 할 수 없을 거라고 얘기하는 목소리가 있어요, 맞나요?

치료자는 유추 구성틀을 사용해서 현재 상황과 선택한 활동에 참여하려고 시도할 때 발생할 상황 사이의 기능적 동일성을 내담자가 알아차리도록 돕는다. 이것은 치

료실에서 효과적인 행동을 조형할 기회이다(5장 참조).

내담자 예, 정확해요.

치료자 체육관을 가기로 선택한 이후 한 시간 뒤와 침대에 있는 것으로 계획을 바꾼 후 한 시간 뒤에 어떻게 느끼는지를 알아보는 시간을 잠시 갖겠습니다. 이 두 순간을 차례대로 그릴 수 있는지를 보고 감정이 스며들 수 있도록 잠시 시간을 갖겠습니다.

치료자는 비교 구성틀을 통해 강화를 추가적으로 증진하도록 유도한다.

내담자 만약 체육관을 갔다면 몸도 마음도 만족을 느꼈을 거예요. 대신 침대에 머물렀다면 좌절감을 느꼈을 거예요. 머릿속은 비판적인 생각과 자기비난으로 가득 찰 거예요. 거기 있었어야 했어. 그것을 했어야 했어. 더 나은 것을 할 때야.

치료자 음 '체육관 목소리'와 '침대 목소리' 둘 다 설득력이 있지만 당신의 경험은 한 가지가 당신이 원하는 것에 더 가깝다고 제시하는 것 같군요. 어떤 것이 더 중요한가요?

치료자는 두 가지 선택의 결과인 대안적인 경험을 추적하도록 유도한다.

내담자 하! 제 경험은 한 발 물러서서 봤을 때 정말 일관적이에요. 체육관에 가는 것이 제가 정말로 원하는 것입니다.

치료자 좋아요, 그러면 내일 아침에 일어났을 때 어떤 일이 일어날 것 같나요?

치료자는 치료실 밖 내담자의 삶에 기능적 일반화를 유도한다.

내담자 어려울 거예요. 아마도 더 이상 체육관 목소리를 듣지 못하고 경험은 멀어질 거예요.

치료자 당신이 원하는 것에 접촉하기 위해 무엇을 할 수 있을까요?

치료자는 치료 회기 밖에서 강화를 증진하기 위한 전략을 유도한다.

내담자	왜 그것이 중요한지를 기억해야 해요. 내 직감을 믿어야 해요.
치료자	당신의 직감이 무엇인가요? 왜 그것이 중요한가요?

치료자는 증진을 강화시키기 위해 의미의 원천과 연결된 계층적 연결을 더 정교화 하도록 유도한다.

내담자	전 진짜 더 건강하게 살고 싶어요. 더 건강한 모습을 만들고 싶고. 다시 내 몸을 느끼고 싶고. 살아있음을 느끼고 싶어요.
치료자	체육관을 가야할 시간이 됐을 때 그것들과 연결할 방법이 있나요?

치료자는 치료 회기 밖에서 증진을 위한 전략을 다시 유도한다.

내담자	잘 모르겠어요...
치료자	아침에 일어났을 때 이것의 중요함을 상기시킬 방법이 있나요? 당신이 하거나 말하거나 볼 수 있는?

치료자는 비지시적인 방식으로 내담자가 증진 전략을 탐색하도록 돕는다.

내담자	아마도 침대 탁자에 메모를 할 수 있을 거예요.
치료자	그래요? 뭘 쓸 수 있나요?
내담자	내가 원하는 것. 체육관에 가는 것이 왜 중요한지. 진심으로 기록할 수 있어요.

내담자는 가장 중요한 목표에 연결되며 알아차리기 쉬운 단서를 사용해서 전략을 만든다. 이는 종종 외부 단서 없이 증진할 수 있는 좋은 전 단계이다.

이 삽화에서, 내담자가 무엇을 선택해야 하는지 말하지 않고 의미의 원천을 추적하는데 도움이 되는 어려움을 알아차리는 것이 흥미롭다. 어느 지점에서, 내담자는 포기하려고 하고 치료자는 내담자의 원래 결정으로 돌아가도록 도와주려고 하는데 이때 단지 이 행위가 가지는 의미에 관한 질문들을 통해서만 도우려 한다. 결국 내담자에게 의미 있는 것을 말할 수 있는 사람은 내담자 자신뿐이다.

의미 있는 활동은 대부분 치료실 밖에서 가능하기에, 행위를 실행하도록 내담자를 돕는 방법은 행위를 준비하는 동안 이뤄지는 작업과 일정부분 겹친다. 앞선 단락의 마지막에서 보았듯이, 이 작업은 특히 선택된 행위에 참여할 시간이 되었을 때 가장 중요한 목표와 행위의 속성을 구축하고 접촉하도록 내담자를 준비시키는 것으로 구성된다. 하지만 치료실에서도 진정으로 의미의 원천에 기여하는 행위에 이런 기술을 실습하는 것이 가능하다. 예를 들어 자신의 대인관계에 친밀감을 더 발전시키고 싶은 내담자는 다른 사람들과 더 많은 감정 공유를 선택할 수 있다. 그러므로 이 행위는 치료실에서도 유용한 동기 부여 과정을 훈련할 기회를 제공하면서 치료 관계의 맥락에서도 이뤄질 수 있다.

하나의 행위를 실행하는 동안 내담자가 즉각적인 만족을 발견하고 참여를 지속하도록 돕기 위해 두 가지 주요 과정을 표적으로 할 수 있다. 첫 번째 과정으로 임상의는 의미 있는 행위의 광범위한 패턴을 파악하는 과정에서 활용한 기법과 유사한 기법을 사용하여(이 장의 앞부분 참조), 내담자가 현재 하고 있는 참여를 긍정적인 가장 중요한 목표와 바람직한 행위의 속성과 연결하도록 돕는다. 두 번째 과정으로 내담자가 의미 있는 삶의 방향과 일치하는 행동을 하는 동안 나타나는 실제 경험(신체 감각, 생각, 감정)을 알아차리도록 도울 수 있다.

비록 증진이 이미 준비 과정에 포함되었지만, 행위를 실행하는 과정 동안에는 내담자가 지금 구체적인 노력을 하는 것이며 그리고 영향력의 경쟁적 원천이 보다 명확하기 때문에 목적에서 약간 차이가 난다. 따라서 핵심은 현재 행위에 내재적 강화 속성을 제공하는 상징관계를 내담자가 강하게 만들도록 돕는 것이다. 이렇게 하면 행위를 수행하기 어려운 경우에도 이탈하려는 촉박감을 있는 그대로 보게 된다.

때때로 내담자는 행위를 실행하면서 내적 동기 보다는 외적 동기에 보다 초점을 둔다. 동기의 외적 원천 역시 유용하지만, 행위에 지속적으로 참여하기가 오로지 외부 변수에만 좌우되지 않음을 확실히 보증하기 위해서 만족의 내적 원천과 연결시키는 것도 중요하다. 이런 경우에 치료자는 외부 결과가 가져오는 만족을 감소시키지 않으면서 내담자의 주의를 계층적 네트워크의 정점으로 부드럽게 이끈다. 다음의 짧은 예시에서 이런 접근 방식을 살펴보자.

치료자 당신은 평소보다 더 제 생각에 관해 묻고 듣는 것 같군요.

내담자 예, 다른 사람들과 상호작용이 더 능숙해진 것 같아요. 오늘 당신이 하는 말에 더 주의를 기울이고 들으려고 노력하고 있어요. 힘들지만 이 방법으로 제가 변

할 수 있음을 아내가 알게 될 것 같아서 행복해요.

내담자는 외부 결과(아내의 반작용)에 집중하고 있다.

치료자   네, 당신이 변할 수 있음을 아내에게 보여 주는 것이 중요하죠. 전 진전을 이루
는 것이 얼마나 만족스러울지 알 수 있어요. 그런데 다른 사람에게 더 경청하는
것이 왜 당신에게 특별히 중요한가요?

치료자는 의미의 내적 원천과 계층적 연결을 유도한다.

내담자   저는 상호 연결과 이해를 통해 더 나은 상호작용으로 발전하고 싶어요.

내담자는 행위를 가장 중요한 목표와 행위의 속성과 연결한다.

치료자   그리고 오늘 저와 함께 한 상호작용 방식이 상호 연결과 이해를 위해 행해진다
고 말할 수 있을까요?

*치료자는 내담자의 행위와 그 행위가 가지는 의미 있는 목적 사이의 연결을 강화하
도록 유도한다.*

내담자   나아지고 있는 것 같아요. 기분이 좋아요. 당신도 아는 것처럼 역시 변화하는 것
은 어려워요.[37]

증진에 더하여 내담자에게 행위 실행하기와 관련된 경험, 특히 의미 있는 방향에 참
여하는 만족을 반영하는 경험을 관찰하고 기술하도록 권장된다. 그렇게 하면 행위의 내
재적인 강화 속성을 증가시키고 내담자가 참여를 지속하도록 돕는다. 앞선 대화에서 이
어지는 다음 대화에서 이 기법을 살펴보자.

---

[37] 치료자 또한 그들 사이에 있었던 상호작용의 속성에 관한 치료자의 인상을 공유할 수도 있지만 이 맥락에서 목
표는 중요한 것에 대한 내담자 자신의 감상과 연결하는 그의 능력을 증가시키는 것이다. 따라서 이 순간에 외부 강화
를 추가하지 않는 것이 타당해 보인다.

치료자   당신이 만들고 있는 이 진전에 관해 얘기하고 있는 지금 느낌이 어떤가요?

치료자는 의미 있는 행위와 연결된 경험에 관한 관찰/기술을 유도한다.

내담자   글쎄요, 저가 경청하는 것이 익숙하지 않아 어렵다는 것을 당신도 알잖아요. 전 항상 말을 많이 하죠. 지금도 중간에 끼어들어 당신 말을 가로막고 싶은 촉박감을 느껴요.

치료자   그렇게 하지 않을 때 어떤 기분인가요?

치료자는 추가적인 관찰/기술을 유도한다.

내담자   제 생각에 처음엔 당신보다 항상 앞서 나아가고 싶었기 때문에 약간 불안했어요. (멈춤)

치료자   그리고 바로 지금 당신은 더 나아가기 전에 기다렸네요, 그렇죠?

치료자는 추적을 유도한다.

내담자   예, 당신이 대답할 기회를 주려고 했어요, 그렇지 않으면 몇 시간이고 제가 얘기를 할 수도 있어요!

치료자   오! 그런 여유를 줘서 고마워요! (멈춤) 그래서 지금 느낌이 어떤가요?

치료자는 의미 있는 행위와 연결된 경험에 관한 관찰을 유도한다.

내담자   뭐 의식적이긴 한데 당신이 아는 것처럼 약간 행복해요.

치료자   그래요? 지금 행복을 느낀다는 건 어떤 건가요?

치료자는 추가적인 관찰/기술을 유도한다.

내담자   살짝 흥분되네요.... 마치 제가 중요하다고 말했던 것을 실제로 할 수 있는 것처럼. 자신을 책임질 줄 안다는 것이 정말 기분 좋아요.

동기 부여라는 치료 작업의 마지막 요소는 내담자가 행위를 실행한 이후에 그 행위를 검토하는 것으로 구성된다. 이 과정에서도 역시 행위를 긍정적인 가장 중요한 목표와 행위의 속성과 연결하는 데에 특별한 주의를 기울인다. 검토의 목적은 행위를 바람직한 결과와 더 확실하게 연결되도록 만들어서 내담자가 그 행위를 다시 할 가능성이 증가되도록 좀 더 특별하게 보증하는 것이다. 다시 말해 강화 효과를 만들어 내는 것이다. 효과적인 행위의 완성 그 자체만으로는 행위와 중요한 결과 사이의 접촉을 충분히 보증할 수 없기 때문에, 내담자의 관계 구성(즉, 언어)에 의해 결과들이 구성될 때가 결정적인 순간이 된다. 내담자가 개발한 상징 연결의 유형에 따라 매우 유사한 행위가 만족이 될 수도 실망이 될 수도 있다. 예를 들어 자기 비판적인 경향의 내담자는 자신이 만든 진전을 무시하기가 쉽고 그래서 실제로 생성된 긍정적인 결과의 기능적 효과를 저하시킬 수 있다.

이 장의 이전 단락에서처럼, 여기에서 채택된 RFT 치료 전략은 행위를 긍정적인 가장 중요한 목표와 행위의 속성과 연결하는 것으로 구성된다. 치료자는 내담자가 만든 현재 평가를 제거하려고 하는 대신 영향력의 다른 해로운 원천 위에 상징적 다리를 건설하는 증진을 향해 이동하도록 내담자를 격려한다. 다음 짧은 대화에서 이런 접근방식을 살펴보자.

치료자   그래서 어떻게 됐나요?

내담자   음, 좋았어요. 계획했던 대로 전화를 했더니 좋았어요.

치료자   지난주 이런 결정을 내릴 때, 이는 당신에게 상당히 큰 움직임 같았어요.

치료자는 행위와 의미의 원천 사이 연결을 유도한다.

내담자   예.... 맞아요. 지금은 그게 그렇게 큰 움직임인지는 잘 모르겠네요. 그러니까 제 말은 대다수의 사람들에겐 전화를 건다는 것이 사실은 그렇게 큰일은 아니라는 거죠. 모든 것을 두려워하는 저 같은 사람들에게나 어려운거죠. 제가 그렇게 한 건 기쁘지만 당신이 아는 것처럼 축하받을 일은 아닌 것 같아요...

치료자   그것이 큰 움직임이든 작은 발걸음이든 상관없이, 저는 당신이 전화를 할 때 가고자 했던 방향에 관해 궁금하네요.

치료자는 작은 행위에도 의미를 전달하는 계층적 구성틀을 강조한다.

내담자   제 인생을 좀 더 책임지려고 노력했어요.

내담자는 행위를 가장 중요한 목표와 연결하기 시작했다.

치료자   당신이 '노력했다'고 말하는 것이 흥미롭네요. 실제로 전화를 했나요?

내담자   맞아요! 너무 초조했어요. 목소리는 떨렸고 웅얼거리지 않은 채로는 겨우 두 마디만 할 수 있었어요. 훌륭한 경험은 아니었다고 말할 수 있어요. 전 분명히 그것을 했지만 저를 특별히 행복하게 만들진 않았어요.

치료자   전 당신이 그런 어려움을 겪으면서도 전화를 할 수 있었다는 것에 꽤 감명 받았어요. 분명히 힘들었을 텐데 당신은 버텼어요.

내담자에게 있어 전화통화 동안 겪은 힘든 경험이 이 행위의 잠재적 강화 속성을 약화시킬 수 있다. 따라서 치료자는 내담자가 겪은 힘든 경험을 중요한 성취의 신호로 구성한다.

내담자   예, 저는 정말로 그것을 안 하고 싶어졌기 때문에 스스로에게 동기 부여를 해야만 했어요.

치료자   목소리가 떨리고 웅얼거리는 것뿐만 아니라 그만두고 싶은 촉박감도 있었나요?

내담자   네.... 좋은 경험이 아니었어요.

치료자   오히려 더 인상적이네요. 힘들었는데도 그것을 하게 한 동기가 무엇이었는지 궁금하네요.

치료자는 증진을 유도한다.

내담자   제가 어떻게 변화하고 싶은 지에 관해 생각했어요.

치료자   당신의 삶을 더 책임지는 것에 관해서?

내담자   네. 더 독립적으로. 더 책임지는.

치료자   그리고 전화를 거는 것이 당신을 더 독립적으로 만드는 일련의 행위들 중 일부였나요?

치료자는 계층적 구성틀을 사용해서 증진의 더 정교한 형태를 유도한다.

내담자   예. 작지만 솔직히 저는 혼자서 이런 일들을 책임져 본적이 결코 정말로 없어요.

치료자   더 책임을 진다는 건 어떤 느낌가요?

치료자는 의미 있는 행위와 연결된 경험의 느낌에 관한 관찰/기술을 유도한다.

내담자   음... 달라요. 두려워요.

내담자는 여전히 행위의 강화적 속성과 접촉되지 않는다.

치료자   여전히 당신의 삶에서 그것을 원하나요?

내담자가 여전히 강화와의 접촉을 방해하는 평가의 영향을 주로 받고 있는 듯 보이기 때문에, 치료자는 내담자가 이 행위의 의미를 공식화하도록 계속해서 격려한다.

내담자   네. 그것이 더 쉬워지길 그저 원해요.

치료자   그렇군요, 이해할 수 있어요. 다른 사람들을 보며 "와, 그들에게는 정말 쉬운데! 왜 나한테만 이렇게 어려운거야?"라고 생각하는 것은 괴로운 일이에요. 그죠?

치료자는 힘든 경험을 정상화한다.

내담자   정확해요!

치료자   당신이 말했듯이 그들에겐 별일 아니에요.

내담자   네.

치료자   그리고 당신에겐 어렵지만 중요한 일이죠?

치료자는 의미의 원천과 계층적 연결을 다시 유도한다.

내담자   바로 지금 가장 중요한 일이에요.

치료자   어렵지만 인생에서 중요한 무엇을 하는 느낌이 어때요?

치료자는 의미 있는 행위와 연결된 경험에 관한 관찰/기술을 유도한다.

내담자　　그것은 음... 좋아요. 그게 맞는 것 같아요.

이 대화에서 치료자는 그동안 내담자가 지속하는 만족과 접촉하는 것을 방해해온 평가의 기능을 어느 정도 변형시키려는 시도를 다시 한다. 내담자는 여전히 행위에서 만족을 발견하기 어려워하지만, 전화 통화가 내담자에게 얼마나 의미가 있는지를 인식함으로써 진전이 이뤄지고 있다. 의미의 원천을 향하는 행위 이후에 이런 종류의 대화를 추가적으로 함으로써 내담자는 자신이 만들고 있는 작은 발걸음의 진가를 더 잘 이해할 수 있게 될 것이다.

다른 경우에는 내담자가 행위를 수행한 후에 만족을 느끼지만, 대부분 특정 목표(예, 새 직장 얻기, 결혼, 학위 취득)에 행위를 연결한다. 앞선 설명처럼 특정 목표들은 종종 다시 달성 될 수 없거나 처음 달성됐을 때와 동일한 만족을 주지 못하기 때문에 내담자의 이런 동기의 원천이 소진될 위험이 있다. 유사하게 내담자들은 대부분 행위의 완료를 혐오적 경험의 제거나 다른 사람들의 인정에 연결시켜서 행위의 더 깊은 의미를 변경시킬 수 있다. 이런 일이 발생하면 치료자는 내담자가 행위와 의미의 내재적 원천 사이 계층적 연결을 더 정교화 하도록 돕는다. 다음의 짧은 대화에서 이런 접근 방식을 살펴보자.

내담자　　이번 주에는 출근을 할 수 있어서 정말 기쁩니다. 제가 믿음직한 사람이라는 걸 상사에게 보여줄 수 있어서 정말 멋졌어요. 상사도 저의 진가를 알아차린 것 같아요.

내담자는 자신의 행위를 상사의 인정과 연결한다. 원칙적으로는 이것이 바람직한 결과일 수 있지만 상사는 내담자가 출근을 할 때마다 매번 호의를 보이지 않을 것이기 때문에 만족의 제한된 원천이다. 따라서 첫 주의 흥분이 지나갔을 때 동기는 사라질 것이다.

치료자　　당신이 출근을 할 수 있어서 저는 매우 기뻐요. 그것이 당신에게 얼마나 의미가 있나요? 그 안에 있는 중요한 것이 무엇일까요?

치료자는 의미의 원천과 계층적 연결을 유도한다.

내담자   매우 의미가 있어요. 지금까지 계속 끔찍했어요. 출근을 하지 않는 건 존재하지 않는 것과 같았어요.

이번에 내담자는 자신의 행위를 혐오적 경험의 제거에 연결한다. 이것이 동기의 원천이 될 수는 있지만 긍정적 만족을 전달해 주지는 못한다.

치료자   그리고 정확히 출근하는 것에 어떤 의미가 있나요? 그 안에 무엇이 있나요?

치료자는 의미의 원천과 보다 정교한 연결을 유도한다.

내담자   전 이 일에 정말 관심이 많아요. 우리는 경제적으로 어려운 사람들을 정말 많이 도울 수 있었고 제가 집중했을 때 그들을 위해 꽤 일을 잘해요. 그들을 위해 그곳에 있고 싶어요.

많은 사례에서 내담자들은 계획했던 행위들을 실행할 수 없었다고 치료실에서 말한다. 이런 유형의 상황에서도 검토가 필요하고 이런 상황이 4장과 5장에서 제시한 것과 같은 적절한 평가 과정을 이용해서 방해하는 것을 분석할 아주 훌륭한 기회를 실제로 제공한다. 만약 영향력의 다른 원천이 내담자의 행동을 지나치게 통제하는 경우에(예, 회피로 이어지는 자신에 대한 감정이나 평가) 임상의는 기법을 사용해서 그들의 영향을 변경시킬 수 있다(5장과 6장 참조). 만약 내담자가 행위와 연결된 만족의 원천에 충분히 접촉을 못하고 있다면, 치료자는 이전 두 단락에서 보았듯이 행위 완성 전과 행위 완성 동안에 동기를 증가시키기 위해 강화를 증진하도록 내담자를 돕는다. 이번 장의 마지막 대화가 이 과정을 보여줄 것이다.

임상 예

의미와 동기를 구축하기 위해 깊이 있게 적용된 모든 원리를 대화록 하나로 보여 주기는 불가능하다. 대신 내담자가 지난 회기 마지막에 전념하기로 했던 행위를 실행할 수 없었다고 보고하는 동안 중요한 장면을 연속적으로 보여 주고자 한다. 이 같은 순간에 치료자는 의미 과정과 동기 과정 둘을 활용해서 의미의 원천과 내담자의 연결을 강화하고 내담자가 효과적인 행위에 재전념하도록 격려한다. 우울증으로 고생하는 32세 여성과 이뤄진 대화이다.

치료자   자, 지난 시간에 당신은 적어도 하루 저녁은 친구와 함께 보내기로 했었지요. 어디에서 그것을 하셨나요?

내담자   못했어요. 완전한 실패였어요. 바로 직전에 취소했어요. 하지만 솔직히, 이게 더 나은 것 같아요.

치료자   당신은 실망감과 안도감이 동시에 있는 것 같군요...

내담자   그런 것 같아요. 그렇게 하지 않아서 비참해요... 알다시피... 저 자신과의 약속을 지키지 않았어요. 하지만 취소를 하지 않았다면 아마도 저는 더 심하게 안 좋았을 거예요.

치료자   어느 쪽이든 만족스러운 한주가 되지는 않았을 거라고 느끼는 것 같군요. 하지만 당신은 친구와 저녁을 보내기로 결정했어요. 그것이 당신에게 중요했나요?

치료자는 의미의 원천과 계층적 연결을 유도한다.

내담자   그래요, 예... 하지만 그날 밤에는 그렇게 하고 싶지 않았어요. 결국 우리 둘 어느 쪽도 행복할 거라고 생각되지 않았어요.

치료자   당신이 그럴 기분이 아니었을 때 친구와 저녁을 보내고 싶지 않았을 거라고 이해할 수 있어요. 그런데 만약 당신이 친구와 저녁을 보냈다면 왜 그렇게 했을까요? 무엇이 목적이었을까요?

치료자는 장애물로 지각된 경험을 정상화하고 의미의 원천과 계층적 연결을 다시 유도한다.

내담자   저는 다른 사람들과 교류하고 싶어요.

내담자는 가장 중요한 목표를 공식화한다.

치료자   네 알죠. 전에 그것에 대해 얘기를 나눴으니까요. 하지만 다시 그것에 대해 더 듣고 싶어요. 왜냐면 당신도 알다시피 우리가 인생에서 원하는 것이 때로는 바뀔 수도 있으니까요. 그러면, 다른 사람들과 교류를 하는 것이 여전히 당신에게 중요하다고 말할 수 있나요?

치료자는 가장 중요한 목표가 여전히 동기의 원천일 수 있는지를 탐색한다.

내담자   네, 네. 절대적으로 그래요. 혼자 있고 싶지 않아요. 뭔가를 공유하고 싶어요. 전 아파트에서 너무 오랫동안 혼자 반추만 해왔어요. 이젠 다른 사람들의 말을 듣고 싶어요. 다른 사람들에게 말을 하고 싶어요.

치료자   친구와 저녁을 보내는 것이 그런 기회가 될 수 있을까요?

치료자는 행위를 가장 중요한 목표와 연결하는 증진을 유도한다.

내담자   네. 확실히 그래요.

치료자   그렇지만 뭔가가 방해를 하죠, 그렇죠?

치료자는 행위에 장애물로 지각되는 경험에 관한 관찰을 유도한다.

내담자   예... 여기 치료실을 떠날 때는 변하고 싶은 동기 부여가 되지만, 막상 할 때가 되면 알다시피 그렇지가 않아요. 암담한 것들이 생각나고 더 이상 밖으로 나갈 이유가 보이지 않아요.

치료자   당신에 중요한 것들과 연결이 끊어지나요?

내담자   네.

치료자   그렇지만 여전히 중요한가요?

내담자   네. 단지 그 순간에는 충분히 동기 부여가 되지 않는 것 같아요.

이 대화에서 내담자는 자신이 추구하려는 가장 중요한 목표와 자신의 행위 사이의 연결이 부족하다는 것을 알아차린다.

치료자   당신이 중요한 것과 접촉하는데 무엇이 도움이 될까요? 생각과 느낌이 방해를 할 때에도 이 단계를 할 수 있게 무엇이 도움을 줄 수 있나요?

치료자는 치료 회기 밖에서 강화를 증진하는 전략을 유도한다.

내담자   집에 머무는 것 보다 친구와 있는 게 저에게 더 좋다는 것을 기억할 수 있다면.

치료자   어떻게 하면 그것을 기억할 수 있을 것 같나요?

치료자는 강화를 증진하는 더 구체적인 방법을 유도한다.

내담자   모르겠어요. 어려운 뭔가를 할 때가 되면 저는 왜 그것이 중요한지를 잊어버리는 경향이 있어요.

치료자   당신은 두 가지 대안적인 선택을 가지고 있는 것 같아요. 하나는 어렵고 의미 있는 일을 할 수 있는 것과 다른 하나는 더 쉽지만...

내담자   그렇지만 제가 정말로 원하지 않는 일이죠. 그렇죠.

치료자   그렇다면 어려워지기 시작할 때, 그 어려움이 무엇을 의미하는 것 같나요?

내담자   당신 말은.... 어렵다면 그것이 중요하다는 뜻인가요?

치료자   당신은 어떻게 생각하세요?

내담자   글쎄, 만약 어렵지 않으면서 중요하다면, 제가 그것에 관해 얘기하고 있지 않겠죠!

치료자   오, 아주 흥미롭네요. 당신은 앞서 어렵고 중요한 일에서 멀어졌기 때문에 안도와 실망을 동시에 느낀다고 말했어요, 맞나요?

내담자   맞아요.

이 짧은 대화에서 치료자는 어려운 경험을 갖는 것과 의미 있는 일을 하는 것 사이의 대등 관계를 발달시키도록 내담자를 돕는다. 5장에서 우리는 어려운 심리경험과의 접촉 속에서 내담자가 어떻게 유연성 획득을 배울 수 있는지를 보았다. 다음 대화에서 치료자는 어려운 심리경험의 기능을 변형시켜서 경험이 강화를 증진하기 위한 그리고 행위를 실행하기 위한 단서가 되도록 노력할 것이다.

치료자   만약 당신이 이번 주에 친구와 저녁을 보내려고 한다면 다시 괴로운 생각과 느낌을 가지게 될 것 같나요?

내담자   네, 아마도.

치료자   그것이 당신에게 중요한 것을 기억하게 하는 단서라면 어떨까요?

내담자	음.... 이건 제가 해왔던 것과 정확히 반대네요.
치료자	다른 뭔가를 하기를 원하나요?
내담자	예. 저는 중요한 일을 할 수 있으면 좋겠어요.
치료자	그리고 그건 아마도 어려운....
내담자	그리고 그건 중요하다는 것을 기억하게 하는 단서일 수 있죠. 가능해요. 정말로 그럴 것 같아요.

요약

이번 장에서 당신은 내담자가 의미의 원천을 파악하고 구축하기, 의미 있는 행위에 참여하려는 지속 가능한 동기 조성하기를 돕기 위해 언어적 상호작용을 활용하는 것을 배웠다. 여기서 기억해야 할 주요 원칙은 다음과 같다.

- 삶의 의미 구축하기는 긍정적인 가장 중요한 목표 그리고/또는 바람직한 행위의 속성을 정점에 두고, 다양한 행위의 광범위한 패턴과 특정 목표를 기저에 두는 계층적 네트워크를 확립하는 것으로 구성된다. 이 작업은 다음과 같이 구성된다.

  - 다음을 통해 가장 중요한 목표와 행위의 속성을 파악하고 구축하기.
    - 행위와 특정 목표의 더 높은 기능을 추출하기, 문제로부터 의미의 원천을 추출하기, 관점취하기를 통해 의미의 원천에 재연결하기, 잠재적 행위와 목표 탐색을 통해 의미의 원천을 생성하기.
    - 만족이 오로지 외부 결과나 사회적 승인 또는 자기 개념에 의해서만 좌우되지 않기 위해 내재적 동기의 공식화를 격려하기.
    - 만족이 오로지 혐오적 경험을 회피하는 것에 의해서만 좌우되지 않기 위해 긍정적 동기로 공식화 격려하기.

  - 다음을 통해 다양한 의미 있는 행위의 광범위한 패턴을 구축하기.
    - 가장 중요한 목표나 행위의 속성에 연결되는 행위를 선택하기.
    - 만족을 주는 행위의 광범위하고 지속적 유용성을 보증하기 위해 의미의 동일한 원천에 기여하는 일련의 다양한 행위(즉, 대안적인 행위와 다양한 양의 노력과

시간 등을 필요로 하는 행위)를 파악하기.

- 지속 가능한 동기 조성하기는 내담자의 행위를 의미의 원천과 연결하도록 (증진된 강화) 돕는 것으로 구성된다. 이는 멀고, 확률적이며, 추상적이며, 또는 숨겨진 결과를 더 두드러지고, 현재적이며, 체험적으로 풍부하게 하고, 장애물과 실패의 영향을 변경한다. 이는 세 가지 주요 단계로 이뤄진다.

  - 행위 준비하기
    ◦ 내담자가 미래 행위를 의미의 원천과 연결하여 전념하도록 격려하기.
    ◦ 내담자가 잠재적 장애물과 실패의 위험을 탐색하고 극복하도록 돕기.

  - 행위 실행하기
    ◦ 내담자가 현재 행위를 의미의 원천과 연결하게 하여 행위참여를 지속하도록 격려하기.
    ◦ 내담자가 의미 있는 삶의 방향과 일치하는 행위 중 발생하는 자연스러운 강화 경험을 알아차리도록 돕기.

  - 행위 검토하기
    ◦ 내담자가 완수된 행위를 의미의 원천과 연결하게 하여 그 행위에 참여할 가능성 높이기.
    ◦ 내담자가 너무 지나치게 외적 및 특정 결과, 혐오적 경험의 제거, 사회적 승인에 집중할 때, 또는 행위에서 전혀 만족을 발견하지 못할 때, 내담자의 주의를 의미의 광범위한 내재적 원천으로 이끌기.

체험적 은유 구축하고 전달하기
Building and Delivering Experiential Metaphors

이 장에서는 RFT 원리를 활용하여 임상 은유를 선택, 구축 및 전달하는 방식에 관해 알아본다. 우리는 먼저 치료에서 RFT 접근이 은유를 어떻게 사용하는지를 살펴본 후, 이를 성공적으로 적용하기 위한 핵심 요소를 제공한다. 마지막으로, 은유를 제시하는 대안적인 방법을 보여 주려 임상 삽화를 단계별로 분석한다.

행동변화를 고취하는 스토리로서 은유
Metaphors as Stories Promoting Behavior Change

어떤 의미에서 당신은 이미 내담자에게 은유를 활용하고 있으며, 이는 피할 수 없는 일이다. 언어의 대부분은 은유 위에 세워졌으며, 일상적으로 심리치료자가 다루는 만족, 감정, 의도, 기대와 같은 영역에서 특히 그러하다. 이런 영역은 애초에 언어가 다루고자 진화했던 피와 뼈의 문제(역주, 생존의 문제)가 아니다. 아마도 언어 공동체는 기초적인 관계 학습에 관한 문화적 지지가 충분히 발달되고, 오랜 후 이러한 영역을 설계하기 위해 은유를 사용했을 것이다. 일단 이 영역이 설계되자 은유는 동결 되었고, 그 후 '사과'와 같은 용어를 배우는 방식으로 훨씬 더 많은 것을 배우게 되었다. 여기에는 대개 모든 이가 이해하는 대등 구성이 이용된다. 우리는 더 이상 누군가가 무언가를 하고자 하는 경향성inclination을 언급하는 것이 어려웠다는 것을 기억하지 못하며, 그리고 이 아이디어를 표현하기 위해 기울어진 물체 같은 것이 한 방향으로 떨어지기 직전의 느낌(문자적으로 표현하면 '경향성을 띄는inclined')이라고 말해야 했다는 것도 이제는 떠올리지 못한다. 우리는 더 이상 우리가 원하는want 것에 관해 이야기하는 것이 인지적 늘임stretch이었다는 것을 기억하지 못한다. 이 아이디어를 표현하려면 무언가가 빠진 것 같은 느낌(예, "식량 부족으로 그는 죽었다for want of food he died"와 같은 문구)이 든다고 말해야 했다. 기껏해야, 인지적, 감정적, 성향적dispositional, 그리고 의도적인 용어 대다수를 사용하는데 기반이 되는 은유에 관해 막연한 감각만 가지고 있을 뿐이다.

은유는 문화 전반의 많은 분야에서 사용되어 온 것과 동일한 이유로 심리치료에서도 매우 유용하다. 은유는 기존의 상징적 지식을 복잡하고 미묘한 영역으로 빠르게 확장할 수 있다. 대부분의 심리치료에서 흔히 스토리와 유추의 의도적인 사용을 볼 수 있다. 다음은 도로에서 무언가가 일어날 수 있다는 두려움에 사고 후 더 이상 운전을 하지 않는 내담자에게 사용된 은유이다. 이에 관해 살펴보자.

"사고 후 운전에 관해 두려움이 생기는 것은 맵지 않아야 할 국물에 우연히 실수로 핫소스를 넣는 것과 비슷합니다. 이전에는 맛있게 먹었는데, 지금은 핫소스가 들어가서 더 이상 먹고 싶지 않을 것입니다. 문제는 당신이 어떻게든 핫소스부터 먼저 제거해서 예전 수프 맛으로 돌아가려 했었다는 겁니다. 그런 전망을 마음에 두고 절 찾아오신 것 같은데, 사실상 맛을 재조정하는 유일한 방법은 핫소스가 들어가지 않은 국물을 더 넣는 것뿐입니다. 운전에 관한 두려움의 균형을 되찾기 위해서는 비슷한 사고가 발생하지 않는 운전 경험에 더 많은 노출이 필요합니다. 이것이 수프가 가진 맛의 균형을 다시 맞춰주듯이 당신이 느끼는 방식도 다시 맞춰줄 것입니다. 처음에는 순한 국물을 조금 더 넣고도 여전히 너무 맵다는 것을 깨닫고 오염된 국물을 맛보는 것처럼 불쾌할 것입니다. 하지만 점점 더 운전의 위험에 노출되면서 사고를 여전히 기억하고 있음에도 불구하고 결국엔 더 이상 방해받지 않게 될 것입니다. 이는 살짝 망친 핫소스의 어렴풋한 한 번의 기억을 가진 채 수프를 먹는 것과 같습니다."

이런 상황에서 치료자의 목표는 내담자에게 치료에서 해야 할 일을 교육하는 것이다. 내담자가 쉽게 이해할 수 있는 매우 간단한 일상적인 예를 활용함으로써, 치료자는 노출의 기초가 되는 기술적technical 과정을 훨씬 더 쉽게 이해하도록 만든다. 결과적으로 내담자는 이러한 원리의 의미를 더 잘 받아들일 수 있는 기회를 갖게 된다. 이 은유에서 비롯되는 의미의 범위는 상당히 크다. 치료는 더하는 것이지 빼는 것이 아니다. 두려움을 제거하고 싶은 것은 자연스럽지만, 실현 불가능하다. 필요한 것은 처음에는 힘들겠지만 점차 쉬워질 것이다. 성공은 감정의 변화가 우선이 아니라 실제 행동의 변화가 먼저 요구될 것이다. 사고 후에 두려워한다고 해서 자신에게 잘못된 무엇이 있는 것이 아니다. 즉 각적이진 않지만 직관적으로 이해할 수 있는 방법이 있다. 잘 구성된 은유 없이 이러한 의미들을 안내하기 위해 간단히 언급된다면, 내담자는 혼란스럽거나 무조건 보호받는다고 느끼거나 오해할 수도 있다.

임상 작업에서 은유는 일상적으로 적용됨에도 불구하고, 제대로 선택되거나 구성되지 않아서 이해와 동기부여에 있어 심오한 차이를 만들어 내는데 실패할 수 있다. 은유가 잘못 사용되기 쉽지만, 우리는 RFT를 이용하면 훨씬 쉽게 적절하게 활용될 수 있다고 믿는다. 수십 건의 RFT 연구는 핵심 원리를 통해 이루어졌으며, 이제 은유가 무엇인지, 어떻게 작동하는지, 그리고 왜 차이를 만들 수 있는지 어느 정도 자세히 이해하게 되었다(Foody et al., 2014 참조). 이런 지식을 적용하여 행동변화를 고취하기 위해 의도적으로 스토리와 예example를 사용할 수 있지만, 이후에 우리가 언급하는 것처럼 치료 중 사용되는 일상 언어 속에서 보다 신중하게 '동결된frozen' 은유를 선택할 때조차도 이런 지식을 적용할 수 있다.

강력한 임상 은유 선택하고 창조하기
Selecting and Creating Powerful Clinical Metaphors

*개요*Overview

목표The Goal

갇혀 있음에도 불구하고 내담자는 자신의 문제를 개선하기 위해 무엇인가를 한다. 어쩌면 내담자는 어느 정도 작동하지 않는 해결책을 단순히 적용하고 있을 뿐이다. 일반적으로 이러한 해결책은 다른 순간이나 *과거에 도움이 되었지만*, 현재 시간이나 상황에서는 더 이상 완전히 도움이 되지 않는다. 내담자는 대안이 없기에 실패한 해결책을 계속 적용하고 있다. 설령 대안이 존재하더라도 대안을 구현할 수 있거나 구현해야 함을 확신하지 못한다. 또 어떤 경우에는 대안이 효과가 있을지 확신할 수 없다. 의도적으로 임상 스토리나 은유를 사용하려는 목적은 내담자가 새롭고 더 효과적인 시각으로 왜 자신이 갇히게 되었는지, 어떻게 앞으로 나아갈 수 있는지, 왜 이것이 필요한지, 그렇게 할 수 있는지, 그리고 그렇게 하면 어떤 일이 일어날지 알 수 있도록 돕는 것이다. 우리가 이미 다루었던 기술을 바탕으로 임상의는 행동과 동기부여에 강력한 변화를 만들어내는 은유를 선택하고 창조하고 전달할 수 있어야 한다.

RFT 관점에서 이것이 중요한 이유Why This Is Important, from an RFT Point of View

단순히 지식 부족에서 문제가 비롯된 경우, 지시적인 직선형 규칙은 잘 작동한다. 매장에 도착하는 방법을 모르면 길 안내를 하는 것으로 충분하다. 그러나 필요한 지식이 맥락에 의존하여 미묘하고 복잡하고 반직관적인 경우, 지시적인 직선형 규칙은 종종 충분하지 않다. 스토리와 유추를 통해 한 영역에서 다른 영역으로 모든 지식 집합을 옮기는 것이 이러한 상황에서 매우 도움이 될 수 있다. 문제가 동기 부여, 경험 또는 기술 skill 중 하나일 때, 간단한 '어떻게 해야 하는지'에 관한 규칙은 종종 우리를 실패로 이끈다. 감정적인 충격emotional punch이나 좋은 스토리의 감각 느낌felt sense이 오히려 더 좋은 안내자가 될 수 있다. 규칙이 순응에 기반하지 않는 것이 중요할 때, 손쉽게 이에 이끌리지 않는 언어를 사용해야 한다. 스토리는 다양한 방식으로 해석될 수 있다. 잘 된다면, 듣는 사람은 화자의 말에 대한 과도한 받아쓰기 없이 자신의 경험을 스토리에 가져올 수 있다. 규칙을 사용하되 가볍게 붙잡거나 전체적인 게슈탈트[38]로 기억될 필요가 있을 때, 잘 구성된 스토리는 단순한 언어적 지시가 제공할 수 있는 것보다 더 체험적이고 감각적이며 기억에 남는 방식으로 언어를 사용한다.

우리는 언어와 인지는 사물(객체, 사건, 사람) 사이의 상징관계를 구축하고, 이해하고, 반응하는 행동으로 이해될 수 있다고 제안했다. 이러한 비교적 간단한 정의가 특정 구성요소 속으로 압축해제 되면서, 많은 임상 문제를 분석하고 다양한 치료 기법을 구축할 수 있게 되었다. RFT의 관점에서, 거의 모든 언어 및 인지적 활동은 상징적 관계반응 관점에서 모델링될 수 있다.

이는 명백하게 유추와 은유에 해당된다. 이 책에서는 쉽게 표현하기 위해 '유추적 구성틀'이라는 용어를 사용해 왔지만, 실제로 은유는 복합적이거나 다른 구성들의 집합이다. 차이점은 관계가 아니라 *무엇이* 관계되는지에 있다. 은유적 추론은 *관계 사이의 관계*를 구축하고, 이해하고, 반응하는 문제이다.

간단한 예를 들어보자. 개발도상국의 빈곤을 완화하려고 노력하는 자선단체를 위해 큰 노력을 기우려 기금을 모으는 여성을 상상해 보자. 추상적으로 생각했을 때 그렇게 티끌만한 영향을 미칠 무언가를 위해 이렇게 열심히 일하는 동기를 묻자, 그녀는 "당신은 제 작품을 한 방울의 바닷물로 볼 수 있지만, 저는 이를 벽 속의 벽돌로 보길 선호

---

3 8)역주, 자신의 욕구나 감정을 하나의 의미 있는 전체로 조직화하여 지각한 것

합니다"라고 말한다. 그녀가 의미하는 바는 어떤 사람들에게는 큰 문제를 해결하기 위해 열심히 노력하는 것이 헛된 것(한 방울의 바닷물)이라고 믿는 반면, 그녀에게는 아주 작은 기여라도 차이를 만들어 내고 다른 사람들이 하는 비슷한 일들과 결합하여 변화를 일으킬 수 있다(벽 속의 벽돌)고 믿는다는 것이다.

RFT의 관점에서, 은유는 보통 (곧 보게 될 것처럼 항상은 아니다) 관계의 두 집합 사이에 대등 구성 (또는 더 구체적으로, 동등 구성)을 확립하는 것으로 구성된다(그림 8.1 참조). 우리가 자선 단체를 위해 기여한 일을 어떤 식으로 제시하고 싶은지에 따라, 두 은유 각각에 동등 관계를 확립할 수 있다. 아무런 차이를 만들어 내지 못하는 공헌으로 보길 원한다면, 한 방울의 바닷물과 동등하게 놓을 수 있지만, 중요한 공헌으로 제시하고 싶다면 벽 속의 벽돌과 동등하게 배치할 수 있다. 관계 사이의 관계는 결과적으로 상징 네트워크의 기능을 변화시킨다.

RFT 연구자는 실험 실험실에서 은유를 정교하게 하는 과정을 재현할 수 있었다(예, Lipkens & Hayes, 2009; Stewart, Barnes-Holmes, & Roche, 2004). 짐작할 수 있듯이, 처음부터 간단한 관계 네트워크를 구축하는 복잡성을 감안할 때(1장 참조), 참가자들에게 두 세트의 관계를 연결시키도록 교육하려면 훨씬 더 많은 단계가 필요하다. 다행히도, 이러한 단계를 거치는 것이 은유와 관련된 RFT 원리를 이해하는 데 꼭 필요한 것은 아니다. 은유가 구성되는 방식을 이해하는 것이 유용할 것이다. 두 관계 네트워크의 면면들이 동등 관계로 이어지면, 네트워크 중 하나에서 사건의 일부 기능이 변화하게 된다. 앞의 예에서 자선단체에 돈을 모으는 것이 한 방울의 바닷물이라고 말하는 것은 돈을 모으는 기능을 변형시킨다. 그것은 헛된 활동이 된다. 하지만 자선단체에 돈을 모으는 것은 벽 속의 벽돌이라고 말하는 것은 이 활동의 기능을 반대 방향으로 변형시킨다. 이 행동은 이제 유용해진다.

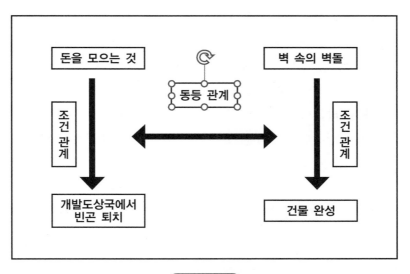

그림 8.1

이 두 관계 네트워크를 *표적target*과 *매개체vehicle*라고 한다. 표적은 은유에 의해 변형될 요소를 포함한 관계 네트워크이다(즉, 자선 단체를 위해 돈을 모으는 것). 매개체는 이러한 변형을 담당하는 관계 네트워크이다(예, 벽 속의 벽돌). 은유를 이해하기 위해서는 은유를 듣는 사람이 매개체에 익숙해야 하며 매개체에 어떤 관계와 기능이 포함되어 있는지 이미 알고 있어야 한다. 매개체와 표적의 관계는 표적의 관계와 기능을 새롭게 조명한다.

적절한 은유란 표적과 매개체의 관계 집합이 서로 밀접하도록 설계되지만 중요한 차이점을 가진다. 표적의 핵심 특징은 매개체의 관련되고 우세한 특징에 강력하고 거의 감각적인 방식으로 연결되어 있어야 한다. 이 부분에서 더 구체적이고 강한 감정에 따르는 visceral 연결일수록 더 많이 사용하고 기억될 수 있다(McCurry & Hayes, 1992). 동시에, 매개체는 표적에서 어쩌면 누락될 수 있는 관계나 기능을 포함해야 하며, 이러한 관계나 기능은 매개체와 표적을 함께 끌어당기는 바로 그 특징(들)에 접촉해야만 한다.

매개체와 표적을 정의하는 네트워크에 포함되는 관계는 어떤 종류(대등, 반대, 조건, 계층, 관점 등)도 될 수 있다. 예를 들어, 매우 강력한 새 컴퓨터를 구입한 후, 당신은 예전 컴퓨터에 비해 '그것은 밤과 낮과 같다'고 말할 수 있다. 매개체와 표적 모두에서 반대 관계가 두 가지 자극을 연결한다. 기존에는 밤이 낮의 반대였으며, 느린 컴퓨터가 새 컴퓨터의 반대이다. 나아가서 대부분의 경우 매개체와 표적이 동등하게 구성되지만, 두 네트워크 간에 구별 또는 반대 관계를 사용하여 은유를 창조할 수 있다. 이 경우 표적에 포함된 기능이 매개체에 포함된 기능과 차이나 반대를 통해 변형된다. 예를 들어, 우리는 "인생은 동화가 아니다"라고 말하는데, 이는 아이들에게 들려주는 스토리와는 *반대로* 인생은 많은 불의를 가져올 수 있고 항상 해피엔딩이지 않음을 암시한다.

우리의 예로 돌아가서 이 모든 것이 어떻게 작동하는지 살펴보자. 한 방울의 바닷물과 벽 속의 벽돌 둘 다 자선행위의 핵심 특징에 초점을 맞추고 있다. 그것은 하나의 작은 것이다. 차이가 나는 것은 그 작은 것의 의미이다. 첫 번째 은유인 한 방울의 바닷물은 바다에 한 방울 물을 떨어뜨리는 것과 그것이 가져올 대수롭지 않은 효과 사이의 조건 관계를 암묵적으로 포함하고 있다. 한 방울이 다른 방울을 바꾸진 않는다. 바다는 모든 물방울이 광활한 바다로 합쳐져야만 존재하며, 그것은 거의 상상을 초월하는 조합이다. 물통이나 욕조는 바다가 아니며, 어떤 매우 추상적인 의미 외에는 실제로 바다 같은 것을 만드는 것이 아니다. 호수나 개울은 여전히 바다로부터 무한히 멀리 떨어져 있다. 물방울은 중요하지 않고, 연결되어 있지 않으며, 더 나아가지 않는다. 즉 소멸한다. 무한히 큰 전체 속으로 사라진다. 그런 점에서 매우 작다는 것은 기능적으로 아무것도 아님을 보여 준다. 자선 행위를 한 방울 물과 대등한 구성에 넣음으로써, 조건 관계(바다에서 한 방울의 물을 추가하거나 제거*한다면, 그 이후* 아무런 차이가 없다)는 이제 자극 기능의 변형을 통해 자선 행위에 적용되는 것처럼 보인다.

두 번째 은유인 벽 속의 벽돌도 조건 관계를 담고 있다. 벽 속의 벽돌을 추가하거나 제거하면, 벽 전체에 작지만 상당한 효과를 지닌다. 벽돌은 서로 맞물려 서로를 지탱한다. 그렇다, 거대한 벽에는 수천 수천 수천 개의 벽돌이 있을 수 있지만, 석공이라면 누구나 아무리 *엄청난* 벽이라도 한 번에 하나의 벽돌을 쌓음으로서 성공적으로 벽이 완성된다는 것을 안다. 벽돌을 잘 배치하면 벽 전체가 튼튼해지고, 벽이 완성되어도 벽돌 하나하나를 파악 가능하다. 벽돌은 중요하고, 연결되어 있으며, 더 나아간다. 흩어지지 않고 참여한다. 그것은 아주 작은 것일지라도, 작은 것이 견고하고 잘 배치된다면 함께 큰 것을 만들 수 있다는 것을 보여 준다. 벽에서 벽돌을 추가하거나 제거하면 차이가 생긴다. 자선행위가 벽돌과 같고, 이후 관계를 추가하고 기능이 변형된다면, 전체 욕구를 충족시키기 위해 많은 비슷한 행위들이 필요할지라도 자선행위는 의미 있게 진행되어 간다. 그것은 심지어 어떻게 하면 가장 잘 할 수 있는지까지 암시한다. 당신의 자선 행위를 견고하고, 잘 배치된다고 확신하고, 타인의 비슷한 행위를 지원하라.

이 두 은유 모두 적절하다. 이들은 핵심 연결에서 감각적이며(작음smallness과 소멸 및 상호 연결과 같은 특징과 관계됨), 매개체가 잘 알려져 있으며, 반응에 미치는 영향도 풍부하다. 이 두 은유 모두 차이를 만들 수 있다. 자선 단체와 개발도상국의 수혜자들에게 감사하게도, 우리의 친구는 자신의 친사회적 행위를 뒷받침할 은유를 선택한 것이다.

은유는 맥락 민감성과 기능적 일관성을 개선하기 위한 다른 RFT 기반 기법에 무엇을 추가하는가? 첫째, 은유는 내담자가 대안 행위를 고려하기 위해 과도하게 분석할 필요가 없는 구체적이고 쉽고 종종 친숙한 상황을 제공한다. 예를 들어 '핫소스'라는 은유의 경우, 내담자가 쉽게 이해할 수 있는 것은 국물이 자신에게 너무 매울 때 핫소스 없는 국물을 더 넣는 것뿐이라는 것이다. 그렇지 않으면 수프를 버려야 할 것이다. 상황이 너무 구체적이고, 너무나 분명한 결론이 나기 때문에, 해석과 반론에서 공방을 촉발하지 않는다. 누구도 당신이 핫소스를 '빼 낸다"는 선택을 할 수 있다고 말하지 않을 것이다. (비록 내담자가 자신의 고통스러운 기억을 빼내려고 정확히 노력했을지라도 말이다.) 대부분의 사람들이 지나치게 매운 국물의 문제를 해결하는 최선의 방법(국물이나 다른 재료를 더 넣는 것)에 동의할 것이고, 충분히 노력하면 해결될 수 있을 것임을 짐작한다. 따라서 이 은유는 치료자가 자신과 내담자 모두 동의할 수 있는 간단한 상황을 만들고 정신적으로 그 타당성을 시험할 수 있게 해준다. 성공적이고 잘 구성된 은유 속에는 상식적인 지혜가 있다. 이것은 내담자의 어려움을 다루는 새로운 방법을 허용하고 은유적 상황과의 유사성을 기반으로 내담자에게 어느 정도 정신적으로 시험할 수 있도록 한다.

은유는 또한 치료실에 다양한 경험을 가져오는데 사용되는 도구이다. 은유를 사용하여, 치료자와 내담자는 사실상 어떤 상황도 탐색할 수 있고, 무슨 일이 일어나는지 함께 관찰할 수 있으며, 아마도 행위의 새로운 코스와 보다 효과적인 규칙을 추출할 수 있다. 이는 특정 공간과 시간 내에서 수행되는 말로 하는 치료에서 실제 환경에 접근이 제한되는 경우 엄청난 장점이 된다. 예를 들어, 내담자는 한 영역에서 성공을 거둔 특정 행위 순서를 따를 수 있으며, 자신의 삶의 더 문제가 되는 영역에도 동일한 전략을 적용할 수 있다. 그녀는 댄스 파트너의 움직임에 주의를 기울이고, 이에 반응하여 자신의 스텝을 맞추는데 인상적인 능력을 보이는 뛰어난 댄서이다. 하지만 사회 상황에서는 남들이 자신에게 하는 말에 주의를 기울이는데 큰 어려움을 가지고 있으므로 부적절하게 반응하게 되며, 빈약한 관계의 질로 인해 좌절감을 경험할 수 있다. 따라서 이러한 상황 간의 기능적 평행functional parallel을 강조하는 것은 매우 달라 보이는 영역을 아울러 효과적인 행동을 일반화하는 데 도움이 될 수 있다. 예를 들어, 치료자는 "사람들과 대화하는 것은 파트너와 춤을 추는 것과 같습니다. 파트너의 말에 주의를 기울이면 자신의 말을 수정하는데 도움이 될 수 있습니다"라고 말할 수 있다(경쟁적인 암벽 등반가가 사회적 불안에 직면하는 법을 배우는 이런 종류의 확장된 예는 Hildebrandt, Fletcher & Hayes, 2007 참조하라).

이 방법이 다양한 임상 학파와 어떻게 만나는가
How This Method Touches on Various Clinical Traditions

은유는 적어도 대부분의 임상의가 가진 도구상자에 암묵적으로 존재하며, 심리치료를 위한 많은 다른 접근에 의도적으로 사용된다. 치료적 은유와 스토리는 조지 켈리George Kelly의 고정된 역할 치료fixed role therapy(Kelly, 1955)나 밀턴 에릭슨Milton Erickson의 최면요법(Rosen, 1991)과 같이 심리치료의 기초가 되는 작업을 포함한 다양한 맥락주의 접근의 핵심이다. 이러한 흐름으로 ACT를 포함하여 이야기 치료(White, 2007) 및 다른 구성주의 치료(Mahoney, 2005)와 같은 몇 가지 현대적 접근법이 계속되어 왔다. 그러나 스토리와 이야기의 핵심 역할을 공개적으로 수용하는 심리치료의 특정 브랜드를 나열하는 것만으로는 관심의 정도를 포착할 수 없다. 왜냐하면 심리치료에 관한 거의 모든 책이 심리치료에서 들려주는 스토리에 관한 스토리를 포함하며, 스토리를 이야기하기 때문이다. 심리치료에서 은유와 스토리에 관한 책들은 족히 수십 권에 이를 것이다.

*은유 선택하고 창조하는 방법*How to Select or Create a Metaphor

임상 실제에서 은유 사용하기를 터득하기 위해서, RFT가 언어의 이런 특정 형태를 어떻게 이해하는지 살펴보는 것이 도움된다. RFT 원리에 관한 자신의 이해를 약간 높일 필요가 있겠지만, RFT를 사용하여 은유를 선택하고 구축하는 방법을 시연하는 것만으로도 유용함이 쉽게 증명될 것이다.

수많은 은유들이 이미 활용되고 있으며, 이를 적절하게 선택하고 전달할 수 있다면 효과적으로 치료에 이용될 수 있다. 하지만, 이 단락에서는 새로운 은유를 창조하는 과정들에 관해서도 기술할 것이다. 이를 통해 어떻게 RFT 원리를 사용하는지를 한 단계 더 높게 이해하게 될 것이다.

적절한 기능을 표적으로 하는 은유The Metaphor Needs to Target the Appropriate Function

강력한 임상 은유를 개발하는 비결은 변화해야 할 표적의 *기능*에 세심하게 집중한 뒤, 그 기능과 함께 강력하게 공명하는 매개체를 선택하는 것이다. 우리가 의미하는 바를 기술하기 위해, ACT에서 가져온 은유를 사용할 것이다. 즉, 불안과 싸우는 것은 모래 늪에서 몸부림치는 것과 같다. 빠져나오려고 애쓸수록 당신을 그 속으로 끌어당긴다(Hayes et al., 1999). 이 은유의 목적은 내담자에게 어려운 감정을 피하려는 시도가 종종 역효과를 낸다는 것을 인식하도록 돕는 것이다. 강박적인 구매, 폭음, 약물 남용과 같은 불안감을 줄이기 위해 고안된 위험하고 비용이 많이 드는 활동을 함으로써 불안감을 느끼지 않으려는 내담자를 상상해 보자. 이러한 전략은 단기적으로는 효과적일 수 있지만, 장기적으로 보면 대체로 훨씬 더 큰 불안감을 느끼도록 한다. 그런데도 내담자는 마치 자신이 한 행위의 실제 결과에 눈이 먼 것처럼 계속 이런 식으로 행동한다. RFT 관점으로 볼 때, 이는 자신의 행동이 가진 단기적 영향에 더 민감한 내담자가 '술 취하면 기분이 좀 나아질 거야'라는 규칙을 개발했을 가능성이 크다.

모래 늪 은유를 사용하면 구체적이지만 지연된 결과를 치료실로 가져올 수 있는 기회가 창조된다. 은유를 전달하는 가장 기본적인 형태는, 치료자가 "불안감을 느낄 때 기분이 나아지려 몇 시간 동안 술을 마시러 나간다면, 이는 마치 모래 늪에서 벗어나려고 안간힘을 쓰는 것과 같은 효과를 보일 것입니다. 몸부림칠수록 더 많이 가라앉습니다"라고 말할 수 있다. 내담자는 모래 늪에서 고군분투하는 행위와 그 결과를 연결하는 조건 관계를 볼 수 있다. 즉, 더 많이 가라앉을 것이다. 비록 내담자가 이런 상황에 직접 마주한 적이 없을지라도, 아마 부정적인 결과를 피하기 위해 여기서 지켜야 할 규칙을 알게 될 것이다. 만약 당신이 모래 늪에 가라앉고 있다면, 그 위에 평평하게 누워야 한다. 이것은 보다 더 유용한 것에 관한 지침을 제공하는 유용한 규칙을 나타낸다. 불안 그 자체를 탐색하라. 치료자는 매개체(모래 늪에서 고군분투)와 표적(불안한 느낌을 회피함)을 연결하는 동등 관계를 통해 폭음과 강박적 구매의 기능을 변형시키려는 목적으로 이 은유를 사용한다. 예전에는 이런 행동이 불안감을 느끼지 않고 탈출할 수 있는 최선의 방법이라고 여겨졌지만, 이제는 역효과적인 전략으로 간주할 수도 있다. 그런 다음 내담자는 새로운 대안을 모색할 수 있으며, "불안을 느끼면 잠시 멈춰서 내가 느끼는 것을 느낄 시간을 가질 필요가 있어. 내 감정을 적으로 만들지 않을거야"와 같이 모래 늪에 평평하게 눕기라는 은유적 버전의 불안한 느낌에 관한 새롭고 보다 정확한 규칙을 만들 수도 있다.

모래 늪 은유는 ACT에서 익히 알려져 널리 사용되고 있지만, 내담자에게 적합한 은유의 사용이 중요하다. 모래 늪에서 고군분투와 같은 은유는 비교적 이해하기 쉽고, 특히 회피하려는 적극적인 시도가 회피 감정을 증폭하게 되는 사람들의 경우 같이 체험 회피와 관련된 많은 심리적 문제에 적용할 수 있어 장점을 가진다. 그러나 모든 문제가 다 그런 것은 아니다. 체험회피와 관련된 모든 문제에서도 적절하지 않은 경우가 있다. 코카인에 중독되어 일주일에 며칠 밤을 외출하여 이 약을 사용하는 내담자를 상상해 보자. 기능 평가를 통해 그녀가 사교 단체의 일원이 되기 위해 코카인을 사용했다는 것이 밝혀졌다고 가정해 보자. 그녀는 자신이 코카인을 사용하지 않으면, 친구들이 자신을 거부할 것처럼 느낀다. 이는 거절에 대한 두려움이나 이런 두려움과 연관된 불안 같은 것을 체험 회피하는 측면이 있을 수 있지만, 코카인 자체는 아마도 기능적으로 모래 늪에서 싸우는 것과 유사한 방식으로 이러한 불안에 작동하는 역효과적인 전략은 아닐 것이다. 은유에서는, 모래 늪에서 탈출 하려고 하면 더 많이 가라앉게 되지만, 이 내담자의 상황에서는 코카인을 사용하는 것은 더한 거절에 관한 두려움으로 이어지지 않을 수 있다. 물론, 약물 사용은 더 큰 문제를 일으킬 수 있다. 예를 들어, 건강이나 법적 문제로 이어질 수 있다. 하지만 집단의 일원이 되려고 코카인 사용하는 것은 *효과를 동반한 부정적 측면*side effects으로 이어지는 것이지 역효과만을 낳는 것이 아니다. 따라서 모래 늪 은유는 이 경우 특별히 적합하지 않다. 따라서 행위의 특정 순서와 결과를 보다 밀접하게 일치하는 은유를 사용하는 것이 더 도움이 될 수 있다.

블라인드 글쓰기 연습(blind writing exercise, Monestes & Villatte, 2011)은 회피가 지니는 파괴적 부작용을 표적으로 하는 은유의 한 예시이다. 이는 다음과 같이 완전한 체험연습으로 실시된다. 내담자는 치료자가 장애물(예, 보드지 조각)로 시각을 차단하는 동안 칠판에 한 문장을 쓰도록 요청받는다. 쓰는 것을 볼 수 없는 상황이 불편하기 때문에, 칠판을 볼 수 있도록 장애물을 밀어내려고 할 수 있는 모든 것을 하도록 격려한다. 하지만, 치료자는 계속해서 내담자의 눈앞에 장애물을 다시 들이댄다. 결국 장애물을 피하기 위해 내담자가 기울인 모든 노력의 결과로 내담자는 칠판에 문장을 읽을 수 있게 쓸 수 없다. 두 번째 단계에서는 치료자는 내담자에게 자신이 쓰고 있는 것이 보이지 않더라도 그 장애물이 어디에 있든 내버려두고, 칠판에 문장 쓰는 것에 집중하도록 한다. 내담자는 이번에 보통 문장을 읽을 수 있게 쓰며 실제로 많은 노력이 들지 않는다. 이 연습은 회피의 또 다른 특징을 보여 준다. 그 장애물을 피하려고 하면 문장쓰기가 힘들어지듯이, 불안과 거절에 관한 두려움을 피하려고 코카인을 사용하면 건강이 나빠질 수 있다. 이것은 핵심적인 임상 기능에 더 잘 맞아떨어지므로 성공할 가능성이 높아진다.

임상 문제에 부합하는 매개체의 우세한 특징
The Dominant Feature of the Vehicle Needs to Fit the Clinical Problem

당신이 표적으로 하는 기능이 명확해지면 매개체가 필요하다. 이 매개체가 가진 네트워크는 임상 문제와 부합하는 우세한 특징을 가지고 있어야 한다. 어떤 스토리나 사건 군에도 더 우세하고 덜 우세한 측면이 있다. 어떤 은유라도 매개체는 당연히 표적과 연결되어야 하지만, 연결이 매개체의 사소한 특징에 따라 달라지는 경우 은유의 효과는 빈약할 것이다. 임상 은유에서 이는 명확한 초점이 된다. 기능적 측면에서 임상 문제는 매개체에 깊고 생생한 평행성을 가져야 한다(Ruiz & Luciano, 2015).

다른 사람들의 승인을 받는 데 집중하면서 참여, 놀이, 그리고 공헌에 관한 더 깊은 욕망을 보류해 온, 우울한 한 여성에게 당신이 은유를 사용한다고 가정해보자. 그녀의 삶은 강박적이고, 잘못된 인생 선택을 할까 봐 걱정하고, 완벽 주의적이며, 사소한 실수라도 일어나면 죄책감을 느끼며 이에 추동되는 속성을 가지고 있다. 그녀는 사회적 승인을 받기 위해 매우 열심히 일하지만, 사람들은 그녀가 보이는 인위적인 관계를 감지하기에 상대적으로 거의 지지를 주지 못한다. 결과적으로 그녀는 만족스럽지 못하고 충만하지 못한 채 살아가는 자신의 삶을 발견한다.

임상적으로 유용한 어떠한 매개체도 이상적으로 강력하고 거의 감각적인 방식으로 해당 기능 군과 연결되어야 한다. 승인을 받기 위한 그녀의 끝없는, 지치고 품위 없는 노력이 임상적 초점이다. 매개체의 고리는 이러한 문제와 연결이어야 한다.

당신이 다음 은유를 사용한다고 가정해 보라. "저는 당신이 마치 식사 초대를 받았지만 네 발로 바닥에 엎드려 식탁 다리를 씹고 가끔 한두 개 음식 조각이 나오길 바라면서도 곧 만족하게 될 거라고 희망하는 사람처럼 살아왔다는 느낌을 받습니다." 이것은 시작으로서 나쁘지 않다. 엎드려 식탁 다리를 씹는 것은 힘든 일이며, 별로 유쾌할 것 같지 않다. 네 발로 엎드려 있다는 이미지는 사회적 승인을 쫓는 것처럼 절망적이며 자기 존중이 부족하다. 때때로 한두 개 조각을 받는 것은 모든 노력을 다해도 꽤 만족스럽지 못한 수확이다. 이 모든 노력은 힘들고, 건조하고, 어렵고, 활기가 없어 보인다. 마찬가지로 타인의 승인을 받는 데 초점을 맞춘 매우 제한적인 삶에 이끌리는 것은 이 여성에게 힘들고, 건조하고, 어렵고, 활기가 없는 경험을 하게 한다. 우리는 좋은 임상 은유를 시작하고 있다. 하지만 이것은 끝이 아니다. 이 은유는 아직 절정을 맞이할 준비가 되지 않았다.

매개체에서 우세해져야할 누락된 사건이나 기능
The Missing Events or Functions Need to Be Dominant in the Vehicle

표적에서 누락된 것이 그 사람의 기능적 문제와 연결인 것처럼, 마찬가지로 매개체에서 우세해야 것도 기능적 문제와 연결이다. 당신이 그녀가 자신의 표적 문제 영역에서 보기를 원하는 것과 매개체에서 기술된 상황에서 명백해 져야할 것 사이에 깊은 연결이 있어야 한다.

그녀의 삶에서 누락된 것은 참여, 놀이, 공헌에 관한 자신의 욕망과의 연결성이다. 그녀는 밝고 유능하다. 사람들은 그녀가 자신의 길을 벗어날 때 그녀를 좋아한다. 그녀는 공헌할 것이 많다. 치료 작업의 일부는 그녀가 검열을 통과하기 위해 무엇을 가지거나 무엇을 해야 하는지 보다는, 자신이 진정으로 원하는 것에 따라 선택할 수 있다는 것을 깨닫는 순간 열릴 수 있는 놀랍도록 다양한 멋진 삶의 가능성에 눈을 뜨도록 돕는 것이다.

삶의 선택 폭이 넓다는 아이디어는 마치 먹을 음식 종류가 많은 것과 같다. 그래서 당신은 "저는 당신이 마치 맥도날드로 식사 초대를 받았지만 네 발로 바닥에 엎드려 식탁 다리를 씹고 가끔 한두 개 음식 조각이 나오길 바라면서도 곧 만족하게 될 거라고 희망하는 사람처럼 살아왔다는 느낌을 받습니다. 한편, 당신은 빅맥이든 초콜릿 셰이크든 메뉴에 있는 모든 다양한 음식들에 전혀 관심을 기울이지 않고 있습니다"라고 말한다.

이것은 진일보한 것이다. 왜냐하면 이제 당신은 단순히 다리 씹는 것을 식사에 비유하는 대신, 이제 식사를 은유적으로 좀 더 내담자가 고려하길 원하는 대안적인 경로로 구체화하기 시작하고 있기 때문이다. 당신은 특정한 음식 종류를 언급하기까지 한다. 특히 그녀가 초콜릿 셰이크를 좋아하다는 것을 알고 있다면 당신은 분명히 버전 1 보다 진보한 은유를 제시한 것이다. 그것은 더 낫지만, 문제는 맥도날드의 가장 우세한 특징은 훌륭한 음식을 선택할 수 있는 범위가 아니라는 것이다. 그것은 빠르고 저렴한 음식이다. 쉐이크와 버거는 맛있겠지만, 장기적으로 특별히 영양가가 있는 것은 아니다. 맥도날드는 다른 좋은 접근법에 비해 그저 잘못된 매개체일 뿐이다.

같은 은유를 만드는 더 좋은 방법은 다음과 같다. "저는 당신이 마치 포시즌의 호화로운 연회에 초대를 받았지만 네 발로 바닥에 엎드려 식탁 다리를 씹고 가끔 한두 개 음식 조각이 나오길 바라면서도 곧 만족하게 되기를 희망하는 사람처럼 살아왔다는 느낌을 받습니다. 하지만, 당신은 머리 바로 위에 있는 모든 놀라운 선택들에 전혀 관심을 두지 않고 있습니다. 훌륭한 스테이크, 아름답게 만든 샐러드, 믿을 수 없는 디저트, 그리고 원하는 만큼 얼마든지 먹을 수 있습니다."

이게 확실히 나은 비유이다. '호화로운 연회'의 가장 우세한 특징은 놀라운 음식 선택의 폭과 양이다. 내담자가 정말로 풍요롭고 충만한 삶이 어떤 것인지 '맛' 보게 하고 싶다면, 이는 더 좋은 매개체가 된다.

그래도 여전히 더 나은 은유를 제시할 수 있을 것 같다. 우리는 아직 그녀의 완벽주의나 다른 한편으로는 놀이감sense of play과의 연결성을 포착하지 못했다. 당신은 다음 은유를 사용하여 이런 특징을 구축하려고 결심한다.

"저는 당신이 마치 포시즌의 호화로운 연회에 초대를 받았지만 네 발로 바닥에 엎드려 식탁 다리를 씹는 일을 완벽하게 하려는 사람처럼 인생을 살아오고 있다는 느낌을 받습니다. 당신은 열심히 하고 또 열심히 하여 가끔 한두 개 음식 조각을 받기도 하는데, 그래서 당신은 곧 만족하게 되기를 바라게 됩니다. 하지만, 당신은 머리 바로 위에 있는 모든 놀라운 선택들에 전혀 관심을 두지 않고 있습니다. 훌륭한 스테이크, 아름답게 만든 샐러드, 믿을 수 없는 디저트, 그리고 원하는 만큼 얼마든지 먹을 수 있습니다. 당신은 이 모든 선택을 무료로 즐길 수 있습니다. 조금 먹을 수도 있고 많이 먹을 수도 있고, 여러 가지를 먹어볼 수도 있습니다. 그냥 여기서 맛만 볼 수도 있고, 아니면 한 접시 가득 먹을 수도 있습니다. 당신은 정말로 잘못된 선택을 할 수 없습니다. 한 가지가 마음에 들지 않으면 수십 개의 다른 음식들이 있습니다. 아무도 당신의 접시에 주목하지 않습니다. 이는 전적으로 당신에게 달렸습니다."

은유를 구축할 때, 한 단계씩 나아지는 것은 표적에 관한 더 나은 매개체나 더 나은 명확성에 달려있다는 점에 주목하라. 이러한 변화가 없었다면 임상적 무게를 충분히 전달할 수 있는 은유를 만들 수 없었을 것이다. 예를 들어 맥도날드 버전의 은유가 사용됐다면 행동 선택에 별로 작동하지 않을 수도 있을 것이다. 맥도날드에서는 사람들이 선택하는 종류를 눈여겨보고 있으며, 선택을 취하는데 공짜가 아니다. 맛만 볼 수도 없고, 많이 먹거나 조금 먹거나 하는 기발한 선택을 할 수도 없다. 이 매개체는 누락된 사건이나 기능이 우세하지 않기 때문에 작동하지 않았을 것이다.

내담자의 배경에 적합해야 하는 은유 The Metaphor Needs to Fit the Client's Background

내담자가 자신의 상황(표적)과 유사성을 파악하기 전에, 매개체에 의해 전달되는 상황 속에 무엇이 일어나고 있는지를 가능한 구체적으로 관찰할 수 있어야 한다. 은유가 잘 작동하려면, 은유에서 내담자가 직접 경험하지 않았더라도 마음속으로 쉽게 그려낼 수 있는 상황을 언급해야 한다. 예를 들어, 모래 늪의 은유가 이런 경우이다. 비록 대부분은 모래 늪에 발을 들여놓은 적이 없지만 영화에서 모래 늪에서 일어나는 사건을 여러 번 보았고(첨언하면, 우리가 알고 있다고 생각하는 모래 늪에 관한 많은 '사실'은 영화에서만 해당되는 것으로 밝혀졌지만 이는 또 다른 이야기를 위한 스토리가 되는 것이다) 이는 이런 경험을 꽤 친숙하게 한다.

문제는 개인과 문화적 차이로 내담자가 표적에 적용되고 있는 매개체를 쉽게 상상하고 감지하지 못하면, 은유가 매우 빈약한 변화 기능을 가지게 된다. 농담이나 시처럼, 만약 은유가 유용하기 위해 설명될 필요가 있다면 은유는 이미 실패한 것이다. 해당 개인에 관해 많이 알지 못한 채 은유를 사용하는 경우 일관성 없는 결과를 가져오게 되는데, 그런 일반적인 예는 스포츠 은유, 컴퓨터 파일이나 대중 매체에 기반한 은유, 문학 은유, 또는 정치적 은유이다. 내담자에게 "펜스를 향해 스윙하면 삼진을 당할 것 같습니다"라고 경고하는 은유는 내담자가 야구 팬이 아니라면 거의 의미가 없을 것이다.

이런 문제점을 통과하는 한 가지 방법은 내담자의 경험을 직접 활용하는 것이다. 이렇게 하면 내담자는 매개체 속에서 일어난 사건을 상상하는 대신, 단지 사건을 기억하면 된다. 그러면 내담자는 다른 사람들의 경험보다 자신의 경험을 사용하여 이런 사건의 기능과 접촉할 수 있다. 많은 취미 중 영화 감상을 좋아하는, 양극성 장애를 앓고 있는 내담자의 사례를 살펴보자. 치료자는 그의 어려움에 관한 기능 평가를 토대로 내담자의 행동이 특정 감정의 영향을 받아, 그가 보다 지속 가능한 만족을 주는 활동에 참여하는데 방해받고 있다고 결론짓는다. 실제로 양극성 장애에서 흔히 보는 경우처럼 내담자는 특히 다른 사람과 상호작용할 때 충동적인 반응을 이끄는 급격한 기분 변화를 경험한다. 따라서 중재의 가능한 목표는 어려운 감정이 가하는 영향력을 줄이는 것일 수 있다. 치료자가 할 수 있는 한 가지는 내담자가 증진을 통해 현재에 먼 결과를 가져올 수 있도록 돕는 것이다(7장 참조). 예를 들어 내담자가 자신의 감정에 즉각 반응하지 않으면, 다른 사람과 보다 만족스러운 상호작용을 할 수 있다. 이러한 증진 과정에서 생겨난 영향력은 유사한 관계를 포함하는 은유를 사용하여 증강될 수 있다. 즉, 은유에는 단기인 사건에 반응하지 않는 것이 장기적인 결과에 유리한 상황이 포함되어야 한다. 치료자가 내담자의 배경에 대해 알고 있는 것이 오직 그의 영화에 대한 열정뿐이라 할지라도, 이러한 개인적인 경험을 통해 그의 어려움에 적절히 일치하는 은유를 구성할 수 있을 것이다.

다음은 실제로 비슷한 사회적 문제를 가지며, 영화보기를 좋아하는 내담자를 대상으로 우리가 진행한 회기이다. 이 요약본에서 은유는 다음과 같다.

치료자 영화를 볼 때 때때로 스토리가 너무 매력적이어서 다음에 무슨 일이 일어날지 필사적으로 알고 싶을 때가 있죠?

내담자 네, 매우 자주, 특히 좋은 스토리일 때, 흥분이 넘칩니다.

치료자 영화 속 어느 순간, 정말 극적인 일이 일어날 수 있어요. 예를 들어, 주인공은 부상을 입고 우리는 그가 죽었는지 아닌지 모르는 함정에 빠질 수 있어요. 그런 순간 기분이 어때요?

내담자 무슨 일이 일어날지 흥분됩니다. 좋은 영화라면 그런 순간에 긴장감이 정말 고조될 수 있죠.

치료자 하지만 종종, 우리는 주인공이 죽었는지 즉시 알지 못하죠, 그렇죠? 주인공의 친구들이 그 함정에서 그를 발견하기 전까지 여러 장면이 있을 수 있고 우리는 마침내 그가 아직도 살아있다는 것을 알게 됩니다.

내담자 네, 그것은 흥미와 긴장을 증가시키는 고전적인 기술이에요.

치료자 당신은 당장 답을 알고 싶은 기분이 드나요?

내담자	네.
치료자	그럼 중간 장면은 건너뛰고 무슨 일이 일어났는지 알 수 있는 장면으로 바로 찾아 가는 건가요?
내담자	아니죠! 그렇게 하면 영화를 보는 스릴이 없어져요!
치료자	왜 그렇죠? 당신이 정말 알고 싶다고 했잖아요...
내담자	하지만 그것이 영화를 흥미롭게 보는 이유죠. 이 장면들을 건너뛰면, 사실이 밝혀졌을 때, 그것은 거의 만족스럽지 못해요. 지금 당장 알고 싶긴 하지만, 그렇죠, 그러나 스토리가 쌓이도록 놓아두는 게 더 좋아요.

이 은유에서 치료자는 내담자가 사회적 상호작용에서 경험하고 있는 것과 유사한 조건 관계를 포함하는 매개체를 이용한다. 즉각적인 충동에 반응하는 것이 단기적으로 만족스럽지만, 장기적으로 더 큰 만족을 망친다. 여기서 내담자가 자신의 개인적 경험을 활용하여 대안적 행위에 따르는 결과에 보다 직접적으로 접촉하도록 돕는다. 장면을 건너뛰지 않고 영화 전체를 볼 때처럼 사회적 상호작용이 자연스러운 속도로 펼쳐지도록 놓아두면, 내담자는 타인의 말을 듣는 것과 관련된 만족감을 경험할 기회를 가질 수 있다.

은유가 내담자의 문화에 바탕을 두고 정확한 기능에 일치하도록 보증하는 또 다른 방법은, 내담자가 스스로 사용한 은유적 언어를 활용하는 것이다. 우리는 5장에서 내담자는 특히 기술하기 어려운 자신의 경험을 기술할 때, 종종 자발적으로 은유를 사용함을 보았다. 치료자는 이러한 자발적 은유들이 정의상으로 내담자의 문화에 어울리고 기능적으로도 표적에 일치함이 보장되기에 많은 관심을 기울여야 한다. 때로는 하나의 단일 단어도 내담자의 마음에 강력히 공명하는 온전한 스토리를 펼 수 있는 기회가 되기도 한다. 다음 대화에서 이 과정을 살펴보자.

내담자	사람들이 저를 어떻게 볼지 견디기 힘들어요. 저를 의식하게 만들고 매우 긴장하게 만들어요. 그냥 숨고 싶어요.

내담자는 사회적 상황에 대한 그녀의 반응을 기술하기 위해 은유를 사용한다.

치료자	숨고 찾고 하는 숨바꼭질 게임처럼?

치료자는 숨는 것에 대한 내담자 자신의 은유를 확장한다.

내담자　네. 음, 숨바꼭질 게임처럼 발견되고 싶지 않아요.

내담자는 확장된 은유를 사용하여 그녀의 반응을 더 추적한다.

치료자　어떻게 숨어요?

치료자는 계속 은유를 사용해서 지속적으로 추적을 유도한다.

내담자　저는 대화를 피합니다. 다른 할 일이 있는 척해요. 전 떠나요. 떠날 수 없을 때는 눈을 돌립니다. 저는 대화에 끼지 않기 위해 다른 사람들이 말하게 내 버려둡니다.

치료자　사람들이 당신을 찾는 것 같나요? 그들이 당신이 숨어있는 곳을 찾으려 하나요?

치료자는 계속해서 은유 안에서 추적을 유도한다.

내담자　네. 저는 마치 커튼 뒤에 있는 것 같아요. 눈에 띄지 않는다고 생각하는 어린아이처럼. 하지만 사실 우리는 그녀의 발을 볼 수 있어요. 아이일 때는 귀엽지만 지금 제겐 좀 한심해요. 전 숨을만한 안전한 곳을 절대 찾을 수가 없어요.

내담자는 은유를 사용하여 그녀의 행위의 결과를 알아차린다.

치료자　절대 이길 수 없는 숨바꼭질 게임처럼?
내담자　정확해요.
치료자　만약 당신이 발견되지 않는다면 숨바꼭질을 하는 것이 얼마나 재미있겠습니까?

치료자는 은유를 다시 사용함으로써 관찰되지 못한 결과에 내담자의 주의를 가져온다.

내담자　흠. 그러면 지루할 것 같아요. 그런 식으로 생각해 본 적이 없어요. 어떻게 보면 재미있는 숨바꼭질 게임을 하고 있는 것 같아요. 전 그걸 즐거운 상황으로 본 적이 없어요!

내담자는 사회적 상황과 연관된 다른 기능에 자신을 개방하기 시작한다.

예시|An Example

예시를 통해 다음과 같은 핵심 원칙을 기반으로 은유를 구축하는 과정을 분석해 보자.

은유는 적절한 기능을 표적으로 하여야 한다.

매개체의 우세한 특징은 임상 표적에 부합해야 한다.

표적에서 누락된 사건이나 기능은 매개체에서 우세해야 한다.

은유는 내담자의 배경에 적합해야 한다.

잠재적인 만족의 원천에 어떠한 흥미도 표현할 수 없는 우울증으로 고통 받는 내담자를 상상해 보자. 그녀는 어떤 활동에도 동기부여 되지 않았다. 나아지기 위해 아무것도 하지 않는다면 그녀를 떠나겠다고 자신의 파트너가 말했을 때, 마지못해 치료자를 만나기로 결심하였다. 치료자가 어떻게 시간을 보내느냐고 물으면, 그녀는 하루 종일 베란다 소파에 누워 잠을 자거나 멍청히 뒤뜰을 바라본다고 대답한다. 당신은 그녀와 함께, 그녀의 활동의 빈도와 가변성을 개선하는 것을 목표로 잡는다.

7장 에서 살펴본 바와 같이, 현재 내담자의 삶에 뚜렷한 강화물이 없는 상황에서 지속되는 강화의 원천을 향한 적절한 동기 부여 수단을 찾는 것이 가장 어려운 부분이다. 한 가지 가능한 접근은 시간이 지나면 다시 강화를 줄 것이라고 가정하고 즉각적인 만족을 주지 않더라도 활동을 장려하는 것이다. 이 전략은 상징과정을 통해 강화를 증진하도록 유도하며, 이는 내담자가 이 순간 활동에 흥미를 가지지 않음에도 활동에 참여하도록 동기를 부여한다.

내담자가 이 순간 흥미가 없는 활동에 참여하도록 격려할 수 있는 은유를 구성하기 위해서는, 먼저 기존 관계 네트워크에 포함된 기능적 순서를 파악하는 것이 유용하다. 지금 당장은 새로운 활동이 그녀에게 만족감을 가져다주지는 않지만, 만약 그녀가 활동에 참여한다면 결국엔 만족을 얻게 될 것이다. 다른 말로, 단기적으로 만족스럽지 못한 행동과 장기적인 긍정적인 결과 사이에는 조건 관계가 있다. 따라서 은유에는 이러한 특정 기능의 순서를 가진 매개체가 포함되어야 한다.

우리는 매개체의 우세한 특징과 표적 사이에 깊고 거의 감각적인 연결이 존재하길 원한다. 우울한 내담자의 사례에서 장기적으로 만족감을 줄 수 있는 행동은 지형적으로 활동적이기에(예, 외출, 일, 친구를 만나는 것), 내담자는 이를 힘든 것으로 경험하게 될 것이다. 따라서 수동적이거나 손쉬운 행동에 기반을 둔 매개체는 단기적으로는 만족스럽지 않지만 장기적으로 긍정적인 결과를 가져온다는 올바른 행동 순서를 지녔다하더라도 바람직하지 않을 것이다. 그러므로 나중에 비싼 물건을 살 수 있도록 지금 돈을 쓰지 않는 것 같은 내담자가 (역주, 손쉽게) 할 수 있는 것을 비유하는 것은 나쁜 아이디어일 것이다. 기능적으로는 임상 상황과 일치하지만, 매개체의 우세한 특성은 표적과 부합하지 않는다.

발생하는 즐거운 감각이 매개체에서 우세해야 하는 것도 중요한 부분이다. 삶이 다시 의미 있는 날을 상상하려면 매개체가 예고하는 미래가 반드시 풍성하고 강력하며 긍정적인 특질을 가져야 한다.

마지막으로 내담자의 경험에 부합하는 은유가 필요하다. 안타깝게도 내담자가 소파에서 하루 종일 잠을 자거나 뒷마당을 바라보기 때문에 현재 경험은 매우 제한적이다. 우리의 내담자 중 한 명이 이와 매우 유사한 상황에 직면했고, 이 난제에 관한 해결책은 그 내담자의 뒷마당에서 발견되었다. 그녀가 직접 본 것이다. 소파에서 긴 시간을 보내는 동안 뒷마당에서 뭘 봤는지 물어봤다. 그녀는 다람쥐가 나무 주위를 뛰어다니며 견과를 찾는 방법을 기술하기 시작했다. 그 뒤의 대화는 그녀가 어떻게 우울증을 극복할 수 있는지에 관한 은유가 되었다.

치료자　다람쥐는 견과를 어떻게 하지요? 그들은 그것들을 먹나요?

내담자　아니요, 다람쥐는 그걸 모아서 어딘가에 숨깁니다.

치료자　왜요? 먹으면 안 되는 건가요?

내담자　아마 네, 하지만 이 먹이는 겨울 동안 보관하고 있어요.

치료자　그럼 지금 당장은 그들의 일에 의미가 없다는 건가요?

내담자　음, 아니요, 하지만 장기적으로 보면 큰 차이가 있어요. 그들은 나중에 밖이 너무 춥고 음식이 없을 때 견과를 먹을 거예요.

치료자　그래서 그들은 노력이 필요한 일을 하고 그것은 나중에 도움이 될 것이기 때문에 바로 지금은 만족스럽지 않네요?

내담자　네, 그래요.

내담자의 경험을 은유적으로 활용하는 방법은 여러 가지가 있는데, 내담자의 문화와 개인적 배경을 많이 알수록 치료 표적에 일치하는 상황을 찾기가 쉬워진다. 이 예에서 기술한 단계에 따르면 당신이 찾고자 하는 것을 발견하는 데 도움이 된다. 다행히 언어 자체는 놀라울 정도로 유연하다. 언제나 사용할 수 있는 것이 있다.

체험적으로 역방향 작업하여 은유 생성하기
Creating Metaphors by Working Backwards Experientially

임의로 언어를 적용할 수 있기에 늘 상 사용 가능한 무엇이 있다. 어떤 상황에서도 가능한 경우의 수는 임의라는 문자 그대로 계산을 초월한다.

치료자가 언어의 유연성에 기반한 강력한 은유를 만드는데 체험과정은 도움이 된다. 이 과정이 익숙해지면 회기 중일지라도 배경에서 전개될 수 있다. 왜냐하면, 능숙하게 수행하면 몇 분밖에 안 걸리고 유용한 임상적 공감과 동행하기 때문이다. 처음에는 실행 가능한 중재 방향을 계획할 때 회기 사이에 이 과정을 거치는 것이 가장 좋다.

미로를 푸는 것을 사랑하는 어린이라면 누구나 다음과 같은 간단한 것을 해보면 쉽게 미로 문제를 해결할 수 있다고 말한다. 탈출구에서 역으로 시작부분으로 가보는 것이다. 이 아이디어를 은유 만들기에 적용한다면, 올바른 매개체를 찾기 위한 좋은 심리학적 출발점은 체험적 방식으로 임상 문제의 형태와 기능에 뛰어드는 것이다. 매개체의 우세한 특징과 기능이 표적 문제에 부합해야하기에 이런 방식은 이해할 만하다. 따라서 문제 그 자체부터 시작하라. 문제를 안팎으로 느껴보도록 노력하라. 이 문제 안에는 어떤 감각이나 생각이 존재하는가, 능동적인가 아니면 수동적이라 느끼나, 어떤 기능이 우세한가? 지나치게 생각하려 하지 말고, 자신의 판단이나 분석적 사고를 느슨하게 하고 대신 내담자가 겪고 있는 어려움과의 체험적 연결을 찾으라.

그런 다음 이 문제를 안팎으로 느끼기 시작하면, 다음 치료 단계로 넘어갈 때도 체험적 접근을 유지하라. 우리는 누락된 사건이나 기능이 우세한 매개체를 원하고, 그 연결을 찾기 위해 이러한 사건이나 기능을 본능적 방식으로 경험할 필요가 있다. 그런 치료 단계를 밟으면 어떤 느낌이 드는가? 어떤 감각이나 생각이 존재하는지, 능동적인가 아니면 수동적이라 느끼는지, 이 새로운 장소 내에서 행위를 주도하는 것은 무엇인가?

마지막으로, 내담자와 내담자에 관해 알고 있는 모든 것을 기억하고, 우리가 만든 사례 공식화와 접촉을 유지한다면, 문제 및 치료 목표와 체험적 접촉을 통해 무엇을 떠올릴 수 있는가? 이 모든 것을 통합할 수 있는 상황, 사건 또는 대상은 무엇인가? 여기선 당신의 생각을 좀 더 느슨하게 할 필요가 있다. 영화, 스토리, 이미지 또는 상징에 주의가 방황하도록 허용하라. 얼굴, 색상, 그림 또는 스냅 샷에도, 기억, 연극, 액션 또는 운동에도 그리 해 보라. 당신은 마치 당신 자신의 '무의식'이 당신에게 말하게 허락하듯이, 의도적으로 자신의 사고방식을 느슨하게 하고 있다. 당신은 모든 정보 통로가 열려지길 원한다.

가능한 은유는 문제, 목표, 내담자와 이런 체험적 접촉의 조합 속에서 떠오르기 시작할 것이다. 이러한 특징은 이러한 모든 요소를 포함하는 보거나, 듣거나, 생각한 것을 상기시켜준다. '연결associations'은 다소 느슨할 수 있지만, 무작위로 이루어지는 것은 아니다. 연결이 생기게 된다.

이런 과정이 어떻게 진행되는지 살펴보려 일 중독자인 한 내담자를 가정해 보자. 그는 가족을 부양하고 있다는 확신 아래 많은 노력을 하지만, 쫓기고 있으며, 불행하며 스트레스를 받는다. 그가 치료를 받게 된 것은 부분적으로 그의 배우자가 자신에게 그가 감정적인 지지를 제공 해주지 않는다는 이유로 이혼을 주장하며 위협하였기 때문이다. 하지만 당신은 아직 구체적인 치료 목표에 도달하지 못했다.

여기까지 상황에 관한 당신의 분석은 내담자가 가진 장난기가 비판받고, 오직 성취만 보상받는 비판적인 훈육을 받았다는 것이다. 전직 장교였던 그는 군인으로서 성공했지만 전장에서 자신이 가져온 정신적 외상을 다룬 적이 없다. 그는 아내와 딸을 사랑하지만, 그들에게 줄 것이 돈밖에 없을까 봐 두려워한다. 그는 항상 가짜처럼 느껴졌다고 말한다. 마치 시늉만하는 것처럼. "제 자신을 보는 것이 두려워요. 제가 뭘 발견할지 두려워요".

당신이 최악의 그가 되는 것이 어떤 것인지 문제 행동을 상상속에서 체험적으로 깊이 파고들 때, 당신은 무겁고 시야가 좁아지는 것을 느끼게 된다. 마치 짐을 지니고 있는 것 같다. 거기에는 긴박함으로 가득 찬 리듬이 있다. 당신은 아무것도 볼 수 없고 아무것도 들을 수 없다는 감각을 가지고 있다. 당신은 마치 속도를 늦추는 것이 위험이고 그렇게 하면 나쁜 일이 일어날 것처럼 두려움과 위급함을 느낀다. 폐쇄공포증이며 갇히게 된다. 고역이지만, 어쩜 익숙하고 안전하다. 아주, 아주 오래 된 느낌이다.

내담자의 삶이 개선될 수 있는 점을 깊이 파헤쳐 보면 눈을 뜨고 앉아 있는 것 같은 느낌이 든다. 당신은 내담자가 개방, 자애, 주고받는 지지, 놀이 같은 감각들을 갖기를 열망한다. 임상 작업을 통해 만들어질 수 있는 것을 깊이 살펴보면 떠오르는 단어가 '사랑'인데, 그 목표를 느끼다 보면 당신은 눈물이 나기 시작한다는 것을 알게 되고 깜짝 놀란다.

문제, 목표, 내담자 안에서 은유들이 떠오르기 시작한다. 그 중 하나는 다음과 같다.

"가끔은 여기서 당신의 삶이 거의 끝없는 군대 행군인 것처럼 느껴집니다. 고개를 숙이고 터벅터벅 걷는 발소리만 들릴 뿐입니다. 그저 멈출 때까지 계속 행군이 필요합니다. 당신은 무거운 자루를 등에 메고 다니는데, 가족처럼 아끼는 사람들을 위한 식량일 겁니다. 하지만 이런 자세라면, 사랑하는 사람이 바로 길가에 서 있을 지라도, 자신은 그들을 알아차리지도 못한 채 터벅터벅 지나쳐 걸어갈 수도 있습니다. 그런데 그 자루 안에 무엇이 있나요? 정말 식량인 가요? 아니면 그 무겁고 오래된 자루에 다른 것들로 가득 차있지 않나요, 즉 미처 살펴보지 못한 순간들, 두려움, 외상, 고통, 자기비판 같은 것들이 있지 않나요?"

내담자가 자신의 경험과 이러한 은유적 표현 사이의 연결을 발견하면, 당신은 다음과 같이 결론 내릴 수 있을 것이다.

"우리가 함께 작업해야 하는 것들 중 하나가 바로 이 질문입니다. 이 행군은 얼마나 계속될 까요? 이 무거운 짐을 지고 계속 행군하는 게 정말 당신에게 흥미로운가요, 아니면 지금 그 짐을 내려놓을 때인가요? 일단 어깨에서 내려놓으면 앉을 곳을 찾을 수 있을 겁니다. 머리와 눈을 들고 주변에 누가 있는지 볼 수 있을 거예요. 어쩌면 당신의 역사가 가득 담긴 자루가 더 친절하고, 더 온화하며, 더 사랑스런 것과 관련이 있을지도 모릅니다."

은유를 전달하는 방법
How to Deliver a Metaphor

이전 단락에서 제시한 원리를 기반해서 은유를 선택하거나 구축했다면, 치료에서 은유를 활용하는 과정 절반을 한 것이다. 이 과정의 두 번째 중요한 부분은 실제로 은유를 전달하는 것이다.

이에 관한 연구 성과가 드물기에 여기서 더 많은 추정이 필요할 듯하다. 그러나 이론적 관점에서 탐색할 수 있는 새로운 방식이 있다.

지금까지 우리가 제시한 예들의 일부에서, 은유는 요약된 형식으로 제공되었지만 일반적으로는 내담자가 보다 분명하게 매개체의 구체적 특징을 볼 수 있게 하는 좀 더 체험적 접근 방식이 더 효과적이다. 이전 단락에서 우리가 정의했듯이 효과적인 은유의 이점을 취하는 제시 방식이 있다.

내담자에게 역할연기로 스토리를 차근차근 설명하기
Taking the Client through the Story as a Role Play

치료실에서 살펴볼 수 있는 은유는 구체적 상황을 제시하여 행동에 대한 새로운 관점을 제공한다. 문제 행동이 주로 부적절한 규칙에 의해 조절되든 단기나 가변적 수반성에 의해 조절되든, 내담자는 자신의 행동을 변경하기 위해 더 유리한 결과를 알 필요가 있다. 이러한 측면에서 은유가 제시되는 방식이 차이를 만들어 낼 수 있다. 은유는 스토리와 비슷하고, 스토리처럼 은유를 말하면 매개체의 요소들이 더 생생하고 관찰하기 쉬워진다.

"다람쥐들이 견과를 모을 때, 이득은 즉각적이라기보다는 장기적이다. 지금 노력이 필요하지만 만족은 나중에 온다"라고 말하며 장기 결과를 명시적으로 강조하는 치료자를 그려보라. 이 예에서 치료자는 장기 결과를 기술하는 규칙을 사용하고 있다.

이런 명시적 접근에서도 여전히 자신의 경험이 지닌 유용한 특성에 내담자가 접촉하는 것을 염두에 두기 때문에, 근본적으로 잘못된 것은 아니다. 그러나 이런 방식으로 은유를 전달하면 내담자에게 먼저 자신의 경험을 관찰할 기회를 제공하는 대신에 치료자가 규칙을 직접 제공하는 것이 된다. 만약 내담자가 치료자의 눈으로 자신의 경험을 보도록 권장된다면, 사회 순응이 중심이 될 것이고, 이는 문제를 지닌 무감각(효과가 없을 때조차도 규칙을 따르기)으로 이어질 수 있다.

유사 역할연기quasi-role play로 은유를 제시함으로써 내담자는 사회 순응으로 추동될 위험을 줄일 수 있으며, 치료자로부터 명시적 중재를 덜 받으므로 발생하는 것을 차례대로 직접적으로 추적할 수 있다. 예를 들어 앞서 우리가 사용한 영화보기 은유에서, 치료자는 대화 방식을 다음처럼 이끌 수 있다(이런 변화의 일부는 미묘하기에, 둘 사이의 차이를 알기 위해 이장 '내담자의 배경에 적합해야 하는 은유' 단락에 제시되었던 이전 버전을 참조할 필요가 있다).

> **치료자**　바로 지금 서스펜스 영화를 관람하고 있다고 상상해보죠. 보통 어디에서 영화를 보나요?

치료자는 내담자가 매개체에 의해 기술된 상황 속에 있는 상상을 하게 하고, 이 상황의 구체적 특징과 접촉하도록 초대한다.

> **내담자**　거실에서요. 큰 스크린과 홈시어터가 있어요. 팝콘을 만들어서 소파에 누워요.
> **치료자**　네 당신은 소파에 편안하게 앉아서 영화를 즐기고 있어요. 한 순간 영화 속 주인공이 전투에서 다치고 함정 속으로 떨어졌어요. 당신은 그가 살았는지 죽었는지 몰라요. 바로 지금 어떻게 생각하나요?

치료자는 마치 이런 일이 치료실에서 일어나는 것처럼 스토리를 말하기 시작한다.

내담자   전 흥분돼요. 무엇이 일어날지 전 알고 싶어요.

치료자   그래서 어떻게 하나요?

내담자   계속 봐요, 주인공이 계속 살아 있을지 알고 싶어서 못 참겠어요.

치료자   당신은 다음 장면을 건너뛰고, 주인공에게 어떤 일이 일어났는지 알 수 있는 장면까지 직접 옮겨가나요?

치료자는 내담자가 그 스토리에 개인적으로 참여하도록하기 위해 내담자의 느낌과 행위에 관한 질문을 한다.

내담자   음, 예, 그렇게 하고 싶죠, 하지만 전 결코 그렇게 하지 않아요. 그러면 영화 관람을 망치니까요.

종종 은유를 시연까지도 가능해서, 내담자가 훨씬 쉽게 상황의 구체적 특징을 알 수 있는 시간을 가지기도 한다. 원칙은 다른 은유와 동일하지만, 여기서는 내담자가 상황을 상상할 필요가 없고 직접 경험할 수 있다.

현재 시제 사용Using the Present Tense

은유 속 상황이 치료실에 실제로 존재하는 것이 아니기에, 임상의는 종종 자연스럽게 조건부 시제를 이용해서 스토리를 말하게 된다. 예를 들어 치료자가 "당신이 모래 늪으로 들어갔다고 상상해보세요.... 당신은 어떻게 했을까요?" 또는 "당신은 영화를 보고 있는데 주인공이 다치고 함정 속으로 떨어졌다고 상상해보세요. 당신은 어떤 생각을 했을 것 같나요?"라고 말한다. 조건부 시제로 스토리를 제시하면, 내담자는 유도를 추가하는 단계를 수행하게 되기에 관찰하고 있는 경험에서 더 멀어지게 된다.

현재 시제를 사용하면 이러한 거리를 줄일 수 있다. 이런 경우 치료자는 "당신은 사막을 걷고 있다고 상상해 보세요, 갑자기 모래 늪 속으로 들어갑니다... 지금 어떻게 하나요?" 또는 "당신이 바로 지금 영화를 보고 있다고 상상해 보세요. 주인공이 상처 입고 함정 속으로 떨어집니다. 지금 당신은 무엇을 생각하나요?"와 같이 말할 수 있다. 치료자는 은유가 마치 가상현실 경험의 한 종류인 것처럼 현재 시제를 사용할 뿐 아니라 현재를 바탕으로 (예, '지금', '바로 지금') 스토리를 둔다는 점에 주목하라. 목표의 일부는 상황의 구체적인 특징을 두드러지게끔 하는 것이다. 종종 내담자는 치료자가 사용하는 형태를 즉시 모방하지는 못하겠지만, 체험적 관찰이 가장 강력할 수 있는 현재로 부드럽게 되돌아 올 수 있다.

다음에 이전에 우리가 살펴보았던 동일한 대화 버전이 있다. 여기서 치료자는 어떻게 내담자를 현재 시제로 고정하는지를 보여 준다(마찬가지로 두 버전 사이에 차이가 미묘하기에, 바뀐 부분을 알아차리기 위해 이전 버전과 비교할 필요가 있다).

치료자   당신은 소파에 편안하게 앉아 영화를 보고 있다고 상상해보세요. 갑자기 주인공이 전투에서 다칩니다. 그리고 함정 속으로 떨어집니다. 그 순간 당신은 어떤 생각을 하나요?

내담자   주인공에게 무슨 일이 일어났는지 궁금했을 거예요... 살았는지 죽었는지.

치료자   즉시 무슨 일이 일어났는지 몹시 알고 싶나요?

치료자는 내담자를 교정하지 않고 현재 시제로 고정한다.

내담자   네.

치료자   다음 장면을 건너뛰어 바로 결론으로 가길 원하나요?

내담자   아니요, 그러면 영화보기를 망치잖아요.

치료자   그렇지만 여전히, 바로 지금 당신은 정말로 무슨 일이 일어나는지 알고 싶죠.

내담자   예, 알고 싶어요, 하지만 나는 영화가 전개되도록 내버려 두고 기다리겠어요.

내담자 역시 현재 시제를 지금 사용하고 있다.

치료자   왜죠?

내담자   왜냐면 스토리가 구성될 때 영화를 더 즐길 수 있기 때문이죠.

체험적 단서를 사용해서 직접 관찰을 발전시키기
Developing Direct Observation Using Experiential Cues

내담자의 주의를 직접 자신의 심리적 반작용인 감정, 감각, 생각으로 가져오도록 이끌어,

매개체 속 상황의 구체적 측면에 주목하도록 강화할 수 있다. 이는 이전에 치료자가 규칙적으로 내담자의 관찰, 기술, 추적을 유도하면서 심리 문제를 평가하고, 기능적 맥락 인식을 개선하고, 체험연습을 전달하기 위해 우리가 제시했던 다른 기법들과 유사하다. 내담자에게 현재 감정과 생각을 요청할 때 내담자가 현재에 머무를 가능성이 보다 증가한다.

여기에 다양한 체험적 단서로 전달되는 은유의 한 예시가 있다. 치료자는 강박 사고에 반응하지 않는 어려움을 상대편 응원단 함성 속에서 원정 축구 시합을 하는 선수가 가지는 어려움에 비유하는 은유를 사용한다.

치료자　자, 당신은 경기장 안으로 들어섰을 때 상대 응원단이 당신을 향해 소리치는 것을 듣습니다. 그들이 뭐라고 하나요?

치료자는 상황에 관한 관찰과 기술을 유도한다.

내담자　그들은 우리가 질 거라고 말해요.
치료자　어떤 느낌인가요?

치료자는 심리경험에 관한 관찰과 기술을 유도한다.

내담자　짜증나지만 그게 경기죠. 지역 내 다른 팀과 경기할 때 더 심해요.
치료자　당신이 지금 바로 지금 경기장에 있으며, 이 팀들 중 하나와 경기를 하고 있다고 상상해 보세요. 당신은 응원단의 소리를 듣습니다. 마치 지금 그곳에 있는 것처럼 마음속에 이 장면을 그려보세요. 그 소리가 들리나요?

치료자는 경험을 관찰하도록 유도한다.

내담자　네.
치료자　그들은 뭐라고 하고 있나요?

치료자는 경험을 기술하도록 유도한다.

내담자	모든 종류의 모욕을 우리에게 하고 있어요. 우리 팀을 짓눌려 버리겠다고 말해요.
치료자	그런 소릴 들었을 때 바로 지금 어떤 느낌이 드나요?

치료자는 심리경험에 관한 관찰과 기술을 유도한다.

내담자	정말 짜증나요.
치료자	어떤 종류의 감각을 느끼나요?

치료자는 내담자에게 보다 구체적으로 감각을 지향하도록 한다.

내담자	잘 모르겠어요.... 긴장되요.
치료자	저는 당신이 눈살을 찌푸리는 것을 봅니다. 그 소리를 들었을 때 짜증나고 긴장되기 때문인가요?

치료자는 추적을 유도한다.

내담자	네... 이것을 생각만 해도 저를 살짝 화나게 하는 것 같아요.
치료자	그리고 응원단이 당신을 모욕하는 소리를 들었을 때 어떻게 하고 싶다고 느끼나요?

치료자는 추가적인 추적을 유도한다.

내담자	솔직히요? 그들을 패고 싶어요!
치료자	당신의 내면에서 어떤 느낌이 드나요?

치료자는 감각에 관한 관찰과 기술을 유도한다.

내담자	그들을 패는 거요?
치료자	네. 그들을 패고 싶을 때 당신의 몸에는 어떤 감각이 나타나나요?
내담자	음... 턱을 악물어요. 주먹에서 긴장을 느껴요.

치료자   그리고 지금 당신은 무엇을 하나요?

치료자는 추적을 유도한다.

내담자   글쎄요, 아무것도. 누구도 해치지 않을 겁니다. 응원단이 멍청하지만 단지 하나의 게임이에요.

매개체와 표적으로부터 어휘를 혼합하고, 명시적 비교를 제한하기
Mixing Vocabulary from Vehicle and Target, and Limiting Explicit Comparisons

임상의는 은유를 전달하면서 그 의미를 내담자에게 '설명'해야 하는지, 아니면 내담자 스스로가 의미를 알아차리도록 놓아두어야 하는지 종종 의문을 가진다. 예를 들어 치료자는 "상대 응원단에게서 모욕을 들었을 때 당신이 느낀 긴장감은 강박 사고에 반응하려는 촉박감을 느낄 때와 같습니다. 어려운 일이지만 그것들에 반응을 하지 않는 선택을 할 수 있습니다"라고 말하는 것이다. 매개체와 표적 사이의 동등성을 설명하는 문제는 연결의 풍부함을 지나치게 단순화하여, 체험 과정을 단순한 규칙으로 전환해 버린다. 만약 내담자가 이런 규칙을 스스로 공식화하지 않는다면, 타이밍이 맞지 않거나 과장될 수 있다. 이는 응종으로 인해 문제가 있는 무감각의 위험을 증가시키는 사회적 들볶음이 될 수 있다. 적절한 타이밍을 갖춘 치료자의 진술이 유용할 수 있기 때문에, RFT 개념은 치료자가 교훈이나 연결에 관해 언급하는 것을 구체적으로 금지하지는 않는다. 그러나 일반적으로 관찰, 기술 및 추적 기술을 강력하게하기 위해, 내담자가 연결을 살펴보고 언어적으로 공식화하도록 내버려 두는 쪽으로 실수하는 게 보다 안전하다. 즉 전혀 지침을 제공하지 않으면, 내담자가 혼란스러워하고 좌절할 수 있기 때문에 임상실제에서 작동을 하지 않을 수 있다.

절충안은 내담자가 은유를 경험하고 이후에 이를 처리할 때 매개체와 표적을 점진적으로 혼합하는 것이다. 예를 들어 치료자는 의도적으로 매개체에서 나오는 어휘를 사용해서 표적에 관해 이야기할 수 있다. 이렇게 하면 은유를 직접적으로 설명하지 않고도 두 상황이 공유하는 동등 관계가 더욱 두드러지게 된다. 이는 또한 매개체에서 더 구체적인 특성을 표적으로 가져오는 이점을 제시하고, 비효율적인 규칙에 의해 가해지는 영향력을 약화시키는데 도움이 된다. 시간이 지남에 따라 내담자는 자주 은유에서 나온 용어를 사용해서 개인적인 어려움에 관해 이야기하기 시작한다. 이렇게 되면 내담자는 은유를 자신의 어려움에 적용하기 위해 은유를 정교하게 일반화해야 하기 때문에, 은유가 긍정적 임상 효과를 가지는지 평가하는 것이 더욱 쉬워진다. 예를 들어 내담자는 "이번 주에는 군중이 소리치는 것을 많이 들었어요. 그들의 얼굴을 때리지 않기가 정말 힘들었어요. 그래도 저는 게임에 집중했어요"라고 말할 수 있다. 이 장의 끝에 제시된 자세한 임상 대화록이 이런 기법을 실행하는 방법을 보여줄 것이다.

효과적인 규칙 추출을 유도하기Evoking the Extraction of Effective Rules

은유 사용의 요점은 단순히 스토리를 말하는 것이 아니라 관계와 기능의 변화를 통해 행동변화를 고취하는 것이다. 최종 목적은 현재 내담자가 행하는 비효과적인 행동을 자신에게 더 지속적인 만족을 가져다주는 다른 행동으로 대체하는 것이다. 모든 체험적 치료 기법처럼 은유 사용을 선택하는 것도 장기적으로 내담자의 자율성을 지원하기 위해 행해진다. 만약 내담자가 은유가 제시되는 동안 자신의 경험을 관찰하고 새로운 선례를 추출할 수 있다면, 치료실 밖에서 더 쉽게 재생산될 수 있는 일련의 행동을 내담자가 배우게 될 것이다.

내담자가 은유를 기반으로 하여 유용한 언어 공식화를 추출하도록 돕기 위해서, 이전에 배운 대부분의 기법이 필요하다. 특히 치료자는 "이 상황에서 무엇을 하나요?", "다음에는 무엇이 일어나나요?", "그렇게 하여 단기 결과는 무엇인가요?", "장기 결과는 어떤가요?"와 같이 내담자의 관찰, 기술 그리고 추적을 유도하는 질문을 유용하게 요청할 수 있다. 친절한 지침을 통해 내담자가 특정 상황에서 새로운 행동과 결과를 정의하는 규칙을 공식화하도록 도울 수 있다. 다음의 대안적인 예시에서, 치료자가 이 과정에 참여하는 정도의 차이를 관찰해 보자. 첫 번째 사례는 치료자가 관찰하고 추적한 것을 기술하여 최종적으로 규칙을 추출하였으며, 반면 두 번째 사례는 내담자가 스스로 새로운 효과적인 규칙을 추출하도록 돕기 위해 치료자는 단지 내담자의 관찰, 기술 그리고 추적을 유도하기만 한다. 이 대화들은 즉시 모래 늪 은유를 제시하는 것으로 이어진다.

예시 1: 치료자가 관찰과 규칙을 공식화한다

치료자　　그리고 당신이 불안 속으로 가라앉기 시작할 때 무엇을 하나요?

내담자　　스트레스를 느끼지 않기 위해 이완하려 할 수 있는 모든 것을 해요.

치료자　　다른 생각을 하려고 하고, 주의를 다른 곳으로 돌린다는 것인가요, 맞나요?

치료자는 관찰을 공식화한다.

내담자 맞아요.
치료자 그리고 발생하는 것은 결국 당신이 보다 더 불안해지는 거죠...

치료자는 관찰을 공식화한다.

내담자 네... 모래 늪 속에 있는 것 같아요. 점점 더 가라앉죠.
치료자 그렇다면 문제는 불안을 회피하려고 하는데서 오네요. 어떻게 생각하세요?

치료자는 치료자의 규칙을 공식화한다.

내담자 당신은 그것이 상황을 더 악화시킨다고 생각하시는 거죠?
치료자 제가 당신의 경험을 들으니, 스트레스를 덜 느끼려는 노력으로 자신의 에너지를 모두 써버리고 최종적으로 더 큰 스트레스를 느끼기 때문에 상황이 더 악화되는 것 같아요. 아마도 더 나은 전략은 불안을 회피하려고 시도하지 않는 것이겠지요. 어떻게 생각 하시나요?

치료자는 규칙을 공식화하고 대안 반응을 제안한다.

내담자 제가 불안을 회피한다면 상황이 더 악화될 것이다. 알겠어요. 그런 식으로 생각하는 것이 쉽진 않아요. 하지만 무슨 뜻인지는 알겠어요.... 마치 모래 늪 같다는 말이죠.

예시 2: 치료자는 관찰, 기술, 추적을 유도 한다

치료자 그리고 당신이 불안 속으로 가라앉기 시작할 때 무엇을 하나요?

치료자는 추적을 유도한다.

내담자 스트레스를 느끼지 않기 위해 이완하려 할 수 있는 모든 것을 해요.

치료자   예를 들면 어떤 것들이죠?

치료자는 행동을 관찰하고 기술하도록 유도한다.

내담자   말했듯이 주의를 다른 곳으로 두려 해요, 다른 생각을 해요.
치료자   그다음에 무슨 일이 일어나죠?

치료자는 추적을 유도한다.

내담자   약간 나아져요.
치료자   처음에는 기분이 나아진다는 의미가요?

치료자는 추적을 유도한다.

내담자   네.
치료자   그다음은요?

치료자는 추적을 유도한다.

내담자   곧바로 다시 불안해져요.
치료자   다시 불안해지면 어떤가요? 이완을 시도하기 전처럼 힘든가요? 덜 힘든가요? 더 힘들어지나요?

치료자는 더 정확한 추적을 유도한다.

내담자   모르겠어요... 불안이 잠시 물러났다가 반복해서 되돌아와요. 좌절감이 드니 이런 식은 더 힘들어요. 결코 사라지지 않을 것 같은 느낌을 줘요.
치료자   불안이 되돌아 온 후에 스트레스를 느끼는 것에 추가하여 좌절감을 느낀다고 말하는 건가요?

치료자는 더 정확한 추적을 유도한다.

내담자 네.... 결국엔 더 심해지기까지 하죠.

치료자 그러면 어떤 다른 것을 해볼 수 있을까요?

치료자는 대안 반응을 추적하도록 유도한다.

내담자 스트레스를 느끼지 않으려고 그렇게 열심히 노력하지 않는다면 더 나을 것 같아요.

치료자 왜 그럴죠? 당신은 스트레스를 느끼고 싶지 않다고 했잖아요.

치료자는 추적을 개선하기 위해 내담자를 이전 관찰로 향하게 한다.

내담자 네, 하지만 최종적으로 상황이 더 안 좋아지잖아요.

치료자 불안과 투쟁하는 것이 당신을 더 가라앉게 만든다고 얘기하는 건가요?

치료자는 내담자가 스스로 한 관찰을 재공식화한다.

내담자 예, 결국에는 마치 모래 늪처럼.

두 가지 예 모두 동일한 결과에 도달하였음에 주목하라. 즉, 불안 회피가 역효과적인 결과를 낳았음을 규정하는 규칙을 공식화하였다. 그러나 두 번째 예시에서 치료자는 결코 답을 제시하지 않는 대신 내담자가 자신의 경험을 관찰하고 새로운 규칙을 공식화하도록 돕는 언급과 질문을 사용했다. 일반적으로 이 과정은 내담자로 부터 답이 나오기에 더 많은 시간이 걸리지만 보다 확실하다. 첫 번째 예시의 접근은 때때로 내담자가 이해를 하는 듯 보이지만 나중에 이해했던 것을 잊어버리거나 부정을 한다. 내담자가 자신의 경험을 관찰하고 자신에게 효과가 있는 것을 스스로 결론 내리는데 치료자가 노력을 집중하는 것이 종종 장기적으로 더 확실하다.

다양한 대답에 열려있는 것이 중요하다. 즉 임상의는 진실된 흥미를 가지고 내담자에 의해 안내받는 태도를 유지할 필요가 있다. 내담자는 불안을 회피해서 어떠한 역생산적인 효과를 경험하지 않을 수 있고 은유가 실제로 내담자의 어려움과 맞지 않을 수도 있다. 그러나 이 명백한 실패는 내담자가 가진 문제에 관해서, 기능적 감각으로 평가를 정교하게 다듬을 기회를 제공하고 중재 계획을 재수정하기에 생산적일 수 있다. 내담자의 관찰 능력이 심각하게 변경되지 않는 한, 핵심 임상 나침반은 내담자 자신의 경험이다.

동결된 은유 활용하기
Using Frozen Metaphors

우리는 이 장에서 은유를 선택하고 만들고 전달하기 위해 어떻게 RFT를 활용하는 가를 강조해왔다. 그러나 만약 이런 동일한 아이디어를 치료에서 동결된 은유의 사용과 연관 짓지 못한다면, 이는 곧 우리의 태만이라 할 수 있다. 심리치료에서 대다수의 핵심 아이디어는 동결된 은유(즉, "나는 ...라고 생각하는 *경향이* 있다"라고 말할 때처럼, 은유인 것을 잊어버릴 만큼 자주 사용되는 은유)이다. 그러나 단어가 특정 의미를 가지는 표준 문자 용어로 이동될 때에도, 은유적인 함축적 의미를 완전히 잃지는 않는다. 언어의 깊은 구조 때문에 동결된 은유들조차도 본래의 의미를 지니고 있다.

이런 깨달음을 통해 임상의는 단어를 의도적으로 선택해 사용하면 은유적 정보를 활용할 수 있다. 한 내담자가 호소하는 문제성 분노와 공격성이 어린 시절의 방임 문제에서 기인한다고 가정하는 임상의가 있다고 가정해보자. 임상 목표는 무력하고 보살핌을 받지 못한다는 고통스러운 느낌을 허용하면서 고통 속에 있는 아이를 돌보는 것 같은 느낌과 관심을 가지도록 더 많은 자애를 격려하는 것이다.

언어를 많이 사용하여 이런 보살피는 태도를 자신에게 전달할 수 있다. 예를 들어 고통이 중요하고 주의를 기울일 가치가 있는 것처럼 속도를 늦춰서 이를 느껴보도록 임상적 요청을 하는 경우를 살펴보자. "멈추고 그것을 느껴보면 어떨까요?" 대 "그것을 *안아보고embrace 품어보는hold* 시간을 가진다면 어떨까요?"라는 두 질문을 비교해보자. 두 질문은 거의 동일하지만 두 번째는 자기 돌봄을 장려하고 자신을 마치 중요한 존재인 것처럼 대하는 용어를 사용한다. 훨씬 더 직접적으로 두 번째 질문은 아이가 합리적으로 갈망할 수 있는 것(상처 입었을 때 품어 주거나 안아주는 것)을 내포하는 용어를 사용한다. 만약 내담자의 방임 경험이 유년기 보다 초기에 일어났다면, 동일한 질문을 다시 바꿀 수 있다. "그 느낌을 눈으로 보고 그냥 요람에 올려놓으면 어떨까요?" 만약 임상의가 방어적인 분노와 공격성에 관한 대안으로 자기자비를 제안하려 시작하는 경우, 대안과 비교를 끌어내기 위해 질문을 변경할 수 있지만 명시적으로 언급할 필요는 없다. "그것을 *안기위한* 시간을 갖는다면 어떨까요? 그것을 *움켜쥐거나grab나 꽉 쥐지clench it tight* 마세요.

그것과 *싸우지* 마세요. 단지 그것을 부드럽게 *가까이 가져갈 수 있는지만*^bring it close 살펴 보세요."

일반적으로 내담자의 레이더 화면 아래에서 동결된 은유의 의도적인 사용이 전적으로 행해지지만, 이런 은유는 단어가 내포한 의미가 중요하기에 강력하게 유도적일 수 있다. 초기 유년기 깊은 방임 문제를 가진 사람은 요람에 감정을 부드럽게 담아두라는 요청에 울컥할 수 있으며, 자신이 느끼는 취약함이 아기를 안고 있는 것을 묘사할 때 사용하는 것과 거의 같은 문구를 의도적으로 사용하고 있다는 것을 결코 깨닫지 못한다. "나는 아기를 눈으로 보고 그를 요람에 올려놓았다".

임상의가 문제 영역을 탐지하거나 임상적 안건을 진행하기 위해 동결된 은유를 사용하는 방법을 알게 된다면, 잠재적 이용 범위는 광범위하다. 즉, 거의 모든 임상적 진술이 동결된 은유를 사용할 기회를 제공한다. 좋은 대안을 파악하기 위해 약간의 연구와 조사 (예, thesaurus.com[39]와 같은 웹 사이트)가 필요할 수 있지만, 임상 주제는 내담자들 간에 충분히 공통적이므로 회기 사이 주어진 임상 상황에서 특정 동결된 은유를 사용하는 방법을 처음으로 고안한다면, 당신은 점진적으로 순간 순간 언어 선택으로 확장할 수 있을 것이다.

임상 예

다음 임상 대화록은 대중 연설에 관한 두려움으로 고통 받는 내담자에게 동일한 은유를 전달하는 두 가지 접근 방식을 제시한다. 첫 번째 버전에서 은유를 교훈적인 방식으로, 즉 매개체와 표적 사이의 동등성에 관한 명시적 설명으로 전달한다. 게다가 치료자는 내담자를 역할연기에 참여시키지도, 체험적 단서를 이용하지도, 두 네트워크의 어휘를 혼합하지도 않은 채 스토리를 진행한다. 결국 내담자가 자신의 경험에서 규칙을 추출하도록 두는 대신에 치료자가 규칙을 공식화한다. 두 번째 버전에서 RFT 원리를 통합하여 영향을 미칠 가능성을 높이려는 목표로, 어떻게 이 기법을 수정할 수 있는지 확인할 수 있을 것이다.

*교훈적 버전*Didactic Version

---

39)역주. 동의어를 알려 주는 사이트 임.

치료자 당신은 전에 롤러코스터를 타 본적이 있나요?

이 단순한 질문이 롤러코스터를 타는 것이 내담자의 문화적 경험의 일부인지 확인한다.

내담자 네.

치료자 롤러코스터를 타는 것을 좋아하나요?

롤러코스터를 타는 것이 표적으로 이동할 유용한 기능을 가지고 있는지 확인하기 위한 간단한 다른 질문이다. 이 경우에 유용한 기능은 힘든 감정과 만족이 동시에 공존 가능하다는 것이다.

내담자 네, 재밌어요. 무섭지만 재밌어요.

치료자 당신의 감정이 롤러코스터 그 자체처럼 오르락내리락 한다는 것을 알아차렸나요?

치료자는 매개체에 포함된 기능을 명시적으로 진술한다.

내담자 네, 모두가 비명을 지르는 순간이 있어요.

치료자 마치 당신이 매우 높은 지점에 도달해서 곧 매우 빠른 속도로 다시 내려가려고 할 때처럼?

내담자 네, 매우 무서워요.

치료자 하지만 그것이 롤러코스터를 아주 재미있게 만들죠, 그렇죠?

치료자는 매개체에서 만족과 두려운 감정 사이의 동등성을 명시적으로 언급한다.

내담자 네.

치료자 인생 전반에 걸쳐서도 역시 감정이 오르락내리락 한다는 것에 주목해 본적이 있나요? 대중 앞에서 연설을 해야 할 때와 마찬가지로 롤러코스터의 가장 높은 지점에 도달한 것과 같습니다...

치료자는 매개체와 표적 사이의 동등성을 명시적으로 공식화한다.

내담자 네, 저에게 분명히 그것만큼 무서워요...

치료자 그러나 흥미로운 건 우리가 재미있기 때문에 두려워지는 것을 선택하는 상황들이 있다는 것입니다. 롤러코스터를 타러가거나 공포 영화를 보는 것처럼. 대중 앞에서 연설할 때 느끼는 두려움을 이런 종류의 감정을 생각하는 것과 같은 방식으로 상상해 볼 수 있을까요?

치료자는 매개체와 표적 사이의 동등성을 다시 진술한다. 두려운 감정이 가지는 기능을 변형시키는 것이 분명하게 제시되었다.

내담자 대중 앞에서 연설하는 것을 롤러코스터처럼 생각하라는 뜻인가요?

치료자 어쩌면 대중 앞에서 연설뿐 아니라 실제 삶의 전반에 걸쳐서 일수도 있어요. 만약 당신이 삶에서 경험하는 다른 감정들을 삶을 흥미롭게 만드는 삶의 일부분인 정상적인 변이로 고려한다면, 연설을 하려는 순간의 두려움으로 인해 덜 괴로울 수 있습니다.

치료자는 롤러코스터에서 두려움을 바라보는 동일한 방식으로 대중 연설의 두려움을 바라보는 것이 가지는 이로운 결과를 특정하는 규칙을 공식화한다.

내담자 그렇게 생각해 본적은 한 번도 없지만, 저를 괴롭히지 않거나 심지어 제가 좋아하는 두려움이 있는 것은 맞아요.

치료자 만약 대중 앞에서 말하는 것에 대한 두려움과 전반적인 당신의 감정을 롤러코스트에서 오르고 내림으로 본다면 실제로 이런 감정을 가지고 사는 것을 선택하고 싶어질 수도 있습니다. 그들은 때때로 두려울 수 있지만 당신 삶의 일부입니다. 또한 어떤 부분은 삶을 흥미롭게 만듭니다.

내담자가 행동을 변경하도록 도울 수 있는 규칙을 또 다시 치료자가 명시적으로 공식화한다.

치료자   당신은 전에 롤러코스터를 타 본적이 있나요?

이 단순한 질문이 롤러코스터를 타는 것이 내담자의 문화적 경험의 일부인지 확인한다.

내담자   네.

치료자   롤러코스터를 타는 것을 좋아하나요?

롤러코스터를 타는 것이 표적으로 이동할 유용한 기능을 가지고 있는지 확인하기 위한 간단한 다른 질문이다. 이 경우에 유용한 기능은 힘든 감정과 만족이 동시에 공존가능하다는 것이다.

내담자   네, 재밌어요. 무섭지만 재밌어요.

치료자   가끔 우리가 여기에서 하는 것처럼 연습을 약간만 해봐도 괜찮을까요?

내담자   네.

치료자   좋습니다. 지금 바로 롤러코스터에 당신이 타고 있다고 상상해 볼 수 있을까요. 당신의 마음속에 이를 그려볼 수 있나요?

치료자는 바로 지금 롤러코스터를 타고 있는 상상을 하도록 내담자에게 요청하고 이 상황의 구체적 특징을 관찰하도록 유도하는 연속된 질문을 활용해서 역할연기로 은유를 제시한다.

내담자   예.

치료자   당신의 주변에서 알아차린 것을 말해 주세요.

치료자는 관찰과 기술을 유도한다.

내담자   저는 선실 같은 곳에 앉아 있어요. 내 뒤에 사람들이 있어요. 내 앞에는 레일이 보여요.

치료자	벌써 출발했나요?
내담자	아니요. 우리는 모두가 탑승하길 기다리고 있어요.
치료자	좋아요. 이제 출발해 보죠. 느낌이 어떤가요?

치료자는 느낌에 관한 관찰과 기술을 유도한다.

내담자	흥분되네요.
치료자	응? 어떤가요? 당신 신체에서 어떤 감각을 느끼나요?

치료자는 추가로 감각에 관한 관찰과 기술을 유도한다.

내담자	음... 심장이 빨리 뛰어요. 웃지만 초조해요...사람들의 비명이 들려요. 그것이 더 스트레스를 줘요.
치료자	다른 감각이 있나요?

치료자는 추가로 감각에 관한 관찰과 기술을 유도한다.

내담자	손에 땀이 많이 났어요.
치료자	지금까지의 탑승은 어떤가요?

치료자는 관찰과 기술을 유도한다.

내담자	혼합되어 있어요. 두렵지만 동시에 재밌어요.
치료자	지금 당신은 롤러코스터의 가장 높은 지점 중 하나에 곧 도달합니다. 롤러코스터는 매우, 매우 느리게 움직입니다.... 느껴지나요?
내담자	네... 매우 스트레스 받아요...
치료자	신체에서는 어떤가요?

치료자는 감각에 관한 관찰과 기술을 유도한다.

내담자 엄청 긴장돼요. 가슴에서 심장이 쿵쾅거리는 것이 느껴져요.

치료자 네? 재미있나요?

치료자는 관찰과 기술을 유도한다.

내담자 (웃으면서) 예...

치료자 그것이 롤러코스터를 내리고 싶어지게 만드나요?

치료자는 추적을 유도한다.

내담자 무서워서 그렇긴 하지만 정말로 원하지는 않아요.

치료자 잠시 롤러코스터를 멈춰보죠. 저는 대중 앞에서 연설하는 것에 관한 당신의 두려움에 대해 약간의 질문을 다시 하려고 해요. 괜찮나요?

치료자는 매개체와 유추를 명시적으로 언급하지 않고 표적에 대한 내담자의 관찰을 유도한다.

내담자 예.

치료자 회의장의 가장 높은 지점에 당신이 있을 때, 동료들 앞에서 말을 해야 한다는 것을 알고 있을 때 어떤 느낌인지 다시 말해 주실 수 있나요?

치료자는 롤러코스터와 동등성을 더 두드러지게 만들기 위해 대중 연설에서 심리경험에 관한 관찰과 기술을 유도한다. 치료자가 대중 연설에 관해 말하면서 롤러코스터의 어휘(가장 높은 지점)를 사용하는 방식에 주목하라.

내담자 매우 스트레스 받고 무서워요.

치료자 신체에서 감각은 어떤가요?

치료자는 감각에 관한 관찰과 기술을 유도한다.

내담자	식은땀이 나고, 심장이 빨리 뛰고... 매우 떨려요.
치료자	그리고 갑자기 롤러코스터가 매우 빨리 내려갑니다. 지금 얘기를 해야 합니다. 느낌이 어떤가요?

치료자는 매개체와 표적의 어휘를 다시 혼합하면서 관찰과 기술을 유도한다.

내담자	더 무서워요.
치료자	머릿속에서 비명이 들리나요?
내담자	(웃으면서) 예, 그런 것 같아요.

종종 내담자는 매개체와 표적 사이의 동등성을 알아차렸을 때 웃거나 이해를 표현하기 시작한다.

치료자	그러면 어떻게 하나요?

치료자는 표적에 포함된 순서를 추적하도록 유도한다.

내담자	연설을 피할 방법을 찾아요. 할 수 있을 때 그전에 회의실을 떠나요.
치료자	너무 무서워서 롤러코스터를 내렸나요?

치료자는 기능적 동등성을 증가시키기 위해 두 가지 네트워크의 어휘를 다시 혼합한다.

내담자	(웃으면서) 예, 그 롤러코스터요, 전 그 위에 있지는 않아요.
치료자	기분을 더 나아지게 만들었나요?

치료자는 추적을 유도한다.

내담자	꼭 그렇진 않아요. 지금은 덜 무서워요. 하지만...
치료자	하지만...
내담자	회의에서 내 의견을 표현하지 못해요.

치료자   당신의 의견을 표현하는 것이 당신에게 중요한가요?

롤러코스터와 대중 연설 사이의 기능적 동등성은 두 상황 모두가 힘든 감정을 촉발할 수 있으며 동시에 만족을 제공할 수 있다는 것을 의미한다. 따라서 치료자는 대중 연설과 만족의 의미 있는 원천을 연결하도록 증진을 유도한다.

내담자   물론이죠, 그것이 그 직업을 흥미롭게 만들죠. 그렇지 않다면 의미가 없어요.
치료자   그것이 당신의 직업을 재미있게 만드는 것인가요?
내담자   네, 하지만 무서워요.
치료자   당신을 두렵게 만드는 동일한 것이 재미있게도 한다는 얘긴가요?

치료자는 두려운 감정과 만족을 동시에 가지는 역설을 재공식화한다. 내담자는 이 역설을 반대로 표현하는 반면 치료자는 이 역설을 대등 관계로 재공식화한다.

내담자   네...그것은 마치 롤러코스터 같아요. 무섭고 재미있는.
치료자   무섭지 않다면 롤러코스터가 재미있을까요?

치료자는 대중 연설에서 두려움이 가지는 기능을 간접적으로 변형시키기 위해 롤러코스터에서 경험한 두려움과 만족 사이의 연결을 내담자가 알아차리도록 돕는다. 다음에 내담자가 대중 앞에서 연설해야 할 때, 또 다시 이 상황이 제공할 수 있는 만족에 연결하여 두려움에 접근할 수 있다.

내담자   아마도 아닐 거예요.
치료자   다음에 대중 앞에서 연설을 해야 할 때 롤러코스터에 머무는 것에 대해 어떻게 느낄까요? 재미있을까요?

치료자가 대중 연설의 결과를 다시 탐구하도록 요청함으로써 내담자의 추적을 유도한다. 그러나 이번에는 대중 연설이 제공할 수 있는 만족에 더 세심한 주의를 기울인다.

내담자   (웃으면서) 시도할 수 있어요.
치료자   그리고 무엇이 일어나는지 보세요....

치료자는 단지 응종을 통해 내담자가 대중 연설에 참여할 가능성을 제한하기 위해, 내담자의 경험에서 결과를 추적하는 것이 중요하다는 것을 다시 강조한다.

요약

이 장에서 내담자의 체험기술을 개발하기 위해 은유를 선택, 구축 및 전달하는 방식을 배웠다. 기억해야 할 주요 원칙은 다음과 같다.

- 치료적 은유를 선택하거나 구축하려고 할 때 은유가 내담자와 관계되는 경험을 언급하는지를 보증하기 위해 관련된 임상적 기능과 내담자의 배경을 고려해야 한다.
- 치료적 은유를 선택하거나 구축하려고 할 때 매개체의 우세한 특징이 임상적 초점에 부합해야 하고, 표적에서 확립하고 싶은 누락된 사건이나 기능이 매개체에서 우세해야 한다. 우세한 특징이 추상적이기 보다는 구체적이고 직접적인 경우가 보다 효과적이다.
- 임상의는 맥락과 관련된 내담자 세부 사항을 유지하면서 문제 및 치료 목표의 형태와 기능을 체험적으로 탐색하고, 관련된 매개체가 자연스럽게 나타나도록 함으로써 은유를 생성할 수 있다.
- 치료적 은유는 체험적으로 전달될 때 보다 영향을 미칠 수 있을 것이다. 탐색을 이끄는 주요 가능성은 다음과 같다.
  - 은유를 역할연기로 제시함.
  - 현제 시제를 사용함.
  - 체험적 단서 이용함.
  - 성급한 직접 비교를 피하면서 매개체와 표적의 어휘를 혼합함.
  - 규칙을 직접 공식화하기 보다는 내담자가 규칙을 추출하도록 도움.
- 동결된 은유 또한 RFT 원리를 따라 회기 내에서 의도적으로 이용될 수 있다.

공식적 실습을 통해 체험기술 훈련하기
Training Experiential Skills through Formal Practice

당신과 내담자 사이의 자발적인 토론 과정을 방해하지 않고, 4~8장에서 제시된 모든 기술을 직접적으로 자연스러운 상호대화 속에 통합할 수 있다. 공식적인 체험기술을 자연스러운 대화로 사용하려면 특정 연습이나 지시instruction를 변용해야 한다. 이 장은 이를 위해 RFT 원리를 어떻게 적용하는지를 배우게 될 것이다. 심리치료에서의 공식적 실습이나 연습 또한 언어 과정에 달려 있다. RFT는 이러한 기법을 최대한 효율적으로 선택, 구축 및 전달하는데 도움이 되는 원리를 제공한다.

개관Overview

목표*The Goal*

치료 중에 일어나는 자연스러운 언어 상호작용의 결과로 상당한 변화가 일어날 수도 있지만, 종종 좀 더 공식적이고 정기적인 실습 없이 내담자가 여러 기술들을 굳건하게 행하기 어려운 경우가 많다. 이러한 독특한 훈련 형태는 코치가 운동 기술을 조형하는 방식으로 비유될 수 있다. 예를 들어, 테니스 코치는 수련생과 일상적 게임을 하면서도, 그의 코트 위치 선정을 다듬기위해 특정 방향으로 공을 보낼 수 있다. 반대로 코치는 수련생이 기계가 보내는 공을 받기 위해 매우 빠르게 특정 방향으로 뛰어야 하는 연습을 설정할 수도 있다. 전자의 경우 수련생은 모든 주의를 게임에 두고 있기에 자신이 특정 기술을 배우고 있다는 사실조차 깨닫지 못할 수 있다. 후자의 경우는 작업하는 것처럼 느껴지겠지만 연습은 표적화된 방식으로 좀 더 구체적인 기술을 향상시키는 좋은 기회이기도 하다.

학생들과 초보 치료자는 종종 공식적인 방법에 끌리는데, 그 이유는 비공식적인 방법보다 배우고 전달하는 것이 보다 쉬워 보이기 때문이다. 공식 대본이나 촘촘하게 구성된 일련의 단계로 작성되는 방법일 경우 특히 그러하다. 사실 단순히 프로토콜을 준수하는 것이 목적이 아니라 치료자의 역량에 초점을 맞춘다면 거의 그 반대가 진실이다. 실제로, 치료 관계의 유동성과 내담자의 전념과 동기를 보존하는 방식으로 적절한 시점에 공식적인 기법을 전달하는 것은 상당히 어려운 일이다. 앞으로 보게 되겠지만, RFT는 이를 실행하는 유용한 지침을 제공한다.

가장 높은 수준으로 추상화 해보면, 모든 성공적인 형태의 심리치료는 인식과 변화를 표적으로 한다. 내담자가 효과적이지 않은 행동을 고집하고 효과적인 행동을 채택하는데 실패하기 때문에, 우리는 내담자가 자신의 행위에 영향을 미치는 맥락적 변수에 주목하고 보다 유연하고 진보된 전략을 채택하도록 도와야 한다. 공식적 실습은 (관찰이나 보다 유연하게 행동하는 것이) 어려운 행동 패턴을 변화시키거나 새로운 행위를 이끌어 내거나 유지하기 위해 내담자의 인식을 높이는데 엄청나게 유용하다. 특히 행동패턴이 잘 숙달되어 습관화된 경우에 더욱 그러하다. 오래된 습관은 하루아침에 변하지 않으며, 새로운 기술은 종종 원하는 결과를 보여 주기까지 실습이 필요하다(바이올린을 배우는 것을 떠올려 보라). 공식적인 맥락을 설정하고, 구체적인 지시나 언어적 지침을 제공하고, 직접적인 연습을 장려함으로써, 내담자가 기술을 배우고 맥락의 특징을 바꾸도록 도울 수 있다. 그러면 효과적인 변화가 그들의 일상의 자연스러운 상황으로 옮겨지게 된다.

공식적 연습의 대본은 일반적으로 이해하기 쉽지만, 치료 관계를 방해하지 않고 효과적인 영향을 보증하기 위해 연습의 더 깊은 목적과 이를 어떻게 전달할 수 있는지가 종종 구체적이지 않다. 이러한 필수적인 요소가 없다면 공식적인 기법은 어색하고 인위적으로 느껴질 수 있으며, 치료자와 내담자 사이에 장벽을 만들 수 있다. 이 장에서 살펴보겠지만 RFT 원리는 이러한 위험을 피하는 데 도움을 줄 것이다.

RFT 관점에서 이것이 중요한 이유Why This Is Important, from an RFT Point of View

RFT의 관점에서, 공식적 및 비공식적 체험기법은 근본적으로 다르지 않다. 왜냐하면 둘 다 맥락의 변경을 통해 행동을 확립하는 데 상징 및 비상징적 학습 과정을 포함하기 때문이다. 공식적 연습을 특별하게 만드는 것은 정해진 설정 및 기간 동안 의도된 효과를 얻기 위해 체계적으로 따르고 있는 특정 단계와 지시를 사용하는 점이다. 치료자가 이러한 지시나 프로토콜의 단계를 전달하는 방법은 보다 다양할 수 있다. 따라서 RFT 원리가 공식적인 체험을 실습하는데 어떻게 핵심으로 작동하게 되는지를 이해함으로써 이러한 기법을 선택, 구축 및 전달할 때 보다 나은 기능적 움직임을 만드는데 도움이 될 수 있다.

RFT의 관점에서 실습은 치료 목표에 부합하고 행위 또는 기능적 과정의 전형을 확립하며, 내담자가 자신의 일상적인 환경에서 변화를 재현할 수 있게끔 하는 방식으로 수행되어야 하는 것이 필수적이다. 공식적 실습은 기능적으로 효과적이고 일상적인 환경과 겹치는 맥락을 치료에서 만들어냄으로써, 문제가 있는 행위를 저해하고 새로운 영역에서 바람직한 행위를 확장시킬 수 있다. 만약 이 연습들이 그 순간 부합되는 방식으로 설정된다면, 그것들은 치료 관계를 방해하기 보다는 강화시킬 것이다.

공식적 실습에는 종종 특정 사건이나 그 특성에 내담자의 주의를 끌려고 고안된 방법이 포함된다. 예를 들어, 내담자에게 불안감이 신체 어느 부위에서 느껴지는지 관찰해보라고 요청하면 이러한 감정이 지닌 내재적 특성의 영향이 증가하는 반면, 불안의 함축된 의미를 묻는다면 불안이 지니고 있는 상징기능을 증폭시킬 것이다. 또한 지시를 통해 내담자가 관계 네트워크를 확장하도록 하여, 새로운 관계가 유용한 방식으로 자신의 행동에 영향을 미치도록 할 수 있다. 예를 들어, 좋아하는 배우가 되어 행동하기를 상상하면서 사회 기술을 연습하는 것(사회 기술 훈련에서 때때로 사용되는 방법)은 언어적으로 특정한 특성과 비유를 귀속시킴으로써 특정 행위의 기능을 변화시킨다. 공식적 기술 실습에는 기술의 형태를 확립하는데 도움이 되는 지시가 포함되거나, 효과적인 행위를 선택하기 위해 치료자의 보다 직접적인 피드백에 기반 할 수 있다. 일부 실습은 두 가지 방법 모두를 사용할 수도 있는데, 예를 들어 내담자에게 복부를 팽창시키는 방식으로 호흡하도록 요청할 때 하나의 형태를 기술할 수도 있고 미래에 사용할 수 있도록 호흡 패턴을 살피는 측정 기준을 제시할 수 있다. 이는 일상적인 환경으로의 전환을 더욱 쉽게 할 수 있게 한다. 노출 연습은 의도적으로 자극이 어떻게 접촉되는지를 구성할 수 있으며, 상황의 특질에 관해 직접적인 주의를 이끌어 반응 유연성을 향상시키도록 사용할 수 있다. 따라서 공식적 실습은 입력input과 출력output 양 측면에서 상징 사건을 포함하며, 행위의 형태와 행위를 지배하는 맥락적 조절 둘 다에 초점을 맞춘다. 이는 선행사건과 결과의 역할을 변경한다.

이 방법이 다양한 임상 학파와 어떻게 만나는가
How This Method Touches on Various Clinical Traditions

공식적 연습은 심리치료 분야가 발생한 이후로 다양한 심리치료 접근법에 활용되어 왔다. 고전적인 기술 개발 기법(예, 실행과 피드백을 통한 사회기술 훈련)이나 공식적 노출과 문제 해결 연습은 행동변화를 활성화하고 강화하기 위해 널리 사용되고 있다. 한편 아주 오랫동안 명시적인 기술 방법에 관한 우려도 존재하였는데, 특히 인본주의, 실존주의 또는 심리역동적 치료자들은 이런 명시적 방법이 치료 관계를 압도할 수 있다고 우려를 표해 왔다. 이러한 우려 중 일부는 최근 체험기법이 훨씬 더 큰 주목을 받으면서 약화되고 있는 것으로 보인다. 예를 들어 수많은 마음챙김 기법(예, 명상)은 인식 및 인지 유연성을 향상하려는 노력을 통해 다양한 심리적 어려움에 적용되며, 오늘날의 치료 묶음 속에 하나로 자리 잡고 있다(Hayes et al., 2011). 이런 우려가 약화되고 있음에도 불구하고 이런 주장의 양측 모두 긍정적인 측면을 가지고 있다고 보인다. 체험적 기술 훈련은 유용할 수 있지만 치료 관계를 해치는 방식으로 행해질 수 도 있다. 이 책은 이러한 주제의 본질을 기능적인 의미에서 파헤쳐 그 양극화된 주장을 극복하려고 시도한다. 이를 통해 임상의는 치료 방법의 기반이 되는 원리를 보다 일반적으로 이해하게 될 것이다.

이 장에서는 주의 훈련, 마음챙김 훈련, 기술 훈련 및 공식적 노출 연습과 같은 방법을 중점적으로 다룬다. 하지만 인지행동 학파를 넘어선 기술 훈련, 사이코드라마, 역할 치료, 의사소통 훈련과 같은 방법 모두는 우리가 여기서 펼치려는 우산 아래에 포함될 수 있다. 이들의 기능과 핵심 목적을 명확히 함으로써, 우리의 요점이 심리 치료의 기술 훈련 상황과 실제로 관련이 있을 것이라 믿는다.

어떻게 이것을 할 것인가 How to Do It

이 단락에서는 주의 훈련, 실험하기, 유연성 및 맥락적 조절 확장하기, 상징관계 확립 및 변경하기 같은 방법을 설명하며, 공식적 체험실습의 기저 목표를 보다 명확히 할 것이다.

주의 훈련 Attention Training

주의란 상대적으로 느슨한 개념이지만, 이 책의 목적상 이를 단순히 사건을 향하여 지향하는 행위로 접근한다. 이러한 사건은 (음악 한 소절을 들을 때처럼) 외부적일 수도 (신체적 감각을 주목할 때처럼) 내부적일 수도 있다. 행동적인 측면에서 주의력은 자극 조절의 문제이다. 우리가 주목하는 것은 우리와 상호작용하고 있는 것이다. 따라서 주의 훈련은 자발적으로 자극 조절의 폭을 넓히거나 좁히는 방식을 학습하는 과정이다. 특히 언어를 사용하면 복잡한 자극 상황을 특질과 구성요소로 쉽게 분해할 수 있고, 다른 특질보다는 특정 특질에 의도적으로 집중하는 것이 가능해진다. 따라서 주의 훈련은 맥락에 관한 내담자의 유연한 민감성을 향상시키는 경향이 있으며, 이는 심리치료에서 우리가 행하는 기능적 맥락주의 접근의 주요 목표 중 하나이다(3장 참조).

주의 훈련의 기회는 치료하는 많은 순간 동안 비공식적으로 발생한다. 치료자가 내담자에게 의미 있는 강화의 원천에 접촉을 증진하기 위해 좋은 기억을 생각해 보라고 요청하거나(7장 참조), 내담자에게 어려운 경험과 접촉해서 유연성을 얻는 방법을 가르치기 위해 고통스러운 기억에 초점을 맞추는 경우(5장 참조)가 이에 해당된다. 이러한 순간에 주의 훈련에 추가되어야 할 모든 것은 내담자가 주의가 전환shift되고 있음을 인지하도록 돕는 것이며 이와 같은 전환이 다른 맥락에서도 가능함을 주목하게 하는 것이다.

자극 조절을 변경하는 모든 체험연습은 같은 방식으로 주의 훈련의 기회를 포함한다. 공식적 실습은 사전에 구조화될 수 있기 때문에, 겉으로는 다른 목적을 가진 방법 (예, 노출, 기술 훈련) 안에서 진행될 수 있는 주의 훈련에 관해서도 생각해 볼 가치가 있다. 곰곰이 생각해 보면, 공식적인 체험실습은 종종 주의에 대한 의도적인 훈련이 포함된다. 연습은 무엇을, 언제 또는 얼마나 오래 주의를 두어야 하는지를 특정할 수 있다. 이러한 유형의 방법들은 특정 형태의 맥락적 조절을 증가하거나 감소시킬 수 있다. 예를 들어, 노출 연습 동안 내담자는 자신의 신체를 주목하거나 어려운 사건과 접촉해 머물려는 목적에 초점을 맞추도록 요청 받을 수 있다(예, 그녀가 단지 불안감을 다루기 위해서가 아니라 자녀를 위해 무언가를 사러 쇼핑몰에 왔다는 것을 기억하십시오).

구체적인 초점이 중요하다. 예를 들어, 다른 사람들이 가지는 흥미에 주목하기를 배우는 것은 행위의 결과를 확립하여 그다음 사회적으로 효과적인 기술을 배우고 조형하는 데 도움을 준다(Azrin & Hayes, 1984). 그러나 특정 초점에 더하여, 체험연습에서 *어떠한* 주의 조정도 기존의 주의 습관을 방해하는 데 도움을 준다. 만약 주의 표적들이 연습 안에서나 연습들 전반에 걸쳐 어느 정도 변한다면, 이러한 표적들을 향한 주의와 함께 훈련되고 있는 것은 주의 자체의 자발적 조절이다. 일단 이런 자발적 조절이 확인되면, 주의 훈련을 체험연습의 의도적인 특징으로 추가하기가 쉬워진다. 예를 들어, 노출 연습 중에 내담자에게 자신의 신체 반응을 주목하도록 요청하였다고 가정해보자. 치료자는 내담자에게 단지 하나의 특정한 신체 감각(위장의 느낌이 어떤지)을 주목하게 하고, 일정 기간 동안 이에 머무른 다음, 다른 감각으로 전환하도록 요청함으로써(예, 호흡에 주목) 사려 깊게 주의를 좁히거나 넓힐 수 있다. 이것은 주의를 다른 차원으로 전환하거나(예, 생각에 주목하기 또는 지나가는 사람들을 관찰하기) 또는 동시에 두 가지 사건에 주의를 넓히기로 확장될 수 있다. 비자발적으로 주의를 끄는 사건이 자동적으로 발생하는 경우(예, '매우 불안해지기 시작했어!') 5장에서 언급되었던 방법을 사용하여 한 번에 하나씩 주의를 둘 수 있는 더 작은 특징으로 세분화한 다음, 보다 자발적인 주의 조절을 훈련할 수 있다. 그러한 주의 훈련은 어떤 사건이 주의를 가져갈지 선택할 수 있는 더 나은 기술을 확립함으로써 더 많은 행동적 또는 감정적 유연성을 만들 수 있다. 즉 도움이 되는 방식으로 자극 조절을 좁히거나 넓힐 수 있는 것이다.

몇몇 체험적 방법들은 대부분 주의 훈련에 초점이 맞춰져 있다. 이러한 체험적 실습의 예가 명상이다. 집중 형태의 명상은 벽의 한 지점, 또는 만트라에 대하여 주의를 좁힌다. 열린 형태의 명상은 명상하는 사람에게 현재 감각과 상징적인 과정의 지속적인 흐름에 휩쓸리지 않은 채 주목하도록 요청한다.

'호흡을 따르라'하는 실습을 생각해 보자. 주의는 순식간에 배회하지만, 알아차린다면 그 사람은 부드럽게 다시 호흡으로 주의를 돌리게 된다. 사실상, 그것은 집중하기, 집중이 흐트러졌음을 알아차리기, 그리고 집중의 재지정redirection 훈련을 시도하는 것이다. 이러한 주기는 끝없이 계속되는데 이것이 바로 '실행the practice'이다. 실습으로, 주의의 상실은 줄어들 수 있지만(다른 식으로 말하면, 자발적으로 자극 조절을 좁히는 능력이 상승), 마찬가지로 주의의 상실을 *알아차리고* 그다음 주의를 *재지정하는* 능력이 좋아지는 것도 중요하다.

주의 훈련은 다양한 영향력의 원천에 대한 내담자의 민감도를 변경시키는데 유용하다. 예를 들어, 외상 후 스트레스 장애 증상을 가진 내담자는 외상에 관한 기억에 몰두되기에 즐거운 활동을 즐기는 데 어려움을 겪을 수 있다. 즉, 그의 행동은 주로 상징적인 영향력의 원천에 의해 영향을 받는다. 어려운 생각으로부터 주의를 재지정할 수 있는 것은 내담자가 현재 활동과 관련된 다른 사건에 지향하도록 돕고, 따라서 맥락에 대한 유연한 민감성과 심리적 효과성을 향상시킬 수 있다. 하지만 비참여disengagement와 재지정은 억제suppression와 주의분산과 동의어가 아니다. 2장에서 본 것처럼, 언어의 유도 효과로 인해 무언가를 생각하지 않으려는 노력은 종종 그것에 대해 더 많이 생각하게 된다. 대신, 내담자는 주의를 확장하고 영향력의 대안적 원천을 관찰하여 효과적인 행위가 보다 유용하도록 격려 받는다. 예를 들어, 목적과 의미에 주목하는 것은 내담자가 고통스러운 기억을 피하기 위해 활동을 그만두는 대신 그것에 참여하도록 도울 수 있다.

주의를 지정할 수 있는 능력은 규칙보다 다른 영향력의 원천(예, 직접 수반성)으로 주의의 방향을 바꿈으로써 '만약 그것이 일어나지 않을 때만, 나는 행복할 것이다'와 같은 비효과적인 규칙을 약화시킬 수 있다. 주의를 지정할 수 있는 능력은 유연한 자기 기술을 향상 시키는데(6장 참조), 이는 내부와 외부 사건들이 지속적으로 펼쳐질 때, 사람이 그것들의 유인가valence와 관계없이 사건들을 더 잘 주목할 수 있기 때문이다.

또한 공식적 체험 방법은 맥락적 사건의 영향을 *변경함으로써* 내담자의 주의를 유용한 방향으로 지정할 수 있다. 특정 경우에는 지시를 통해 내담자가 먼저 자신의 상징적 네트워크 안에서 새로운 관계를 구축한 다음 자신의 반작용reaction을 관찰하도록 하게 한다. 예를 들어, 내담자는 직시적 관계를 유도하거나 강화를 증진하도록 요청받은 뒤 주어진 상황에 대한 자신의 지각이 어떻게 변화하는지 주목한다. 이는 자기 인식과 의미나 동기 부여 기술을 훈련하는 데 유용하다. 자신에게 편지를 쓰는 것은 이러한 유형의 유도물을 활성화하는 연습의 한 예이다(Hayes, Strosahl, et al., 2012). 내담자에게 20년 뒤 자신을 상상하게 하고 현재 자기에게 편지를 쓰면서 바로 지금 자신이 하고 있는 일과 이 일이 미래에 긍정적인 영향을 미칠 것임에 감사를 표현하도록 이끈다. 따라서 내담자는 다른 시간에 존재한다고 상상하게 됨으로 관점을 변경하게 되고 멀리 떨어진 긍정적인 결과(증진하기)와 접촉하게 된다. 그 결과, 내담자는 자신의 현재 행위 중 어느 것이 이러한 긍정적인 결과와 연결되어 있는지 주목하고 자신의 우선순위를 변경하기로 결심할 수 있다.

다른 기법들은 상징기능을 줄임으로써 맥락적 사건의 영향을 변경한다. 예를 들어, 고통스러운 감정을 촉발하는 상징적 선행사건(예, 외상성 에피소드와 관련된 한 단어)은 내담자가 그것의 내재된 특성(예, 단어를 읽을 때 내는 소리 또는 단어가 쓰여진 글자의 모양)과 더 많이 접촉할 경우 그 기능을 상실할 수 있다. 이러한 독특한 특성에 주목하는 것은 내담자가 이 사건에 대한 가능한 반응 범위를 넓히는 데 도움이 된다. 수용전념 치료에 활용되는 고전적인 연습으로, 내담자는 어렵거나 얽힌 생각 또는 자기 판단을 한 단어로 줄인 다음 그 단어를 매우 빠르게 반복하도록 요청 받는다. 이것은 내담자가 단어의 의미보다는 단어의 소리와 훨씬 더 접촉하도록 이끌 수 있으며, 단어가 만들어내는 괴로움과 그것에 관한 신뢰성believability을 모두 감소시킬 것이다(Masuda et al., 2009). 이러한 효과의 일부는 주의를 두는 것에 관계될 수 있고, 이런 식으로 보게 되면 그 기술이 어떻게 일반화될지 상상하기가 더 쉽다. 자기 비판적인 사고를 생각하는 사람은 소리나 운율, 혹은 어떤 철자가 그 사고 속의 단어를 구성하는지에 관해 집중할 수 있을 것이다. 이것은 정상적인 기능적 맥락 단서에 의해 생성된 자극 기능의 변형을 감소시킬 것이다. 상징적 사건의 다른 가능한 특성에 대한 인식을 높이고, 다양한 특성에 임의대로 집중하는 능력을 증가시키는 것은 현재 내담자의 문제 행동을 통제하고 있는 상징자극의 영향을 제한하기 위해 사용될 수 있다. 주의 그 자체가 자극 기능의 변형을 조절하는 데 도움이 될 수 있다.

실험하기|Experimenting

공식적인 체험기법 및 연습에 의해 활성화된 또 다른 유형의 과정은 문제 상황을 다루거나 새로운 도전에 대처하기 위해 다른 행동 접근을 실험하는 것으로 구성된다. 때때로, 실험하기는 커플 작업에서 의사소통 훈련이나 아이와 사회기술 훈련과 같은 단지 새로운 기술을 확립하는데 도움을 주기 위해 사용된다. 이는 상징적 조절하에 반응을 습득 response acquisition하거나 배치deployment하는 간단한 경우이다. 언어의 동기적 특질, 수반성 추적 및 맥락적 조절 특질을 사용하는 것(다른 장에서 이미 다룬 주제)은 이러한 과업과 관련이 있다.

다른 경우에는 기존 규칙과의 불일치를 알아차리거나 경험에 더 부합하는 규칙을 확립하기 위해 실험하기를 수행한다(즉, 기능적 일관성을 고취하기, 3장 참조). 따라서 치료자는 보통 내담자에게 자신의 행위에 따르는 결과를 추적하도록 권장하며 이러한 관찰이 임상 작업의 초점이 되는 것은 꽤 흔한데, 이는 치료자가 내담자에게 가능한 가깝게 행동 순서에 맞는 규칙을 추출하도록 돕기 때문이다(이러한 접근은 비공식적 상호대화를 통해 5장에 제시된 기능적 맥락 인식 및 기능적 감각 만들기 기술과 유사하다).

규칙 불일치rule discordance에 초점을 맞춘 연습의 예로, 고(故) 댄 웨그너Dan Wegner가 창안한 고전적인 사고 억제 연습을 고려해보자. 처음에 참가자들은 앞으로 5분 동안 흰곰에 관한 생각을 피하고 이 시간 동안 이런 생각이 일어날 때마다 기록해야 한다. 다음으로, 참가자들은 자신의 생각 속에 흰곰이 출현하는 것을 여전히 주목하면서 자신이 원하는 것은 무엇이든지 생각할 수 있다는 말을 듣는다. 당신은 내담자와 함께 이것을 할수 있다. 이 실험하기는 일반적으로 내담자에게 사고 억제가 역효과를 낳는다는 것을 관찰할 수 있는 기회를 제공한다. 억제가 잠시 동안 작동하더라도, 다시 일어난다. 이러한 관계를 알아차리면 내담자는 다른 곳에서 정확한 전략을 확장하는 규칙보다 억제적 행위의 결과에 관한 경험을 기반으로 규칙을 개발할 수 있다(예, 생각을 제거하려고 노력하는 것은 바닥의 먼지를 제거하려는 노력과 다르게 작동한다).

인지행동치료에 사용되는 몇몇 고전적인 방법에는 이러한 동일한 과정이 포함되어 있다. 예를 들어, 인지행동치료 초반에 내담자에게 결과를 기록하면서 '행동 실험 behavioral experiments'에 참여하도록 요청하는 것이 일반적이다. "아무것도 할 수 없어요"라고 말하는 우울한 사람은 결국 가족을 위해 아침 식사를 준비하려고 노력함으로써 이 생각을 시험하는 것에 동의할 수 있다. 부당성disconfirming 증거는 원래 가졌던 사고의 신뢰성을 훼손하고 신념을 재공식화하는데 도움을 준다고 주장되어 왔다. 예를 들어, 베네츠레비Bennett-Levy 등(2004)은 인지 치료의 행동 실험은 '주로 생각, 지각, 신념의 타당성을 확인하고/또는 새로운 작동 원리와 신념을 구성하기 위한 수단'이라고 말한다(p.11). 행동 실험이 실제로 이런 식으로 작동하는지 여부는 아직 알려지지 않았지만(Longmore & Worrell, 2007), RFT 관점으로는 가능할 것으로 보인다. RFT는 하나를 추가하는데 이러한 과정이 상징기능을 빼거나 회피하려는 시도에 연결되지 않도록 하는 데 중점을 둔다. 실제로, 인지적 재평가가 심리적 건강에 미치는 영향은 심리적 유연성에 의해 중재되는데(Kashdan et al., 2006), 이는 중요한 것은 경험을 바탕으로 새로운 생각을 하는 능력이지 예전처럼 오래된 생각을 없애는 것이 아님을 시사한다.

많은 연습이 규칙 불일치를 기반으로 생각을 변경하는 동일한 패턴의 경험에 부합하는 것처럼 보인다. 여기에는 역설적 지시의 사용, 재앙적 사고 패턴의 부당성을 확인하기 위해 고안된 노출 연습의 사용 또는 의도적인 인지적 비동기성 생성하기가 포함된다. 펜을 들어 올리면서 '이 펜을 들 수가 없다'고 생각하도록 지시해 자동적인 사고의 영향을 줄이는 것이 의도적인 인지적 비동기성 생성하기의 예이다(참고, McMullen et al., 2008).

유연성 및 맥락적 영향을 확장하기|Expanding Flexibility and Contextual Influence

체험연습은 반응 유연성을 높이거나 대응을 지배하는 영향력의 원천을 변경하기 위해 사용될 수 있다. 이러한 종류의 '확장expansion' 목표는 아마도 가장 흔한 형태의 체험연습인 '노출'에서 자주 나타난다. 대부분의 사람들은 노출이 감정적인 반응을 소거시키거나 습관화하기 위해 감정적으로 고통스러운 사건과 접촉하는 것을 의미한다고 믿는 것 같다. 이러한 전통적인 분석은 현재 대체로 틀린 것으로 알려져 있다 (Craske, Kircanski, Zelikowsky, Mystkowski, & Baker, 2008). 노출을 바라보는 또 다른 대안은 반응 유연성을 높이기 위해 이전에 레퍼토리를 좁히는 사건과 구조화된 접촉을 하는 것이다 (Hayes, Strosahl, et al.,2012).

이 확장 의제는 5장에서 논의한 방법(반응 유연성 향상시키기에 관한 단락)을 사용하여 고취할 수 있으며, 노출 동안 내담자가 자신의 경험(신체 감각, 감정, 기억, 생각 등)에 대한 세부적인 부분에 주목하고, 감각을 탐색하고 호기심으로 감정을 관찰하고 추가적인 행동에 참여하는 등(예, 공황장애가 있는 사람은 쇼핑몰에서 사람들을 관찰하고 사람들이 삶을 위해 무슨 일을 하는지 추측하기)의 새롭고 유연한 형식의 반응에 참여할 수 있도록 지원한다.

또 다른 형태의 확장은 선행사건 또는 결과 사건에 주목하는 법을 배우는 것이다. 예를 들어, 의사소통 훈련, 관점취하기 훈련 또는 자비 중심의 훈련과 같은 체험 과정은 다른 사람들에게 미치는 행위의 사회적 결과에 관해 내담자가 민감하게 반응하도록 도울수 있으며, 이후 시간이 지남에 따라 보다 효과적인 행위를 조형하는데 도움을 줄 수 있다. 이는 새로운 선행사건이나 결과가 일상적인 환경에서 이용 가능한 경우 특히 효과적일 수 있다.

이러한 확장 과정은 일단 그 역할이 인정되면 모든 종류의 체험연습으로 구축될 수있다. 노출 연습을 예로 들어 보자. 만약 불안감을 없애기 위해서가 아니라 대신 반응 유연성을 만들기 위해서 행해지는 것이라면, 이러한 보다 유연한 패턴을 생성하고 유지하기 위해 어떻게 맥락적 영향력이 확장될 수 있는지 생각해 볼 가치가 있다. 공황장애를 가진 사람을 위한 노출 연습이 쇼핑몰에 가는 것과 관련이 있다고 가정해보자. 자발적인 불안 감소를 바라며 정기적인 불안 수치를 측정하는 것은 반응 유연성을 측정하는 것보다 덜 중요할 수 있다. 연습이 끝날 때 내담자는 필요한 새 옷들을 샀나요? 딸 생일 선물로 장난감을 골랐나요, 아니면 맛있는 커피를 마셨나요? 모든 형태의 체험 작업은 원칙적으로 중요한 자연적 결과와 연결된 효과적인 행위를 구성하는데 도움을 줄 수 있지만, 치료자는 어떻게 언어를 사용하여 내담자가 그러한 주요 특질들을 지향하도록 할 수 있는지 보여 주는 구성적 및 확장 측면을 고려해야만 할 것이다.

상징관계의 확립 및 변경하기|Establishing or Altering Symbolic Relations

체험연습에 대체로 포함되는 또 다른 과정은 내담자가 경험을 상징적으로 관련시키는 방식을 확립하거나 변경하는 것으로 구성된다. 가장 기본적인 수준에서, 연습은 특정 상징관계의 발생을 일시적으로 차단하는 것을 목표로 한다. 예를 들어, 앞서 언급한 연습처럼 내담자들에게 말하는 단어의 소리와 그것이 의미하는 사건 사이의 대등 관계가 약화될 때까지 30초 동안 매우 빠르게 단어를 반복하도록 할 수 있다. 치료자가 바라는 것은 내담자가 최종적으로 단어나 단어들을 일반적으로 다른 방식으로 관련지을 수 있는 것이다(즉, 단어는 단어들이 언급하는 실제 사건이 아닌 단순한 상징으로 인식될 수 있다). 또 다른 예로는 내담자가 느낌과 상반되는 진술을 대신 대등 구성을 가진 행위로 재구조화 하도록 안내하여 장애물을 약화시키도록 도와주는 것이다(예, "나는 관계를 쌓고 *싶지만but* 불안하다"에서 "나는 관계를 쌓고 *싶고and* 불안하다"로). 유연한 자기감 구축에 초점을 맞춘 연습은 내담자가 자신을 경험 자체로서가 아니라 자신의 경험을 담는 컨테이너이자 관찰자로 생각할 수 있도록 돕는 계층적 구성틀과 직시적 구성틀을 사용할 수 있다(즉, 자신과 경험 사이의 동등함부터 포함과 관점 측면에서의 개념화로). 예를 들어, 치료자는 내담자가 다른 연령대의 자신을 상상하도록 초대할 수 있으며, 시공간을 아우르는 변화를 넘어선 안정적이고 관찰하고 있으며 모든 경험을 담고 있는 그 자신의 부분이 있음을 알아차리게 할 수 있다(Hayes, Strosahl, et al., 2012).

상징관계를 변경하고 확립하는 것도 내담자의 상황이나 어려움과 지금 여기 치료 회기에서 관찰되기 쉬운 구체적인 경험 사이의 대등 구성을 구축하는 것으로 이루어질 수 있다. 이러한 종류의 연결은 또한 치료에서 일어나는 새로운 학습 경험을 일상적 환경으로 일반화하는 것을 가능하게 한다. 이러한 연습이 종종 본질적인 치료 은유에 있다는 것을 주목하자(8장 참조). 예를 들어, 치료자는 내담자에게 자신의 생각이 자신의 의식과 가까운 만큼 자신의 얼굴에 손을 가까이 대라고 요청한다고 가정해보자. 이는 내재적 특징을 관찰하기 쉽도록 내담자의 머리와 손이 떨어진 거리와 내담자와 자신의 생각이 분리된 상징적이고 덜 눈에 띄는less salient 거리를 동등 관계로 확립한다. 이렇게 함으로써, 내담자는 자신이 생각하는 것과 그것을 생각하는 사람 사이의 거리를 더 잘 알아차리게 된다.

수많은 공식적인 기법이 이와 같은 원리를 사용한다. 이러한 기법들은 내담자의 경험과 관찰하기 쉬운 구체적인 대상 사이의 평행성parallels을 이끌어 낸다. 예를 들어 '물질화physicalizing' (Hayes, Strosahl, et al., 2012) 로 불리는 연습은 내담자에게 감각이나 생각의 색, 모양, 움직임을 상상하도록 구성되어 있다. 또 다른 연습에서는, 치료자는 내담자에게 최악의 상황에서 자신이 느끼는 방식에 어떻게 대응하는지를 나타내는 신체 자세를 취해보도록 요청하고, 반대로 자신의 최상의 상태에서 어떻게 대응하는지를 표현하도록 다른 자세를 취하게 할 수 있다. 내담자가 보여 주는 닫힌 대 개방 자세는 이후 쉽게 감지되지 않는 심리 자세, 즉 감정적으로 닫혀 있는지 또는 개방되어 있는지를 모델링하는데 사용될 수 있다.

이 단락에 제시한 공식적 기법에 의해 활성화 되는 과정 유형이 완전하다는 의미는 아니며, 이러한 과정은 종종 하나의 기법으로 결합되지만 대부분의 체험연습이 어떻게 작용하는지를 이해할 수 있는 기반을 제공한다. 이러한 원리를 염두에 두고, 치료자들은 공식적 기법을 선택, 구축, 전달하여 내담자의 개선이 가장 필요한 기술을 보다 정확하게 표적화 할 수 있다. 본 장의 나머지 단락에서 실제로 이 작업을 실행하는 방법을 살펴볼 것이다.

임상실제에서 공식적 체험기법Formal Experiential Techniques in Practice

공식적 체험기법 선택하기choosing Formal Experiential Techniques

이 단락에서는 3가지 다른 임상 사례를 통해 체험기법을 선택하는데 지침이 되는 원칙을 살펴볼 것이다. 각각의 사례에서 우리는 더 큰 주의 조절, 새로운 행위를 확립하거나 바람직하지 않은 규칙 통제를 약화시키는 실험, 유연성이나 맥락 조절의 확장, 보다 효과적으로 심리경험 개념화를 확립하기 위한 새로운 상징관계 등을 조성하는 방법에서 어떻게 체험연습을 선택하며, 일상적 환경에 이들 전부를 연결하는 것을 살펴 볼 것이다.

다음 사례들 각각은 한 내담자의 짧은 임상양상을 제시하면서, 그다음 간단한 사례 개념화를 구축한 뒤, 이 내담자의 특정한 요구에 부합하는 훈련을 선택하는 방법을 살펴 본다.

사례 1

첫 번째 사례는 43세 여자로 강박적인 의식ritual에 상당한 시간을 쏟기에 삶의 질에 큰 영향을 받고 있어 치료에 내원하게 되었다. 그녀는 잠에서 깨자마자 가족에게 일어날지도 모르는 끔찍한 일들에 관해 생각하기 시작한다. 이런 생각들이 그녀를 매우 불안하게 만들기 때문에, 그녀는 매일 자신의 모든 가족들이 하루 종일 안전할 수 있도록 하는 것을 목표로 수많은 행동을 한다. 예를 들어, 전기 시스템을 확인하고, 화재경보기를 시험하고, 당일 구입하지 않은 식품은 모두 폐기하고, 가족이 안전한지 확인하기 위해 자녀와 남편에게 전화를 반복하고, 가정 안전에 관한 웹 사이트를 탐색하며 몇 시간을 보낸다. 이런 행동들은 하루의 절반 이상을 소모하는 일상이 되었다. 가족과 보내는 시간이 거의 없어졌고, 남편과 큰 자녀들과의 관계도 부담스러워졌다. 계속 이런 식으로 살 수는 없다는 것을 스스로 인정하지만, 또한 가족을 지켜야 하는 이러한 딜레마를 어떻게 해결해야 할지 모르겠다고 그녀는 말한다.

비록 내담자에 관한 소개는 짧지만, 그녀가 겪고 있는 문제에 관해 몇 가지 가설을 세워볼 수 있다. 첫째, 그녀의 주요 문제 행동은 자신이 사랑하는 사람들의 위해와 일어날 수도 있는 상실과 관련된 불안을 회피하고 도피하는 것으로 보인다. 만약 그녀가 가족의 안전을 보증하기 위해 하는 모든 일들이 효과적이고 자신의 안녕을 해치지 않았다면, 도피와 회피가 문제로 고려되지 않을 것이다. 하지만 이 사례에서 그녀의 강박의식 행위가 가지는 부정적인 영향은 매우 명백하다. 우리는 어떤 효과적인 행동이 부족한지 정확히 알 수는 없지만, 의식적인 행동에 소비하는 그녀의 시간이 장기적으로 더 만족스러운 다른 활동(예, 일, 여가, 가족과의 시간 등)에 참여하는 것을 방해한다는 것을 짐작해 볼 수 있다. 그리고 역설적으로 그녀가 가장 두려워하는 바로 그 대가(가족에 대한 위해)가 그녀의 행위에 의해 발생한다는 일부 지표들이 있는데, 이는 더 깊고 사랑스런 관계에 기여할 수 있는 행위에 참여할 수 있는 능력이 부족함을 제시하고 있다.

이러한 행동 문제의 본질을 고려할 때, 논리적으로 내담자가 그녀의 (강박)의식ritual 행위에 따르는 단기적인 불안 감소에 특히 예민함을 가정할 수 있다. '나는 내 가족을 보호해야 한다'는 생각은 작동하는 행동과 그에 따른 자연스러운 결과를 명확하게 특정하지 않기에 응종의 위험을 증가 시킨다(자연적 결과와 상관없이 규칙이 준수된다). 더 많은 가설이 공식화될 수 있지만, 우리가 제시하는 사례의 목적을 위해 사례 개념화를 몇 가지 요소로 제한하고 어떻게 적절한 공식적 체험기법을 선택할 수 있는지 살펴보자.

내담자는 생각과 감정으로부터 도피하거나 회피하려는 것처럼 보이기 때문에, 치료자는 이러한 심리경험과 접촉을 유지하는 내담자의 능력을 훈련시키고(즉, 반응 유연성을 훈련하기), 그러한 감정에 접촉하여 머물 때(즉, 주의 훈련) 발생하는 장기적 결과와 같은, 새로운 영향력의 원천에 더욱 민감해지는 것을 목표로 하는 기술을 선택할 수 있다. 명상 또는 노출 연습은 내담자가 이러한 경험을 바꾸려 시도하지 않고 그저 관찰하도록 장려하기 때문에 유용할 수 있다.

그러나, 내담자는 아마도 이미 이러한 경험에 현재도 꾸준히 '접촉 중' 이라고 느끼고 있을 것이다(그래서 우리는 이런 생각들을 보통 '강박적' 사고라 부른다). 내담자는 이러한 경험을 가지지 않으려고 노력하지만, 그녀의 마음속에는 항상 이 경험들이 존재했다. 이는 내담자가 어떤 생각을 관찰하는 것과 이 생각에 갇히게 되는 것을 구별하는 것이 어려울 수 있음을 시사한다. 이러한 이유로 내담자와 자신의 생각 사이의 거리에 대한 지각을 높일 수 있는 언어 지시(즉, 새로운 상징관계 확립)가 포함된 연습을 선택하는 것이 유용할 것이다. 예를 들어, 명상을 이용한 치료 묶음에 널리 사용되는 연습은 자신의 생각을 개울 위에 떠 있는 나뭇잎이나 하늘 속 흘러가는 구름처럼 상상하는 것으로 구성된다(따라서 내담자의 경험과 좀 더 구체적 관찰 대상 사이의 유추 관계와 생각과 자기 사이의 직시적 관계가 확립된다). 내담자는 눈을 감은 채 장면을 그려보고, 새로운 생각이 떠오를 때마다 나뭇잎이나 구름 위에 올려놓고 그대로 놓아준다. 지속적인 실습을 통해 내담자는 문제 있는 방식으로 자신의 행동에 영향을 미치는 심리경험으로부터 자신을 알아차리고 거리를 두는 법을 배운다. 이런 기술을 실제 노출에 활용할 수 있다면 특별히 효과적일 것이다. 이런 노출은 단순히 위해에 관한 생각뿐 아니라 감정적 취약성에 관한 것이다. 따라서 노출 시 가족과 함께 하는 긍정적 감정을 느끼는 상황에 위해에 관한 두려움을 가져오게 된다면 (예, 자신의 가족과 함께 놀면서 며칠 지났지만 안전한 음식을 먹는 것) 혼란에 빠지게 될 것이므로, 이 같은 노출 상황(처음에는 상상 속에서)을 개발하면 유용할 수 있을 것이다. 그런 다음 이러한 에피소드 동안 그녀는 마음챙김과 주의 기술을 실습하게 된다.

다른 가능성은 내담자의 추적하기를 표적으로 하여, 그녀가 불안에 대처하고 그것이 자신의 안녕에 미치는 영향을 주목하려고 다양한 전략을 실험하도록 권유하는 것이다. 이와 관련하여 *버스에 탑승한 승객*(Hays, Strosahl, et al., 2012)과 같은 연습이 유용할 수 있다. 치료자는 내담자에게 자신에게 중요한 방향으로 버스를 운전하는 상상을 하며, 심리적 경험들이 마치 버스를 통제하려는 승객인 것처럼 자신의 경험에 접근하도록 요청한다. 만약 그녀가 승객들이 말하는 대로 하면, 그녀는 자신이 향하던 곳과 다른 방향으로 가게 될 것이다(내담자가 관찰해야 할 구체적인 대상 사이의 유추 관계, 가치 측면에서 행위의 결과를 추적하기 위한 조건부 및 계층 관계 확립). 이런 연습은 '나는 내 가족을 보호해야 한다'라는 규칙에 의해 발휘되는 영향력을 다루는데 특히 유용할 것이다. 그녀가 자신의 삶에서 무엇을 중요하게 여기는지 명확히 한 후(7장 참조), 내담자는 승객에 대한 자신의 반작용이 미치는 영향을 구체적으로 관찰한다. 이는 그녀가 이러한 방식으로 규칙을 따르는 것이 효과적이지 않다는 것을 주목하는데 도움이 된다. 그녀는 또한 승객들을 제거하지 않고 대신 운전에 집중하는 것이 어떤 것인지에 실험할 수 있으며, 이 새로운 반응의 결과가 더 바람직한지를 관찰할 수 있다.

사례 2

두 번째 사례는 헤로인 과다복용 후, 수 주간 재활센터에서 거주하다 치료를 받으러 온 28세 남성이다. 그는 헤로인에 대한 강한 촉박감을 보고하였고 이로 인해 다시 헤로인을 사용할 것을 고려하기 시작한다. 비록 그는 재발의 부정적인 결과를 잘 알고 있지만, 헤로인에 관한 생각이 끊이지 않아 유혹을 뿌리칠 수 없다고 이야기 한다. 게다가 약물을 과다복용하기 전에 자신의 삶 전체가 헤로인 문화에 관한 것이었다고 설명한다. 그는 친한 친구가 된 헤로인 사용자 모임에서 자신의 자리를 찾았고, 약물 과다복용으로 입원하기 전까지 생전 처음으로 자신에 대한 만족감을 느꼈다. 그는 지금 '자신으로 존재하기'에 어려움을 겪고 있으며, 대신 사회 규범에 순응해야 한다는 강요를 느낀다.

이러한 몇 가지 요소로 간략한 사례 개념화를 구성하면, 내담자가 삶의 다른 중요한 영역을 희생하면서도 일부 긍정적인 만족을 가져오는 행동을 할 위험이 있다는 것(적응의 정점)을 맨 먼저 확인할 수 있다. 추구하고 있는 긍정적 결과 중 일부는 유해한 (중독성 약물인) 반면, 다른 영역에서는 강화물로는 괜찮지만(친구를 만드는 것, 자신에 대해 좋게 느끼기) 그러한 목적을 위한 수단은 효과적이지 않다. 이 지점에서 그는 아직 재발하지 않았지만, 잘못 인도할 여지가 있는 몇 가지 영향력의 원천에 점점 더 민감해지고 있다. 예를 들어, 내담자는 헤로인을 다시 사용하면 더 좋게 느낄 것임을 가리키는 선행요인으로 작용하는 촉박감(생각과 감각)을 언급한다. 그는 이 시점에서는 이를 적극적으로 따르고 있지는 않지만 '헤로인에 관한 끊임없는 생각이 이를 사용하는 것을 거부할 수 없게 만든다'는 규칙을 믿는 것처럼 보인다. 비록 그는 사용을 중단하기 위해 힘든 과정을 겪어왔지만, 그 과정을 자신에게 중요한 목적을 달성하기 위한 수단(의미의 원천)이라기보다는 (순응을 강요받는) 응종의 문제로 이해하고 있다. 그는 사회적 순응에 반기를 들고 싶은 유혹을 받지만, 정작 자신의 삶에서 원하는 것이 무엇인지 명확하지 않다. 아마도 이 반기는 자멸적일 가능성이 높다. 이전 약물 사용에 관한 실제 대가는 불분명하다. 그는 심리적 경험과 이러한 경험에 대한 관점취하기를 구별하지 못하는 자기에 대한 지각을 가지고 있다(6장 참조). 헤로인을 끊으면서 생긴 경험의 변화는 자신에 대한 위협으로 지각되고, 그 감각을 회복하기 위해 헤로인을 다시 사용하려는 유혹이 강해진다. 하지만, 그의 동기의 원천은 모호하며('자신으로 존재하기') 애초에 이 문제를 일으켰던 동일한 약물 사용보다 다른 효과적인 행동을 고취할 것 같이 보이진 않는다.

한편으로 응종을 장려하는 규칙에 반하는 촉박감과 저항('반응종counterpliance'도 여전히 응종의 한 형태이다)이 강한 영향을 가지려 하고 있어, 헤로인을 다시 사용할 위험을 제한하기 위해 이러한 영향력의 원천에 대한 내담자의 민감성을 변경하는 것이 도움이 될 것이다. 반면, 변화에 대한 동기는 약하고, 내담자는 헤로인의 사용 대가와 그만 두는 것의 이득 양측에서 모호한 입장이다. 마지막으로, 긍정적인 결과를 얻기 위한 대안적 행동(예, 친구를 갖는 것, 독립적인 삶을 사는 것)은 미약하다.

도움이 되지 않는 상징 영향력에 대한 민감성을 내재된 영향력의 원천 또는 상징 영향력의 다른 원천이 가진 효과를 증가시킴으로써 약화시킬 수 있다(5장 참조). 만약 우리가 첫 번째 옵션을 고른다면, 치료자는 촉박감과 규칙의 형태적이고 내재된 특성을 보다 두드러지게 만드는 기법을 사용할 수 있을 것이다. 예를 들어, 내담자가 단어나 문장의 형태와 기능의 차이를 보기 위해, 내담자가 사용하지 않는 한 언어로 생각을 적어보도록 요청할 수 있다(상징관계의 변경). 비록 그 생각이 원래 형태대로 쓰여 지는 경우 이에 따라 행동하지 않는 것은 불가능해 보이지만, 내담자가 이해하지 못하는 언어로 쓰여 질 때는 어떤 특별한 반작용을 촉발하지 않는다. 이 연습은 생각과 그것이 언급하는 사건이 두 개의 다른 것이라는 인식과 촉박감이나 규칙이 자신의 행동을 *내재적*으로 통제하지 않기에 이런 것들에 대응하지 않을 옵션을 자신이 가지고 있다는 인식을 높인다. 거리를 두거나 '탈융합defusion' 기술을 표적으로 하는 다른 기법들은 생각을 매우 천천히 말하거나, 생각의 각 단어를 앞뒤로 바꿔 쓰는 것과 같은 방식으로 사용될 수 있다. 이런 방법들은 생각의 다른 기능들을 선택해서 다시 약물을 사용하려는 결정에 미치는 영향력을 약화시키려 한다.

자신의 개념에 대한 내담자의 강한 애착은 자기에 관한 일시적인 정의와 평가를 넘어서는 연속성의 감각을 전달하는 관점취하기 기법으로 다뤄질 수 있다(6장 참조). 예를 들어, 앞에서 언급한 명상 같은 연습에서 내담자는 자신의 삶의 여러 순간을 기억하도록 유도되며, 이러한 다른 순간들에서 가장 생생한 방식으로 그 자신의 관점을 채택한다 (Hayes, Strosahl, et al., 2012). 따라서 내담자는 다시 5살 아이가 되고, 그다음 청소년이 되고, 마침내 그가 한 달 전의 사람이 되는 상상을 할 수 있었다. 각 순간에서 치료자는 내담자가 그의 신체적인 모습과 세상이 자신 주위로 배치되는 방식을 주목하도록 이끈다. 연습의 마지막에 치료자는 내담자가 자신의 신체와 심리경험의 여러 변화에도 불구하고, 이것들을 하나로 묶는 지속적인 인식 감각이 있음을 볼 수 있도록 돕는다. 따라서 '자신으로 존재하는 것'은 자신에 대한 외적 경직된 평가 및 정의에 해당하는 일관성 감각인 내용(예, "나는 헤로인 사용자이다")에만 기반을 두지 않는다.

동기 면접(7장 참조)에서 행해지는 것처럼 약물 사용과 그 대가와 이익에 관한 세심한 묘사를 통해, 내담자가 효과적인 행동(이 경우 절제)을 의미의 원천에 연결하는 상징 관계를 확립하거나 강력하게 하도록 권장할 수 있다. 친구가 생기는 것과 같은 강화물이 나타남에 따라, 내담자는 다음 사례에서 기술된 달콤한 순간 연습sweet spot exercise이나, 그 이후의 단락에서 기술하는 '타인의 행위에서 의미를 찾기' 연습 같이 해당 영역을 체험적으로 탐색하도록 요청 받을 수 있다.

사례 3

마지막 사례는 6년 전 은퇴 이후 스스로 우울증을 앓고 있다고 표현하며 내원한 72세 여성이다. 그녀는 자신이 매우 즐겼던 일에 대부분의 시간을 할애해 왔지만, 다른 활동에서 어떠한 즐거움도 결코 찾을 수 없었다. 그녀는 가족이 많지 않고 점차 친구들과도 연락이 끊어졌다. 그녀는 최근 자살에 관해 많은 생각을 하고 있지만, 사람들이 자신을 나약하다고 생각하는 것을 원치 않기 때문에 자살하고 싶지는 않다. 하지만 그녀는 더 이상 살아야 할 좋은 이유를 찾지 못하기 때문에, 좀 더 오래 '계속 살아' 있을지 확신이 서지 않아 치료자를 찾기로 결심하였다.

이러한 상황에서, 이 내담자의 주요 문제가 의미의 원천과 연결된 효과적인 행동의 부족이라는 가설을 세울 수 있다. 내담자는 (치료를 시작하기로 한 결정이 시사하듯) 행위에 참여할 수 있는 특정 능력을 가진 것처럼 보이지만 의미 있는 삶의 방향을 찾지 못하고 있다. 아마도 그녀는 은퇴한 후 자신의 일을 대신할 새로운 행동들을 파악하지 못했을 것이다. 그녀가 일하는 동안 추구했던 가장 중요한 목표와 행위의 속성이 명확하게 정의되지 않았을 것이다. 그녀가 일할 수 있는 한 이것은 문제가 되지 않았지만, 이런 구체적인 행위를 이용할 수 없게 되자 만족스러운 삶을 재건할 방법을 찾을 수 없었다. 그녀는 또한 자신에게 무엇이 문제인지 알았지만, 매우 오랜 시간 주로 일에 집중했기에 동일한 의미의 원천을 지닌 행위의 범위를 넓히지 못했을 수도 있다. 세월이 흐를수록 자신의 활동 빈도와 가변성이 지속적으로 줄어들어, 그녀는 살아 있을 이유가 없게 되었다. 흥미롭게도, 그녀는 심리경험(약자처럼 보이는 수치심)을 피하기 위한 필요성으로 도움을 구하려는 동기를 발견했다. 비록 치료를 방문하는 것이 아마도 자살 시도를 피하고 안녕을 향상시키기 위해 자신이 할 수 있는 최선이었을 수도 있지만, 이러한 동기의 원천은 그녀의 행동이 *정적* 강화물과 자주 접촉하지 않는다는 또 다른 표시이다.

보다 상세한 기능 평가가 서로 다른 중재 경로를 제시할 수 있지만, 이러한 간략한 사례 개념화를 기반으로 주요 표적으로서 의미에 관해 작업하는 것이 적절해 보인다. 내담자는 은퇴하기 전에는 항상 매우 활동적이었고, 현재 특별히 비효율적인 행동을 고집하는 것 같지는 않다. 그녀의 가장 큰 어려움은 그녀가 일할 때 삶에서 느꼈던 그런 종류의 만족감을 찾기 위해 무엇을 해야 할지 모른다는 것이다. 그러한 상황에서 가장 중요한 목표와 행위의 속성을 명확히 하고 선택하는 것을 목표로 하는 공식적 연습이 매우 유용할 수 있다. 예를 들어, 앞에서 언급한 달콤한 순간 연습(Wilson & Dufrene, 2009)은 내담자가 일종의 명상을 통해 자신이 중요하게 여겼던 것과 조화를 느꼈던 삶의 한 순간에 주의를 가져오도록 한다(그녀 삶의 과거 에피소드와 연결하기 위한 직시적 관계와 의미의 원천과 연결하기 위한 계층 관계를 확립하기). 이 기억은 대단한 성취의 기억(예, 매우 중요한 업무 프로젝트를 마친 것)일 수도 있고, 더 단순하고 심지어 매일의 삶 속 일상 순간(예, 친구와 영화 보러 가기)일 수도 있다. 내담자가 자신의 삶의 이런 에피소드를 기억하고 있을 때, 치료자는 그녀에게 떠오르는 모든 느낌과 감각에 주목하도록 격려한다(즉, 주의 훈련). 이 단계가 끝나면 그들 모두 이 특별한 순간에 어떤 의미의 원천이 연결되었는지 탐색할 수 있다(예, 친구들과 문화적 관심사를 공유하기). 이와 같은 공식적 연습의 장점은 특히 단순 관찰의 첫 단계에서 과도한 언어 분석을 피한다는 점이다. 내담자가 일할 때 삶의 방향을 명확히 파악하지 못했다면, 자신에게 의미 있는 것을 말하는 것은 어렵고 추상적으로 느껴질 수 있다. 그녀에게 잠시 멈추고 자신의 느낌과 감각을 관찰할 기회를 주는 것은 그녀의 삶에서 예전에 중요했고 아마도 여전히 중요한 핵심에 더 생생하고 본질적인 방식으로 접근하는데 도움이 될 수 있다.

공식적 체험기법 구축하기Building Formal Experiential Techniques

치료 메뉴얼에 제공되는 이용 가능한 공식적 연습의 수를 고려하면, 각 내담자의 어려움에 완벽하게 적합한 몇 가지 기법을 쉽게 발견할 수 있을 것이므로 자신만의 기법을 새로 만들 필요는 없다. 게다가 특정 연습은 매우 효과적이어서 반복적으로 사용하지 않는 게 더 부끄러운 일이 될 수도 있다. 그러나 많은 치료자들은 이런 연습을 개발하는 것에 참여하면 이를 더 잘 전달할 수 있다는 것을 발견하거나, 자신의 기법을 만들어 작업에서 더 많은 만족감을 찾는다. 결국, 현재 우리가 사용할 수 있는 공식적 기법의 거대한 도구상자는 수 천명의 임상의가 고유한 기법을 구축하고 공유하기로 결정했기 때문에 존재하며, 따라서 치료 중재를 풍부하게 하고 있다.

　이번 단락에서는 RFT 원리의 도움을 받아 만들어진 3가지 공식적인 기법의 예를 제시할 것이다. 각각의 연습에서 우리는 치료 목표를 명확히 하는 것을 시작한 다음, 창조적 과정을 안내하는 RFT를 어떻게 사용하는지를 단계마다 보여줄 것이다. 이런 측면에서 *어떻게* 연습이 창조되는지 보여 주기 위해서, 이번 단락에서 우리는 '소리 내며 생각하기Thinking out loud'를 하고 있는 것이다.

　우리의 관심사를 고려하면, 이러한 연습은 수용, 마음챙김, 가치-기반 치료와 광범위하게 관련된다. 그러나 이 단락에서 연습을 기술하는 목적은 보다 일반적이다. 하나의 유사한 연습에 적용되는 동일한 기본 사고 과정이 실존주의 치료자, 분석 지향 치료자, 인지 치료자 등이 가진 목적에도 적용되리라 생각한다. 즉, 독자로서 당신은 우리가 무엇을 했는가보다 우리가 한 것에 *어떻게* 도달했는지에 좀 더 초점을 두어야 한다.

타인의 행위에서 의미 발견하기|Finding Meaning in Others' Actions

첫 번째 기법은 자신의 삶에서 소중히 여기는 것을 파악하거나 선택하는 데 어려움이 있는 내담자를 돕기 위해 만들어졌다. 과거 사건들을 떠올려 보게 하는 것도 이들에게서는 아무런 변화를 이끌어 내지 못하는 것처럼 보인다. 그들은 언제 행복감을 느껴보았는지 기억해내지 못하거나, 이런 과거의 에피소드가 지금 현재의 삶과 너무 단절되어 있기 때문에 과거의 가장 중요한 목표나 행위의 속성에 관한 논의를 시작하기 위해 과거 떠올리기를 사용하기 어렵다. 또한 내담자가 관심을 갖는 것과 현재하고 있는 것 사이의 차이가 너무 중요하고 인정하기에 너무 고통스러워서, 내담자는 이 주제를 완전히 회피하는 것을 배운 경우도 있다. 이런 경우에는 회피를 표적화하는 것이 치료적 해결책이 될 수 있다. 그러나 내담자가 회피 행동을 내려놓을 이유가 거의 없는 경우에는 이를 행하기 위해 동기 부여를 해 나가기 어려운 경우가 빈번하다. 달리 말해 한 사람이 의미 없이 자신의 괴로운 심리경험에 기꺼이 접촉해야 하는 이유를 살펴보기 어렵다.

7장에서 살펴본 것처럼 삶에는 적어도 몇 개의 의미라는 씨앗이 항상 존재한다. 치료를 방문하는 것 자체가 이미 내담자가 어떤 것을 중요하게 여기고 있다는 부분을 보여주는 행위이다. 그러나 그것이 무엇이든 간에 아직은 지배적이고 무한한 긍정적인 만족의 원천으로 공식화되지 않았다. 이때가 다양한 행위의 보다 상위 기능을 파악하는 작업해야 하는 순간이다. 내담자는 자신이 중요하게 여기는 것을 알아차리지 못할 수도 있다. 그러나 내담자는 여전히 다양한 대상이나 행위들 중에서 선호하는 것을 표현할 수는 있다. 이러한 선호가 의미를 발전시키는 한 개의 씨앗으로 구성 될 수 있다. 우울증의 일부 경우처럼 하나의 선호를 표현하는 것조차 어려워하기도 한다. 내담자는 모든 것이 똑같이 무미건조하게 느껴져서 선택하는 능력을 잃어버린 것처럼 보일 수 있다. 이런 경우조차 선호와 그다음 보다 상위 기능 그리고 마침내 가장 중요한 목표와 행위의 속성을 추출하는 것이 여전히 가능하다. 우리가 구축한 연습은 바로 이 과정을 표적으로 한다.

우선 여러 예시들을 아우르는 상위 기능을 추출하기 위해, 내담자가 다양한 옵션들 중에서 선택하도록 격려하는 맥락을 설정할 필요가 있다. 우리는 자신의 삶에서 중요한 것에 관해 말하기 어려워하는 내담자들에게 특히 이 연습이 유용하길 바라기에, 다른 사람들이 포함된 자료를 사용하기로 결정하였다. 이렇게 하는 것은 바로 자신의 삶을 이야기하지 않기에 내담자에게 부담을 덜 주면서 이 주제에 대한 논의를 시작할 수 있게 한다. 이를 위해 내담자의 나이, 성별, 인종에 따라 그들이 잘 알 수 있는 유명한 영화나, 책, 이야기 속의 인물이나 캐릭터 중에 20명 정도를 선정하였다. 그리고 연습을 위해 선정된 인물들의 이름이나 그림이 있는 카드들을 내담자 앞에 무작위로 2개의 카드 더미로 쌓아놓는다. 그런 후 다음과 같은 지시를 한다.

"여기 당신 앞에 두 개의 카드 더미가 있습니다. 이 둘 모두 당신이 잘 알 만한 인물들의 이름과 그림을 담고 있습니다. 이 인물들은 영화나 유명한 이야기 속에 나오는 캐릭터일 수도 있고 실제 유명인일 수도 있습니다. 두 카드 더미에서 각각 한 장씩 카드를 뽑아 위를 바라보게 당신 앞에 놓아주세요. 그리고 뽑힌 카드에 있는 인물이나 캐릭터를 당신이 잘 아는지 살펴보시기 바랍니다. 그리고 저에게 둘 중 어느 쪽 캐릭터의 성격을 더 선호하는지 알려주세요. 더 좋거나 옳은 답은 없습니다. 때로는 당신이 양측 모두 똑같이 성격이 좋거나 싫기에 선택이 어려울 수도 있습니다. 괜찮습니다. 그런 경우, 비록 큰 차이가 없다고 하더라도 그래도 어느 한 쪽을 선택해보시길 바랍니다."

내담자가 먼저 두 카드 중에서 어떤 카드를 선택하면 치료자는 이어서 다음과 같이 말한다. "좋습니다. 당신이 실제로 좋아하는 인물인가요?" 만약 내담자가 그렇다고 대답한다면, 치료자는 이어서 다음과 같이 말한다. "이 인물/캐릭터의 성격에서 어떤 점이 좋은지 알려주시겠어요?" 만약 내담자가 "아니요!"라고 대답하거나 인물/캐릭터에 관해 강한 의견을 표현하지 못한다면, 치료자는 대신 다음과 같이 말한다. "괜찮습니다. 어떤 점에서 다른 인물/캐릭터 대신 이 인물/캐릭터를 선택하신 건지 알려주실 수 있을까요? 다른 인물/캐릭터와 비교해보았을 때 이 인물/캐릭터의 성격에 관해 더 선호하는 점이 무엇인가요?"

이렇게 함으로써 치료자는 내담자가 자신이 좋아하는 행위의 속성을 파악하도록 격려한다. 만약 내담자가 무엇이 없기에 선택을 하는 경우에도 (예, "다른 인물/캐릭터에 비해 거만하지 않아 보여서 선택했습니다") 여전히 다음 단계로 넘어갈 수 있다. 왜냐하면 흠은 항상 반대 구성틀을 통해 속성으로 돌려질 수 있기 때문이다(7장 참조). 예를 들면 거만한 사람을 거부한 내담자는 행위의 속성으로 겸손을 중요하게 생각할 수 있다.

'성격personality'이라는 용어를 사용하면 카드에 있는 인물의 외모나 그들이 가진 것에 근거한 선택을 피할 수 있음에 주목하라. 예를 들어 내담자가 토니 스타크Tony Stark (아이언 맨)의 사진보다 프로도Frodo (반지의 제왕)의 사진을 선택하는 경우를 상상해보자. 그는 둘 다 좋아하지만 프로도가 더 겸손하기 때문에 더 좋아한다고 말할지도 모른다. 만약 그가 반대의 선택을 했다면 그는 아마 토니 스타크가 더 똑똑하고 재미있기 때문에 좋아한다고 말할 것이다. 확실히 사람의 선택을 정당화하는 데에는 무수히 많은 방식이 있다. 요점은 좋은 이유를 찾는 것이 아니라 내담자가 인정하는 카드의 인물이나 캐릭터와 연관된 특성을 찾는 것이다. 그 인물이 더 친절하다거나, 좀 더 독립적이라거나, 다른 사람들을 더 존중한다거나 하는 등이 가능하다. 하나 이상의 성격 특성이 파악되면, 치료자는 "이 인물/(캐릭터)이 행한 어떤 종류의 것들이 이 인물을_____[성격 특성으로 채움]로 만드나요?"라고 물어본다. 이런 방식은 내담자의 관심을 자기에 관한 평가보다는 행위를 지향하게 해준다(6장과 7장을 참조). 그런 다음 치료자는 내담자가 행위의 이 속성을 가장 중요한 강화물로서 확립하도록 돕기 위해 "평소에 당신이 중요하게 생각하는 것도 바로 이런 점들인가요?"라고 물어본다. 내담자가 행위의 이런 속성에 분명한 매력을 표현하든 애매하게 느끼든 간에, 치료자는 다음으로 "당신의 인생에서 당신이 [행위의 속성으로 채움]를 가지고 무언가를 하셨을 순간이 있었나요?"라고 묻고, 이어서 내담자에게 그 에피소드와 관련된 느낌을 묘사해 달라고 요청할 수 있다. 내담자가 자신이 이런 행위의 속성을 표현했던 순간을 기억하지 못하면, 치료자는 "그것은 당신의 삶에서 해보고 싶으셨던 어떤 것인가요? 그 같은 것을 해 볼 수 있는 기회가 있었던 순간을 떠올려 보실 수 있겠습니까?"라고 물어 볼 수 있다.

또한 이런 연습은 내담자의 삶의 목적 측면에서 자신이 선호하는 무언가를 대표하는 인물/캐릭터를 선택하도록(예, 토니 스타크는 세상의 정의를 대표하고, 프로도는 그의 민족의 자유를 대표한다) 요청할 때도 반복적으로 이용될 수 있다. 이런 대안적인 접근은 외적인 질문에서 시작하는 것처럼 보여지기에, 내담자 자신을 위한 의미의 원천으로 사용할 수 있는 가장 중요한 목표를 파악하는데 도움이 될 수 있다.

인생선 위의 빨간 표시와 검은 표시|Black and Red Marks on Our Lifelines

다음 연습은 내담자가 관찰, 기술, 추적 기술들과 기능적으로 일관된 선택을 해 나가는 능력을 개발하도록 고안되었다(5장 참조). 좀 더 구체적으로 보면, 우리는 내담자가 고통스러운 심리경험을 억제하려는 시도에 뒤따르는 결과를 실험하고 주목하도록 기대한다. 2장에서 보았듯이 생각, 감정, 감각을 억제하는 것은 언어의 유도 과정으로 인해 장기적으로 거의 작동하지 않는다. 우리는 최종적으로 이런 고통스러운 경험을 더욱 더 많이 가지게 될 뿐만 아니라 삶의 중요한 영역도 포기하게 된다. 따라서 치료에 중요한 한 단계는 내담자 스스로가 행동의 효과를 평가하고 그것이 효과가 없거나 심지어 역효과를 낼 때 이를 알아차릴 수 있도록 돕는 것이다. 하지만, 이렇게 심리경험을 알아차리고 이에 반응하기란 그리 쉽지 않다. 사실 많은 이들에게 이렇게 하는 것은 매우 추상적인 것인데, 왜냐하면 '머리 안에서' 벌어지는 일에 관해 이런 방식으로 생각하는 것은 익숙하지 않기 때문이다. 이런 이유로 내담자가 하나 이상의 감각을 쉽게 관찰할 수 있는 구체적인 대상과 동등관계로 놓음으로써 심리적 경험을 구체화하는 것이 유용하다. 이것이 이번 연습을 통해 우리가 했던 것이다.

먼저 치료자는 내담자에게 빈 종이 위에 자신의 삶을 연대기 순 타임라인[40]으로 표시하도록 요청한다. 그다음 마음챙김과 유사한 연습을 통해 내담자에게 심리적 고통을

---

40)이 연습은 달 Dahl, 플럼 Plumb, 스튜어트 Stewart, 그리고 룬드그렌 Lundgren (2009)이 RFT 원리로 만든 연습과 일부 유사성이 있다.

겪게 했던 인생의 어떤 에피소드들을 떠올려 보도록 제안한다. 그리고 각 에피소드를 타임라인 위에 빨간 표시를 하게 한다. 내담자가 빨간 표시를 하면, 치료자는 내담자에게 생각(예, "그 일이 일어나서 너무 싫어"), 느낌(예, "난 슬프다"), 감각(예, "아프다"), 촉박감(예, "이 빨간 표시를 지우고 싶다")과 같은 어떠한 심리적 반작용들도 알아차려 보도록 격려한다. 그런 다음 내담자에게 고통을 없애기 위해 자신이 했던 모든 일을 떠올려보고, 해보았던 각각의 시도들을 타임라인 위에 검은 표시를 하게 한다. 대개는 빨간 표시들 보다는 검은 표시들이 빠르게 더 많아지는데, 한 에피소드에 관해 돌이켜 생각할 수 있는 수천 번의 기회들이 있기 때문이며, 이는 종종 그 생각으로부터 도피하거나 회피하려는 시도로 이어진다. 연습의 마지막 단계에서 치료자는 내담자가 빨간 표시가 사라지지 않았으며 검은 표시는 타임라인 전체에 있음을 알아차리도록 장려한다. 이렇게 매우 눈에 띄는 단서를 사용함으로써 내담자는 자기 행동의 효과성을 더 잘 평가할 수 있게 된다. 나아가 내담자에게 검은 표시들이 자신의 삶에 어떤 결과들을 가져왔는지 알아차리게 하는 것도 가능하다(예, 친밀한 관계에서 불편감을 피하기 위해 남자친구와 헤어짐). 이 연습의 구체적인 지시사항을 대본으로 구성하면 다음과 같다.

"당신이 태어난 순간부터 지금 이 순간까지 이어지는 타임라인을 떠올려 보고 여기 이 종이 위에 그려보세요. (멈춤) 이 타임라인 위에는 행복한 순간들도 있고 고통스러운 순간들도 있다는 점을 주목해 보세요. (멈춤) 이제 빨간 표시로 당신의 삶에 일어났던 고통스러웠던 순간들을 타임라인 위에 표시해보세요. 혹여 실망, 상실, 거절, 두려움, 배신이 있었을까요? 천천히 선을 따라가면서 고통스러웠던 순간마다 빨간 표시를 하세요."

"당신이 인생에서 겪어왔던 고통스런 순간들을 떠올릴 때, 당신은 바로 지금, 여기에서 그 반작용을 알아차릴 수 있습니다. 아마 이러한 고통의 순간들을 지우거나 제거하고 싶은 촉박감을 알아차릴 수 있을 것입니다. 당신의 인생에서 이런 고통을 벗어나거나 회피하기 위해 시도했던 모든 것들을 떠올려 보세요. 고통을 감추거나 잊으려는 모든 시도와 더불어 이런 고통과 이를 자신의 삶에서 다시 발견할 위험을 제거하기 위해 사용했던 모든 방법들을 떠올려보세요."

"이제 검은 볼펜을 잡고 타임라인 위에 당신이 이 고통과 싸웠던 모든 지점을 검게 표시해 보세요. 이 검은 표시는 짧은 순간일 수도, 당신이 고군분투하며 보냈던 며칠 동안을 나타낼 수도 있습니다. 또는 당신이 고통스러운 경험을 없애기 위해 보내왔던 기나긴 시간을 나타낼 수도 있습니다."

"이제 조금 거리를 두고 전체 타임라인을 관찰해보세요. 당신이 살면서 겪었던 고통스런 순간들을 나타내는 **빨간 표시들**과 고통에서 벗어나거나 회피하기 위한 시도들을 나타내는 검은 표시들 사이의 연결을 살펴보세요. (*멈춤*) 이 전투의 결과는 어떻습니까? 검은 표시들이 빨간 표시들을 지웠나요? 잠시 시간을 내어 빨간 표시들과 검은 표시들을 관찰해보세요. (*멈춤*) 지금 기분은 어떠신가요? 지금 타임라인을 보면서는 어떤 감각, 어떤 생각, 어떤 감정이 나타나나요?"

"그리고 빨간 표시들을 관찰해보면 검은 표시들이 있기 전과 있는 중에도, 그리고 그 후에도 여전히 빨간 표시들이 존재하는 것을 볼 수 있습니다. 그리고 검은 표시들이 당신 삶의 여러 날, 여러 달, 여러 해를 뒤덮고 있다는 점을 볼 수 있습니다. 스스로에게 물어보세요. 만약 당신의 경험이 타당하다면 무엇을 말해 주나요? 당신이 그 어떤 시도를 한다고 하더라도 절대로 고통을 없앨 수는 없을 것입니다. 당신이 거기에 존재하는 한 당신의 삶는 빨갛게 표시될 것입니다."

"하지만 우리의 타임라인은 여기서 멈추지 않습니다. 이것은 미지의 시간까지 계속 이어집니다. 우리는 이 타임라인이 어디로 이어지는지, 다음 빨간 표시가 언제 나타날지 알 수 없습니다. 그리고 당신은 검은색 표시를 지니고 지금 여기에 있습니다. 만약 당신이 이 싸움을 멈추고, 때로는 **빨간색**으로 표시되지만, 검은 표시로 가려지지 않는 인생의 복잡성을 껴안는다면 당신의 삶은 어떻게 보일까요? 지금까지는 검은 표시로 가려졌던 이 순간들을 무엇이 채울까요?"

자기의 계층The Hierarchy of Self

이 마지막 연습은 인식에서 관점취하기와 경험에 대한 인식을 구별하고 훈련하기 위해 만들어졌다. 좀 더 구체적으로 말하면, 우리는 내담자가 심리경험의 무상함을 알아차릴 수 있도록 하고, 반면 이러한 모든 경험을 위한 맥락으로 접근하는 '나/여기/지금'이라는 의식의 속성은 안정적으로 유지된다는 것에 주목하도록 하였다. 6장에서 보았던 것처럼 하나의 맥락으로 개념화된 자기는 기저에 심리경험을 포함하는 계층적 네트워크의 정점에 해당한다. 내담자에게 기술적인 RFT의 개념을 가르칠 필요는 없지만 이러한 요소 중 일부를 구체적인 연습에 통합시키는 것은 가능하다. 자기와 심리경험을 계층적 네트워크로 표상하는 것이 좋은 예인데, 이렇게 하면 내담자가 자신의 경험의 가변성과 자기의 안정성을 동시에 시각화할 수 있기 때문이다. 그래서 이 연습에서는 정점에 '나(I)', 둘째 수준에 세 개의 동사(~이다am, ~한다do, ~느낀다feel), 각 동사 아래에 빈 열이 놓이게 되는 한 종류의 계층적 네트워크를 그려보게끔 한다(그림 9.1 참조). 동사는 내담자가 자기를 정의하고 평가하는 것('~이다'), 그가 취하는 구체적 행위('~한다'), 그리고 그가 느끼는 것('~느낀다')의 방식에 따라 서로 다른 심리경험을 파악하도록 격려하기 위한 것이다.

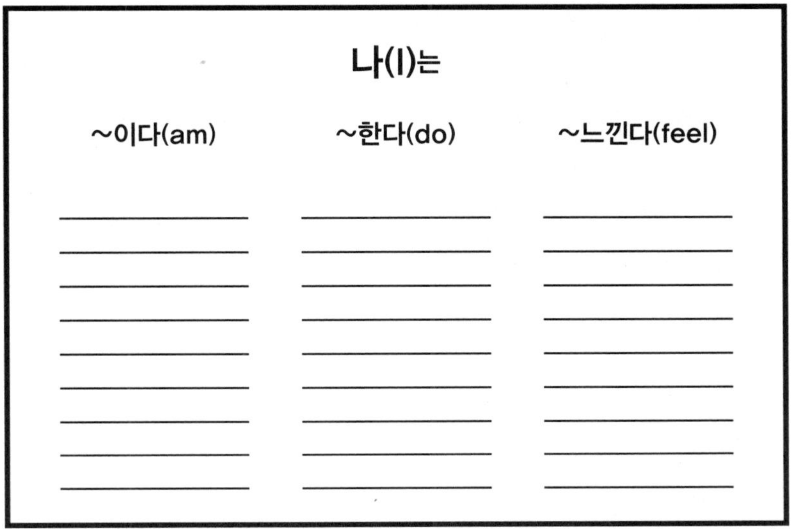

나(I)는

~이다(am)	~한다(do)	~느낀다(feel)

그림 9.1

내담자가 계층적 네트워크 기저에 위치한 심리경험의 가변성과 일시성을 알아차리도록 도우려, 우리는 다양한 상황을 포함하고 다른 정의, 평가, 행위나 느낌을 이끌어 내는 일련의 질문들을 개발하려 하였다. 예를 들자면, "만약 당신이 내일 직업을 잃게 된다면 당신은 무엇일까요? 어떤 행동을 하게 될까요? 어떤 느낌이 드실까요?"와 같은 질문을 하는 것이다. "아들이 태어나던 날 당신은 무엇이었나요? 무엇을 하였나요? 어떤 느낌이 들었습니까?"와 같이 내담자 삶의 실제 순간에 관한 다른 질문도 해 볼 수도 있다.

이 연습은 내담자에게 다음의 지시를 이용해서 제안할 수 있다.

"이 표는 당신과 당신이 되는 것, 당신이 할 수 있는 것, 당신이 느낄 수 있는 것을 보여줍니다. 저는 당신에게 당신이 겪어봤거나, 겪고 있을지도 모르는 다른 순간과 상황에 관해 몇 가지 질문을 하려 합니다. 각각의 질문을 듣고 당신의 경험을 적는 빈칸 세 열 해당되는 부분에 당신이 생각할 수 있는 모든 것을 추가해주시기 바랍니다. 예를 들어, 제가 '당신이 오늘 아침 잠에서 깨었을 때, 당신은 무엇이었나요? 무엇을 했나요? 무엇을 느꼈나요?'라는 식으로 질문드릴 수 있습니다. '~이다(am)'에 해당하는 빈칸들에는 순간적으로 자기 자신을 정의하는 것뿐만 아니라 그전부터 당신 자신을 정의해온 것이나 앞으로 당신을 정의할 것으로 채워 볼 수도 있습니다. 예를 들어 제가 만약 이 질문에 대답해본다면 '나는 피로한 사람이다'라고 말할 수 있겠지만 '나는 치료자다' 또는 '나는 33살이다'라고 말할 수도 있습니다. 다른 두 개의 빈칸들에서도 마찬가지입니다. 예를 들어, '나는 일어났다'와 '나는 치료한다'라고 말할 수 있습니다. 앞의 대답은 바로 그 순간에 일어난 행동이고, 다른 하나는 더 오랜 시간 동안 제가 하는 행동에 보다 가깝습니다. '~느낀다(feel)' 칸에서는 '행복하다고 느낀다' 혹은 '무섭다고 느낀다'라고 말할 수 있습니다. 이 역시 특정한 순간의 느낌이나 좀 더 지속되는 느낌에 관해 적어볼 수 있습니다. 좋습니다. 우리 한 번 해봅시다. 괜찮으시다면 첫 번째 질문부터 시작해보겠습니다."

각각의 질문에 대하여 내담자가 빈칸에 적어도 몇 개의 경험들을 적어보도록 격려한다. 내담자가 빈칸을 채울 때 치료자는 내담자가 새로운 상황에 대응되지 않는 경험을 알아차리고 지워나갈 수 있도록 이끌어 준다(예, 만약 내담자가 직장을 잃는다면, 그는 '행복하다'를 삭제하길 원할 수 있다). 만약 다음에 이어지는 상황이 지웠던 경험을 다시 이끌어 낸다면, 내담자는 그 경험을 다시 빈칸에 적는다. 대부분의 경험들이 어느 정도의 시점에서는 지워질 수 있도록 하기 위해서(특히 내담자가 특정 경험에 과도한 집착을 느끼는 경우), 경험의 변화를 일으킬 가능성이 높은 질문을 사용하는 것이 중요하다. 예를 들어, 만약 내담자가 직업을 구할 수 없어서 자신을 '실패자'로 규정하는 경향이 있다면, 치료자는 "만약 당신이 꿈꾸던 직업을 얻게 되었다면, 당신은 어떤 사람이 되는 건가요? 어떤 행동을 할까요? 어떤 느낌이 들까요?"라고 물을 수 있다.

열두 개나 그 이상의 질문을 받았을 때 (이상적으로는 각 경험이 적어도 한 번 이상 지워질 때까지), 내담자는 각 빈칸에 기입한 경험의 가변성을 관찰할 수 있다. 한편으로는 특정 평가와 정의들은 사라지기도 하고, 때로는 다시 나타나기도 한다. 어떤 행위는 더 이상 하지 않게 되고, 일부 느낌은 지나가고, 다시 돌아오고, 또 다시 지나간다. 다른 한편으로는 한 가지 요소가 계층 기저에 있는 상황과 경험에 무관하게 그대로 남아있다. 그것은 바로 '나(I)'이다. 이런 관찰에 이어서, 치료자는 유연한 자기감의 발달을 위해 6장에서 제시했던 원칙을 활용하여 토의에 참여할 수 있다.

우리가 이 연습들에 도달했던 방법How We Arrived at These Exercise

이런 '소리내며 생각하기' 예시들 각각에서, 우리는 한 주제로 시작해서 그것을 해체한

다음, 그 주제를 RFT의 관점으로 이해하여 이를 본보기로 보여 주는 연습을 만들었다. 첫 번째 연습에서 의미의 원천으로 주의를 향하게 하는 훈련을 했고, 행위와 행위의 속성 간에 계층적 관계의 확립을 격려하는 맥락을 만들었다. 처음에는 쉬운 맥락을 사용하였고(직시적 구성틀을 통해 알아차림의 표적을 자기에서 다른 인물이나 캐릭터로 대체함), 그다음 보다 도전적인 맥락으로 (내담자가 소유한 행위의 속성으로) 주의를 재지정하였다.

두 번째 타임라인 연습에서 두 가지 기능적 행위군(고통을 느끼는 것 그리고 고통의 느낌과 싸우는 것)을 외현화 하였다. 대부분의 사람들에게 있어 이 두 가지 행동군은 매우 밀접하게 달라붙어 있어서, 싸우는 것이 행위의 이차 유형이라는 점을 잘 알아차리지 못한다. 고통 그 자체와 고통에 맞서 싸우는 것이 서로 다른 두 가지가 아니라 마치 한 몸처럼 보인다. 하지만 이것을 물리적인 (시각적인) 은유를 통해 시연하다 보면, 우리는 그것들 사이의 독립성과 얽힘을 볼 수 있다. 또한 은유에 담긴 실험적인 전략은 고통을 회피하기의 결과를 알아차리게 하는 데 도움 된다.

세 번째 계층적 자기 연습에서 우리는 자신의 삶에서 지속적으로 변화하는 경험으로부터 지속적으로 이용 가능한 관점취하기로서 자기감을 구분해 내는데, 중요하다고 생각되는 상징 과정을 은유적으로 풀어냈다. 이 과정은 관찰하기 어렵기에 이전 연습처럼 시각적으로 표상을 활용하였다. 다양한 관계를 사용하여 자기에 부착된 기능을 번갈아 확립하고 제거해보는 관계의 가변성을 사용하여, 계속 변화하는 경험들 속에서 안정적으로 존재하는 것이 무엇인가에 내담자의 주의를 안내한다.

공식적 체험기법 전달하기Delivering Formal Experiential Techniques

연습을 소개하고 지시를 전달하기Introducing an Exercise and Delivering Instructions

체험연습을 소개하고 전달하는 것은 보기보다 쉽지 않다. 지시가 비교적 단순하고 구체적일지라도, 치료자가 자신의 내담자와 최선으로 상호작용하는 방식에는 여전히 중요한 회색 영역이 존재한다. 첫째, 연습 이용하기는 종종 자연스러운 상호대화를 중단시킴으로 내담자는 어색하거나 대화 흐름과 무관하다고 느낄 수도 있다. 그다음, 이 기법의 체험적 특성은 연습을 하는 목적을 설명하는 것과 내담자가 자신의 경험을 관찰하고 스스로 결론을 내리도록 하는 것 사이에서 섬세한 균형을 요구한다. 물론, 당신의 사회기술과 임상 경험만으로도 이 과정을 잘 진행할 수도 있다. 그럼에도 불구하고, 공식적 기법이 잘 받아들여지고 이해되는 것과 실제로 표적으로 둔 기능을 제공할 수 있는 것을 보장해

주는 몇 가지 원칙을 파악하는 것이 유용하다.

이번 장의 서론에서 언급했듯이, 공식적 체험연습을 운동선수의 훈련에 비유했다. 이는 그 자체가 목적이 아니라 기술을 훈련하고 자연적인 설정에서는 관찰하기 어려운 영역에 관한 알아차림을 가져오기 위한 방법이다. 우리는 이런 비유가 치료의 이러한 측면을 내담자에게 제시하는 좋은 방법이라고 믿는다. 이는 두 가지 상반되는 함정을 피하는 데 도움이 된다. 두 가지 함정의 첫째는 연습이 어리석고 관련 없는 것으로 인식될 위험과 둘째는 마술이나 난해한 것으로 보일 위험이다.

과학적 원리에 기초한 기법을 신비롭게 포장할 이유는 없다. 심지어 기법이 종교적이고 영적인 전통에서 직접적으로 유래했을 때조차도, 그것이 효과가 있고 개념적 수준에서 적어도 그 기법의 효과를 이해할 수 있기만 한다면 심리치료에 통합될 수 있다. 그러므로 체험, 효과성 및 자율성의 감각들을 구축하다는 정신으로, 우리는 일반적으로 가능한 한 많은 투명성을 가지고 공식적 체험실습을 제시하려고 노력한다.

그러나 너무 많이 설명하진 않으면서 설명을 해야 하는 어려움이 있다. 기술을 훈련하는 것을 목표로 하는 많은 연습에서는 아마도 구체적인 사전 설명이 도움 되긴 하지만, 체험연습은 내담자의 관찰 능력을 훈련시키고 스스로 결론을 도출하도록 하는 데 종종 목적이 있기에 기술 훈련과 다르다. 이러한 이유로 이런 유형의 연습을 소개할 때는 내담자가 경험하게 될 것을 말해 주지 않은 채, 오히려 내담자 스스로가 관찰해보도록 격려하는 편이 더 낫다. 일단 치료에서 '한번 시도해보고 살펴보자'라는 패턴이 확립되면, 몇 번의 성공만으로 치료자와 내담자 모두는 더 많은 것을 탐색하려 할 만큼 대담해질 수 있다. 이상적으로, RFT 원리를 사용하는 치료자는 내담자의 경험에 관한 전문가가 아닌 관찰에 대한 전문가다. 반대로, 내담자는 자신의 경험에서는 전문가지만 보통은 좋은 관찰자나 효과적인 관찰자가 아니다. 치료는 내담자가 이 영역을 향상시키는 데 도움을 줄 수 있고, 공식적인 체험실습은 이런 원칙을 염두에 두고 제시될 수 있다. 다음은 이런 작업을 수행하는 방법에 관한 대표적인 예이다.

"당신도 아시는 것처럼 제가 하는 이런 종류의 치료에서 핵심은 당신의 안녕을 향상시키기 위해 어떤 것이 효과 있고 어떤 것이 효과 없는지를 발견하도록 돕는 것입니다. 우리가 함께 하는 회기 동안 저는 종종 당신에게 어떤 연습을 해보자고 제안할 것입니다. 때때로, 회기 중에 함께 연습해보기도 할 것이고, 만약 당신이 기꺼이 회기와 회기 사이에 연습할 의향이 있으시다면 약간의 '과제'가 주어지기도 합니다. 당신은 이를 삶에서 사용할 수 있는 특별한 기술을 익히고 능숙하게 만들기 위한 훈련으로 여겨도 좋습니다. 그래서 많은 경우 연습이나 실험은 기술을 익히는 기회가 되며, 특히 무엇이 효과 있고 무엇이 효과 없는지를 알아차리고, 자신에게 가장 좋을 것이라고 여겨지는 선택을 할 수 있는 능력을 익힐 수 있는 기회가 될 것입니다."

"해결책을 찾는 것은 하기 쉬운 일이 아닙니다. 그리고 해결책을 찾았다고 하더라도 종종 우리의 작업은 끝나지 않습니다. 왜냐하면 현재의 행동을 바꾸겠다는 결정을 했더라도 배운 것이 새로운 습관이 되기까지는 시간이 걸릴 수 있기 때문입니다. 그렇기에 아마도 연습을 통해 실습하는 것이 유용하다는 점을 알게 될 것입니다. 이제 결국 그 행동이 유용했는지 알 수 있는 유일한 사람은 당신 자신 밖에 없습니다. 어떤 연습은 다른 연습보다 더 유용할 수 있습니다. 어떤 연습은 다른 것들보다 더 와 닿을 수도 있습니다. 혹은 몇 가지 연습들만을 그저 선호하게 될 수도 있습니다. 어떤 것이든 모두 다 좋습니다."

"다른 것으로는 이러한 연습 중 일부가 때때로 다소 놀라움을 안겨줄 수 있는 종류라는 것입니다. 이 연습이 당신의 인생에서 펼쳐지는 일들과 당신이 행하고 있는 일들에 대한 새로운 관점을 가질 수 있도록 도와주기 때문입니다. 그래서 때로는 이 연습이 무엇에 관한 것인지 궁금해 할 것입니다. 심지어 이 연습을 이상하거나 재미있게 여길지도 모릅니다. 연습은 실제로 관찰할 수 있기에 흥미로울 수 있는 부분입니다. 그리고 어떤 경우든 우리는 이 연습을 해 본 경험에 관해 항상 토론 할 것이므로 연습이 도움이 되는지 여부를 제게 말할 수 있습니다."

그리고 다음은 구체적인 연습(이 경우 명상 연습)을 도입하는 방법의 예시다.

"제가 당신과 함께 어떤 연습을 해볼 것이라고 말씀드렸던 것을 기억하시나요? 지금 그 중 하나를 해보려고 합니다. 괜찮으실까요?"

"이 연습의 목표는 상당히 간단합니다. 당신이 해야 할 일은 몇 분 동안 당신의 마음에 떠오르는 모든 것을 그저 관찰하는 것입니다. 머릿속에서는 단 몇 분 동안에도 수많은 것들이 떠오를 수 있습니다. 다른 것들을 생각할 수도 있고, 어떤 느낌이나 감각을 느낄 수도 있고, 감정을 알아차릴 수도 있습니다... 만약 당신이 눈을 감는다면, 머리 속 많은 이미지가 그려질 수 있고, 소리를 들을 수도 있고, 어쩌면 냄새를 맡을 수도 있습니다. 그래서 제가 당신께 드리고 싶은 부탁은, 괜찮으시다면 이 모든 것들을 그저 관찰해보시라는 겁니다. 이 연습을 해보는 첫 번째 시간이기에, 당신이 관찰하는 동안 궤도에 머무를 수 있도록 몇 가지 지시를 안내드릴 겁니다. 이 연습을 시도해보실 수 있겠습니까?"

이 연습이 전달되는 특정 맥락에 따라, 지시는 내담자 경험의 특정 측면을 향하도록 할 수도 있다. 예를 들어, 만약 내담자가 신체 감각에 문제가 되는 방식으로 반응한다면, 치료자는 내담자에게 그렇게 하게 만드는 촉박감을 알아차려 보도록 격려할 수 있다.

관찰, 기술, 추적을 조형하기|Shaping Observation, Description, and Tracking

연습 하는 동안과 그 이후의 체험적 과정은 5장에 제시된 동일한 원칙을 사용하여 촉진될 수 있다. 실행의 주된 목표 중 하나는 행동의 효과성과 이러한 행동에 영향을 미치는 맥락적 요소를 평가하는 내담자의 능력을 개발하는 것이다. 그렇기 때문에 치료자는 내담자가 연습을 하는 동안 어떤 일이 일어나는지 정확하게 알아차리고, 가능한 자신의 체험에 가까운 규칙을 만들어 가도록 권장한다. 비공식적인 상호대화 과정처럼, 치료자는 내담자에게 바로 답해 주는 것을 피한다. 내담자가 특정 요소를 충분히 고려하지 않는 것 같으면, 치료자는 더 많은 질문을 통해 이러한 요소들로 내담자의 주의를 끌어올 수 있다. 다음 대화에서 이러한 접근 방식을 살펴볼 수 있다.

치료자   그래서, 이번 연습은 어땠나요?

치료자는 관찰과 기술을 유도한다.

내담자   정말 어려웠어요.
치료자   정말요? 어떤 것이 어려웠나요?

치료자는 추가적인 관찰과 기술을 유도한다.

내담자   계속 정신이 산만해서 마음속의 지나가는 것을 계속 관찰하는 것이 어려웠어요.
치료자   흥미롭군요. 당신은 당신 자신이 산만해졌다는 것을 알아차렸습니다. 어떤 것이 당신을 산만하게 만들었나요?

치료자는 내담자의 진전을 강조해주며, 추가적인 관찰과 기술을 유도한다.

내담자   음, 여러 가지가 있었어요. 처음에는 제가 여기에 있고, 선생님과 함께 연습하고 있다고 생각하고 있는 것을 알아차렸어요. 그 뒤에 이번 회기를 끝내고 아이들을 데려와야 해서 아이들 생각을 하기 시작했어요. 그리고 그 뒤로는 완전히 산만해졌어요. 저는 저녁을 만들고, 아이 숙제를 도와주는 것 등 모든 것을 생각하기 시작했어요. 그 순간 저는 실제로 더 이상 저가 생각하는 연습을 하고 있지 않았어요.

치료자 　당신의 말씀은 정말 흥미롭네요. 왜냐하면 연습 중 경험에 관해 이야기 하면서 당신은 여전히 자신의 경험을 알아차리고 있네요. 당신이 산만해졌다고 말하는 그 순간에도. 그 역시 당신 경험의 일부라는 점을 알아차리셨나요?

치료자는 내담자가 자신의 행동을 추적하는 것을 돕기 위해 치료자 자신의 관찰을 공유한다.

내담자 　무엇을 의미하는지 알 것 같아요. 그런데 마치 제가 그곳에 있는 것 같지 않았고 연습을 제대로 할 수 없는 것 같았어요.

치료자 　(장난스럽게) 여기 다른 관찰이 있네요! 당신은 당신이 실제로 그곳에 있지 않다고 느꼈고, 당신은 연습을 제대로 할 수 없다고 생각했습니다. 그런가요?

치료자는 내담자가 자신의 행동을 추적하는 것을 돕기 위해, 치료자 자신의 관찰을 공유한다.

내담자 　알았습니다. 그러니까 저 자신이 이 모든 것을 관찰 수 있다는 거지요?

치료자 　정확해요. 이 연습에서는 이 점이 가장 중요합니다. 당신이 알아차린 점에 대해 좀 더 물어봐도 될까요?

내담자 　물론이죠.

치료자 　당신에게 연습을 제대로 할 수 없다는 생각이 들었을 때, 함께 알아차렸던 느낌이 있나요?

치료자는 느낌을 관찰하고 기술하도록 유도한다.

내담자 　실망스러웠어요. 스스로가 좀 바보 같기도 했고요.

치료자 　네. 먼저 당신이 제대로 하고 있지 않다는 생각이 들면, 그다음 "실망스러워",

"난 바보야" 같은 또 다른 생각이 떠오릅니다. 비슷한가요?

치료자는 내담자가 관찰한 내용을 재구성하여 이 순서를 알아차리도록 도와준다.

내담자   네. 거의.

이런 상호대화를 통해 당신은 모든 경험을 관찰하는 것이 연습의 목적이기에, 내담자가 보고한 그 어떠한 것도 치료자가 따라갈 수 있다는 점을 볼 수 있다. 사실, 내담자가 연습 도중 완전히 산만해하거나, 깜빡 졸았다고 할지라도 이 역시 관찰 가능한 부분이 아닌가! 점진적으로, 내담자가 이런 종류의 연습을 반복하고 치료자가 내담자 자신이 관찰한 각각을 알아차리도록 도와주면, 내담자의 기술은 발달하고 자신의 삶에서 일어나는 일에 대해 더 나은 알아차림을 얻게 된다.

체험연습을 통한 행동의 효과성을 평가하기 위해, 치료자는 주어진 행위 후에 어떤 일이 일어났는지 내담자에게 물어본다. 예를 들어, 내담자가 자신이 어리석다는 생각이 든 다음에 다른 생각을 하려고 애썼다고 한다면, 치료자는 그 어리석다는 생각이 사라졌는지 물어볼 수 있다. 5장에서 본 바와 같이, 핵심은 내담자에게 자신의 행동이 효과적이지 않다는 것을 증명하는 것이 아니라, 내담자가 스스로 판단하도록 돕는 것이다. 그러나 내담자가 상황의 중요한 요소들(예, 단기 결과 대 장기 결과, 가변적 결과)에 미처 주의를 기울이지 못할 수도 있기에, 치료자는 내담자가 유용한 결론을 도출하는 데 관련되는 모든 것들을 알아차리도록 돕는다.

때때로 내담자는 연습을 통해 문제 행동이 효과적이라는 인상을 강화 받기 때문에, 만족감을 느끼기도 한다. 예를 들자면, 내담자가 명상 연습을 이완 기법으로 활용하는 경우가 종종 있다. 비록 스스로 긴장을 푸는 것이 잘못된 것은 아니지만, 이것이 지금까지 실효적이지 못했던 일련의 체험회피 전략에 더해진다면 문제가 될 수 있다. 이것은 새로운 행동이기에 당분간은 효과적일 수도 있다. 그러나 이 행동의 목표가 심리경험의 제거라면 이러한 효과는 곧 사라질 것이다. 이런 경우에 내담자의 경험에 열린 자세를 유지하며, 내담자가 동일한 작업을 수행해보도록 요청해 보는 것이 가장 좋다. 무엇이 효과적일지에 관한 지침을 이론이 제공해 줄 수는 있지만, 최종 결정권자는 내담자의 경험이다. 열린 자세를 취하는 것은 관찰 능력을 강화시키고, 이는 곧 내담자가 그 방법의 효과성에 주목하게 한다. 이것은 자연스러운 일상 환경에 전달되는 기술이다.

효과적인 변화 조형하기 | Shaping Effective Change

알아차림을 키우는 것이 공식적인 체험실습의 중요한 목표이기는 하지만, 이 기법으로 조형되는 유일한 기술은 아니다. 우리가 내담자의 삶에 더 큰 만족감을 가져다주고 싶다면, 무엇이 효과 있고 무엇이 효과 없는지에 대한 관찰이 새로운 효과적인 행동으로 이어져야 한다. 내담자가 행위를 가장 중요한 목표나 행위의 속성에 연결할 때처럼, 관찰하기는 종종 그 자체로 새롭고 효과적인 행동을 구성한다는 점에 유의하라. 그러나, 많은 다른 행동도 관찰뿐만 아니라 영향력의 원천에 대한 반응의 변화를 암시한다. 예를 들어, 자주 고통스러운 감정을 회피한 결과, 의미 있는 활동을 하지 못하는 내담자는 공식적 연습을 통해 자기 전략의 효과성을 평가 *그리고* 대신 다른 행동 취하기를 배울 수도 있다. 다른 행동을 취하는 기술을 배우거나 유지하는 것은 대개는 보다 어려운 일이다. 왜냐하면 그렇게 하는 것은 고통스러운 감각이나 내담자가 장기간 지켜온 규칙 같이 강력한 영향력의 원천과 충돌하기 때문이다.

공식적 연습 동안 내담자가 혼란을 야기하는 영향력의 원천과 접촉하면서 유연성을 획득하고, 보다 유용한 전략을 적용하도록 돕기 위해 5장에서 제시되었던 조형의 원리를 활용해볼 수 있다. 특히, 치료자는 치료적 진전을 강화하고 자연적인 결과에 행동을 연결함으로써 효과적인 행동을 증강하도록 도울 수 있다. 또한 (바람직하지 않은 결과를 전달하고 지향하기, 차단, 소거 등을 통해) 문제 행동을 약화시킬 수도 있고, 치료실 안에서의 행동을 (기능적이고 상징적인 일반화를 통해) 치료실 밖 내담자의 삶과 연결할 수 있다.

비공식적인 상호대화 과정처럼, 공식적 실습에서도 효과적인 행동을 증강할 때 내담자 고유의 진행사항을 고려해야 한다. 비록 내담자의 새로운 행동을 더 빨리 강화시켜주기 위해 이것이 적절하다 말해 주고 싶은 순간도 있겠지만, 이런 미숙함을 행하면 내담자가 스스로 효과성을 평가하고 스스로 선택해보게 하는 체험적 실습의 전반적인 목적을 방해하게 된다. 이는 치료자가 그저 지시를 주고 듣기 위해 치료실에 존재함을 의미하지는 않는다. 각 단계마다 치료자는 내담자가 자신의 행위의 결과를 추적해보도록 장려할 수 있다. 다음 상호대화에서 이런 접근 방식을 살펴보자.

치료자   이 고통스러운 감각과 접촉하며 머무를 때 어떤 점을 알아차렸습니까?

치료자는 관찰과 기술을 유도한다.

내담자 참 힘들다는 것을 알아차렸습니다.

치료자 무엇이 힘들었는지 좀 더 말씀해주실 수 있나요?

치료자는 추가적인 기술을 유도한다.

내담자 저는 이 감각이 사라지기를 원했어요. 피하고 싶었어요. 그래서 이 감각과 접촉하며 머무르는 것이 불쾌했어요.

치료자 이해할 수 있습니다. 고통스러운 것에 접촉해 머무는 것이 비논리적으로 보이기도 하죠. 그렇지 않나요?

치료자는 도피하고 싶은 촉박감을 정상화한다.

내담자 네.

치료자 보통, 이런 감각이 들 때는 당신은 어떻게 하나요?

치료자는 통상적인 반응을 추적하도록 유도한다.

내담자 저는 그것을 없애려고 애를 쓰지요.

치료자 네. 그리고 당신은 이번에는 그와는 반대로 했는데...

치료자는 이번 연습에서의 반응을 추적하도록 유도한다.

내담자 네.

치료자 고통 외에 또 어떤 점들을 알아차렸나요?

치료자는 추가적인 결과들을 추적하도록 유도한다.

내담자 아무것도 하지 않는다는 것은 이상한 느낌이었어요.

치료자 고통을 없애려 노력했을 때와는 달랐다는 말인가요?

내담자 네. 저는 이런 감각을 느끼기 싫었어요. 그렇지만 그것을 제거할 필요가 없다는 것이 약간 안심되기도 했어요. 물론 여전히 제거하고 싶지만, 나를 믿었죠. 하지만... 힘이 덜 들었어요.

치료자 이것이 당신이 이해한 부분인가요?

치료자는 반응 효과성을 평가해보도록 유도한다.

내담자 네, 그런 것 같아요. 제 말은 제가 늘 해왔던 것과는 달랐어요. 그래서 바로 지금 이것에 관해 생각을 정리하는 것은 어렵지만, 전 이렇게 해보는 것이 흥미로운 접근방법이라고 생각해요.

치료자 만약 그 감각을 없애기 위해 그 어떤 노력을 하지 않아도 된다면, 그것이 당신의 삶에 어떤 차이를 만들까요?

치료자는 더 넓은 맥락으로 확장하기 위해 반응의 효과성에 관한 추가적인 평가를 유도한다.

내담자 그렇게 많이 피로하지는 않게 될 거 같아요. 하지만 고통스럽긴 할 거예요. 그렇지만 그것에 대해 어떤 것도 할 필요가 없다는 걸 알 것 같아요. 아시다시피 저는 애를 쓰고 또 애를 써왔어요. 제가 애를 쓸 필요가 없다면, 제가 자유로워질 수 있지 않을까요.

비슷하게, 공식적 실습 동안 문제 행동을 약화시키려면 5장에서 살펴본 바람직하지 않은 결과 전달, 차단 및 소거의 원칙을 따른다. 예를 들어, 한 내담자가 접촉하려는 심리적 경험이 고통스러워서 명상 연습에서 벗어나고 싶은 유혹을 느낀다면, 치료자는 내담자가 그 작업을 고수하도록 부드럽게 격려할 수 있다. 내담자가 갇혀 있다고 느낄 수 있는 상황에 그를 놓아두는 것을 피하기 위해, 치료자는 연습의 어려움을 인지하여야 한다. 예를 들면 관점취하기를 사용하거나(10장 참조), 내담자가 언제든지 멈출 수 있다고 느끼도록 자주 확인해야 한다. 다음의 대화에서 이러한 접근 방식을 살펴보자.

내담자 집에서 명상 연습을 해보았더니 오히려 제 강박사고를 더 생각나게 하더라고요. 그래서 명상연습 하는 것을 그만뒀습니다.

내담자는 강박사고를 일시적으로라도 없애려고 하는 강박 의식과 유사한 방식으로 괴로운 심리경험을 회피한다.

치료자 당신이 이러한 강박사고에 주목하는 것을 좋아하지 않는다는 점은 알고 있습니다. 그것이 즐거운 경험이 아니라는 점에는 충분히 이해합니다.

치료자는 내담자의 어려운 경험을 정상화한다.

내담자 네, 맞아요.

치료자 아시는 것처럼 이 연습은 당신을 고통스럽게 하기 위한 것이 아닙니다. 이 점을 당신이 알아주시면 좋겠습니다.

내담자 네 알고 있습니다. 단지 제게는 너무 힘들었을 뿐이에요.

치료자 네. 이해합니다. 이 연습의 요지를 이해하셨는지 확인해보았으면 합니다. 이 연습의 목적이 무엇이라고 생각하십니까?

내담자 기술을 실습하는 것과 비슷하지 않나요?

치료자 네 정확합니다. 우리의 경험을 관찰하는 능력을 훈련하는 것은, 어떤 것이 효과 있고 어떤 것이 효과 없는지 더 잘 알아차릴 수 있게 해줍니다.

이 상호대화에서, 치료자는 내담자가 보다 정확하게 추적하도록 돕기 위해 연습의 기능을 명확히 한다.

내담자 그건 이해해요. 하지만 관찰하기가 제게는 효과가 없는 것 같아요.

치료자 (친절하게 미소 지으며) 그것 역시 관찰입니다! 동의하시나요?

치료자는 내담자가 자신의 행동을 추적하는 것을 돕기 위해 관찰한 바를 공유한다.

내담자 아! 네, 그렇네요.

치료자 이러한 연습을 좋아하지 않는 점은 아무런 문제가 되지 않습니다. 사실, 저도 그리 좋아하진 않구요. 불쾌한 무언가를 관찰했을 때 당신이 더 이상 관찰을 지속하기를 원하지 않는 점을 충분히 이해할 수 있습니다.

치료자는 연습과 연관된 어려운 경험을 정상화한다.

저는 당신이 이 연습을 지속할지 안 할지 자유롭게 선택하셨으면 합니다.

치료자는 내담자가 자유롭게 그만둘 수 있다는 것을 확실히 한다.

하지만, 전 새로운 기술을 실습하는 것은 종종 어렵고 시간이 걸린다는 점도 잘 알고 있습니다. 헬스장에 가기로 결심한 사람들처럼. 처음에 헬스장에 가는 것은 고통스러울 것입니다. 하지만 그럼에도 불구하고 계속 헬스장에 간다면 그들은 어떤 결과를 보게 될 것입니다.

치료자는 다시 연습의 기능을 명료화 한다.

내담자 무슨 말인지 알겠어요. 거쳐야 할 단계 같은 것일까요?

치료자 아마 그런 것 같습니다. 아시다시피, 고통스러운 생각을 관찰하기란 언제나 유쾌하지 못한 경험입니다. 하지만 만약 이러한 생각에 어떤 반응이 가장 잘 작동하는지 알아차릴 수 있다면, 당신은 결국 명상이 유용하다는 것을 알게 될 지도 모릅니다.

치료자는 연습의 기능(관찰, 기술, 추적)과 연습과 관련되는 심리적 경험(예, 강박사고) 사이의 구별을 강조한다.

내담자 지금 당장은 명상이 효과가 없는 것 같아요.

치료자 네. 그렇다면 두 가지 옵션이 있습니다. 만약 당신이 명상이 도움 되지 않는다는 충분한 정보를 가지고 있다고 여기신다면 명상을 그만두기로 결정할 수 있습니다. 또 다른 옵션은 적어도 당분간은 명상을 계속하며 좀 더 관찰하는 것입니다. 결국 제가 원하는 것은 당신이 무엇이 자신에게 가장 최선인지 알 수 있도록 돕는 것이기에 저는 두 가지 옵션 모두에 대해 열려 있습니다. 저는 당신이 모든 옵션을 신중하게 고려하고 있는지 확인하기 위해 항상 당신을 조금씩 부드럽게 밀어줄 것입니다. 하지만 당신의 선택을 항상 지지할 것입니다.

이 대화의 마지막 부분에서 내담자는 여전히 명상이 도움 되지 않는다고 느낀다. 치료자는 이 관찰을 존중한다. 왜냐하면 내담자의 추적 기술을 강화할 수 있는 기회이기 때문이다. 명상을 그만두는 것이 회피 전략의 일부일 수 있는 위험도 있지만, 치료자는 내담자 스스로 결론을 도출할 수 있는 기회를 제공하는 쪽을 더 선호한다. 다른 공식적 연습과 비공식적인 상호대화는 다른 방식으로 회피를 줄이기 위해 사용될 것이며, 내담자가 명상을 다시 한 번 시도해보겠다고 한다면 명상 연습이 실제로 다시 제안될 수 있다.

효과적인 변화를 조형하는 마지막 주요 원칙은 기능적이며 상징적인 일반화를 이용하여 치료실에서 일어나고 있는 것과 치료실 밖 내담자의 삶을 연결하는 것이다. 이는 공식적 실습의 핵심 측면으로, 연습을 하는 동안 개선되는 점이 실제 상황으로 확장되어야 한다. 새롭고 효과적인 행동은 실제 상황에서 차이를 만들어 낼 수 있다. 치료자에게 있어서 난점은 내담자가 자신의 관찰에 기반하여 스스로 결론을 도출하도록 하면서 연습과 내담자의 상황 사이의 유사성을 알아차리도록 도와주어야 하는 부분이다. 두 상황 사이에 유사점을 그리는 것이 이 기법의 핵심이기에, 은유 사용에 관해 논의한 앞 장에서 이 과정을 다루었다. 주요 원칙은 두 상황의 유사성을 단순하고 잠재적으로 경직된 규칙으로 전환하는 맥락적 단서를 명시적으로 공식화하지 않고, 두 상황 사이를 오가는 것이다. 내담자가 양 편의 행동 순서를 상세하게 관찰할 수 있도록 돕고 양 상황의 어휘를 혼합함으로써, 내담자는 점진적으로 치료실 밖의 삶에서 따를 수 있는 규칙을 추출하게 된다. 이에 따라 점차 기능적이며 상징적인 일반화의 가능성이 높아진다. 우리는 이번 장을 마무리하는 삽화에서 이런 접근 방식을 보여 주려 한다.

<u>임상 예</u>

다음의 삽화는 외상의 과거력을 가지며 최근에 범불안 증상을 보이는 21세 여성이 등장한다. 이 상호 대화는 (이 장의 앞부분에서 제시된) '당신의 삶 위 검은 표시' 연습이 끝나는 부분에서 연이어 시작하며, 내담자 삶에 대한 연습 동안 일어난 일을 기능적, 상징적 일반화하는 것에 대부분 초점을 맞추고 있다.

치료자   지금 어떤가요?

치료자는 관찰과 기술을 유도한다.

내담자   기분이 좀 안 좋네요.
치료자   이 연습 동안 일어난 일에 화가 나시나요?

치료자는 추적을 유도한다.

내담자   네.
치료자   지금 당장 힘든 것은 무엇인가요?

치료자는 관찰과 기술을 유도한다.

내담자   제 삶이 제대로 돌아가게끔 하는데 매우 많은 노력을 들였는데 결국 모든 게 시
간 낭비인 것 같아서요.
치료자   당신은 검은색 표시들을 보면서 당신의 삶에서 시간을 낭비했다는 느낌이 들었
나요?

*치료자는 연습과 내담자의 삶에서 나온 요소들을 혼합하여 두 상황 사이의 대등성
을 확립하고 추적을 촉진한다.*

내담자   네.
치료자   (부드럽게) 이 검은 표시들에 관해 좀 더 말씀해 주시겠어요?

치료자는 연습에서의 어휘를 여전히 사용하면서 계속적인 관찰과 기술을 유도한다.

내담자   저는 일어날 수 있는 끔찍한 일들에 관해 끊임없이 생각하고 있어요. 저는 계속
달리고, 과도하게 활동적이고, 나쁜 일이 다시 일어나지 않도록 노력하고 있는
것 같아요.

치료자　검은색 표시로 당신의 인생을 채우고 있는 것 같나요?

치료자는 내담자의 기술을 연습에서 나온 어휘로 재공식화한다.

내담자　네...

치료자　빨간 표시들은 어떤가요? 아직 그곳에 있나요?

치료자는 연습의 어휘를 사용하여 관찰과 기술을 유도한다.

내담자　항상 거기 있어요. 그게 큰 문제예요. 저는 계속 제 인생을 검은 표시들로 뒤덮고 제가 볼 수 있는 것은 온통 빨간 표시들 뿐이에요.

치료자　그리고 이것이 당신을 기분 나쁘게 만듭니다. 그런가요? 당신은 계속 애를 쓰고 있고...

내담자　그리고 결국 전 시간만 낭비하고 있는 거지요.

치료자　정말 좌절스럽죠! 당신도 아시다시피 전 당신과 함께 있습니다. 빨간 표시들은 고통스럽지요. 왜 그 표시들을 없애고 싶지 않겠어요?

치료자는 고통스러운 경험과 도피하고 싶은 촉박감을 정상화한다.

내담자　제가 항상 원해왔던 것이지요.

치료자　(부드럽게) 자, 어떤 것을 할 수 있다고 생각하나요? 이번 연습이 당신에게 어떤 점을 말해 주고 있나요?

치료자는 반응의 효과성을 평가하고 새로운 기능적 규칙을 추출하도록 유도한다.

내담자　이제 그만 달려야 할 것 같아요. 한편으로는 안심은 되는데, 어떻게 하는 게 좋을까요? 나쁜 일이 다시 일어나게 내버려 둘 수만은 없어요.

치료자　아시다시피 여기서 우리가 하려고 애쓰고 있는 부분은 어떤 것이 당신에게 도움이 될지 찾아보려는 것입니다. 그리고 도움이 된다는 것은 효과 있는 것입니다. 그렇죠? 지금까지 당신은 검은 표시를 사용해 왔습니다. 왜냐하면 이것이 좀 더 이치에는 들어맞기 때문입니다. 그리고 저 역시 당신이 했던 것과 같은 일을 했을 것이라고 확신합니다. 우리 모두 자신이 보기에 이치에 맞는 것을 먼저 시도합니다.

치료자는 관점취하기(직시적 구성틀)를 통해 도망가고 싶은 촉박감을 정상화한다.

그러나 우리가 고려해보아야 할 또 다른 부분은, 검은 표시들이 당신의 삶에서 빨간 표시들이 생기는 것을 제거하거나 방지 할 수 있게 해주는지 여부입니다. 어떻게 생각하시나요?

여기서는 내담자가 약간 갇혀 있기 때문에 치료자가 보다 교육하는 방식을 사용하고 있지만, 이렇게 하는 것은 함께 작업하는 목적을 명확히 하기 위해서만 (특히 효과 있는 전략을 찾고 적용하기 위해) 사용되어야 한다.

내담자 제가 좀 더 효과 있는 무언가를 해야 한다는 점에는 동의합니다. 하지만 어떻게 해야 할지를 모르겠어요.

치료자 당신은 인생에서 검은 표시들이 초래한 시간 낭비에 대해 이야기했습니다. 만약 당신이 타임라인에 검은 표시들을 남기지 않았다면 무엇을 할 수 있었을까요? 만약 당신이 검은 표시를 내려놓는다면, 인생을 무엇으로 채울 수 있을까요?

치료자는 구별 구성틀을 사용하여 대안적 반응과 결과를 추적해보도록 유도한다.

내담자 잘 모르겠어요. 전 평생 동안 이렇게 해왔어요.

치료자 우리가 함께 그것을 탐구해본다면 어떨까요? 만약 검은 표시들이 아닌 당신의 삶에 만족감을 줄 수 있는 것들로 당신의 삶을 채울 수 있다면 어떨까요? 우리의 목표가 여기에 있지 않나요?

내담자의 회피 행동은 의미 있는 만족의 원천에서 자신을 멀어지게 했고, 내담자가 고통 받지 않는 것 외에 중요하게 생각하는 것을 알아차리기 어렵게 만들었다. 따라서, 치료자는 향후 회기에서 가장 중요한 목표와 행위의 속성에 관한 작업을 하기 위한 맥락을 설정하였다.

내담자　　네, 저도 그게 좋을 것 같아요.

이번 장에서 당신은 내담자가 체험기술을 향상시킬 수 있는 공식적 기법을 선택, 구축, 전달하는 방식을 배웠다. 기억해야 할 주요 원칙은 다음과 같다.

- 치료에서 공식적인 체험기법은 알아차림의 증진, 새로운 행위 확립, 기존 행위의 변화를 위해 사용된다. 매우 다양한 기법들(주의 훈련, 마음챙김 훈련, 기술훈련, 공식적 노출 연습 등)이 있지만, 이들이 활성화하는 과정은 크게 네 가지 영역으로 분류할 수 있다.
  - 주의 훈련.
  - 실험하기.
  - 유연성 및 맥락적 조절 확장하기.
  - 상징관계 확립 및 변경하기.
- 공식적 체험기법을 선택하기 위해서 다음 사항이 필요하다.
  - 사례 개념화 구축하기.
  - 심리경험의 맥락을 변경하고 내담자의 필요에 부합하는 방식으로 기능을 변형시킬 수 있는 기법을 선택하기.
- 공식적인 체험기법을 구축하기 위해서 다음 사항이 필요하다.
  - 당신이 표적으로 두고자 하는 기능과 행동변화를 만들기 위해 맥락을 변경시킬 수 있는 방법을 파악하기.
  - 공식적 기법에 의해 활성화된 과정(주의 훈련, 실험하기, 유연성 및 맥락적 조절 확장하기, 상징관계 확립 및 변경하기)을 기반으로 자신만의 도구를 구축하기.
- 공식적 체험기법을 전달하기 위해서 다음 사항이 필요하다.
  - 체험적 실습의 전반적인 목표를 설명하기와 내담자가 자신의 경험을 스스로 관찰하고 혼자서 결론을 도출하기 사이의 균형을 가지면서 지시를 제공하기.

• 효과적인 변화는 다음 사항에 의해 조형된다.

  ◦ 진전을 강화하고, 효과적인 행동을 자연적 결과와 연결하기.

  ◦ 문제 행동의 약화시키기.

  ◦ 기능적이고 상징적인 일반화를 통해 치료에서 경험한 것을 내담자의 삶과 연결하기.

10장

치료 관계 강화하기
Empowering the Therapeutic Relationship

이 장에서는 RFT 원리가 치료 관계에 적용되는 방식을 살펴보고자 한다. 치료자가 내담자의 행동 변화를 돕기 위해 내담자와 함께 하는 각각의 상호작용들은 치료 관계의 구성요소가 된다. 따라서 이전 장에서 다루어진 모든 기법은 치료 관계와 관련이 있다. 그러나 임상 중재를 전달하기 위한 강력한 맥락을 설정하려면 특별히 관심을 기울여야 할 특정 핵심 원칙이 있다. 우리는 이를 시행하는데 RFT가 상당히 유용한 지침을 제공한다고 믿는다. 먼저 내담자들에게 적용된 원칙들이 치료자 자신에게도 유용할 수 있는 방식을 살펴보고, 그다음 유용한 RFT 원리와 연관성을 유지 한 채 치료자 자신의 스타일에 맞는 자세를 확립하는 방식을 살펴볼 것이다.

치료자에게 RFT 원리 적용하기
APPLYING RFT PRINICIPLES TO THE THERAPIST

심리기능 측면에서 치료자와 내담자 사이에 근본적인 장벽은 없다. 심리적 어려움을 지닌 사람은 자신의 삶에서 효과적으로 기능하지 못하지만, 대부분의 경우 이런 손상을 이끄는 과정은 심리치료를 받지 않아도 되는 사람들의 삶에도 동일하게 관련된다. 치료자를 포함한 모든 사람이 상징과 비상징 학습 과정의 단점으로 인한 피해자일 수 있다. 즉, 문제 행동은 분명히 해로운 결과를 수반하는데도 불구하고 유지될 수 있고, 효과적인 행동은 장기적 이득에도 불구하고 차단될 수 있다. 내담자가 자신의 경험과 더 많이 접촉하고, 더 효과적인 행동을 취할 수 있도록 돕는 기법들은 치료자에게도 적용된다.

인식, 이해 및 유연성Awareness, Sense Making, and Flexibility

정확히 내담자와 일치하게, 치료자도 유용하지 않은 방식으로 언어의 일관성을 유지하려는 시도에 갇힐 수 있다. 전형적인 함정은 효과성 평가하기 및 관계적 유연성 유지하기를 무시한 채, 대문자 T의 진실Truth을 찾는 것이다(3장의 본질적 일관성 참조). 우리 모두는 자신의 행동이 '진실한True' 생각과 일치하기 때문에, 이 행동을 채택하는 것이 정당해 보이는 함정에 빠지게 된다. 그러나 그럼에도 불구하고 이런 행동은 지속적인 만족을 가져다주는 데 효과적이지 않다. 치료자의 경우 자신이 지향하는 임상 모델이나, 자신이 만든 내담자에 관한 공식화나 훈련받은 전통에 과도하게 집착하는 형태로 비기능적 일관성에 갇힐 수 있다. 물론 특정 모델이 지닌 관점에 따라 생각하는 것 유용하다. 왜냐하면 이는 치료 회기에서 수집한 정보를 조직화하는데 도움을 주고, 다음 치료적 시도를 위한 지침을 제공하기 때문이다. 이것이 바로 임상 과학이 중요한 이유 중 하나다. 그러나 하나의 모델 *내에서* 일관성 있는 작업을 수행하는 것과 효과적으로 이를 수행하는 것이 때론 어긋날 수 있다. 치료를 충실하게 전달했지만, 내담자는 호전이 아니라 악화되는 경우를 볼 수도 있다. 치료자가 치료를 효과적으로 수행하는 것보다 자신의 모델에 충실한 것에 더 신경을 쓴다면, 언어로 인해 내담자가 빠지는 똑같은 함정에 치료자도 빠져버리게 된다. 바로 이것이 임상과학이 중요한 또 다른 이유가 된다. 임상과학은 치료자가 언제 어떻게 치료를 적용하는 것이 효과적인지 알 수 있도록 안내하는 원칙을 제공할 수 있다. 삶 자체가 내담자에게 실용적이며 광범위하게 유연한 자세를 요구하듯이, 정확히 동일한 방식으로 치료자에게도 이런 자세를 요구한다.

5장에서 설명한 내담자의 맥락 민감성을 향상시키는 방법은 임상작업 그 자체에서도 동일하게 적용된다. 치료실에서 발생하는 행동 순서와 장단기 결과를 정밀하게 추적하면, 내담자가 진전을 이루는 데 도움이 되는 임상적 움직임과 비록 그 순간에는 '해야 할 정당한 것'이라 느껴지더라도 그렇지 않은 움직임을 구별하는 데 도움이 될 수 있다. 이것이 가능하려면 치료 시 순서에 주의를 기울이고 그 이유를 뒷받침할 과학적 문헌을 활용해야하지만, 또한 우리가 모델을 충분히 가볍게 쥐고 있어야 시간이 경과하면서 모델의 손해와 이득을 충분히 평가할 수 있다.

회기에서 내담자가 겪거나 보고하는 경험에서 어려운 감정, 생각, 감각이 유발될 때, 협소한 언어 과정도 효과적인 임상작업을 방해할 수 있다. 예를 들어, 내담자의 외상적 사건을 듣는 것은 치료자에게 극도의 스트레스가 될 수 있고, 심지어 회기가 끝난 후에도 치료자 개인 삶까지 따라올 수 있다. 그 고통을 제대로 관리하지 못하면, 언어가 가진 유도 능력은 고통을 잘못 다루어 치료자에게 일종의 이차 외상을 겪게 한다. 치료자의 관계 네트워크에 새로 추가된 고통스러운 이야기나 이미지로부터 벗어나려는 시도는 내담자의 움직임처럼 결국 실패할 수밖에 없다.

임상의의 개인 내력과 감정, 생각, 감각이 공명하는 경우 어려운 경험을 잘못 다룰 가능성이 특히 높아진다. 이는 '역전이'에 관한 우려처럼 오랫동안 강조되어 왔다. 따라서 내담자의 경험에 접근하는 것과 거의 유사한 방식으로 치료자의 어려운 심리경험에 접근하는 것이 유용하다. 이런 모든 심리경험은 우리 삶에 일어나는 사건들에 대한 일반적 반응이기 때문이다. 내담자의 말에 힘들어 하지 않으려 애쓰는 임상의는 심지어 무의식적으로 감정에 접근하지 않으려고 특정 주제를 회피하거나 대화로부터 자신을 단절시킬 수도 있다. 내담자 치료의 진전에 이러한 주제들을 꺼내고 다루는 것이 유용한 경우에, 치료자의 심리적 체험회피가 우선시 되면 치료 작업에 심각한 문제가 발생 할 수 있다.

치료자는 내담자 지닌 더 큰 개방성과 연결하는 과정을 통해 기능적 일관성을 되찾을 수 있는데, 이 과정은 개방성을 선동instigating, 모델링 및 지지하는 것이다. 임상의가 치료에서 어려운 반작용을 경험할 때, 이 과정을 실행할 기회이기도 하기에 반작용 자체가 크게 문제는 아니다. 치료자가 매우 직접적으로 이런 방식을 취하는 아래 대화를 살펴보자.

치료자 그것을 듣는 게 너무나 힘들군요. 듣고 있으니 제 일부가 그냥 도망가서 숨어 버리고 싶어 해요. 이 정도로 고통스럽군요.

내담자 이게 바로 제가 늘 살고 있는 세상이에요. 사실, 도망가고 숨고, 이것이 제가 지금껏 해온 거예요.

치료자 그러면 우리 어느 누구도 여기서는 그러지 않기로 하죠. 무엇을 해야 할지 잘 모른다고 해도 말이죠. 그리고 당신이 절 구해주기를 원하지 않아요. 대신 우리 둘 다에게 힘든 영역일지라도 함께 이 안으로 걸어 들어가 보죠.

물론 심리경험이 유독 강력할 때 효과적인 행위를 파악하여 이에 참여하는 것은 어려운 일이다. 끌림attraction, 분노, 두려움과 같은 주제들은 다루기 어렵다. 이것은 내담자나 치료자의 판단이 관련되어 있을 때 특히 더욱 그러하다. 치료자가 반응 유연성을 얻기 위해 영향력의 상징 원천이 가진 기능을 변경하거나 감소시키는 것과 같은 5장에 설명한 기법들을 적용하는 것이 도움될 수 있다. 예를 들어, 임상의가 '나는 치료자로서 실패하고 있어. 무슨 말을 해야 할지 모르겠어.'라는 생각을 가진다고 가정해 보자. 치료자는 이러한 상징 구성의 내재된 특성을 알아차리고, 상징기능의 일부를 약화시키거나 (즉, 효과적인 말을 해야 한다는 생각에서 물러나거나) 또는 파괴적 기능을 생성할 가능성을 변경하여 신속하게 현재 작업으로 복귀한다. 예를 들어, 임상의는 학령기 어린 아이의 목소리로 '나는 실패하고 있어요. 무슨 말을 해야 할지 모르겠어요'를 마음속으로 다시 말하고는, 그다음 내담자를 향해 주의를 재전환 한다. 이런 기법은 기능적 단서를 사용해 생각의 영향을 변화시키는 것이다. 유능해지기를 열망하지만 그렇지 못해 두려워하는 한 아이의 말을 스스로 자연스럽게 자비를 가지고 듣는다. 그리고 이런 생각은 내담자와의 회기를 가지는 이 순간 이전에도 아마도 수차례 발생하였을 것이다. 때때로 내담자가 경험하고 있는 과정의 반영으로 바로 그 내용을 사용하는 것도 효과적일 수 있다.

> **치료자** 제 마음이 제게 빨리 대답을 내놓지 않으면 치료자로서 당신을 실망시킬 거라고 말하네요. 하지만 이건 어려운 부분이네요. 쉽게 '대답'할 문제가 아니네요. 마찬가지로 당신도 거기에서 빠른 대답을 찾고자 하는 촉박감이 있나요?
>
> **내담자** 제 마음은 실제로 제게 그렇게 소리 질러요. '곧 답을 찾지 못하면, 너의 인생은 실패야'라고.
>
> **치료자** 우와. 제게 있어 '생각해 내. 그렇지 않으면...'이라는 촉박감은 꽤 오래 되었어요. 심지어 어린 아이였을 때도 저 안에 그런 목소리가 있었죠. 당신의 경우 그 생각은 얼마나 오래 되었나요?
>
> **내담자** 제가 다르게 느낄 수 있었던 때를 기억할 수 없어요. 늘 이상했고 혼란스러웠죠. 오래되었어요. 아주, 아주 오래 됐네요.

유연한 자기감 Flexible Sense of Self

치료자도 내담자와 마찬가지로 제한된 수의 심리경험을 경직되게 파악하고, 치료에서 자신이 행동할 수 있는 범위를 협소하게 하는 자신에 관한 개념화를 구축할 수 있다. 이런 종류의 '자기'에 강한 애착으로 인한 대표적 문제에는 _____치료자로서 자신의 정체성에 부합하는 치료적 시도만 행하는 경향을 포함한다. 위 빈칸은 행동적, 정신역동적, 인본주의적, 그리고 인지적 치료 접근법들로 채워질 수 있다. 차분한, 박학다식한, 친절한, 침착한 같은 특성으로도 채울 수 있으며, 훌륭한, 세계적 수준의, 형편없는, 무능한과 같은 긍정 혹은 부정적인 판단으로 채워질 수 있다.

이런 종류의 빈칸을 채우는 용어들은 드물지 않고 비정상적이지도 않다. 그러나 이러한 용어 중 어떤 것이라도 경직된 방식으로 받아들여지면, 비효율적인 치료 시도(예, 내담자를 치료할 능력이 있음에도 다른 치료자에게 의뢰하기, 너무 일찍 종결하기, 적절한 때에도 종결하지 않기 등)로 이어질 수 있다. 심지어 '나는 남성이다', '나는 백인이다', 또는 '나는 외상 과거력이 있다'와 같이 겉보기에 객관적인 정의들조차도, 이 상황에서 돌봄을 제공하는 것과 양립할 수 없어 보인다면 내담자와 치료적 상호작용 방식에 방해가 될 수 있다. 예를 들어, 실제로 세심한 주의와 경청으로 치유가 일어나는 새로운 공간이 열리고 있는데도, 자신이 백인 남성 치료자이기에 흑인 여성 내담자의 경험과 관계 맺는데 방해된다고 생각할 수도 있다. 반대로, 외상 이력이 있고 여전히 이로 인해 괴로워하는 치료자는 치료의 주제가 그러한 역사를 다루는 더 나은 방식이 될 때, 비슷한 어려움을 가진 내담자를 돕는데 자신이 방해된다고 생각할 수 있다. 우리는 이러한 자기-기술self-descriptions이 무시되어야 한다거나, 내담자를 돕는 방식이나 의뢰가 유용한지 등을 결정하려 해서는 안 된다고 주장하는 것이 아니다. 요점은 자신의 상징 네트워크 안에서 그저 편하고 습관적인 것이 아니라, 자신이 가진 주제를 다루어야 할 때 가장 잘 작동하는 것에 개방되어 있어야 하고 내담자에게 이로운 것에 초점을 맞추어야 한다는 것이다.

빈칸을 채우는 또 다른 형태는 작업 중 치료자를 과도한 책임감이나 절망감으로 이끄는 불균형적인 수행감unbalanced sense of agency이다. 한편으로 치료자는 내담자에게 일어나는 모든 일을 자신이 통제할 수 있다고 생각할 수 있으며, 따라서 진전이 없거나 상황이 악화될 때 스스로 자책할 수도 있다. 다른 한편으로 치료자는 자신이 어떻게 한다 해도 내담자의 조건이 나아질 것 같지 않다는 느낌을 가질 수 있다. 6장에서 다뤘듯이 이 두 가지 극단적인 입장은 사람과 환경 사이의 관계에서 일어나는 상호작용적인 특성을 포착하지 못하는 것이다. 치료자는 실제로 내담자가 변화하도록 도울 수 있는 여러 변수들을 바꿀 수는 있지만 동시에 관련된 모든 변수에 접근할 수 없기에, 자신의 수행감에 균형을 찾아야 한다.

내담자와 함께 하는 작업에서, 유용한 대안적 접근법은 안정성, 가변성과 균형 잡힌 책임감을 함께 고취하는 유연한 차원을 고려하는 것이다. 알아차림 기술을 연습하는 것은 심리경험이 다양하고 종종 일시적이라는 인식을 조성한다. 의식 자체에 내재된 관점-취하기 활동을 알아차리는 것은 시간과 상황을 가로질러 안정되게 유지되는 자기의 한 측면에 안전감을 창조하는데 도움이 된다. 자기가 모든 심리경험의 컨테이너인 계층 네트워크로 확장되면 겉으로 보기에 모순되는 경험에도 기능적 일관성이 나타날 수 있다.

마지막으로 맥락 변수가 자신의 행동에 미치는 영향을 알아차리고, 다시 그 행동이 맥락 변수에 미치는 영향을 알아차리는 것은 임상의가 가지게 되는 과도한 무망감이나 치료적 자기애narcissism 과잉을 예방하는 균형 잡힌 책임감을 조성하도록 도와준다.

의미와 동기Meaning and Motivation

치료자도 내담자와 마찬가지로 자신의 임상 작업에서 스스로에게 무엇이 중요한지에 관한 인식 부족으로 고통 받을 수 있다. 자신이 가고자 하는 전반적인 방향을 명확하게 알고 있을 때에도, 이러한 방향과 일치하는 행위를 파악하는데 여전히 어려움을 겪을 수 있다. 그리고 구체적 행위가 확인 되더라도, 이러한 행위에 실제로 참여하고자 하는 동기 부여에 어려움을 가질 수도 있다. 7장에서 RFT 원리가 내담자와 함께 했던 것처럼, 치료 작업에 있어서도 의미와 지속 가능한 동기를 조성하는데 도움이 될 수 있다.

치료자로서 당신에게 가장 중요한 목표는 무엇인가? 이러한 목표를 추구하기 위해 행위에 어떤 속성을 주입하길 원하는가? 대부분의 치료자들은 사람들의 삶을 개선하도록 돕고, 그것을 윤리적으로 행하기를 원한다고 가정하는 게 무난해 보인다. 그러나 이 가정이 항상 모든 치료자들에게 가장 강력한 동기 부여와 만족의 원천을 구성하지는 않는다. 예를 들어, 한 치료자는 양심적으로 윤리적 규칙을 엄수하는데, 이는 윤리적으로 규칙을 준수하는 것이 의미 그 자체이기 때문이 아니라 이를 준수하는 것이 자신에게 더 높은 기능(예, '전문성을 가진'과 같은 행위의 또 다른 자질)을 제공하기 때문이다. 하나의 행동은 그것의 상위 기능에 연결될 때만 의미 있기 때문에 이러한 구별이 중요하다. 따라서 치료자가 윤리 규칙을 따르기 위해 고통스러운 결정을 내려야 한다면, 전문성과 관계될 때 자신의 행위에서 여전히 만족감을 찾을 수 있을 것이다. 반대로, 윤리적으로 행동하는 것이 자신의 마음에서 자신이 중요하게 생각하는 행위의 속성과 명확하게 연결되어 있지 않다면, 그것은 만족의 원천이 아닌 당연히 해야 하는 것으로 받아들여 질 수 있다.

내담자의 동기가 단순히 부정적인 것(물러나기)만 중요하게 아니라, 긍정적인 것(다가가기)도 중요하듯이, 이는 치료자도 마찬가지이다. 매 순간 임상적 작업의 분주함 속에서 이런 종류의 동기는 상실될 수 있다. 이런 사실을 안다면 치료자는 작업에서 나타내길 원하는 자신의 행위의 긍정적 속성에 관해 각 회기 전에 신중하게 생각해 보도록 스스로를 격려할 수 있다.

따라서 임상작업이 의미 있는 경험이 될 가능성을 높이기 위해, 당신이 기여하길 바라는 *무엇*과 당신이 이를 *어떻게* 기여하길 원하는지에 관한 개인적 비전을 갖는 것이 유용하다. 그다음 당신은 자신의 가장 중요한 목표와 계층적으로 연결된 다양한 행위와 그 행위의 속성을 파악할 수 있다. 이것은 치료자가 치료 중 최선의 시도에 관해 상반되게 느낄 때 특히 유용하다고 증명된다. 예를 들어, 치료자는 내담자와의 관계를 해칠 수 있을지라도, 내담자의 삶을 개선하기 위해 취할 수 있는 행동 영역에 내담자의 임박한 자살 시도를 경찰에 신고하는 행동을 포함할 수 있다.

치료실 안에서 해야 하는 모든 어려운 시도(예, 고통스러운 감정에 노출)처럼, 이런 종류의 상황에서 치료자는 자신의 행위를 예상, 실행, 기억하면서 가장 중요한 목표와 행위의 속성에 연결하는 것이 필요하다. 7장에서 제시되었던 내담자에게 동기 부여를 조성하는 기법은 여기에서도 유사한 방식으로 적용되는데, 이 방식은 현재 맥락과 무관하게 행위에 강화 특성을 부여하는 증진 과정을 이용한다.

공식적 체험실습Formal Experiential Practice

최종적인 치료 작업은 목적과 연관된 일련의 행위와 기술이다. 마음챙김 연습, 노출 작업, 기술 실습 등 모두는 치료적 능력에 기여한다. 이전 장에서 다뤘던 것처럼, 이것은 주의 유연성을 고취하고, 실습을 조성하며 불필요하거나 불일치하는 규칙을 약화시키는 실험의 정신을 창조하고, 레퍼토리 유연성과 관련 맥락 통제를 넓히고, 상징 일반화를 통해 내담자와 치료 설정을 넘어 확장하는 방식으로 행해진다. 이 모든 것은 기술을 강력하게 하는 방법이며, 효과를 유지하기 위해서 규칙적인 실습이 필요하다.

치료 설정과 임상의 삶 사이에 명확한 구별선은 존재하지 않는다. 마음챙김에 기반한 대부분의 임상 접근법(예, 변증법적 행동치료, 마음챙김 기반 인지치료, 수용전념치료)이 치료자가 규칙적인 명상 훈련을 실천하도록 강하게 권장하는 것은 우연이 아니다. 내담자에게 제공되는 연습이 일반 과정을 표적으로 할 때 치료자도 이를 탐색해야 한다. 심리 개방성과 행동 유연성을 조성하면서 강박장애로 고통 받는 내담자에게 오염의 공포를 노출시키는 것은, 치료자가 심리 개방성과 행동 유연성을 조성하면서 스스로 혼란스럽고 무능하다 느끼는 영역으로 회기를 이끌어 가는 것과 근본적으로 다르지 않다. 따라서 사실상 이 책의 모든 내용은 각자의 방식으로 내담자와 치료자 모두에게 적용된다.

치료자가 자신의 작업에서 효과적인 상태를 유지하는데 필요한 공식적 연습의 양과 유형을 선험적으로 결정하는 것은 가능하지 않다. 격렬한 운동의 경우처럼 일부 사람들은 손쉽게 근육을 얻지만 그다지 유연하지 못한 반면, 일부는 그 반대이다. 개선하고자 하는 사항에 따라 다른 연습이 필요할 수 있다. 그러나 이 책에서 제안하는 조언은 '무엇'의 세부 사항보다는 '어떻게'와 '왜'라는 세부 사항에 보다 초점을 맞추고 있다. 내담자들을 위해 우리가 하는 작업과 우리 자신을 위해 스스로가 하는 작업 사이에 경계선은 없다.

유연한 치료 관계 만들기
BUILDING A FLEXIBLE THERAPEUTIC RELATIONSHIP

치료자가 스스로에게 RFT 원리를 적용하는 방식을 살펴본 후, 이제 기법으로 옮겨간다. 기법은 치료자가 이러한 원리를 임상중재에서 사용하는데 있어 가장 적합한 자세를 확립할 수 있도록 허용한다. 관계는 임상 변화의 표적이나 치료자의 자세로만 정의되는 것이 아니라, 임상 교류transactions 및 상호작용 그 자체를 포함한다.

효과성, 정상화 및 공통성에서 신뢰 찾기
Finding Trust in Effectiveness, Normalization, and Commonality

치료 관계는 신뢰와 친밀감이라는 일종의 안식처이다. 내담자가 치료자를 신뢰해야 자신의 삶에 무슨 일이 일어나고 있는지, 무엇을 느끼고 걱정하는지를 공유할 수 있고, 어려움에 다루기 위한 새로운 접근 방식을 함께 작업할 수 있다. 치료 관계에서 신뢰와 친밀감을 조성하기 위해 RFT 원리를 치료에 이용할 수 있다. 신뢰란 치료자가 믿을 만하며, 치료 체계의 규칙을 존중한다는 것을 의미한다. 친밀감은 이해와 공감이라는 감각을 통해 가치와 취약성을 공유하는 능력이 있음을 의미한다. 이런 식으로 정의된 신뢰와 친밀감은 모든 효과적인 심리치료의 공통되는 기반이 된다.

일부 접근법에서 치료자는 내담자의 눈에 정보의 원천으로서 신뢰할 수 있게 보여야만 한다. 이 책에서 제시된 접근법에서도 마찬가지로 사실이지만, 눈에 띄게 적은 범위이다.

RFT 관점에서 진실성credibility을 지나치게 강조하면 과도한 규칙을 제공하게 되고 경직된 규칙 따르기로 이어질 수 있다. 이는 단순한 규칙을 넘어서 유용한 영향력의 원천에 무감각해지는 결과를 초래할 수 있다. 치료자가 내담자에게 기능적 조언보다 지형적 조언을 한다면 이는 훨씬 더 큰 위험이 된다.

내담자와 과학적 정보를 공유하는 것은 도움이 되지만, 이러 종류의 조언을 할 때는 선례따르기 대신 응종으로 이어질 정도에 신중해 질 필요가 있다. 치료자가 설명하거나 직접적으로 권유한 새로운 전략을 사용해 내담자가 이로운 결과에 접촉하더라도, 내담자는 이 전략이 효과가 있기 때문이 아니라 자신이 치료자를 신뢰하기 때문에 이를 지속할 위험이 있다. *그렇지 않다고* 할지라도, 내담자가 자신의 경험을 관찰하고 행위의 효과를 평가하는 것을 통해 이를 배울 가능성이 상당히 떨어질 수 있다. 따라서 심지어 정확한 규칙이 제공될지라도 장기적으로 자신의 경험과 연결되어 규칙을 생성하는 능력을 조형하는 것보다 때론 장기적인 유용성이 낮을 수 있다.

치료자가 직접 제공한 규칙은 다음과 같은 경우에 도움이 될 수 있다. 합리적 지침이 되는 경험의 능력을 과학이 능가하여 *매우* 장기적인 효과를 보여 주는 경우(예, 아침 식사가 건강에 이롭다는 경험을 하기까지 수십 년이 걸릴 수 있음), 전략이 장기 효과와는 다른 단기 또는 중기 효과를 가지는 경우, 하나의 전략이 잘 작동하지만 장기적으로는 다른 전략의 효과가 더 좋은 경우에 그러하다. 그러나 합리적인 시간 내에 결과를 감지할 수 있는 좀 더 전형적인 상황에서는 보다 체험적 방식으로 인식과 이해하기를 조형하면(5장을 보라), 그 사람 스스로가 정확한 규칙을 만들기에 충분할 것이다. 이러한 세부 사항은 연구를 통해 해결해야 하겠지만, 기본 모드default mode로서 무엇을 해야 하는지 아는 전문가보다, 관찰 기술을 훈련하는 전문가로 자신을 제시하는 것이 치료자로서 보다 안전하다.

이 책에서 제시된 체험적 접근에서, 한 여성 내담자가 '해야 하는 행동'이라 생각해 행동에 참여하는 것처럼 보일 때, 치료자는 그녀를 규칙 외부의 자연적 결과로 다시 지향하게 한다. 내담자가 자신이 *해야만 should* 할 결정에 대해 궁금해 할 때마다("제가 X를 해야만 한다고 생각하시나요? "제가 X를 해야 하는 건가요?"), 치료자는 내담자가 자신의 선택이 가질 효과성을 평가하고 자신이 선택을 하도록 격려할 수 있다. 그리고 내담자가 진전을 보일 때마다 치료자는 내담자가 이를 알아차릴 수 있도록 도와주고, 진전을 유지할 수 있는 자연적 결과를 향해 지향하도록 하는 임의적인 칭찬을 피한다. 이전 장들에서 보았던 다수의 짧은 대화에 이러한 원칙이 포함되어 있다(5장의 '응종보다 선례 따르기를 강화' 단락을 참고하라). 아래 대화에서 이를 다시 살펴보자.

치료자 그래서, 당신이 계획했던 대로 데이트에 나갔나요?

내담자 네! 긴장됐었어요. 아시잖아요. 어려웠어요. 하지만 저는 나갔죠. 오늘 여기 와서 실패했다고 말하고 싶지 않았거든요.

치료자 힘들었을 거라고 생각이 드네요. 지난주에 상당히 무섭다고 말했던 것을 기억해요. 그런데도 당신은 데이트에 나갔어요. 긴장됐는데도 그곳에 간 기분이 어땠나요?

내담자가 응종의 신호를 보이지만 치료자는 내담자의 반응 중 이 부분을 무시하고, 대신 그녀의 행위의 자연스러운 결과로 방향을 바꾸기로 한다.

내담자　저 자신이 자랑스러웠어요.

치료자　그래요? 그 말을 할 때 행복해 보이네요.

치료자는 칭찬은 하지 않지만, 내담자의 주의를 자연스런 결과로 향하게 한다.

내담자　네. 얼마 전까지만 해도 제게 완전히 불가능해 보였던 일을 해내서 기뻐요.

치료자　정말 기분 좋을 거예요. 그렇죠?

여기서 다시 치료자는 칭찬하지 않고 자연스런 결과를 관찰하도록 유도한다.

내담자　네!

치료자　어려운 무언가를 해냈다는 것 외에도, 데이트에 나간 것이 다른 종류의 만족도 가져왔나요?

치료자는 내담자가 자연적 결과를 더 탐색하도록 격려한다.

내담자　정말 멋진 저녁이었어요. 네.

치료자　그러면, 당신의 불안에 너무 많이 귀 기울이지 않은 것이 결국에는 당신에게 좋은 일이었다고 말하는 걸까요?

치료자는 내담자가 자신의 행위의 효과성을 평가하도록 격려한다.

내담자　네. 물론이에요.

　치료자가 자연스러운 대화 과정으로 체험 기술을 모델링할 때, 치료 관계에 의해 내담자의 체험기술도 향상될 수 있다. 자신의 개인적 경험을 공개하고 내담자가 볼 수 있게 효과적인 행위에 참여하는 것은 내담자가 치료자로부터 체험적인 방식으로 배울 수 있는 기회를 제공한다. 이런 방식은 내담자에게 무엇을 하라고 지시하면 일어날 수 있는 단순한 선형적 규칙에 기반한 학습보다 더 유연할 가능성이 있다. 치료자의 개인적 경험 표현하기와 동시에 그 경험이 가져오는 고통과 어려움은 내담자의 고통스러운 감정, 감각, 생각을 정상화할 수 있게 해준다. 만약 치료자가 불안, 슬픔, 어려운 생각을 가지고 있다면, 아마도 내담자는 만족스러운 삶을 살기 위해 이러한 경험과 싸울 필요가 없을 것이다. 다음 대화에서 이러한 기법들을 살펴보자.

치료자 당신에게 무슨 일이 일어났는지에 관해 좀 더 말씀해주시겠어요?

내담자 그것에 대해서 이야기하고 싶지 않아요. 그것은 제 인생에서 아주 끔찍한 순간이었고, 생각할 때마다 매우 속상해요.

치료자 네. 우리 삶의 고통스러운 경험에 관해 이야기 하는 것은 종종 매우 속상합니다. 당신은 아나요, 실제로 당신에게 이것을 물어보는 것이 저 역시도 당황스럽다는 것을. 제가 겪은 일은 아니지만 당신에게 일어났다는 것을 들으니 슬프네요.

치료자는 자신의 심리경험을 드러내 내담자의 느낌을 정상화한다.

내담자 네. 제가 제 인생의 그 부분에 관해 말할 때 사람들이 매우 속상해 한다는 것을 그들의 눈을 보면 알 수 있어요. 사람들은 저를 안심시키려 하지만, 저는 그들이 그것에 관해 듣지 않는 것을 더 좋아한다는 걸 알아요. 그들을 비난하는 게 아니에요. 저라도 그랬을 거예요.

치료자 우리 모두 고통스러운 느낌을 피하고 싶은 촉박감을 가지죠. 우리 둘 다 차라리 당신 삶의 그 부분에 대해서 이야기 하지 않는 게 낫다고 느낍니다. 제가 이 질문을 당신에게 하기 직전에, 이미 내 위장에 약간의 긴장감을 느낄 수 있었어요. 그래서 전 '음, 어쩌면 이것에 관해 그녀에게 물어보지 말아야 해, 매우 고통스러울 거야'라고 생각이 들었어요. 저는 자신의 삶에서 매우 힘든 일들을 겪은 많은 내담자들을 보아왔어요. 힘들다고 느껴질 때마다, 저도 이것을 물어보면 안된다는 똑같은 생각이 듭니다. 그렇지만 과거에 제가 물어 볼 때 내담자들이 호전되는 것을 보았기에 여전히 물어 보게 됩니다.

치료자는 고통스러운 느낌을 회피하고 싶은 촉박감을 공개한다. 그리고 이런 촉박 감에 반응하지 않을 때 따르는 효과성을 강조하고, 회피하고 싶은 촉박감을 접촉하

면서 반응 유연성을 모델링 한다.

내담자 전 그저 산산조각 난 것 같아요. 만신창이죠. 제겐 너무 힘들어요.

치료자 아, 그저 감정적으로만 힘든 게 아니겠죠. 이런 기억이 당신을 스스로 분류하게 하고 매우 엄격하게 판단하도록 끌어당기죠. 이럴 때 무엇을 해야만 한다고 느끼나요?

치료자는 감정이 판단으로 확산되는 것에 주목하고 정상화한다. 그리고 내담자에게 그 확산의 결과를 검토하도록 요청한다.

내담자 포기하고 싶어져요

치료자 저 또한 그래요. 그걸 알아차린 채, 내담자와 함께 앉아 있는 게 때론 힘듭니다. 그들이 고통 받으면, 저의 마음은 제가 형편없는 치료자라고 말하기 시작하죠. 그래서 우린 여기에서 어떤 면에서 함께 있습니다. 어쩌면 그것이 실제로 우리에게 도움이 될 수 있습니다.

치료자는 평행 과정을 공유하고 이러한 경험을 사용하여 더 큰 효과성을 조성하는 방식을 모델링한다.

치료 관계에서 신뢰와 친밀감을 고취하는 다른 요소는 내담자가 이해받고 있다는 느낌을 갖도록 보증하는 것이다. 치료자는 자신을 내담자의 경험에 선험적 전문가라 생각할 수 없다. 오히려 중요한 것은 내담자가 경험에 관해 소통하는 것에 주의를 기울이고, 좋은 관점취하기와 공감 기술을 보여 주는 방식으로 치료자가 이해한 내용을 되돌려 반영해 주는 것이다. 치료 작업의 이런 측면은 대부분의 임상 접근법에 일반적이다. 그렇지만 이는 *수인*validation 기술 군의 일부로 변증법 행동 치료(Linehan, 1993; Koerner, 2011), 비폭력적 의사소통(Rosenberg, 2003) 그리고 인본주의적 치료에서 광범위하게 공식화되어 왔다. 지금 현재 단락의 목적에 비추어 강조할 주요 원칙은 내담자의 심리경험에 주의를 기울이는 것(예를 들어 명시적으로 진술을 통하거나, 암묵적으로 얼굴 표정, 목소리 톤 또는 자세 등을 통해 표현함)이며, 내담자가 이러한 경험이 중요한 문제로 인식되고 있다는 것을 알게 하는 것이다.

내담자와 치료자는 하나의 사회 시스템을 구축한다. 치료자가 경험을 알아차릴 때,

이는 또한 내담자도 이러한 경험을 알아차리도록 돕는다. 치료자가 이러한 경험들을 개방성과 호기심으로 다룰 때, 내담자도 주의를 기울일 가치가 있는 현재 및 과거의 사건에 대한 자연스러운 반응으로 경험을 구성할 가능성이 더 높아진다. 치료자의 이런 자세는 이 경험을 통제하고 억제하려는 내담자의 비효율적인 시도를 줄이고, 내담자가 더 유용한 행동들에 초점을 맞추도록 돕는다. 다음 대화에서 이러한 기법들을 살펴보자.

> **내담자** 제가 그걸 할 수 있을지 잘 모르겠어요(*치료자를 쳐다보지 않고 양손을 서로 비빈다*).
>
> **치료자** 걱정스러워 보이네요. 그런가요?

치료자는 내담자의 감정을 알아차렸다는 것을 그녀에게 전달하지만, 또한 자신의 해석을 강요할 위험을 제한하기 위해 확인도 요청한다.

> **내담자** 네. 제 생각에, 좀 소름끼치네요. 이건 대단한 시도죠.
>
> **치료자** 이해할 수 있어요. 이건 정말 대단한 시도죠. 뭔가 처음 시도 한다는 건 종종 무서운 일이에요.

치료자는 이런 경험에 관여하는 맥락적 변수들을 강조하며, 내담자가 겪고 있는 일이 다른 사람에게도 일반적인 것이라고 언급하는 것으로 내담자의 느낌을 정상화한다.

유연한 타인감 구축하기 Building a Flexible Sense of Other

6장에서 보듯이 자신을 심리경험과 동일시하는 것(예, 나는 걱정한다 -> 나는 걱정 많은 사람이다)은 자기개념을 좁은 정의에 가둬 버리기에 많은 문제를 야기하게 된다. 만약 어느 사람이 타인이 겪고 있는 경험(혹은 이러한 경험의 해석)과 타인을 동일시한다면, 사회적 상호작용에서 유사한 개념화 과정이 일어날 수 있다. 우리가 다양한 경험을 반영하지 않는 제한된 수의 개념으로 스스로를 정의하는 경향이 있는 것처럼, 다른 사람들에게도 그들의 존재, 행동, 그리고 느낌의 작은 부분만을 포착하는 명칭을 종종 붙인다. 특정 특징이나 행동패턴에 따라 사람을 분류하는 것은 약간의 유용성을 가질 수 있지만, 낙인의 위험을 증가시킨다. 예를 들어, 만약 당신이 어떤 여성을 처음 만났는데 그녀가 그다지 말을 많이 하지 않으면, 당신은 그녀가 거리를 두는 사람이라고 생각할 수 있다. 그녀가 거리를 두는 사람이라고 생각해서 향후에 이 명칭에 따라 당신도 그녀에게 행동할 수 있다(예, 똑같이 거리를 두는 식으로). 그러나 사실 당신이 그녀를 처음 만났을 때 그녀는 단순히 피곤했을 수도 있다. 그녀를 모르는 사람에게 당신이 가진 그녀의 첫 인상을 이야기한다면, 그 사람은 거리를 두는 그녀의 모습을 본 적도 없음에도 이 명칭에 따라서 행동할 수도 있다. 언어가 만들어내고 문화에서 전파된 모든 범주들은 타인에 대한 우리의 지각을 협소하게 만들고, 우리가 사용한 명칭이 다른 사람을 비하하는 내용이었다면 편견으로까지 이어질 수 있다.

관계는 사회적 속성을 띠기에 치료 관계도 이 과정에서 예외일 수 없다. 치료자도 다른 사람들처럼 문화적 범주에 영향을 받을 뿐만 아니라 종종 내담자를 장애나 성격이란 범주로 분류시켜 버리기도 한다. 이로 인해 협소한 명칭이 부착된 렌즈를 통해 내담자를 바라보게 될 위험성이 높아진다. 회기 중에 성격장애 속성을 관찰하기도 전에, 내담자가 성격 장애 명칭의 속성을 '보유'한다고 결론 내려버릴 수 있다. 명칭이 가지는 인지 효용성이 치료자의 관찰에 대한 맥락 민감성을 쉽게 압도할 수 있기에, 가설이나 기대와 모순되는 유용한 정보를 알아차리는 치료자의 능력을 감소시킨다. 우리 문화에는 심리적 어려움을 겪는 사람들에 대한 낙인이 너무나도 만연해, 치료자의 돌보는 관계를 조성하는 능력마저도 저해할 수 있다. 이것은 내담자를 낙인화하는 것이 치료자 소진과 연결되는 한 가지 이유가 된다(Hayes et al., 2004).

다행스럽게 유연한 '타인감'을 조성하는데도, 내담자에게 유연한 자기감을 구축하는 데 도움 되는 RFT 원리를 활용할 수 있다. 첫째, 내담자가 가진 경험의 흐름을 알아차리는 것은 그를 한 개인으로 보는 데 도움이 되고, 앞에서 보았던 것처럼 공감을 느끼고 표현하는 것을 조성한다. 내담자의 경험을 알아차리는 것은 우리가 우리 자신의 경험을 알아차리는 것과 같은 방식으로, 즉 순간순간 또는 다른 맥락에서 정확하게 관찰함으로써 달성될 수 있다. 우리는 다른 사람의 사적 경험에 접근할 수 없으므로, 그들의 관점을 채택하거나 그들이 어떻게 느끼고 무엇을 생각하는지 묻는 것이 유용하다. 다음 대화에서 이 기법들을 살펴보자.

내담자 (어떤 감정도 표현하지 않으면서) 이번 주에는 일이 뜻대로 되지 않았어요. 금요일 밤에 남편과 외출할 예정이었는데 취소해야만 했어요. 그리고 그다음에 친구들을 토요일 저녁 식사에 초대했는데, 생각했던 만큼 재밌지도 않았어요.

치료자 상당히 실망했겠군요.

내담자 네.

치료자 그 일이 제게 일어난다면, 전 슬플 거예요. 당신은 어떤가요?

치료자는 내담자의 관점을 채택하고 내담자 스스로가 관찰한 것을 질문한다.

내담자   (눈살을 찌푸리며) 음, 아니요. 슬프지 않아요.

치료자   방금 무엇이 떠올랐나요? 전 당신이 눈살을 찌푸리는 것을 알아차렸어요. 제가 말한 것 중에 당신을 당황하게 한 것이 있었나요?

내담자는 슬픈 느낌을 부인하며, 치료자의 질문 직후에 다른 감정을 표현하는 것처럼 보인다. 그래서 치료자는 그 순간 내담자가 어떻게 느꼈는지 다시 요청한다.

내담자   네... 전 슬프고 싶지 않아요. 전 일이 자꾸 꼬이는 것을 좋아하지 않아요. 전 그냥 잘 진행되었으면 해요.

이 대화록에서 내담자가 치료자의 가정을 직접 승인하지 않았음에 주목하는 것이 흥미롭다. 슬픔 느끼기를 부정하는 것은 감정 경험을 회피하는 방식일 가능성이 있다. 그러나 우리는 비슷한 사건들에 대해 항상 같은 방식으로 반응하지 않으며, 아마도 내담자는 이 순간에 슬픔을 느끼지 않았다. 따라서 승인을 요청하고, 놀라게 되는 경우라도 내담자의 관찰에 열린 자세를 유지하는 것이 중요하다.

유연한 타인감을 개발하는데 기여하는 두 번째 원칙은 자신의 심리경험을 바라보는 내담자의 관점취하기를 알아차리는 것으로 구성된다. 이런 사적 활동에 직접적으로 접근하는 것은 불가능하지만, 체험연습은 타인에 대한 관점취하기 감각을 향상시키는데 도움을 줄 수 있다. 예를 들어 회기에서 단지 내담자를 알아차리는 것뿐만 아니라, 내담자가 당신을 알아차리는 것을 또한 적극적으로 알아차리는 것이 도움이 될 수 있다. 혹은 더 깊은 수준에서 내담자가 당신이 내담자를 알아차리는 것을 알아차리는 것도 마찬가지이다(이런 식으로 계속). 이것은 관점취하기가 상호적이고 반영적이며 애초에 어떻게 그리고 왜 확립되었는지를 보여 준다. 내담자의 의식을 의식하는 것이 고양되는 상호연결 감각을 확립한다. 사람들은 보여지기를 원하고, 그들은 안에서 밖으로 보여지기를 원한다. 우리는 내담자의 모든 역사를 알 수는 없지만, 그들의 인식과 우리 자신의 인식과 상호 연결성을 볼 수 있다. 이것이 치료 작업의 내용을 다루는 강력한 기반이 된다.

이러한 상호 연결된 관점취하기 감각은 어려운 주제에 관한 의식적 맥락으로서 타인이라는 개념화에 통합될 수 있다. 이는 우리가 6장에서 맥락적 자기감으로 말했던 계층적 구성틀을 정확히 사용한다. 이러한 관점에서 치료자와 내담자 모두는 자신을 자신의 심리경험과 동등하다고 여기기보다 심리경험의 컨테이너로 인식한다. 이런 접근법은 자신을 타인이 경험하는 다양한 행동과 느낌에 개방하도록 도와주며 동시에 안정적이고 연속적인 타인감을 조성한다. 관계의 수준에서, '의식의 컨테이너'로서 자기와 '의식의 컨테이너'로서 타인으로부터 일어나는 상호작용은 특정 정의, 행동, 느낌을 넘어 치료자와 내담자 사이의 공통성의 감각을 증가시킨다. 치료자는 계층적 구성틀에 기반한 은유적 문장으로 이 관계를 언급하면서 치료실에서 그런 맥락을 조성할 수 있다. 아래의 대화에서 이 기법들을 살펴보자.

> **내담자** 당신이 절 이해하실 수 있는지 모르겠어요. 이게 어떤 느낌인지 아시려면 당신이 직접 경험해봐야만 하는 일이라고 생각해요.
>
> **치료자** 당신 말이 맞겠다고 생각이 드네요. 당신이 이러한 경험을 가지는have 것이 어떤 것인지 저는 결코 알 수 없을 거예요. 이게 저에게 어떤 것과 같은지 상상해 볼 수 있지만 당신 입장이 될 수는 없죠. 같은 어려움을 겪는다고 해도 저는 여전히 저 자신의 경험을 가지고 있을 뿐, 이는 당신의 경험과 정확히 똑같을 순 없겠죠.

치료자는 내담자가 심리경험과 (자신을) 동일시하는 걸 약화하기 위해, 그들이 가진 사물things로서 심리적 경험을 이야기한다(맥락적 자기감을 구축하기 위한 계층적 구성틀).

> **내담자** 네... 이것 때문에 제가 다른 사람과 단절되었다고 느껴요. 심지어 제가 사랑하는 사람조차도요. 그들은 전혀 절 이해하지 못해요.
>
> **치료자** 우리가 이런 경험을 위에서 내려볼 때 (손으로 바닥 바로 위에 가상의 원을 그리면서), 사람 따라 아주 차이가 많은 것처럼 느껴집니다. 그들이 느끼는 방식, 그들이 하는 방식, 그들의 역사. 그래서 이것이 다른 사람들과 가깝게 느끼는 걸 어렵게 만들 수 있죠.

치료자는 제스처와 은유적 언급을 사용해 그 관계를 정점에, 그들의 경험을 기저에 두는 계층적 네트워크를 확립한다.

> **내담자** 네. 제 주변에 벽이 있는 것처럼 느껴져요.

치료자 네.... 우리가 이런 경험을 통해서 서로를 본다면, 때때로 연결되었다고 느끼기 어려울 수 있어요 (*지금 그들의 눈높이에 원을 그리면서*). 그러나 만약 우리가 이 높이에서 서로를 바라본다면 (*훨씬 더 낮은 높이에서 원을 그리며 치료자 머리를 위로 올리면서, 치료자가 내담자를 더 높은 곳에서 바라보는 방법을 보여주려 한다*), 우리의 모든 경험이 거기에 있고 (*그들의 눈보다 훨씬 아래에 원을 가리키며*) 그리고 우리는 다른 방식으로 연결되죠. 어떻게 생각하세요?

치료자는 제스처와 은유적 언급을 통해 계층적 구성틀을 지속하며, 그들의 경험의 맥락으로서 관계를 개념화한다.

내담자 확실히, 이 모든 것들을 한쪽으로 치워 놓는 게 좋을 것 같아요. 저는 그것들을 지우고 다른 사람들처럼 될 수 있으면 좋겠어요.

치료자 네. 우리의 모든 차이점들이 지워진다면, 정확히 비슷해질 것이에요. 아무것도 지우지 않고도 여기에 함께 있을 방법이 있을 거예요. 당신과 저, 우리는 이런 경험들을 위에서 바라볼 수 있어요 (*그들의 눈 아래에 있는 원을 다시 가리키며*). 그 곳에서 이 연결을 발견할 수 있을 거예요.

치료자는 그들의 경험의 맥락으로서 그들 관계에 접근하는 것이 그들 사이의 연결을 개선할 수 있다고 강조한다.

이 요점을 증폭하는데 사용할 수 있는 비언어적 과정은, 공유된 관점을 위한 은유로서 당신의 의자를 옮겨 내담자 바로 옆에 앉는 것이다. 이런 접근 방식에서 위의 대화는 바닥에 있는 물건과 같은 이질적인 내용으로 시작할 수 있지만, 의자를 내담자 옆에 앉힌 후 초점은 해당 내용을 함께 보려는 공통의 서약으로 이동하여 하나의 관점으로 부터 내용에 관한 의식을 각자 공유할 수 있다. 마치 두 사람이 함께 앉아 세상을 바라보는 것과 같은 관점으로 말이다.

마지막으로 우리 모두 과거 및 현재 맥락을 공유한다는 상호작용적 관계성을 고려한다면, 치료자는 내담자가 어떤 일을 겪고 있더라도 내담자가 온전히 책임이 있지도 절망적이지도 않다는 것을 이해하는데 도움이 될 수 있다(6장 참조). 이는 비난받을 행위를 했거나, 치료자를 불쾌하게 만드는 식으로 행동을 하는 내담자를 치료할 때 특히 유용하다. 이런 경우, 치료자는 내담자가 과거처럼 행동하고 현재의 자신이 되도록 이끈 사건들의 사슬 같은 맥락적 변수들의 영향을 알아차린다. 치료자는 심지어 자신의 내담자의 관점을 취할 수도 있고, 같은 역사를 가졌다면 자신도 내담자와 결국 같은 상황에 도착했을 수도 있음을 깨달을 수 있다. 이런 과정에 개인적으로 참여하는 것은 치료실에서 치료자의 반응을 바꾸는데(예, 더 많은 관심과 공감 표현하기) 도움이 된다. 내담자가 자신이 수치스러워 하는 경험을 공유할 때 판단 받는다고 느낄 위험을 줄이기 위한 방법으로, 내담자에게 이 과정을 의사소통하는 것까지도 가능하다. 아래의 대화에서 이 기법들을 살펴보자.

> *내담자*   지난주에 또 술을 마셨어요. 그리고 늘 그런 것처럼 정신을 잃었죠..... 선생님은 절 완전한 실패자라고 생각하시겠죠.
>
> *치료자*   당신은 정말로 실망한 것 같군요.
>
> *내담자*   네. 저도 제가 왜 자꾸 이러는지 모르겠어요. 전 바뀌겠다고 말하지만 했던 걸 또 하죠. 선생님은 틀림없이 저와 함께 시간을 낭비하고 있다고 생각하실 거예요
>
> *치료자*   제가 같은 상황에 있었다면, 제 말은, 술 마시고 싶은 강한 촉박감을 가지고 있다면, 저 또한 금주하겠다는 제 약속을 지키기가 매우 힘들 거예요.

치료자는 내담자의 행동에 맥락 변수가 미치는 영향을 강조하기위해 내담자의 관점을 채택한다.

> *내담자*   그렇게 생각하세요? 선생님은 뭔가 하시겠다고 말씀하시면 그것을 하시잖아요. 저는 항상 선생님을 믿을 수 있어요. 하지만 저는요? 전 가장 믿을 수 없는 사람이에요.
>
> *치료자*   제가 신뢰할 수 있는 사람이라고 말해줘서 고마워요. 그리고 제 내면에서 이것을 강화시켰던 역사가 있었다는 게 운이 좋다고 생각해요. 강한 촉박감에 직면하여 그것을 강력하게 하는 것은 훨씬 더 힘들죠.

치료자는 자신의 행동에 맥락적 변수가 미치는 영향을 강조한다.

내담자와 그의 역사적 및 현재 맥락 사이의 상호작용을 강조하는 것은, 특히 극복할 수 없는 것처럼 보이는 변수(예, 비효과적인 행동을 강화하는 사회적 환경이나 제한된 재정 지원)로 인해, 치료자가 내담자의 변화할 수 있는 능력을 의심하는 자신을 발견한

경우에도 유용하다. 이런 경우, 비록 이 지점에서 여전히 제한적일지라도, 치료자는 주의를 내담자의 행동의 효과적인 영향으로 가져가야만 한다. 여기서 또다시, 치료자는 치료실에서 내담자의 반응을 변경하기 위해 은밀히 이 과정에 참여할 수 있지만, 이를 내담자에게 전달할 수도 있다. 다음 대화에서 이 기법을 살펴보자. 다음 대화는 바로 이전의 대화에서 이어진다.

내담자   그러니까 제가 선생님과 같은 역사를 가지고 있지 않으니까 전 결코 믿을 수 있는 사람이 되지 못할 거라고 생각해요.

치료자   글쎄요. 당신의 역사는 이미 벌어진 일이라 바꿀 수 없어요. 하지만 바로 지금 당신의 삶에서 무슨 일이 일어나고 있나요?

치료자는 내담자의 행동으로 영향 받는 변수를 내담자가 관찰하도록 안내 한다.

내담자   바로 지금 저는 신뢰할 수 없어요.

치료자   그렇군요. 무엇이 당신을 신뢰할 수 있도록 변화시킬 수 있을까요?

치료자는 영향을 미치는 행동들을 파악하기 위해 추적을 유도한다.

내담자   모르겠어요. 매주 저는 매주 주말엔 술을 마시지 않겠다고 맹세해요. 하지만 항상 술을 마셔 버리죠.

치료자   과거에 당신에게 효과가 있었던 것은 무엇이죠? 예를 들어, 매주 여기 오기 위해 당신은 무엇을 하시죠? 당신은 이제까지 한 번도 회기에 빠진 적이 없어요.

치료자는 내담자가 자신의 현재 행동의 영향을 알아차릴 수 있도록 추적을 유도한다.

내담자   저는 상황이 바뀌길 원하기에 선생님과 어떤 회기도 놓치지 않아요. 제 삶을 바꾸길 원해요.

치료자   그걸 바라면서 매주 여기에 오려고 노력하는군요. 그것이 당신에게 어렵다고 과거에 말한 적이 있었음에도 말이죠. 그렇죠?

치료자는 관찰을 공유하여 추적하기를 개선한다.

내담자	네.
치료자	지금까지 어떤 효과가 있나요?

치료자는 행동의 영향에 초점을 맞추면서 좀 더 추적을 유도한다.

내담자	글쎄요. 아직 제가 많이 변하진 않았어요. 하지만 어느 정도 진전은 있었죠.
치료자	그러니까 이 부분이 당신이 지키고자 하는 약속을 지킨 것이고 그것이 당신이 나아지게 하는데 돕고 있는 거죠?

치료자는 내담자의 행동이 가진 효과성을 강조하기 위해 재공식화한다.

내담자	네.
치료자	음주에 대해서도 같은 식으로 행동할 방법을 함께 알아보는 건 어떨까요?
내담자	좋을 것 같아요.

의미 있는 긍정적 관계 조성하고 유지하기
Fostering and Sustaining a Meaningful, Positive Relationship

어려운 치료 과정에 참여하기 위해서, 치료자와 내담자 모두는 협력의 목적을 명확히 하고, 그들의 상호작용에 이 목적을 주입할 필요가 있다. 많은 임상 접근법에서 주요한 치료 목표는 첫 번째 회기 동안 확립되는 치료 계약에 명시되어 있다. 이러한 목표는 각 상황에 따라 다르지만, RFT 원리는 치료 관계에서 가장 중요한 목표와 행위의 속성을 안내하며, 임상적 상호교류가 바로 그 목표와 속성으로 표현되는 것을 명확히 하는데 도움을 준다.

5-7장에서, 우리는 세 가지 가장 중요한 목표에 따라 임상 중재를 조직화 했다. 이 세 가지 목표는 행동변화를 활성화하기 위해 경험과 효과성의 감각 개발하기, 안정성과 가변성을 확립하기 위해 유연한 자기감 조성하기, 내담자의 삶에 지속적인 만족을 가져오기 위한 의미와 동기 조성하기이다. 경험과 효과성은 인식, 호기심 및 실용주의에 기반한 관계에 의해 제공된다. 유연성은 개방성, 수용 및 연민을 특징으로 하는 관계에 의해 조성된다. 그리고 의미와 동기는 타인의 가장 깊은 열망과 연결된 돌봄, 전념 그리고 인내에 의해 조성된다. 치료자는 치료실에서 이러한 자세를 유지한 채 상호작용을 수행하면

서, 내담자가 이 경로에 합류하도록 격려한다. 함께 여행하는 이런 감각은 도중에 나타날 장애물을 극복할 수 있다는 희망을 증가시킨다.

이러한 방법과 목표의 실현성viability을 시험해 볼 한 가지 방법은 당신이 다른 사람과 당신의 관계에 의해 고양되고 힘을 얻었을 때를 생각해 보는 것이다. 그 사람과 그 관계가 어땠는지 그려보고, 다른 사람이 당신을 인식하고 있고, 당신의 경험에 관해 호기심을 가지고, 당신을 위해 만사가 잘 해결되기를 간절히 바라는 것처럼 당신이 느끼지 않았는지 확인해 보라. 자신이 평가받는 것이 아니라 인정받는 느낌이 들었고, 자신의 느낌이 주목받고 소중하게 여겨졌는지 살펴보라. 마지막으로, 당신이 소중하게 생각하는 것이 다른 사람의 관심을 받았는지, 그리고 당신이 중요한 것을 조성하는 방식으로 함께 일을 할 수 있었는지 확인해 보라. 답변이 우리가 요약하려는 구조와 일치한다면 이는 당신의 내담자에게도 해당될 가능성이 높을 것이다.

만약 관계가 가진 가장 중요한 목표와 행위의 속성이 충분히 언급되지 않는다면, 또는 협소한 목적, 사회적 바람직함 또는 회피 동기를 과도하게 강조하는 방식으로 언급된다면 치료의 목적은 불분명해질 수 있다. 이런 경우 치료자와 내담자는 반드시 명시된 목표의 더 높은 기능을 함께 바라보고, 다른 사람의 승인을 넘어 내담자 삶의 만족에 도움이 되는지 확인하고, 효과적인 행동을 긍정적인 동기 부여와 연결해야 한다. 한편으로, 치료적 대화 자체도 이러한 속성을 나타낼 필요가 있다. 다음 대화에서 이러한 기법을 살펴보자.

치료자   저는 우리가 여기서 하고 있는 작업과 함께 해왔던 것에 관해 생각하고 있어요, 저는 당신이 자신에게 좋은 방향으로 우리가 가고 있다고 생각하는지 궁금합니다. 어떻게 생각하세요?

내담자   네, 그렇게 생각해요. 치료를 받는 것이 중요하다는 것입니다.

내담자나 치료자 누구에게도 치료의 목적이 명확해 보이지 않는다.

치료자   처음 작업을 같이하기로 했을 때, 우리는 함께 가고 싶은 특정 방향에 동의했죠. 저는 우리가 아직 그것을 염두에 두고 있는지 궁금해요. 제가 그 목표에 충분히 주의를 기울였는지 확신할 수 없어서 이 주제를 우리의 대화 주제로 올려놓는 것이 조금 불편하지만, 여기서의 작업이 제게 너무 중요해서 그런 척할 수가 없습니다. 저는 우리가 왠지 이 방향에서 약간 멀어졌다는 느낌을 받았기 때

문에 이를 요청하고 있어요. 당신에게 유용한 방식으로 우리가 정상 궤도를 유지한다고 확신하기를 전 원합니다.

치료자는 내담자가 작업의 목적을 다시 말하도록 격려하고, 동시에 동일한 기준에 자신의 책임감을 유지하면서 그 과정에서 자신의 느낌과 목표를 공유한다.

내담자 네 저도 이해했어요. 우리가 결정했던 것은 아내가 좋아하지 않기 때문에 더 이상 아내에게 제 느낌을 숨기지 않겠다고 했어요.

목표가 너무 협소하고 구체적이며(가장 중요하며 무한한 강화의 원천과 연결되지 않음), 회피하는 목표(부적 강화)로 언급되고 있다. 추가적으로, 목표는 선례따르기 보다는 응종을 암시하며, 규칙 따르기 그 자체에 관한 임의적 사회적 결과와 연결된 것처럼 보인다.

치료자 장기적으로, 이를 바꾸려는 목적은 무엇인가요? 이것이 온전히 당신과 거울 속의 사람 사이에 있다면, 마치 아무도 당신에게 그것이 오답이라 말할 수 없다면, 우리 작업의 목적으로서 여기서 가장 중요한 것은 무엇인가요?

치료자는 내담자를 더 높은 기능과 해당 특정 목표 이면의 개인적인 선택으로 다시 이끈다.

내담자 아내와 더 나은 관계를 유지하기 위해... 단지 그녀뿐만 아니라 다른 사람들과도 잘 지내기 위해.

치료자 좋아요. 그리고 그것에 관해 긍정적인 것은 무엇인가요? 당신이 열망하는 관계의 속성은 무엇인가요?

치료자는 재공식화하며 내담자를 긍정적인 강화 원천으로 이끈다.

내담자 저는 우리가 결혼 초기처럼 더 연결되어 있기를 바라죠. 어떻게 친해지는지를 배우고 싶어요.

| 치료자 | 좋아요, 알겠습니다. 저는 친밀함에 대한 열망을 봅니다. 그것이 당신이 원하는 것이라면, 느낌을 공유하는 것이 어떻게 아내와의 관계를 개선할 수 있다고 생각하나요? |

치료자는 내담자가 개선하길 원하는 행동의 효과성을 고려하도록 격려한다.

| 내담자 | 아내는 항상 저가 자신의 느낌에 관해 아무 말도 하지 않는다고 불평해요. |
| 치료자 | 그렇다면 당신의 목표는? 만약 당신이 그녀와 더 많은 느낌을 공유하면, 당신들 사이에 긍정적인 변화를 알아차릴 수 있나요? |

내담자가 여전히 부적 강화 원천(아내의 불만)과 강하게 연결된 것 같아, 치료자는 내담자에게 다시 긍정적 결과로 이끌면서 이것이 개인적으로 관련되는지 확인한다.

| 내담자 | 감정을 더 많이 나누기 시작한 이후로 우리 사이가 더 나아졌다고 생각해요. 사실 제가 더 마음을 연 뒤로 더 좋아졌다고 생각해요. |
| 치료자 | 저도 여기에서 그것을 본 것 같습니다. 그리고 이러한 변화가 일어나는 것을 보면 당신은 어떤가요? |

치료자는 초점을 강화하고 내담자가 자기 자신의 만족을 향하도록 하여 응종을 너머의 선례따르기를 증가시킨다.

| 내담자 | 그녀와 더 가까워졌다고 느껴요. 전반적으로 제 인생도 더 행복해졌죠. 제 자신이 되는 법을 배우고 있는 것 같아요. |
| 치료자 | 그렇다면 이 방향으로 계속 작업하는 것이 당신의 삶에 긍정적인 차이를 가져올까요? 두 사람 사이의 관계를 개선하기 위해 아내와 느낌을 공유하는 기술을 발전시키면 그렇게 될까요? |

치료자는 정적 강화를 가져오는 가장 중요한 목표로 공동 작업의 목적을 재공식화한다. '그것이 당신의 삶에 긍정적인 차이를 가져올까요?'라고 묻는 것은 내담자가 사회적 승인보다는 내재된 결과에 연결하도록 돕기 위한 것이다.

내담자   네. 저는 공유를 더 잘해서 아내가 더 깊은 수준에서 제가 누구인지 볼 수 있도록 하고 싶어요. 그 방법을 계속 배우면 제게 좋을 것 같아요. 더 개방적이고 정직해지면 저에 관한 것들을 알게 된다는 것을 알아차렸어요. 그리고 제 아내와의 관계는 더 부드럽고 더 배려하는 것처럼 보여요. 하지만 그것에 항상 익숙하지는 않죠.

내담자는 치료의 목표 내에서 더 미묘하고 광범위한 목적을 알아차리면서 긍정적인 동기를 증진하며 확장한다.

치료자   저도 익숙하지 않은 건 마찬가지입니다. 하지만 당신이 하는 말에 감동했어요. 이것은 우리가 주목할 가치가 있는 것 같네요.

치료자는 개방성을 모델링하고 내담자의 확장되고 정교한 목표에 치료 관계를 전념한다.

치료자와 내담자가 그들 각자 소중한 것 사이의 불일치를 알아차릴 때 또 다른 어려움이 종종 발생한다. 치료자는 내담자가 자신의 방향을 선택하고 이러한 경로에서 효과적인 단계를 밟도록 돕는 데 우선적으로 관심을 두기 때문에 보통 공통된 기반을 찾는 것이 가능하다. 그러나 내담자의 방향이나 행위가 치료자와 너무 다른 경우 관계는 단절될 위험에 처한다.

이러한 단절이 발생하는 것을 방지하기 위해, 치료자는 두 가지 주요 접근방식 을 사용할 수 있다. 첫째, 치료자가 내담자의 가장 중요한 목표와 행위의 속성에 관계될 수 있지만 내담자가 이를 행위로 바꾸는 방식에 관해 비판적으로 느끼는 경우, 이러한 삶의 방향이 가지는 계층적 특성을 기억하는 것이 치료자에게 유용할 수 있다. 다양한 행위가 동일한 만족의 가장 중요한 원천에 기여할 수 있다. 예를 들어, 내담자와 치료자는 지역 사회 내에서 사람들의 안녕에 기여하는 동일한 가장 중요한 목표를 공유할 수 있지만, 여전히 이를 달성하기 위해 무엇을 해야 하는지에 관해 매우 다른 견해를 가지고 있을 수 있다. 예를 들어, 이런 일은 매우 진보적인 치료자가 그녀의 내담자가 극도로 보수적이라는 것을 깨닫는 경우에 발생할 수 있다. 공유된 목표에 집중하면, 임상의를 산만하게 할 수 있는 비판적인 생각을 더 쉽게 비켜날 수 있다.

가끔 내담자가 선택한 가장 중요한 목표는 치료자의 목표와 상당히 다를 수 있다. 이런 차이가 만약 중심 초점이 된다면, 관계에서 어려움이 발생된다. 이 경우 치료자는 각각의 목표를 따르는 방식에서 유사점을 알아차림으로써 이득을 취할 수 있다. 예를 들어, 치료자는 자신의 운동 능력을 향상시키려는 내담자의 끈기에서 심리학에 대한 지식을 향상시키기 위한 자신의 끈기를 인식할 수 있다. 가장 중요한 목표가 다를지라도 행동의 질은 같다. 여기서 다시 그들 사이의 공통점을 인식하는 것은 관계에서 연결감을 조성하는데 도움을 줄 수 있다. 다음의 짧은 대화에서 치료자가 이 기법을 어떻게 사용하는지를 살펴보자.

내담자 저는 다른 사람들이 이해하기 어렵다는 것을 알고 있지만, 제 삶에서 가장 중요한 것은 저의 신앙이죠. 당신이 이해하길 기대하지 않습니다. 당신은 과학자이고, 아마도 제가 종교 서적을 읽는 데 너무 많은 시간을 보내는 것을 어리석다고 생각할지도 모르죠.

치료자 제 삶에서도 소중한 것은 다른 것들입니다. 그게 사실이죠. 그러나 당신의 신앙에 대한 헌신은 저와 관련된 것도 있습니다. 당신은 깊이와 관심으로 당신의 믿음에 접근하는 것을 소중하게 여기는 것 같습니다.

치료자는 행위의 속성을 파악한다.

내담자 예, 깊이가 있죠.

치료자 음, 이것도 제가 소중하게 여기는 부분이죠. 저를 과학자라고 하셨잖아요. 그것은 사실이며, 저는 과학에 깊이와 관심으로 접근하려 노력하죠. 저는 심리학에 대해 더 많이 배우기 위해 많은 시간을 독서로 보냅니다.

치료자는 서로 다른 가장 중요한 목표에 적용되지만 공통으로 가지는 행위의 속성을 강조한다.

내담자 때때로 아무도 당신의 관심사를 이해할 수 없다고 느끼나요?

치료자 가끔 한 주제에 완전히 몰두할 때, 저는 바로 이 주제에 관해 전 혼자만 소중한 것처럼 느껴요. 때로는 다른 사람들은 저를 이해하지 못하고 이것이 왜 중요한지 이해하지 못하죠.

치료자는 공통된 행위의 속성과 연관된 유사한 경험을 강조한다.

내담자   저도 같아요. 우리 가족 중 일부는 저를 그저 광신도라고 생각해요. 그러나 종교는 나에게 중요해요.

치료자와 내담자가 협업의 목적에서 명확하고 공통된 기반을 찾을지라도, 여전히 실제로 효과적인 행위에 함께 참여하는 데 어려움을 겪을 수 있다. 정확히 한 사람이 행위를 수행하기 전이나 도중 및 후에 동기와 만족이 부족할 수 있으므로, 두 사람은 관계의 맥락에서 효과적인 움직임을 만들 수 없다는 것을 발견할 수 있다. 예를 들어 회기가 끝날 때 내담자와 치료자 둘 다 서로에게 의미 있는 어떤 것도 성취하지 못했다는 느낌을 가지는 것은 드문 일이 아니다. 그들은 서로 연결되어 있다고 느꼈고 다양한 주제에 관해 이야기했지만, 노출 연습이나 기술 훈련과 같이 그들이 계획했던 것을 하지 못했다. 앞서 살펴본 바와 같이, 이는 행위의 장애물로 지각되는 심리경험(예, 회피로 이어지는 어려운 감정)에 기인할 수 있다. 또한, 행위와 해당 행위가 제공하는 더 높은 목적 사이 연결 부족이 원인으로 작용하기도 한다. 이런 경우, 행위가 치료 작업의 진전을 이끄는 데 어떻게 도움이 되는지 함께 진술하거나 다시 진술해 보는 것이 종종 필요하다(7장 참조). 전체적인 관계가 이런 과정과 관련되어 있지만, 이러한 동기의 부족을 알아차리고 치료 목적을 그들의 행위에 재연결하는 것은 주로 치료자의 임무이다. 그러나 이러한 노력에 내담자를 포함시키는 것은 관계의 상호 협력적 차원을 강화하기에 중요하다. 다음 대화에서 이런 접근 방식을 살펴보자.

치료자   저는 우리가 지금 약 15분 동안 이야기하고 있으며, 저가 우리의 대화를 매우 즐겼다는 것을 알아차리고 있어요.

내담자   저도요!

치료자   동시에, 저는 우리가 노출 연습을 오늘 함께 하기로 계획했다는 생각을 계속 떠올리고 있었죠.

치료자는 효과적 행위로 내담자의 주의를 가져온다.

내담자   예...

치료자   (웃으며) 그렇게 하는 것이 별로 흥분되지 않나 봐요? 그런가요?

치료자는 내담자에게 자신의 동기에 관한 관찰을 유도한다.

내담자 아니요, 그렇지 않아요...

치료자 저는 당신이 가지고 있는 동일한 느낌을 가지고 있다고 생각해요. 어떤 이유에서인지, 이 연습을 하는 것보다 당신과 계속 대화하는 것이 더 끌린다고 생각되네요. 동시에 이것이 우리가 여기서 함께 작업하는 데 가장 도움이 되는지 궁금해요. 어떻게 생각하세요?

치료자는 자신의 동기 부족을 공유하고 현재 행위의 효과성을 평가하기 위해 추적을 유도한다.

내담자 이 연습이 힘들다는 것을 알고 있으므로 연습 하는 것을 두려워하고 있다고 생각 되요. 그리고 바로 지금 무엇을 열심히 해야 할 이유를 알기가 어려워요.

치료자 네, 무슨 말인지 알겠어요. 우리는 유쾌한 대화를 나누고 있는데 왜 어려울 것 같은 무엇을 해야 하는지 의문이죠, 그렇죠?

내담자 예...

치료자 그렇다면 이 연습을 하는 것이 왜 유용한지 다시 함께 살펴볼 수 있을까요?

치료자는 증진을 유도하여 연습을 목적과 연결한다.

내담자 좋아요.

치료자 요점이 무엇이라고 생각하세요?

치료자는 계속해서 증진을 유도한다.

내담자 글쎄요, 제가 두려워하는 것들을 계속 피한다면 더 나아질 방법이 없다는 것을 알아요.

내담자는 부적 강화를 통해 증진에 참여한다.

치료자 좋습니다. 당신은 이 노출 작업에서 어떤 종류의 긍정적인 것을 기대하나요? 무엇을 위한 것입니까?

치료자는 정적 강화를 통해 증진을 유도한다.

내담자   하루 종일 동일한 의식ritual을 하는 대신 가족과 더 많은 시간을 보내고 내 일을 더 성공적으로 할 수 있어요.

내담자는 정적 강화를 통해 증진에 참여하지만 특정 목표에 국한된다.

치료자   알겠습니다. 그리고 그것만일지라도... 가족과의 시간이나 직장에서의 성공이 당신에게 중요한 것은 무엇입니까?

치료자는 더 높은 기능에 관한 탐색을 유도한다.

내담자   저는 우리가 함께 무언가를 공유하는 가족을 만들고 싶기에 이 상황이 바뀌기를 원해요. 가족에게 필요한 것을 성공적으로 제공하고 싶습니다.

치료자   저는 당신이 자신에게 중요한 변화를 만드는 것을 도와주기 위해 여기에 있어요. 그게 제가 하고 있는 일이죠. 그래서 당신은 어떻게 생각하시나요? 정말 유쾌한 대화를 계속할까요, 아니면 연습을 할까요?

치료자는 내담자가 자신의 동기를 높이기 위해 행위를 선택할 수 있도록 허락한다.

내담자   (웃으며) 우리는 연습을 해야겠네요.

치료자   (웃으며) 이게 당신이 원하는 건가요?

내담자가 응종일수 있는 징후를 보이므로("우리는 해야겠네요we should"), 치료자는 다시 그녀가 하기를 원하는 방향으로 이끌어 간다.

내담자   예. 전 조금 두렵지만, 이것이 제가 실제로 원하는 것임을 알아요.

치료자   (웃으며) 그럼 해 볼까요?

내담자   좋아요.

행위를 수행하거나 디브리핑하는 동안 행위를 해당 목적에 재연결할 수도 있다. 7장에 제시된 원칙을 비슷한 방식으로 사용할 수 있지만, 이번에는 전체 관계를 포함한다(내담자와 치료자는 그들의 동기를 명확히 하고 재확인하기 위해 협력한다).

회기를 위한 마음챙김 준비하기Mindful Preparation for Sessions

감정적으로 어려운 상황이 될 때 철수하지 않기 위해서, 보살피는 관계는 관점취하기, 공감 그리고 충분한 개방성을 필요로 한다(Vilardaga et al., 2012). 이 세 가지 특징 중 마지막은 임상의가 회기 시간에 걸쳐 다루어야 하지만, 첫 두 가지는 심리치료 회기 전에 정기적으로 다루어 질 수 있다. 빌라르다가Vilardaga와 헤이즈Hayes(2010)는 어떻게 이를 행하는지에 관한 예를 제공한다. 심리치료 회기 전 그려보는 몇 분의 시간을 가져 보라.

회기에 들어가는 내담자가 되어보고, 내담자가 듣고, 보고, 느낄 수 있는 것을 감지한다.

다가오는 회기와 내담자가 직면하는 문제에 관해, 내담자가 생각하거나 느낄 수 있는 것과 연결한다.

이러한 반작용이 얼마나 역사적인지, 즉 이러한 감정 및 인지 주제들이 수년 동안 내담자와 함께 있었던 방식을 알아차린다.

내담자가 알지 못하더라도 '나/여기/지금'의 관점에서 내담자가 자신의 경험을 보고 있음을 파악한다.

내담자 또는 내담자의 제시하는 문제에 관해 당신이 가질 수 있는 감정, 생각 및 판단을 알아차린다.

이러한 반작용이 또한 얼마나 역사적인지, 즉 많은 내담자(단순히 내담자뿐 아니라)와 관련된 감정과 판단의 이러한 주제가 당신 내부에 어떻게 나타나는지 알아차린다.

'나/여기/지금'에 대한 자신의 감각을 알아차리고, 이 감각과 내담자의 동일한 감각 사이의 연속성을 알아차린다.

당신이 당신의 일에 가져오는 가치를 기억하고, 내담자 여정에서 당신이 내담자에게 가져오기를 바라는 것과 연결한다. 모든 일이 순조롭게 진행된다면 내담자는 지금으로부터 5년 후에 당신과 함께한 시간에서 무엇을 가져갈 수 있을까요?

임상 예

다음 짧은 대화록에서, 이 장 전체에 걸쳐 제시된 몇 가지 원칙을 치료자가 활용하는 것을 보게 될 것이다. 다음은 경계성 성격장애를 가진 33세 여성과의 대화이다.

내담자 당신을 더 자주 보고 싶어요. 당신은 뭔가를 해야 해요! 일정을 변경하세요... 모르겠어요... 당신은 저를 도와줄 수 있는 무언가를 알아내어야 해요!

치료자 당신이 이번 주에 혼자 있는 것에 대해 걱정하고 있는 것 같아요. 이게 바로 지금 당신이 느끼는 것인가요?

치료자는 내담자의 경험에 관한 관찰을 공유하고 상호 이해를 구축하기 위해 확인을 요청한다.

내담자 예, 물론이에요! 전 무서워요! 당신은 저가 어떤 기분인지 몰라요. 당신은 항상 혼자가 아니잖아요.

치료자 만약 저가 항상 혼자였다면, 저도 확실히 두렵고 아마도 역시나 슬플 것입니다. 혼자 있을 때 슬픔을 느끼나요?

치료자는 직시적 구성틀을 사용하여 상호 이해를 구축하고 내담자의 경험을 정상화한다.

내담자 네.

치료자 당신이 저를 더 자주 보기를 원한다고 들었어요. 이번 주를 혼자서 보내는 것에 대해 걱정하고 저를 더 많이 보고 싶어 한다는 것이 이해가 됩니다. 동시에, 우리가 동의한 것은 이제 격일마다 전화 점검을 받는 것이죠. 기억하나요?

치료자는 내담자의 경험을 정상화하고 추적을 유도한다.

내담자 예, 하지만 전 그럴 준비가 되었다고 생각하지 않아요. 전 특별한 돌봄이 필요해요! 혼자 있을 수 없어요.

치료자 아시다시피, 당신이 혼자라는 것을 안다는 것은 제게도 힘든 거예요. 저는 당신이 슬프고 걱정한다는 것을 알게 돼서 슬프군요. 저가 이런 식으로 느낀다는 것을 알아차리면서, 저 또한 '좋아요, 이번 주에 다른 시간에 만나죠'라고 말하고 싶은 촉박감을 느낍니다. 그리고 동시에, 저는 우리가 함께 작업하는 목적에 관해 동의한 것을 기억하려고 노력합니다. 당신도 그것을 기억하나요?

치료자는 내담자의 경험을 정상화하고, 공통성을 증진하며 반응 유연성을 모델링하기 위해 자신의 현재 경험을 스스로 드러낸다. 그런 다음, 그는 작업을 더 높은 목적에 연결하기 위해 증진을 유도한다.

내담자　알아요... 저는 좀 더 독립적이어야만 해요. 저 문제를 해결할 필요가 있죠.

"이어야만 해요need "라는 구절과 명시적으로 언급된 결과의 부재는 응종의 가능성을 암시한다.

치료자　음, 그렇게 말한 것도 하나의 방식이긴 하죠. 만약 당신이 더 독립적일 수 있다면 그것이 당신의 삶에 어떤 차이를 만들어 낼 수 있을까요?

치료자는 잠재적인 응종을 약화시키기 위해 독립성과 관련된 내재적 강화를 탐색하도록 유도한다.

내담자　예. 하지만 혼자 있는 것은 저를 두렵게 해요.

치료자　당연합니다. 이는 당신에게 새로운 상황입니다. 우리 대부분은 처음으로 해보는 것을 두려워해요. 당신의 경우 그것은 독립적으로 되는 거예요. 다른 사람들에게는 첫 아이를 갖거나 새 직장을 시작하는 것일지도 몰라요. 어려운 것은 우리가 이러한 것을 하길 *원한다*는 것이죠. 우리가 이런 것들을 소중히 여기지 않는다면, 그것이 전혀 어렵지 않을 거예요.

치료자는 내담자의 경험을 다시 정상화하지만, 이번에는 그녀의 반작용에 대한 맥락적 변수의 역할을 강조한다.
그런 다음, 치료자는 힘든 경험이 가지는 기능을 의미의 원천이 포함된 신호로 변형하는 것을 표적화 한다.

내담자   네, 사실입니다. 무서울지라도 독립하고 싶어요. 하지만 지금 당장 그럴 준비가 되었는지 모르겠어요. 좀 더 기다릴 수 있지 않을까요?

치료자   우리가 기다리면, 지금 이 순간에 우리 둘 다 기분이 나아질 것으로 생각해요.

치료자는 그들의 촉박감에 반응하는 단기 효과에 관한 관찰을 공유한다.

내담자   네!

치료자   우리가 함께 작업하는 목적이 지금 당장 기분이 나아지는 것인지 궁금하네요. 좀 더 독립적으로 되는 법을 배우는 것에 관해서는 어떨까요?

치료자는 내담자가 가진 가장 중요한 목표와 연관된 반응 효과성에 관해서 평가를 유도한다.

내담자   아마도 기다리는 것이 나을 것 같아요.

치료자   이 작업을 함께 시작했을 때 제가 당신에게 약속 한 것은 무엇을 해야 하는지 말하지 않고, 대신 당신의 삶을 개선하기 위해 무엇이 효과가 있는지 아니면 없는지를 함께 살펴보겠다는 것이에요.

치료자는 그들의 관계를 결속시키는 효과성과 경험의 원칙을 다시 설명한다.

내담자   예.

치료자   기분이 나아지기 위해 기다렸을 때 무엇을 알아차려 왔나요?

치료자는 추적을 유도한다.

내담자   상황을 더 악화시켜요... 저도 알아요.

치료자   예. 그리고 그것이 바로 지금 당신에게 어렵다는 것을 저도 알아요. 그건 제게도 힘든 일이에요. 말씀드린 것처럼 제가 바로 지금 제가 느끼는 것을 듣는다면 '좋아. 이번 주에 다음 면담을 예약합시다'라고 말하고 싶어요.

치료자는 자신의 촉박감을 스스로 공개함으로써 내담자의 경험을 정상화한다.

내담자	그러나 당신은 그렇게 하지 않겠죠.
치료자	전 당신이 보다 독립적이도록 돕고 싶어서 그러지는 않을 것입니다.

치료자는 촉박감에 대한 유연한 반응을 모델링하고 동기를 증가시키기 위해 행위를 의미 있는 목적에 연결한다.

무엇을 하고 싶나요? 우리의 계획을 기꺼이 고수 하겠습니까? 다음 주까지 전화로 확인을 할까요?

치료자는 행위의 선택을 유도한다.

내담자	알겠습니다.
치료자	그럼 우리 함께 과감하게 움직여보죠. 독립성을 높이기 위해 노력합시다! 당신도 같이 하나요?

치료자는 다시 그들의 작업을 함께 의미 있는 목적에 연결한다.

내담자	좋아요.
치료자	놀랍죠. 대담하고, 두렵고, 새롭네요.
내담자	그것에 관해 저에게 말해 주세요. 이미 전 하고 있지만요.

요약

이 장에서 당신은 RFT 원리를 치료자 자신과 내담자와 관계에 적용하는 것을 배웠다. 기억해야 할 주요 원칙은 다음과 같다.

• 치료자인 당신은 내담자가 행하는 동일한 방식으로 언어 과정으로 인한 어려움을 경험할 수 있다. 이 과정이 유사하기에 내담자를 돕기 위해 사용하는 방법을 자신에게도 적용할 수 있다.

- 무감각, 본질적이거나 사회적인 일관성, 그리고 협소한 행위 레퍼토리와 연관된 문제는 기능적인 맥락 인식, 기능적인 감각 만들기 및 반응 유연성의 증가를 통해 다루어질 수 있다.
- 치료자의 자기 개념과 연관된 문제는 유연한 자기의 네 가지 원칙(경험에 관한 인식, 관점취하기에 관한 인식, 맥락에 근거한 일관성, 개인과 맥락의 상호작용에 기반한 책임감)을 통해 다루어질 수 있다.
- 의미 및 동기와 연관된 문제는 임상 작업과 관련된 가장 중요한 목표 및 행위의 속성, 그리고 계층적 네트워크에서 이러한 의미 있는 방향과 관련된 광범위한 행위 패턴을 파악하고 구축함으로써 다루어질 수 있다. 가장 효과적인 치료적 시도를 만들려는 동기는 증진을 통해 구축되고 지속될 수 있으며, 이는 이러한 행위를 더 높은 목적(긍정적이고 내재적 강화를 이용)과 연결시킨다.
- 공식적 체험실습은 치료 기술을 강력하게 하는 데 도움이 되며, 내담자와 함께 사용하는 많은 연습은 치료자 자신에게도 적용될 수 있다.

- 개인 수준에서 경험한 문제도 관계와 관련될 수 있다. RFT 원리는 내담자와 치료자 모두를 포함하며 이와 같은 경우에도 적용될 수 있다.

  - 효과성, 정상화 및 공통성에 관한 신뢰 찾기.
    - 관계에 대한 신뢰는 효과적인 행위를 파악하고 개선하는 공통된 의제를 통해 확립될 수 있다
    - 상호 이해는 심리경험에 대한 관점을 취하고 인정함으로써 전달될 수 있다.
    - 심리경험은 관점취하기와 자기 개방을 통해 정상화될 수 있다.
    - 반응 유연성은 적절하게 타이밍 된 자기 개방을 통해 모델링 될 수 있다.

  - 유연한 '타인감' 구축하기.
    - 내담자의 경험 흐름을 알아차리면 치료자의 공감과 내담자가 겪는 다양한 경험에 관한 인식이 향상된다.
    - 내담자의 관점취하기를 알아차리면 치료자는 심리경험을 넘어 내담자의 안정성을 지각하고, 보다 상호 연결된 방식으로 내담자와 관계를 맺을 수 있다.
    - 내담자를 내용의 컨테이너로 보면 치료자는 내담자가 개념화되는 방식에서 가변성과 안정성을 통합할 수 있게 된다.
    - 내담자와 맥락 사이의 상호작용적인 관계를 보면 치료자는 균형 잡힌 내담자의 책임감을 고려할 수 있게 된다.

- 의미 있는 긍정적인 관계를 조성하고 유지하기.
  - 치료 관계의 목적은 내재적이며 정적으로 강화되는 가장 중요한 목표와 행위의 속성을 포함한다.
  - 치료자와 내담자가 공유하는 가장 중요한 목표와 행위의 속성을 파악하면 연결성이 증가하고 판단이 완화된다.
  - 치료적 움직임을 함께 수행하려는 내담자와 치료자의 동기는, 행위와 목적 사이의 연결을 정적 및 내재된 강화의 원천 측면에서 재조정함으로써 지속될 수 있다.

에필로그

모든 심리중재에서 행해지는 보편적인 기제는 임상 대화다. 그러나 현재까지 인간 언어에서 기초행동 연구프로그램과 체계적으로 연결된 심리치료의 언어사용 지침은 보이지 않는다.

여기에는 그럴만한 이유가 있다. 이 분야의 기초 연구자들은 인간 언어와 인지 능력이 개인의 생애 중에 어디서 출현하고, 맥락에 의해 어떻게 조절되며, 행동에 실용적인 영향을 미치는 방식에 관해서 그다지 초점을 맞추지 않았다. 대신 언어와 인지가 뇌의 연산과정의 산물인지 정신 과정의 산물인지 논쟁을 벌여왔고, 언어 구조에 관해서 아주 상세히 검토하였지만 언어의 기능에 대해서는 그렇지 못했다. 지금까지 인간의 언어와 인지에 초점을 맞춘 강력하고 가치 있는 전통은 심리치료 작업에서 임상의가 순간순간 감각 측면에서 무엇을 해야 하는지를 거의 말해 주지 않았다. 진심으로 비난하려는 것은 아니지만, 지금까지의 전통은 이런 가르침을 위한 것이 아니었다.

이 책의 목적은 인간 언어의 기능적 맥락주의 분석과 관계구성이론의 함의들 중에서 일부를 심리치료의 일반 작업으로 확장하기 위함이다. 엄격하게 기능적 맥락주의를 따랐기에 처음부터 맥락에 초점 맞추어 실용적이며 유용할 수 있도록 고안되어 *있다*. 관계구성이론에서 인간 언어는 단순한 사건의 형태나 이에 대한 우리의 직접적인 경험을 넘어서, 사건들 간의 관계를 구축하고, 이해하며, 반응하는 학습된 능력이라고 주장한다. 이런 능력을 간단한 요소들로 나눌 수 있는데, 이는 사건을 상호적으로 관련지으며, 관계 네트워크로 조합하며, 기능을 변경한다. 이런 능력은 유도와 기능 변형을 지배하는 맥락 조절에 따른다. 그리고 이 모든 것은 고대 학습 메커니즘을 기반으로 하지만 한 단계 나아간 학습된 행동으로 본다.

이 책 이 지점에서 이러한 언어 능력이 근거기반 과정의 비교적 간단한 세트로 이루어져 있다는 점을 당신이 동의해주길 바란다. 하지만 프랙탈의 공식[41]처럼 근거에 기반한 이런 비교적 간단한 과정 세트는 끝없이 확장된다. 그것은 다른 사건, 다른 관계, 다른 네트워크, 다른 기능 및 다른 임상 문제에 걸쳐 확장된다. 관계구성틀은 반응적 조건화, 조작적 조건화 같은 훨씬 고전적인 학습 과정의 정서적, 행동적 효과와 수반성 학습에 영향을 미친다. 이는 인간 행동 영역에서 '모든 것'을 변화시킨다.

관계구성이론(RFT)은 역사적으로 수용전념치료(ACT)와 연결되어 있으며, 이들이 함께 진화했다는 사실을 부정할 수 없다. 이 책을 통해 ACT에 흥미를 지니고 있는 동료들이 책에 나오는 분석을 어떻게 적용하고, 확장시키고, 시험해 볼 지를 생각하면 흥분된다. 그럼에도 불구하고 우리는 이 책을 ACT 서적으로 집필하지 않기 위해 일부러 다른 방향을 잡았다. ACT는 심리 경직성을 병리적인 과정의 모델로 삼고, 심리 유연성을 심리 성장 과정 모델로 삼고 있는 근거기반 심리치료이다. 이 책에서 일관되게 이러한 아이디어 중 일부를 다루었다. 그러나 ACT를 설명하거나, 정당화하거나, 홍보하기 위해 이 책을 쓰지는 않았다. 우리는 ACT 서적과 이 책 사이에 명백히 차이 나는 부분에 몇몇 독자들이 초점 맞출 수 있다는 점을 이해한다. 그러나 우리 관점에서는 이 책의 어떠한 부분도 ACT 및 다른 근거기반 심리치료와 이들을 이끄는 원리에 위배되지는 않는다고 생각한다. 이러한 노력은 그 자체로 의미가 있으며 심리치료의 광범위한 근거기반과 일치하는 것으로 보인다.

아이러니하게도 일반적인 임상 방법에 초점 맞춘 책이라는 약속을 이행하기 위해, 독자로 하여금 행동 심리학과 진화 과학의 배경으로부터 도입된 아이디어를 지향하도록 했다. 이러한 원리를 각 전통 사이 장벽이 아닌 임상심리학의 광범위한 아이디어를 이해하기 위한 기초로 사용하였다. 건강한 심리적 변이variation를 만들고, 행위를 맥락context에 배치하고, 원하는 선택selection기준에 연결하고, 보유retention할 수 있도록 그 행위를 연습하는 방법에 반복적으로 호소해 왔다. 우리의 견해로는 이는 우리가 이야기 하는 종, 레퍼토리, 문화 어떤 것이든, 살아있는 시스템이 진화하는 조건을 단순히 언급하는 방법이다. 우리는 선행사건과 결과, 기능 및 장기 결과라는 광범위한 주제에 초점을 맞추었는데, 이 과정에서 피상적으로는 도움이 되지만 치료자에 순응하거나 다른 단기 수정에 의해 강제되는 행동변화를 유도하는 것을 경계하면서, 일반화되며 보다 잘 보유되어 장기적인 개선을 이끄는 기술을 고취하려 하였다. 우리는 다중 반응 차원(외현적 행동, 생각,

---

41) 프랙탈의 공식에서 프랙탈은 일부 작은 조각이 전체와 비슷한 기하학적 형태를 말한다. 자기 유사성을 전제로 끊임없이 자기 복제를 반복하는 재귀적 특성을 가지는데, 이는 아주 간단한 수학식인 $z=z^2+c$에서 출발한다.

감정, 감각)과 다 수준 분석(개인, 치료 관계, 문화적 과정)을 다루었다. 이런 요점 모두가 행동 진화 과학이나 응용 진화 과학이 시도하고 있는 것의 핵심이다.

이러한 사고방식을 훈련받지 않은 사람들에게는 낯설게 느껴질 것이란 점을 이해한다. 그러나 이러한 진화적이고 행동학적으로 건전한 원리가 기본 요점을 만드는 것을 충분히 받아들일 수만 있다면 (그리고 행동적 언어 장벽을 극복할 수 있다면), 임상 작업에 대한 거의 모든 접근 방식이 자신들의 핵심 신념과 지향을 희생하지 않고 이득을 조장하기 위해 이러한 원리의 일부나 전부를 사용할 수 있을 것이다.

달라드Dollard와 밀러Miller(1950)가 신행동주의 원리를 사용하여 신경증과 심리치료를 이해하려고 시도했던 것처럼 심리학의 역사에서도 이와 비슷한 여러 시도들이 있었다. 그러나 돌이켜 생각해 보면 이런 노력은 종종 단순히 이미 알려진 것을 새로운 용어로 번역하는 수준에 그쳤다. 이는 우리가 가진 현재의 목적과 다르다. RFT를 통해 심리치료에서 언어가 사용되는 방식에 초점 맞추고 있으며, 제한적인 영역 안에서 많은 임상 전통들이 해왔던 일을 단순히 재해석하려는 것이 아니라 근거기반 원리의 작은 세트가 지니는 함의에 기초하여, 유연하며 일관되고 실용적인 개념틀을 제공하려는 것이다. 넓은 의미에서 추천하게 되는 대부분이 근본적으로 새로운 것이 아니며, 관련 용어가 전환되어 여러 심층지향depth-oriented 임상 전통에서 어느 정도 존재하는 것이 사실이다. 그러나 우리의 주된 기여는 오래전부터 언급되었던 주제들을 인간 언어에 관한 근거기반 원리들과 연결시키는 방식이다. 이 원리는 임상 중재를 안내하고 변경할 특별한 함의를 지닌다. 자기self 문제에 관해 탐구하는 것과 의도적으로 직시적이며 계층적인 상징관계를 사용하여 것은 전혀 다른 것이며, 심리치료에서 은유의 가치를 고려하는 것과 은유를 적절하고 체험적이게 만드는 언어 과정을 아는 것은 다른 문제이다. 지금까지 다루어 왔던 여러 영역을 통해 이런 내용이 이어졌다. 언급한 모든 영역에서 제시된 분석은 우리가 취할 수 있는 새롭고도 구체적인 절차라 생각한다. 전통적인 임상의들 역시 추가된 가치를 평가할 수 있으리라 믿는다.

예상하건데 우려가 되는 점은 RFT가 때론 명백한 것을 복잡한 방식을 통해 설명하는 점이다. 그 우려를 이해한다. "'사과'라는 단어는 실제 사과를 참조 합니다refer to"라고 말하는 대신 "'사과'라는 소리는 실제 사과와 대등 구성을 이룹니다"라고 말한다. 심지어 이런 수준에서도 '참조reference'라는 표현은 단지 용어일 뿐이고, RFT 연구는 '대등 구성'이라는 것이 실제로 어디서 나왔는지 실험결과를 통해 보여줄 수 있다. 그리고 '구성틀framing' 같은 기술적인 개념의 실제적인 가치를 잘 느낄 수 있는 영역은 복잡한 임상 영역에서다. 명확한 개념이나 논리적인 추론을 강조하는 참조 이론referential theory[42])과 같이 상식적인 용어에 기반을 둔 언어 접근은, 비록 처음에는 더 쉽지만 정확성과 범위가 부족하기로 악명이 높았다. 결과적으로 심리치료자가 다루는 복잡한 주제로 확장됨에 따라 점점 더 상식적인 용어로 돌아가거나, 중요한 세부 사항에 대해 모호하거나 심지어 침묵하게 된다. RFT 접근이 지닌 가치에 관한 공정한 평가는 인간 언어에 관련된 다양한 경험적 주제에 걸쳐서 정확성과 범위가 유지되는 능력에 있다. 이를 기반으로 평가가 이루어져야 하며, 겉보기에 더 단순해 보이는 접근방식도 동일하게 적용되어야 한다.

이러한 상향식 방식으로 상징 사건을 바라봄으로써, 또 다른 종류의 근거기반 임상실제의 개요를 살펴볼 수 있다. 즉 원리 수준에서 경험적으로 기초하면서도, 그 순간에 행동하는 개별 내담자의 세부 사항에 여전히 관련되는 가이다. 우리는 이러한 아이디어가 미국 심리학회나 미국 정부 기관에서 관리하는 목록이 의미하는 측면에서 '근거기반 실제evidence-based practice'일 수 있다고 주장하는 것은 아니다. 그러나 이런 접근은 근거 기반 실제와 쉽게 통합 할 수 있으며, 이를 적용하는데 권한을 부여할 가능이 있다고 본다. 우리는 이에 관한 탐구를 격려한다.

그러나 임상 실제가 근거 기반일 수 있다는 다른 측면이 있다. 이 책에서 권장하는 종류의 임상 작업은 개인의 필요에 따라 학습 원리를 적용하는 것이 항상 근거 기반으로 간주되었던 것과 같은 방식으로 경험적 기반을 두고 있다. 만약 원하는 결과를 측정하고 중요한 알려진 과정을 이용하는 경우, 임상의의 경험적 전념이 쉽게 명시될 수 있다. 물론, 이러한 접근에 관한 공식적인 성과 연구를 수행하는 것이 중요하고 유용하겠지만, 보다 근접한 표적은 이 책의 제언을 변이와 선택적 보유, 맥락 민감성, 동기 등의 적응증과 연결하는 것이다. 이러한 연결이 먼 미래에 드러날 때까지 기다릴 필요는 없다. 임상의는 *지금* 치료중인 내담자와 함께 이러한 연결을 *지금* 평가해 볼 수 있다. 임상의는 건강한 과정이 움직이는 것을 관찰할 수 있다면, 그 자체로 가치 있는 결과가 될 것이다.

이러한 실용주의는 행동치료와 임상행동분석이 가졌던 원 비전의 일부였다. 한편으로는 정신의학적 질병분류와 그에 따른 치료 패키지의 부상으로 인해 어려움을 겪었고, 다른 한편으로는 인간 언어와 인지의 산을 오르려는 기능적 원리의 실패로 인해 어려움을 겪었다. 그러나 정신의학적 질병 분류와 기술적으로 기반 치료 패키지는 이제 그 자체로 엄청난 규모이며, 임상의에게 지형 기반 증후군topographically based syndromes 및 아증

---

4 2)역주, 참조 이론은 현실에 존재하는 대상object을 언어적 기호(symbol)가 참조하는 것에 초점을 두는 이론이다. 대비되는 이론으로는 표상representational이론으로 인간 내부에 개념 구조가 대상을 어떻게 구조화 하였는지에 중점을 두는 이론이다.

후군들의 끝없는 목록에 관한 무수한 치료 패키지를 배우도록 요청하고 있다. 장기적으로 이는 실행 가능하지도 진보적이지 않다는 것이 많은 사람들에게 명백히 보인다.

직접 수반성 원리는 임상의의 효과적인 중재를 안내하는 데 큰 역할을 할 수 있지만, 근거기반 실제의 원 비전을 보다 현실적으로 만들기 위해 필요한 것은 언어와 인지에 관한 기능적이며 맥락적으로 강력한 접근방식이다. 만약 RFT가 우리가 생각하는 이론이라면, 원 비전을 재검토하고 패키지와 절차를 넘어 원리와 사람에 이르는 근거기반 실제의 형태를 개척하기 시작할 때일지도 모른다.

심리치료에서
RFT를 이용하기 위한 속성 지침
Quick Guide to Using RFT
in Psychotherapy

이 속성 지침 단락에서는, 4장에서 7장에서 제시된 순서대로 임상 작업의 핵심 영역을 표적으로 하는 기술들을 재검토할 것이다. 각 단락은 특정 맥락에서 내담자에게 말할 수 있는 일반적인 문장을 예로 들어 설명할 것이다. 특정 역할극이나 지도감독 과정에서 특정 기술 실습할 때나 내담자와의 회기를 갖기 전에 이 속성 지침을 참고하길 권한다.

경험상 새로운 기술을 임상 레퍼토리에 통합시키는 가장 좋은 방법은 하나를 선택해서 만족스러운 수준에 도달할 때까지 반복해서 실습하는 것이다. 예를 들어 내담자에게 관점취하기를 통해 자신의 경험을 관찰하고 기술하는 능력을 향상시키도록 하는 것이 목표라면, 10점 척도로 베이스 라인에서 역량을 평가한 다음, 역할극이나 실제 회기에서는 이 목표를 위해 관점취하기 실습을 해 볼 수 있을 것이다. 평균적으로 적어도 8점에 도달할 때까지 매번 자신을 평가하라. 그런 다음 다른 기술에도 동일한 접근을 적용해 나가면 된다.

심리 평가 (4장)

평가를 위한 체험적 맥락 생성하기

내담자의 체험에 초점 맞추기

- 내담자가 스스로 관찰하고 기술할 수 있도록 격려하라.
  - 관찰과 기술을 유도하는 질문을 하라(예, "그 순간 어떤 느낌을 느끼고 있었나요?", "이런 상황에서 어떤 대응을 하였나요?", "다음에는 무엇을 하고 싶으세요?").
  - 내담자의 관찰과 기술을 정제해서 재공식화를 제시하라(예, "그러니깐, 당신이 하는 말은 ......이라는 것이군요. 맞습니까?").

- 당신 자신의 관찰을 공유하면서도 내담자의 관점에 분명히 개방적인 자세를 유지하라(예, "바로 지금 많은 불안이 관찰되는데 그게 당신이 겪고 있는 게 맞나요?", "당신은 결코 부인에 관해서는 이야기하지 않다는 것을 제가 알아차렸습니다. 이 부분은 당신이 다소 피하고 싶은 주제인지 궁금합니다. 그러신가요?").
- 상호 이해를 개선하라.
  - 반영하여 돌려주라(예, "당신이 말하는 바는 …… 라고 들립니다. 그것은 당신에게 어떤 의미입니까?", "당신이 하신 말을 제가 제대로 이해한 것인지 알고 싶습니다. 당신이 방금 이야기한 것을 제가 다시 확인해 볼 수 있을까요?").
  - 관점 취하기를 사용하라(예, "제가 당신의 입장이라면 상당히 불안할 것입니다. 그러신가요?", "당신의 관점에서 이 상황을 보고 싶습니다. 당신의 상황이 어떤지 제가 그려볼 수 있게 도와주시겠습니까?").

치료 과정을 내담자의 삶에 연결시키기

- 대등 관계 구성틀을 사용하여 유사한 경험에 주의를 가져오라(예, "지금 느끼시는 것들 중에 예전에 설명해주신 상황에서 느꼈던 것과 유사한 느낌은 어떤 것입니까?", "저는 당신이 대화의 주제를 여러 번 바꾸는 것을 알아차렸습니다. 개인적인 삶에 관해 친구들과 이야기 나눌 때도 그렇게 하시나요?").
- 유추 구성틀을 사용하여 유사한 기능에 주의를 가져오라(예, "그러니, 저를 바라보지 않는다면, 제가 생각한 것에 관해 불안을 낮출 수 있을 겁니다. 직장에 관한 불안이 들 때 음주를 하는 것도 이와 비슷한 효과를 가진다고 할 수 있을까요?").
- 관점 취하기를 사용하여 다양한 상황을 치료실로 가져오라.
  - 대인관계 직시적 구성틀(예, "제가 당신의 파트너이고 우리가 일상적인 대화를 나누고 있다고 상상해 보세요. 지금 당신의 목소리 톤은 어떨까요? 제게 보여 주실 수 있나요?").
  - 공간 직시적 구성틀(예, "바로 지금 당신이 아파트에 혼자 있다고 상상해보세요. 지금 어떤 느낌을 느끼나요?").
  - 시간 직시적 구성틀(예, "지금부터 2시간 정도 시간 여행을 떠난다고 상상해보세요. 지금 당신의 마음에는 어떤 생각이 들까요?").

맥락 민감성 평가하기

선행사건에의 민감성 평가하기

- 시간 구성틀을 사용하여 반응 전에 어떤 일이 일어났는지 파악하라(예, "이런 식으로 느끼기 직전에 무엇이 나타났을까요?", "방을 떠나기 전에 당신의 몸에서 어떤 것을 알아차렸나요?", "언제 이런 반작용을 보이는 경향이 있나요?").
- 공간 구성틀을 사용하여 상황을 파악하라(예, "어디에서 이런 종류의 촉박감을 가졌나요?", "어떤 장소에서 이런 식으로 느끼는 경향이 있나요?").
- 조건부 구성틀을 사용하여 반응의 촉발인자를 파악하라(예, "누군가가 당신을 비판한다면 어떻게 느끼나요?", "아내가 당신을 사랑한다고 할 때 어떻게 대응하나요?").

결과에의 민감성 평가하기

- 시간 구성틀을 사용하여 반응 후 무엇이 발생하는지 파악하라(예, "그리고 다음에는 무엇이 일어나나요?", "그것을 한 후 무엇을 알아 차렸나요?").
- 조건부 구성틀을 사용하여 반응의 결과를 파악하라(예, "고통스러운 기억에 관한 이야기를 피하는 것의 결과로 무슨 일이 일어나나요?", "데이트 취소가 어떤 영향을 미쳤나요?").
- 구별이나 비교 구성틀을 사용하여 행위로 유발된 변화를 파악하라(예, "술을 마신 후에는 무엇이 달라지나요?", "텔레비전을 본 후에는 더 우울해지나요, 덜 우울해지나요?").
- 시간 구성틀을 사용하여 장기 및 단기 결과를 탐색하라(예, "그런 다음 무슨 일이 일어나나요?", "장기적으로는 어떻게 되나요?").
- 시간 구성틀을 사용하여 결과의 가변성을 탐색하라(예, "그런 결과가 얼마나 자주 발생하나요?", "이것을 한 후에 일어나는 것은 항상 이라고 말 할 수 있을까요, 아니면 자주 인가요, 또는 때때로 일어나는 가요?").
- 공간 구성틀을 사용하여 다양한 영역에서의 결과를 탐색하라(예, "그래서, 당신은 직장에서 다른 사람들을 믿지 않아서 상처를 받지 않습니다. 친밀한 관계에서는 어떤가요?", "당신은 집에 있을 때, 이러한 강박의식 행동이 불안을 줄여준다고 말하고 있습니다. 직장에서 일할 때는 어떤가요?").

일관성 평가하기

관계 유창성 및 유연성 평가하기

- 대등 구성틀을 평가하라(예, "이 순간에 다른 어떤 일이 일어나고 있나요?", "이 두 가지가 합쳐질 수 있을까요?" "당신은 여기에서 느끼는 것과 낯선 사람들에 의해 둘러싸였을 때 느끼는 것 사이의 유사한 점을 볼 수 있을까요?").
- 구별 구성틀을 평가하라(예, "어떤 차이점이 있는지 알아차렸나요?", "거기에 없는 것은 무엇인가요?", "당신이 행복하지 않을 때를 어떻게 알 수 있나요?").
- 반대 구성틀을 평가하라(예, "지루함과 반대되는 것은 무엇입니까?", "떠나는 대신 무엇을 할 수 있을까요?").
- 비교 구성틀을 평가하라(예, "자신감이 떨어지는 순간이 있습니까?", "지금 많이 불안하다고 느끼시나요? 아니면 적게 불안하다고 느끼시나요?").
- 시간 및 공간 구성틀을 평가하라(예, "이런 감각은 어디에서 느끼시나요?", "언제 이러한 촉박감을 가지게 되나요?").
- 조건부 구성틀을 평가하라(예, "만약 당신이 그녀가 친구와 시간을 보내는 것을 허락한다면 어떻게 될까요?", "만약 당신에게 무한정 시간이 주어진다면 무엇을 하게 될까요?").
- 직시적 구성틀을 평가하라(예, "만약 당신이 저라면 이 질문에 어떻게 대답하시겠습니까?", "지금으로부터 10년 후에는, 당신의 삶은 어떤 모습일까요?").
- 계층적 구성틀을 평가하라(예, "이 목표를 담고 있는 더 큰 무엇이 있습니까?", "당신 자신의 어떤 부분이 당신에게 그것을 말해 주나요?").
- 유추 구성틀을 평가하라(예, "만약 이 작업이 여행이라면 혼자 여행 하시겠습니까, 동료와 함께 하시겠습니까?", "당신은 지금 교차로에 있는 것 같습니다. 어떤 방향으로 가고 싶습니까?", "지금 당신이 어떻게 느끼고 있는지를 표현할 수 있는 그림이 있습니까?").

규칙과 규칙 따르기 평가하기

- 규칙 탐색하기
  - 행동 전 / 도중 / 후에 내담자가 어떤 생각을 하고 있는지 물어보라(예, "그 방을 나가려 할 때 무슨 생각을 하고 있었나요?", "지금 무슨 생각을 하고 있나요?", "당신이 한 일을 되돌아보면 마음에 어떤 생각이 떠오르나요?").

- 내담자가 자신의 행동을 어떻게 설명하거나 정당화하는지 물어보라(예, "그녀가 당신이 어떻게 느끼는지 알기를 왜 원했나요?", "일하는 대신 침대에 머물기로 결정한 이유는 무엇입니까?", "무엇이 그것을 하게 만들었는지 더 알고 싶은 호기심이 드네요").
- 규칙 따르기 탐색하기
  - 응종
    - 구분/반대 구성틀을 사용하여 사회적 영향력을 제거하라(예, "만약 당신이 해야 할 일에 관해 아무도 신경 쓰지 않는다면, 여전히 이런 결정을 내릴까요?").
    - 대등 구성틀을 사용하여 사회적 영향력이 수반성을 갖지 않도록 만들어라 (예, "당신이 인생에서 무엇을 했는지에 상관없이 부모님이 행복하시다면, 그래도 여전히 대학에 가야한다고 생각하나요?").
    - 사회적 영향력이 낮은 맥락을 탐색하기 위해 관점 취하기를 사용하라.
      - 대인관계 직시적 구성틀(예, "만약 당신이, 다른 사람들이 어떻게 생각하는지에 관심 없는 사람이라면, 여전히 이것이 해야 할 옳은 일이라 믿겠습니까?").
      - 공간 직시적 구성틀(예, "만약 사람들이 당신이 하는 일이나 믿는 것에 관해 판단하지 않는 집단에 속해 있었더라도, 여전히 당신은 그것을 하고 싶을까요?").
      - 시간 직시적 구성틀(예, "지금부터 60년 후라고 상상해보십시오. 당신은 더 이상 부모의 말을 듣는 십대가 아니라, 자녀의 말을 듣는 늙은 할아버지입니다. 바로 지금 당신은 어떤 느낌을 느끼나요?").
  - 적용할 수 없는 선례따르기
    - 조건부 구성틀을 사용하여 규칙 따르기의 실현 가능성을 평가하라(예, "만약 이것이 맞다면 다음에 무엇을 해야만 하나요?", "그리고 실제로 그렇게 할 수 있나요?", "그것을 시도해 보셨나요?").
    - 대인관계 직시적 구성틀을 사용하여 *다른 사람이* 따를 수 있는 규칙과 *내담자가* 따를 수 있는 규칙을 구분하라(예, "이것이 당신이 해야 할 일입니까, 아니면 다른 사람이 해야 할 일입니까?", "당신이 만약 그녀라면, 이 상황을 다르게 처리했을까요? 그다음에 무엇을 하길 원하나요?").
  - 부정확한 선례따르기
    - 조건부 구성틀을 사용하여 규칙 따르기의 결과를 파악하라(예, "그리고 당신이 이 전략을 사용할 때, 결과적으로 어떤 경험을 하게 되었나요?", "이 규칙을 따르는 것이 효과가 있었나요?").

- 시간 구성틀을 사용하여 시간 흐름에 따른 규칙 따르기의 결과를 파악하라(예, "이 전략을 따를 때, 순간적으로는 효과 있어 보입니다. 장기적으로는 어떤가요?").
- 시간 구성틀을 사용하여 규칙 따르기의 다양한 결과를 탐색하라(예, "이 전략을 따르는 것이 효과적이지 않을 때도 있을까요?").
- 공간 구성틀을 사용하여 여러 상황에서 규칙을 따르기의 결과를 탐색하라(예, "따라서, 동료와 의견을 공유하는 것이 환영받지 못한다는 것을 경험하게 됩니다. 그렇다면 친구들과 함께하는 상황에서는 어떨까요?").
- 관점취하기를 사용하여 규칙을 따르는 맥락을 변경하라.
  · 대인관계 직시적 구성틀(예, "당신은 가장 친한 친구에게도 같은 전략을 따르라고 제안할 것인가요?").
  · 시간 직시적 구성틀(예, "만약 당신이 이러한 믿음에 기반하여 인생의 큰 결정을 내린다면, 10년 뒤에 지금을 되돌아 볼 때 자신이 옳았다고 말할 수 있을까요?").
- 적응 정점으로 이어지는 선례따르기
  - 공간 및 시간 구성틀을 사용하여 상황 전반과 시간 경과에 따라 규칙 따르기에 드는 비용을 탐색하라(예, "이런 방식으로 살아갈 때 고통 받는 삶의 영역이 있습니까?", "그래서 직장에서의 수행 능력을 올리는데 마약 사용이 도움 될 수도 있겠네요. 그렇다면 장기적으로 건강에 미치는 영향은 어떤가요?").
  - 대등 구성틀을 사용하여 규칙 따르기로 인해 무시되어 왔던 다른 만족의 원천을 탐색하라(예, "당신이 이러한 방식으로 삶을 살아왔기에 할 수 없었거나 가질 수 없었던, 당신에게 만족을 가져다 줄 수 있는 다른 것들은 무엇이 있을까요?").
  - 비교 구성틀을 사용하여 규칙 따르기로 인해 무시되어 왔던 더 큰 만족의 원천을 탐색하라(예, "당신이 꿈꿔왔던 것이 있나요? 아니면 당신의 삶이 더 흥미진진하길 원하나요?").

행동변화 활성화와 조형하기 (5장)

기능적 맥락 알아차림 향상시키기

경험의 관찰을 조형하기

- 비언어적 지향을 사용하라

- 시각 단서(예, 신체 일부를 가리키기, 얼굴 표정).
- 청각 단서(예, 목소리의 속도, 톤, 크기, 종이나 벨소리 이용).
- 촉각 단서(예, 신체의 일부에 접촉하기).
- 언어적 지향을 사용하라
  - 공간 단서(예, "여기에서 무슨 일이 일어나고 있는지 주목해 보세요.", "당신의 신체 감각을 관찰해보세요.", "당신의 호흡에 집중하세요.", "당신의 집을 떠올려 보고 그 곳에 있을 때 어떻게 느끼는지 그려 보세요.").
  - 시간 단서(예, "지금 어떻게 느끼고 있는지 주목해 보세요.", "그때 어떻게 느꼈는지 기억할 수 있을까요?", "이 순간 마음에 무엇이 일어나는지 관찰해보세요.", "당신이 어렸을 때, 혼자라는 느낌을 어떻게 겪었는지 기억해 보세요.").
- 내담자가 갇힌 경우
  - 유추 구성틀을 사용하여 보다 구체적으로 관찰하게 하라(예, "이 감각을 듣고 있다고 상상해 보세요.", "이 생각을 그림처럼 바라보세요.").
  - 관점취하기를 사용하여 통찰을 갖게 하라.
    - 대인관계 직시적 구성틀(예, "아내가 슬펐을 때를 생각하고, 그녀의 얼굴에서 볼 수 있는 것을 관찰해 보세요.", "당신이 이러한 공황 발작 중 하나를 본 사람 중 하나라고 상상해 보세요.").
    - 공간 직시적 구성틀(예, "마음속으로 의자(자리)를 바꿔서, 이와 다른 관점에서 우리가 볼 수 있는 것을 관찰해봅시다.").
    - 시간 직시적 구성틀(예, "지금으로부터 2시간 후의 당신을 상상해보고, 이 순간을 기억한다고 상상해보세요.").

경험의 기술description을 조형하기

- 중립적으로 기술하도록 격려하라.
  - 대등 구성틀을 사용하여 경험을 명명하라("무엇을 느끼나요?", "무엇을 들었나요?", "그 순간에 무슨 생각을 하셨나요?", "이 감각은 어떤 것과 유사하나요?").
  - 계층적 구성틀을 사용하여 경험을 분류하고 이름 붙여라(예, "당신은 ...... 감정을 지니고 있는 듯합니다.", "어떤 생각에 주목하나요?", "그 감각은 피로감인가요? 흥분감인가요?").
- 보다 정밀한 기술을 격려하라.
  - 구별 구성틀을 사용하여 차이점을 탐색하라(예, "이 감각은 그 감각과 어떻게 다른

가요?", "배제할 수 있는 어떤 느낌이 있을까요?").

- 비교 구성틀을 사용하여 차원에 따른 차이를 탐색하라(예, "더 강렬한가요, 덜 강렬한가요?", "짜증과 분노 중 어디에 더 가깝나요?", "당신은 이 감각을 가슴과 목 중 어디에서 더 많이 느낍니까?").
- 내담자가 갇힌 경우
  - 유추 구성틀을 사용하여 기술을 보다 구체적으로 만들어라(예, "만약 이 감정에 크기, 모양 및 색깔이 있다면, 이를 어떻게 기술할까요?", "이 느낌이 장면이라고 상상해보죠. 어떻게 기술할까요?", "당신이 느끼는 감정을 나타내는 자세를 취해 보세요.", "당신이 지니고 있는 감정을 그려 볼 수 있을까요?", "당신이 어떤 느낌을 느끼는지 가장 잘 표현하는 노래는 무엇인가요?").
- 관점취하기를 사용하여 통찰을 갖게 하라.
  - 대인관계 직시적 구성틀(예, "만약 당신의 딸이 그것을 경험하고 있다면, 그녀가 그 경험을 기술하는 것을 당신은 어떻게 도와주실까요?", "바로 지금 제가 무엇을 알아차리고 있다고 생각하나요?", "사랑하는 사람에게서 당신이 그에게 한 말을 듣는다면, 당신은 어떤 것을 느낄까요?").
  - 시간 직시적 구성틀(예, "당신이 진료실을 벗어나서 우리의 대화 중에 느꼈던 이런 느낌들을 떠올려 본다면, 마음속에 어떤 단어가 떠오를까요?").
  - 공간 직시적 구성틀(예, "만약 당신이 저쪽 편에 앉아 여기의 자신을 바라본다면 무엇을 볼 수 있을까요?").

경험 사이 기능적 관계의 추적을 조형하기

- 수반성을 관찰하고 기술하도록 격려하라(선행사건 → 반응→ 결과).
  - 시간 구성틀을 사용하여 경험 사이 상관성을 파악하라(예, "방을 떠나기 바로 전에 어떻게 느꼈나요?", "이런 식으로 그녀를 보게 되면 무엇이 일어나나요?", "집에 머물기로 결정한 후에 무엇을 알아차렸나요?").
  - 조건부 구성틀을 사용하여 인과 관계를 파악하라(예, "불안감을 느낄 때 술을 마시면 무엇이 일어나나요?", "이 느낌을 무엇이 유발하나요?", "말을 하지 않은 결과로 무엇이 일어나나요?").
- 보다 정밀한 기술을 격려하라.
  - 구별 구성틀을 사용하여 차이를 탐색하라(예, "친구에게 도움을 청했기에, 경험하지 못한 것은 무엇인가요?", "이런 식으로 대응한 이후 무엇이 달라졌나요?").

- 비교 구성틀을 사용하여 차원에 따른 차이를 탐색하라(예, "만남이 취소된 이후, 당신은 좀 더 우울해졌나요? 아니면 덜 우울해졌나요?").
- 시간 구성틀을 사용하여 추가적인 결과를 도출하라(예, "그리고 그다음에는 무엇이 일어나나요?", "장기적으로는 어떤가요?").
- 공간 구성틀을 사용하여 다양한 상황들을 탐색하라(예 "직장에서 사회적 상호작용에서 당신은 겁먹고 조용히 있습니다. 그렇다면 업무 이외의 사회적 상호작용에서는 어떠신가요?", "어떤 상황에서 자신의 두려움에 대해 도피로 대응하게 되나요?").
- 내담자가 갇힌 경우
  - 유추 구성틀을 사용하여 기능적 관계를 보다 쉽게 관찰하고 기술하게 하라
    - 은유(예, ""불안을 느끼는게 모래늪에 빠진 것과 같다면, 그 다음 당신은 어떤 움직임을 취하게 될까요?", "이 순간을 카메라로 촬영한다면 이 영상에서는 무엇을 보게 될까요?").
    - 제스처(예, 수반성에 따라 사건을 재공식화하는 동안 손을 왼쪽에서 오른쪽으로 움직여 나가기)
  - 관점취하기를 통해 통찰을 갖게 하라.
    - 대인관계 직시적 구성틀(예, "누군가가 당신에게 그렇게 말한다면, 어떻게 느낄 것 같나요?", "만약 제가 당신의 아내에게 물어본다면, 당신의 기분이 불편한 것에 관해 그녀는 뭐라고 이야기할까요?").
    - 공간 직시적 구성틀(예, "그 회의 중에 테이블 반대편에 당신이 앉아 있었다고 상상해보십시오. 어떤 일이 일어나고 있나요? 장면을 단계별로 기술해보세요.").
    - 시간 직시적 구성틀(예, "시간 여행을 할 수 있다고 상상해보세요. 당신이 작년을 다르게 살아볼 수 있다면 무엇을 해보고 싶나요?", "만약 이런 결정을 내린다면 10년 후에 당신의 삶이 어떻게 될 것이라고 생각하나요?").

기능적 감각 만들기

심리경험을 정상화하기

- 방해되거나 혼란스러운 심리경험을 인간 삶의 정상적인 경험으로 전환하기 위해 대등 구성틀을 사용하라(예, "그건 정상적인 반응이에요.", "당신이 슬픈 건 당연하지요.", "네, 이건 참 힘들죠.").
- 조건부 구성틀을 사용하여 역사적 맥락과 현재 맥락과 반응을 연결하라(예, "당신이

업무에서 받은 피드백을 미루어 보았을 때, 왜 그렇게 생각하는지 이해가 됩니다.", "이런 반응은 당신이 어렸을 때 다툼을 피하는 데 도움 되었겠네요.").

- 관점취하기를 사용하여 공통성을 확립하라(예, "만약 제가 그런 삶의 경험을 겪었다면 저라도 그런 식으로 느낄 것입니다.", "그 정도로 폭력적인 상황에서 자란 사람 누구라도 그런 상황에서 무서움을 느낄 것입니다.", "만약 당신의 가장 친한 친구가 당신 같이 남편을 잃었다면, 그녀가 속상할 것이라 생각할 수 있나요? 그것을 이해할 수 있겠습니까?").

반응의 효과성 평가를 격려하기

- 조건부 구성틀을 결과와 함께 사용하여 반응의 효과성을 평가하라(예, "이렇게 했을 때, ...것들에는 어떤 영향이 있나요?", "그것은 도움이 됩니까?", "지금까지 이런 전략으로 어떤 결과를 얻었습니까?").
- 비교 구성틀을 사용하여 대안 옵션의 효과성을 평가하라(예, "한 편으로 [A라는 행위]을 수행하면 [A라는 결과]가 발생하고, 다른 한편으로 [B라는 행위]를 수행하면 [B라는 결과]가 발생합니다. 어떤 옵션이 당신에게 더 효과적입니까?").
- 계층적 구성틀을 사용하여 보다 상위 목표와 반응을 연결하라(예, "그것을 하는 것이 당신의 삶에서 중요한 부분에 기여하는 방법인가요?", "당신이 그렇게 할 때, 스스로 자신의 가치와 연결되어 있다고 느끼나요?").

반응 유연성 향상시키기

영향력의 원천 주변의 맥락을 변경하기

- 추가 구성틀 없이 맥락을 변경하라(예, 단어 반복하기, 다른 목소리나 다른 말투 및 속도로 생각을 크게 말하기).
- 대등 구성틀을 사용하여 심리경험을 의미 있는 행위와 양립하게 하라(예, "당신은 그녀에게 당신이 그녀를 사랑한다고 말하고 싶습니다. 그리고 당신은 두려움을 느낍니다.").
- 반대 구성틀을 사용하여 더 가벼운 맥락을 만들어라(예, 불손함, 유머: "그것 참 대단한 경험인데요!", "저는 당신이 어느 정도 노출을 열망하는 것을 보았습니다!", "누가 그렇게 두려워하고 싶지 않겠습니까!").
- 계층적 구성틀을 사용하여 명칭과 범주화를 통해 경험을 변형하라(예, "흥미로운 생각

이에요!", "그것이 이런 상황에서 우리가 느낄 수 있는 감정의 일종이군요.").

- 유추 구성틀을 사용하여 다른 상황으로부터 유용한 기능을 가져오라(예, 은유; "당신의 생각들을 시냇물에 떠가는 잎사귀처럼 상상해보세요.", "우리 이 감정의 파도를 서핑해보죠.").

- 관점취하기를 사용해서 거리를 만들라(예, "만약 당신이 다른 사람으로부터 당신이 말한 것을 들었다면, 당신은 어떤 생각이 들까요?", "5년 후에 이 생각에 관해 무엇이라 생각할까요?").

반응 주변의 맥락을 변경하기

- 추가 구성틀 없이 맥락을 변경하라(예, 반영적 경청, 침묵하기, 자세 바꾸기)

- 추가 반응을 유도하기 위해 대등 구성틀을 사용하라(예, "당신이 지금처럼 반응하면서, 또한 다른 반응도 할 수 있을까요?" "그리고 당신이...에 관해 말하고 싶지 않다는 점을 알아차렸을 때, 그것이 당신에게는 어떻게 느껴질까요?").

- 구별 구성틀을 사용하여 다른 반응을 유도하라(예, "만약 당신이 다른 것을 시도해 본다면 어떨까요?").

- 시간/조건부 구성틀을 사용하여 현재의 영향력의 원천을 새로운 반응을 위한 단서로 사용하라(예, "[영향력의 원천]이 나타나는 매 순간에, 의미 있는 무언가를 하기 위해 노력해 봅시다.").

- 유추 구성틀을 사용하여 흥미롭고 즐거운 맥락을 설정하라(예, "이것을 게임처럼 접근해보도록 하죠.", "우리 함께 이 여행을 시작해 봅시다.").

진전을 강화하기

단계별로 강화하기[43]

- 대등 구성틀을 사용하여 행위의 긍정적 속성을 두드러지게 하라(예, "멋지군요.", "잘했습니다.", "그건 큰 진전이네요, 그렇게 생각하지 않나요?", "당신이 그런 진전을 만들어 내는 모습이 보기 좋네요.").

- 구별 구성틀을 사용하여 문제 반응으로부터 효과적인 반응을 구별하라(예, "당신이 어떻게 느끼는 지 염려되기에, 제게 화난다고 말씀해주신 것은 좋지만, 소리를 지르시면

---

43) '의미와 동기 조성하기'에서 행위 실행하기와 검토하기 단락을 참조하라.

제가 당신의 말을 알아듣기 힘듭니다.", "그래서, 당신은 매일 일어날 수 있었네요. 아주 큰 향상이네요, 축하합니다. 다음에는 좀 더 당신의 아파트에서 벗어날 수 있도록 우리가 함께 해볼 수 있는 게 있을지 알아 보려합니다. 어떻게 생각하시나요?").

- 조건 및 시간 구성틀을 사용하여 행위를 바람직한 결과와 연결하라(예, "자, 부인의 말씀을 듣고 보니 그녀와 더 친밀하게 느껴지는 것 같군요. 그게 맞나요?"; "당신이 좀 더 천천히 말씀하시니, 제가 좀 더 잘 이해할 수 있을 것 같네요.").

응종보다 선례따르기를 강화하기[44]

- 새롭고 효과적인 행위와 관련된 이점을 관찰하도록 격려하라.
  - 대등 구성틀을 사용하여 긍정적 경험을 알아차리게 하라(예, "한걸음 더 나아가보는 것은 어땠나요?,""지금 혼자 버스를 타보니 어떤 기분이 드나요?").
  - 대등 구성틀을 사용하여 바람직한 결과를 알아차리게 하라(예, "일찍 잠자리에 드니 어떤 점이 좋아졌는지 알아차렸나요?", "남편과 휴가를 보내기로 결정했을 때, 남편과의 관계에는 어떤 결과가 있었나요?", "금연 후에 건강은 얼마나 좋아졌나요?").
  - 관점 취하기를 사용하여 바람직한 결과에 대한 알아차림을 향상시켜라.
    - 대인관계 직시적 구성틀(예, "자녀들이 포옹을 받는 게 어땠을 것 같아요?", "다른 사람이 이렇게 노력하는 것을 본다면, 그에게 어떤 말을 해주고 싶은가요?").
    - 공간 직시적 구성틀(예, "부모님이 당신이 보낸 크리스마스 카드를 열어볼 때 거기에 있다고 상상해보세요. 무엇을 보게 될 것 같나요?").
    - 시간 직시적 구성틀(예, "자신의 삶에서 이러한 변화를 일으키기 시작한 이후 시간을 되돌아보면, 어떤 개선점이 눈에 띕니까?").
- 예측된 수반성과 체험된 수반성 사이의 상응성을 확인하도록 격려하라 (선행사건 → 반응→ 결과).
  - 유추 구성틀을 사용하여 기대와 실제 경험을 비교하라(예, "지난 주, 미루기를 피하기 위해 당신의 일정을 고정시키고 싶다 하셨지요. 그 계획은 예상대로 작동했나요?", "지난 회기에 화가 나기 시작했다고 느끼면 아내와의 논쟁을 더 이상 키우지 않기 위해 산책을 나가기로 했었지요. 그것은 당신이 바라는 만큼 유용했나요?").
  - 관점 취하기를 사용하여 규칙, 조언, 아이디어의 가치를 평가하라.
    - 대인관계 직시적 구성틀(예, "그렇다면, 가장 친한 친구가 이와 유사한 상황이라면

---

44)'관찰, 기술, 추적'에 관한 단락을 참조하라.

같은 조언을 하실까요?")

  ◦ 시간 직시적 구성틀(예, "지난달에 다시 운동을 시작하는 것이 좋겠다고 생각한 '당신'에게 뭐라고 하시겠습니까? 당신은 옳았나요, 아니면 틀렸나요?").

문제 행동을 약화시키기

바람직하지 않은 결과를 전달하고 보도록 하기

• 대등 구성틀을 사용하여 행위의 부정적인 속성을 보다 두드러지게 만들라(예, "그것이 문제일 것 같군요.", "그게 얼마나 해로울지 알겠습니다.").

• 조건부 구성틀이나 시간 구성틀을 사용하여 행위를 원치 않은 결과와 연결하라(예, "당신이 움츠러드신다면, 제가 당신을 돕기 어려워집니다.", "만일 당신이 다시 술을 마시면 딸을 볼 수 없을 거라고 아내분이 하신 말씀을 기억하시나요? 그것은 당신에게 문제가 되지 않겠습니까?")

• 관점 취하기를 사용하여 원치 않는 결과에 관해 알아차리게 하라.

  • 대인관계 직시적 구성틀(예, "상사가 동료들 앞에서 당신에게 소리친다면 어떤 기분이 들까요?").

  • 공간 직시적 구성틀(예, "아내가 당신이 보낸 심한 문자를 확인할 때 당신도 집에 있었다고 가정해 봅시다. 그녀가 어떤 반응을 보게 될까요?").

  • 시간 직시적 구성틀(예, "지금부터 1년 후에도 당신이 여전히 부모님을 뵙지 않고 있다고 상상해 보세요. 그때는 부모님과의 관계가 어떻게 될 것이라고 생각하시나요?").

차단하기[45]

• 대등 구성틀을 사용하여 관련된 맥락과의 접촉을 유지하라(예, "잠시 이 주제를 계속 다루면 어떨까요?", "좀 전에 제가 질문을 드렸었는데, 우리는 그 질문에서 약간 벗어난 것 같습니다. 그 질문으로 다시 돌아가도 괜찮을까요?").

• 구별/반대 구성틀을 사용하여 보다 유용한 맥락을 향하도록 재조정하라(예, "지금 당장 이 문제를 해결하려 노력하지 않기를 제안합니다. 대신 잠시 속도를 늦추어 보죠.").

---

45) '반응 유연성 향상하기'에 관한 단락을 참조하라

소거하기

• 비언어적 반응을 사용하라(예, 침묵, 시선 접촉 차단, 내담자의 기대와 맞지 않는 얼굴 표정).
• 언어적 반응을 사용하라(예, 대화의 주제를 변경하기, 내담자의 문제 행위를 의도적으로 무시하며 대응하기).

유연한 자기감 만들기 (6장)

경험 알아차림에서 가변성을 발견하기

관점 취하기 안정하기

• 지금-여기에서의 자기 경험을 관찰하도록 격려하라(예, "지금 기분은 어떠신가요? 저와 함께 있는 바로 지금 당신이_____[자아 개념] 인 것처럼 느끼나요?").
➤ 그런 다음 경험들의 변화와 가변성을 관찰하도록 격려하라.
  • 구별 구성틀을 사용하여 차이점에 주의를 가져오라(예, "지금도 똑같나요, 아니면 달라졌나요?", "변화나 가변성을 알아차렸나요?").
  • 비교 구성틀을 사용하여 차원에 따른 차이점을 탐색하라(예, "지금은 더 피곤하다고 느끼시나요?", "이 순간에는 덜 아픈가요?").

관점 취하기 전환하기

• 다양한 맥락을 따라 자기 경험을 관찰하도록 격려하라.
  • 대인관계 직시적 구성틀을 사용하여 다양한 사회적 맥락을 탐색하라(예, "당신이 그룹의 리더일 때 어떤 느낌이 드나요?", "책임자가 아닐 때 어떤 느낌이 드나요?", "당신의 주된 역할이 아버지, 남편, 친구, 동료일 때 당신의 모습을 기술하는 세 가지 대표적인 형용사는 무엇인가요?").
  • 시간 직시적 구성틀을 사용하여 다른 시간을 탐색하라(예, "오늘 아침에는 어떻게 느꼈나요?", "긴 하루의 일과를 마친 다음 당신의 몸은 어떤 것을 경험하게 될까요?").
  • 공간 직시적 구성틀을 사용하여 다양한 위치를 탐색하라(예, "집에 있을 때 어떻게 느꼈나요?", "지인들과 함께 있을 때, 어떤 식으로 어울리나요?").

➤ 그런 다음, 경험의 변화와 가변성을 관찰하도록 격려하라.

- 구별 구성틀을 사용하여 차이점에 주의를 가져오라(예, "이런 다른 상황들, 다른 순간들에서 당신은 같은가요, 아니면 다른가요?", " 가변성이나 변화를 알아차렸나요?").

- 비교 구성틀을 사용하여 차원에 따른 차이점을 탐색하라(예, "당신이 이렇게 다른 맥락에 있을 때 좀 더 슬프게 느끼시나요? 아니면 덜 슬프게 느끼시나요?").

• 다른 관점으로부터 동일한 경험을 관찰하도록 격려하라.

- 대인관계 직시적 구성틀을 사용하여 다양한 사회적 맥락을 탐색하라(예, "당신이 저이고, 당신이 지금 당신이 말하는 걸 들었다고 합시다. 당신은 어떤 생각/느낌이 들겠습니까?").

- 시간 직시적 구성틀을 사용하여 다른 시간을 탐색하라(예, "1년 전에는 오늘의 당신이 어떤 모습일 것이라고 상상했습니까?", "내일, 바로 지금 당신이 느끼는 것을 떠올려 본다고 할 때, 어떤 생각이 들 것 같습니까?").

- 공간 직시적 구성틀을 사용하여 다양한 위치를 탐색하라(예, "당신이 저쪽 편에 앉아서 여기의 당신을 관찰하고 있다고 그려보세요. 무엇을 보게 될 것 같나요?").

➤ 그런 다음, 변형된 경험을 관찰하도록 격려한다.

- 구별 구성틀을 사용하여 차이점에 주의를 가져오라(예, "이 경험을 다른 관점에서 보니, 이런 감각이 같은가요 아니면 다른가요?", "이 경험을 다른 관점에서 바라본다면, 지금의 당신과 같은 방식으로 보게 될까요? 아니면 다르게 볼까요?").

- 비교 구성틀을 사용하여 차원에 따른 차이점을 탐색하라(예, "다른 순간으로 부터 당신 자신을 관찰해보면, 스스로에게 좀 더 비판적으로 느껴지나요, 아니면 덜 비판적으로 느껴지나요?").

관점 취하기에서 안전성 발견하기

경험 전반에서 공통된 관점 취하기 활동을 관찰하도록 격려하기

• 대등 구성틀을 사용하여 유사성에 주의를 가져오라(예, "동일하게 지속되는 것은 무엇인가요?", "변하지 않는 것은 무엇인가요?", "이러한 모든 경험 전반에서 공통적인 것은 무엇인가요?", "생각과 경험에 상관없이 항상 이런 상황에서도 항상 당신이 하고 있는 무언가가 있나요?").

관점 전반에서 공통된 관점 취하기 활동을 관찰하도록 격려하기

• 대등 구성틀을 사용하여 유사성에 주의를 가져오라(예, "이러한 여러 관점들 모두에서 공통된 부분은 무엇인가요?", "당신이 어디에 서 있든 항상 하고 있는 무언가가 있나요?").

맥락에서 일관성 찾기

자기의 계층적 차원 강조하기

• 자기와 경험 사이에 계층적 구성틀을 사용하라(예, "당신은 자신이 어리석다는 생각을 가지고 계신가요?", "여기에 뭔가 불편하게 만드는 부분이 있나요?", "당신은 인생에서 자신이 가진 역할 중 하나가 엄마가 되는 것이라고 말하고 있군요.").
• 유추 구성틀을 사용하여 자기의 계층적 차원을 더욱 구체적으로 만들라(예, "만일 당신이 하늘이고, 당신의 생각과 감각은 날씨와 같다면 어떨까요?").

자기와 경험 사이의 구별을 강조하기

• 자기와 경험 사이의 구별 구성틀을 적용하라(예, "이 감각을 느낄 수 있다면, 당신이 이 감각이 아니거나 적어도 이 감각만은 아니겠죠. 그렇죠? 그렇다면, 이 감각이 아닌 당신의 어떤 부분이 있습니까?").
• 대등 구성틀을 사용하여 자기 평가가 경험을 향하도록 재조정하라(예, "당신은 자신이 멍청하다고 말했습니다. 어떤 점에서 스스로 멍청하다고 발견한 것인가요?", "당신이 완전히 무너졌을 때 어떤 종류의 감각을 느꼈나요?").

상호작용 내에서 책임감 찾기

맥락변수의 영향을 관찰하도록 격려하기

• 대등 구성틀을 사용하여 선행사건과 역사를 탐색하라(예, "당신이 이런 식으로 행동하도록 이끌었던 것은 무엇이라고 생각하나요?", "바로 직전에 무슨 일이 있었나요?", "당신의 역사에서 이런 반응을 설명할 수 있는 것은 무엇인가요?").
• 관점취하기를 사용하여 선행 및 역사에 관한 인식을 향상시키라.
  • 대인관계 직시적 구성틀(예, "당신이 저였다면, 당신의 행동을 유발했던 것이 무엇이라고 생각할까요?", "당신의 가장 친한 친구가 같은 방식으로 반응했다면, 당신은

그것을 어떻게 설명할 것 같나요?").

- 시간 직시적 구성틀(예, "당신이 어린 시절 이런 상황에서 같은 반응을 했던 것을 떠올려보세요. 이런 반응의 원인이 무엇이라고 말하고 싶나요?").
- 공간 직시적 구성틀(예, "당신이 청중으로 자신의 연설을 듣고 있다면, 왜 목소리가 떨리는지 설명해 주는 첫 번째 생각은 무엇인가요?").

행동의 영향을 관찰하도록 격려하기

- 대등 구성틀을 사용하여 행위-결과의 관계를 탐색하라(예, "당신이 ＿＿＿을 하면 어떤 일이 생기게 되나요?", "당신은 어떻게 ＿＿＿를 할 수 있나요?", "힘든 일인가요? 어떻게든 그것을 해내기 위해 무엇을 하시나요?").
- 관점취하기를 통해 결과에 관한 알아차림을 향상시키라.
  - 대인관계 직시적 구성틀(예, "부인에게 말하는 방식으로, 그녀가 당신에게 말한다면, 어떤 느낌일 것 같나요?").
  - 시간 직시적 구성틀(예, "당신이 이 결정을 내린 이후 무슨 일이 일어났는지 되돌아보면, 일년 후 무엇을 보게 될 것 같습니까?").
  - 공간 직시적 구성틀(예, "당신이 일어나 일하러 가기로 결심했을 때, 그날 하루를 쭉 보여 주는 영화를 시청한다고 상상해봅시다. 그 영화에서 당신에게 보게 될 일어난 결과들은 무엇인가요?").

의미와 동기 조성하기 (7장)

삶의 의미 구축하기

지속적인 의미의 원천(행위의 속성 및 가장 중요한 목표)을 파악하고 구축하도록 돕기

- 의미의 원천을 탐색하라.
  - 특정 행위와 목표로부터 지속적인 의미의 원천을 유도하도록 격려하라.
    - 대등 구성틀을 사용하여 유사성에 주의를 가져오라(예, "이러한 행위/목적/흥미 모두가 가지는 공통점은 무엇인가요?").
    - 구별 구성틀을 사용하여 차이점에 주의를 가져오라(예, "어떻게 해서 다른 것이 아니라 이것이 목표가 되었나요?").

◦ 비교 구성틀을 사용하여 차원에 따른 차이를 탐색하라(예, "이 행위가 다른 행위보다 더 보람이 있다는 것에 관해 어떻게 생각하나요?").

◦ 유추 구성틀을 사용하여 비슷하지만 다른 기능을 탐색하라(예, "이 행위의 목적은 다른 행위의 기능과 어떻게 비슷한가요/다른가요?").

◦ 조건부 구성틀을 사용하여 행위와 목표의 기능을 파악하라(예, "그 목표를 달성한다면, 당신의 삶은 어떻게 개선될까요?").

◦ 계층적 구성틀을 사용하여 상위 목표를 파악하라(예, "이 행위는 무엇의 일부인가요? 무엇에 기여하나요?").

• 관점 취하기를 통해 의미의 원천과 재연결 할 수 있도록 격려하라.

◦ 대인관계 직시적 구성틀을 사용하여 다양한 사회 맥락을 탐색하라(예, "아이가 태어나 아이를 안고 있을 때, 당신은 그 아이를 위해서 어떤 소원을 빌었나요?", "제가 당신의 가장 친한 친구들에게 당신에게 가장 중요한 게 무엇인지 묻는다면, 그들은 무엇을 말할까요?", "만약 당신이 [내담자가 존경하는 어떤 이]라면, 당신의 삶은 어떻게 달라질까요?").

◦ 시간 직시적 구성틀을 사용하여 다른 시간을 탐색하라(예, "어렸을 때, 어른이 된 자신에 대해 어떻게 상상했나요?", "시간 여행이 가능해서 10년 뒤의 당신을 찾아갔다면, 어떤 모습이길 기대하나요?", "당신이 삶에서 가장 만족스러웠던 시간으로 저를 데려가주세요.").

• 가능성 있는 행위와 목표를 탐색하여 의미의 원천을 창조하도록 격려하라.

◦ 대등 구성틀을 사용하여 상상력을 격려하라(예, "모든 것이 가능하다면 어떨까요?", "기부하거나 투자할 10억원이 있다면 어떻게 하시겠습니까?").

◦ 조건부 구성틀과 비교 구성틀을 사용하여 비교를 통한 상상을 격려하라(예, "당신의 삶이 좀 더 커진다면, 무엇을 위한 여지가 있을까요?", "자신을 위한 더 많은 시간이 더 주어진다면, 무엇을 하시겠습니까?").

• 내재적 강화를 강조하라.

• 응종을 약화시켜라.

◦ 구별/반대 구성틀을 사용하여 사회적 영향력을 제거하라(예, "당신이 이 학위를 취득한 걸 아무도 알지 못하더라도, 여전히 이를 위해 노력할까요?", "아무도 당신을 보고 있지 않다면, 무엇을 하시겠습니까?").

- 대등 구성틀을 사용하여 사회적 영향력을 비수반적으로 만들어라(예, "당신이 어떤 선택을 하든 모든 이가 당신을 사랑한다면, 당신은 자신의 삶에서 무엇을 하고 싶습니까?").
- 외부 결과와 자기 개념의 영향력을 약화시켜라
  - 구별/반대 구성틀을 사용하여 결과를 제거하라(예, "배우자에게 더 잘해주어도 상대는 당신과 더 많은 시간을 보내길 원하지 않는다 하더라도, 여전히 배우자에게 잘 대하길 원합니까?").
  - 대등 구성틀을 사용하여 결과를 비수반적으로 만들어라(예, "당신이 하는 직업에 관계없이 많은 돈을 벌 수 있다면, 어떤 직업을 선택하시겠습니까?").
  - 대등 구성틀을 사용하여 자기-개념을 행위의 속성으로 변형하라(예, "그럼, 당신은 멋진 사람이 되고 싶군요. 멋진 사람이라면 어떻게 행동할 것 같나요?").
- 정적 강화를 강조하라.
  - 대등 구성틀을 사용하여 추가된 경험에 주의를 가져오라(예, "이 목표를 달성하는 것은 /이 행위를 하는 것은 어떤 점에서 도움이 되나요?", "이런 행위를 할 때, 안도감 이외에 경험하게 되는 다른 것도 있나요?", "당신의 경험에 더해진 것이 있나요?").
  - 반대/구별 구성틀을 사용하여 부적 강화의 원천을 제거하라(예, "그 부담이 없어진다면 삶에서 어떤 식으로 더 나아질까요?", "이 성가신 것에 신경 쓰이지 않는다면, 무엇을 하고 있을까요?).
  - 유추와 반대 구성틀을 사용하여 다른 상황으로부터 유용한 기능을 가져오라(예, "만약 통증이 동전의 한쪽 면이라면 뒤집으면 무엇을 발견할 수 있을까요?").

의미 있는 행위 패턴 구축하기

- 행위와 계층의 정점을 연결하도록 격려하기.
  - 계층 구성틀을 사용하여 전체로부터 부분을 유도하라(예, "[행위의 속성]을 가진 삶을 살기 위해 당신이 할 수 있는 것은 무엇인가요?").
  - 조건부 구성틀을 사용하여 광범위한 행위의 속성과 가장 중요한 목표를 향한 단계들을 파악하라(예, "당신이 [행위의 속성] 하다면, 무엇을 하고 있을까요?", "당신이 그 목표 방향으로 다가갈 수 있도록 지금 취할 수 있는 행위는 무엇이 있을까요?").
  - 관점취하기를 사용하여 가능성 있는 행위에 관한 인식을 높여라.

- 시간 직시적 구성틀(예, "지금부터 1년 후 자신의 삶을 되돌아본다면, 당신이 자비롭게 살아왔다는 점을 어떻게 알 수 있을까요?").
- 대인관계 직시적 구성틀(예, "당신이 아는 사람 중에 가장 인내심이 높은 사람은 누구인가요? 그 사람이 어떻게 할 때 당신은 그의 인내심에 감탄하게 되나요?").

• 계층의 기저에 가변성을 구축하도록 돕기
  • 대등 구성틀을 사용하여 공통의 상위 기능을 지닌 행동군을 발견하라(예, "...를 위해 할 수 있는 다른 것이 무엇일까요?", "아직도 ...의 일부인 다른 것을 당신이 할 수 있을까요?").
  • 비교 구성틀을 사용하여 다양한 진폭의 행위를 파악하라(예, "여전히 ...에 기여하지만, 하루가 걸리진 않고 5분이면 할 수 있는 것은 무엇이 있을까요?", "가진 돈이 적다면 같은 목적을 위해서 할 수 있는 것에는 무엇이 있나요?").
  • 구별/반대 구성틀을 사용하여 대안 행위를 발견하라(예, "당신이 아파서 ...를 할 수 없다면, 여전히 무엇이 가능할까요?", "배우자에게 사랑의 느낌이 없다하더라도, 사랑으로 그녀에게 할 수 있는 행동에는 무엇이 있을까요?", "다쳐서 하이킹을 갈 수 없다면, 자연과 연결되기 위해 할 수 있는 다른 것에는 무엇이 있을까요?").

지속 가능한 동기 조성하기

행위 준비하기

• 강화를 추적하고 증진하도록 돕기.
  • 미래의 행위와 의미의 원천 간의 연결을 격려하라.
    - 계층 구성틀을 사용하여 잠재적 행위를 의미의 원천에 연결하라(예, "그렇게 한다면, 그것은 무엇에 기여할까요?", "어머니께 전화 드리는 것은 무엇에 기여하는 것인가요?", "그 행위가 당신이 짓고 있는 집에 벽돌 한 장을 추가하는 것과 같다면, 당신 삶에서 이 집은 무엇인가요?").
    - 조건부 구성틀을 사용하여 잠재적 행위를 가장 중요한 목표와 연관된 특정 목표에 연결하라(예, "이 행위를 하면, 목표에 한걸음 더 다가가는 것 같나요? 어떤 목표인가요? 이 목표는 당신의 삶에서 더 큰 무언가와 연결되어 있습니까?").
  • 긍정적 경험과 미래의 행위 간에 연결을 격려하라.
    - 대등 구성틀을 사용하여 긍정적 경험에 주의를 가져오라(예, "2년 만에 처음으로

엄마와 이야기 나누는 것은 무엇과 같다고 생각하나요?", "지난번에 남편과 함께 보낸 시간 동안 당신이 기억하는 긍정적 감각에는 무엇이 있나요?").

- ◦구별/반대 구성틀을 사용하여 차이에 주의를 가져오라(예, "당신이 혼자서 간직할 때 가질 수 없지만, 배우자와 느낌을 나눌 때 자주 가지게 되는 좋은 느낌은 무엇 인가요?").
- ◦비교 구성틀을 사용하여 차원에 따른 차이에 주의를 가져오라(예, "당신이 직업을 바꾼다면 직장에서 어떤 일을 더 많이 하고 싶습니까?").
  - ◦유추 구성틀을 사용하여 다른 상황으로부터 유용한 기능을 끌어오라(예, "당신이 아이를 포옹하고 있을 때의 느낌을 나타낼 수 있는 그림이나 노래가 있다면 어떤 것일까요?").
  - ◦직시적 구성틀을 사용하여 다른 대인관계, 시간, 공간 맥락을 탐색하라(예, "당신이 딸의 축구 경기에 참석하겠다고 말한다면, 딸은 어떻게 느낄까요?", "다음 회기에 와서 당신이 그 구직 면접에 참가했다고 말한다면 어떤 느낌이 들 것이라 생각하나요?").

- 장애물을 탐색하고 극복하기[46]
  - 관찰/기술/추적을 격려하라.
  - 기능적 감각을 만들도록 격려하라.
  - 장애물을 행동할 기회와 진전의 지표로 삼아 반응 유연성을 높여라(예, "배우자의 비판을 자비심을 베풀 기회로 여겨본다면 어떨까요?", "당신의 두려움은 이 일을 하는 것을 중요하게 여긴다는 증거가 아닐까요?").

행동 실행하기

- 강화를 추적하고 증진하도록 돕기.
  - 현재 행위와 의미의 원천 간의 연결을 격려하라.
    - ◦계층 구성틀을 사용하여 행위를 가장 중요한 목표와 행위의 속성과 연결하라(예, "당신이 강박 의식 없이 더러운 것을 만진 채 머물러 있는 것이 당신에게 왜 중요한지 제게 다시 말씀해주실 수 있을까요?").
    - ◦조건부 구성틀을 사용하여 행위를 의미의 원천과 연관된 목표 단계에 연결하라

---

46)'행동변화 활성화와 조형하기'에서 유사한 기술 단락을 참조하라.

(예, "아내와 친밀감을 형성하기 위한 한 단계로, 지금 자신의 느낌을 저와 함께 공유해보는 건 어떤가요?").

- 긍정적인 경험과 현재 행위 간의 연결을 격려하라.
  - 대등 구성틀을 사용하여 긍정적인 경험에 주의를 가져오라(예, "바로 지금 당신에게 중요한 무엇을 하는 것은 무엇과 같은가요?", "당신 몸에서는 무엇을 느끼나요?").
  - 구별/반대 구성틀을 사용하여 차이에 주의를 가져오라(예, "조금 전까지는 느끼지 못했지만, 지금 느껴지는 긍정적인 느낌은 무엇인가요?").
  - 비교 구성틀을 사용하여 차원에 따른 차이에 주의를 가져오라(예, "당신이 조금 전보다 더 많이 느껴지는 무엇이 있나요?", "몸에서 느껴지는 감각이 이전보다 보다 유쾌하게 느껴지나요?").
  - 유추 구성틀을 사용하여 다른 상황에서 유용한 기능으로 주의를 가져오라(예, "지금 당신에게 느껴지는 것이 그림이거나 노래라면, 그것은 어떤 그림이나 노래일까요?").
  - 직시적 구성틀을 사용하여 다른 대인관계, 시간, 공간 맥락을 탐색하라(예, "이번 단계를 수행한 것이 2시간 후쯤에는 어떻게 느껴질까요?").
- 장애물 극복을 돕기[47].
  - 기능적 감각을 만들도록 격려하라.
  - 장애물을 행동할 기회와 진전의 지표로 삼아 반응 유연성을 높여라(예, "이 논쟁하고 싶은 촉박감을 경청하라는 신호로 여겨보면 어떨까요?", "오직 많은 [행위의 속성]을 지닌 사람만이, [장애물]이 있더라도 [의미있는 행위]를 하게 될 것입니다.").

행동 검토하기

- 강화를 추적하고 증진하도록 돕기.
  - 완수한 행위와 의미의 원천 간의 연결을 격려하라.
    - 계층 구성틀을 사용하여 행위를 가장 중요한 목표 및 행위의 속성과 연결하라(예, "자해하는 대신 도움을 요청한 것은 무엇을 위한 것인가요?").
    - 조건부 구성틀을 사용하여 행위를 의미의 원천과 연관된 목표 단계에 연결하라

---

47) '행동변화 활성화와 조형하기'에서 유사한 기술 단락을 참조하라.

(예, "이 행위를 통해 추구하는 목표는 무엇인가요?", "이 목표가 당신의 가치 중하나와 어떻게 연결되어 있나요?").

- 긍정적인 경험과 완수한 행동 간의 연결을 격려하라.
  - 대등 구성틀을 사용하여 긍정적 경험에 주의를 가져오라(예, "자녀에게 사랑한다고 말하는 것은 어땠나요?", "친구들과 이야기할 때 느꼈던 감각은 무엇인가요?").
  - 구별/반대 구성틀을 사용하여 차이점에 주의를 가져오라(예, "자신의 특별한 순간을 경험하면서 어떤 다른 경험을 가졌을까요?").
  - 비교 구성틀을 사용하여 차원에 따른 차이에 주의를 가져오라(예, "침대에 누워있는 대신 일어났을 때, 무언가 더 유쾌한 느낌이나 감각이 있었나요?").
  - 유추 구성틀을 사용하여 다른 상황으로부터 유용한 기능을 끌어오라(예, "그 행위를 한 순간이 당신이 좋아하는 쇼의 에피소드라면, 그것은 시청할만한 유쾌한 에피소드가 될까요?").
  - 직시적 구성틀을 사용하여 다양한 대인관계, 시간, 공간 맥락을 탐색하라(예, "이 행위를 하면서 찍은 사진이 있어서 지금 우리가 그것을 보고 있다면, 저는 당신의 얼굴에서 어떤 표정을 보게 될까요?").

- 장애물을 극복하도록 돕기[48]
  - 관찰/기술/추적을 격려하라.
  - 기능적인 감각을 만들도록 격려하라.
  - 장애물을 행동할 기회와 진전의 지표로 삼아 반응 유연성을 높여라(예, "당신은 [장애물]이 있는 상태에서 그 [행위]를 했을 때, 행위의 속성이 많이 나타났나요.", "그건 마치 웨이트 운동을 하고 난 후 느끼는 근육의 통증 같은 것이지요. 힘을 얻고 있다는 신호 말이죠.").

---

48)'행동변화 활성화와 조형하기'에서 유사한 기술 단락을 참조하라.

이 책에 사용된 용어의 실용적 정의

이 용어집을 통해 독자들이 용어를 비교적 일반적인 언어로 정의하길 바란다. 여기서 제시된 정의는 관계구성이론 및 맥락행동과학에서 정의하고 있는 개념보다, 이 책 맥락 속에서 사용되어진 좀 더 실용적인 정의이다.

적응 정점 Adaptive peaks: 유익한 미래의 발전을 위한 기반을 제공하지 못하는 적응의 유리한 결과. 예로서는, 자녀가 학교 성적이 좋지 않을 때 부모는 자녀가 더 나은 결과를 얻을 수 있도록 처벌을 통해 성공적으로 결과 달성을 할 수는 있겠지만, 그 처벌은 한편으로는 졸업 이후에 지속적인 학습 욕구를 발달시키지 못하도록 막을 수도 있다.

유추 구성틀 Analogical framing: 두 관계 집합 간의 대등이나 동등성을 확립하는 상징 관계 반응의 범주. 예를 들면, "감정을 부정하려 애쓰는 것은 물속에서 공을 누르는 것과 같다"는 문장에서 두 조건부 관계 사이 동등 관계가 있다("감정을 부정하면, 결국 돌아올 것이다.", "만약 공을 물속으로 밀어 넣어도, 다시 떠오를 것이다").

증진 Augmenting: 새로운 상징 결과를 가져오거나, 행위의 명백한 결과가 지닌 영향을 바꾸는 관계 구성틀(즉, 언어나 인지)의 형태. 이러한 결과는 다소 혐오적일 수도, 바람직할 수도 있다. 예를 들어, 스스로에게 "오늘 밤 늦게까지 일하면, 이번 주말에 일하지 않아도 되고, 푹 쉴 수 있을 거야"라고 말하면, 늦게까지 일하는 결과가 좀 더 바람직해진다. 행위를 의미의 원천에 연결하는 것도 증진의 한 형태이다(예, "저녁은 집에서 보낼 거야. 가족들과의 친밀감을 쌓는 데 도움 될 거야").

행동 Behavior: 맥락에 따른 반응으로 사람이 하는 모든 것. 예로서, 배고픔을 느끼고 먹는 것은 배고픈 느낌을 줄여주기 때문이다. 행동은 생각하기, 기억하기, 주의두기, 느끼기, 지각하기 및 감각 경험하기sensing와 같은 '정신적 행위'를 포함한다.

일관성 Coherence: 관계반응의 상대적인 일치성으로 정의되는 언어 및 인지(즉, 관계 구성틀)의 핵심 속성. 상징관계는 상호함의와 조합함의가 발생하기 위해서 동일한 네트워크 내에서 서로 충분히 일치해야 한다. 예를 들어, "chair"라는 단어가 실제 의자와 동등하고, cadeira 역시 실제 의자와 (브라질에서) 동등하다면, "cadeira"라는 단어는 "chair"와 동등하다. 두 단어가 동등하지 않거나 실제 의자가 "chair"나 "cadeira"가 아니라고 한다면 일관성이 없는 것으로 간주된다. 화자와 청자가 서로를 이해하기 위해서 유사한 관계를 유도해야 하므로, 언어에서 어느 정도의 일관성은 필수적이다 (즉, 화자가 "chair"나 "cadeira"를 말할 때, 청자는 이러한 단어가 실제 의자를 의미한다는 것을 이해할 수 있어야 한다).

조합함의 Combinatorial entailment: 상징관계가 네트워크로 결합될 수 있는 관계구성틀의 핵심 원리. 예를 들어 "silla"가 프랑스어 "chaise"에 해당하는 스페인어 단어이고 "chaise"가 영어로 "chair"에 해당한다는 것을 알면 "silla"가 의자를 의미한다는 것으로 추론할 수 있다. 조합함의는 세 가지 사건을 연결하는 적어도 두 개의 확립된 관계가 있는 한 무한한 숫자의 관계로 나타날 수 있다.

비교 구성틀 Comparative framing: 하나의 사건을 주어진 차원을 따라 다른 사건보다 높거나 낮게 확립하는 상징적 관계반응의 범주. 예를 들어 "말이 고양이 보다 크다"라는 문장에서 "말"과 "고양이"는 크기에 따른 비교 관계에 있다.

조건부 구성틀 Conditional framing: 하나의 사건이 다른 사건(들)을 조건화하도록 확립하는 상징적 관계반응의 범주. 예를 들어 "창문을 열면 방이 더 시원해"라는 문장에서 창문을 여는 것과 방의 온도는 조건 관계에 있다.

맥락 Context: 생물학적, 사회적, 문화적 기반, 발달 및 학습력, 사람의 현재 내적(인지적, 정서적) 및 외부적 환경을 포함하는, 한 인간의 행동에 영향력을 주는 역사적, 상황적 원천. 예를 들어 수 시간동안 굶고 나서 생긴 배고픔은 먹는 행동에 영향을 줄 수 있는 맥락이 된다.

맥락 민감성 Context sensitivity: 맥락의 다양한 요소를 알아차리고 반응하는 정도.

맥락행동과학 Contextual behavioral science: 과학 철학으로서의 기능적 맥락주의, 언어와 인지에 접근하는 관계구성이론과 순수한 상향식 보다는 그물망식reticulated 발전 전략을 기반으로 하는 행동분석의 현대적 전체론적 버전이며, 행동 분석을 현대 진화 과학의 일부로 본다.

맥락 단서 Contextual cues: 관계반응을 일으키거나, 그 양상을 변경시키는 맥락적 요소. 어떤 단서는 특정 유도 관계를 일으킬 수 있다(RFT문헌에서 이런 '관계적 맥락'을 'Crel'이라고 한다). 예를 들어 "고양이가 검다The cat is black"라는 문장에서 "~가 ~다is"는 고양이와 검정 사이에 대등 관계 반응을 일으킨다. 다른 단서는 자극 기능의 변형과 관계된 기능을 지정한다(RFT문헌에서 이런 '기능적 맥락'을 'Cfunc'이라고 한다). 예를 들어 "이 꽃향기는 어떤가요?"라는 문장에서 "향기"가 그 단서로 기능한다.

대등 구성틀 Coordination framing: 두 개 혹 그 이상의 사건들이 동반되도록 확립하는 상징적 관계 반응의 범주. 예를 들어 이들 간의 동등성, 유사성, 호환성compatibility에 의해 정당화된다. 예를 들어 "고양이는 검다"라는 문장에서 "고양이"와 "검다"는 대등 관계에 있다.

직시적 구성틀 Deictic framing: 하나의 사건과 다른 또는 더 많은 사건들을 참조나 관점적 관계로 확립하는 상징적 관계 반응의 범주. 예를 들어, "나는 바로 여기 당신 뒤에 있다. 나는 거기서 당신을 볼 수 있다"는 문장에서 "나"와 "당신"(대인관계적 관점), 그리고 "여기"와 "거기"(공간적 관점)는 직시적 관계이다.

유도 Derivation: 직접 훈련되지 않은 상징관계의 생성. 예를 들어, "Chaise"가 "chair"를 의미하고, "chaise"가 "silla"를 의미한다고 들었다면(직접적으로 훈련된 관계), "silla"가 "chair"를 의미한다고 유도할 수 있다(직접적으로 훈련된 관계가 아님).

구별 구성틀 Distinction framing: 둘 이상의 사건을 서로 다른 것으로 확립하는 상징적 관계 반응의 범주. 예를 들어, "그 고양이는 검은색이 아니다"는 문장에서 "고양이"와 "검은색"은 구별 관계에 있다.

본질적 일관성 Essential coherence: 상징적 관계 네트워크와 사건의 요구된 속성claimed *properties* 사이의 *내재된 동등성 관계*에 기반하여 일관성에 도달하는 방식. 따라서 본질적 일관성에서, 사람들은 자신들의 경험과 *내재적으로 부합*한다면 그들의 개념이나 아이디어가 일관되다고 간주한다. 예를 들어, "결혼은 남성과 여성의 결합으로 *정의된다*"는 이유로 동성 결혼을 거부하는 사람은 본질적 일관성에 추동되고 있는 것이다.

체험회피 Experiential avoidance: 원치 않는 느낌, 감정, 감각과 접촉하는 것을 줄이고, 제거하고, 도망치려는 행동. 예를 들어 어떤 환자는 불안을 줄이기 위해 술을 마신다.

체험적 심리치료 Experiential psychotherapy: 규칙, 교훈 및 심리 교육 활용을 넘어 내담자가 자신의 경험에 접촉하고 관찰하는 데 도움이 되는 기법의 사용을 강조하는 심리치료.

유연한 맥락 민감성 Flexible sensitivity to the context: 맥락의 다양한 특징을 알아차리고, 가장 관련성이 높은 것에 반응하는 능력. 예를 들어, 파란 불에도 아이가 도로 한가운데 서 있기 때문에 차를 멈추는 운전자는 유연한 맥락 민감성을 보여 준다.

기능 Function: 자극의 기능은 행동에 대한 영향 또는 효과이다. 예를 들어, 시끄러운 벨소리는 사람을 놀래키는 기능을 가질 수 있다. 자극의 *상징기능*은 관계 구성틀로 인한 자극의 *의미*로도 이해될 수 있다. 예를 들어, 시끄러운 벨소리는 수업이 끝났다는 것을 의미할 수도 있다.

행동의 기능은 그것이 가지는 맥락에서의 영향 또는 효과다. 예를 들어 술 마시기는 불안을 줄이는 기능을 가질 수 있다.

기능적 일관성 Functional coherence: 주로 상징적 관계 네트워크와 사건의 요구된 속성 claimed properties 사이의 *조건 관계*에 기반한 일관성에 도달하는 방식. 따라서 기능적 일관성에서, 사람들은 *경험에 대한 영향이 목표와 일치하면* 개념이나 생각이 일관된다고 여긴다. 예를 들어, 신발의 뒤꿈치를 이용하여 못을 박는 사람은 기능적 일관성을 드러낸다.

기능적 맥락주의 Functional contextualism: (과학자들의 행동을 포함해서) 행동은 오로지 맥락과의 기능적 관계를 통해서만 이해될 수 있다고 주장하며, 정확성, 범위, 깊이를 갖춘 예측과 영향을 분석적 목표로 설정하는 실용적 과학 철학.

습관화 Habituation: 반응을 촉발하는 자극에 지속적, 반복적 노출로 인한 반사 반응의 감소(예, 시끄러운 소리를 여러 번 들은 후 더 이상 놀라지 않게 됨).

계층적 구성틀 Hierachical framing: 한 사건과 다른 사건(들) 사이에 계층, 포함, 범주, 또는 귀속 관계를 확립하는 상징적 관계 반응의 범주. 예를 들어, "고양이는 고양이 과에 속한다"는 문장에서 고양이와 고양이 과는 계층(범주) 관계에 있다.

부정확한 선례따르기 Inaccurate tracking: 규칙이 지정한 결과가 실제 경험과 일치 하지 않음에도, 그 결과에 접촉하기 위해 규칙을 따르는 것. 이런 경우 규칙 따르기는 규칙에 의해 진술되지 않았거나, 혹은 명확하게 진술되지 않은 다른 자연적 결과를 통해 강화된다. 예를 들어, 내담자가 사회 생활을 개선하기 위해 술을 마시지만, 실제로는 장기적으로 자신의 관계를 해친다. 음주는 아마도 음주 직후의 불안 감소로 강화될 것이다. 단기 및 장기 결과의 차이는 규칙에 명시되어 있지 않다.

적용할 수 없는 선례따르기 Inapplicable tracking: 규칙 따르기가 실제로는 불가능함에도, 규칙이 지정한 결과와 접촉하기 위해 규칙을 따르려는 시도, 이런 경우 규칙 따르기는 규칙에 의해 진술되지 않았거나, 혹은 명확하게 진술되지 않은 다른 자연적 결과를 통해 강화된다. 예를 들어, 내담자는 자신이 연루된 차 사고에 관해 반추하면서, 자신이 그렇게 빨리 운전하지 않았으면 하고 다른 결과를 기대 한다(반추는 짧은 불안의 감소로 강화될 수 있지만, 실제로 일어난 변화에 의해 강화되는 것은 아니다).

내재된 관계 Intrinsic relations: 사회적 맥락과 무관한 특성에 기반한 관계(예, 검은 고양이와 검은 개는 사회적 맥락에 의존하지 않는, 자신들의 색에 기반한 유사성이 내재된 관계이다). 일부 동물들은 이러한 유형의 관계를 유도할 수 있다.

언어와 인지 Language and cognition: 사건 간 상징관계를 구축하고 반응하는 학습된 행동. RFT에서 이러한 행동은 '관계 구성틀relational framing'과 동의어이다.

상호함의 Mutual entailment: 두 사건 사이 상징관계가 양방향이어야 한다는 관계구성틀의 핵심 원리. 이 양방향성은 상호함의된 관계의 유도를 가능하게 한다. 예를 들어, 우리가 프랑스어로 "chaise"가 "chair"를 뜻한다고 배우면, 영어로 "chair"가 "chaise"를 의미한다고 유도할 수 있다.

조작적 학습 Operant learning: 특정 상황에서의 행위에 특정 결과가 뒤따랐던 과거 영향력 하에 발생한 학습(예, 높은 곳을 피하면 공포가 줄어들기에 이를 학습하게 된다).

반대 구성틀 Opposition framing: 두 개 이상의 사건들이 서로 반대되도록 확립하는 상징적 관계 반응의 범주. 예를 들어, "외출하고 싶은데, 바깥이 춥다"라는 문장에서 외출과 외부 기온은 반대 관계에 있다. 둘은 양립할 수 없는 것으로 기술된다.

응종 Pliance: 규칙에 지정된 행위와 수행된 행위 사이의 일관성을 주목하고 보상하는 다른 사람들의 역사가 있기 때문에 규칙을 따르는 것. 응종에서 그 규칙 자체를 따르는 것은 사회적 승인이 강화의 주 원천이다(예, 차가 주변에 없는데도 빨간 불에서 멈추는 것은, *사람이면 그래야 하기 때문이다*).

관계구성이론 Relational frame theory: 맥락의 영향을 받는 학습된 행동으로써 언어와 인지에 접근하는 맥락 행동 이론.

관계구성틀 Relational framing: 사건들 사이에 상징관계를 구축하거나 유도하는 것 (즉, 언어와 인지).

관계 학습 Relational learning: 사건들 사이의 내재적이거나 상징적 관계 영향력 아래서 발생한 학습.

반응적 학습 Respondent learning: 자극 간의 연합의 영향력 아래서 발생한 학습(예, 차 사고 이후 고통과 자동차의 연합으로 자동차에 대한 공포를 학습).

규칙 Rule: 행위와 맥락 사이의 조건부 관계를 지정하는 상징적 관계의 집합(예, 창문을 열면, 더 시원해질 거야).

사회적 일관성 Social coherence: 상징관계 네트워크와 사회 공동체에서 기대하는 것 사이의 동등한 관계에 기반하여 일관성에 도달하는 방식. 따라서 사회적 일관성에서 사람들은 개념이나 아이디어가 *사회적으로 승인된 것과 부합하면* 일관성 있다고 여긴다. 예를 들어, "동성인 두 사람의 결혼은 *우리 사회의 규범이 아니다*"이기 때문에 동성 결혼에 반대하는 사람은 사회적 일관성에 추동된다.

사회 학습 Social learning: 타인의 행동의 영향력 아래서 발생한 학습(예, 음식점에서 다른 사람이 문을 여는 것을 보고 화장실을 찾는 방법을 학습하는 것).

상징 일반화 Symbolic generalization: 관계 구성틀의 과정을 통해 하나의 자극 기능을 다른 자극으로 일반화하는 것. 예를 들어, 개미가 거미와 비슷하다는 말을 들은 아이가 개미를 무서워하게 된다.

상징관계 Symbolic relations: 관련된 사건의 내재된 특성만이 아닌, 사회적 관습과, 단서로 확립된 맥락에 기반한 관계. 예를 들어 10센트 동전과 같이 물리적으로 작은 동전이 물리적으로 큰 동전인 5센트짜리보다 가치가 더 크다고 말할 수 있다.

(1)선례따르기, (2)추적 Tracking: (1) 규칙에 명시된 결과에 접촉한 이력에 의해 강화되었기 때문에 규칙을 따르는 것. 예를 들어, 맛있는 케익의 레시피를 따르는 것은 실제로도 맛있는 케익을 만들게 해준다. (2) (1)번 내용에서 선례로 기능할 수 있는 심리적 사건들 사이의 기능적 관계를 관찰하고 기술하는 것(예, 행동의 결과를 알아차리고, 그 관찰에 기반하여 규칙을 이끌어 내는 것). 예를 들어, 케이크를 더욱 맛있게 만드는 새 재료를 사용해본 후 레시피를 수정하는 것.

기능의 전달 Transfer of function: 자극 기능은 그 영향(즉 효과, 의미)이 다른 자극으로 확산될 때 전달된 것으로 간주된다. 이것은 다른 수반성 학습이나 관계 학습 과정에서 발생할 수 있다. 예를 들어, 무대에서 경험하는 공포는 소규모 그룹에서 말할 때나, 다른 버스 승객이 바라볼 때에도 나타날 수 있다.

기능의 변형 Transformation of function: 자극 기능의 영향(즉, 효과, 의미)이 관계 구성틀이 관여되어 변화할 때, 자극 기능이 변형되었다고 간주된다. 친구와의 장난으로 기분 좋게 느끼는 간지럼이 피부 위를 기어가는 벌레를 상상했을 때는 공포와 혐오가 유발될 수 있다.

역자 후기

발전 중인 관계구성이론

역자들은 이미 (역자)서문에서 현재 관계구성이론(이하 RFT로 칭함)이 맥락행동과학의 성장에 핵심적인 역할을 수행하고 있음을 밝혔다. 약 30년 전 RFT는 인간 언어와 인지에 관한 정밀하고 경험적으로 지지되는 개념을 제시하며 세상에 등장하였다. 이후 수백 건의 광범위한 경험적 연구를 통해 이 개념은 시간과 논쟁 및 실험적 정밀성의 시험을 견디어 내며, 최근 경험적으로나 개념적으로 중요한 도약을 바라보고 있다. 이 도약은 미래 맥락행동과학의 확장과 성장에 가장 확실한 동력으로 기능하게 될 것이다. 역자들은 여기에 RFT의 최신 발전 방향을 단순하게 요약하면서, RFT의 역사적 개요, 진화 배경, 인간 언어 및 인지에 관한 일반적인 행동분석적 설명으로서 이론을 발전시키려는 RFT 연구자들의 노력을 잠깐 소개하고자 한다.

행동 분석 영역에서 RFT의 역사적 개요

한 때 행동주의는 과학적 엄밀함을 앞세워 심리치료 영역에서 지배적인 시기를 보낸 적도 있었지만, 인간 언어에 관한 적절한 설명을 제공하지 못한다는 행동분석의 실패를 촘스키Chomsky가 제기(1959)함으로써 그 영향력이 급격히 감소하였다고 종종 알려져 있다. 이 역사적 이야기는 일부의 진실을 포함하지만, 스키너B.F Skinner의 행동주의는 그 후에도 여전히 살아남았고 인간 언어와 인지의 많은 특징에 관해 연구도 지속되었다. 여기에는 두 명의 지적 거물과 그들의 성과가 존재한다. 한 명은 촘스키 주장 이후 10년 뒤, 인간의 문제 해결이 동물과 달리 규칙 지배 행동rule-governed behavior(이하 RGB) 또는 지시적 통제instructional control라는 언어 행동 유형에 크게 의존한다고 제안한 스키너이며, 또 다른 한 명은 유도된 관계반응derived relational responding(이하 DRR)을 발견한 머레이 시드만Murray Sidman(1971)이다. 시드만은 자극 등가현상을 탐구해 '인간은 언어 학습을 통해 배운 적이 없는 새로운 DRR을 생성한다'는 것을 발견하게 된다. 이 두 거물의 성과는 이 책 2장에 소개된 규칙 따르기Rule-following라는 개념의 이론적 기반이 되었다.

이런 성과를 이어받아 좀 더 정교하게 확장시킨 이론이 이 책의 핵심기반이 되는 RFT 이다. 여기에도 두 명의 연구자들이 존재하는데, 잠시 역사적 맥락을 살펴보자. 행동주의의 완벽한 부흥이라는 야망을 지닌 젊은 스티븐 헤이즈(이 책의 저자)는 '언어가 실제로 어떻게 사용되는가'라는 문제를 탐구하기 위해 언어 자극에 대한 명확한 기능적 정의를 탐구하던 중, 그의 지필을 보고 감명을 받은 젊은 영국 박사 과정 한 학생과 만나게 된다. 그가 바로 헤이즈와 함께 RFT를 세상에 내어 놓은 반즈 홈즈Barnes-Holmes이다. 그는 행동분석적 관점에서 인간의 인지에 관한 기본적인 실험 분석을 수행하는 데 몰두하고 있었다. 그 만남 이후 오랜 시간(약 15년) 연구 끝에 인간 언어와 인지의 현대 행동 이론 인 RFT는 아주 난해한 책 한권의 분량, '관계구성이론: 인간 언어와 인지에 관한 스키너 이후 설명' (*Relational Frame Theory: A Post-Skinnerian account of human language and cognition,2001*)으로 세상에 출현하게 되었다.

관계구성 할 수 있는 능력의 진화에서 인간 협력의 역할

최신 RFT 이론에서는 인간의 관계구성을 할 수 있는 능력이 단순히 말하기와 듣기부터 시작된 것이 아니라고 주장한다. 오히려 이 능력은 상호함의된 지향하기Mutually entailed orienting에서부터 시작되었다고 본다. 여기서 인간 종에 고유한 것으로 보이는 상호함의 된 지향하기를 간단히 살펴보자.

최신의 RFT 이론에 따르면 학습하지 않아도 *양방향*으로 관계구성 할 수 있는 인간만 의 능력은 인간 종 내에서 고도로 협력적인 행동의 진화에서 비롯되었다고 본다. RFT 관 점으로 볼 때 가리킴과 그렁거림 같은 인간 협력의 중요한 특징들이 사회적 참조, 공동 주의, 관점 취하기 같은 매우 중요한 행동 기술로 이어지게 된다. 이 기술은 양육자와 아 동 사이에서 특정 음성의 방출을 포함하는 보다 발전된 형태의 협력이 선택되거나 강화 될 맥락을 만들어 내며, 이런 맥락에서 원하는 대상이 있을 때 특징적인 발성이 대칭 또 는 상호함의된 지향하기를 강화할 가능성이 높일 수 있다고 예측한다. 강화된 상호함 의된 지향하기는 향후 양방향으로 작동하는 관계 구성할 수 있는 능력의 핵심 전구체 로 작동할 것으로 추측되며, 이런 반응은 세대로 이어지는 아동과 양육자 사이에 언어학 습의 기반이 된다고 보여 진다. 이런 상호함의된 지향하기Orienting는 점차적으로 유발하 기Evoking , 관계하기Relating 반응들이 어우러져 하나의 단위를 확립하게 된다. 이를 최신 의 RFT에서는 언어 자극의 새로운 기능 단위인 ROEing으로 부른다. 이런 ROEing 기능은 단순히 추측이 아니라, 최근 개별 관계반응의 강도를 측정하는 암묵적 관계 평가절차 Implicit Relational Assessment Procedure(IRAP)의 다양한 결과에서도 추론되고 있다(이 책 4장 '관계 유창성과 유연성' 단락에 IRAP에 관한 간단한 설명이 언급됨).

점점 더 복잡해지는 관계반응 패턴의 발달

언어의 새로운 기능 단위가 확실히 설정되면 조금 더 복잡한 관계반응 패턴으로 발전하게 되는데, 최신 RFT 이론에서는 5가지 수준을 제안하고 있다. 이는 언어 네트워크의 복잡도가 아동의 성장에 따라 발전되는 수준을 고려한 것이며, 아마도 언어의 진화 과정도 이와 비슷할 것으로 추측한다. 이 5가지 수준은 1) 상호함의, 2) 조합함의, 3) 관계 네트워킹(예, 규칙 지시 같은 관계 반응들), 4) 관계의 관계하기(예, 유추나 은유), 5) 관계 네트워크 관계하기(예, 이야기나 문제해결 등)이다. 이런 관계반응 패턴에 관한 간략한 예는 이 책 3장의 '구성틀의 조합' 단락에서 간단히 언급되어 있기에 참고하길 바란다.

복잡한 관계반응 패턴의 발달, 언어적 자기verbal self의 출현, 관점 취하기 능력 발달 등에 결정적 역할을 할 것으로 보이는 관계구성의 종류가 직시적 관계구성이다. 직시적 관계구성은 자신의 관계적 반응에 반응하는 법을 포함하기에 상대적으로 발전된 것으로 간주되며, 두개의 별개의 관계반응들을 연관시키기에 4)수준 이후의 관계반응 패턴의 발달과 관련될 것으로 보인다. 최신의 RFT에서는 기존의 마음이론Theory of Mind을 여러 관계반응들의 결합(즉 다른 여러 관계반응 패턴과 직시적 관계구성이 포함된 관점 취하기)으로 설명하고 있으면, 어떻게 이를 훈련할 지에 관한 연구가 활발히 진행되고 있다.

고차원 다수준 구성체계Hyper-Dimensional Multi-Level (HDML) framework

바로 앞 단락에서 언급한 것처럼, 최신 RFT 이론에서는 5가지 수준의 언어 행동발달을 제안한다. 이와 동시에 관계하기Relating 활동의 동적 특성이 4가지 차원에 따라 출현하고 있음을 강조한다. 이 4가지 차원은 일관성coherence, 복잡성complexity, 유동성derivation, 유연성flexibility이다. 그리하여 다음 표와 같은 구성체계 속에서 4가지 차원과 5가지 수준 각각이 교차하면서 20개의 분석 단위를 생성한다고 제안한다.

수준	차원			
	일관성	복잡성	유도성	유연성
상호함의	분석단위1	분석단위2		
조합함의				
관계 네트워킹				
관계의 관계하기				
관계 네트워크 관계하기			분석단위 19	분석단위 20

(범례: 지향하기 / 동기강화하기 / 유발하기)

표) 고 차원 다수준 (HDML) 구성체계의 시각적 표상

*일관성*은 DRR의 한 패턴이 이전에 학습한 것 사이의 일관성 또는 일치되는 정도를 나타낸다. 예를 들어, 아동이 '개가 곰보다 작다'는 말을 듣고 이후 '곰이 개보다 크다'라 는 말을 들었다면, 두 번째 문장은 첫 번째와 일관되며, 이런 언어 관계는 더 넓은 언어 공동체에서 확립된 관계들과도 일관되기에 일관성이 아주 높다고 할 것이다.

*복잡성*은 DRR의 한 패턴이 가진 섬세함이나 밀도의 수준을 나타낸다. 예를 들어 상 호함의된 대등 관계는 상호함의된 비교 관계보다 덜 복잡하다고 생각할 수 있다. 전자가 단지 한 유형(예, 동일함)의 관계를 포함하는 반면, 후자는 두 유형(예, 크고 작음)의 관 계를 포함하기 때문이다.

*유도성*은 DRR의 한 패턴이 이전에 발생했던 정도를 일컫는다. 다시 말 해 특정 관계 반응이 이미 실행된 정도로 볼 수 있다. 관계 반응이 처음 유도될 때, 반응은 새로우며 높은 유도성을 가지지만 이 양식에 따라 계속 반응하며 덜 유도적이게 된다.

*유연성*은 특정 DRR이 현재의 맥락 변수에 따라 변경될 수 있는 정도를 나타낸다. 예 를 들어 어린 아이들에게 '개와 곰 중에서 어느 것이 더 큰가요'라는 질문에 틀리게 답하

라고 했을 때, 보다 빨리 '개'라고 답하는 아동의 느리게 답하는 아동보다 유연성 정도가 더 높은 것이다.

이런 고차원 다수준 틀내에서 대부분의 언어자극(언어 네트워크)이 가지는 기능 단위인 ROEing (최근에는 동기적 변수Motivating variable가 포함되어 ROE-Ming으로 표기되기도 함) 개념이 포함된 것을 고차원 다수준 구성체계로 부른다. 이 구성체계가 향후 RFT의 개념과 연구 결과를 더 나은 과학적 이해로 이끌 것으로 기대하고 있다.

최신 RFT 관점 측면에서 ROE-M에 포함된 관계하기 능력과 이와 관련된 지향하기 및 유발하기 기능은 불과 몇 천 년 만에 복잡한 형태의 의사소통 및 문제 해결로 진화하고 있다. ROE-Ming하는 인간 능력은 인간 종의 정의적인 특성으로 보이며, 이를 통해 우리는 점점 더 정교하고 강력한 방식으로 환경을 예측하고 영향을 미치고 있는 것이다. RFT는 바로 이를 정밀하게 이해하여, 언어 기능이론의 성장, 실제 임상 적용의 진보(언어 네트워크 기능평가나 이 책 내용보다 더 진보된 임상지침 개발), 나아가서는 인간 행동의 변화에 이바지하려는 야망을 가지고 있으며 이미 일부 성과를 가져 오고 있다.

(향후 맥락행동과학 연구회에서는 발전중인 관계구성이론의 성과들을 정리하여 여러 매개체(지면이나 동영상)를 통해 소개하고자 한다. 언제쯤일지 알 수는 없으나, 맥락행동과학 홈페이지 https://kcbs.ne.kr 통해 공지하는 그날을 소망해 본다.)

참고문헌

Ames, S. L., Grenard, J. L., Thush, C., Sussman, S., Wiers, R. W., & Stacy, A. W.(2007). Comparison of indirect assessments of association as predictors of marijuana use among at-risk adolescents. *Experimental and Clinical Psychopharmacology, 15*(2), 204–218.

Azrin, R. D., & Hayes, S. C. (1984). The discrimination of interest within a heterosexual interaction: Training, generalization, and effects on social skills. *Behavior Therapy, 15,* 173–184.

Barnes-Holmes, D., Barnes-Holmes, Y., Stewart, I., & Boles, S. (2010). A sketch of the implicit relational assessment procedure (IRAP) and the relational elaboration and coherence (REC) model. *The Psychological Record, 60*(3), 527–542.

Barnes-Holmes, D., Waldron, D., Barnes-Holmes, Y., & Stewart, I. (2009). Testing the validity of the Implicit Relational Assessment Procedure (IRAP) and the Implicit Association Test (IAT): Measuring attitudes towards Dublin and country life in Ireland. *The Psychological Record, 59,* 389–406.

Barnes-Holmes, Y., McHugh, L., & Barnes-Holmes, D. (2004). Perspective-taking and theory of mind: A relational frame account. *The Behavior Analyst Today, 5,* 15–25.

Bennett-Levy, J., Westbrook, D., Fennell, M., Cooper, M., Rouf, K., & Hackmann, A. (2004). Behavioural experiments: Historical and conceptual underpinnings. In J. Bennett-Levy, G. Butler, M. Fennell, A. Hackmann, M. Mueller, & D. Westbrook (Eds.), *Oxford guide to behavioural experiments in cognitive therapy* (pp. 1–20). Oxford, UK: Oxford University Press.

Bernstein, I. L. (2000). Taste aversion learning. In A. E. Kazdin (Ed.), *Encyclopedia of psychology* (Vol. 8, pp. 11–13). New York: Oxford University Press.

Bushman, B. J., Baumeister, R. F., Thomaes, S., Ryu, E., Begeer, S. & West, S. G. (2009). Looking again, and harder, for a link between low self-esteem and aggression. *Journal of Personality, 77,* 1467–6494.

Carpenter, K. M., Martinez, D., Vadhan, N. P., Barnes-Holmes, D., & Nunes, E. V. (2012). Measures of attentional bias and relational responding are associated with behavioral treatment outcome for cocaine dependence. *American Journal of Drug and Alcohol Abuse, 38*(2), 146–154.

Cassidy, S., Roche, B., & Hayes, S. C. (2011). A relational frame training intervention to raise

Intelligence Quotients: A pilot study. *The Psychological Record, 61*, 173–198.

Catchpole, C. K., & Slater, B. J. B. (1995). *Bird-song: Biological themes and variations.* Cambridge, UK: Cambridge University Press.

Cherner, R. A., & Reissing, E. D. (2013). A psychophysiological investigation of sexual arousal in women with lifelong vaginismus. *Journal of Sexual Medicine, 10*(5), 1291–1303.

Craske, M. G., Kircanski, K., Zelikowsky, M., Mystkowski, J., & Baker, A. (2008). Optimizing inhibitory learning during exposure therapy. *Behaviour Research and Therapy, 46*, 5–27.

Dahl, J. C., Plumb, J. C., Stewart, I., & Lundgren, T. (2009). *The art and science of valuing in psychotherapy: Helping clients discover, explore, and commit to valued action using acceptance and commitment therapy.* Oakland, CA: New Harbinger.

Dawson, D. L., Barnes-Holmes, D., Gresswell, D. M., Hart, A. J., & Gore, N. J. (2009). Assessing the implicit beliefs of sexual offenders using the implicit relational assessment procedure: A first study. *Sexual Abuse: Journal of Research and Treatment, 21*(1), 57–75.

Deacon, T. W. (1998). *The symbolic species: The co-evolution of language and the brain.* New York: Norton.

Devany, J. M., Hayes, S. C., & Nelson, R. O. (1986). Equivalence class formation in language-able and language-disabled children. *Journal of the Experimental Analysis of Behavior, 46*, 243–257.

Dollard, J., & Miller, N. E. (1950). *Personality and psychotherapy: An analysis in terms of learning, thinking, and culture.* New York: McGraw-Hill.

Dougher, M. J., Hamilton, D., Fink, B., & Harrington, J. (2007). Transformation of the discriminative and eliciting functions of generalized relational stimuli. *Journal of the Experimental Analysis of Behavior, 88*(2), 179–197.

Dymond, S., & Barnes, D. (1995). A transformation of self-discrimination response functions in accordance with the arbitrarily applicable relations of sameness, more-than, and less-than. *Journal of the Experimental Analysis of Behavior, 64*, 163–184.

Dymond, S., & Barnes, D. (1996). A transformation of self-discrimination response functions in accordance with the arbitrarily applicable relations of sameness and opposition. *The Psychological Record, 46*(2), 271–300.

Dymond, S., May, R. J., Munnelly, A., & Hoon, A. E. (2010). Evaluating the evidence based for relational frame theory: A citation analysis. *The Behavior Analyst, 33*, 97–117.

Dymond, S., & Roche, B. (Eds.). (2013). *Advances in relational frame theory: Research and application.* Oakland, CA: New Harbinger.

Dymond, S., Roche, B., Forsyth, J. P., Whelan, R., & Rhoden, J. (2007). ransformation of avoidance response functions in accordance with same and opposite relational frames. *Journal of the Experimental Analysis of Behavior, 88*, 249–262.

Ecker, B., Ticic, R., & Hulley, L. (2012). *Unlocking the emotional mind: Eliminating symptoms at their roots using memory reconsolidation*. New York: Routledge.

Foody, M., Barnes-Holmes, Y., Barnes-Holmes, D., & Luciano, C. (2013). An empirical investigation of hierarchical versus distinction relations in a selfbased ACT exercise. *International Journal of Psychology and Psychological Therapy, 13*, 373–388.

Foody, M., Barnes-Holmes, Y., Barnes-Holmes, D., Torneke, N., Luciano, C., Stewart, I., et al. (2015). RFT for clinical use: The example of metaphor. *Journal of Contextual Behavioral Science, 3*, 305–313.

Frankl, V. E. (1984). *Man's search for meaning*. New York: Washington Square Press.

Gallagher, M. W., & Resick, P. A. (2012). Mechanisms of change in cognitive processing therapy and prolonged exposure therapy for PTSD: Preliminary evidence for the differential effects of hopelessness and habituation. *Cognitive Therapy and Research, 36*(6), 750–755.

Gawronski, B., & de Houwer, J. (2014). Implicit measures in social and personality psychology. In H. T. Reis & C. M. Judd (Eds.), *Handbook of research methods in social and personality psychology* (pp. 283–310). New York: Cambridge University Press.

Ginsberg, S., & Jablonka, E. (2010). The evolution of associative learning: A factor in the Cambrian explosion. *Journal of Theoretical Biology, 266*, 11–20.

Greenwald, A. G., McGhee, D. E., & Schwartz, J. K. (1998). Measuring individual differences in implicit cognition: The implicit association test. *Journal of Personality and Social Psychology, 74*(6), 1464–1480.

Harris, J. D. (1943). Habituatory response decrement in the intact organism. *Psychology Bulletin, 40*, 385–422.

Hayes, S. C. (1984). Making sense of spirituality. *Behaviorism, 12*, 99–110.

Hayes, S. C. (Ed.). (1989). *Rule-governed behavior: Cognition, contingencies, and instructional control*. New York: Plenum Press.

Hayes, S. C. (2009). *Acceptance and commitment therapy*. Videotape available from the American Psychological Association, Washington, DC.

Hayes, S. C., Barnes-Holmes, D., & Roche, B. (Eds.). (2001). *Relational frame theory: A post-Skinnerian account of human language and cognition*. New York: Plenum Press.

Hayes, S. C., Barnes-Holmes, D., & Wilson, K. G. (2012). Contextual behavioral science: Creating a science more adequate to the challenge of the human condition. *Journal of Contextual Behavioral Science, 1*, 1–16.

Hayes, S. C., Bissett, R., Roget, N., Padilla, M., Kohlenberg, B. S., Fisher, G., et al. (2004). The impact of acceptance and commitment training and multicultural training on the stigmatizing attitudes and professional burnout of substance abuse counselors. *Behavior Therapy, 35*, 821–835.

Hayes, S. C., Brownstein, A. J., Zettle, R. D., Rosenfarb, I., & Korn, Z. (1986). Rule-governed behavior and sensitivity to changing consequences of responding. *Journal of the Experimental Analysis of Behavior, 45*, 237–256.

Hayes, S. C., & Sanford, B. (2014). Cooperation came first: Evolution and human cognition. *Journal of the Experimental Analysis of Behavior, 101*, 112–129.

Hayes, S. C., Strosahl, K., & Wilson, K. G. (1999). *Acceptance and commitment therapy: An experiential approach to behavior change.* New York: Guilford Press.

Hayes, S. C., Strosahl, K., & Wilson, K. G. (2012). *Acceptance and commitment therapy: The process and practice of mindful change* (2nd ed.). New York: Guilford Press.

Hayes, S. C., Villatte, M., Levin, M., & Hildebrandt, M. (2011). Open, aware, and active: Contextual approaches as an emerging trend in the behavioral and cognitive therapies. *Annual Review of Clinical Psychology, 7*, 141–168.

Hesser, H., Westin, V., Hayes, S. C., & Andersson, G. (2009). Clients' in-session acceptance and cognitive defusion behaviors in acceptance-based treat ment of tinnitus distress. *Behaviour Research and Therapy, 47*, 523–528.

Hildebrandt, M. J., Fletcher, L. B., & Hayes, S. C. (2007). Climbing anxiety mountain: Generating metaphors in acceptance and commitment therapy. In G. W. Burns (Ed.), *Healing with stories: Your casebook collection for using therapeutic metaphors* (pp. 55–64). Hoboken, NJ: Wiley.

Hollon, S. D., & Beck, A. T. (1979). Cognitive therapy of depression. In P. C. Kendall & S. D. Barlow (Eds.), *Cognitive-behavioral intervention: Theory, research, and procedures* (pp. 153–203). New York: Academic Press.

Hooper, N., Saunders, S., & McHugh, L. (2010). The derived generalization of thought suppression. *Learning and Behavior, 38*(2), 160–168.

Hooper, N., Villatte, M., Neofotistou, E., & McHugh, L. (2010). The effects of mindfulness versus thought suppression on implicit and explicit measures of experiential avoidance. *International Journal of Behavioral Consultation and Therapy, 6*(3), 233–244.

Hughes, S., Barnes-Holmes, D., & Vahey, N. (2012). Holding on to our functional roots when exploring new intellectual islands: A voyage through implicit cognition research. *Journal of Contextual Behavioral Science, 1*, 17–38.

Hussey, I., & Barnes-Holmes, D. (2012). The Implicit Relational Assessment Procedure as a measure of implicit depression and the role of psychological flexibility. *Cognitive and Behavioral Practice, 19*(4), 573–582.

Jackson, M. L., Williams, W. L., Hayes, S. C., Humphreys, T., Gauthier, B., & Westwood, R. (in press). Whatever gets your heart pumping: Using implicit measures to select motivative exercise statements. *Journal of Contextual Behavioral Science.*

Ju, W. C., & Hayes, S. C. (2008). Verbal establishing stimuli: Testing the motivative effect of stimuli in a derived relation with consequences. *The Psychological Record, 58*, 339–363.

Kashdan, T. B., Barrios, V., Forsyth, J. P., & Steger, M. F. (2006). Experiential avoidance as a generalized psychological vulnerability: Comparisons with coping and emotion regulation strategies. *Behaviour Research and Therapy, 9*, 1301–1320.

Kelly, G. A. (1955). *The psychology of personal constructs.* New York: Norton.

Kircanski, K., Lieberman, M. D., & Craske, M. G. (2012). Feelings into words: Contributions of language to exposure therapy. *Psychological Science, 23*, 1086–1091.

Kishita, N., Ohtsuki, T., & Stewart, I. (2013). The Training and Assessment of Relational Precursors and Abilities (TARPA): A follow-up study with typically developing children. *Journal of Contextual Behavioral Science, 2*, 15–21.

Koerner, K. (2011). *Doing dialectical behavior therapy: A practical guide.* New York: Guilford Press.

Kohlenberg, R. J., & Tsai, M. (1991). *Functional analytic psychotherapy.* New York: Plenum Press.

Kohut, H. (2009). *The analysis of the self: A systematic approach to the psychoanalytic treatment of narcissistic personality disorders.* Chicago: University of Chicago Press. (Original work published 1971)

Levin, M., Hayes, S. C., & Waltz, T. (2010). Creating an implicit measure of cognition more suited to applied research: A test of the Mixed Trial–Implicit Relational Assessment Procedure (MT-IRAP). *International Journal of Behavioral Consultation and Therapy, 6*, 245–262.

Levin, M. E., Luoma, J., Vilardaga, R., Lillis, J., Nobles, R., & Hayes, S. C. (under review). *Examining the role of psychological inflexibility, perspective taking and empathic concern in generalized prejudice.*

Linehan, M. M. (1993). *Cognitive-behavioral treatment of borderline personality disorder.* New York: Guilford Press.

Lipkens, G., & Hayes, S. C. (2009). Producing and recognizing analogical relations. *Journal of the Experimental Analysis of Behavior, 91*, 105–126.

Luciano, C., Ruiz, F. J., Torres, R. M. V., Martín, V. S., Martínez, O. G., & López, J. C. (2011). A relational frame analysis of defusion interactions in acceptance and commitment therapy: A preliminary and quasi-experimental study with at-risk adolescents. *International Journal of Psychology and Psychological Therapy, 11*, 165–182.

Luciano, M. C., Rodríguez Valverde, M., & Gutiérrez Martínez, O. (2004). A proposal for synthesizing verbal contexts in experiential avoidance disorder and acceptance and commitment therapy. *International Journal of Psychology and Psychological Therapy, 4*, 377–394.

Maslow, A. H. (1966). *The psychology of science: A reconnaissance.* New York: Harper & Row.

Masuda, A., Hayes, S. C., Twohig, M. P., Drossel, C., Lillis, J., & Washio, Y. (2009). A parametric study of cognitive defusion and the believability and discomfort of negative self-relevant thoughts. *Behavior Modification, 33*, 250–262.

McCurry, S., & Hayes, S. C. (1992). Clinical and experimental perspectives on metaphorical talk. *Clinical Psychology Review, 12*, 763–785.

McDougall, I., Brown, F. H., & Fleagle, J. G. (2005). Stratigraphic placement and age of modern humans from Kibish, Ethiopia. *Nature, 433,* 733–736.

McHugh, L., Barnes-Holmes, Y., & Barnes-Holmes, D. (2004). Perspective-taking as relational responding: A developmental profile. *The Psychological Record, 54,* 115–144.

McHugh, L., & Stewart, I. (2012). *The self and perspective taking: Contributions and applications from modern behavioral science.* Oakland, CA: New Harbinger.

McMullen, J., Barnes-Holmes, D., Barnes-Holmes, Y., Stewart, I., Luciano, M. C., & Cochrane, A. (2008). Acceptance versus distraction: Brief instructions, metaphors and exercises in increasing tolerance for self-delivered electric shocks. *Behaviour Research and Therapy, 46*(1), 122–129.

Miller, W. R., & Rollnick, S. (1991). *Motivational interviewing: Preparing people to change addictive behavior.* New York: Guilford Press.

Monestès, J. L., & Villatte, M. (2011). *La thérapie d'acceptation et d'engagement ACT.* Paris: Elsevier Masson.

Monestès, J. L., & Villatte, M. (2015). Humans are the selection criterion in psychological science, not "reality": A reply to Herbert and Padovani. *Journal of Contextual Behavioral Science, 4,* 210–211.

Mowrer, O. H. (1948). Learning theory and the neurotic paradox. *American Journal of Orthopsychiatry, 18,* 571–610.

Mowrer, O. H. (1950). *Learning theory and personality dynamics.* New York: Ronald Press.

Nezu, M., Nezu, C., & D'Zurilla, T. J. (2013). *Problem-solving therapy: A treatment manual.* New York: Springer.

Nichols, J. (1992). *Linguistic diversity in space and time.* Chicago: University of Chicago Press.

Nicholson, E., & Barnes- Holmes, D. (2012). The Implicit Relational Assessment Procedure (IRAP) as a measure of spider fear. *The Psychological Record, 62*(2), 263–277.

Nilsonne, G., Appelgren, A., Axelsson, J., Fredrikson, M., & Lekander, M. (2011). Learning in a simple biological system: A pilot study of classical conditioning of human macrophages *in vitro. Behavioral and Brain Function, 7,* 47.

Nowak, M. A., Tarnita, C. E., & Wilson, O. (2010). The evolution of eusociality. *Nature, 466,* 1057–1062.

O'Hora, D., Barnes-Holmes, D., Roche, B., & Smeets, P. M. (2004). Derived relational networks and control by novel instructions: A possible model of generative verbal responding. *The Psychological Record, 54,* 437–460.

O'Hora, D., Pelaez, M., Barnes-Holmes, D., & Amesty, L. (2005). Derived relational responding and human language: Evidence from the WAIS-III. *The Psychological Record, 55,* 155–174.

O'Hora, D., Roche, B., Barnes-Holmes, D., & Smeets, P. M. (2002). Response latencies to multiple derived stimulus relations: Testing two predictions of relational frame theory. *The Psychological Record, 52*, 51–76.

O'Toole, C., & Barnes-Holmes, D. (2009). Three chronometric indices of relational responding as predictors of performance on a brief intelligence test: The importance of relational flexibility. *The Psychological Record, 59*, 119–132.

O'Toole, C., Barnes-Holmes, D., Murphy, C., O'Connor, J., & Barnes-Holmes, Y. (2009). Relational flexibility and human intelligence: Extending the remit of Skinner's Verbal Behavior. *International Journal of Psychology and Psychological Therapy, 9*(1), 1–17.

Penn, D. C., Holyoak, K. J., & Povinelli, D. J. (2008). Darwin's mistake: Explaining the discontinuity between human and nonhuman minds. *Behavioral and Brain Sciences, 31*, 109–178.

Penton-Voak, I. S., Thomas, J., Gage, S. H., McMurran, M., McDonald, S., & Munafò, M. R. (2013). Increasing recognition of happiness in ambiguous facial expressions reduces anger and aggressive behavior. *Psychological Science, 24*(5), 688–697.

Plassmann, J., O'Doherty, Shiv, B., & Rangel, A. (2007). Marketing actions can modulate neural representations of experienced pleasantness. *Proceedings of the National Academy of Sciences of the USA, 105*, 1050–1054.

Quinones, J., & Hayes, S. C. (2014). Relational coherence in ambiguous and unambiguous relational networks. *Journal of the Experimental Analysis of Behavior, 101*, 76–93.

Ramnero, J., & Törneke, N. (2008). *The ABCs of human behavior: Behavioral principles for the practicing clinician*. Oakland, CA: Context Press/New Harbinger.

Ray, E., & Heyes, C. (2011). Imitation in infancy: The wealth of the stimulus. *Developmental Science, 14*, 1467–1487.

Reese, H. W. (1968). *The perception of stimulus relations: Discrimination learning and transposition*. New York: Academic Press.

Rehfeldt, R. A., & Barnes-Holmes, Y. (2009). *Derived relational responding: Applications for learners with autism and other developmental disabilities*. Oakland, CA: New Harbinger.

Rehfeldt, R. A., Dillen, J. E., Ziomek, M. M., & Kowalchuk, R. K. (2007). Assessing relational learning deficits in perspective-taking in children with high functioning autism spectrum disorder. *The Psychological Record, 57*, 23–47.

Rogers, C. (1951). *Client-centered therapy: Its current practice, implications and theory*. London: Constable.

Rosen, S. (1991). *My voice will go with you: The teaching tales of Milton H. Erickson*. New York: Norton.

Rosenberg, M. (2003). *Non-violent communication: A language of life*. Encinitas, CA: Puddle Dancer Press.

Ruiz, R. J., & Luciano, C. (2015). Common physical properties among relational networks improve analogy aptness. *Journal of the Experimental Analysis of Behavior, 9999*, 1–13.

Sheldon, K. M., Ryan, R. M., Deci, E. L., & Kasser, T. (2004). The independent effects of goal contents and motives on well-being: It's both what you pursue and why you pursue it. *Personality and Social Psychology Bulletin, 30*, 475–486.

Skinner, B. F. (1974). *About behaviorism.* New York: Knopf.

Slattery, B., & Stewart, I. (2014). Hierarchical classification as relational framing. *Journal of the Experimental Analysis of Behavior, 101*, 61–75.

Smith, G. S. (2013). *Exploring the predictive utility of the Implicit Relational Assessment Procedure (IRAP) with respect to performance in organizations.* Unpublished doctoral dissertation, University of Nevada, Reno.

Stewart, I., Barnes-Holmes, D., & Roche, B. (2004). A functional-analytic model of analogy using the relational evaluation procedure. *The Psychological Record, 54*, 531–552.

Stewart, I., Hooper, N., Walsh, P., O'Keefe, R., Joyce, R., & McHugh, L. (2015). Transformation of thought suppression functions via same and opposite relations. *The Psychological Record, 65*(2), 375–399.

Thompson, R. F. (2009). Habituation: A history. *Neurobiology of Learning and Memory, 92*(2), 127–134.

Törneke, N. (2010). *Learning RFT: An introduction to relational frame theory and its clinical applications.* Oakland, CA: New Harbinger.

Troy, A. S., Shallcross, A. J., & Mauss, I. B. (2013). A person-by-situation approach to emotion regulation: Cognitive reappraisal can either help or hurt, depending on the context. *Psychological Science, 24*(12), 2505–2514.

Vilardaga, R., Estévez, A., Levin, M. E., & Hayes, S. C. (2012). Deictic relational responding, empathy and experiential avoidance as predictors of social anhedonia in college students. *The Psychological Record, 62*, 409–432.

Vilardaga, R., & Hayes, S. C. (2010). Acceptance and commitment therapy and the therapeutic relationship stance. *European Psychotherapy, 9*, 117–139.

Villatte, J. L., Villatte, M., & Hayes, S. C. (2012). A naturalistic approach to transcendence: Deictic framing, spirituality, and pro-sociality. In L. McHugh & I. Stewart (Eds.), *The self and perspective-taking: Contributions and applications from modern behavioral science* (pp. 199–216). Oakland, CA: New Harbinger.

Villatte, M., Monestès, J. L., McHugh, L., Freixa i Baqué, E., & Loas, G. (2008). Assessing deictic relational responding in social anhedonia: A functional approach to the development of theory of mind impairments. *International Journal of Behavioral Consultation and Therapy, 4*(4), 360–373.

Villatte, M., Monestès, J. L., McHugh, L., Freixa i Baqué, E., & Loas, G. (2010a). Adopting the perspective of another in belief attribution: Contribution of relational frame theory to the understanding of impairments in schizophrenia. *Journal of Behavior Therapy and Experimental Psychiatry, 41*, 125–134.

Villatte, M., Monestès, J. L., McHugh, L., Freixa i Baqué, E., & Loas, G. (2010b). Assessing perspective taking in schizophrenia using relational frame theory. *The Psychological Record, 60*, 413–424.

Wegner, D. M. (1989). *White bears and other unwanted thoughts: Suppression, obsession, and the psychology of mental control*. New York: Viking/Penguin. Weil, T. M., Hayes, S. C., & Capurro, P. (2011). Establishing a deictic relational repertoire in young children. *The Psychological Record, 61*, 371–390.

White, M. (2007). *Maps of narrative practice*. New York: Norton.

Wilson, D. S., Hayes, S. C., Biglan, T., & Embry, D. (2014). Evolving the future: Toward a science of intentional change. *Behavioral and Brain Sciences, 34*, 1–22.

Wilson, D. S., & Wilson, E. O. (2007). Rethinking the theoretical foundation of sociobiology. *Quarterly Review of Biology, 82*, 327–348.

Wilson, K. G., & DuFrene, T. (2009). *Mindfulness for two: An acceptance and commitment therapy approach to mindfulness in psychotherapy*. Oakland, CA: New Harbinger.

Zettle, R., Hayes, S. C., Barnes-Homes, D., & Biglan, A. (2016). *Handbook of contextual behavioral science*. Chichester, UK: Wiley-Blackwell.

색인

ㄱ

간단하고 즉각적인 관계반응	118-120
감각느낌	165-166
건강한 책임감	192
계층적 구성틀	91, 447
고전적 조건화	12, 14 ,16
관계 학습	16-17, 22, 53, 448
관계구성이론	5, 57, 415, 448, 450
관점취하기	34-35, 90, 204, 207, 210, 211, 215, 347
관찰	142
구별 구성틀	84-86
규칙 따르기	43, 46-49, 94-95, 120-121, 451
규칙 불일치	345-346
규칙 지배구조	45
기능적 맥락주의	4, 72, 124, 177, 446
기능적 일관성	69-75, 446
기술	143, 366

ㄴ

놀람 반응	13

ㄷ

다중 표본 훈련	197
단서 유발 고통	36
달콤한 순간 연습	353-354
대등 구성틀	84-86, 445
동결된 은유	328
동기적 증진	53

ㅁ

매개 변수	14
맥락	5, 444
맥락 단서	18-19, 23-24, 26-27, 445
맥락 민감성	58, 65-68 , 444
맥락적 자기감	220, 223
맥락행동과학	4, 445
물질화	348

ㅂ

반대 구성틀	86-87
반응 유연성	58, 165
반응 학습	13
반응종	46, 352
반작용	13, 147, 170
본질적 일관성	70, 75
부정확한 선례따르기	124-125, 447
불균형적인 수행감	384
비교 구성틀	88-89, 444

ㅅ

사회 학습	16, 449
사회적 일관성	72-73, 448
상징 일반화	37-39, 449
상징관계	6, 19-22, 449
상징관계 행동	17
상호 둥지 특성	91-92
상호함의	27, 447
상황 속 행위	224
생성성	9, 28, 80
선례따르기	122-126, 449
선행사건	15, 108,109
소거	15, 58 ,183
소거 폭발	15
수반성 학습	15, 31
습관화	13, 447

ㅇ

암묵적 관계 평가 절차	119-120
암묵적 연합 검증	119-120
암묵적 인지	118
연어 구성	116
연합 모델	16
연합 학습	14-16
유사 역할연기	318
유연한 자기	200
응종	46,122, 448
응종-기반 무감각	49

ㅈ

자극 일반화	14
자기 개념	192

적용할 수 없는 선례따르기	123
적응 정점	55-56, 125
적응 정점으로 이어지는 선례따르기	125
정상화	90, 156, 387
조건부 구성틀	88
조건화된 자극	14
조작적 학습	15
조합함의	27 , 444
증진	53-56, 243-244
지속	45-49, 67
직시적 구성틀	90, 201
진사회성	11
진화 적합성	14

ㅊ

차단	183, 432
체험회피	36, 40-43, 446
추적	47, 147-153, 449

ㅌ

탈학습	58

ㅎ

행동 변이성	66
형성적 증진	53
확장되고 정교하게 만들어진 관계반응	119-120

A

adaptive peaks 55-56, 125
antecedents 15, 108,109
associative learning 14-16
associative model 16
augmenting 53-56, 243-244

B

behavioral variability 66
blocking 183, 432
brief and immediate relational responses(BIRR) 118-120

C

classical conditioning 12, 14 ,16
collocates 116
combinatorial entailment 27 , 444
comparative framing 88-89, 444
concept of self 192
conditional framing 88
conditioned stimulus 14
context 5, 444
context sensitivity 58, 65-68 , 444
contextual behavioral science 4, 445
contextual cues 18-19, 23-24, 26-27, 445
contingency learning 15, 31
coordination framing 84-86, 445

counterpliance 46, 352
cued pain 36

D

deictic framing 90, 201
description 143, 366
distinction framing 84-86

E

essential coherence 70, 75
eusociality 11
evolutionary fitness 14
experiential avoidance 36, 40-43, 446
extended and elaborated relational responses(EERR) 119-120
extinction 15, 58 ,183
extinction burst 15

F

felt sense 165-166
flexible Self 200
formative augmenting 53
frozen metaphors 328
functional coherence 69-75, 446
functional contextualism 4, 72, 124, 177, 446

G

generativity 9, 28, 80

H

habituation	13, 447
healthy sense of responsibility	192
hierarchical framing	91, 447

I

Implicit Association Test (IAT)	119-120
implicit cognition	118
Implicit Relational Assessment Procedure(IRAP)	119-120
inaccurate tracking	124-125, 447
inapplicable tracking	123

M

motivative augmenting	53
multiple exemplar training	197
mutual entailment	27, 447
mutual nesting quality	91-92

N

normalizing	90, 156, 387

O

observation	142
operant learning	15
opposition framing	86-87

P

parameter	14
persistence	45-49, 67
perspective taking	34-35, 90, 204, 207, 210, 211, 215, 347
physicalizing	348
pliance	46,122, 448
pliance- based insensitivity	49

Q

quasi-role play	318

R

reaction	13, 147, 170
relational frame theory(RFT)	5, 57, 415, 448, 450
relational learning	16-17, 22, 53, 448
respondent learning	13
response flexibility	58, 165
rule discordance	345-346
rule following	43, 46-49, 94-95, 120-121, 451
rule governance	45

S

sense of a contextual self	220, 223
situated action	224
social coherence	72-73, 448
social learning	16, 449
startle response	13

stimulus generalization 14

sweet spot exercise 353-354

symbolic generalization 37-39, 449

symbolic relation 6, 19-22, 449

symbolic relational behavior 17

T

tracking 122-126, 449

tracking 47, 147-153, 449

tracking leading to adaptive peaks 125

U

unbalanced sense of agency 384

unlearning 58